CANADA
USA DER OSTEN
NORDOSTEN

W0013198

Ab Oktober 1997 im Internet:

"Latest News"

zu den Büchern von REISE KNOW-HOW
Aktuelle Ergänzungen und Neuigkeiten
nach Druckbeginn

http://www. reise-know-how.de/

Dr. Hans-R. Grundmann GmbH
Ganderkesee-Steinkimmen
Mitglied der Verlagsgruppe
REISE KNOW-HOW

Canadas Osten
Nordosten der USA

Reisen zwischen Atlantik und Großen Seen

Eyke Berghahn Hans-R. Grundmann Petrima Thomas

IMPRESSUM

Eyke Berghahn, Hans-R. Grundmann, Petrima Thomas
CANADAS OSTEN/USA NORDOSTEN
Reisen zwischen Atlantik und Großen Seen

1. Auflage 1997
(mit separatem New York City-Extra und
 Straßenkarte der Region) ist erschienen im

REISE KNOW-HOW Verlag, Hohenthann

ISBN 3-89662-151-3

© Dr. Hans-R. Grundmann GmbH
Heinrich-Schwarz-Weg 36
27777 Ganderkesee-Steinkimmen

Gestaltung
Umschlag: Mani Schömann, Köln/Peter Rump, Bielefeld
Satz und Layout: Hans-R. Grundmann
Fotos: siehe Nachweis auf Seite 673
Illustrationen: Folkmar Immel, Westerstede
Karten: Elsner & Schichor, Karlsruhe

Scans: Elsner & Schichor, Karlsruhe
Belichtung: Eckerle System-Kopie, Baden-Baden
Druck: Engelhardt & Bauer, Karlsruhe

Dieses Buch ist in jeder Buchhandlung
in Deutschland, Österreich und der Schweiz erhältlich.
Die Bezugsadressen für den Buchhandel sind

– Prolit Gmbh, 35463 Fernwald
– AVA Buch 2000, CH-8910 Affoltern
– Mohr & Morawa GmbH, A-1230 Wien
– Barsortimenter

Dieses Buch kostet

in Deutschland DM 39,80
in Österreich öS 291,00
in der Schweiz sfr 38,80

ZUR KONZEPTION DIESES REISEFÜHRERS

Dieses Buch wendet sich in erster Linie an Leser, die den Osten Canadas und/oder den Nordosten der USA **auf eigene Faust** entdecken und erleben möchten.

Neben Informationen zu beiden Ländern ist breiter Raum zunächst **Überlegungen** gewidmet, die man noch **vor der konkreten Planung** anstellt oder anstellen sollte. Denn damit die Reise wunschgemäß verläuft und "bringt", was man erwartet, müssen persönliche Ansprüche und Reiserealität so weit wie möglich übereinstimmen.

Alle in diesem Zusammenhang bedenkenswerten Aspekte werden im Kapitel 1 des Allgemeinen Teils behandelt.. Vor allem geht es auf den ersten 40 Seiten des Buches um die Frage, was diese hochinteressante, historisch und geographisch zusammenhängende Region Nordamerikas dem Reisenden – grenzübergreifend – zu bieten hat.

Sind Jahreszeit, Zeitraum und Art des Reisens (mit **Wohnmobil**, **Pkw und Hotel/Motel oder Zelt**, **Greyhound-Bus oder Eisenbahn**) bestimmt, findet der Leser in den Kapiteln 2 und 3 alle wichtigen Informationen zur optimalen Durchführung seiner nun konkreten Reisepläne und außerdem zahlreiche Tips und Hinweise zur Vermeidung unnötiger Ausgaben, von Zeitverlust und Ärger.

Ein Sonderkapitel gibt Auskunft zu Fragen, die sich bei Überlegungen zur **Anschaffung eines eigenen Autos** in Nordamerika ergeben.

Der **Reiseteil** bietet für beide Länder ein **dichtes Netz von Rundfahrten und Strecken**, die sich **im Baukastensystem** ohne weiteres anders als beschrieben zusammensetzen lassen, ⇨ Karte in der vorderen Umschlagklappe und Routenvorschläge ab Seite 660. Zusätzlich erleichtert wird die Routenplanung dadurch, daß Sehenswürdigkeiten, Streckenabschnitte und Übernachtungsmöglichkeiten (Hotels, Motels, *Country Inns*, *Bed* & *Breakfasts* und Campingplätze) nicht nur kurz erläutert, sondern oft auch bewertet sind. Die genauen Details zu Konzeption und Aufbau des Reiseteils stehen auf den Seiten 204 und 205.

Nicht unmittelbar die Reisepraxis betreffende **Daten und Wissenswertes zu diesem Teil Nordamerikas**, zu seinen beiden Ländern und den Menschen finden sich in den einleitenden Kapiteln zu Städten, Staaten, Provinzen und Regionen und vor allem in den zahlreichen Essays und Erläuterungen in den farbig abgesetzten Kästen.

Griffmarken, farbige Kapitelkennzeichnungen und die Streckenübersichten vorne unterstützen das rasche Auffinden von Textteilen. Die **Karten** im Buch und die separate **Straßenkarte** sind aufeinander und auf den Text abgestimmt.

Eine gute Reise wünschen Ihnen

Eyke Berghahn, Hans-R. Grundmann, Petrima Thomas

INHALTSVERZEICHNIS

PLANUNG, VORBEREITUNG UND DURCHFÜHRUNG
einer Reise durch Canadas Osten und den Nordosten der USA

KURZKENNZEICHNUNGEN (STECKBRIEFE) DER US-STAATEN UND KANADISCHEN PROVINZEN

Hinweis auf Hotels, Motels und Hostels

 Restaurants und Bistros

 Campingplatz für Camper und Zelte

 Fast Food Places und Snack Bars

 Campingplatz nur für Zelte

Wanderempfehlung (auch Spaziergänge)

Exkurs = Kurzbeschreibungen möglicher Routenabweichungen oder -erweiterungen, von Umwegen und Abstechern

Informative Essays

Kurzthemen

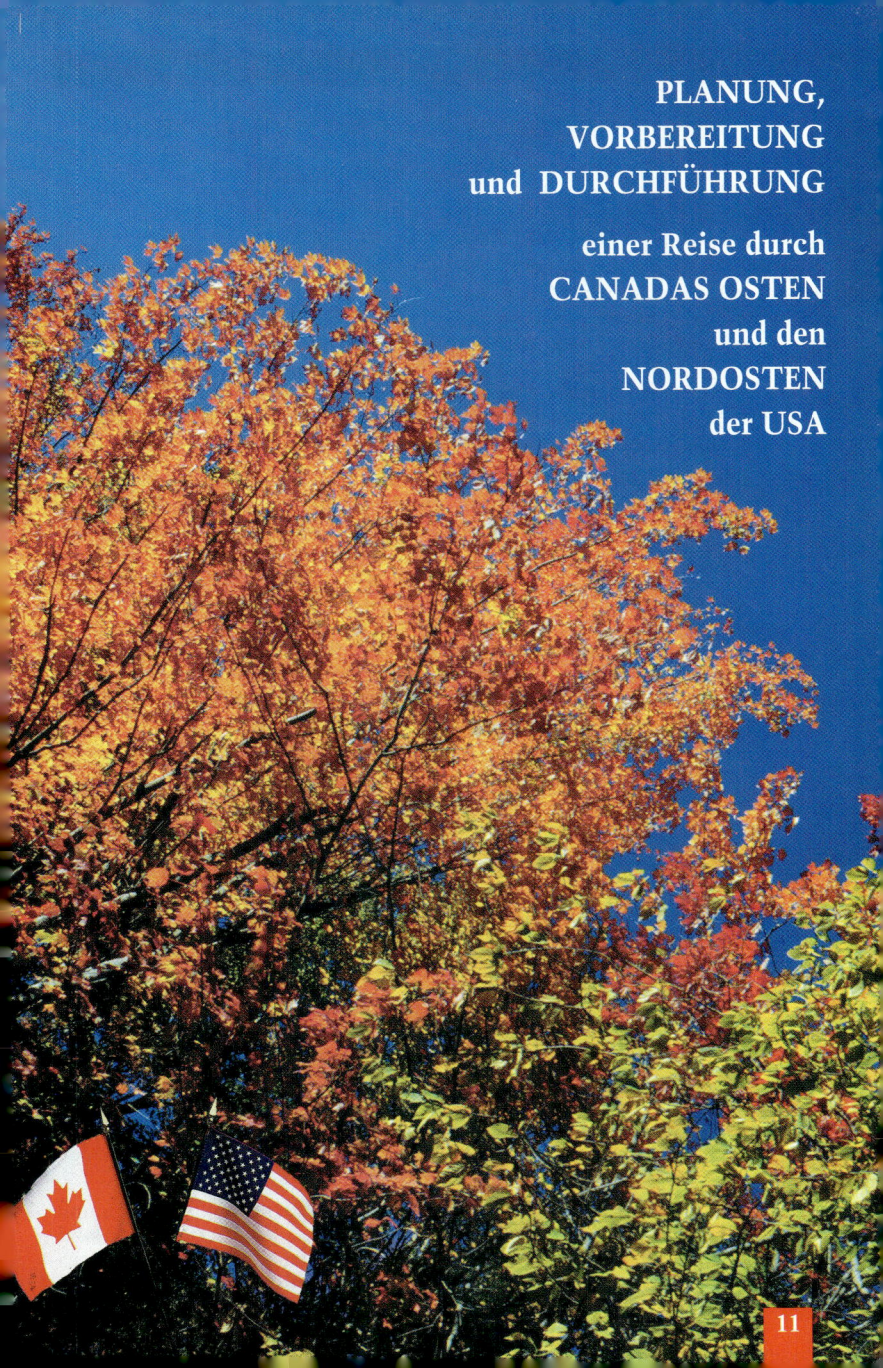

PLANUNG,
VORBEREITUNG
und DURCHFÜHRUNG

einer Reise durch
CANADAS OSTEN
und den
NORDOSTEN
der USA

1. VORINFORMATION UND REISEPLANUNG

1.1 REISEZIEL AMERIKAS NORDOSTEN

1.1.1 Canadas Osten und der Nordosten der USA als zusammenhängende Reiseregion

Gebiet

Dieser Reiseführer macht nicht an der Grenze zwischen den USA und Canada halt. Er beschreibt die sechs Neu-England-Staaten – **Connecticut, Rhode Island, Massachusetts, Maine, New Hampshire** und **Vermont** –, große Teile des Staates **New York**, die atlantischen Provinzen Canadas – **Nova Scotia, New Brunswick, Prince Edward Island** und **Newfoundland** – und alle touristisch interessanten Gebiete in **Québec** und **Ontario**.

Die so umrissene **Region** bildet aus drei Gründen eine **Einheit**:

Geschichte

– Der Nordosten ist die **Wiege beider Nationen** Nordamerikas. Dort siedelten die europäischen Einwanderer zuerst, und lange Zeit fand ausschließlich dort die zunächst eng verflochtene amerikanische wie kanadische Geschichtsschreibung statt. Erst mit der amerikanischen Unabhängigkeit 1776 und endgültig 1867 mit der Gründung des *Dominion of Canada* – als Zusammenschluß der verbliebenen britischen Kolonien in Nordamerika – wurden klare Grenzen gezogen. So unterschiedlich sich die USA und Canada seither in mancher Beziehung auch entwickelten, ihre Gemeinsamkeiten sind unübersehbar.

Landschaft

– Die landschaftlichen und geologischen **Ähnlichkeiten** beider Länder im Grenzbereich (im weitesten Sinne) sind groß, Topografie und Vegetationszonen entsprechen sich: Die zerklüftete Küste von Nova Scotia unterscheidet sich kaum von Maines Gestaden. Vom St. Lorenz-Strom besitzen beide Staaten ihren Teil, ebenso wie von den Großen Seen. Auch die Niagarafälle sind teils kanadisch, teils amerikanisch.

Tourismus

– Auf vielen populären **Reiserouten** durch den Osten Canadas bzw. den Nordosten der USA ist man vom jeweils anderen Land oft nur wenige Kilometer entfernt, so daß ein Sprung über die Grenze naheliegt. **Rundfahrten** mit gleichem Ausgangs- und Endpunkt, die oft einfacher und kostengünstiger zu bewerkstelligen sind als Einwegrouten, lassen sich durch die Einbeziehung von Zielen in beiden Ländern besonders reizvoll gestalten, wie ein Blick auf die Karte zeigt. Erleichtert wird dies durch problemlose Grenzformalitäten und Sprache, Sitten und Gebräuche, die sich kaum unterscheiden – von der Provinz Québec einmal abgesehen.

Michigan

Da der US-Staat **Michigan** zwischen dem gleichnamigen und Huron-/Eriesee im Norden und Osten an Ontario grenzt, sind schöne Rundreiserouten auch unter Einbeziehung dieses Staates – eventuell einschließlich **Chicago** – möglich.

1.1.2 Geographie und Natur des Nordostens

Fläche und Bevölkerung

Fläche Canada

Die in diesem Buch beschriebenen Routen beziehen sich auf einen flächenmäßig relativ kleinen Teil des nordamerikanischen Teilkontinents. Die kanadischen Provinzen Québec und Ontario sind zusammengenommen mit 2,7 Mio. km² zwar riesig, aber nur in ihrem südlichen Bereich durch ein Straßennetz erschlossen. Die maritimen Provinzen New Brunswick, Nova Scotia und Prince Edward Island besitzen zusammen 130.000 km², die Insel Neufundland 111.000 km².

USA

Die sechs Neu-Englandstaaten der USA sind mit zusammengenommen 172.000 km² nicht einmal halb so groß wie die deutsche Bundesrepublik. Daher sind zwischen den – zahlreichen touristisch interessanten – Anlaufpunkten keine allzu großen Entfernungen zu bewältigen. Das ist anders in den größeren US-Staaten Michigan (151.000 km²) und New York (127.000 km²). Auf den durch sie führenden Routen werden unausweichlich größere Strecken zurückgelegt.

Bevölkerung   Allein in Ontario und Québec wohnen über 16 Mio. der 29 Mio. Kanadiern; jeder dritte von ihnen lebt in Ontario und davon 90% in Südontario zwischen den Seen Huron, Ontario und
CANADA   Erie. Von der Bevölkerung Québecs leben etwa 80 % entlang des St. Lorenz-Stroms und in den südlichen Gebieten nahe der US-Grenze. Die maritimen Provinzen mit nur wenig über 2 Mio. Einwohnern insgesamt besitzen nur eine Handvoll Städte nennenswerter Größe.

Daten der Provinzen in Canadas Osten

Provinz	Hauptstadt	Einwohner in 1.000	Bevölkerung in 1.000	Fläche in qkm
Canada gesamt	**Ottawa**	**650**	**29.300**	**9.221.000**
New Brunswick	Fredericton	47	725	73.400
Newfoundland	St. John's	96	570	406.000
(davon Labrador	–	–	30	295.000)
Nova Scotia	Halifax	300	890	55.500
Ontario	Toronto	3.700	9.500	1.069.000
Prince Edward Isl.	Charlottetown	16	130	5.650
Québec	Québec City	650	6.900	1.668.000

USA   Von insgesamt 265 Mio. Amerikanern leben nur gut 13 Mio. in den Neu-Englandstaaten. Dort wie auch in den Staaten New York und Michigan konzentriert sich die Besiedelung stark auf die Küsten und entlang einiger Flußtäler. Das Hinterland in New York State (*Adirondack Mountains*), Vermont, New Hampshire und Maine ist sehr dünn bevölkert, Maine im Norden sogar menschenleere Wildnis.

Daten der US-Staaten im Nordosten

Staat/Provinz	Hauptstadt	Einwohner in 1.000	Bevölkerung in 1.000	Fläche in qkm
USA	**Washington**	**600**	**265.000**	**7.800.000**
Connecticut	Hartford	140	3.200	13.000
Maine	Augusta	21	1.300	86.000
Massachussetts	Boston	4.200	6.000	21.500
Michigan	Lansing	128	9.300	151.000
New Hampshire	Concord	36	1.100	24.000
New York	Albany	101	18.000	127.000
Rhode Island	Providence	161	1.000	3.150
Vermont	Montpelier	8	560	24.900

DIE INDIANER DES NORDOSTENS

Das vorherrschende Klischeebild vom Indianer ist nach wie vor das des nomadisierenden büffeljagenden und kriegsbemalten Halbnackten – des Prärie-Indianers also aus den Zeiten der Kämpfe mit der US-Armee Mitte bis Ende des vorigen Jahrhunderts. Weder in Filmen noch in der in Europa verbreiteten Literatur spielen die seßhaften Stämme des Ostens mit ihrer entwickelten Dorfstruktur und weitreichenden Handelsverbindungen eine Rolle.

Mit Ausnahme der **Irokesen,** die beim Kampf der europäischen Großmächte England und Frankreich um die Neue Welt eine gewisse Rolle spielten (⇨ *James F. Coopers* Jugendbuch "Der letzte Mohikaner"), blieben die Indianer des Nordostens hierzulande daher eher unbekannt. Hauptursache dafür dürfte ihre weitgehende Ausrottung durch bis dato unbekannte Krankheiten und brutale Kriege während der ersten Jahrzehnte der europäischen Einwanderung sein. Heute leben nur etwa 1,5% der US-Indianer in Neu-England gegenüber 66% in den großen Reservaten des Westens.

Die Indianer des Nordostens gehören zu den **Woodland Indians**. Die **Woodland Hunters** – *Oijbwa, Algonquin* und *Micmac* – bevölkerten einst die Waldgebiete nördlich der Großen Seen bis zum Atlantik. Sie lebten im Sommer in festen Dörfern und trieben etwas Ackerbau, gingen aber im Winter in kleinen Gruppen auf Jagd. Zwar gab es auch in vorkolumbischer Zeit bereits kriegerische Auseinandersetzungen zwischen einzelnen Stämmen, aber erst der "Weiße Mann" erschütterte ernsthaft das friedliche Miteinander.

Die **Puritaner** gerieten schon bald in Konflikte mit den Indianern. Schnell hatten die Engländer vergessen, daß sie ohne indianische Hilfe wohl kaum die ersten Winter überstanden hätten. Missionarischer Eifer, kulturelles Unverständnis und die schnell wachsende Zahl der Siedler führten zu bewaffneter Konfrontation und in der Folge zu gegenseitigen Massakern. Der **King Philip's War** von 1675/76 entstand aus dem letzten verzweifelten Versuch der Indianer, die Siedler zu vertreiben. In diesem Krieg vernichteten die neu-englischen Truppen die *Wampanoags, Nipmucks* und *Narragansetts* fast vollständig. Ihren Sieg über die "Ungläubigen" empfanden die Puritaner als gerechtes Zeichen Gottes.

Im heutigen Kanada unterhielten die **Franzosen** überwiegend freundliche Handelsbeziehungen zu den *Micmacs* und anderen Stämmen. Ihre Kenntnis der Wasserwege machte sie zu wichtigen Partnern im Pelzhandel. Daher und nicht zuletzt wegen der relativ wenigen französischen Siedler kam es in den von Frankreich beanspruchten Gebieten kaum zu originären Konflikten zwischen Weißen und Indianern. Weil aber die Franzosen bei Stammesfehden zwischen Huronen und *Algonquin* einerseits und Irokesen andererseits gegen letztere Partei ergriffen, wurden auch sie in Kämpfe verwickelt.

Huronen wie Irokesen gelten als **Woodland Farmers** und waren im heute südöstlichen Ontario und New York State ansässig. Sie lebten in palisadenbefestigten Dörfern und betrieben – die Bezeichnung sagt es – vorwiegend Landwirtschaft. Die Irokesen-Stämme südlich des Lake Ontario verbanden sich in Reaktion auf den Siedlungsdruck der Immigranten in den **Five Nations** (*Seneca, Cajuga, Onondaga, Oneida, Mohawk*) und wurden weder von den Engländern noch von den Franzosen jemals unterworfen. Sie kämpften im **French** and **Indian War** mit den Engländern und beendeten den Krieg 1763 auf der Seite der Sieger. Im amerikanischen Revolutionskrieg standen die Irokesen wieder auf Seiten der diesmal unterliegenden Briten und verloren damit ihr Land auf dem Territorium der USA. Mit ihrem Führer, dem *Mohawk Chief* **Joseph Brant**, zogen sie in das jetzige Ontario. Bis heute ist die **Grand River Reserve** bei Brantfort (westlich Hamilton) das größte Siedlungsgebiet der Irokesen.

*Indianer-
überfall
auf Fort
Mickimac
(Michigan) –
historisches
Gemälde*

Die sich mit fortschreitender Besiedelung Nordamerikas immer weiter nach Westen verlagernden Kämpfe und Vertreibungen der jeweils besiegten Stämme sind bekannt. Die Überlebenden wurden in Reservate verbracht, die auf meist wertlosem Grund und Boden abgesteckt worden waren. Wo sich das Land der Indianer nachträglich doch als landwirtschaftlich oder anderweitig verwertbar erwies, kam es im Laufe der Jahre unter dem Deckmantel diskriminierender Regelungen wie dem **Dawes Act** von 1887 zu "legalen" Reduzierungen der Reservate. Als 1934 der *Dawes Act* zurückgezogen wurde, verfügte die indianische Bevölkerung nur noch über ein Drittel der ihr 1887 überschriebenen Flächen. Nicht viel besser erging es den Indianerstämmen in Canada.

Im Osten sieht man – anders als im Westen Amerikas – nur wenig von den Indianern und ihrer Kultur. Wegen der frühen Vertreibung bzw. Dezimierung gibt es nur kleine Reservate. Und doch macht sich auch dort ein wiedererstarktes Selbstbewußtsein bemerkbar. In den letzten Jahrzehnten kam es zu einer Reihe von Gesetzen, die der indianischen Selbstverwaltung schrittweise mehr Raum gab und Landrückgaben ermöglichte. Die *Pequot*-Indianer etwa erstritten sich vor dem obersten Bundesgericht der USA einen Teil ihres früheren Landes und erstellten darauf ein Spielkasino (*Foxwood*/Connecticut, ⇨ Seite 222). Die *Narragansett*-Indianer in Rhode Island und die *Oneidas* in New York State erlangten ebenfalls die Genehmigung zum Betrieb von Kasinos.

Im östlichen **Canada** sind die Indianer präsenter als in Neu-England oder New York State. Die **Assembly of First Nations**, die Vertretung aller anerkannten Indianerstämme, spielt bei politischen Entscheidungen eine wachsende Rolle. Ortsschilder mit der Beschriftung *First Nation* kennzeichnen deutlich die von Indianern bewohnten Ortschaften. Die Siedlungen in moderner Billigbauart sind zwar nicht attraktiv und Alkohol und Arbeitslosigkeit verbreitet, aber Bildungschancen und Gesundheitsfürsorge haben sich dort erheblich verbessert. Kulturelle Zentren bieten Besuchern Einblick in traditionelle und moderne indianische Kunst.

Die meisten der 85.000 heute in der Provinz **Québec** lebenden Indianer waren traditionell mehr den Engländern als den Franzosen zugetan. In den Reservaten wird daher neben der Stammessprache überwiegend Englisch gesprochen. U.a. daraus erklärt sich die vehemente Ablehnung der Québecer Regierung und die Militanz von Auseinandersetzungen: Die **Mohawks** in Oka bei Montreal etwa gingen vor einiger Zeit gewaltsam gegen die Erweiterung eines Golfplatzes auf für sie heiligem Gelände vor, und **Cree Indians** und **Inuit** kämpfen seit Jahren gegen das Vordringen der Elektrizitätsgesellschaft *Hydro-Quebec*, die im hohen Norden neue Stauseen für Wasserkraftwerke plant.

Eine Sonderstellung besitzt **Wendake**, eine Huronensiedlung bei Québec-City. Als die mit den Franzosen verbündeten Huronen von den Irokesen geschlagen worden waren (⇨ Saint Marie-among-the-Hurons, Seite 413), flohen die Überlebenden zur Festung Québec. Heute leben dort rund 1.000 ihrer Nachkommen von der Fertigung indianischer Mokassins, Lederjacken, Schneeschuhe und Souvenirs.

Statue an der Straße #201 in Maine

Geologie des Nordostens
unter touristischen Gesichtspunkten

Charakter

Im Nordosten beidseitig der Grenzen dominieren waldreiches Hügelland und Mittelgebirge, unterbrochen von Küstenebenen und breiten Flußtälern. *Canadian Shield*, **Appalachian Mountains**, einige große Flüsse wie der **St. Lawrence** und der **Hudson River**, die **Great Lakes** und die **Atlantikküste** sind die bestimmenden Strukturen.

Canadian Shield

Der *Canadian Shield*, ein felsiger "Schild" aus Granit- und Gneis, ist die größte zusammenhängende geologische Formation des nordamerikanischen Kontinents. Sie bedeckt fast die Hälfte der Fläche Canadas, 67% von Ontario und 84% von Québec. Der Fels ist nur von einer dünnen Erdschicht bedeckt, die sich für eine Landwirtschaft nicht eignet, dafür aber reich an Mineralien. Die oft rosafarbenen, durch Erosion stumpf und glatt gewordenen freien oder in Rissen nur spärlich bewachsenen Granitflächen bilden besonders im Zusammenspiel mit den Seen Ontarios eine eigene attraktive Landschaftsform. Dort findet man von Sandstränden unterbrochene Ufer und unzählige vorgelagerte Inseln und Inselchen vor allem an der **Georgian Bay** des Lake Huron, an den **Muskoka-** und den **Kawartha Lakes** und im **Algonquin Park**.

Zwei zum *Canadian Shield* gehörende **Bergmassive** sind

– die **Laurentides** bzw. die **Laurentian Highlands**. Dieser Höhenzug verläuft nördlich des Ottawa und nordwestlich des St. Lawrence River. Zwischen Montreal und Québec City bilden die *Laurentides* einen "Wall" von 500-800 m Höhe, wirken jedoch wegen ihrer steil abfallenden, bewaldeten Hänge erheblich höher. Die zahlreichen Seen in den langgestreckten Tälern bieten – wie breite Flüsse – unendliche Kilometer ursprünglicher Kanureviere.

– die **Adirondack Mountains**, ein Mittelgebirge mit Höhen bis zu 1629 m voller Seen und Flüsse im Norden von *New York State* gleich "unterhalb" der Grenze. Deren immense Laub- und Nadelwaldbestände und Eisenvorkommen wurden schon früh wirtschaftlich genutzt. Wegen ihrer Nähe zu den dicht besiedelten Tälern des Hudson River und der Ballungszentren um New York City wurden die *Adirondacks* früh als Freizeitrevier entdeckt. Der größte Teil steht heute als öffentlicher **Park** unter der Verwaltung des *New York State Department of Environment and Conservation*.

Appalachen

Eine den gesamten Osten der USA beherrschende Gebirgsformation sind die in Nord-Süd-Richtung mehr oder weniger parallel zur Atlantikküste laufenden *Appalachian Mountains*. Mit fast 4.000 km sind sie einer des längsten Gebirgszüge der Welt. Beginnend im tiefen Süden der USA (Alabama) reichen sie bis hinauf in den äußersten Nordwesten Neufundlands und bestimmen weitgehend die geologische Struktur der Neu-England-Staaten, des östlichen Québec einschließlich der Gaspé Halbinsel und der maritimen Provinzen:

Die **Green Mountains** in Vermont, die **White Mountains** in New Hampshire und die **Berkshires** in Massachusetts/Connecticut gehören als Teilformation ebenso zum Appalachenmassiv wie die **Catskills** unweit New York City westlich des Hudson River. Die höchsten Erhebungen der Appalachen in Neu-England sind der **Mount Washington** mit 1916 m (New Hampshire) und der **Mount Katahadin** mit 1729 m (Maine).

Costal Plains

Zur Küste hin werden die Berge flacher und laufen an der zerklüfteten Küste von Maine und in Nova Scotia mit zahllosen Inseln und Buchten aus. Zwischen **New York City** bis **New Hampshire** erreichen sie den Atlantik nicht. Dort bestimmen überwiegend flache Küsten der von Süden heraufreichenden **Coastal Plains** und lange **Sandstrände** das Bild.

Große Seen und Saint Lawrence River

Die **Great Lakes – Lake Ontario**, **Erie**, **Huron**, **Michigan** und **Superior** – bildeten sich erst am Ende der letzten Eiszeit vor etwa 10.000 Jahren. Seit etwa 5.000 Jahren sind die Seen miteinander verbunden. Das Wasser fließt in östliche Richtung von einem See in den anderen und schließlich über den **Saint Lawrence River** in den Atlantik. Allein vom Lake Superior zum Lake Ontario besteht ein Höhenunterschied von 108 m. Das spektakulärste Gefälle des Wassers auf dem Weg zum Meer sind die Niagarafälle. Zu ihrer und der Umgehung von

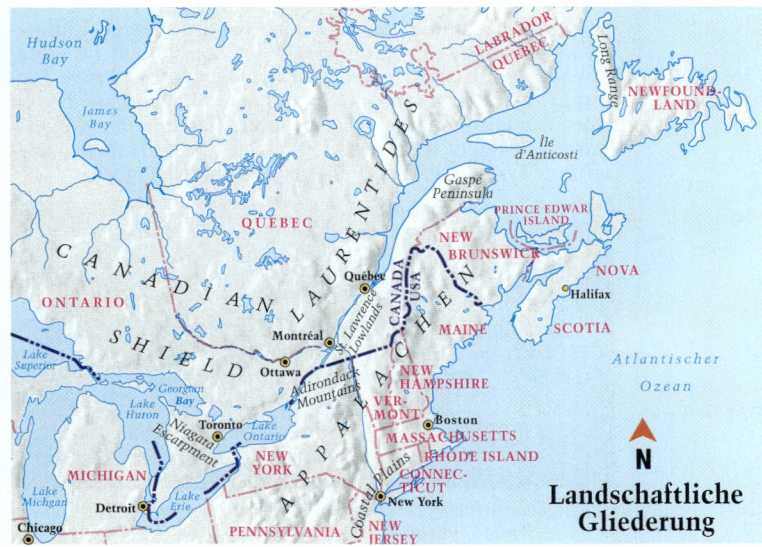

Landschaftliche Gliederung

Stromschnellen zwischen den Seen begann man schon im frühen 18. Jahrhundert, Kanäle und Schleusen anzulegen. Seit 1959 ist der **St. Lawrence Seaway** bis Chicago am Lake Michigan und Thunderbay am Westende des Lake Superior durchgängig für ozeangängige Schiffe nutzbar, ⇨ Skizze Seite 388.

Grenzbereich Die Großen Seen bilden mit dem Saint Lawrence River die natürliche **Grenze** zwischen den USA und der kanadischen Provinz Ontario. Im Tal des St. Lorenz Stroms und in den Uferzonen rund um die östlichen Seen finden sich die fruchtbarsten Gebiete Ontarios, Québecs und von New York State. Daher ist dort zwar die Bevölkerungsdichte hoch, aber landschaftlich reizvoll sind diese Gebiete nicht. Wo jedoch der Fels des landwirtschaftlich unergiebigen *Canadian Shield* die Ufer erreicht – z.B. an der Georgian Bay des Lake Huron, am Lake Superior und in der *1000 Islands*-Region des St. Lorenz – leben weniger Menschen; dort sind die Großen Seen und der Strom besonders attraktiv.

Niagara Mitten durch das Flachland im südlichen Ontario läuft das
Escarpment 900 km lange und bis zu 600 m hohe **Niagara Escarpment**, eine ungewöhnliche geologische Kalkstein-Formation, die vor etwa 450 Mio. Jahren die Steilküste eines flachen tropischen Meeres bildete. Die Pflanzen und Skelette der See-Lebewesen sanken ab und wurden in Steinschichten gepreßt. Diese als Fossilien erhaltene Flora und Fauna ist so aufschlußreich, daß die UNESCO das *Niagara Escarpment* 1990 zu einer **World Biosphere Reserve** erklärte.

Bei Kitchener und an der Georgian Bay im Bereich Collingwood/Craigleith sorgen die Hügel des *Escarpment* für Ontarios Skigebiete (!) und bilden auf der Ostseite der **Bruce Peninsula** zwischen Georgian Bay und dem offenen Lake Huron eine wunderschöne Felsküste. Unter Wasser – die vorgelagerten Flowerpot Islands sind "Spitzen" dieses Höhenzuges – setzt sich das *Escarpment* bis Manitoulin Island fort.

Glatt geschliffener, rosafarbener Fels in Stonington/Maine, wo Appalachenausläufer bis ans Meer reichen

Vegetation und Fauna

Nördliche Zonen

Weite Teile des amerikanischen Nordostens bzw. des Ostens von Canada sind dicht bewaldet. Die dünne Bodenschicht und das rauhe Klima im Norden Ontarios, Québecs und in Newfoundland sind dafür verantwortlich, daß fast nur Nadelbäume die Winter überstehen. Im vorigen Jahrhundert war die *White Pine* (Kiefer) die vorherrschende Baumart. Nachdem die Bestände durch extensive Nutzung – z.B. für den Schiffbau – stark reduziert wurden, überwiegen heute **Balsam Fir**, **White** und **Black Spruce** (Tannen und Fichten).

Black Spruce   Eastern white Pine   Red Spruce
              Red Pine   Balsam Fir

Gemäßigte Zonen

In den wärmeren Gebieten Ontarios, Québecs (vor allem am St. Lawrence River) wie auch in Neu-England beherrschen ausgedehnte **Laubwälder** das Bild, soweit sie nicht der landwirtschaftlichen Nutzung des Bodens weichen mußten. Je weiter man nach Norden kommt, umso stärker sind sie mit Nadelbäumen durchmischt. In den Zonen mit vergleichsweise langen frostfreien Perioden – Südontario, New York State und Connecticut – werden **Obst- und Gemüsesorten** angebaut, wie sie auch in Mitteleuropa heimisch sind.

Im gesamten Nordosten, besonders aber in den Mittelgebirgen Neu-Englands sorgt die Vielfalt der Baumarten für die bekannte herbstliche Farbenpracht; siehe dazu speziell das Essay zum **Indian Summer** auf Seite 310.

Acadian Forest

In den atlantischen Provinzen Canadas und im nördlichen Maine findet man eine Mischung aus Laub- und Nadelwald, die dort **Acadian Forest** genannt wird. Dieser Wald ist nicht so dicht wie die Laub- und Nadelwälder anderswo, da die salzhaltige Luft das Wachstum der Bäume hemmt. Eine Vielzahl von Moosen, Farnen und Beeren ist dort heimisch.

21

White Ash (Esche)   *American Beech (Buche)*   *Sugar Maple (Zuckerahorn)*

Wild

Der Nordosten ist zwar Heimat vieler Tierarten – Rotwild, Füchse, Eichhörnchen, Biber, Luchse, Ottern, Marder, Wiesel Stachelschweine u.a.m. –, aber aus unserer Sicht besonders exotische Tiere sind kaum darunter. Im unberührten Norden und im dünn besiedelten Neufundland gibt es immerhin noch Herden von ***Caribous,*** einer Rentierart, und in den Hochlagen mancher Region **Schwarzbären.** Um die aufzuspüren, muß man sich aber schon auf längere Wanderungen abseits der Zivilisation begeben. Auch wenn davor in manchen Parks gewarnt wird (➪ Essay), die "Chance", daß einem ein Meister Petz über den Weg läuft oder gar zur Essenszeit am Campingtisch Platz nimmt, ist eher gering. **Elchen** (amerik: *Moose,* nicht *Elk;* das sind Hirsche) jedoch begegnet man z.B. im *Algonquin Park,* auf Cape Breton Island und vor allem auf Neufundland durchaus. Im *Algonquin* gibt es sogar **Wölfe,** die man zwar kaum zu Gesicht bekommt, aber nachts hört (➪ Seite 432).

Waschbären/ Racoons

Eine rechte Plage können – wie überall in Amerika – **Waschbären** sein. Die ***Racoons*** sehen zwar possierlich aus, fallen aber mit Begeisterung über liegengelassene oder nicht gut verstaute Nahrungsmittel her. Sie scheuen sich nicht einmal die Mühe, in geschickter Kleinarbeit verschlossene Behälter – oft mit viel Radau – aufzuhebeln. Auf manchem Campingplatz findet man Schilder, auf denen *Mother Racoon* klagt, man solle ihre Kinder nicht verweichlichen und zu träge zur eigenen Nahrungssuche machen. Dabei ist auch Mamma Waschbär längst dem *Fast Food* verfallen.

Vögel

Am interessantesten sind im gesamten Nordosten die **Vögel**. Entlang der Migrationsrouten der Zugvögel am St. Lorenz-Strom und an der Atlantikküste gibt es zahlreiche Schutzgebiete, die für den ***Bird Watcher*** zugänglich sind, wie etwa die *Tantramar Marshes* in New Brunswick, die Ile Bonaventure vor Percé auf der Gaspé Peninsula, der *Parc Conservation de Bic* am St. Lawrence oder Cape St. Mary auf Neufundland.

Gannets und Puffins

Eine besondere Vogelart sind die *Gannets*. Diese weißen Vögel mit hellgelbem Kopf und hellgrauem langen Schnabel können über einen Meter lang werden. Sie brüten u.a. auf der Gaspé Halbinsel, in Neufundland und in Nova Scotia. Den Winter verbringen sie – wie die betuchteren menschlichen Bewohner dieser Landstriche – in Florida bzw. am Golf von Mexiko. Den schönen, sehr exotisch wirkenden *Puffin* findet man auf Inseln in Maine und im Atlantischen Canada. Er hat ein knalliges schwarz-orangenes Make-up um die Augen und einen großen blau-gelb-roten Hakenschnabel.

Puffin

Murres, Heron, Canada Goose Loon

Ebenfalls eine Besonderheit sind die schwarz-weißen **Murres** in Neufundland, die auch gejagt werden, um die Speisekarte zu bereichern. Überall an Seen und Sümpfen ist der majestätische *Blue Heron* (Reiher) zu finden, ganz speziell aber im *Kouchibouguac Park* in New Brunswick. Verbreitet ist die *Canada Goose*, zu erkennen an ihrem schwarzen Hals- und Kopf mit abgesetzten weißen Wangen und einem weißen Kropf. Ihr Gefieder ist grau-bräunlich, Schwanz und Füße sind schwarz. Ihr Fleisch gilt als Delikatesse.

Canada Goose

Die ausgeprägt farbige *Common Loon*, eine Entenart, ist neben der *Canada Goose* so etwas wie das Symbol kanadischer Natur und Einsamkeit. Ihr klagender Ruf gehört zur Lagerfeuerromantik am stillen See, ⇨ Seite 427. Andere Wildvögel wie Fischadler, Habicht und Falke sind seltener geworden, wurden aber – z.B. im *Acadia National Park* – wieder ausgesetzt

Seefische

Vor der Küsten des Nordosten werden vor allem **Kabeljau**, **Hering**, **Marlin** und **Thunfisch** gefangen Die *Great Banks* südöstlich von Neufundland waren über Jahrhunderte einer der reichsten Fischgründe der Welt. Denn die flachen Schelf-Gewässer am Rande der kontinentalen Abbruchkante bieten ideale Kinderstuben für eine Vielzahl von Fischarten; dort vermischen sich der kalte Labrador- und der warme Golfstrom. Wegen der – durch Überfischen verursachten – Dezimierung der Bestände wurde die Kabeljau-Fischerei vor Neufundland 1992 von der kanadischen Regierung verboten.

Wale

Seit dem internationalen Ächtung des Walfangs sind die Wale – wie auch die Seehunde (*Seals*) – an der Atlantikküste und im Unterlauf des Saint Lawrence River endgültig zu einer der großen **Touristenattraktionen** geworden. Man sieht *Finback*, *Humpback*, *Sperm*, *Blue* und *Killer Whales* und – nur im St. Lorenz – den kleinen weißen *Beluga*.

**Süßwasser-
fische**

Auch der beliebte atlantische **Lachs** (*Salmon*) darf kommerziell nicht mehr gefangen werden. Aber Angler haben immer
noch eine Chance, Lachse in den Flüssen an den Haken zu bekommen. Die Gewässer im gesamten Nordosten sind voller
Fische vieler Arten. **Forellen** gibt es massenhaft; sie werden
außerdem von Zuchtanstalten (*Fish Hatcheries*) Jahr für Jahr
zu Millionen ausgesetzt, damit die allgemeine Angelleiden-
schaft den Beständen nicht allzusehr zusetzt.

**Hummer
und
Muscheln**

Die Atlantikküste ist reich an Krustentieren, der **Hummer**
(*Lobster*) von Cape Cod über Nova Scotia bis Prince Edward
Island ein erstrangiges kulinarisches Motiv der Tourismuswerbung. Besonders an der neu-englischen Küste, aber auch
in Nova Scotia findet man delikate **Muscheln** (*Clams*). Das
Suchen lebender Muscheln (***Clam Digging***) gehört – soweit es
in Schutzgebieten nicht ausdrücklich untersagt ist – zu den
verbreiteten Freizeitaktivitäten amerikanischer Urlauber.

*Clam Digging ist eine populäre Ferienaktivität (hier bei Ebbe
an der Küste im Risser`s Beach Provincial Park/Nova Scotia)*

BÄREN

Einst bevölkerten Bären den gesamten nordamerikanischen
Kontinent. Heute leben sie fast nur noch in den riesigen
Wäldern im Norden und in Höhenlagen der Rocky Mountains, der Sierra Nevada Kaliforniens und des Kaskadenge-
birges im Nordwesten der USA. Den gefürchteten ***Grizzly***
trifft man im hier beschriebenen Gebiet gar nicht, ebensowenig wie den **Braunbären**. Einen **Schwarzbären** zu Gesicht
zu bekommen, ist immerhin möglich, etwa in den White
Mountains, im Hinterland von Maine, in New Brunswick
oder in der *Gaspésie*, in den *Adirondacks*, im *Algonquin
Park* oder in den *Laurentides*.

Das ausgewachsene Schwarzbär-Männchen hat bei einem Gewicht von bis zu 180 kg eine Schulterhöhe von knapp 1 m. Auf der Suche nach Futter (Insekten, Knospen, Nüsse, Beeren und Honig) können Schwarzbären Bäume senkrecht hochklettern. Sie töten und fressen aber auch kleine Nagetiere oder Kitzen. Müll- und Abfallbehälter locken sie ganz besonders an. Obwohl generell friedlich und scheu, sind sie u.U. auch gefährlich.

"You are in Bear Country" warnen Hinweisschilder in **Provincial, State** und **National Parks** und Merkblätter in den **Visitor Centres** auch im Osten Nordamerikas in entsprechenden Gebieten. Auf den *Campgrounds* besitzt dann jeder Stellplatz eine verriegelbare Box für Lebensmittel. Im Kofferraum des Autos oder am Seil zwischen zwei Bäumen (4 m über dem Boden, 2 m vom Stamm) sind Lebensmittel ebenfalls sicher. Für schlafende Menschen im Zelt interessieren sich Bären nicht, es sei denn, sie witterten *Food*. Ein wenig Lärm (Topfschlagen) oder Taschenlampen vetreiben Meister Petz, sollte er dennoch auftauchen.

Vor Wanderern hat sich ein Bär normalerweise längst aus dem Staub gemacht, bevor der Mensch ihn entdeckt. Nur wenn das Tier überrascht wird, könnte es angreifen. Deswegen sollte man auf Wildniswanderungen bei Gegenwind und an unübersichtlichen Stellen laut reden, Geräusche machen oder pfeifen. Bemerkt dennoch nicht das Tier den Menschen, sondern der Mensch den Bären zuerst, heißt es, Ruhe bewahren. Nicht etwa umdrehen und wegrennen ist dann die sicherste Verhaltensweise, sondern der vorsichtige Rückzug unter Fixierung des Bären.

Cabins eines kanadischen Motels mit Bärenbewachung

1.1.3 National, State und Provincial Parks

**Die
National-
parkidee**

Die Schaffung der Nationalparks basiert auf dem Gedanken, außergewöhnliche Landschaften, Naturwunder und bedeutsame historische Stätten vor Zerstörung und kommerzieller Ausbeutung zu bewahren und gleichzeitig den Bürgern des Landes den (kontrollierten) Zugang zu ermöglichen. Sowohl in den USA, als auch in Canada ist die Geschichte der Nationalparks lang. Als erste wurden 1872 in den USA der **Yellowstone National Park**, 1887 in Canada der **Banff Park** gegründet. Die Nationalparkidee wird seither in beiden Ländern vom **National Park Service** in vorbildlicher und weltweit nachgeahmter Weise in die Praxis umgesetzt.

Das Nationalpark-System bezieht sich in beiden Ländern nicht nur auf die Bewahrung von Landschaft und Natur, sondern erfaßt auch eine Vielzahl von Plätzen historischer Bedeutung. Ihre differenzierte Bezeichnung ist **in den USA** schon fast verwirrend. Es gibt **National Monuments, Historic und Military Sites, Historical Parks, Memorials** und **Battlefields**, während **in Canada** alle Nicht-Landschaftsparks mit einem Begriff, dem **National Historic Park**, benannt sind.

**Historische
Parks**

Derartigen Stätten sind oft Persönlichkeiten – überwiegend Politikern und Militärs – gewidmet, oder es werden architektonische, industrie- und andere historische Besonderheiten erhalten. Gerade der Nordosten ist mit derartigen Stätten reich gesegnet. Allein in Canada gibt es im Osten **53 Historic Parks** gegenüber 14 Parks im alten, "klassischen" Sinn. Europäische Besucher erstaunt oft, wie intensiv auch relativ kleine, genaugenommen "unsensationelle" nationale Einrichtungen dieser Art gepflegt, und wie stark sie von Besuchern aller Bevölkerungsschichten frequentiert werden.

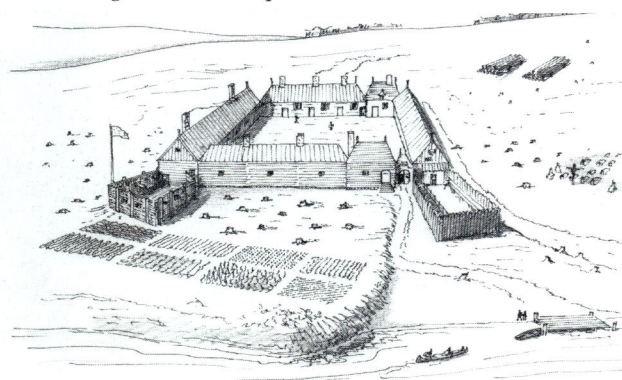

Fort Royal National Historic Site/Bay of Fundy in Nova Scotia

National-parks in Canadas Osten

Die Nationalparks im Nordosten sind bei uns im allgemeinen weit weniger bekannt als die des amerikanischen bzw. kanadischen Westens. Dabei haben vor allem die 14 Nationalparks im Osten Canadas zwischen Lake Superior und Neufundland – z. B. **Georgian Bay Islands** und **Bruce Peninsula** in Ontario, **Mauricie** und **Forillon** in Québec, **Kouchibouguac** und **Fundy** in New Brunswick, **Kejimkujik** und **Cape Breton Highlands** in Nova Scotia und **Gros Morne** auf Neufundland – durchaus einiges zu bieten. Sie sind alle im Reiseteil ihrer Bedeutung entsprechend behandelt.

Weitblick vom Mount Cadillac im Acadia National Park

Nordosten der USA

Mit dem überaus populären **Acadia National Park** in Maine liegt nur einer von insgesamt 46 amerikanischen Nationalparks im Nordosten. Daneben findet man aber noch *National Sea-* bzw. **Lakeshores**, nämlich **Cape Cod** in Massachusetts, **Fire Island** auf Long Island im Staat New York und **Pictured Rocks** und **Sleeping Bear Dunes** in Michigan.

Maritime Parks

Nicht nur auf der Erde – auch unter Wasser werden natürliche Lebensräume geschützt, nämlich in den **National Marine Parks Fathom Five** vor Ontarios *Bruce Peninsula* und **Saguenay** am St. Lawrence-Unterlauf in Québec.

National Forests

Landschaftliche Attraktivität und unberührte Natur findet man durchaus nicht nur in Einrichtungen des *National Park Service`*. Namentlich die **Nationalforste** stehen ihnen in beiden Ländern oft in nichts nach. Für ihren Besuch braucht man keinen Eintritt zu zahlen. Die meisten Straßen durch Nationalforste – speziell in den Neu-England Staaten Maine, New Hampshire und Vermont – bieten fast immer eine erfreuliche Streckenführung. Daß in ihnen überdies zahlreiche besonders schön gelegene **Campingplätze** zu finden sind, macht sie für viele noch reizvoller, ⇨ Seite 163.

State und Provincial Parks

Ungewöhnliche geologische Formationen, historisch interessante Orte und sehenswerte Landschaften gibt es außer auf Grundbesitz der nationalen Regierungen auch auf anderen Ländereien, etwa der einzelnen US-Staaten und kanadischen

Provinzen. Wie der Bund verfügen diese ebenfalls über eine Parkverwaltung, die für regional unterhaltene **Parks, Historic Sites** und **Monuments, Beaches** und **Recreational Areas** zuständig ist. Mancher *State* und *Provincial Park* etc. steht den nationalen Pendants qualitativ kaum nach.

Picknick und Camping

Obwohl der Parkgedanke in den verschiedenen Staaten und Provinzen eine unterschiedliche Auslegung erfährt, signalisieren *State* wie *Provincial Parks* immer das Vorhandensein einer gepflegten öffentlichen Anlage mit mindestens **Picknickplatz** und in sehr vielen Fällen großzügig angelegten **Campgrounds** (⇨ Seite 163). Oft sind Badestrände, Bootsanleger und Angelgelegenheit vorhanden. Der größte und bekannteste kanadische Provinzpark ist der **Algonquin Park** in Ontario mit einer Ausdehnung größer als viele Nationalparks. Das gilt auch für den **Adirondack Park** in New York State.

Andere Parks und Schutzzonen

Außerdem gibt es noch zahlose **Wildlife**- und **Bird Sanctuaries**, (Wild- und Vogelschutzgebiete), in Québec **Reserves Fauniques** und **Parcs de Conservation** genannt, die aber oft für Besucher kaum zugänglich sind, sieht man ab von Aussichtsplattformen oder *Boardwalks* (Holzstegen).

Ranger

In allen Einrichtungen der *National*-, *Provincial*- bzw. *State Parks* und *Historic Sites* sind uniformierte Beamte, in beiden Ländern *Park Ranger* genannt, für Parkprogramme und Besucherbetreuung zuständig**.** Die **Ranger** haben auch Polizeifunktion auf den Straßen der Parks, achten auf die Befolgung der Parkregeln (Alkoholverbot, Lärmbelästigung usw.) und überwachen die Campingplätze. Viele sind Experten für Natur und Geschichte ihres Einsatzbereichs und leiten Wanderungen und andere Unternehmungen, denen sich die Parkbesucher – meist gratis – anschließen können.

Visitor Centers

In den oft aufwendig gestalteten **Besucherzentren** (*Visitor Centers*) wird man in Austellungen, Vorträgen und Film-/Dia-Programmen über alles Wissenswerte informiert und mit Karten und sonstigen Unterlagen versorgt. In vielen Parks gibt es **Interpretive Walks**, geführte Spazier-/Rundgänge durch Natur oder historische Stätten, und **Campfire Programs**, meist Film- oder Diashows (auf englisch bzw. französisch).

Eintritt

National, State- und *Provincial Parks* kosten Eintritt, in der Regel einen Pauschalpreis für die Wagenladung (Pkw/Minivan/Campmobil) bis zu einer unterschiedlich maximalen Insassenzahl. Meistens gelten **ermäßigte Tarife füt Senioren** ab 55-65 Jahren. Anders ist es bei – z.B. historischen – Stätten, die man nicht durch Einfahrt mit dem Auto besucht. Dort ist Eintritt pro Person fällig, dann auch für Kinder ermäßigt.

National- parks in Canada

Kanadische Nationalparks kosten c$6-c$10 Tageseintritt pro Fahrzeug (2-10 Personen), **Jahreskarten für alle Parks kosten c$75**. Einzelpersonen zahlen c$3-c$5.

Eintritt National- parks USA

Die Einrichtungen des **Nationalpark-Systems in den USA** erheben zwischen $2 und $20(!) Eintritt/Wagenladung. Radfahrer, Wanderer oder Busreisende müssen $1-$3 pro Person entrichten. Da im Nordosten lediglich der *Acadia National Park* ($10/Fahrzeug inkl. Insassen) liegt – sieht man einmal von den *Lake-* und *Seashores* in Michigan und Long Island ab –, lohnt sich in den USA der Erwerb einer Jahreskarte, des *Golden Eagle Passport* für **$50** nur, wenn man innerhalb eines Jahres nach Erwerb dieses Passes noch andere Teile der USA bereist.

State und Provincial Parks

In regionalen Parks schwankt die **Höhe des Eintritts** in der Regel zwischen $3 und $8 *per party* (also die besagte Wagenladung), je nach **Staat/Provinz** und Bedeutung bzw. der jeweiligen Anlage. Gelegentlich gilt der einmal entrichtete Eintritt für mehrere aufeinanderfolgende Tage. Manchmal ist der **Eintritt frei**, wenn dem Besuch ein besonderer pädagogischer oder patriotischer Wert beigemessen wird. In der Vor- oder Nachsaison, wenn ein Teil der Einrichtungen geschlossen ist, entfällt der Eintritt mitunter ganz.

Bei den *State* und *Provincial Parks* gibt es relativ preiswerte **Jahreskarten,** die sich aber nur für Touristen lohnen, die länger innerhalb eines Staates/einer Provinz bleiben und dort mehrere Parks besuchen. Der Kauf ist ein Rechenexempel.

Parksaison

Die Öffnungsperioden der Parks sind außerhalb der Hochsaison – Mitte Juni bis *Labour Day* (1. Montag im September) – stark abhängig von der geographischen Lage. So schließen etwa in New Brunswick alle Provinzparks nach *Labour Day* komplett, während die *State Parks* in Neu-England bis zur Laubfärbung Anfang/Mitte Oktober überwiegend geöffnet bleiben. Manche Parks halten zumindest Teilbereiche ihrer Anlage und Einrichtungen ganzjährig geöffnet.

Aktuelle Übersichten mit den Details der *State-/Provincial* und *National Parks* gibt es in den Büros der **Visitor /Tourist Information** in den Staaten bzw. Provinzen.

1.1.4   Naturerlebnis, Abenteuer und Sport

Die vorstehenden Abschnitte zu Vegetation und Fauna und den unterschiedlichen, zahlreich vorhandenen öffentlichen Parks unterstreichen, daß Reisen in Canadas Osten und im Nordosten der USA – führen sie nicht ausschließlich in die großen Cities – immer auch **Naturerlebnis** bedeuten. Neben dem in diesem Teil des Kontinents ebenfalls wichtigen historisch-kulturellen Reisemotiv ist die Vielfalt der Möglichkeiten für Outdoor-Aktivitäten ein weiterer guter Grund, diese Region für die Reise zu wählen.

**Wandern/
Hiking**

Die vorherrschende Mittelgebirgs-Landschaft mit ihren Seen und Flüssen eignet sich ausgezeichnet für kurze wie längere Wanderungen. Speziell in Nationalparks und -forsten und in den meisten *State* und *Provincial Parks* sind **Wanderungen** eine natürliche Ergänzung des Besuchs. Auf Wegen von komfortabel mit Lehrpfadcharakter bis zu kaum gekennzeichneten Wildnispfaden über Stock und Stein – die Suche nach den gelegentlich recht versteckten Wegmarkierungen kann leicht zu einem Extra-Abenteuer werden – findet man unzählige *Hiking Trails*. Ihre Ausgangspunkte sind meist gut gekennzeichnet. Sofern man in kostenpflichtigen Parks nicht ohnehin eine genaue Karte erhält, informieren Tafeln oder Handzettel in einem Kästchen an den *Trail Heads* über Verlauf, Dauer und Schwierigkeitsgrad der Wanderungen. In größeren Landschaftsparks existieren neben kürzeren, in ein paar Stunden, maximal einem Tag zu schaffenden Strecken immer auch *Trails* für **Mehrtagestrips** mit kleinen, kostenfreien Campingplätzen am Wege (*Walk-in/Wilderness Campgrounds*). Aus dem *Hiking* wird dann ein **Backpacking**, da man für derartige

Unternehmungen nicht ohne Rucksack, den *Backpack*, auskommt. Gasthöfe und Jausenstationen, wo sich der Wanderer zwischendurch an Schinkenbrett, Handkäs und Schoppenwein laben kann, sind in Amerika leider unbekannt. Bestenfalls gibt es in unregelmäßigen Abständen offene Hütten mit Feuerstelle.

Startpunkt für Wanderungen (Trailhead) in einem National Forest. Karten liegen gratis im Kasten

Wander-erlaubnis/ Back Country Permit	Für Übenacht-Wanderungen in Parks und *National Forests* benötigt man in der Regel ein **Wilderness** oder **Backcountry-Permit**. Die Erlaubnisscheine werden in den Büros der Parks und von Nationalforsten mit *Long-Distance Hiking Trails* kostenlos ausgestellt. Sie dienen u.a. der Ökologie, indem in besonders beliebten Gebieten nur eine begrenzte Zahl von Wanderern zugelassen wird.
Längere Wanderungen	Besonders geeignete Gebiete für längere Wanderungen sind der **Algonquin Park**/Ontario, die großen **Reserves Fauniques** in Québec, der **Baxter State Park** in Maine, die **Adirondacks** in New York State, die **Green Mountains** in Vermont und die **White Mountains** in New Hampshire.
Long Distance Trails	Als Krönung des *Backpacking* gilt die Bewältigung zusammenhängender Wanderungen über tausende von Kilometern, und sei es abschnittsweise. Der bekannteste *Long Distance Trail* (2.100 mi) im Osten der USA ist der **Appalachian Trail** von Georgia bis nach Maines *Baxter Park*. Enthusiasten versuchen alljährlich, mit dem Tempo des von Süden nach Norden voranschreitenden Frühlings Schritt zu halten. Wer Lust hat, kann sich Teilabschnitte vornehmen, z.B. in den *White* oder in den *Green Mountains*, wo der *Appalachian Trail* über ca. 100 mi mit dem 262 mi langen *Long Trail* identisch ist.
	In Canada gibt es den überaus reizvollen **Bruce Trail**, einen 720 km langer Fernwanderweg, der dem *Niagara Escarpment* (⇨ Seite 384) von Queenston bei Niagara Falls bis nach Tobermory an der Spitze der Bruce Peninsula folgt.
Radfahren/ Biking	Radfahren ist in Nordamerika in den 80er-Jahren wieder zu Ehren gekommen. Keine mittlere Stadt, in der es heute nicht Fahrradverleihstationen gibt (*Rent-A-Bike/Bike Rental* in den *Yellow Pages* der Telefonbücher). Auch in manchen *National*, *State* und *Provincial Parks* kann man **Fahrräder mieten**. Nicht selten lassen sich Parks und Städte (dort kaum Radwege!) besser mit dem Fahrrad als per Mietwagen erkunden.
	Auf wenig frequentierten, im Nordosten zahlreich existierenden kleinen **Back Roads**, die vor allem in Neu-England immer wieder durch hübsche kleine Orte mit *Bed & Breakfast*-Pensionen führen, kann man herrliche Radtouren machen. **Mountain Biking** ist z.B. in den **Adirondacks**, in den **Green** und **White Mountains** und im **Acadia National Park** beliebt (*Rent-A-Bike* vor Ort). Die Möglichkeiten in Canadas Osten sind begrenzter. In Frage kommen vor allem die **Laurentides** bei Montreal bzw. Québec City.
	Mehr über *Mountain Biking* und Radwandern in den USA und Canada steht im Reise Know-How-Titel **USA/CANADA Bikebuch** von Raphaela Wiegers. Drüben gibt es Unmengen von Literatur zum Thema **Biking** einschließlich aller denkbar sinnvollen Routenvorschläge.

Kanutrips

Die Indianer nutzten mit ihren Kanus die Wassersysteme des Nordostens als Straßen durch sonst undurchdringliches Waldgebiet. Heute ist der Kanusport in einschlägigen Regionen perfekt durchorganisiert. Vor allem in den kanadischen *National* und *Provincial Parks* gibt es Kanuvermieter/*Outfitter*, bei denen sich nicht nur Boote, sondern die komplette Ausrüstung für Mehrtagestrips leihen lassen. Im Umfeld der besonders beliebten Reviere lassen sich die Stationen der *Outfitter* nicht übersehen. Dank großer Konkurrenz sind selbst in der Hochsaison meist ausreichend Kanus vorhanden. Viele Verleihfirmen bringen die Ausrüstung sogar zur vereinbarten Zeit an den gewünschten Startpunkt. In den – oft kostenlosen – Karten sind Rundtouren, Tragstrecken (*Portages*) und Zeltplätze (*Primitve Camping*) verzeichnet.

Folgende Gebiete eignen sich besonders gut für ausgiebige Kanutrips: **Algonquin Park** (der im Sommer oft sehr voll wird mit der Folge einer Limitierung der *Tour Permits*, ⇨ Seite 433), **French River**, **Killarney Provincial Park**, **Kawartha Lakes** (alle Ontario), **Mauricie National Park**/Québec, **Sacco River**/New Hampshire, **Baxter State Park** und **Allagash Waterway** (beide Maine) und **Adirondack Park**/New York State.

**Kanu
nur mal so**

Aber muß ja nicht gleich längere Trips im Auge haben, um mal das Kanupaddeln auszuprobieren. Kanus kann man oft unterwegs an kleineren Seen und Flüssen in beiden Ländern ohne weiteres auch stunden- und tageweise mieten.

Schwimmwesten sind auf Booten überall kontrollierte Pflicht

Auf vielen Gewässern – manchmal auch in den Parks – sind **Motorboote** zugelassen. Da das den Kanuspaß empfindlich stören kann, sollte man sich über diesen Punkt vergewissern.

**Whitewater
Rafting**

Wildwasserfahrten in Schlauchbooten sind im Westen beliebte Attraktionen. Mangels geeigneter Gewässer ist das Angebot im Nordosten aber gering. Die wenigen in Frage kommenden Flüsse liegen abseits der touristischen Routen, vor allem sind das **Kennebec** und **Penobscot River** in Maines Binnenland.

Hausboot

Prima ausgerüstete Hausboote (inklusive Wasserrutsche, Beiboot und Angelruten) stehen auf den verzweigten *Kawartha Lakes* bzw. dem *Trent-Severn-Waterway* in Ontario zur Verfügung. Ein weiteres schönes Hausboot-Revier ist der *Rideau Canal* zwischen Ottawa und Kingston, in Wirklichkeit nur stellenweise ein echter Kanal, überwiegend eine verbundene Seenplatte. Einzelheiten dazu im Reiseteil, Seiten 438 und 456.

Boots-ausflüge

Bei soviel Wasser allerorten werden auf Flüssen, Seen und an der Atlantikküste jede Menge Bootsausflüge angeboten. Das reicht von 2-Stunden-Seeufertrips über *Sunset Cruises* mit *Candlelight Dinner* bis zu mehrtägigen **Hochsee-Segeltörns** auf alten oder nachgebauten Schonern. Ganze **Windjammer-flotten** warten etwa in Maine (Bar Harbor, Camden, Boothbay Harbor) auf Kunden. Besonders beliebt für solche Trips ist die zerklüftete *Penobscot Bay* mit ihren vielen Inselchen.

Solche Segler kann man auch für Kurztörns buchen, hier im Hafen von Camden an der Küste von Maine

Attraktiv sind Fahrten auf fitgemachten alten Dampfschiffen mit mehr oder weniger launig vorgetragenen Erläuterungen. So etwas gibt`s u.a. an der *Georgian Bay*, auf den *Muskoka Lakes*, in der *Thousand Islands* Region des St. Lawrence River und auf dem *Lake Winnipesaukee* in New Hampshire. Im Reiseteil wird an entsprechender Stelle darauf hingewiesen.

In allen großen Städten kann man auch an *Sightseeing Tours* per Bootteilnehmen. Vom Wasser aus sind vor allem die *Sky-lines* von Toronto, Chicago und New York eindrucksvoll.

Inseltrips/ Fähren

Einige den Küsten vorgelagerte **Inseln** wie Nantucket und Martha's Vineyard (beide Massachusetts), Monhegan Island/ Maine, Grand Manan/New Brunswick u.a. eignen sich gut für Tages- oder sogar mehrtägige Ausflüge. **Fährverbindungen** sind zumindest in den Sommermonaten gut und mit oder ohne Auto durchweg preiswerter als bei uns.

Fährstrecken als besondere Form eines Schiffsausflugs gibt es massenhaft, am reizvollsten sind die kurzen Trips über den St. Lorenz-Strom zwischen Kingston/Ontario und St. Simeon /Rivière-du-Loup in Québec, über den Lake Champlain zwischen New York State und Vermont und von Tobermory auf der Bruce Peninsula nach Manitoulin Island über die *Georgian Bay* des Lake Huron. Regelrechte **Seefahrten** bieten die Hochseefähren zwischen Maine, New Brunswick und Nova Scotia sowie von Cape Breton Island nach Newfoundland.

Whale Watching

Eine ganz wichtige touristische Rolle spielen an der Atlantikküste und im Golf von St. Lawrence bis hinauf zur Mündung des Saguenay River ***Whale Watching Tours***. Die besten Trips zur Walbeobachtung starten ab **Provincetown** auf Cape Cod, **Bar Harbour**/Maine, **Tadoussac** am St. Lorenz-Strom und in **Twillingate** auf Neufundland.

Vogel-beobachtung

Auch ***Bird Watching*** wird als Bootsausflug angeboten. Reizvoll sind insbesondere Trips zur Beobachtung von ***Puffins*** von Bar Harbour und von ***Gannets*** von Perce/Québec aus.

Segeln

Die ganze hier behandelte Region ist ein **Paradies für Segler**. Wem es nicht genügt, nur mitzusegeln, kann Boote jeder Größe und Preisklasse leihen. Neben den beliebten Revieren an der Atlantikküste (u.a. Newport/Rhode Island, Hyannis/ Massachussetts, Bar Harbour und Camden/Maine) sind der Lake Champlain, die Georgian Bay des Lake Huron und der östliche Lake Ontario mit dem abfließenden St. Lawrence River hervorragende Gebiete für Segeltörns. Das Chartern von Booten läßt sich an den Marinas vor Ort bewerkstelligen.

Angeln

In Anbetracht unzähliger klarer Seen, Flüsse und endloser Küsten mit unerhörtem Fischreichtum ist es kein Wunder, daß Angeln in ganz Nordamerika einer nationalen Obsession gleichkommt. Auch ausländische Touristen dürfen in den USA und in Canadas ihr Anglerglück versuchen.

Fishing License

Dazu benötigt man einen Angelschein, die *Fishing License*. Ihr Verkauf erfolgt bis hinunter ins kleinste Dorf im örtlichen *Hardware Store* oder im *Bait and Tackle Shop*, der zur Angelerlaubnis auch gleich Rute, Blinker und Köder mitliefern kann. Offziell erteilen die Staaten bzw. Provinzen die Genehmigung. Es gibt sie als Tages- oder Saisonkarte. Die Kosten für wenige Tage entsprechen gewöhnlich bereits der Saisongebühr. Die *License*

für eine ganze Saison lohnt sich aber meist nur, wenn man etwas länger innerhalb eines Staates/einer Provinz zubringt. Einen Angelschein auf nationaler Basis gibt es leider nicht, bei Fortsetzung der Reise muß der Angler im nächsten Staat/ der nächsten Provinz wieder eine neue Gebühr zahlen. Ohne eine **Fishing License** darf man sich nicht erwischen lassen.

Fishing Trips

An den großen Seen und an der Atlantikküste gibt es – meist ziemlich teure – **Fishing Trips/Charters**. Auf den Booten ist dann alles vorhanden, was Petrijünger für den Erfolg brauchen. Angelfahrten reichen von kurzen Vor- und Nachmittagstouren bis zu Trips mit Wasserflugzeugen in die Wildnis. Der Vorteil solcher Ausflüge ist die Begleitung durch lokale Profis, die sich mit den besten Standorten und – noch wichtiger – den strengen Fangrestriktionen auskennen.

Jagen

Das Jagdvergnügen von *Out-of-State*-Personen unterliegt besonderen Regelungen. Die Gebühren sind für diesen Personenkreis extrem hoch. Wer jedoch bezahlen und ein Gewehr halten kann, ist in den **USA** dabei. Eine Jagdprüfung mit Jagdschein wie bei uns gibt es nicht. In Canada dürfen Ausländer nur in Begleitung von sogenannten **Outfitters** jagen. Für die Begleitung solcher Staat – nach entsprechender Prüfung – autorisierter Jagdführer wird kräftig zur Kasse gebeten.

Strände und Badespaß

An Stränden herrscht weder am Atlantik noch im Inland an den Großen Seen und zahllosen Gewässern Mangel: kilometerlange rosa oder weiße Sandstrände mit oder ohne Dünen, verschwiegene felsige Buchten mit sandigen Einsprengseln und Kieselstrände – alle Varianten sind vorhanden.

Atlantik

Wegen niedriger Wassertemperaturen ist an **Baden im Atlantik** aber oft nicht oder nur für Abgehärtete zu denken, ganz besonders in Maine und Nova Scotia. Die Regel "je nördlicher, umso kälter das Wasser" gilt dabei aber nur bedingt. Erstaunlich warme Strömungen sorgen zum Beispiel an der Ostküste von New Brunswick und von Prince Edward Island für Wassertemperaturen von 20°C und mehr. An den Stränden von Cape Cod und Long Island herrscht häufig eine hohe Brandung, die ein Baden nicht zuläßt.

Seen

Bis auf den Lake Superior erreichen die **Binnengewässer** im Juli und August Badetemperatur. Der nächste See oder ein klarer Fluß zur Abkühlung an heißen Sommertagen ist selten weit.

Strand im Acadia National Park

Tauchen/ Windsurfen

Wer tauchen oder surfen möchte, kommt kaum ohne Neopren-Anzug aus. *Scuba Diving* findet speziell an den Great Lakes viele Anhänger, beliebt ist u.a. das Tauchen nach alten Schiffwracks, etwa im *Fathom Five Marine Park*/Ontario und vor der *Pictured Rock Seashore*/Michigan. **Windsurfing** wird allerorten betrieben. An dafür geeigneten Wasserflächen gibt es in touristisch populären Orten *Surfboard*-Verleiher.

Tennis

Tennisspielen sollten ihre Schläger nicht vergessen. Selbst in ziemlich kleinen Orten findet man in ganz Nordamerika öffentliche, meist in Parkanlagen integrierte **Tennisplätze,** wo man gratis oder gegen geringe Gebühren spielen darf. Stark frequentiert sind solche Plätze meist nur in Feriengebieten und ab spätem Nachmittag bis zur Dunkelheit. Ansonsten gibt es keine Wartezeiten für ein Match zwischendurch. In Hotels, in Studentenwohnheimen und auf privaten, z.T. auch in *State/Provincial Park* **Campgrounds** gehören **Tenniscourts** häufig zur Anlage.

Golf

Golf ist im Gegensatz zu Europa ein Nationalsport (fast) ohne Klassenschranken. Öffentliche Golfplätze bieten eine gute Gelegenheit, es einmal zu probieren. Die Clubs sind ohne den hierzulande bekannten Exklusivitätsanspruch und lassen Besucher gegen eine Gebühr meist ohne weiteres spielen. Durchweg kann man Golfschläger leihen.

1.1.5 Kultur, Kunst und Geschichte

Die großen Cities

Boston, Montréal, Québec City

Die für amerikanische Verhältnisse nicht weit auseinanderliegenden großen Städte im Nordosten faszinieren u.a. durch ihre Unterschiedlichkeit. Sie alle besitzen spezifische, historisch gewachsene Eigenheiten. Das gilt besonders für **Boston** (1630), **Montreal** (1642) und **Québec City** (1603), die zu den ältesten Städten Nordamerikas gehören und über gut erhaltene bzw. restaurierte *Old Towns* verfügen.

New York, Toronto

Obwohl **New York City** auch zu den ganz frühen Gründungen gehört (1613), gewann die Stadt erst später Bedeutung. Ihre Attraktionen sind Insel und zentraler Stadtteil *Manhattan* mit der weltweit einmaligen Wolkenkratzerballung, einem unübertroffenen Kulturangebot und dem Flair der US-City an sich. Das viel jüngere **Toronto** (1834) ist mit einer *Downtown* voller Hochhäuser Canadas modernste und größte City, kultureller Brennpunkt und Schmelztiegel der Rassen wie New York, aber ohne die Probleme der Stadt am Hudson River.

Chicago, Detroit

Chicago am südlichen Ende des Lake Michigan besitzt eine ähnlich faszinierende Hochhauskulisse wie New York, aber einen eigenen, ganz anderen Charakter. Der Autometropole **Detroit** dagegen mit immerhin 1 Mio. Einwohnern im Citybereich und 5 Mio. im Großraum fehlt trotz einiger sehenswerter *Highlights* die unverwechselbare Prägung.

Ottawa, Buffalo

Nicht wirklich eine City, aber dennoch wegen ihrer Hauptstadteigenschaft und brillanter Museen bedeutend ist **Ottawa**. Trotz größerer Ausdehnung und höherer Einwohnerzahl kann **Buffalo** am Erie See nur im Zusammenhang mit Niagara Falls und als Standort einer herausragenden Kunstgalerie Interesse beanspruchen.

Die Skyline von Chicago

Stadt-rundfahrten

In den großen Cities ist es oft hilfreich, zunächst eine Stadt-rundfahrt zu buchen; das erleichtert die spätere Orientierung. Tourbusse allerdings, die drei oder mehr Stunden benötigen, um alles "abklappern", sind dafür nicht die beste Wahl, ideal vielmehr die in vielen Städten eingesetzten **Tourist Trolleys** oder auch offene **Doppeldecker**. Sie bedienen fahrplanmäßig und zügig eine in der Regel gut durchdachte Rundstrecke. Empfehlenswert ist eine erste "volle Runde", während der sich gut Prioritäten festlegen lassen. Nach dem *hop-on-hop-off*-System kann man mit dem einmal gelösten Ticket innerhalb eines Tages, manchmal auch innerhalb 24 Stunden, beliebig oft aus- und wieder zusteigen. In einigen Städten, sogar mitten in Manhattan, gibt es **Pferdekutschfahrten**. Die nostalgischen Vehikel wirken im brausenden Cityverkehr aber etwas deplaziert. Nur in Québec City passen sie zum mittelalterlichen Stadtkern.

City Parks

Erholung von Museumsbesuchen, Besichtigungen und Shopping bieten in allen Großstädten ausgedehnte Grünanlagen. Gleich in drei Nordost-Metropolen war *Frederic Law Olmstead*, der Star unter Amerikas Gartenarchitekten, am Werk; er entwarf den **Central Park in New York**, die **Emerald Necklace**, eine Reihe miteinander verbundener Parks in Boston, und den Park auf dem **Mont Royal** in Montreal. Amerikanische *City Parks* sind nicht nur zum Spazierengehen da, sondern Freiräume, in denen die Städter ihren Bewegungsdrang austoben sollen. Folglich verfügen die meisten Parks bis hinunter ins kleinste Dorf über alle Voraussetzungen zur Ausübung populärer Sportarten. Meistens ohne Gebühr können die Besucher Tennis, Basket- und Volleyball spielen, die immer vorhandenen Picknicktische und Grillroste nutzen, die Kinder auf Spielplätze schicken und sowieso den Rasen nach Belieben betreten.

Typisches Stadtrundfahrtbus mit Panoramafenstern

ANMERKUNGEN ZUR ARCHITEKTUR

Geschichte

Die Architektur der Regierungs- und Verwaltungsgebäude, von Museen, Banken und herrschaftlichen Wohnhäusern in der Neuen Welt folgte zunächst europäischen Vorbildern. Der *Georgian Style* und später der *Federal Style* – beide hatten ihre Blütezeit bis etwa 1825 – waren an den strengen klaren Linien der Renaissance orientiert. Das 19. Jahrhundert stand im Zeichen der *Revivals*, des "Wiederaufgreifens" alter Stile: *Greek-* und *Roman Revival* mit Kuppeln und Säulen, *Gothic Revival* mit den bizarren Türmchen und Spitzbögen mittelalterlicher Kirchen. Diese Epoche fand mit dem *Romanesque* bzw. *Picturesque Style* noch eine romantische Steigerung. Anfang des 20. Jahrhunderts besann man sich mit den Bauten für die Weltausstellung in Chicago wieder auf strengere klassische Formen: *Beaux Arts*, gefolgt in den 30er-Jahren von der in Amerika besonders ausgeprägten *Art Deco*-Stilrichtung.

Der starke **französische Einfluß** im östlichen **Canada** wird deutlich an den zahlreichen mächtigen, *Notre Dame* nachempfundenen Kirchen und Kathedralen. Auch Paläste à la Frankreich mußten her, und so ließ etwa die *Canadian Pacific Railway Company* schloßähnliche Hotelbauten errichten. Das **Hotel Chateau Frontenac** in Québec City und das **Chateau Laurier** in Ottawa sind sehenswerte Beispiele der Stilart, ➪ Fotos auf Seiten 505 und 461.

Hochhäuser

Technisch möglich gemacht durch die Entwicklung von Stahlskelett-Bauten und die Erfindung des (*Otis-*) Fahrstuhls, traten "Wolkenkratzer" seit der Jahrhundertwende von Chicago aus ihren Siegeszug um die Welt an. Die *Skylines* von Manhattan, Chicago und anderer *Big Cities* gehören heute zum Bild Amerikas wie der *Grand Canyon* und die *Cowboys*.

In Amerikas Osten lassen sich in jeder Großstadt Stilbeispiele aus nunmehr hundert Jahren Hochhausgeschichte bewundern. Da gibt es die noch am *Gothic Style* orientierten überdimensionalen "Burgen" mit vielen Schnörkeln und Verzierungen (*Chicago Tribune Building*), mächtige **Art-Deco**-Riesen (*Rockefeller Center* in Manhattan), nüchterne schwarze Glastürme eines Mies van der Rohe (**Bauhaus Style**) und die strengen geometrischen Glas-Stahl-Beton-Konstruktionen im **International Style**, der lange als Inbegriff moderner Hochhausarchitektur galt.

In den 70er-Jahren wandten sich viele Architekten vom *International Style* ab, weil sie ihn als unpersönlich und langweilig empfanden. Sie setzten ihrer Phantasie keine Grenzen, benutzten unterschiedliche Materialien und waren in der Formgebung innovativer und spielerischer. Zusammengefaßt wurde diese neue Richtung unter dem etwas schwammigen Begriff **Postmoderne**.

Gemeinsam ist vielen Hochhäusern, gleich welchem Zweck sie dienen, daß den Besucher großzügige, **lichtdurchflutete Lobbies** mit oft attraktiven *Shopping* Zonen und parkartig gestalteten Freiräumen empfangen, um die sich Snackbars und Restaurants gruppieren.

Die Wohnhaus-Architektur

In den angelsächsisch geprägten Regionen des Nordostens sind die meisten **Wohnhäuser** traditionell **aus Holz**, einem in Amerika im Überfluß vorhandenen und daher dort immer noch sehr preiswerten Rohstoff. Die zunächst schlichten Häuser (*Saltboxes*) der ersten Siedler verkleideten ihre Nachfahren mit *Shingles*, hölzernen Schindeln, oder *Clapboard* genannten, überlappend aufgenagelten langen Holzplanken. In Neu-England wie auch in den maritimen Provinzen Canadas ist diese Bauweise bis heute auch für Kirchen, Verwaltungsgebäude und große Hotels üblich. Meistens werden *Shingles* und *Clapboards* **weiß,** im hohen Nordosten auch farbig gestrichen. Holzverkleidungen ohne Anstrich bleichen zu einem hellen Grau aus, eine speziell auf Cape Cod und Nantucketin Massachusetts bevorzugte "Farbe". Viele ältere Häuser sind um Fenster, Türen und Giebel herum reich **verziert**, besonders zu bewundern auf der Insel Martha`s Vineyard. Man bezeichnet sie als *Gingerbread Houses***,** Häuser im Lebkuchenstil.

Die zu Geld gekommen Kaufleute Neu-Englands ließen sich schon bald ihre Villen aus rotem Backstein im *Georgian*- oder *Federal Style* bauen. Ganze Straßenzüge voller klassisch ebenmäßiger Gebäude sind in alten Handelsstädten wie Salem, Boston, New Bedford und Providence erhalten oder wurden liebevoll rekonstruiert. Auch für Verwaltungsgebäude und Banken war roter Backstein das um die Jahrhundertwende bevorzugte Material. Typisch für den Nordosten sind auch *Victorian Villas* ausgangs des 19. Jahrhunderts. Ob aus Holz – oft bunt bemalt – oder Stein, nie fehlen Erker, Türmchen, Terrassen (*Porches)* und Details fremder Stilepochen. Ganz besonders abenteuerlich in der Verwendung unterschiedlicher Stile und Materialien sind die *Queen Anne Houses*, chakteristisch ihre runden Türme. Eine bunte Mischung all dieser Wohnhausstile findet man in **Fredericton**/New Brunswick.

Im französisch besiedelten **Quebec** wurde von Anfang an mehr mit **Stein** gebaut. Entlang des St. Lorenz Stroms, in Québec City und auf der Île d`Orleans gibt es viele Beispiele von Häusern, die nach normannischem Vorbild aus grauen, großen Felsquadern errichtet wurden.

Im Zeitalter des Billigbaus und hoher Handwerker- (hier: Maler-) Löhne tragen viele Häuser eine dünne *Shingle*- oder *Clapboard-fassade* aus **Plastik,** die nicht mehr gestrichen werden muß. Die Fassaden aus "Stein" in Québec sind oft genug Imitate aus PVC.

Waterfront

Manche am Wasser gelegene Stadt hat in den letzten Jahren im Laufer eines Strukturwandels verlassene und heruntergekommene Kaianlagen umfunktioniert. Aus ehemaligen Lagerhäusern wurden Veranstaltungs und Ausstellungshallen, viele beherbergen *Shops* und Restaurants. Drumherum gibt`s grüne Parks und schicke Marinas. Aus einer aufgemöbelten ***Waterfront*** wurde hier und dort sogar ein ansehnlicher touristischer Komplex, etwa in **Boston, Montréal, Toronto, Buffalo** und **Halifax,** ganz besonders aber in **New York City** (*South Street Seaport*). Auch in kleineren Städten wie Salem und Bedford in Massachussetts, Portland/Maine, Saint John/New Brunswick, Charlottetown/Prince Edward Island, Burlington/Vermont, Kingston/Ontario und Baddeck/Cape Breton Island wurde das Konzept erfolgreich angewandt.

Abends in der City

Während der in vielen Kneipen üblichen ***Happy Hour*** – ca. zwischen 17 und 20 Uhr mit Drinks zum halben Preis – läßt sich die Frage "Wohin am Abend?" gut diskutieren. Über das Angebot an kulturellen Veranstaltungen und das pulsierende Nachtleben Manhattans braucht kaum ein Wort verloren zu werden. Aber auch in Boston, Chicago, Montréal und Toronto ist kulturell immer eine Menge los und die Kneipenszene gut bestückt. In den meisten Mittelstädten jedoch bleibt das Angebot meist weit hinter dem zurück, was man in Europa in vergleichbar großen Orten erwarten könnte. **Veranstaltungskalender** und Hinweise auf die lokale Szene gibt`s gratis in den Büros der *Tourist Information* in jeder Stadt.

Die typisch amerikanischen Clapboard Häuser *– so genannt wegen der sich überlappenden Holzbretter der Wandverkleidung – erfordern ständiges Nachstreichen*

Museen

Situation

Museen finden sich oft noch in erstaunlich kleinen Ortschaften, hinzu kommen die Ausstellungen in den Besucherzentren der *National* und *State* oder *Provincial Parks* zu den jeweiligen historischen oder naturkundlichen Phänomenen. Man wird unterwegs feststellen, daß in beiden Ländern der Pflege des geschichtlichen, kulturellen und natürlichen Erbes erhebliche Mühe und Aufmerksamkeit gelten. Über eine besonders große Zahl erstklassiger Museen verschiedenster Art verfügen New York, Boston, Chicago, Toronto, Ottawa und Montréal. Auch Detroit bietet in dieser Beziehung einiges.

Um die Leute ins Museum zu locken, hat man sich vielenorts einiges einfallen lassen, sowohl bei der Thematik, als auch bei der Art der Präsentation. Daß dies beim Publikum ankommt, zeigt die hohe Zahl der Besucher.

Im folgenden sind alle wichtigen in Nordamerika existierenden **Museumstypen** kurz charakterisiert. Die Details findet der Leser in den Reisekapiteln.

Kunst-museen

Es ist kaum zu glauben, was sich in Amerika im Laufe der Jahrhunderte an Schätzen aus aller Welt angesammelt hat. Vor allem die Kunst der Alten Welt von Ägypten und Rom über das Mittelalter bis zum Europa der Jahrhundertwende ist quantitativ und qualitativ bestens vertreten. Natürlich sind auch die Werke kanadischer und amerikanischer Künstler in den Galerien beider Länder zu sehen.

Das **Museum of Modern Art** und das **Guggenheim Museum** in New York City brauchen kaum besonders hervorgehoben zu werden. Auch die **Art Gallery** in Toronto (größte Henry Moore-Sammlung der Welt), die **National Gallery of Canada** in Ottawa (große Abteilung kanadischer Kunst), das **Museum of Fine Arts** in Boston, das **Art Institute** in Chicago und die **Albright Knox Art Gallery** in Buffalo gehören zur Extraklasse amerikanischer bzw. kanadischer Kunstmuseen. Regelrechte Kleinodien bilden private Kunstsammlungen, die nach dem Tod der vermögenden Stifter zu öffentlichen Museen umgewandelt wurden. Herausragende Beispiele dieser Art sind das extravagante **Isabella Stewart Gardner Museum** in Boston und die **McMichael Gallery** in Kleinburg bei Toronto.

Kunst im Freien/ Skulpturen

Zur Auflockerung der oft sterilen City-Landschaft setzt man auch in Amerika die schönen Künste ein. Sei es durch die Gestaltung von Vorplätzen, Hallen und Miniparks zwischen Hochhäusern, durch das Aufstellen eigens angefertigter Kunstwerke oder durch beides. **Chicago** ist besonders stolz auf die Plastiken weltberühmter Künstler wie Picasso, Debuffet, Miró und Chagall in den Häuserschluchten der **Loop** im alten Zentrum der Stadt. Bemerkenswerte Skulpturen stehen auch in der McGill College Street in **Montreal.**

Kunstmuseum als architektonisches Meisterwerk in Ottawa

Historische Museen

Jeder Bundesstaat der USA und die kanadischen Provinzen besitzen in den Hauptstädten ein **Museum of History**, das die Geschichte der Region von den Anfängen der weißen Besiedelung bis heute mehr oder weniger gekonnt beleuchtet. Nicht überall, aber doch häufig wird auch den Indianern und Eskimos (*Inuit*) angemessen Raum gewidmet. Darüberhinaus gibt es zahlreiche lokale Museen, die manchmal hochinteressant sein können. Historisch-kulturelle Museen sind auch das ausgezeichnete **Canadian Museum of Civilisation** in Hull (Ottawa) und das **Musée de la Civilisation** in Québec City, die sich einzelnen Aspekten kanadischen Lebens widmen.

Zu **Flora und Fauna Nordamerikas** erfährt man alles in den Museen für **Natural History** in New York, Chicago (*Field Museum*) und Cambridge auf dem *Harvard University Campus.*

Indianer

Große historische Museen unterhalten durchweg auch indianische Abteilungen wie das **Field Museum of Natural History** in Chicago, das **Museum of Natural History** in Halifax/ Nova Scotia, das **Museum of Science** in Rochester/NY State, das **Museum of Science** in Buffalo und das **Peabody Museum of Archeology and Ethnology** in Cambridge/Massachusetts. Staatswesen und Geschichte der Irokesen erklärt **The Turtle**, ein indianisch verwaltetes Museum in Niagara Falls/NY.

Auch kleinere Einrichtungen wie das **Abbé Museum** im *Acadia Park* und das **Institute for American Indian Studies** im Städtchen Washington/Connecticut lohnen bei Interesse den Besuch. Kleine **Cultural Centers** auf indianischen Territorien stellen altes und neues Kunsthandwerk aus, so z.B. auf Manitoulin Island/Ontario.

Science Center	Wie kreativ und spannend Museen sein können, wird besonders in den **Science Centers** deutlich. In diesem Museumstyp werden dem Besucher Phänomene aus Wissenschaft und Technik über kleine Experimente nähergebracht, an denen er selbst teilnimmt bzw. sie auslöst. Unübertroffen ist das ***Ontario Science Centre*** in Toronto, auch nicht schlecht das ***Boston Museum of Science***. Das ***Computer Museum*** in Boston, bisher einmalig in der Welt, und die Ausstellungen ***Expotech*** und ***Image du Future*** in Montreal sind weitere Beispiele für diesen Ansatz. Etwas akademischer, aber nicht weniger interessant ist das ***MIT Museum*** in Cambridge.
Children`s Museum	Ebenfalls nach dem Prinzip "Mitmachen" bzw. "Mitdenken" (*hands-on/minds-on*) funktionieren die sich rasch ausbreitenden Kindermuseen. Kinder werden spielerisch in alle Bereiche der Umwelt eingeführt, sei es kulturell, sozial oder technisch. Auch für Erwachsene kann der Besuch in einem *Children`s Museum* ein Gewinn sein, speziell in Boston. Man wundert sich, was es alles zu erfahren gibt.
Maritime Museum	Überall, wo Schiffahrt eine Rolle spielte und spielt – an den Großen Seen, am St. Lorenz Strom und Kanälen und natürlich an der Atlantikküste – gibt es maritime Museen, die sich mit unterschiedlichsten Aspekten der Seefahrt, des Seehandels (*Peabody Museum* in Salem), des Bootsbaus (Bath/Maine), des Fisch- und Hummerfangs (in Lunenburg/Nova Scotia) usw. befassen. Oft gehören nostalgische Schiffe zum Bestand.
	Im Freilichtmuseum ***Mystic Seaport***/Connecticut sind Seefahrt und -handel und die damit verbundenen Gewerbe besonders authentisch und lebendig dargestellt (⇨ Seite 220); dort liegt eine Reihe besonders schöner alter Schiffe am Kai.
	An der Atlantikküste räumen die maritim orientierten Museen dem **Walfang** breiten Raum ein. Die ***Whaling Museums*** in New Bedford und Nantucket, beide Massachusetts, sind die besten ihrer Art.
Aquarien	Viele Küstenorte verfügen über ein Aquarium. Kleinere Aquarien findet man z.B. im ***Acadia National Park*** in Maine, im ***Mystic Seaport***/Connecticut und in ***Niagara Falls***/NY State. Sehenswert sind die Aquarien in **Boston** und **Chicago**.
Zoologische Gärten	Wie die Museen wurden in Amerika auch die Zoos in vielen Fällen nach neuen Konzepten gestaltet. Ganz ausgezeichnet sind der Zoo in **Toronto** und der ***Bio Dôme*** in **Montreal**, eine Mischung aus Zoo und Botanischem Garten.
Spezial- museen	Fast jede Stadt, jeder Landstrich hat – vor allem in den USA – eine Besonderheit aufzuweisen. Wer sich für die Geschichte und Herstellung des ***Maple Syrup*** interessiert, erfährt darüber alles in Pittsburg/Vermont. Einige Kilometer weiter in Proctor ist ***Marmor*** das Thema. Und wer schon immer über die sozio-kulturelle Bedeutung von Schuhen aufgeklärt werden

wollte, ist richtig im ***Bata Shoe Museum*** in Toronto. Über die ***Mennonites/Amish People*** kann man in St. Jacobs/Ontario alles in Erfahrung bringen, über die ***Acadians*** in Bonaventure/ Québec. Einige Museen sind spezialisiert auf "echt" Amerikanisches, seien es alte Autos, Eisenbahnwaggons, Fahnen und Waffen aus dem amerikanischen Bürgerkrieg oder Kunstwerke aus Glas (z.B. ***Heritage Plantation***, Sandwich/Massachusetts, ***Bennington Museum***/Vermont). Hervorragend in dieser Hinsicht ist das ***Shelburne Museum*** in Vermont.

"Pferdebus" der Amish People bei Kitchener in Ontario (1996)

Living Museum

Im Osten Canadas und in Neu-England gibt es eine ganze Reihe "Lebender Museen", deren gewöhnlich nicht so aufwendige Variante bei uns als **Museumdorf** bezeichnet wird.

In wiederaufgebauten und/oder liebevoll restaurierten authentischen **Dörfern** oder in **Militär-** und **Handelsforts** aus dem 19. Jahrhundert wird während der Touristensaison die Rolle der früheren Bewohner von Ortsansässigen und Studenten übernommen und in zeitgenössischer Kleidung lebensecht nachgespielt. Oft beschränkt man sich nicht nur aufs Schauspiel, sondern fertigt tatsächlich Fässer, Boote, Lederkleidung und manches mehr auf alte Art. Einige dieser Komplexe werden ganz normal bewohnt und alternativ bewirtschaftet. Musik- und Kriegsspektakel in alten Uniformen, bei denen manchenorts nicht nur paradiert, sondern gemetzelt und geschossen wird, gehören in vielen Anlagen zum Programm.

Die besten lebenden Museen

Die besten lebenden Museen sind die ***Plimoth Plantation***/ Massachusetts, die ein Dorf der ersten Siedler zeigt, das ***Old Sturbridge Village***/Massachusetts, das ***Upper Canada Village*** bei Morrisburg/Ontario und ***Kings Landing Historical Settlement*** bei Fredericton/New Brunswick. Die letzteren thematisieren das dörfliche Leben englischer Kolonisten bzw. der Amerikaner im 19. Jahrhunderts. Die ***Fortress Louisbourg*** auf Cape Breton/Nova Scotia, ist eine beeindruckende Festung

45

und Kleinstadt aus dem 18. Jahrhunderts. Das Fort **Colonial Michilimackinac** mit Dorf bei Mackinaw City in Michigan und die Missionsstation **St. Marie among the Hurons** (1639) an der Georgian Bay in Ontario sind ebenfalls sehenswert.

Hall of Fame Sportmuseen heißen im Amerika **Hall of Fame**, wörtlich: "Halle der Berühmtheit". Solche Sporttempel erfreuen sich bei Fans erstaunlicher Beliebtheit. Da sind z.B. die **Tennis Hall of Fame** in Newport/ Rhode Island, die **Hockey Hall of Fame** in Toronto, **Horse Racing Hall of Fame** in Saratoga Springs und die **Baseball Hall of Fame** in Cooperstown, letztere beiden in *Upstate* New York.

Hockey Hall of Fame in Toronto

Universitäten Zwar keine Museen, aber Standort für häufig gleich mehrere davon sind die Campus-Komplexe der berühmten **Ivy League Universities** in Neu-England. Ein Besuch lohnt sich oft allein schon wegen ihrer bemerkenswerten Lage und Anlage. Die älteren, teils Oxford- und Cambridge-Vorbildern nachempfundenen Gebäude inmitten grüner Parks sind tatsächlich in vielen Fällen mit Efeu (*Ivy*) bewachsen. Einige beherbergen große Kunstsammlungen, gespendet von zu Geld und Ehren gelangten *Alumni* (ehemaligen Studenten). Auch die wissenschaftlichen **Museen** und **Bibliotheken** sind oft sehenswert. In den meisten der teuren Eliteanstalten gibt es **Führungen** über und durch den Universitätskomplex.

Jazzband beim herbstlichen Harvest Festival in Woodstock/ Vermont

Festivals

Kennzeichnung

Stadt und Land im Nordosten sind im kurzen Sommer Schauplatz zahlreicher *Festivals* vom einfachen Stadtfest mit lokalem Hintergrund – je nach Blüte-, Reife- und Erntezeit *Strawberry-, Appleblossom-, Pumpkin-* oder Sonstwas-Festivals – bis zu anspruchsvollen Konzert-, Theater-, Ballett- und Opern-Veranstaltungsreihen mit oft renommierten Künstlern. Auch bei uns bekannt sind die Sommerkonzerte und *Shakespeare*-Aufführungen im **Central Park** von Manhattan. Die **Bostoner Philharmoniker** machen dasselbe im *Charles River Park* ihrer Stadt und bemühen sich alljährlich zu **Open-air Concerts** ins kleine **Tanglewood** in der Westecke von Massachusetts. Das **Philadelphia Orchestra** sorgt für klassische Musik in Saratoga Springs/New York State im August, und an selber Stelle gastiert vorher im Juli das **New York City Ballet**. Das Opernfestival in der **Glimmerglass Opera** bei Cooperstown lockt Jahr für Jahr enorme Zuschauermengen in den kleinen Ort am Otsega Lake in *Upstate* New York. Weit über die Grenzen des Staates hinaus berühmt ist das **Vermont Mozart Festival**, das den Sommer über in Burlington, Shelburne, Stowe und anderswo läuft und nicht nur Mozart, sondern populäre Klassik aufführt. Ernstzunehmende **Theaterfestivals** gibt es u.a. in Williamstown und Stockbridge/Massachusetts. Das Theaterfestival an sich findet dagegen in Canada statt. Dort läuft in **Niagara-on-the-Lake** mit Riesenerfolg das **George B. Shaw Festival** gleich auf drei Bühnen von April bis Oktober. **Filmfestivals** sind in Montreal und Toronto eine große Sache.

Ethnische Festivals

Und damit nicht genug: **Ethnische Festivals** mit Musik, Tanz und Völlerei – hervorstechend sind **Caravan** und **Caribana** in Toronto und **The Taste** in Chicago – finden in allen Großstädten regelmäßig statt. Das nach dem Münchener Original größte **Oktoberfest** der Welt ist eine deutsch-kanadische Angelegenheit in Waterloo-Kitchener in Ontario. Auf diese hier angesprochenen und weitere reizvolle Veranstaltungen wird im Reiseteil an entsprechender Stelle näher eingegangen.

Teilnahme

Wer nicht eigens zu bestimmten Veranstaltungen geplant anreist, wird meist nur zufällig zu Festival-Zeitpunkten in den entsprechenden Orten sein. Zur genauen Orientierung sind die **Calendar of Events**, die Veranstaltungskalender der Provinzen und US-Staaten hilfreich. Meist gibt es sie separat, manchmal sind sie in allgemeine Tourismusbroschüren integriert, üblicherweise auf jeden Fall gratis. Grundsätzlich verfügen alle **Visitor/Tourist Information Büros** darüber.

Festivals, zu denen man **Eintrittskarten** für Einzelveranstaltungen benötigt, sind sehr oft lange im voraus ausgebucht. Bei spezifischem Interesse sollte man sich daher um Tickets zeitig kümmern, ➪ © für Reservierungen z.T. im Reiseteil dieses Buches und im jeweiligen **Calendar of Events**.

1.1.6   Amusementparks und Zuschauerspaß

Amusement Parks

Der Nordosten mit kalten Wintern und einer relativ kurzen Saison ist nicht die ideale Gegend für Vergnügungsparks à la *Disneyland*. Dennoch findet man im Umfeld der *Big Cities* einige der typischen amerikanischen *Amusementparks*, wiewohl weniger aufwendig als im Süden der USA. Auch in der Umgebung mittelgroßer Städte und in der Nähe touristischer Zentren gibt es – kleinere – Parks fürs technisierte Spaßvergnügen. Speziell in **Niagara Falls** sorgt beidseitig der Grenze eine dichte Kommerz-Infrastruktur für Kurzweil, nachdem der Programmpunkt "Fälle besichtigen" abgehakt ist.

Der traditionelle amerikanische *Amusementpark* ist im Prinzip nichts anderes als ein **fest installierter Jahrmarkt** in einer meistens parkähnlichen Anlage mit Karussells, Achterbahnen, Riesenrädern und allen möglichen Fahrgeschäften. Show-Bühnen, Restaurants, Souvenir-Shops und allerhand Unterhaltung ergänzen die Hauptattraktionen.

Theme Parks

Die altmodischeren Parks – obwohl noch vorhanden (***Upper Clements Park*** in Nova Scotia) – machen mehr und mehr den ***Theme Parks*** Platz. Wie der Name sagt, sind diese Parks - unter ein Thema gestellt, verzichten deshalb aber nicht auf die traditionellen Elemente. Die Karussellpferde werden in ***Santa`s Village*** (Jefferson/New Hampshire) eben durch Rentiere ersetzt und die Kinder dort auch im Sommer von Weihnachtsmännern in den Sattel gehoben. Die gewählten Themen haben dabei meist nichts mit der sie umgebenden Natur oder Gegend zu tun; so ist z.B. ***Six Guns City***, eine *Western Town* in den White Mountains/Massachusetts mit Ballereien und Verfolgungsjagden genaugenommen völlig fehl am Platz. Im Bereich dieses Buches sind größere *Theme Parks* **Coney Island`s Astroland** in New York, **Canadas Wonderland** bei Toronto und **Six Flags Great America** bei Chicago.

Shopping Malls

Selbst Einkaufszentren erhalten in Amerika mehr und mehr Vergnügungsparkcharakter. Das Wort *Mall* kennzeichnet das überdachte *Shopping Center*. Die neuesten und größten Komplexe dieser Art beeindrucken oft allein schon durch ihre aufwendige Architektur; integrierte *Entertainment*-Komplexe mit Programm und Unterhaltung bis in die Abendstunden sowie zahlreiche Restaurants sorgen dort für totales ***Shopping Fun***. Eine in den letzten Jahren allerorten aus dem Boden geschossene Variante "normaler" Einkaufszentren sind die ***Outlet Malls*** mit **Factory Stores.** Es handelt sich dabei um Läden, die (angeblich) Ware direkt ab Hersteller anbieten. Die Preisabschläge für Markenartikel aller Art, in erster Linie jedoch Textilien und Schuhe, sind dort durchweg erstaunlich. Werbezettel für die nächste *Outlet Mall* liegen Hotels, Motels und natürlich in den Touristeninformationen.

Besonders große **Outlet Malls/Factory Stores** findet man in Niagara Falls/USA, Manchester/Vermont, Kittery und Freeport/Maine. Die größte *Outlet Mall* der USA, **Franklin Mills**, liegt keine zwei Autostunden südwestlich von Manhattan im Norden von Philadelphia an der I-95.

IMAX/ Omnimax Theatre

Häufig in Verbindung mit Planetarien und Museen entstanden in den letzten Jahren mehr und mehr sogenannte *IMAX* oder *Omnimax*-Theater, die dem Publikum das Gefühl vermitteln, sich inmitten des Geschehens zu befinden. Auf der riesigen Halbrund-Leinwand werden keine Spielfilme, sondern dramatisch gefilmte Landschaften, Weltraumszenen, Naturereignisse und damit verbundene Abenteuer gezeigt. Sehenswert ist der in Niagara Falls/Canada laufend vorgeführte IMAX-Film **Niagara Miracles, Myths and Magic**.

Multimedia Shows

Eine besonders attraktive Verpackung für touristisch-historische Information bieten *Multimedia-Shows*. Die Zuschauer sitzen dabei auf beweglichen Sesseln, die von der Technik ereigniskonform von Zeit zu Zeit in Vibration versetzt werden, wenn `zig Projektoren Szenen der Geschichte wieder aufleben lassen und sich gleichzeitig Kulissen beleben, Kanonen ausfahren, Nebel hochsteigt und überhaupt ein Mordsspektakel abläuft. Spannend sind die Shows **The Whites of their Eyes** im *Bunker Hill Pavilion* in Boston, das **Québec Experience** in Québec City und **Here`s Chicago**.

Kasinos

In den letzten Jahren sind selbst im puritanischen Nordosten der USA und in Canada neue **Spielkasinos** entstanden; teilweise in Indianer-Reservaten, ⇨ Essay auf Seite 17. Vor allem **Foxwood** in Connecticut (⇨ Seite 222) kann sich mit großen "Vorbildern" in Las Vegas und Atlantic City durchaus messen.

Factory Outlet Mall im Scheunenstil, aber von drinnen ganz modern mit Levis und Lego zu Discount Preisen in Ontario

1.2	DIE UNABHÄNGIGE AMERIKAREISE
1.2.1	**Individuell oder pauschal reisen?**

Pauschal-angebot

Das Angebot für Pauschalreisen ist für den amerikanischen Nordosten und Canadas Osten alles in allem eher begrenzt, vergleicht man es mit der Vielfalt der Möglichkeiten im Westteil beider Länder.

Busreise

Das **Gros der Programme** bezieht sich auf **Rundreisen im Bus** mit Hotelübernachtung, wobei die Mehrheit Touren durch den gesamten Osten oder entlang der USA-Ostküste bis hinauf nach Maine betrifft. Es gibt aber auch reine Neu-England- bzw. Ontario/Québec-Rundfahrten und solche, die mit einem Sprung über die Grenze verbunden sind. Die meisten davon führen in erster Linie in die Großstädte und zu populären *Highlights* wie Niagara Falls, in den *Acadia* und *Algonquin Park* und vielleicht noch über den *1000 Islands Parkway* am St. Lorenz. Die Natur und schöne Ziele abseits der typischen Touristen-Rennstrecken kommen leicht zu kurz, sieht man ab von besonderen Routen und Zwischenaufenthalten während der Herbstlaubfärbung im ***Indian Summer***.

Soweit aus den Prospekten ersichtlich, werden auf vielen derartigen Touren **erhebliche Strecken** zurückgelegt. Außer an Besichtigungstagen, die überwiegend für Stadt- und Parkaufenthalte vorgesehen sind, ist dann die Zahl der täglichen Fahr- und Sitzstunden im Bus höher als manchem lieb sein dürfte. Der meist ziemlich dichte Zeitplan mit vorgeplanten Stopps erlaubt dabei auch nur selten Besseres als das "Abhaken" von "**Standardsehenswürdigkeiten**" und führt schwerlich zu einem so intensiven Reiseerlebnis, wie es individuell möglich wäre. Nicht zuletzt wegen der mit Busreisen üblicherweise verbundenen höheren Hotelkategorie und der Reiseleiterbegleitung sind diese nichtsdestoweniger **ziemlich kostspielig**.

Von außen und innen prunkvolles New York State Capitol in Albany, ein "Besichtigungs-Muß"

Pkw-Rundreise

Zu den Pauschalprogrammen gehören auch **Pkw-Rundreisen** mit reservierten Unterkünften auf einer vorgegebenen Route. Sie sind im Tagesablauf variabler als Busreisen, einmal unterwegs gibt es aber für Änderungswünsche nicht viel Spielraum.

Individuelle Reise

Daher sollte überlegt werden, ob nicht eine individuelle weitgehend flexible Reise den persönlichen Vorstellungen viel eher entspräche, als ein fertig "gestricktes" Programm. Dafür benötigt man nicht einmal besondere **Englischkenntnisse,** denn die touristische Infrastruktur Canadas und der USA macht unabhängiges Reisen einfacher als in Europa.

Ohne bereits hier detailliert auf Kosten eingehen zu wollen, sei angemerkt, daß eine Busreise für zwei Personen im allgemeinen teurer kommt als dieselbe unabhängig durchgeführte Reise mit einem Miet-Pkw bei Übernachtung in gleichwertigen Hotels, die man dann allerdings – nach eigener und auch mal spontaner Wahl – selbst reservieren muß. Ein nicht hoch genug zu bewertender Vorteil der Individualreise ist, daß Route, Reisezeiten und Zwischenaufenthalte im Rahmen der Möglichkeiten des gewählten Transportmittels frei bestimmt und jederzeit nach Inspiration, Lust und Laune geändert und klimatischen Gegebenheiten angepaßt werden können.

1.2.2 Die Wahl des "richtigen" Transportmittels

Präferenz Auto

Auch wenn im Nordosten ein – zumindest teilweise – gutes Bahn- und Busnetz existiert (⇨ Seite 105), ist mit öffentlichen Verkehrsmitteln von den Möglichkeiten der Reisegestaltung, die in diesem Buch beschrieben werden, nur ein Bruchteil und dann oft nur kosten- und zeitaufwendiger zu realisieren.

Übernachtung

Viele Sehenswürdigkeiten und vor allem Naturschönheiten liegen abseits der Städte und lassen sich ohne Auto gar nicht oder nur schwer erreichen. Ohne die dank Auto gegebene Bewegungsfreiheit wird die Lösung der **Übernachtungsfrage** oft mühsam und leicht teurer als kalkuliert, gleich, ob man Hotel, Motel, Jugendherberge oder einen Campingplatz sucht.

Kurz: für eine individuelle Amerikareise gibt es zum gemieteten Fahrzeug eigentlich keine rechte Alternative.

Camping

Für die Amerika-/Canada-Reise sollte **Camping auch einmal in Betracht ziehe**n, wer sonst damit wenig im Sinn hat. Denn Camping in Amerika und im dicht bevölkerten Westeuropa sind nicht miteinander vergleichbar. Die meist großzügig angelegten Campingplätze bieten in aller Regel viel mehr Platz als bei uns, und viele liegen herrlich am See, am Strand oder an einem glasklaren Fluß. Lagerfeuer-Romantik und unvergeßliche *Outdoor*-Erlebnisse sind garantiert, egal ob man sich fürs Zelt oder das komfortablere Campmobil entscheidet. Alles weitere zum Thema Camping ab Seite 161.

Pkw- oder Campermiete?

Mietauto und Zelt

Die Kombination Mietauto und Zelt bietet ab zwei Personen mit Abstand die **billigste Form des Reisens**. Bei ungünstiger Witterung und in Städten kann man in ein Motel/Hotel ausweichen und dennoch im Schnitt die Übernachtungskosten gering halten. Wer keine Lust hat, eine ganze Campingausrüstung mit über den Atlantik zu schleppen (bei **64 kg Freigepäck/Person** auf Linienflügen aber an sich kein Problem), kann die nötigen Utensilien überall in den USA und Canada preiswert erstehen (**K-Mart, Walmart, Canadian Tire u.a.**). Im übrigen eröffnen Zelt und Schlafsack im Kofferraum auch bei erster Präferenz fürs feste Dach über dem Kopf zusätzliche Möglichkeiten, wenn mal alles ausgebucht sein sollte.

Campmobil

Ein Wohnmobil ist natürlich die komfortablere, wenn auch nicht ganz billige Lösung. Anders als im dünn besiedelten Westen der USA und Canada wird man in Neu-England und Ost-Canada auf vielen kleinen Straßen, in Ortsdurchfahrten und während häufiger anliegenden Stadtbesichtigungen mit großen Wohnmobilen nicht ganz so glücklich sein. Sie erfordern im dichten Verkehr viel Konzentration und verursachen schon mal Parkprobleme. **Ideal** gerade in diesem Teil Nordamerikas sind daher kleinere **Van Camper** oder Camper auf VW Bus-Basis (letztere nur in Canada verfügbar).

In Canada und in den USA kann man auch mit größeren Motorhomes auf Plätzen mitten in der Natur campen

Vorzüge Campmobil

In welchem Campertyp auch immer, man sitzt warm und trocken. Der für Camper typische Komfort (⇨ Seite 92f) bedarf hier keiner Aufzählung im einzelnen. Die **Handhabung** von Campmobilen erfordert auf normalen Straßen keine besondere Übung, nur eine kurze Eingewöhnungszeit, soweit man sich mit einem Modell begnügt, das nicht wesentlich über **20 Fuß** (6 m) Länge aufweist. Für zwei Personen bietet diese Größe immer ausreichend Platz, eine sinnvolle Innenaufteilung vorausgesetzt auch für drei Personen oder Eltern mit zwei Kindern bis Teenageralter.

Vorteile Camper

Neben der eingebauten Bequemlichkeit ist ein **entscheidender Vorteil** des Campers gegenüber anderen Reisealternativen der Entfall des täglichen Kofferpackens und immer wieder neuen Verstauens der Siebensachen; gegenüber dem Zelt auch noch des Auf- und Abbaus. Da die Mehrzahl der Campingplätze mit Strom-, Wasser- und Abwasseranschluß optimal für die sogenannten *Recreational Vehicles* (**RV**s) hergerichtet sind und im Vergleich zu Europa eher moderate Gebühren erheben, ist es kein Wunder, wenn USA-Ferien im Campmobil sich großer Beliebtheit erfreuen. Und zwar trotz der von Mai bis September im allgemeinen hohen Miettarife, die in der Hochsaison zu Urlaubskosten deutlich über denen einer Reise mit Pkw und Hotelübernachtung führen können (⇨ Aufstellungen Seiten 102/103).

Nachteile

Nun besitzen auch Camper ihre spezifischen Nachteile. Obwohl oben und in Veranstalterprospekten die Handhabung der Fahrzeuge durchaus zu Recht als einfach dargestellt wird, sind die erheblichen Ausmaße der großen Modelle über 23 Fuß nicht ganz unproblematisch. Abgesehen davon, daß man – mit Ausnahme der 17-19 Fuß kurzen *Van Camper* – mit Campmobilen im Stadtverkehr keine große Freude hat, wird es bei den größeren *RVs* nicht nur dort, sondern auch beim Rangieren auf Campingplätzen, beim Parken vorm Supermarkt, auf "kleinen", oft besonders reizvollen Straßen usw. schon mal ein bißchen "eng".

Camperbedienung

Ein Reisemobil – das muß man sich ebenfalls klarmachen – ist nicht in jeder Beziehung bequem. Damit alles funktioniert, sind Schläuche und Kabel zu entrollen, festzumachen und wieder einzupacken. Frischwasser- und Abwassertanks wollen kontrolliert, aufgefüllt und abgelassen werden, denn sonst ist unterwegs oder auf minder versorgten Campingplätzen der eingebaute und schließlich mitbezahlte Komfort nicht perfekt zu genießen. Auch die Gas– und Stromversorgung an Bord benötigt ein bißchen Regulierung und Kontrolle.

Die preiswertere Lösung: Mietauto und Zelt

Mietauto und Hotel/Motel

Bei ausschließlicher **Übernachtung in Hotelzimmern** ist eine **Pkw-Rundreise** für zwei Personen in vielen Fällen billiger als eine Reise per Campmobil, es sei denn, man steigt überwiegend in teuren Unterkünften ab (⇨ Seite 150f). Generell – d.h., mit Ausnahmen wie absolute Hochsaison, Wochenende, besonderes Ereignis etc. – ist es nicht schwierig ein Zimmer zu finden, aber natürlich immer ein bißchen mit Suche, Auswahl und Entscheidung verbunden. Die mitunter tägliche Notwendigkeit einer derartigen Disposition ist der Preis für die größerer Flexibilität und – speziell in Neu-England – auch die Chance, **Quartiere mit ganz individueller Note** zu finden.

Alte Inns

An vielen der hier beschriebenen Strecken passiert man außergewöhnlich attraktive *Bed & Breakfast Inns*, alte *Country Inns* (Landgasthöfe) und **nostalgisch traditionelle Hotels** am Meer und anderen schon früher von der Oberschicht für die Sommerfrische bevorzugten Plätzen. Sie liegen oft in oder bei kleinen **Ortschaften mit Flair** und bieten den in Amerika nicht selbstverständlichen Vorzug eines Bummels durch Geschäftszonen und Kneipen in Fußgängerdistanz.

Bed & Breakfast Inn in Manchester Village/ Vermont

In weiten Bereichen von **Ontario** und **Québec** und überwiegend auch in **New York State** sind solche Möglichkeiten indessen dünn gesät. Dort wird man häufig in einem der *Motels* oder *Motor Inns* am Wege "landen". Nicht wenige Ortschaften sind am Abend wie ausgestorben; Kneipen und Restaurants finden sich dort nur an den Ausfallstraßen zwischen Tankstellen und Autohändlern. Das Abendprogramm liefert dann der Zimmer-Fernseher, sofern man nicht in einem besseren Hotel mit hausinterner Unterhaltung unterkommt.

Bessere Hotels

Wer ohnehin Hotels ab obere Mittelklasse bucht und auch die Kosten für das eine oder andere Nostalgie- und/oder Luxusquartier nicht scheut, reist in den USA, besonders in Canada immer noch **preiswerter als** bei gleichem Verhalten **in Europa**. Bei "richtiger" Routenwahl und der **Kombination "Pkw und überdurchschnittliche Unterkunft"** läßt sich gerade im Nordosten Nordamerikas eine herrliche Zeit verleben.

Kontakte	Kontakte zu anderen Reisenden ergeben sich in Motels und Hotels seltener (zumindest bei fehlenden Service-Einrichtungen, wie bis zur unteren Mittelklasse üblich), weil der einzelne Gast relativ isoliert bleibt. Junge Leute und alle, die in **Jugendherbergen,** beim *YMCA bzw. YWCA* (CVJM) oder in **Jugendhotels** absteigen mögen, aber auch *Bed & Breakfast* Gäste haben es da leichter (⇨ Seite 158).
Flugzeug und Mietwagen	Wer im Osten weiter auseinanderliegende Ziele – ggf. in relativ kurzer Zeit – besuchen möchte, sollte erwägen, mehrere Cities nacheinander anzufliegen und dann von dort mit dem Verkehrsmittel seiner Wahl die Umgebung zu erkunden. In Frage kämen z.B. Ziele wie **Halifax, Toronto** und **New York** mit Aufenthalten in Nova Scotia, Ontario und NY-City und Umgebung. Man vermeidet damit Einwegmieten und lange Autofahrten. Weitere Beispiele lassen sich beliebig konstruieren. Da die Automiete (in den USA) nicht besonders teuer ist, muß man bei nicht allzu weit voneinander entfernten Zielen kalkulieren, ob nicht eine **Pkw-Rundreise preiswerter** käme und die gesparten Transferzeiten nicht letztlich einen Gutteil zusätzlicher Fahrzeiten im Auto wieder wettmachen. Nur bei einem extremen *City Hopping* kommen hier die – bei großen Entfernungen preiswerten – *Coupon Tickets* als Lösung in Frage. In vielen Fällen (bis zu 4 Städte) kann man besser kostenlose oder preiswerte *Stopover* und/oder Gabelflüge buchen, wobei man das fehlende Stück per Bus, Mietwagen oder ein drüben gekauftes Flugticket überbrückt.

Öffentliche Verkehrsmittel

Bus **Situation**	Für Alleinreisende gibt es keine preiswertere Alternative als den Bus. Ein für Nordamerika **vergleichsweise dichtes Netz** von Überland- und Regionallinien fährt vor allem in Canada in fast jedes Dorf – nicht jedoch zu Zielen außerhalb von Ortschaften wie *State-* bzw. *Provincial Parks*. Busreisende müssen neben langen Fahrzeiten, Umsteigen und Warterei auf Anschlußverbindungen oft auch Übernachtungen in Motels oder Hotels in der Nähe der Station in Kauf nehmen, die nicht eben zur ersten Wahl gehören und dennoch teuer sind.
Kosten	**Kostenbewußte Einzelreisende über 25 Jahre** sollten trotz des zunächst preiswerter erscheinenden Busses (⇨ Seite 67) genau rechnen und überlegen, ob sie mit einem kleinen Pkw und Zelt bzw. Billigunterkunft nicht doch besser bedient wären. Aber **für junge Leute** unter 21, die keinen Mietwagen erhalten, bzw. unter 25 Jahren, die sich "Jugendaufschlägen" bis zu $20/Tag und Fahrer bei der Automiete gegenübersehen, ist der Bus **die einzige erschwingliche Transportalternative**. Ab zwei Personen lohnt sich oft trotz Jugendaufschlag der Mietwagen, zumindest, wenn man sich auf nur einen Fahrer einigt.

Flug & Bus   Bei *One-way*-Reiseabsichten **in Canada** von Ottawa/Toronto nach Calgary/Vancouver oder umgekehrt gibt es neuerdings ein ganz tolles **Kombiangebot Flug&Bus**, ebenso ein sehr preiswertes **Paket Canada-Buspass und Flug und Übernachtung in Jugendherbergen**; Näheres auf Seite 106.

Kontakte   Ein bedenkenswerter Aspekt könnte der Wunsch nach Kontakten mit Amerikanern bzw. Kanadiern sein. Auf den relativ kurzen Strecken im Osten trifft man jedoch viel weniger Leute, die – wie man selbst – "unterwegs" sind, als auf Langstrecken quer durch den Kontinent oder im weiten Westen. Das Publikum rekrutiert sich mehr aus Pendlern und Kurzreisenden, die nicht sehr lange im Bus sitzen. Es reicht dann meist kaum zu mehr als ein paar freundlichen Sätzen.

Fazit   Sich per Bus **durch den Nordosten Amerikas** zu bewegen, ist letztlich **nur eine gute Lösung für eingeschworene Busfahrer** und eine zweitbeste Alternative für alle anderen, wenn`s mit dem Mietwagen nicht klappt, oder er zu teuer ist. Für weitergehende Reisepläne ist diese Bewertung ggf. so nicht richtig.

Eisenbahn   Alle größeren Städte im Nordosten einschließlich Niagara Falls sind bis hinauf nach Halifax/Nova Scotia mit der Eisenbahn zu erreichen – **Amtrak** in den USA/**ViaRail** in Canada, ⇨ Seite 108. Das Netz ist aber relativ dünn und besteht außerhalb der Ballungsgebiete aus wenigen Schienensträngen, die nur mit geringer Frequenz bedient werden. *National-, State* oder *Provincial Parks* liegen kaum an der Strecke und sind dann keine Haltepunkte. Zu ihnen gelangt man nur mit Bussen – so vorhanden – oder Mietwagen, Taxi oder Fahrrad.

Situation

Bahn-strecken   Wer gern mit der Eisenbahn an sich reisen möchte und gerne in Stadthotels absteigt, findet im Nordosten durchaus reizvolle Bahnrouten. Rundfahrten durch Neu-England/New York State und – ggf. damit kombiniert – durch Onario und Québec sind möglich, ebenso wie Abstecher über New Brunswick nach Nova Scotia. Einige Trassen führen durch wunderschöne Landstriche, die man so "unverbaut" vom Auto oder Bus aus nicht sieht, etwa durchs *Hudson Valley*, die *Adirondack Mountains* und Mittelgebirge in Massachusetts und Vermont.

USA

Die Züge machen in Neu-England auch Stopps in sehenswerten kleinen Städtchen wie Waterbury, Stowe, Burlington, Brattleborough oder in Saratoga Springs/NY State.

Canada

Die kanadische *ViaRail* – grenzüberschreitend mit **Amtrak** kooperierend – bietet Strecken am Lake Ontario und am Saint Lawrence River entlang (mit "Abstecher" nach Ottawa) bis hinauf zur Gaspé Halbinsel und durch das hügeligeWaldland von New Brunswick und Nova Scotia bis Halifax. Auf diesen Routen gibt es aber nicht sehr viele interessante Stopps. Von Toronto aus kann man sowohl nach Nordwesten (Sudbury/ Sault Ste. Marie) als auch nach Südwesten (Windsor/Detroit/ Chicago) fahren, ebenso zu den Niagara Falls und von dort weiter in Richtung New York/New-England.

Fazit

Ohne spezifische Vorliebe des Urlaubers fürs Bahnfahren sind die **Eisenbahnen keine echte Transportalternative** für Ferien in Nordamerika, aber erwägenswert zur Verbindung von Teilzielen, ähnlich wie oben fürs Flugzeug beschrieben.

Trampen und Auto-Transport

Der Vollständigkeit halber seien an dieser Stelle auch die beiden Fortbewegungsmöglichkeiten erwähnt, die sich nicht vorbuchen lassen:

Trampen, in Amerika als *Hitchhiking* bezeichnet, ist nur für eine kleine Minderheit eine bedenkenswerte Alternative. Die damit zusammenhängenden Risiken sind in den USA wegen des verbreiteten Schußwaffenbesitzes unkalkulierbarer, aber in Canada insgesamt wohl nicht höher als bei uns.

Das *Auto Drive-Away*, der Transport von Fahrzeugen von A nach B, für die sich auch der Tourist als Gelegenheitsfahrer bewerben kann und bei "Anstellung" lediglich die Benzinkosten trägt, kommt ebenfalls nur für relativ wenige USA- bzw. Canada-Reisende in Frage; und dann eher in Ergänzung anderer Transportmittel, ⇨ Seite 136.

Stillgelegte Eisenbahn in Corner Brook/ Newfound land

1.2.3   Amerikareise mit Kindern

Sollte man mit Kindern, womöglich mit ganz kleinen, eine Reise nach bzw. durch (Teile von) Nordamerika unternehmen? Die Autoren haben selbst nur positive Erfahrungen.

Flugtarife für Kinder

Zunächst zum Flug: wer **Kleinkinder** im Alter von unter zwei Jahren mitnimmt, zahlt ohne Anspruch auf einen Sitzplatz je nach Airline 10% des vollen Tarifs oder einen geringen Fixbetrag (50 DM-100 DM). Empfehlenswert ist dieser Kleinkindtarif in Anbetracht der Flugdauer zu den meisten Zielen nur bei sehr kleinen Kindern, da die Eltern mit ihrem Sprößling auf dem Schoß bis zu neun Stunden Flug "an einem Stück" (Chicago) durchhalten müssen. Mit Glück erwischt man zwar eine weniger stark besetzte Maschine und hat einen freien Platz neben sich. Aber darauf kann man sich nicht verlassen, am wenigsten zwischen Mai und September und generell nicht auf Wochenendflügen.

Möchten Eltern vermeiden, eventuell entnervt anzukommen, bleibt nichts weiter übrig, als den Kindertarif "2-11" mit Sitzplatzanspruch auch fürs Baby zu bezahlen. **Kinder zwischen 2 und 11 Jahren** kosten heute bei den meisten Linien 50%.

Der Flug

Mit **Kleinkindern** sollte man darauf achten, daß die Maschine non-stop zum Ziel fliegt. Das Wort Direktflug heißt oft, daß zwischengelandet wird. In manchen Fällen sogar `raus aus dem Flugzeug und – nach bisweilen gar nicht kurzer Wartezeit – wieder `rein. Auch eine identische Flugnummer etwa von Hamburg über London nach New York sagt nicht unbedingt, daß in London nur zwischengelandet wird. Es kann auch ein Wechsel der Maschine erfolgen. Abgesehen davon, daß Umsteigen mit kleinen Kindern auf fremden Großflughäfen schon an sich kein Spaß ist, besteht vor allem im Sommer immer die Gefahr von Verspätungen. Die läßt sich vor dem Start eher wegstecken als unterwegs. **Umsteigen** hat aber mit etwas größeren Kindern auch sein Gutes: Denn die Zeit im Flugzeug ist dabei zunächst nicht so lang wie beim Non-stop-Flug, und man kann sich vor dem Anschlußflug wieder die Beine vertreten.

Reisekosten

Abgesehen von den Kosten fürs **Flugticket** und **Eintrittsgelder** für (leider von Jahr zu Jahr überdurchschnittlich teurer werdende) *Amusementparks* etc. erhöhen Kinder die Amerika-Reisekosten nicht proportional, sofern die Familie per Auto unterwegs ist. Denn der **Leihwagen** bzw. **-camper** kostet einen festen Tagessatz unabhängig von der Belegung. Die meisten **Hotelzimmer** verfügen über zwei Doppelbetten, wobei der Übernachtungspreis nur geringfügig mit der Anzahl der Personen im Zimmer steigt (⇨ Seite 152). In vielen Fällen braucht für Kinder (bis zum Jugendlichenalter, variiert im Einzelfall) im Zimmer der Eltern kein Aufschlag gezahlt zu werden.

Auch auf die **Campingkosten** haben zusätzliche Personen im Wagen nur einen unwesentlichen (Privatplätze) bis gar keinen Einfluß (Staatliche Plätze). Das Eintrittsgeld in **Nationalparks** gilt bei Pkw/Campern immer für die "Wagenladung".

Unterwegs Daß die Attraktion eines Großteils der Sehenswürdigkeiten und möglichen Aktivitäten in Nordamerika (siehe die vorhergehenden Abschnitte 1.1.4 bis 1.1.6) auch für Kinder groß ist, bedarf keiner besonderen Erläuterung. Egal, welche Reiseroute die Eltern sich zurechtgelegt haben (sofern der Nachwuchs noch nicht mitentscheiden kann), an praktisch jeder Strecke gibt es auch für die Kinder genug zu sehen und zu erleben, dazu sowieso die überall gleichen, bei den meisten Kindern überaus beliebten *Fast Food Restaurants*, Supermärkte und *Shopping Malls*.

Camping Sofern gecampt wird, was bei einer Reise mit Kindern stärker zu erwägen wäre, bieten amerikanische Campingplätze von Anlage, Einrichtungen und Gelände her mehr als ihre europäschen Pendants. Viele privatwirtschaftlich betriebene *Campgrounds* und *State* bzw. *Provincial Parks* verfügen über Kinderspielplätze, ein Teil der staatlichen Campinganlagen sind für sich schon Abenteuerspielplätze (➪ Seite 163).

Spielplätze Möglichkeiten zum Austoben finden sich im übrigen nicht nur auf Campingplätzen. Selbst im kleinsten Ort gibt es noch **Stadtparks,** die sich zum Ballspielen und andere körperlichen Aktivitäten immer eignen. Oft verfügen sie auch über einen **Playground**. Praktisch an langen Fahrtagen sind die kompakten Kinderspielplätze der *Fast Food* Kettenlokale wie **Burger King**, **McDonald's** u.a. An ihnen führt mit Kindern zwischen

In Amerika gibt`s auch prima öffentliche Kinderspielplätze in vielen Parks, hier in Woodstock in New York State

3 und 8 Jahren kaum ein Weg vorbei, zumal wenn sie an Auto-bahnen und Ausfallstraßen auch noch 5 mi im voraus mit dem *Children`s Playground* werben. Ob man nun die jeweilige *Fast Food* Palette besonders schätzt oder nicht, bei *McDonald`s & Co.* lassen sich die ohnehin anliegende Zwischenmahlzeit, "Pinkelpause" und die Notwendigkeit, den Bewegungsdrang der Kinder zu kanalisieren, sinnvoll verbinden.

Krankheit Eigentlich gibt es auf Reisen in Nordamerika nur eine, lediglich eventuelle Problematik: Generell ist es schwieriger als bei uns, im Krankheitsfall jederzeit und überall einen Arzt zu finden, wenn man sich auf der Durchreise befindet und niemanden kennt außer das Hotelpersonal oder den Zeltplatznachbarn, ernste Notfälle natürlich ausgenommen. Eine gute Reiseapotheke und ein **Erste-Hilfe-Kasten** können sowieso nicht schaden, erst recht nicht bei einem Urlaub mit Kindern, ➪ Seite 104. Wenn die Kinder an sich gesund sind, birgt eine Amerikareise keine unkalkulierbaren Risiken.

1.3 Die konkrete Planung der eigenen Reise

Bevor man Reiseziele, -routen und -termine festlegt, sollte man die voraussichtlichen klimatischen Bedingungen kennen und auch wissen, wann Kanadier und Amerikaner selbst unterwegs sind.

Dimen-sionen Wichtig ist auch, daß man sich nicht zuviel vornimmt. Selbst innerhalb des auf der Nordamerika-Gesamtkarte so klein wirkenden Gebietes, das in diesem Buch behandelt wird, kommen schnell erstaunliche Kilometer zusammen. Zum Beispiel fährt man auf einer scheinbar "kleinen" **Rundreise** New York City–Vermont–Montreal–Ottawa–Kingston–Algonquin Park–Georgian Bay–Toronto–Niagara Falls–New York inkl. kleiner Abstecher locker 4.000 km; ➪ Routen in der Umschlagklappe.

Fahrleistung Bei einer Reise im Pkw oder Camper sind 200 mi (320 km) pro Tag das absolute Maximum dessen, was man sich – Ruhetage nicht mitgerechnet – im Schnitt zumuten sollte. Das sind bei einer 3-Wochen Reise mit 18 Unterwegstagen über 5.500 km; weniger wäre besser. Optimal ist eine **Planung,** die für 20 Tage rein rechnerisch (Kartendistanzen) 2.500 mi/4.000 km nicht überschreitet. Daraus werden leicht 20% mehr (➪ Seite 64), also 4.800 km, mit denen man noch gut "leben" kann. Damit bleibt zeitlicher Spielraum, etwa für ungeplantes Verweilen an besonders schönen Orten, Teilnahme an erst unterwegs entdeckten Aktivitäten oder Veranstaltungen.

Bus und Zug Bei Reisen mit Bus oder Eisenbahn gilt, daß unter Berücksichtigung des lokalen Transports für An- und Abfahrt zur Station und Wartezeiten mehr als 3-4 Stunden täglicher Fahrzeit im Reisedurchschnitt zuviel wären.

1.3.1   Klima und Reisezeiten

Klima und Geographie

Der Nordosten Nordamerikas kann kalt sein. Schneestürme in New York und Temperaturen von -30° Celsius in Montreal sind im Winter keine Seltenheit. Beruhigender wirkt der Blick auf den Globus: Montreal liegt etwa auf Höhe von Mailand, Manhattan gar auf dem Breitengrad von Neapel, das südliche Nova Scotia entspricht Südfrankreich, und selbst Labrador liegt nicht nördlicher als Großbritannien.

Neu-England wirbt denn auch mit ausgeprägten **Bilderbuch-Jahreszeiten**: Skilaufen in weißem Schnee, Verliebte unter blühenden Obstbäumen, Kinder am hellen Strand vor herrlicher Brandung und Farbenpracht des Herbstlaubes im *Indian Summer*, der sich im T-Shirt genießen läßt – und alles unter strahlend blauem Himmel, versteht sich.

Herbstlaubfärbung im Indian Summer unter knallblauem Himmel

In der Realität kann all das zutreffen, muß es aber nicht:

Wechselhafte Wetterlagen

Stabile Wetterlagen mit extremen Unterschieden zwischen Sommer und Winter – wie sie die *Great Plains* oder auch noch **Michigan** kennzeichnen – sind in Neu-England und Canadas Osten eher die Ausnahme. **Das wechselhafte Wetter** ist in allen hier beschriebenen Regionen **Gesprächsstoff**. Oft genug schmilzt die weiße Pracht in Skigebieten von einem Tag zum anderen, und die Schneekanonen müssen nachhelfen. An den Stränden von *Cape Cod*, Maine oder Prince Edward Island darf die Badehose selbst im Hochsommer schon mal ein- und die Regenjacke ausgepackt werden – ganz wie bei uns.

Wetterfronten

Die Gebirge im nordöstlichen Amerika sind erstens nicht sehr hoch und verlaufen zweitens in Süd-Nord-Richtung. Sie können daher weder kalten Nordwestfronten noch tropischen Luftmassen aus dem Golf von Mexiko den Weg versperren. Diese beiden Einflüsse dominieren wechselseitig das Klima im südöstlichen Canada und in Neu-England. In der gesamten Region sind daher **viele Sommertage** wegen der südlichen Warmluft **heiß** und gleichzeitig schweißtreibend **feucht**.

Aber auch **kühle, regnerische Tage** sind keine Seltenheit. Generell gilt, daß dank langer Perioden mit herrlichem Wetter (bis 30° C) das Wasser vieler Seen im Juli/August Badetemperatur erreicht. Laue Sommernächte kommen nicht so oft vor. Ein Pullover für den Abend ist daher nie verkehrt.

Atlantische Einflüsse

Da der Wind auf dem amerikanischen Kontinent meistens von West nach Ost weht, hat der Atlantik in den maritimen Provinzen nicht den gleichen starken Einfluß wie in Europa. Dennoch wirken die **Wassermassen** wie eine große **Klimaanlage**. In den maritimen Provinzen Nova Scotia und Prince Edward Island wird es nie so kalt wie im Inland von Ontario oder Québec, und natürlich auch nie so warm. Außerdem sorgt der kalte Atlantik für Nebelbildung, auch und gerade im Sommer. Die Wassersysteme des St. Lorenz-Unterlaufs und der Großen Seen mildern ebenfalls die größte Sommerhitze wie auch extreme Winterkälte.

Nebliger Dunst über dem Hafen von Louisbourg auf Cape Breton Island/ Nova Scotia

Weitere **Details** zu klimatischen Besonderheiten der verschiedenen Teilregionen finden sich **in den Reisekapiteln**.

Hauptsaison

Der **Sommer** ist klimatisch die **beste Reisezeit** für den Nordosten – mit der Einschränkung, daß die vergleichsweise kurze Hauptsaison – offiziell von *Memorial Day* (letzter Montag im May) bis *Labour Day* (erster Montag im September), faktisch Ende Juni bis Ende August – auch die Haupttreisezeit der Amerikaner und Kanadier ist. Außerdem gibt es in Neu-England eine **zweite Hauptsaison** während des *Indian Summer* etwa von Mitte September bis Mitte Oktober (je nach Region und Höhenlage etwas unterschiedlich).

An den Küsten

Wegen der hohen Bevölkerungsdichte zwischen Washington und Boston sind die Küsten Neu-Englands in diesen Monaten besonders stark besucht, **Quartiere** und **Campingplätze** am Meer und an populären Seen früh ausgebucht. In den meisten Gebieten im Binnenland hält sich der Betrieb aber nach unseren Maßstäben sowohl in Canada als auch in den USA in durchaus noch erträglichen Grenzen. Ausweichmöglichkeiten bieten selbst in der Hauptsaison *Motels* und *Motor Inns* an Durchgangsstraßen, wenn die Suche nicht zu spät am Abend beginnt, bzw. weniger optimal gelegene Campingplätze.

Zwischen-saison

Juni und September sind klimatisch wechselhafter, aber beide Monate können schon/noch sehr sommerlich sein. Probleme unterzukommen, gibt es dann höchstens an Wochenenden (Ausnahme *Indian Summer*, siehe oben).

Vor- und Nachsaison

Der **Frühling** ist selbst für *Outdoor*-Enthusiasten **keine gute Reisezeit**. Bis in den Mai hinein kann es viel regnen und immer wieder Kälteeinbrüche geben. Das Grün kommt erst im Mai richtig durch. Im vielgepriesenen Herbst sind gerade bei klarem Wetter die Nächte schon ziemlich kalt. Eine Reise im **Indian Summer** mit Spazierfahrten und Wanderungen durch die bunten Wälder ist (auch wegen der frühen Dunkelheit) am schönsten als – dann leider besonders teuer – **Indoor Trip** in gemütlichen **Country Inns** mit Kamin und guter Küche.

Aber auch **Camper** werden den Herbst auf den Plätzen von *State* und *Provincial Parks* oder in *National Forests* genießen.

1.3.2 Karten, Literatur und Information

Reise-literatur zur Vorbe-reitung

Für eine erste vorbereitende Planung der Reise genügen die Karten dieses Buchs, insbesondere die separate Straßenkarte. Bei höherem Informationsbedarf, auch was Nebenstrecken betrifft, ist der Jahr für Jahr neu aufgelegte **Rand McNally Road Atlas** USA/Canada/Mexico für diesen Zweck und unterwegs eine gute Ergänzung zu genaueren Karten. Den Atlas gibt es bei uns im Original in geographischen Buchhandlungen und in *Globetrott-Shops* für 29,80 DM. Als Hallwag USA-Atlas ist er zum selben Preis auch mit deutschsprachigen Erläuterungen in allen großen Buchhandlungen zu haben. In den USA kostet er ganze $10, in Canada c$12, als Sonderauflage in der US-Kaufhauskette **K-Mart** nicht einmal die Hälfte.

Sich bereits hier für teures Geld detailliertere Karten anzuschaffen, lohnt kaum, da fast alle Staaten der USA und die kanadischen Provinzen ihre Straßenkarten gratis ausgeben. Auf Anfrage werden sie oft sogar zugeschickt, ▷ Übersicht hinten.

AAA/CAA Automobil Clubs

Teilweise ausführlicher als die **Official Highway Maps** der Einzelstaaten sind die Karten des amerikanischen und kanadischen Automobilclubs **AAA** bzw. **CAA**, die kanadische Version des grenzübergreifenden Klubs. Sie werden auch Mitgliedern europäischer Clubs **kostenlos** überlassen. Darüberhinaus verteilen AAA und CAA gratis nach Staaten/Provinzen untergliederte sogen. **Tourbooks**, Reiseführer mit Betonung kommerzieller Attraktionen. Sie sind unterwegs als zusätzliche Informationsquelle nützlich (aktuelle Öffnungszeiten und Eintrittspreise, Ermäßigungen für Clubmitglieder).

Tourbooks

Die *Tourbooks* enthalten außerdem ein **Motel- und Hotelverzeichnis** für Häuser ab unterer Mittelklasse. Für den Preisbereich über $60 sind die Verzeichnisse für **Neu-England** und **New York State, Ontario** und **Michigan** fast komplett. Für Québec und die maritimen Provinzen bieten sie nur eine Auswahl aus dem tatsächlich vorhandenen Gesamtangebot.

Campbooks

Mit identischer regionaler Systematik gibt es außerdem Campingführer, sog. *Campbooks*. Sie enthalten zwar bei weitem nicht alle Campingplätze, leisten aber in Ergänzung der Campingempfehlungen in diesem Buch für eine Urlaubsreise von einigen Wochen ausreichende Dienste.

Mitglieder europäischer Clubs

Büros des AAA/CAA gibt es in jeder Mittelstadt, in Cities mehrere davon. Ihre Adressen entnimmt man leicht dem örtlichen Telefonbuch oder erfragt sie unter der **gebührenfreien Nummer 1-800-222-4357** (AAA-HELP). Gegen Vorlage des heimischen Mitgliedsausweises (darf man nicht vergessen!) erhält man alle gewünschten Unterlagen. Größere Filialen unterhalten einen *Travel Shop*, in dem Reisebücher und Produkte rund ums Reisen etwas preiswerter als sonst zu haben sind.

Distanzen

In den meisten Straßenkarten gibt es **Entfernungstabellen** und häufig Grafiken mit Meilen und Fahrzeitangaben zwischen den wichtigsten Städten (auch in den *Tourbooks* und im *Rand McNally*). Die dort angegebenen Meilen und Zeiten beziehen sich immer auf die kürzesten Verbindungen und oft unrealistische Durchschnittsgeschwindigkeiten. Als Basis für die Reiseplanung leisten sie aber gute Dienste. Zur Berechnung der voraussichtlich auf einer bestimmten Route zurückzulegenden Entfernung ist ein **Zuschlag von mindestens 20%** auf die aus Karten ermittelte Gesamtdistanz notwendig. Die Mehrkilometer für Umwege, Stadtverkehr, Abstecher zu Sehenswürdigkeiten, Anfahrten zu Campingplätzen, gelegentliches Verfahren usw. übertreffen diesen Prozentsatz leicht.

Let's Go

Mit Englischkenntnissen gibt es für junge Leute, die auf den Dollar sehen müssen, kein besseres Buch als **LET'S GO, the Budget Guide to the USA** (und ein bißchen Canada). Das Buch kostet US$20/c$29 und wird jährlich neu aufgelegt. Es ist in größeren *Bookstores* meistens vorrätig und eine Fundgrube für günstige Unterkünfte, preiswerte Restaurants, populäre Kneipen, billige Mietwagen und Details zum öffentlichen Transport in den **USA** und **Canadas Großstädten**. In der Bewertung von Sehenswürdigkeiten und Nationalparks orientiert es sich eher an der "Optik" junger Amerikaner unter 30 mit *College*-Ausbildung. Die Empfehlungen (und Auslassungen) sind für europäische Leser nicht immer nachvollziehbar.

Book Shops

Darüberhinaus gibt es in Buchhandlungen (*Book Stores/Shops)* ein breit gefächertes Angebot an Reise- und Sachbüchern zu allen erdenklichen touristischen und regionalen Themen von der Geologie, Flora und Fauna über Bike- und Kanurouten bis zu lokalen Joggingpfaden. Wer eine Reise durch Neu-England plant und nicht zu sehr auf den Dollar schaut, sollte – als Ergänzung zu den Empfehlungen dieses Buches – einen der Spezialführer zu *Country-* und *Bed & Breakfast Inns* kaufen, die viele Kleinode auch etwas abseits der hier beschriebenen Routen enthalten. Eine Fundgrube für Spezialliteratur ist auch mancher **Museum Shop.**

Visitor/ Travel Information

Nicht zu verfehlen sind beim "Grenzübertritt" auf Hauptverkehrsstraßen von einer kanadischen Provinz zur anderen und zwischen US-Bundesstaaten die oft ungemein aufwendigen *Visitor*, *Tourist* oder *Travel Information Center*. Der durchreisende Tourist erhält dort neben der jeweiligen Straßenkarte (fast) jede touristisch relevante Information. In **kanadischen Provinzen** gibt es **gratis** immer ein **Unterkunftsverzeichnis**, den *Accomodation Guide* mit *up-to-date* Tarifen und Telefonnummern (fast) aller *Hotels/Motels* der Provinz. In einigen Fällen ist er gekoppelt mit einem **Campingverzeichnis,** in anderen gibt es *Camping Guides* separat. *Travel Ontario* verteilt sog. *Trip Planner*, vier attraktiv aufgemachte Regionalhefte, die alle Sehenswürdigkeiten, Unterkünfte und Campingplätze auflisten. Bei der Einfahrt nach Ontario sollte man explizit nach diesen sehr hilfreichen Unterlagen fragen.

Das Material der regionalen Tourismusindustrie liegt immer zur Selbstbedienung bereit. *Visitor, Travel* oder *Tourist Information Center* gibt es noch im kleinsten Ort.

Visitor Center existieren auch in den **National** und großen **State** bzw. **Provincial Parks**, ▷ Seite 29. Hier und dort verfügen sie sogar über deutschsprachige Broschüren, aber davon darf man nicht ausgehen.

Travel Information Centre in Niagara Falls/Canada

1.3.3 Was kostet die Reise?

Wechselkurs Um einen Eindruck von den ungefähren Kosten einer individuellen Amerikareise zu vermitteln, sind **auf der folgenden Seite** einige Beispiele zusammengestellt. Dabei wurden als Wechselkurse **1,60 DM/US\$ und 1,20 DM/can\$** zugrundegelegt. Das Preisniveau beider Länder ist dann sehr ähnlich. Das gilt nicht für die **Übernachtungskosten** in Hotels/Motels etc. und auf Campingplätzen. In Dollar liegen die Preis etwa auf gleichem Niveau, so daß hier Canada zur Zeit um 20%–25% billiger ist. In der Aufstellung ist das nicht berücksichtigt.

Tagessatz bei Selbstverpflegung Bei Selbstversorgung erscheint ein **Tagessatz von \$20/c\$25 für Alleinreisende** die Untergrenze, worin kleine Eintrittsgelder und Nebenkosten sowie **gelegentliche** *Fast Food* Hamburger eingeschlossen sind, nicht aber Alkoholika, Kneipen- und Restaurantbesuche; ebenfalls keine Transportkosten.

Zwei Personen können bei scharfer Kalkulation unter sonst gleichen Voraussetzungen mit **ca. \$35/c\$43 Tag** auskommen.

Unterkunft Die Unterkunftskosten können zwischen **\$0 beim Campen in der Wildnis** oder auf **Gratiscampgrounds** und **\$200 im Cityhotel** schwanken (für ein oder zwei Personen identisch):

(1) Beim **Campen** reichen **\$15 oder weniger** im Durchschnitt pro Auto/Zelt oder Camper, sofern die Platzwahl gezielt erfolgt; ohnedem und im Fall höherer Komfortansprüche muß man eher ab \$20 kalkulieren, ➪ Seiten 161/164f.

(2) **Außerhalb der Saison in den preiswertesten Motels** etc. oder auch in der Hochsaison bei konsequenter Übernachtung in Billigquartieren (Jugendherberge, YMCA, internationale Jugendhotels, gelegentlich Discount-Motel) läßt sich ein Durchschnittspreis für 2 Personen (ohne Frühstück) um **\$30** realisieren. Eine Person reist relativ teurer und sollte mindestens \$25 einplanen, falls es nicht gelingt, immer in Jugendherbergen unterzukommen.

(3) Selbst bei Reisen in der **Hauptsaison** und **Motel-/Hotelübernachtung** braucht auch ohne Neigung zu Billigquartieren, siehe (2), im Durchschnitt nicht über **\$60 pro Nacht** zu kalkulieren (**DZ ohne Frühstück**), wer unterwegs aufpaßt. Je nach Route und Zielen kann es im Einzelfall teurer werden, aber **im Schnitt über \$70** ausgeben wird nur, wer zur gehobenen Mittelklasse neigt. **Bis Mitte Juni und nach** *Labor Day* (1. Montag im September) können ohne extreme Zugeständnisse an die Qualität der Unterbringung auch **um \$50 ausreichen** (nicht im *Indian Summer!*) Alle drei Zahlen sind bei längeren Aufenthalten in großen Städten nach oben zu korrigieren; mit gewissen Komfortabstrichen lassen sie sich aber – mit Ausnahme von Boston und New York – sogar dort realisieren; dazu mehr ab Seite 111.

Für die Übernachtungsalternativen (1) bis (3) zeigt die Tabelle die in etwa zu erwartenden **Basis-Gesamtkosten** einer Reise. Zu den **Transportkosten** und den dabei geltenden Annahmen sei auf die entsprechenden Abschnitte im Kapitel 2 verwiesen, u.a. Seite 102. Die **Flugkosten** können stark abweichen.

In etwa zu erwartende Gesamtkosten eines 3-Wochen-Urlaubs im Osten Canadas bzw. Osten der USA für zwei Personen in DM während der <u>Hauptsaison</u> unter den beschriebenen Voraussetzungen und Annahmen.

	Greyhound/ Billigunterkünfte[2]	Mietwagen Eco.Compact und Zelt
(1) Flug Europa–USA/Canada je 1.000 DM	2.000	2.000
(2) Ameripass plus Zusatztransportkosten (2x Monatspass plus je $100, Seite 106)	1.320	
(3) 3 Wochen Mietwagen, Versicherung und Benzin		1.638
(4) Übernachtungskosten bei Wagenmiete/Zelt[1] inkl. 2 Tage Motel (Seite xxx)	960	632
(5) Selbstverpflegung $35/Tag	1.176	1.176
Mindestreisekosten gesamt[3] in DM:	5.456	5.446

	Mietwagen/ Full Size M/Hotel	Camper-Miete (Van)
(1) Flug Europa–USA/Canada je 1.000 DM	2.000	2.000
(2) 3 Wochen Mietwagen, bzw. 18 Tage Campermiete Versicherung und Benzin	1.938	4.576
(2) Übernachtungskosten bei Campermiete inkl. 2 Nächte Hotel (⇨ Seite 103)	2.688	960
(6) Verpflegung $55/Tag im Motel, $35/Tag bei Campermiete	1.848	1.176
Mindestreisekostengesamt[3] in DM:	8.474	8.712

1) Camping $15/Nacht x 18 plus 200 DM für 2 Nächte Hotel)
2) Hier wurden $30 pro Nacht angesetzt
3) Die **Zahlen geben nur einen**, wenn auch im Vergleich realistischen **Anhaltspunkt.** Die effektiven Reisekosten können – abhängig von der persönlichen Reisegestaltung – stark abweichen (**Restaurantessen, Alkoholika und Mitbringsel fehlen in der Rechnung**).

2. REISEVORBEREITUNG UND -ORGANISATION

2.1 FORMALITÄTEN

2.1.1 Einreise in die USA

Einreise in die USA ohne Visum

Der früher für Reisen in die USA bestehende Visumzwang wurde für Deutsche, Schweizer, Österreicher und andere Westeuropäer Ende der 80er-Jahre aufgehoben. **Voraussetzung der Einreise ohne Visum** ist, daß der Aufenthalt in den USA besuchsweise erfolgt, nicht länger als **maximal 90 Tage** dauert und ein **Ticket mit reserviertem Rückflug** innerhalb dieser Frist vorgelegt werden kann. Wer diese Bedingungen erfüllt, braucht seither für den Flug in die USA lediglich seinen **Reisepass** einzustecken, der nach dem Rückflugtermin noch sechs Monate gültig sein muß. Nachdem diese Regelung zunächst nur auf Flugreisende beschränkt war, entfiel bald auch das bis dato weiter aufrechterhaltene Visaerfordernis für die **Einreise auf dem Landweg** von Mexico und Canada. Aber selbst dabei muß ggf. das Rückflugticket zur Hand sein, das dem *Immigration Officer* beweist, daß die Absicht besteht, nicht nur die USA, sondern ganz **Nordamerika** (einschließlich Mexico!) innerhalb von 90 Tagen wieder zu verlassen.

Airline-pflichten

Faktisch hat die amerikanische Einreisebehörde die Verantwortung für die **Einhaltung dieser Vorschriften** weitgehend auf die Fluggesellschaften abgewälzt. Diese sind verpflichtet, bereits beim Einchecken die Pässe ihrer Passagiere und das Vorliegen einer termingerechten Rückflugbuchung zu kontrollieren und obendrein Hilfestellung beim Ausfüllen der Vordrucke zu leisten (↩ Seite 118).

Kontroll-prozedur

Obwohl also jeder USA-Tourist bereits vor Besteigen des Flugzeugs überprüft wurde, erfolgt die eigentliche Kontrolle erst am Immigrations-Schalter im Ankunftsairport. Ein mit einem Zentralcomputer verbundenes **Passlesegerät** gibt Auskunft über vorherige Einreisen und dabei eventuell aktenkundig gewordene Auffälligkeiten. Liegt kein negativer Eintrag vor, erhält der Ankömmling in der Regel ohne weitere Fragen den Einreisestempel für volle 90 Tage. Gelegentlich erkundigt sich der Beamte aber auch nach den Reiseabsichten des Touristen, seinem Beruf etc. Bei freundlicher (!) Beantwortung sind keine Schwierigkeiten zu befürchten, sofern feste Buchungen vorliegen (Fahrzeugmiete, Hotels o.ä.).

Mögliche Probleme

Wer eine **unabhängige Reise ohne Vorausreservierungen** plant und mit eher geringem Budget reist, muß sich darauf gefaßt machen, trotz Rückflugticket intensiv befragt zu werden. Dann wird auch nach den Geldmitteln gefragt. Nur auf wenig Gegenliebe stößt in einem solchen Fall das Vorweisen einer kleinen Summe plus Kreditkarte, denn die könnte ja morgen gesperrt werden. Lieber möchte man einen Betrag in bar und/

oder Reiseschecks sehen, der in etwa für das geplante Vorhaben reicht. Befriedigt das Ergebnis nicht, kann es passieren, daß die Aufenthaltsdauer reduziert, schlimmstenfalls die Einreise verweigert wird. Im letzten Fall besitzt man keine "Revisionsinstanz und muß von der *Airline* zurücktransportiert werden. Solche Fälle sind selten, kommen aber vor.

Visum-erfordernis

Wer zunächst kein Rückflugticket kaufen bzw. keinen Rückflug fest buchen möchte, braucht auf jeden Fall ein Visum, denn sonst akzeptiert keine Fluggesellschaft den Passagier. Man erhält ein Visum indessen nur bei (plausibel zu erläuternden) Reiseplänen, die 90 Tage übersteigen.

Funktion des Visums

Beim Visum, von den Amerikanern *Visa* genannt, handelt es sich um eine Art "Unbedenklichkeitsbescheinigung", die nach einer formalen, gelegentlich sogar persönlichen Überprüfung dem Antragsteller vom zuständigen amerikanischen Konsulat in den Pass gestempelt wird. Das Visum nimmt dem Einwanderungsbeamten an der amerikanischen Grenze bzw. im Flughafen eigentlich die neuerliche Infragestellung der "guten Absichten" des Ankömmlings ab. Sieht er jedoch entgegenstehende Gründe, kann er die Einreise trotz Visum verweigern, zum Beispiel bei Schmuggel, Rauschgiftbesitz etc.

Antrag auf Erteilung

Die Prozedur der **Visa-Beschaffung** ist im folgenden beschrieben. **Sie gilt auch für USA-Reisen unter 3 Monaten Dauer von bei uns lebenden Bürgern jener Staaten, die nicht ausdrücklich von der Visapflicht ausgenommen sind.** Das Visum wird kostenlos von den Generalkonsulaten der USA in **Berlin** (Neue Bundesländern und Norddeutschland), **Bonn-Bad Godesberg** (Visastelle der Botschaft für NRW) und **Frankfurt** (alle anderen Bundesländer) erteilt. Auskünfte und **Formulare** gibt`s wie folgt (Telefonauskunft nur begrenzt, oft besetzt):

Konsularabteilung der US-Botschaft Bonn
Deichmanns Aue 29,
53179 Bad Godesberg, ✆ 0228/3391

Generalkonsulat Berlin:
Neustädtische Kirchstr. 4-5,
10117 Berlin, ✆ 030/8324087+8197454

Generalkonsulat Frankfurt:
Siesmayerstr. 21,
60323 Frankfurt, ✆ 069/75350

Formale Erfordernisse des Antrags

Um Rückfragen zu vermeiden, empfiehlt sich beim Ausfüllen des Antrags große Sorgfalt. Sinn macht auch ein separates Anschreiben, in dem **Zweck und Dauer, ggf. die Finanzierung der Reise** kurz skizziert werden. Darin sollte unter Bezugnahme auf einen bestehenden Arbeitsvertrag, die Weiterführung der Ausbildung o.ä. noch einmal (erfolgt auch im Antragsformular) explizit versichert werden, daß nicht die Absicht besteht, über die Reise hinaus in den USA zu bleiben oder dort eine Arbeit anzunehmen. Wenn aus den Angaben des Antragstellers zur Person (arbeitslos!) eher auf ungünstige Einkommens- und/oder Vermögensverhältnisse geschlossen werden könnte, ist die Bestätigung einer Bank angebracht, daß ausreichende finanzielle Mittel verfügbar sind.

Prozedur

Pass und Unterlagen können per Post an das zuständige Konsulat geschickt werden, vorzugsweise **als Einschreiben** unter Beifügung eines ebenfalls als Einschreiben frankierten Rückumschlags. Sind alle Unterlagen vollständig, erfolgt die Bearbeitung ohne Rückfragen. Verweigern wird man das Visum nur aus Gründen, die in der Person des Antragstellers liegen (z.B. bei Vorstrafen) und in Fällen, in denen die Notwendigkeit eines Visums nicht ersichtlich ist bzw. nicht überzeugt.

Das ganze hört sich komplizierter an, als es tatsächlich ist. Das Anschreiben zu den Reiseplänen läßt sich kurz fassen und auf Bankunterlagen ggf. verzichten.

Seit Abschaffung der Visumspflicht für kürzere Reisen hat sich die **Bearbeitungsfrist** leider erheblich erhöht und kann nach Auskunft der Botschaft **6-8 Wochen** dauern.

Welchen Visumtyp – maximal 10 Jahre Gültigkeit[*] – der Antragsteller auch erhält, der (zunächst) **maximal mögliche Aufenthalt** in den USA beträgt 180 Tage. Die tatsächlich eingeräumte Besuchszeit hängt von den Angaben bei der Einreise und vom Einwanderungsbeamten ab, ⇨ einleitende Absätze.

Departure Record

Alle US-Touristen müssen vor der Einreise ein – für Visainhaber und Reisende ohne Visum etwas unterschiedliches – Einreiseformular ausfüllen. Ein Abschnitt dieses Papiers, der ***Departure Record*** *(Seite 118)*, wird mit Ein- und spätestem Ausreisedatum versehen in den Paß geheftet. Üblicherweise wird die Maximalzeit gewährt, also 90 bzw. 180 Tage. Bei der Ausreise wird der *Departure Record* wieder entnommen.

Wenn im Rahmen der genehmigten USA-Aufenthaltsdauer ein vorübergehender **Grenzübertritt nach Canada** oder **Mexico** erfolgt, verbleibt das Papier im Pass. Dabei entfällt gelegentlich der kanadische Einreisestempel; d.h., die Einreise in die USA ist dann auch maßgebend für die maximale Aufenthaltsdauer in Canada; siehe aber dazu den folgenden Abschnitt 2.1.2.

---

[*] Das früher häufig ***indefinite*** ausgestellte Visum wurde 1996 abgeschafft, **alte "unbegrenzte" Visa** verlieren seither ebenfalls 10 Jahre nach Ausstellung ihre Gültigkeit. Wer so ein Visum noch im Pass hat, kann also nicht mehr auf dessen unbegrenzte Gültigkeit bauen; die ist perdu.

2.1.2   Einreise nach Canada

Reisepaß und Aufenthaltsdauer

Zur Einreise benötigt man lediglich den noch mindestens sechs Monate über den Rückflugtermin hinaus gültigen Paß. Aus Übersee einfliegende Touristen mit **Rückflugticket** und ausreichend Bargeld bzw. Reiseschecks und/oder Kreditkarten erhalten problemlos den erforderlichen Sichtvermerk für eine **Aufenthaltsdauer bis zu 6 Monaten**. Meist stellen die Einwanderungsbeamten keine detaillierten Fragen und geben sich mit einer kurzen Auskunft zu Zweck/Dauer der Reise zufrieden. Bisweilen wird auf Fragen ganz verzichtet.

Einreise nach Canada über die USA

Auch bei Anreise über die USA und einem bereits von den US-Behörden in den Paß gehefteten *Departure Record* (siehe vorstehenden Abschnitt), erhält man ggf. einen Einreisestempel für maximal 6 Monate. Die einmal erteilte Aufenthaltsdauer für die USA bleibt für die Wiedereinreise weiter gültig. Wenn diese Absicht besteht, sollte man den kanadischen Grenzbeamten darauf hinweisen, sonst entnimmt er ggf. den *Departure Record*. Ohne dieses Papier muß man die Einreiseprozedur (Formular ausfüllen) für die USA wiederholen, auch wenn aus dem Stempel im Pass hervorgeht, daß das Datum der letzten Einreise erst wenige Wochen zurückliegt.

2.1.3   Grenzübertritt/Aufenthaltsverlängerung

Aus den Ausführungen geht bereits indirekt hervor, daß eine Grenzüberschreitung problemlos möglich ist.

Ausreise in die USA und Wiedereinreise nach Canada

Bei einer Ausreise von Canada in die USA verliert die einmal erteilte kanadische Genehmigung im Prinzip ihre Gültigkeit. Wer innerhalb des bereits im Paß eingetragenen Zeitraums nach Canada zurückkehrt, erhält aber normalerweise keinen neuen Einreisestempel und darf folglich nicht länger im Land bleiben als ursprünglich vorgesehen. Praktische Handhabung und offizielle Regelung differieren hier. Für die meisten Touristen ist das bedeutungslos.

Verlängerung

Eine Verlängerung des Aufenthaltes **in den USA** über die maximal 90 Tage hinaus ist **ohne Visum so gut wie unmöglich**, wenn man nicht gerade transportunfähig im Hospital liegt. Eine Verlängerung **mit Visum** dagegen machte in der Vergangenheit weniger Probleme, als offiziell zugegeben wird. Voraussetzung einer Verlängerung durch ein *Immigration Office* (in Großstädten mit internationalen Flughäfen) ist neben dem Visum eine glaubhafte Erläuterung der "guten" Absichten (Fortsetzung einer Langzeitreise) und "Vorzeigen" der dafür benötigten Geldmittel, außerdem die Beantragung nicht gerade am letzten Tag der laufenden Aufenthaltserlaubnis.

In **Canada,** wo man kein Visum kennt, ist eine Verlängerung des Aufenthalts über 180 Tage hinaus nicht vorgesehen.

2.1.4   Zum Grenzübertritt mit dem Auto

Mit Auto von den USA nach Canada

Wegen der günstigeren Mietwagentarife (↪ Seite 89) sind US-Städte bedenkenswerte Ausgangspunkte auch für eine Reise durch Canada. Der Grenzübertritt ins Nachbarland ist auch mit einem Fahrzeug problemlos. **Wagenpapiere** oder **Führerschein** werden normalerweise nicht einmal kontrolliert.

Einen Nachweis über die in Canada (im Gegensatz zu den USA) in allen Provinzen vorgeschriebene **Haftpflichtversicherung** ist erst bei Unfällen erbringen. Wer im **Mietwagen** nach Canada fährt, sollte die Verleihfirma auf die **Versicherung** und die Form ihres Nachweises ansprechen. Im Normalfall ist der Mietvertrag gleichzeitig der Versicherungsnachweis – zumindest gilt das für die großen Verleiher. Wer sich vor Ort bei einer kleinen unbekannten Firma ein Fahrzeug leiht, sollte diesem Punkt aber große Aufmerksamkeit schenken. Einige Mietwagenfirmen untersagen den Grenzübertritt – soweit bekannt, aber nicht die international operierenden Pkw- und Campervermieter. Mit deren Fahrzeugen darf man also von den grenznahen Ankunftsflughäfen (im Rahmen dieses Buches NY-Newark, New York JFK, Boston, Detroit, Chicago) üblicherweise ohne weiteres nach und durch Canada fahren. Allerdings sind **Einwegmieten über die Grenzen in der Regel ausgeschlossen**. Es kann nicht schaden, grenzüberschreitende Reisepläne vor Vertragsabschluß bzw. bei der Wagenübernahme noch einmal explizit anzusprechen und sich bestätigen zu lassen, daß dem Grenzübertritt nichts entgegensteht.

Von Canada in die USA

Für den Start in Canada gilt weitgehend dasselbe, wie für die USA: im Prinzip ist der Grenzübertritt möglich, sollte aber vor Reiseantritt explizit klar sein! Da kanadische Deckungssummen in der Haftpflichtversicherung weit über den Minimalerfordernissen der US-Staaten liegen, ergibt sich daraus normalerweise kein Problem.

Privat geliehenes Fahrzeug

Bei Verkehrskontrollen fragt die amerikanische/kanadische Polizei bisweilen nach einem **Besitznachweis** für den Wagen. Als Beleg dient die *Registration*, ein dem deutschen Kraftfahrzeugschein entsprechendes Papier, bzw. der Mietvertrag. Falls das Auto von Bekannten geliehen ist, sollte man sich vor Fahrten ins jeweils benachbarte Ausland eine **notariell beglaubigte Erlaubnis des Eigentümers** für die Benutzung und Einreise in die USA/nach Canada geben lassen. Die Beglaubigung nimmt gegen geringe Gebühren und rasch jeder *Notary Public* vor, den man drüben "an jeder Ecke", u.a. in Bankfilialen findet. Und außerdem muß – mit oder ohne Grenzübertritt – zweifelsfrei geklärt sein, ob die Versicherung auch für den ausländischen Freund der Familie eintritt, wenn es krachen sollte. Im Gegensatz zu Europa ist das mitnichten klar. Denn in den USA sind nicht die Fahrzeuge versichert, sondern Personen/Familien.

2.2   Versicherungen

**Kranken-
versicherung**

Eine Amerika-Reise ohne speziellen Krankenversicherungs-
schutz anzutreten, wäre in Anbetracht der dort sehr hohen Be-
handlungskosten leichtsinnig. Nur einige private Krankenver-
sicherer bieten ihren Versicherten weltweiten Vollschutz. Wer
nicht mit der Erstattung von in Übersee angefallenen Kosten
rechnen kann – das sind in erster Linie die in den gesetzlichen
Kassen Versicherten – ist dringend der Abschluß einer kurz-
fristigen **Auslandskrankenversicherung** anzuraten.

Die Veranstalter von Auslandsreisen legen ihren Buchungs-
unterlagen in der Regel **Überweisungsformulare** für den un-
komplizierten Abschluß einer Reisekranken- und anderer
Versicherungen bei. Man kann sie auch ganz unabhängig von
einer bestimmten Buchung in jedem Reisebüro abschließen
oder sich direkt an die Agentur einer privaten **Krankenver-
sicherungsgesellschaft** wenden; die meisten bieten auch kurz-
fristige Auslandsverträge an. **Kreditkartenunternehmen** und
Automobilclubs offerieren ihren Mitgliedern Vorzugstarife
beim Auslandsversicherungsschutz. Im Jahresbeitrag für eine
Reihe von **Kreditkarten** ist eine Krankenversicherung für Auslandsreisen bereits enthalten.

**Tarif- und
Leistungs-
vergleich**

Grundsätzlich lohnt sich vor Abschluß ein Vergleich nicht nur
der erstaunlich unterschiedlichen Tarife, sondern auch der mit
dem Vertrag verbundenen Leistungen. Einige Unternehmen
verzichten auf jegliche Eigenbeteiligung des Versicherten, bei
anderen müssen kleinere Ausgaben selbst getragen werden.

**Versicherter
Zeitraum**

Ein **wichtiger Punkt** bei Auslands-Krankenversicherungsver-
trägen ist der **maximal versicherte Zeitraum** bei ununter-
brochener Abwesenheit. Insbesondere über bestimmte Mit-
gliedschaften "automatisch" Versicherte (Abbuchung des Bei-
trages ohne Notwendigkeit eines erneuten Abschlusses) sind
oft nur bis zu sechs Wochen geschützt (das gilt auch bei Kre-
ditkartenversicherungen). Bei längeren Reisen muß in derartigen Fällen ein gesonderter Vertrag über die **gesamte Reisezeit** abgeschlossen werden.

Kosten

Recht **preisgünstig** sind Verträge bis zu 2 Monaten Gültigkeit. Für kurze Fristen ist auch die Auswahl groß. Das Spektrum der Angebote beginnt bei ganzen 65 DM für 8 Wochen.

**Behandlung
und
Zahlung**

Im Krankheitsfall wird in Nordamerika oft **vor** der Behandlung
der **Nachweis der Zahlungsfähigkeit** verlangt. Eine *Credit
Card* ist dabei hilfreich. Ohne ausreichende Mittel und/oder
Kreditkarte muß man sich bei teuren Behandlungen ggf. per
Fax oder Telefon an seine Auslandskrankenversicherung wen-
den und um Vorschuß bzw. Kostenübernahme bitten. Eine
Kopie des Vertrages und die Telefon- unf Faxnummern der
Versicherung sollte man daher vorsorglich mitführen.

Erstattung

Falls man Arzt- oder Rezeptgebühren vorstreckt, sind für die spätere Erstattung in der Heimat **detaillierte Aufstellungen** mit Datum, Namen des behandelnden Arztes, Behandlungsbericht etc. notwendig. Je vollständiger die Unterlagen, um so reibungsloser und schneller erfolgt daheim die Überweisung des ausgelegten Betrages. Da die meisten Versicherungen **Dollarausgaben** mit dem Tageskurs umrechnen, an dem der Erstattungsantrag bei ihnen eingeht, können Währungsschwankungen zu Verlusten führen. Einige Gesellschaften erlauben deshalb ihren Versicherten, den Dollarkurs zugrundezulegen, der am Tag der Zahlung galt.

Weitere Reiseversicherungen

Inwieweit man über die Krankenversicherung hinaus weiteren Versicherungsschutz benötigt, hängt von den bereits in der Heimat bestehenden Versicherungen und dem individuellen Risikoempfinden ab. Vor Abschluß von **Reiseunfall-** oder **Reisehaftpflichtversicherungen** sollte man prüfen, ob nicht vorhandene Versicherungsverträge ausreichen.

Gepäckversicherung

Über den Nutzen der vergleichsweise teuren **Reisegepäckversicherung** sind die Meinungen geteilt. Bei sorgfältiger Lektüre des "Kleingedruckten" erkennt man, daß die Fälle des Haftungsausschlusses zahlreich sind. **Camping** etwa gilt versicherungstechnisch als besonders riskant. Und **Wertsachen** sind im allgemeinen nur begrenzt gedeckt.

Reise-Rücktrittskosten-Versicherung

Eine **Reise-Rücktrittskosten-Versicherung** ist bisweilen im Reisepreis schon enthalten. Sie kann, sollte das nicht der Fall sein, aber auch separat abgeschlossen werden. Die Prämien sind relativ niedrig (Elvia, Europäische u.a.), aber ebenfalls recht unterschiedlich. Man sollte darauf zumindest bei langfristiger Vorbuchung nicht verzichten. Allerdings gilt das nicht für Flüge, bei denen die Stornogebühren bis kurz vor Reiseantritt im allgemeinen tragbar sind. Mit einer einfachen Reiserücktrittskostenversicherung deckt man dann ggf. nur das Risiko des Ausfalls während der letzten Tage vor Abreise ab. Nur eine erweiterte Versicherung bietet Kostenersatz für den Fall einer Unmöglichkeit, den (oft nicht umbuchbaren) Rückflug wahrzunehmen – etwa wegen Unfall oder Krankheit.

2.3   DIE FINANZEN

2.3.1   Kreditkarten

Situation in den USA und Canada

Wer noch keine Kreditkarte besitzt, sollte erwägen, sich für die Reise eine zuzulegen. Im täglichen Zahlungsverkehr spielt sie in Nordamerika immer noch eine weitaus stärkere Rolle als bei uns. **Ohne Plastikgeld** setzt man sich in den USA und Canada leicht dem Verdacht aus, nicht kreditwürdig zu sein. Es gibt viele Gelegenheiten, bei denen Barzahlung mit Stirnrunzeln quittiert (Motel/Hotel/Mietwagen), wenn nicht sogar abgelehnt wird. Ohne die Angabe einer Kreditkartennummer, die sofort vom Computer geprüft wird, ist z.B. eine verbindliche telefonische Reservierung von Zimmern (bei Ankunft nach 18 Uhr), Fähren, Veranstaltungstickets etc. nicht möglich.

Generell gilt: Kreditkarten sind für eine Amerika-Reise nicht nur hilfreich, sondern in vielen Situationen unabdingbar. Ihr Vorhandensein sichert darüberhinaus die Zahlungsfähigkeit im – wenn auch hoffentlich nicht eintretenden – Notfall.

Vorteile

In ganz Nordamerika und Mexico(!) kann mit den auch bei uns üblichen Kreditkarten einen Großteil der laufenden Ausgaben ohne Geldwechsel und Vorwegbeschaffung von Reiseschecks bestritten werden. Eine übliche Frage in Läden und Tankstellen ist *Cash or charge?*, "Bargeld oder Kreditkarte?"

Kosten

Der heute für die normalen Kreditkarten ohne Vergoldung und Sonderleistungen geforderte **Jahresbeitrag** (ab 30 DM) ist so niedrig, daß er sich – unabhängig vom effektiven Einsatz unterwegs – allein schon durch die damit eingekaufte Sicherheit rentiert. Darüberhinaus bieten auch "einfache" Karten teilweise geldwerte Zusatzleistungen (vor allem Versicherungen, ⇨ vorstehenden Abschnitt), die allein die Kosten wieder aufwiegen können. Die meisten Organisationen werben mit einer **3-Monats-Probekarte**. Zum Probieren nicht schlecht!

VISA/ Eurocard (Mastercard)

Unter dem Aspekt der universalen Einsatzfähigkeit (und der Höhe der Jahresgebühr) geht nichts über die mit dem weltweiten *Mastercard-System* verbundene *Eurocard* und *VISA Card*. *Mastercard-* und *VISA*-Emblem sind in den USA und Canada allgegenwärtig. Mit beiden Karten läßt sich fast bargeldlos reisen, legt man es darauf an. Jahresgebühr und Konditionen hängen von der Vertragsgesellschaft ab. Da unterschiedlichste Unternehmen diese Karten ausgeben, in erster Linie Banken und Versicherungen, aber z.B. auch der ADAC, ist daher **Karte nicht gleich Karte**. Zur Frage, welche Karte den persönlichen Bedürfnissen am besten entspricht, sei verwiesen auf die regelmäßigen veröffentlichten **Kreditkartenvergleiche der Stiftung Warentest** (Zeitschriften "test" und "Finanztest"), z.B. Heft 6/1995 der Zeitschrift "test". Reports dazu gibt`s auch in Wirtschaftsmagazinen.

American Express Card

Relativ viele Akzeptanzstellen findet man auch für *American Express Cards*, die sich traditionell eher in besseren Hotels, Restaurants ab Mittelklasse, bei Autovermietungen und Fluggesellschaften einsetzen lassen, außerdem in Läden der gehobenen Preisklassen und Souvenirshops. Die *AE-Card* fand in den letzten Jahren jedoch ihren Weg auch in bis dato weniger typische Einsatzbereiche wie Tankstellen oder Motels der unteren bis mittleren Preisklasse. Spezifische Vorteile besitzt die AE-Karte bei der **Reisescheckbeschaffung**.

Praxis

Die **Zahlung per Kreditkarte** erfolgt wie bei uns überwiegend durch Unterschrift auf einen elektronisch erstellten Beleg. Vor dem Ausdruck überprüft der Computer Gültigkeit und Deckung der Karte. In Gebrauch sind aber auch mechanische (Ritsch-Ratsch-) Vorrichtungen, welche die Kartendaten auf Durchschreibbelege übertragen. Der Betrag wird dann von Hand eingesetzt. In Amerika ist es üblich, daß die Unternehmen in diesem Fall die Karte telefonisch überprüfen lassen.

Wechselkurs

Wichtige Vorteile der Zahlung per Karte sind die **nachträgliche Belastung** (speziell bei relativ hohen Ausgaben), die sich bei Ausgaben in Nordamerika oft erstaunlich verzögert, und die Zugrundelegung eines Wechselkurses (meist Devisenbriefkurs – siehe Wirtschaftsteil jeder Tageszeitung – plus 1%-1,75%), der immer deutlich unter dem Sorten-Verkaufskurs für Bardollars liegt. Der Verzögerungseffekt kann indessen **nachteilig** ausfallen, wenn zwischen der Zahlung im Ausland und der Weiterreichung des Belegs an die Kreditkartengesellschaft der Wechselkurs für den Dollar steigt. Man bezahlt in diesem Fall mehr, als wenn man die Ausgaben bar getätigt hätte. Umgekehrt nimmt man **Währungsgewinne** mit, sinkt der Dollar.

Bargeld gegen Kreditkarte

Mit allen Kreditkarten läßt sich zu recht unterschiedlichen Konditionen auch Bargeld beschaffen. Mit *Euro-* und *VISA-Card* kann der Inhaber bei allen angeschlossenen Banken – die man noch bis ins letzte Dorf findet – Bargeld erhalten, vorausgesetzt, er weist sich durch seinen Reisepass aus. Ist die Geheimzahl bekannt, kann man sich auch bei den zahlreichen **Bargeldautomaten (*Automatic Teller*)** bedienen. Das *Cashing* kostet allerdings hohe Gebühren (3%-4% der Summe), sofern kein Guthaben bei der Kartenorganisation gehalten wird.

Belastung

Barentnahmen werden im Gegensatz zu allgemeinen Ausgaben **umgehend** dem heimischen Konto belastet. Die häufige Entnahme kleiner Beträge ist nicht ratsam, wenn unabhängig von der Summe eine Minimum- oder fixe Basisgebühr anfällt.

AE-Reiseschecks

In *American Express* **Agenturen** und **AE-Automaten** (auf allen wichtigen Flughäfen, Geheimzahlkenntnis erforderlich) gibt es *American Express Travelers Cheques*. Sie kosten nur 1%, lassen sich in den USA und Canada wie Bargeld verwenden und meist kostenlos am Bankschalter in Bardollar wechseln.

Grenzen

Die Bargeldbeschaffung per Kreditkarte unterliegt recht unterschiedlichen **Höchstgrenzen** in Bezug auf Summe und die Frequenz der möglichen Abhebungen. Generell kann nicht mehr ausgegeben werden, als das heimische Konto letztlich zuläßt. Unabhängig von der Kontodeckung gelten aber noch weitere Restriktionen. Wer unterwegs stark auf Kreditkartenzahlung und Bargeldbeschaffung per Karte setzen möchte, sollte sich über die im eigenen Fall gültigen Bedingungen genau informieren, um unliebsame Überraschungen zu vermeiden.

"Edelkarten"

Weniger schiefgehen kann mit **Goldkarten** und anderen Edelausführungen der gängigen *Credit Cards*, die den Inhabern durchweg einen größeren finanziellen Spielraum gewähren und nebenbei erweiterte Versicherungsleistungen bieten. U.a. sind die **Versicherungspakete** der **ADAC Goldkarte (VISA)** und der **Eurocard Gold** der **Postbank** (Jahresgebühr 100 DM) und der deutschen **Großbanken** (Deutsche Bank, Dresdner Bank, Commerzbank) beachtlich.

Verlust

Bei Verlust einer Kreditkarte ist die Haftung in allen Fällen auf 100 DM beschränkt, gleichgültig, welcher Schaden zwischen Verlust und Benachrichtigung der Organisation effektiv eintritt. Nach der Verlustmeldung entfällt jede Haftung.

Folgende Telefonnummern können in den USA gebührenfrei angerufen werden, sollte die Kreditkarte verlorengehen oder sonst irgendein Problem auftauchen:

American Express:	1-800-AMEXCO
Mastercard:	1-800-247-4623
VISA:	1-800-227-6811

Bargeldautomat für alle Arten von Bank- und Kreditkarten

2.3.2 Bargeld/Cash

Cash erforderlich

Bargeld ist in Amerika trotz Kreditkarten noch nicht aus der Mode gekommen. Wegen der Provisionsabzüge bei Kartengeschäften gibt es in manchen Geschäften sogar Barzahlungsrabatt. Nur in manchen **Supermärkten** in den **USA** kann man mit Kreditkarten nichts werden. In **Canada** dagegen nehmen auch die Supermärkte durchweg Plastik an. Überwiegend bar zahlt man indessen in *Fast Food Restaurants*. Insgesamt spielt Bargeld eine deutlich geringere Rolle als in Europa.

Wieviel?

Es macht Sinn, **Bargeld zunächst nur für die ersten Ausgaben** bereitzuhalten. Denn der **Wechselkurs für Reiseschecks**, die bei Einlösung keine weiteren Kosten mehr verursachen, ist günstiger als der **Sortenkurs,** mit dem die Bank beim Verkauf von Banknoten kalkuliert.

Umtausch in Canada/USA

Europäische Währungen lassen sich ausschließlich in Großstädten und auch dort nur in ganz bestimmten Banken und an internationalen Flughäfen umtauschen, und zwar zu äußerst ungünstigen Kursen. **Euroschecks** mit Scheckkarte **helfen in Nordamerika nicht weiter**.

Münzen

Münzen sind in Canada und den USA nicht nur vom Aussehen her ähnlich und in der Größe so gut wie identisch, sie tragen auch dieselben Bezeichnungen:

1 Cent:	*Penny*
5 Cents:	*Nickel*
10 Cents:	*Dime*
25 Cents:	*Quarter*

In **Canada** sind darüberhinaus eine **$1- und $2-Münzen** im Umlauf. Die in den **USA** auch kursierenden 50-Cent- und $1-Münzen bekommt man so gut wie nie zu Gesicht.

Münzen, vor allem *Quarters*, benötigt man in der Telefonzelle, an Getränkeautomaten, im Waschsalon und in öffentlichen Verkehrsmitteln der meisten Großstädte. Bei Bedarf besorgt man sich in Banken **Rollen** zu je 40 *Quarters* ($10).

Banknoten

Da alle **US$-Scheine** unabhängig von ihrem Wert dieselbe Größe und Farbe aufweisen (Zahlseite grauschwarz, Rückseite grün – sie lauten auf $1, $2, $5, $10, $20, $50, $100, $500 und $1.000), kann es leicht zu Verwechslungen und Täuschungen kommen. Beim Herausgeben ist deshalb etwas mehr Aufmerksamkeit angebracht.

Ein Dollar wird umgangssprachlich oft *Buck* genannt, aber auch *Greenback* wegen der grünen Rückseite.

Kanadische Geldscheine unterscheiden sich ebenfalls nicht in der Größe, lassen sich aber dank unterschiedlicher Farbgebung erheblich besser auseinanderhalten.

2.3.3   Reisechecks/Travelers Cheques

Reisechecks Da es nie ratsam ist, größere Barbeträge dabeizuhaben, sind neben Kreditkarten **auf Dollar lautende Reisechecks** nicht nur unter Kostenaspekten (1% Aufschlag auf den Devisenbriefkurs) sinnvoll. *Travelers Cheques* (amerik. Schreibweise) werden **in den meisten Geschäften** wie Bargeld ohne Abzug akzeptiert. Unterschrift genügt. Im Fall der Einreichung von Reisechecks bei Banken zur **Bargeldbeschaffung** wird häufig Vorlage des Reisepasses verlangt, obwohl die Unterschrift ausreichen sollte. Gelegentlich fallen auch Gebühren an. Wer die vermeiden will, geht einfach zur nächsten Bank.

US$-Schecks sind auch in Canada ohne weiteres einzusetzen, kosten aber faktisch eine zusätzliche Umtauschgebühr. Die spart, wer sich für die geplante Zeit in Canada **Reisechecks in kanadischen Dollar** zulegt.

Stückelung Bei Reisechecks sind **$50-Stückelungen** und ggf. kleinere höheren Nennwerten vorzuziehen, sofern man sie auch als Zahlungsmittel und nicht nur zum Umtausch in Bares nutzen möchte. Nur wer sehr viele Schecks kauft, sollte auch die $100-Stückelung wählen. $200- und $500-Reisechecks eignen sich praktisch nur zur Einlösung in Banken.

Verlustfall Falls die Reisechecks verlorengehen oder gestohlen werden, kann man für sie relativ leicht Ersatz bekommen. Dazu benötigt man die **Seriennummern** seiner Schecks, möglichst zu belegen durch Vorlage der selbst unterschriebenen Kopie der **Empfangsbestätigung**. Letztere sollte deshalb separat aufbewahrt werden. Sehr wichtig ist es, die Nummern der Schecks zusätzlich an einem sicherem Ort zu hinterlegen (zu Hause), falls auch die Empfangsbestätigung abhanden kommt. Die Reisescheckorganisationen besitzen eine **Notrufnummer** für den Verlustfall. Unter dieser *Emergency Number* erfährt man die Adresse der nächsten für den Ersatz zuständigen Bank.

Rarität: US$2-Note, offizielles Zahlungsmittel, aber kaum im Umlauf. Die grüne Rückseite (daher Greenback*) dieses Geldscheins zeigt die verfassungsgebende Versammlung*

2.3.4 Finanzielle Disposition für die Reise

Die beste Vorsorge für die Reise besteht aus einer **Mischung aller drei Zahlungsmittel**, wobei es darauf ankommt, wie die Reise gestaltet werden soll. Unter der Annahme, daß man das Fahrzeug für die Reise bereits hier gebucht und weitgehend bezahlt hat, wäre es für Leute, die überwiegend im Hotel übernachten und bessere Restaurants besuchen (also mit der Kreditkarte bezahlen können) sinnvoll, maximal 10% der kalkulierten Ausgaben in bar, weitere 20%-30% in Reiseschecks und den Rest per Karte abzudecken. Bei Campingreisen, auf denen mehr Barausgaben anfallen können (Platzgebühren!), könnte der Reisescheckbestand höher liegen. Ein guter **Vorrat an $1-Noten** darf nie fehlen. Die braucht man für den Gepäckkarren am *Airport*, für Trinkgelder und andere kleine Ausgaben vom Moment des Betretens amerikanischen Bodens an.

2.3.5 Geldbeschaffung im Notfall

Geld ist weg! Was tun, wenn Reiseschecks und Dollars abhandengekommen sind, ein Ersatz nicht beschafft werden kann und auch Kreditkarten fehlen oder ebenfalls abhanden kamen?

Mit Anruf in der Heimat bestehen drei teure Möglichkeiten:

(1) Den raschesten Geldtransfer bietet von Deutschland aus die **Reisebank** (früher: Deutsche Verkehrsbank) in Zusammenarbeit mit der **Western Union**, einer Unternehmung, die in fast allen Städten der USA und Canadas ab mittlerer Größe ein Büro unterhält. Filialen der Reisebank befinden sich in den Bahnhöfen deutscher Großstädte und an einigen Grenzübergängen. Nach der Einzahlung kann die Summe nach wenigen Minuten bei einem *Western Union*-Agenten in Empfang genommen werden. Die Gebühren sind relativ hoch. Auskunft dazu unter ✆ 069/2648-201.

(2) Eine weitere, aber weniger schnelle Möglichkeit ist ein **Namensbarscheck,** der auf Anweisung einer hiesigen Bank von einer amerikanischen Korrespondenzbank ausgestellt wird. Die Einzelheiten sind am Bankschalter zu klären.

(3) Man kann sich auch eine auf Dollar lautende **Postanweisung** an seinen Aufenthaltsort in den USA oder in Canada senden lassen – ggf. sogar postlagernd. Dabei darf man nicht vergessen, vorher die Postleitzahl (den *ZIP-Code*) des ausgewählten Postamtes zu erkunden, ➪ Seite 195.

Zur Auslandsvertretung Wenn alle Stricke reißen, bleibt nur der Gang zum nächsten **Konsulat,** dessen Adresse man durch Anruf bei der Botschaft in Washington/Ottawa erfährt, ➪ Seite 189. Die Konsulate helfen grundsätzlich nicht mit Bargeld, sondern bezahlen ggf. ein Hotel und das Flugticket in die Heimat, wo das Außenamt natürlich die vorgestreckten Auslagen wieder zurückfordert.

2.4 DER FLUG NACH AMERIKA

Die Buchung eines Fluges in die USA oder nach Canada ist an sich eine unkomplizierte Angelegenheit. Die gängigen Transatlantiktarife der Linien- und Chartergesellschaften stehen in jedem Veranstalterkatalog. Wer jedoch Wert auf ein besonders preiswertes Ticket legt, muß sich ein wenig umschauen. Spezielle Flugreise-Agenturen verfügen oft über erstaunliche Angebote. Man findet sie in allen größeren Städten; außerdem inserieren sie bundesweit. **Up-to-date**-Tarife und die

günstigsten Anbieter listen die alle drei Monate erscheinenden **Zeitschriften** *Reise & Preise* und *fliegen & sparen*.

Übersicht

Der Transatlantik-Flugmarkt ändert sich im Detail laufend, da Konditionen neu gestaltet werden, zusätzliche Gesellschaften Deutschland und die Nachbarländer anfliegen, andere sich zurückziehen oder neue Kooperationen vereinbart werden. Generell bestimmt **scharfe Konkurrenz** das Geschäft.

Die wichtigsten **Flugalternativen** ab Deutschland oder von einem Flughafen der Nachbarländer sind folgende:

Sonderflüge

Beim Charterflug (heute in den meisten Katalogen als Sonder- oder Ferienflug bezeichnet) wählt der Passagier in aller Regel eine **Kombination aus Hin- und Rückflugtermin** bei vorgegebenen Abflugtagen (nicht Abflugzeiten, obwohl die teilweise auch feststehen). Der Rückflug erfolgt normalerweise vom Zielflughafen, kann aber ggf. auch von einem anderen *Airport* (Gabelflug), den dieselbe Gesellschaft anfliegt, gebucht werden. Von deutschen und Schweizer Flughäfen aus gehören Sonderflüge zwar zu den kostengünstigeren Angeboten, unterbieten aber nicht notwendigerweise alle Linientarife.

Nachteile

Eine **mögliche Problematik** des Sonderfluges liegt nach wie vor bei der Rückreise. Vor Reiseantritt kann man den Flug gegen Zahlung der entsprechenden Gebühren noch umbuchen (variiert stark mit dem Veranstalter und der Fluggesellschaft). Einmal in Amerika, läßt sich am Rückflugtermin kaum noch rütteln, zumal die Anzahl der Flüge begrenzt ist und diese langfristig ausgebucht sind. Für einige Passagiere ist auch das bei vielen Ferienflügen übliche Gepäcklimit von nur 20 kg bis 32 kg pro Person (und nur ein Gepäckstück etwa bei der kanadischen Gesellschaft *Transat*) ein nachteiliger Aspekt. Das Limit entfällt bei der **LTU**, dort sind maximal 2 Gepäckteile erlaubt – ohne Gewichtsgrenze.

Durch Buchung einer höherwertigen Klasse, die sich etwa bei **Condor** *Comfort Class*, bei **Martinair** *Star Class* nennt, kann in einigen Fällen – neben den damit verbundenen Platz- und Servicevorteilen – auch mehr Gepäck mitgenommen werden.

Linienflüge Flexibler in den Konditionen sind die Transatlantiktarife der Linienfluggesellschaften. Der Passagier kann aus der Vielzahl vorhandener Verbindungen sein Hin- und Rückflugdatum frei, aber auch von vornherein verbindlich bestimmen. Für den Rückflug darf ebenso ein anderer Flughafen als der Ankunfts-Airport gewählt werden. Trotz günstigerer Konditionen (z.B. **Gepäcklimit pro Person 2 Gepäckstücke bis je 32 kg**) unterbieten die **Transatlantiktarife** einiger *Airlines* die Preise von Ferienfliegern.

Tarifvergleich Bei einem Tarifvergleich ist es äußerst wichtig, die "Nebenbedingungen" gebührend zu beachten. Das beginnt bei den **Umbuchungs- und Stornokosten** bei Datenänderung und eventuellem Rücktritt, die veranstalterabhängig erheblich differieren können – sogar bei identischer Airline. Auch errechnen sich versteckte Preisunterschiede für alle, die nicht in der Nähe der Großflughäfen wohnen, aus den Anreisekonditionen und ggf. Abflugzeiten (Übernachtung notwendig?) sowie den Parkgebühren auf verschiedenen Flughäfen. Die Tarife etwa der **Lufthansa**, die sich auf jeden deutschen *Airport* beziehen, werden für manchen Kunden letztlich preiswerter und auch bequemer sein als ein nominal günstigeres Konkurrenzangebot, das nur ab Frankfurt oder München gilt. Das "richtige" Ticket hängt daher sehr stark vom persönlichen Anspruch ab, wobei die feinen Unterschiede bei **Service** und **Fluggerät** der Gesellschaften eine zusätzliche Rolle spielen können.

Mural (*Wandbild*) als Airline Werbung in den USA

Flug- unter- brechungen	Ein wichtiger Unterschied zwischen Ferien- und Linienflug ist die Möglichkeit zu Flugunterbrechungen – auf dem Wege zur Westküste etwa in New York oder Toronto. Unterbrechungen sind nur möglich bei amerikanischen oder ggf. europäischen Gesellschaften mit Kooperationspartner in Amerika, da nach Unterbrechung immer mit Amerikanern/Kanadiern weitergeflogen werden muß (z.B. Kombination *KLM/Northwest* für Flug nach Detroit, Unterbrechung in Boston).
Stopover	Einige **US-*Airlines*** und ***Air Canada*** bieten **1 *Stopover*** selbst in Verbindung mit dem preiswertesten Transatlantik-Tarif ohne Aufpreis, weitere gegen geringe Zuzahlung.
Jugendtarife/ Kindertarife	Junge Leute zwischen 12 und 17 Jahren erhalten bei der **Lufthansa** eine **25%ige Ermäßigung**, bei anderen *Airlines* ist das – soweit aus den Katalogen 1997 ersichtlich – nicht vorgesehen. Das bedeutet für Familien mit Kindern im Teenageralter, daß ein Flug mit der Lufthansa häufig die insgesamt niedrigsten Gesamtkosten verursacht, auch wenn der Volltarif etwas ungünstiger als andere Angebote sein sollte.

Für Kinder zwischen **2 und 11 Jahren** wird von den meisten ab Deutschland fliegenden Fluggesellschaften **50%** des Vollzahlertarifs berechnet. **Kleinkinder unter 2 Jahren** zahlen ohne Anspruch auf einen Sitzplatz **zwischen 50 DM und 10%** des Ticketpreises der Eltern. Bei langen Flügen (z.B. Chicago ca. 9 Stunden) fragt sich, ob fürs Baby nicht auch ein Kinderticket mit Platzanspruch gelöst werden sollte.

Flüge übers Ausland	Besonders günstige Flugangebote beziehen sich auf Flüge mit den *Airlines* einiger Nachbarländer, speziell ***KLM, SAS, Air France,*** und ***British Airways***. Was ist davon zu halten?
Anreise	Generell gilt, daß in fast allen Fällen der **Zubringerflug** nach Amsterdam, Kopenhagen, Paris oder London im Ticketpreis eingeschlossen ist. Wer in der Nähe von Flughäfen lebt, von denen Zubringermaschinen starten, sollte diese Möglichkeit erwägen. Denn ob man zunächst von Bremen nach Frankfurt oder nach Amsterdam oder nach Kopenhagen fliegt, bleibt sich ziemlich gleich.

Besonderer Beliebtheit erfreuten sich in den letzten Jahren die Flüge der ***KLM*** und ***SAS*** wegen günstiger Tarife bei gleichzeitig gutem Service und hoher Zuverlässigkeit. Das führte in der Vergangenheit allerdings auch zu **ungewöhnlich frühzeitig ausgebuchten Flügen**, zumindest was die Spartarife angeht, zu denen immer nur eine begrenzte Anzahl von Sitzen verkauft wird. Ähnlich galt dies für ***Air France*** und – weniger drastisch – für ***British Airways***. Auf jeden Fall sollte deshalb Monate im voraus buchen, wer auf die "billigen Plätze" bei *KLM* etc. reflektiert. Soweit es die Hochsaison (Mitte Juni bis Mitte August) betrifft, am besten bereits im Dezember des Vorjahres, spätestens Januar.

Martinair

Monatelang im voraus vergeben sind traditionell auch die Flüge des Charterfliegers *Martinair*, einer Tochterunternehmung der *KLM*. Wer die Reise nach Amsterdam mit einem Buszubringer (ab mehreren Großstädten in NRW) oder auf eigene Initiative nicht scheut, fliegt mit *Martinair* in der Sommersaison preiswert nach Toronto und New York/*Newark*.

Icelandair

Ab **Hamburg** (mit Zwischenlandung in Kopenhagen), **Frankfurt** und **Luxemburg** fliegt *Icelandair* über **Reykjavik** nach **Boston, New York *John F.Kenndy*, Halifax/Canada** und **Baltimore/Washington**. Ein paar Stunden Aufenthalt der Fluggäste ab Hamburg auf dem *Airport* Kevlavik versüßt *Icelandair* mit einen kostenlosen Badeausflug zu den nahen Heißwasserquellen der *Blue Lagoon*. Erfrischt und entspannt steigt man danach ins nächste Flugzeug. Die *Airline* gehört nicht zum Luftfahrtkartell IATA und unterbietet die Tarife der großen Konkurrenz teilweise erheblich. Außerdem gibt es spezielle Wintertarife und *Last Minute* Angebote bei Buchung innerhalb der letzten 3 Tage vor Abflug.

Der Standortnachteil wird teilweise dadurch aufgefangen, daß ein Buszubringer täglich von mehreren deutschen Großstädten nach Luxemburg fährt (Stuttgart, Mannheim, Frankfurt und Düsseldorf/Köln). In Luxemburg gelten vergleichsweise niedrige Parkgebühren. **Telefonnummer der *Icelandair*-Vertretung** in Frankfurt: **069/299978.**

Das Umsteigen in Island – und bei Flügen ab Hamburg auch noch Zwischenlandung in Kopenhagen – ist zwar etwas unbequem und zeitraubend, aber dafür sind Icelandair-Flüge sehr preiswert und bieten während der Stopover-Stunden in Airportnähe auch noch ein Gratis-Bad in der knallheißen Blue Lagoon – Zubringerbus inklusive. Für Kinder geeignete weniger heiße Bereiche sind auch vorhanden

Last Minute Flüge	Bestimmte Reisebüros sind auf die Vergabe von **Restplatzbeständen** spezialisiert. Dort machen Kunden bei *Last-Minute*-Angeboten häufig ein gutes Schnäppchen, vorausgesetzt, sie sind terminlich und bei der Wahl des Abflugortes flexibel. Restplatzschalter findet man heute auf allen nennenswerten Flughäfen. Größter **Restplatzanbieter** in Deutschland – mit Agenturen in Österreich und der Schweiz – ist die Firma l`tur:

in **Deutschland** unter ✆ 0180/5858585

in **Österreich** unter ✆ 0662/1574

in der **Schweiz** unter ✆ 01/3156666

Internet	*Last Minute* gibt es bei einigen *Airlines* auch direkt, ➪ **Internet-Adressen** auf der folgenden Seite.
Zusatzkosten	Zu den reinen Ticketkosten werden unabhängig von *Airline* und Abflug-*Airport* zwischen 40 DM und 60 DM **Flughafen- und Sicherheitsgebühren** fällig, die bei vielen Veranstaltern bereits in den Gesamtpreis eingerechnet sind. Bei anderweitiger Flugbuchung werden diese Kosten meist gesondert erhoben.
Vielflieger-Programme	Alle großen Fluglinien bieten heute ihren Kunden Vielflieger-Programme, die unter unterschiedlichsten Bezeichnungen laufen wie *Frequent Flyer*, *Miles & More* (Lufthansa) etc. und allerhand Vergünstigungen in Aussicht stellen. In diese Programme kann sich jedermann bereits vor dem ersten Flug bei "seiner" *Airline* eintragen lassen. Anruf genügt, die Unterlagen kommen ins Haus. Im Gegenzug für das ausgefüllte Formular wird ein kreditkartenähnlicher Ausweis ausgestellt und ein **Bonus-Konto** für den Kunden eingerichtet. Vom Datum des Antrags an können auf diesem Konto Meilen gesammelt werden. Beim Einchecken weist er einfach seine Karte vor, der Rest läuft von alleine. Wer seine Karte (noch) nicht zur Hand hat, kann mit dem verbliebenen Abschnitt seines *Boarding Pass* Meilen auch noch nachmelden. **Familienmitglieder** brauchen eine eigene Karte. Von vornherein alle Meilen der Familie etwa auf der Karte des Vaters gutschreiben, geht nicht. Sind aber erst die Meilen individuell gesammelt, besteht die Möglichkeit, sie innerhalb der Familie zu übertragen.

Oft sind schon bei Ausstellung 5.000 Meilen gutgeschrieben, und bei **Transatlantikflügen** gibt`s zusätzlich **Meilenprämien**. Weitere Meilen werden dem Konto gutgebracht, übernachtet man im Anschluß an den Flug in den "richtigen" Hotels oder mietet einen Wagen bei einer kooperierenden Leihwagenfirma.

Prämien für Meilensammler	Eifrigen Meilensammlern winken Freiflüge, *Upgrading* von der *Economy* in die *Business Class*, kostenlose Wochenenden irgendwo und "Erlebnisprämien". Kleine Aufmerksamkeiten gibt`s schon bei 15.000 Meilen (abhängig von der Fluggesellschaft); für **Freiflüge** und andere Prämien, die richtig lohnen, braucht man mehrere `zigtausend Meilen. Denn Ziel der Programme ist es natürlich, Kunden an die *Airline* zu binden.

Information

Die Telefonnummern in Deutschland der wichtigsten **Fluggesellschaften im USA/Canada Luftverkeh**r findet man in der folgenden Liste, ebenso die **Internet-Adressen**, über die einige Gesellschaften nicht nur allgemeine und Flugplan-Informationen, sondern auch noch kurzfristig **freie Plätze zu Sondertarifen** anbieten. Reinschauen lohnt sich für flexible Leute:

Airline	Telefon	Internet-Adresse
Air Canada	069/27115111	www.aircanada.ca
American	0180/3/242324	www.americanair.com
British	0180/3/340340	www.british-airways.com
Canadian	069/13887100	www.cdair.ca
Continental	0180/3/212610	www.flycontinental.com
Delta	0180/3/337880	www.delta-air.com
KLM	0180/5/214201	www.klm.nl
Lufthansa	0180/3/803803	www.lufthansa.com
Northwest	069/6666611	www.nwa.com
Trans World	069/770601	www.twa.com
Swiss Air	069/242350	www.swissair.com
United	069/605020	www.ual.com
USAir	069/6708041	www.usair.com

Gebührenfreie 0130-Nummern wurden nach ihrer Einführung zunächst von allen Gesellschaften übernommen, aber in der Zwischenzeit allesamt wieder "abgeschafft".

Welche Airline fliegt wohin?

Mit welcher **Liniengesellschaft** sich die wichtigsten internationalen Flughäfen im Zielgebiet dieses Buches von Europa aus u.a. erreichen lassen, zeigt die nächste Übersicht, Stand 1997:

Boston: AA, BA, CO, DL, KL/NW, LH, SR, TW, UA, US

NY-City: AA, AF, BA, CO, DL, FI, KL, LH, SN, SR, TW, UA, US

Detroit: AA, BA, CO, DL, KL/NW, TW, UA, US

Chicago: AA, AF, BA, CO, DL, KL, LH, SN, SR, TW, UA, US

Halifax*: AC, CP, FI, KL

Montréal*: AA, AC, AF, BA, CO, DL, KL, SR

Toronto*: AA, AC, AF, BA, CO, CP, DL, KL, LH, SR

*) Sehr günstige Flüge dorthin auch mit den Chartergesellschaften *Canada 3000* und *Air Transat*

Nicht in allen Fällen handelt es sich um **Direktflüge**. Verbindungen über amerikanische/kanadische Drittstädte sollte man nur akzeptieren, wenn damit eine erhebliche Ersparnis einhergeht bzw. alle Non-stop-Flüge ausgebucht sind.

Bedeutung der Abkürzungen: **AA** American Airlines, **AC** Air Canada, **AF** Air France, **BA** British Airways, **CO** Continental, **CP** Canadian, **DL** Delta, **FI** Icelandair, **KL** KLM, **LH** Lufthansa, **NW** Northwest, **SN** Sabena, **SR** Swissair, **TW** TWA, **UA** United, **US** USAir. Die Liste hat M. Thoss von *Adventure Travel* zusammengestellt; ⇨ Seite 99.

2.5 VORBUCHUNG DES TRANSPORTMITTELS

Die wichtigsten Gesichtspunkte zur Frage, welches Transportmittel sich für die eigenen Reisepläne am besten eignet, wurden bereits im Abschnitt 1.2.2 ausführlich erörtert. **Hier geht es nun um die technisch-organisatorischen Details derjenigen Alternativen, die bereits vor der Reise gebucht werden können**. Ob es günstiger ist, die Buchungen alle im Vorwege zu regeln oder eventuell damit bis zur Ankunft drüben zu warten, hängt von Art, Dauer und Terminen des eigenen Vorhabens ab. Die folgenden Abschnitte und das Kapitel 3.3 (⇨ Seite 124) helfen bei der Entscheidung.

2..5.1 Die Pkw-Miete

Typen, Kosten, Konditionen

Mindestalter Voraussetzung der Fahrzeugmiete ist allgemein ein Mindestalter der als Fahrer vorgesehenen Personen von **21 Jahren**. Für Fahrer unter 25 Jahren berechnen die international anbietenden Pkw-Vermieter einen Zuschlag von can$5 (*National/Tilden*) bis US$20 (*Alamo USA/Dollar*) pro Tag und Fahrer; Hertz akzeptiert nur noch Fahrer ab 25 Jahren. Jungen Leuten **ab 19 Jahren** bietet die Camperverleihfirma **Cruise America** in Chicago und in Canada (Toronto/Montréal) **GM Blazer 4WD Jeeps** aufschlagslos zu normalen Tarifen an (ca. ab 630 DM/Woche). Bei den **Campfahrzeugen** ist bei den meisten Firmen die Miete ab 21 Jahren ohne Zusatzkosten möglich, ⇨ Seite 92.

Verleihfirmen und Buchung Bei hiesigen Reiseveranstaltern kann man die ganze Palette gängiger amerikanischer Leihwagen von *Economy/Sub-Compact* (Ford Fiesta Klasse) bis zum *Minivan* buchen. Überwiegend wird mit den großen internationalen Verleihfirmen **Avis, Hertz, Budget** oder **Tilden/Canada** kooperiert. Aber auch die bekanntesten US-Discounter wie **Alamo, Dollar, Thrifty** u.a. findet man in deutschsprachigen Katalogen.

Die Buchung in Europa kann außer in Reisebüros auch bei den Automobilklubs oder direkt bei den **Leihwagenunternehmen** erfolgen, soweit sie hier vertreten sind bzw. Agenturen unterhalten. In Deutschland kostet ein Anruf bei den folgenden amerikanischen Firmen, die großenteils **auch in Canada** operieren, nichts:

Alamo	0130/824422
Avis	0130/7733
Budget	0180/5/253253
Hertz	0180/5/333535
National	0180/5/221122
(= EuropCar/InteRent bei uns)	
Tilden	wie National (nur in Canada)

Pkw-Kategorien

Pkw und Vans können ausschließlich nach **Größenklassen** von *Economy* bis *Fullsize/Premium* und nach **Gattungskriterien** wie *Convertible* (Cabriolet), *Jeep* oder *Minivan* gebucht werden. **Bestimmte Fahrzeugmarken- und typen lassen sich nicht reservieren.** Jedoch ist man vor Ort in der Regel bemüht, Kundenwünschen entgegenzukommen, sollte der bereitgestellte Wagen nicht zusagen. Einige Vermieter führen überwiegend die Autos bestimmter Hersteller (z.B. Avis: *General Motors*, Hertz: *Ford*, usw.).

Wahl

Amerikanische Kraftfahrzeuge sind nach wie vor komfortabler als europäische Wagen vergleichbarer Größe. Leihwagen besitzen fast immer ein **Automatikgetriebe** und **Klimaanlage** (*Air Condition*). Nichtsdestoweniger hält sich ihr **Treibstoffverbrauch** heute wegen moderner Motoren und der Tempobeschränkungen (✪ Seite 141) in Grenzen. Dies und die niedrigen Benzinpreise sorgen dafür, daß man drüben selbst in einem Pkw der Oberklasse **geringere Spritkosten** hat als in Europa mit sparsamen Kleinwagen.

Größe

Bei der Wahl der Größe sollte man sich nicht zu sehr vom Preis leiten lassen; die Unterschiede sind bei den Pkw von Größenklasse zu Größenklasse oft kaum der Rede wert (25-50 DM pro Woche!). Ein etwas geräumigerer Wagen bietet den Vorteil, daß der Kofferraum nicht so knapp ist. Ab 4 Personen sollte man – speziell auf längeren Reisen – an einen *Minivan* denken (ab ca. 650 DM pro Woche inklusive Vollkasko/CDW), wenn ein Camper nicht in Frage kommt.

Vans für Behinderte

Minivans gibt es von **AVIS** auch in behindertengerechter Ausführung in vielen wichtigen Städten.

Tarifinhalt

Bei **Vorausbuchung** sind mit der Zahlung normalerweise die **Basiskosten** des Mietwagens, **Haftpflicht- und Vollkaskoversicherung** abgedeckt.

Aggressive Werbung der Autoverleiher im Airport – typisch für Amerika, undenkbar bei uns

CDW/LDW	Die – nach unserem Verständnis – **Vollkaskoversicherung**, je nach Gesellschaft **CDW/*Collision Damage Waiver*** oder **LDW/ Loss & *Damage Waiver*** genannt, ist – wie gesagt – durchweg in den Tarifen enthalten. Überwiegend entfällt jede Selbstbeteiligung; bei Miete im Staat New York beträgt sie $100, in Illinois (Chicago) $200. Das ist wichtig, denn in Amerika zahlt ein Mieter ohne CDW/LDW nämlich (zunächst) **alle** Schäden am Fahrzeug. Solange etwa der Unfallgegner sein Verschulden nicht anerkennt bzw. nicht rechtskräftig schuldig verurteilt ist und effektiv den Schaden trägt, bleibt ein Mieter ohne CDW o.ä. auch auf fremdverursachten Schäden sitzen.
Unlimitierte Meilen/ Kilometer	**Canada** unterscheidet sich bei der Pkw-Miete von den **USA,** wo bei Vorbuchung seit langem grundsätzlich *Unlimited Mileage* angeboten wird, durch Basistarife mit **Kilometergrenzen**, zur Zeit bei den Großen der Branche üblicherweise 200 km/Tag. Aber es gibt auch unlimitierte Angebote kleinerer Firmen. Wer das Tageslimit überschreitet, zahlt in Canada zu (ab c$0,20/km plus Steuern). Da dort die Basistarife nur wenig niedriger als in den USA sind, in vielen Fällen sogar trotz der Kilometergrenzen höher, macht es z.Zt. (1997) Sinn, eine **Reise** per Mietfahrzeug **durch beide Länder in den USA** zu **beginnen**.
Zusatzkosten	Über den Basistarif hinaus entstehen weitere Kosten. Direkt beim Vermieter müssen **Aufschläge** für junge/zusätzliche Fahrer, **Überführungsgebühren** bei Einwegmieten und eventuell **Zusatzversicherungen in Dollar** beglichen werden. Die Abrechnung erfolgt bei der Rückgabe.
Steuern	Die lokalen **Steuern** sind bei den hier gebuchten Fahrzeugen oft bereits im Tarif enthalten. Bei Zusatzkosten, die vor Ort entrichtet werden, kommen immer *Taxes* hinzu: In **Canada** gilt im ganzen Land einheitlich die *Goods & Services Tax* **(GST) von 7%**, eine Mehrwertsteuer, **plus** – in Canadas Ostprovinzen – **4%-12%** *Provincial Sales Tax* (PST); ⇨ Seite 199.
	In den **USA** beträgt die *Sales Tax* **4%-8,25%** mit Sonderaufschlägen bei Wagenmiete/-rückgabe am *Airport*.
Einwegmiete	**Alle Tarife gelten grundsätzlich unter der Voraussetzung, daß das Fahrzeug am Ausgangsort zurückgegeben wird**. Auch am Flughafen übernommene Autos können häufig nicht ohne Zusatzkosten in einer City-Filiale derselben Stadt wieder abgegeben werden und umgekehrt. Während es in den **USA** bei vielen Firmen eine ganze Reihe **Ausnahmen** von dieser Regel gibt (z.B. Rückgabe ist ohne Mehrkosten zugelassen innerhalb eines Staates bei Übernahme/Abgabe an einer Flughafenstation), sind sie in **Canada** sehr dünn gesät.
Grenzüberschreitende Einwegmiete	Eine Einwegmiete, soweit erlaubt (**in Canada** und **von Canada in die USA** nur zwischen bestimmten Städten, z.B. bei Avis Toronto–Buffalo – **nie von den USA nach Canada!**), unterliegt bei allen Verleihfirmen verschiedenen **Restriktionen**. Nicht

alle Wagenkategorien sind dafür zugelassen, etwa *Minivans* oder Cabrios. *One-way* muß also immer ausdrücklich bestätigt werden; trotz grundsätzlich möglicher Einwegmiete kann eine Firma einzelne Anfragen ggf. ablehnen. Durchweg wird für die Einwegmiete eine entfernungsabhänge Pauschale (*One-way Service Fee*) berechnet, die von Vermieter zu Vermieter unterschiedlich ausfällt.

Die Deckungssumme der Haftpflichtversicherung

Übliche Deckung

Es gibt immer noch Tarife, die nur die jeweilige gesetzliche Minimaldeckung beinhalten. Diese kann **im ungünstigsten Fall in den USA bei nur $20.000 (!)** für Personenschäden liegen und darunter bei Sach- und Vermögensschäden. Solche Beträge sind schnell "verbraucht". Das gilt aber auch noch bei der häufigen Summenkombination $300.000/$100.000, maximal $300.000 je Unfall, aber höchsten $100.000 je geschädigter Person. Denn selbst harmloseste Verletzungen können in den USA zu abenteuerlichen Schadensersatzforderungen und bisweilen sogar zu ihrer gerichtlichen Durchsetzung führen. Sach- und Vermögensschäden sind bei dieser Kombination meist mit $20.000 bis $50.000 abgesichert.

Aufstockung der Deckung

Derartig geringe Deckungssummen resultieren aus den – in den USA üblichen – personenbezogenen Haftpflichtversicherungsverträgen: viele Automieter bringen ihre persönliche (oft bessere) Versicherung mit. Sie gilt unabhängig vom Fahrzeug, das der Versicherte gerade fährt. Wer keine derartige Versicherung besitzt, etwa der ausländische Tourist, kann sich eine Aufstockung beim Vermieter "kaufen". Sie heißt *Liability Insurance Supplement* oder *Additional Liability Insurance* (**LIS/ALI**) und kostet ab ca. $10/Tag (plus Steuern) für eine Erhöhung auf $1 Mio. Die meisten **deutschen Reiseveranstalter** haben die aus der Unterversicherung bzw. den ärgerlichen Zusatzkosten für ALI/LIS resultierende Problematik vor einigen Jahren erkannt und eine **Zusatzversicherung** abgeschlossen, die ihre Kunden bis zu **2 Mio. DM** absichert, sollte die zunächst vorhandene Deckungssumme bei Eintritt eines Haftpflichtschadens nicht ausreichen.

Leistungspakete von Reiseveranstaltern

Diese Zusatz-Haftpflichtversicherung ist seit kurzem in sog. **Leistungspakete** integriert, die entweder einfach "A" und "B" oder auch "Super-Inklusiv"/"Super-Spar" heißen. Bereits die preiswertere **Fassung A** bzw. **Super-Spar** sorgt außerdem dafür, daß vor Ort – im Gegensatz zu früher – keine Steuern und Sondergebühren mehr anfallen (s.o.). Das erweiterte, deutlich teurere **Paket B/Super-Inklusiv** enthält zusätzliche Versicherungen und Gebührenentfall für einen weiteren Fahrer. Man sollte vor der Entscheidung für letzteres genau nachrechnen, ob die Mehrkosten sich lohnen.

Kreditkarte

Alle Inhaber der **Euro-Goldkarte** genossen **bis 1993** in Deutschland ebenfalls **generell** eine **Kfz-Reise-Haftpflicht-Versicherung** (=Aufstockung wie erläutert), wenn sie die Mietkosten per Karte zahlten. Diese Leistung wurde aber von einigen großen ausgebenden Stellen **gestrichen**. Die Versicherung besteht aber z.B. bei der Postbank, den deutschen Großbanken u.a. nach wie vor weiter (nur *Goldcard*!). Wer mit der Karte zahlen möchte und Wert auf diese Zusatzhaftpflicht legt, sollte "seine" **Euro-card-Bedingungen** ggf. **überprüfen** und im Zweifel bei der ausgebenden Institution "nachhaken". Auch die Edelkarten anderer Gesellschaften, z. B. **ADAC Visa-Goldcard**, bieten eine Haftpflichtdeckungs-Aufstockung auf 2 Mio. DM. Wichtig ist, die damit verbundenen Bedingungen einzuhalten.

Fazit

Vorbuchen oder Eigeninitiative vor Ort

Vergleicht man die Möglichkeiten der Automiete vor Ort mit Angeboten in hiesigen Katalogen, ist man mit der Vorausbuchung im allgemeinen gut beraten, soweit die Mietzeit ab einer Woche beträgt. Zwar gibt es drüben, speziell in den großen Cities, durchaus die Chance, über Sondertarife und Discounter (⇨ Seite 125) bisweilen noch ein wenig günstiger zu fahren, aber dazu muß man sich auskennen und vor Ort aktiv werden. Die Sicherheit, daß zum Zeitpunkt der Ankunft der Wagen vollgetankt und gut versichert bereitsteht und die Suche keinen Stress verursacht, ist ein wichtiger Vorteil.

Die Autoren würden bei festen Reiseplänen und zusammenhängender Reisezeit(en) von mindestens (jeweils) 5-7 Tagen bereits vor der Reise bei einem heimischen Veranstalter bzw. direkt bei einem der internationalen Vermieter buchen.

Die Empfehlung ist unabhängig von der Saison. Ein knappes Angebot wie im Fall der Campmobile zu bestimmten Zeiten gibt es nicht. In beiden Ländern stehen jederzeit genügend Miet-Pkw zur Verfügung. Nur bei sehr langen Aufenthalten fällt die Mühe, erst drüben nach (vielleicht) günstigeren Pauschalen zu suchen, zeitlich nicht mehr so sehr ins Gewicht. Ob dabei letztlich eine Ersparnis herauskommt, ist zweifelhaft. Der Vorteil liegt eher in der Flexibilität. Zu **Suche und Miete vor Ort** steht im übrigen alles auf den Seiten 124f.

Fly & Drive

Genau nachrechnen vor einer Buchung sollte man *Fly & Drive*-**Angebote**, die Flug und Wagenmiete koppeln und von der Belegung abhängig machen; also etwa "Reisepreis pro Person bei 2 Personen im Mietwagen für 3 Wochen". Noch schwerer durchschaubar wird die Kalkulation bei Einbeziehung vorgebuchter Quartiere auf einer festgelegten Route. Sicher ergibt sich meist eine Ersparnis gegenüber einer Addition aller Leistungen bei Einzelbuchung. Aber ob man die so in Anspruch nähme, wäre man unabhängig unterwegs, ist die Frage.

2.5.2	**Die Campmobil-Miete**

Grundsätzliches

Fahren
Camper, welcher Größe auch immer, dürfen allesamt mit **Pkw-Führerschein** bewegt werden. Niemand fragt, ob der soeben eingetroffene Tourist jemals vorher hinter dem Steuer eines vergleichbaren 9 m-Ungetüms saß. Tatsächlich ist das Fahren im Campmobil (auf gut ausgebauten Straßen!) selbst in großen Fahrzeugen einfacher, als es zunächst den Anschein haben mag. Man gewöhnt sich schnell an Größe, Schwammigkeit der **Straßenlage** und die leichtgängige **Lenkung**t.

Altersgrenze
Im Gegensatz zum Pkw gibt es im allgemeinen keinen Aufschlag für Fahrer zwischen 21 und 25 Jahren. Einige Firmen setzen aber die Altersgrenze bei 25 Jahren an. Kleine Campertypen dürfen sogar von 19-Jährigen gesteuert werden, ohne daß dies mehr kostet – zur Zeit aber nicht bei Vermietern im Osten Canadas bzw. im US-Nordosten, soweit bekannt.

Campertypen

RVs
In Nordamerika gelten Camper vom kleinsten Modell bis zum Riesen-Motorhome als *Recreational Vehicles* – Kürzel *RV* (sprich: "Arwí"). *RVs* verfügen in der Regel über einen großvolumigen 6/8-Zylinder-Motor, automatisches Getriebe, Servolenkung und -bremsen sowie eine vom Motor abhängige und zusätzliche stromabhängige Klimaanlage. Damit verbunden ist ein ausgeprägter Benzindurst, der allerdings bei Literpreisen von 0,50 DM-0,80 DM die Urlaubskasse nicht dramatisch strapaziert. Das erklärt auch die fast vollständige Abwesenheit von **Dieselmotoren** in Campmobilen.

Kategorien
Schaut man in die Kataloge der Reiseveranstalter, findet man drei grundsätzlich unterschiedliche Typen von Campern:

– **Van Camper**
– **Motorhome**
– **Pick-up- bzw. Truck-Camper**

Zu diesen in vielen Varianten angebotenen Typen erscheinen folgende Anmerkungen wichtig:

Van Camper
Der *Van Camper* entspricht von seinen Ausmaßen her in etwa einem Kastenwagen der Klasse VW-LT/Fiat Ducato und besitzt bereits überwiegend **Stehhöhe** im Innenraum. Bei 1,90 m bis 2,00 m Breite gibt es ihn in unterschiedlichen Längen von 17–20 Fuß (5,10 m–6 m) und Ausstattungsvarianten auf Fahrgestellen amerikanischer Hersteller (*Ford/GM/Chrysler*). Der kleinste *Van Camper* ist praktisch der *VW-Bus* in Camperversion mit Aufstell- oder Hochdach. Er ist aber nur noch bei wenigen Vermietern in Canada, nicht in den USA verfügbar.

Van Camper Mit Ausnahme der kleinsten Modelle besitzen die *Vans* – wie auch fast alle *Motorhomes* – ein nominelles **"Doppelbett" über der Fahrerkabine**. Den Abstand zwischen Matraze und Dach werden dort aber viele erwachsene Schläfer als zu gering empfinden. Die zweite (häufig schmalere) Schlafgelegenheit besteht entweder aus einem langen Klappsofa oder aus der abends umzubauenden Sitzecke. Gasherd, Spüle und Kühlschrank (ab 19 Fuß in Haushaltsgröße) fehlen nie. Eine tragbare Chemietoilette gehört heute noch zum einfachsten *Van*. Neuere Modelle besitzen im allgemeinen eine Spültoilette, ab 19 Fuß in einigen Fällen sogar Mini-Duschbad mit Warmwasserversorgung. Ein 17-Fuß-*Van* mit 6 Zylindern begnügt sich auch schon mal mit einem Verbrauch von 15 l/100 km, größere Fahrzeuge schlucken leicht über 20 l/100 km.

Beurteilung Der *Van Camper* ist für **2 Personen ggf. mit 1, äußerstenfalls mit 2 kleinen Kindern** speziell im dichter besiedelten und verkehrsreicheren Osten wegen seiner Wendigkeit und geringeren Ausmaße – auf der Straße – eine bessere Lösung als die größeren Fahrzeuge. Einmal auf dem Campingplätz geht es drinnen – besonders bei mehr als 2 Personen – etwas beengt zu. Nur bei gutem Wetter im Sommer, wenn sich das Leben überwiegend draußen abspielen kann, macht das nichts.

Van Camper am Campground Stellplatz

Motorhome Die **technische Basis** eines *Motorhome* (ab 20 bis etwa 27/28 Fuß) entspricht weitgehend der der *Van Camper*; d.h., Fahrerkabine, Motoren und Fahrgestelltechnik sind identisch. Die Hinterachse ist allerdings verstärkt und mit **Zwillingsreifen** versehen, damit das breite, seitlich überstehende Campinggehäuse getragen werden kann. Über der Fahrerkabine befindet sich ein Dachüberhang, der oft sehr weit über die Windschutzscheibe hinausragt. Die **Sicht** zur Seite und nach oben ist durch diese Bauweise eingeschränkt.

Ausstattung   Der Überhang beherbergt ein **(Alkoven-) Doppelbett**, das in der Regel deutlich mehr Höhe und Länge als im Van Camper bietet. Umbauliege/Sitzecke, die üblichen **Haushaltsgeräte** einschließlich **Mikrowelle** und **Toilette/Dusche** gehören zum Standard der kleineren *Motorhomes*. Ab 23 Fuß Länge gibt es in vielen Modellen ein gesondertes Doppelbett im hinteren Teil des Wagens und ein Minibadezimmer mit Toilette. Etwa ab dieser Größe ergänzen Sessel die Inneneinrichtung.

Komfort-RV   Dem Komfort sind letztlich kaum Grenzen gesetzt. **Ab 29/30 Fuß Länge** wird aus dem typischen *Motorhome* ein **Riesen-Campingbus**. Die Überhänge verschwinden zugunsten eines integrierten Cockpits über die volle Breite von ca. 2,40 m mit viel besserer Rundumsicht als in den "kleinen" Modellen. Anstelle eines Alkovenbetts besitzen diese Fahrzeuge oft ein Doppelbett, das nachts über den Vordersitzen abgesenkt werden kann. Das Schlafzimmer hinten ist vom Wohnbereich separiert, die Naßzelle angenehm groß.

Größenwahl   Bei der Entscheidung für die "richtige" Größe darf man seine eigentlichen Urlaubsabsichten nicht aus dem Auge verlieren. Je größer das *Motorhome*, umso weniger geeignet ist es für Abstecher auf engen Straßen zu mitunter besonders reizvollen Zielen. Nicht zu reden von der mit zunehmender Länge überproportional steigenden Rangiermühe. Viel Komfort (heisses Wasser, Toilette, Generator etc.) bedeutet auch viel Technik, die gut behandelt werden will.

Wer mit einem *Van Camper* nicht auskommt, sollte deshalb die Miete eines **Motorhome kleineren Typs** erwägen. Es sei denn, ruhiges Reisen mit längeren Verweilperioden und/oder sehr hoher Komfort- und Platzbedarf stehen im Vordergrund.

Typische Innenaufteilung eines Motorhome der Größe 21/22 Fuß

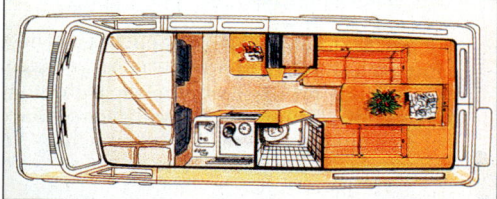

Innendesign eines 19-Fuß-Campers

Motorhome 22-25 Fuß im Fundy National Park/Canada

Pick-up Truck/ Truck Camper ("Camper- homes")

Pick-up oder *Truck Camper* (in Katalogen neuerdings freundlich *Camperhomes* genannt) sind **Kleinlastwagen**, auf deren Ladefläche ein "**Campingkasten**" montiert ist. Sie haben sich in den letzten Jahren bei mehreren Vermietern stark in den Vordergrund geschoben und in den Flotten der großen Vermieter in den USA (Ausnahme *Moturis*) den *Van Camper* verdrängt. Aber nicht, weil es sich um die – aus Kundensicht – besseren Kompaktcamper handelt, sondern weil Anschaffungskosten und Abschreibung bei der Kombination *Truck* und Campingkasten geringer sind und sie sich damit unter dem Strich trotz günstiger Miettarife "besser rechnen".

Ausstattung

Die zur Vermietung stehenden *Truck Camper* reichen von beengt bis hochkomfortabel (im Wohnbereich). Die größeren Modelle besitzen die übliche **Wohnmobil-Ausstattung** mit sämtlichen Schikanen und einem riesigen Alkoven über dem Fahrerhaus, zu dem **kein Durchgang** besteht (Eingang im Heck oder im hinteren Überhang seitlich). Ein Nachteil ist weiterhin die geringe Übersicht aus dem Innenraum heraus, denn der Blick durch die Windschutzscheibe auf Park- und Campingplatz entfällt; die Fenster sind in der Regel klein und liegen hoch. Die **Fahrerposition** ist eher ungünstig, die Sicht auch von dort rundum ziemlich eingeschränkt. Oft gibt es vorne eine Sitzbank anstelle von Einzelsitzen. Üblich ist eine Doppelkabine mit Platz für 2 Erwachsene und 2 Kinder.

Bewertung

Straßenlage und **Windempfindlichkeit** sind eher schlechter als bei anderen *RVs*. Der eigentliche **Vorteil des *Pick-up*** liegt in der möglichen Trennung von Fahrzeug und Aufsatz, die bei Mietfahrzeugen wegen der fehlenden dazu nötigen Ausrüstung entfällt, und der größeren Robustheit auf schlechten Straßen. Davon hat der touristische Mieter aber meist wenig. Vor allem bietet der *Truck Camper* **viel Platz fürs Geld**.

"Schnitzbaumstamm" auf einem Campingplatz, der verhindern soll, daß Camper ihr Messer an lebende Bäume legen

Vermieter, Tarife und Konditionen

Kosten

Camper sind außer in der Nebensaison (in Canadas Osten bzw USA-Nordosten bis Mitte Mai und ab Ende September) ein **ziemlich teures Vergnügen**. Ein ***Van Camper*** kostet in der Hauptsaison (Anfang Juli bis Mitte September) inkl. 100 mi/ Tag z.B. bei *Moturis*/New York um 170 DM/Tag (variiert mit dem Veranstalter), bei anderen großen Vermietern ähnlich. Die Tagestarife für ***Motorhomes*** **ab etwa 21 Fuß Länge** beginnen dann bei ca. 185 DM. Hinzu kommen ggf. Übergabegebühren und Endreinigungskosten (***Preparation Fee***), Pauschalen für den ***Convenience-Kit*** (Bettwäsche, Geschirr, Bestecke) und die Herabsetzung des Selbstbehalts bei Schäden am Fahrzeug (**VIP**, ⇨ unten). Wer bei solchen Preisen zurückschreckt, findet preiswertere Fahrzeuge bei "Spezialanbietern", ⇨ folgende Seite.

Meilen

Tagestarife mit unbegrenzten Meilen, die früher gang und gäbe waren, werden für Campmobile beidseitig der Grenze von den Großen der Branche nicht mehr angeboten. Der Standardtarif bezieht sich auf 100 mi/Tag (USA) oder 100/160/250 km pro Tag frei (Canada). Wer mehr fährt, zahlt extra. Allerdings gibt es beim Marktführer ***Cruise America/Canada***, bei ***Crestwood*** und ***El Monte*** in New York Tagestarife ohne Meilen, zu denen 500-Meilen-Pakete gekauft werden können, die je Meile billiger sind als Zusatzmeilen. Unbegrenzte **Meilenpauschalen** (ab ca. 1.300 DM) gibt es – soweit ersichtlich – nur bei den Firmen ***Crestwood*** und ***El Monte*** ab New York. Die ohnehin wenig transparenten **effektiven Endkosten** der Campermiete sind damit noch ein Stück "undurchsichtiger", zumal einmal gekaufte und nicht genutzte Meilenpakete verfallen. Andererseits bieten einige Tarife scharfen Rechnern bei halbwegs genauer Schätzung der voraussichtlichen Fahrtstrecke Chancen zur Kostenoptimierung (z.B. mit *Cruise Canada* Frühjahrs- und Herbstspecial, *Crestwood*- und *El Monte Value Rates* für Frühbucher). **Weder Meilenpakete noch Pauschalen für unbegrenzte Meilen sind vor Ort verfügbar.**

Moturis Bei **Moturis**, dem drittgrößten Campervermieter in den USA (Station im Nordosten nur bei New York), entfällt die Notwendigkeit, am besten schon vor der Reise zu wissen, wieviel Meilen am Ende abgefahren sein werden. *Moturis* bietet nach wie vor den 100-Meilen-Tarif und begrenzt die Zuzahlung für Mehrmeilen auf $23-$28/Tag. Überschreitet der Mieter den "kritischen" Durchschnitt von 192 mi/197 mi am Tag, sind (maximal) $23/$28 pro Tag plus Steuern fällig. Bleibt er drunter, zahlt er die Mehrmeilen mit $0,25-$0,29. Dies führt zum günstigsten Tarif für den Kunden.

Saisonale Obwohl **in den USA** der Zeitraum Ende Mai (*Memorial Day*)
Abgrenzungen bis Anfang September (*Labor Day*) als **Hauptsaison** gilt, sind im Juni die Miettarife meist noch deutlich geringer. Für April/ Mai und Oktober vermindern sich die Raten über den Juninachlaß hinaus. **In Canada** gilt bei der Campervermietung vielfach eine **Kernzeit der Hauptsaison** von Anfang Juli bis nur Mitte August. Davor/danach ab Ende August, im September und im Mai/Juni sind Vor- bzw. Nachsaison mit günstigen Tarifen. Früher oder später im Jahr ist Camping-Urlaub im hier beschriebenen Teil Nordamerikas nur noch etwas für eingefleischte Camping.

Preisvergleich/ Anbieter von Campmobilen	Vergleicht man die heimischen Veranstalterkataloge, so fällt auf, daß die Tarifunterschiede (bei fast identischen Neben-bedingungen) nicht sehr groß sind. Das Camperangebot **für die USA** ist bei den großen Nordamerika-Reiseveranstaltern weitgehend auf 3 Vermieter beschränkt. **Für Canada** findet man neben dem (auch in den USA) größten Vermieter *Cruise Canada* meist noch mehrere mittelgroße Verleihfirmen und – bei Spezialveranstaltern – auch noch kleinere regionale Ver-mieter in den Katalogen.
Spezial-veranstalter	Damit ist ein **wesentlicher Punkt** angesprochen: Wen das An-gebot in – in allen Reisebüros erhältlichen – Katalogen der Großveranstalter nicht befriedigt, sollte sich nach mittleren Veranstaltern (etwa. **Interair Voss Reisen in Frankfurt**) und kleinen Anbietern umsehen, die oft das haben, was man bei den Großen nicht findet, wie die **Einwegmiete Toronto-Los Angeles**, den **4WD-Subaru** mit Zeltausrüstung, einen alten **VW-Camper** oder eine **Sonder-Langzeitmiete**. Der Markt bie-tet viele (sich häufig ändernde) Möglichkeiten, erfordert aber die Mühe, Anzeigen im Reiseteil von Tageszeitungen und in Reisezeitschriften und von Angeboten im Internet durchzu-sehen und Unterlagen anzufordern.

Ein weiterer positiver Aspekt der Buchung bei Nordamerika-Experten ist die **Kompetenz der Beratung**, häufig verbunden mit dessen direktem "Draht" zum Vermieter. Oft läuft dann die Auskunft über freie Termine rascher, und Sonderwünsche können eher geklärt werden.

Wichtige Aspekte	Folgende Punkte sind wichtig zu wissen, bevor man sich für ein bestimmtes Fahrzeug bzw. einen Vermieter entscheidet:
Saison	– Die **Saisonabgrenzungen** ändern sich von Jahr zu Jahr und sind zudem vermieterabhängig. D.h., wenn z.B. bei Firma X bereits ein Zwischensaison-Tarif gilt, berechnet Vermieter Y eventuell noch Hochsaisonpreise.
	– Sogenannte *Roll-over* **Tarife** besagen, daß der bei Übernah-me gültige Tarif während der gesamten Mietzeit gilt mit positivem Effekt bei Saisonüberschreitungen bis zum Som-mer und negativer Auswirkung bei "abnehmender" Saison.
One-way	– **Unterschiedliche Ankunfts- und Abflug-Airports** erlauben u.U. zwar attraktivere Reiserouten als die Rückkehr zum Ausgangspunkt. Dies ist bei Campfahrzeugen und der gerin-gen Zahl der Stationen im Gegensatz zur Pkw-Miete aber **nur begrenzt zu hohen Kosten möglich, oft gar nicht**.
USA/Canada	– Fahrten **von den USA nach/durch Canada** bilden generell ebensowenig ein Problem wie Abstecher **mit in Canada ge-mieteten Campern in die USA**. Sicherheitshalber sollte man die Absicht, auch das Nachbarland besuchen zu wollen, bereits bei der Buchung ankündigen und klären, daß dem nichts entgegensteht; ⇨ Seite 89f.

Haftpflicht-deckungs-summe

– Die **Haftpflichtdeckungssumme** ist auch bei den Campern ein überaus wichtiger Punkt. Viele zur Vermietung stehende Campmobile in den USA sind nur mit der gesetzlich minimalen Summe abgesichert ($20.000-$50.000). Wie bei der Pkw-Miete erläutert, schützen große deutsche Veranstalter seit einigen Jahren deshalb auch ihre Camper-Kunden automatisch mit einer **Aufstockung der Haftpflicht** auf eine Deckungssumme von 2 Mio. DM. Bei Unklarheit über diesen Punkt sollte man im Reisebüro explizit "nachhaken"! Wenn keine derartige Zusatzhaftpflicht existiert, muß der Mieter selbst für eine bessere Absicherung sorgen, denn kleinere Campervermieter bieten **LIS/ALI** oft nicht an; ⇨ Seite 90. Ein Verzicht darauf könnte fatale Folgen haben.

Moturis

– Keine Sorgen dieser Art plagen Moturis-Kunden (Station in New York): Mieter bzw. Fahrer sind unabhängig von Vermittler, Fahrzeugtyp und Lebensalter immer mit einer Summe von maximal **$7 Mio. pauschal abgesichert** (Stand Saison 1997). Diese Versicherung deckt nach Auskunft der Firma auch eine **Kautionszahlung** für eine eventuelle Haftverschonung bei schuldhafter Unfallverursachung.

CDW

– Die **Abkürzung CDW** steht für *Collision Damage Waiver* (manchmal auch **LDW**, L für *Loss*) und suggeriert Freistellung von Kosten im Schadensfall. Faktisch ist sie immer in den Tarifen enthalten, beinhaltet aber eine Eigenbeteiligung

CDW/LDW bei Schäden am Fahrzeug (unabhängig davon, wer der schuldige Verursacher sein mag) von $2.000 bis $3.000. Bei bestimmten Schäden, die nicht auf Straßenunfall zurückgehen, haftet der Mieter auch mit CDW häufig unbegrenzt (z.T. gar nicht versicherbar).

VIP – Dasselbe gilt für die **Zusatzversicherung** mit der schönen Bezeichnung **VIP** (*Vacation Interruption Policy*), die CDW/LDW ergänzt und die Selbstbeteiligung bei Unfall, Diebstahl etc. von $3.000/2.000 auf $250-$100 begrenzt. Bei den Vermietern in den USA kostet sie meist $12-$14 pro Tag und ist für maximal 30 Tage zahlbar, auch bereits bei Buchung in DM, sfr bzw. öS. Außerdem erhält der Mieter im Falle einer Unterbrechung seines Urlaubs durch technischen Defekt oder Unfall Hotelkosten ersetzt und ein finanzielles Trostpflaster. In einigen Fällen ist eine Nebenleistung von VIP die Haftungsverminderung bei Schäden, die nicht durch Unfall zustandekommen und ohne VIP voll vom Mieter gezahlt werden müßten (Dachbeschädigung/Klimaanlage; Unterbodentechnik/Abwassertanks etc.).

Kaution – Die **Höhe der Kaution** hängt ab von den abgeschlossenen Zusatzversicherungen. Sie kann im Fall der Vorbuchung aus dem Ausland in bar oder Reiseschecks hinterlegt werden. Üblich ist die Blankounterschrift auf einem Kreditkartenbeleg. Man sollte darauf bestehen, daß von vornherein die vorgesehene Kautionssumme eingetragen wird.

Fazit Campermiete

Vorteile Vorbuchung Nicht zuletzt die erläuterten, relativ komplizierten **Miet- und Haftungskonditionen sprechen für eine Buchung vor der Reise.** Denn zunächst einmal hat man Zeit zum Vergleich von Bedingungen und Preisen. Und außerdem ist dann der heimische Veranstalter Vertragspartner (wenn auch nur mittelbar). Bei individueller Buchung vor Ort kann es schwerer sein, ggf. auftretende Probleme sachgerecht zu klären oder Erstattungen zähneknirschend beglichener oder überraschend vom Kreditkartenkonto abgebuchter, ungerechtfertigter Zahlungen durchzusetzen. Insbesondere bei Reiseabsichten zwischen Anfang Juni und Mitte September kann man mit dem Vorhaben, auf die Schnelle vor Ort zu einem günstigen Tarif das passende Fahrzeug zu finden, ganz schön "auflaufen".

Ob die Vorausbuchung auch **kostenmäßig die beste Lösung** ist, hängt von den Dollarkursen ab. Die Preise der Veranstalter werden auf der Basis des Kurses vom Herbst des Vorjahres festgelegt. Sinkt der Kurs im Laufe des Folgejahres, kann es zwar sein, daß die Campermiete in DM oder sFr direkt vor Ort ein bißchen weniger kosten, steigt er aber, ist die Vorausbuchung erst recht die beste Alternative.

Empfehlung **Letztlich gilt:** Wer nur über eine begrenzte und datenmäßig festgelegte Urlaubszeit verfügt, tut immer gut daran, hier zu buchen. Ersparter Stress und Zeitverlust drüben rechtfertigen sogar gewisse Mehrkosten. Aber davon konnte zumindest in der Vergangenheit keine Rede sein. Am günstigsten fährt daher, wer mehrere Spezialveranstalter kontaktiert und vor der endgültigen (für den Sommer zeitigen!) Buchung fleißig Kataloge verglichen hat.

Zum Camperurlaub mittels Eigeninitiative in den USA bzw. Canada siehe noch gesondert Seite 127.

2.5.3   Ein Kostenvergleich: Camper versus Pkw/Zelt und Pkw/Motel

In Anbetracht der hohen Kosten, insbesondere in der **Hochsaison,** wird manch einer trotz Campmobilpriorität vielleicht die Alternativen Miet-Pkw mit Zelt und/oder Motel/Hotel in Betracht ziehen. Tatsächlich ergeben sich im Vergleich interessante, für eine Entscheidung hilfreiche Kostendifferenzen:

Hochsaison: Camper & Pkw/Zelt

Ausgangspunkt einer **Vergleichsrechnung sei ein 3-Wochen-Urlaub im Juli/August ab New York.** Dabei mögen 18 Tage Campermiete anfallen und 3 Wochenmieten für einen Pkw. Der Einfachheit halber sei ein fiktiver, aber der Realität ungefähr entsprechender Preis inkl. aller Nebenkosten und Meilen (3.000 mi, davon 1.800 mi frei) für einen **19-Fuß** *Van Camper* in Höhe von **4.000 DM** angenommen. Der Camper verbraucht 20 l/100 km bei Literkosten von 0,60 DM. Ein **Pkw mittlerer Größe bis** *Full Size* kostet inklusive Vollkasko, eventuellem Saisonzuschlag, lokalen Steuern und Haftpflichtaufstockung auf 2 Mio. DM bei den großen Veranstaltern 550 DM/Woche. Der Verbrauch beträgt in Anbetracht der Tempobegrenzungen 10 l/100 km. Beide Wagen fahren 3.000 mi/4.800 km:

CAMPERKOSTEN

18 Tage Miete und Nebenkosten	4.000 DM
Benzinkosten	576 DM
Gesamtkosten Camper	**4.576 DM**

PKW-KOSTEN

3 Wochen x 550 DM	1.650 DM
Benzinkosten	288 DM
Gesamtkosten Pkw	**1.938 DM**

Hohe Differenz

Die Differenz beträgt im Beispiel über **2.600 DM**. Auch beim preiswertesten Pick-up-Truck-Angebot würde sie kaum unter 2.000 DM fallen. Von dieser Summe kann man spielend die mitgebrachte Campingausrüstung ergänzen, bei schlechtem Wetter auch mal im Motel übernachten und dennoch einiges übrigbehalten.

Andere Fahrzeuge

Vergleicht man **einen größeren Camper** mit der Kombination **Minivan/Zeltübernachtung** (z.B. für eine 4-köpfige Familie), ergibt sich eine ähnliche Differenz.

Nebensaison

Der **Abstand** zwischen beiden Alternativen vermindert sich zwar **im Juni** oder **im September** und erst recht früher bzw. später im Jahr, aber auch dann fällt er kaum unter 2.000 DM. Es sei denn, man bucht ein *Super Special* von *Cruise Canada* im **Mai** und **Oktober**, das die Mietkosten von *Camper-* und *Motorhomes* (inkl. 4.800 km) unter 2.000 DM (+NK) bringt.

**Camper &
Pkw/Motel**

Aufschlußreich ist auch der Vergleich zwischen **Camper** und **Pkw/Motel**. Dabei müssen die oben nicht berücksichtigten **Übernachtungskosten** für die Campervariante mitgerechnet werden (sie sind in der ersten Rechnung identisch oder nur geringfügig höher als beim Zeltcamping und spielten daher im Vergleich keine Rolle). Unterstellt man nun im Schnitt Motelkosten von \$80/can\$96 pro Nacht (Sommertarife! ➪ Seite 151), \$20 Campinggebühren täglich und eine erste und letzte Nacht bei der Campermiete im Stadthotel für \$120/can\$144), dann ergibt sich bei 1,60 DM/\$ bzw. 1,20 DM/can\$:

CAMPERKOSTEN

Fahrzeugkosten	4.576 DM
Campingkosten (18 Nächte)	576 DM
Hotelkosten (2 Nächte)	384 DM
Kosten inkl. Übernachtung	**5.536 DM**

PKW- PLUS MOTELKOSTEN

Fahrzeugkosten	1.938 DM
Übernachtungen (18+2 Nächte)	2.688 DM
Kosten inkl. Übernachtung	**4.626 DM**

**Inter-
pretation**

Der nun erheblich geschrumpften Ersparnis im Pkw stehen höhere Kosten für Mahlzeiten gegenüber, da bei der Kombination PKW/Motel die Selbstverpflegung schwieriger ist. Die hier errechneten **910 DM** sind damit rasch "verbraucht". Obwohl man im Schnitt billiger als zu \$80 unterkommen kann, darf die Hochsaison nicht vergessen werden, die speziell in diesem Teil Nordamerikas die Preise treibt. Oft ist das preiswerte Motel ausgebucht, und für \$80 gibt`s noch nicht mal was Anständiges. Zumindest gilt das für Neu-England. In Canada sieht es besser aus, ➪ Seite 151. Andererseits muß gesagt werden: Wer auf gute Unterkünfte wert legt, kann spielend im Schnitt über \$100 ausgeben, ohne deshalb im Luxus zu schwelgen.

Nebensaison

In der Nebensaison fallen die Motel-/Hotelpreise teilweise noch schneller als die Campertarife. Der Abstand zwischen den beiden Alternativen wird – bei Unterstellung gleicher Motelwahl – daher nicht wesentlich berührt. Allerdings kann man in der Nebensaison zu gleichen Kosten wie mit dem Camper erheblich bessere Quartiere buchen als im Sommer.

Fazit

Im Gegensatz etwa zum Westen des Kontinents mit niedrigeren Motel-Übernachtungskosten ist der Camper – zumindest **im Nordosten der USA** – nicht viel teurer, vielleicht sogar dem Pkw/Motel-Variante kostenmäßig gleichwertig. **In Canada** kann die Rechnung anders aussehen. Wofür man sich entscheidet ist daher mehr eine Frage der persönlichen Präferenz als von unterschiedlichen Kosten.

2.5.4 Utensilien zum Mitnehmen für Fahrzeugmieter

Da es auf der Transatlantik-Strecke kaum Probleme mit dem Gewichtslimit gibt (**max. 2 Gepäckstücke mit je 32 kg/Person** bei Linienflügen, Sonderflüge weniger), sollte man für eine Reise im Mietfahrzeug den einen oder anderen der folgenden Gegenstände vielleicht mitnehmen. Das meiste läßt sich auch drüben besorgen, aber wer`s hat, entlastet die Reisekasse:

– **Auto-Verbandskasten**. Kaum zu glauben, aber in amerikanischen Mietautos befinden sich mangels gesetzlicher Vorschrift keine oder nur flau ausgestattete Verbandskästen. In *Drugstores* und Kaufhäusern erhältliche *First Aid Boxes* für $10-$20 sind im Ernstfall ziemlich ungeeignet.

– **Basiswerkzeug** (insbesondere bei Campermiete nützlich, denn selten gibt`s im Camper mehr als einen Wagenheber, und den nicht immer), i.e. ein paar Schraubenzieher, einen Schraubenschlüsselset, Flachzange, Isolierband, Prüflampe). In den USA/Canada **dazukaufen**: Sicherungen und Arbeitshandschuhe (preiswert, im Supermarkt vorrätig).

– **Taschenlampe** oder Kabellampe für die Autosteckdose

– **Kurzwellenradio** für Nachrichten der Deutschen Welle. Die Frequenzen für die USA und Canada wechseln in Abhängigkeit von der Tageszeit. Auskünfte über Frequenzen und ein Programmfaltblatt für Nordamerika gibt`s beim Sender:
 Deutsche Welle, Referat Öffentlichkeitsarbeit
 Postfach 100444, 50588 Köln, ✆ 0221/3890

– **Automobilklub-Mitgliedskarte** für Straßendienst und Gratismaterial von **AAA** und/oder **CAA**, ➪ Seite 81.

– **Musikkassetten** fürs meistens vorhandene RC-Radio.

– **Autokindersitz**, der sonst teuer dazugemietet werden muß. Bei Kleinkindern ist der Sitz praktisch im Flugsessel.

Wer auf Campingreise geht, könnte außer ohnehin selbstverständlichen Utensilien zusätzlich noch einpacken:

– einen **Camping-Gaz Kocher** (ebenfalls gut ist die Lampe, sofern vorhanden) für blaue Butan-Kartuschen, die im Original und in kompatiblen Marken auch in Amerika erhältlich sind *(Shops* für Camping und Sport/*Outdoor Supply)*. Sehr gut zum Draußenkochen/Licht auf dem Campingtisch. Kaum Platzbedarf im Gepäck. Kartuschen dürfen natürlich nicht mit ins Flugzeug. Vergleichbare Ausrüstung ist vor allem in den USA erheblich preiswerter als bei uns, daher nicht vor der Reise extra hier anschaffen.

– eigene **Bestecke** (und vielleicht ein bißchen persönliches Geschirr). Denn was einige Camper-Verleihfirmen im meist extra berechneten *Convenience Kit* ihren Kunden bieten, dürfte nicht bei allen Mietern Begeisterung wecken.

– liebgewordenen **Kleinkram** für die Küche nach individuellem Gusto (z.B. Knoblauchpresse, Schnapsglas, Salatbesteck etc.) Man verliert Geld und Zeit beim Zusammenkaufen solcher Sachen, die nach wenigen Wochen obsolet sind.

– **eigener Schlafsack und Bettwäsche**. Die im Camper vorhandenen Decken (im *Convenience Kit* enthalten) können ebenfalls nicht in allen Fällen befriedigen.

– das **Zelt** aus der Heimat, wenn "richtig" gecampt werden soll. Die preisgünstigeren amerikanischen/kanadischen Kaufhausqualitäten taugen meist nicht viel und sind oft unpraktisch in der Handhabung. Bessere Ausrüstung gibt es nur in Fachgeschäften und unverhältnismäßig teuer. Die bei uns in Kaufhäusern überall erhältliche gute Mittelqualität zu günstigem Preis fehlt. Auf Insektensicherheit sollte man achten; sie ist in Amerika wichtiger als bei uns, ⇨ Seite 191.

Mit Schwimmern dekoriertes Fischerhaus in Maine

2.5.5 Greyhound und andere Buslinien

Greyhound

Busreisen in Nordamerika ist eng mit dem Namen der Firma *Greyhound* (Windhund) verbunden. *Greyhound* besitzt in weiten Teilen beider Länder das **Busmonopol** für Langstrecken und Städteverbindungen. Auch Regionallinien gehören zum Konzern. Die **Buspässe** dieser Linie bilden für Alleinreisende die preiswerteste Möglichkeit, durch Nordamerika zu reisen.

Im Nordosten der USA bzw. in Canadas Osten ist *Greyhound* aber nicht so stark wie anderswo. Das liegt zum einen an den geringeren Entfernungen zwischen den großen Städten und zum anderen an dort stärkeren regionalen Linien, die vor allem die kanadischen Provinzen flächendeckend versorgen. Immerhin kooperieren aber einige von ihnen mit *Greyhound*, u.a. die in Ontario und Québec dominante *Voyageur*-Linie.

Das **Greyhound-System** besteht **in den USA und in Canada** aus zwei weitgehend separaten Streckennetzen.

Getrennte-Buspässe

Im Gegensatz zu früheren Jahren gibt es **keinen einheitlichen Buspass mehr für ganz Nordamerika**, sie müssen für beide Länder getrennt gekauft werden, gelten aber auch für einige grenzüberschreitende Verbindungen.

Buchung

Die deutsche Vertretung von *Greyhond* liegt bei der Firma **ISTS Interkontinental Reisen** in München, ☏ 089/2727191, Fax 089/2723700, die auf Anfrage Unterlagen zusendet (aktuelle Preise, Routennetz und Sonderofferten Flug, Buspass und Übernachtung in Jugendherbergen). Die Buchung kann direkt über ISTS oder im Reisebüro erfolgen.

USA

Greyhound-**Ameripässe** gelten im Osten auch auf einigen grenzüberschreitenden Strecken: Boston/New York–Montréal, Buffalo/Detroit–Toronto. Die Kosten für 1997 sind wie folgt:

4-Tage-Ameripass	175 DM
5-Tage-Ameripass	205 DM
7-Tage-Ameripass	255 DM
15-Tage-Ameripass	375 DM
30-Tage-Ameripass	500 DM
60-Tage-Ameripass	850 DM

> Eine tageweise Verlängerung der Pässe ist im Gegensatz zu früheren Jahren nicht möglich

Canada

Canada Pässe erlauben unbegrenzt viele Fahrten auf den *Greyhound*-Routen des Landes westlich Toronto/Ottawa und in Ontario und Québec im Netz von ***Voyageur Colonial***. Sie gelten ferner für die Strecke Toronto–New York:

15-Tage-Canadapass	325 DM	bzw.	400 DM
30-Tage-Canadapass	435 DM	bzw.	530 DM
60-Tage-Canadapass	550 DM	bzw.	650 DM

Wer in den maritimen Provinzen unterwegs sein möchte, kauft den etwas teureren ***Canada Pass Plus*** (2. Spalte), mit dem man auch die dortigen Regionallinien ***SMT*** in New Brunswick und ***Acadia Line****s* in Nova Scotia benutzen kann. Interessant sind auch die **Kombinationsangebote** *Go Canada:* Bus und Jugendherbergsunterkunft und ggf. noch den Flug für günstige Pauschalpreise, z.B. 30 Tage 1590 DM (1997).

Eine tageweise Verlängerung der Pässe ist nicht möglich.

Folgende allgemeine Bestimmungen sind bedeutsam:

Laufzeit

Ein Datum für den ersten Geltungstag braucht man bei Kauf in Europa nicht anzugeben. Jeder Pass "läuft" ab dem Tag der ersten Fahrt. Der **4-Tage-Pass** kann nicht von Freitag bis Sonntag benutzt werden, erlaubt ist mit ihm aber eine nicht zusammenhängende Kombination von Tagen, etwa Mittwoch /Donnerstag und Montag/Dienstag der Folgewoche.

Erwerb

Sowohl der *Canada*- als auch der *Ameripass* müssen in Europa **vor der Reise** gekauft werden. Zur Not kann man beide Pässe auch in den USA (aber **nicht in Canada!**) in einigen ***Greyhound International Offices*** (im Osten in New York) gegen Vorlage des Reisepasses kaufen. Nicht benutzte Pässe lassen sich zurückgeben (abzüglich Bearbeitungsgebühr). Zu dortigen Konditionen beschaffte Ameripässe sind deutlich teurer als die "internationale" Version, ➪ Seite 137.

Neu-England Neu-England wird – neben *Greyhound* auf den Hauptstrecken – von unterschiedlichsten Buslinien bedient (*Bonanza, Peter Pan, Concord Trailways, Inlander, Vermont Transit u.a.*). Der *Greyhound Pass* gilt teilweise auch für Fahrten mit ihnen – mit und ohne Zuzahlung. Die Einzelheiten ergeben sich aus dem Info-Material von *Greyhound*.

Zu bedenken Die Frage "Bus als Transportmittel im Nordosten?" wurde bereits auf Seite 55 angesprochen. Hilfreich kann eine **"Probestrecke" per Einzelticket** sein, bevor man sich zum Kauf eines *Ameripass* oder *Canadapass* entschließt. Selbst im Fall des schon in der Heimat beschafften Buspasses ist ein Ausprobieren sinnvoll, denn 50 DM Bearbeitungsgebühr bei eventueller Rückgabe sind besser als eine Reise mit einem vielleicht "falschen" Verkehrsmittel. Autofahrer können sich im allgemeinen besser selbst versorgen und **preiswerte Zeltplätze** und **Quartiere** finden, die weitab der Busstation liegen; Buspassagiere sind stärker auf **Cafeterias und *Fast-Food*** angewiesen und müssen in vielen Fällen mit **Motels/Hotels im Umfeld der *Terminals*** vorlieb nehmen. Campingplätze, Jugendherbergen und *YMCAs* befinden sich zwar nicht immer außer Reichweite, aber im Schnitt lassen sich mit Auto die Übernachtungskosten der Busbenutzer in vielen Fällen unterbieten.

Wer allerdings die kombinierten **Sonderangebote für Canada** nutzt, wird die auf Seite 67 aufgestellte Kostenrechnung auch bei einigen Zusatztransportkosten zur Herberge etc. locker unterschreiten können.

Information vor Ort ist selten ein Problem. Hier ein Info-Stand in Vermont an einem Autobahn-Rastplatz. Telefon für Hotel- und Campground-Reservierung ist gleich dabei

2.5.6   Eisenbahnfahren in Nordamerika

Eingangs wurde die Eignung der Eisenbahn für eine Reise im Nordosten der USA und – mehr noch – in Canadas Osten mit Skepsis beurteilt, ➪ Seite 56. Andererseits kommt es gerade dabei sehr auf persönliche Präferenzen an.

Railpässe

Nur für Ausländer gibt es die Railpässe, ausgestellt von der Dachorganisation amerikanischer bzw. kanadischer Eisenbahngesellschaften *AMTRAK* und *VIARail*. Die Pässe beziehen sich aber nur auf das nicht mehr als **25.000 mi** umfassende *AMTRAK* Netz bzw. Teile davon und in Canada auf ein *VIA-Rail* Netz von **ganzen 13.700 km**, wovon etwa die Hälfte auf die 7.000 km lange Transkontinentalverbindung Halifax–Montréal–Toronto–Vancouver entfällt.

Kosten

AMTRAK

Der Preis für einen **USA Rail Pass** beträgt in der **Hauptsaison** (1997: 01.06.-01.09) **$375 für 15 Tage** und **$480 für 30 Tage**. In der **Nebensaison** reduzieren sich diese Preise auf **$260/$350**. Der *Eastern Pass* für das östliche Netz (Atlantik bis Chicago) kostet **$230/$290** in der Haupsaison, sonst **$190/$250**. Der für das in diesem Buch beschriebene Gebiet interessante *North East Pass* ist für **$185/$215** bzw. **$165/$205** zu haben, der sich aber nur auf relativ wenige Strecken bezieht, ➪ Seite 56.

VIARAIL

Der *CANRAIL-PASS* für das gesamte Netz kostet in der Hauptsaison (Mitte Mai bis Mitte Oktober) **c$540**, in der Nebensaison bzw. den Rest des Jahres **c$369**. Junge Leute unter 25 Jahren und Ältere über 60 erhalten 10% Ermäßigung und bezahlen c$486 bzw. c$332. Trotz der nominell 30-tägigen Gültigkeit **darf der Paß nur an 12 Tagen für Fahrten genutzt werden**. Damit der Reiseplan funktioniert, sollten alle Teilstrecken vor Reiseantritt reserviert werden. Umbuchungen, Stornierungen und Erstattungsanträge kosten jeweils 50 DM. Den bis 1996 erhältlichen *Eastern Pass*, der ab Winnipeg/Manitoba bis Halifax galt, gibt es nicht mehr.

Alle großen Städte des Ostens (Toronto, Ottawa, Kingston, Montreal, Québec City, Saint John, Halifax) und sogar Percé am äußersten Zipfel der Gaspé-Halbinsel lassen sich mit *VIARail* erreichen, aber – wie auf Seite 57 bereits gesagt – viele reizvolle Ziele abseits der Hauptroute eben nicht.

Gegenwert

Im Verhältnis zu den Kosten für Einzeltickets, die sowohl in den USA als auch in Canada gekauft werden, ergeben sich mit Railpässen erhebliche **Ersparnisse.** Mit ihnen erwirbt man aber nur das Anrecht auf einen – relativ bequemen – Sitz in Großraumwagen. Für **Liegewagen** auf längeren Trips sind hohe Zuschläge fällig. Wer nur im Osten unterwegs ist, kommt aber in Anbetracht der dortigen Entfernungen meist ganz gut auch ohnedem aus (Beispiele für Langstrecken: New York City–Montreal 10 Std., New York City–Toronto 12 Std. und Chicago–Toronto 11 Std.).

Reservierung	Ähnlich wie für Flugreisen sind zeitige Reservierungen nicht nur in Canada, sondern in beiden Ländern angebracht. Sofern das lange genug vor Reiseantritt geschieht, gibt es keine Probleme. Für späte oder gar spontane Entschlüsse bleibt kaum Raum. **Denn einfach zum Bahnhof gehen und in den Zug springen, wie bei uns üblich, funktioniert im allgemeinen nicht. Insgesamt erfordern Bahnreisen in Nordamerika viel Zeit und eine genaue Vorausplanung.**
Erwerb der Railpässe	Ein *AMTRAK Rail-Pass* kann nur außerhalb der USA erworben werden. **Er gilt nicht als Fahrausweis**, vielmehr werden für den Inhaber die Tickets für die gewünschten Teilstrecken gesondert ausgestellt. Das kann bereits hier erfolgen. AMTRAK
USA	wird bei uns vertreten durch **MESO Amerika-Kanada Reisen** Wilmersdorfer Straße 94, 10629 Berlin, ✆ 030/8814122, Fax 8835514. Gegen 3 DM Briefmarken fürs Porto erhält man eine **Broschüre** (englisch) **mit Streckenverzeichnis und Fahrplänen**; Verkauf der Pässe aber auch in jedem Reisebüro.
Canada	*CANRAIL*-**Pässe** können direkt in Canada, aber auch bei uns gekauft werden. Auskünfte und Buchungen in Deutschland bei:

CRD Canada Reise Dienst
Rathausplatz 2, 22926 Ahrensburg
✆ 04102/8877-0, Fax 04102/887755

2.6   VORBUCHUNG VON HOTELS

Mietwagen und reservierte Unterkunft

Im Rahmen der Erörterung von Vor- und Nachteilen verschiedener Transportalternativen war bereits von Rundreisen die Rede, die sich auf die **Kombination Mietwagen und vorausgebuchte Hotels** beziehen. Kritisch beurteilt wurde die damit unumgängliche Vorweg-Festlegung der Tagesetappen, die den Großteil der mit dem Auto an sich verbundenen Flexibilität wieder zunichte macht. Indirekt entsteht durch derartige Angebote obendrein der Eindruck, es gäbe unterwegs Schwierigkeiten, ohne Reservierung überhaupt unterzukommen.

Kapazitäten und Preise

Das aber ist in Nordamerika meist nicht der Fall. Im Umfeld vieler Städte und Touristenattraktionen gibt es **außerhalb der absoluten Hochsaison und von Wochenenden** eher **Überkapazitäten** mit dann erfreulichen Auswirkungen auf die Effektivpreise; sie liegen häufig unter den in Hotelverzeichnissen (z.B. *AAA-Tourbooks*) veröffentlichten Tarifen.

Vorbuchung

Dieser Umstand ermöglicht wohl auch die vergleichsweise **günstigen Hotelpreise** heimischer Veranstalter selbst bei Einzelbuchung, also unabhängig von pauschalen "Mietwagen & Hotel"-Reisen. **Die in den Reisekatalogen überwiegend angebotenen Häuser der gehobenen Mittel- bis Luxusklasse sind bei individueller Buchung vor Ort in vielen Fällen deutlich teurer**. Wer seine Reisedaten zumindest teilweise (Ankunft/Abflug) kennt bzw. im Rahmen eines sonst flexiblen Reiseplans festlegt, fährt in dieser Kategorie in der Hochsaison/an Wochenenden bei entsprechenden Zielen besser bei Vorbuchung. Das gilt indessen so nicht in der unteren/bis mittleren Mittelklasse und preiswerteren Unterkünften, die hier von den Veranstaltern – wenn überhaupt – im allgemeinen über "Hotelpässe" vermittelt werden, ⇨ übernächste Seite.

Mt. Washington Hotel in den White Mountains/New Hampshire

Buchungen sind vor allem in folgenden Fällen bereits vor Reisebeginn zu empfehlen:

(1) **Für die erste(n) Nacht/Nächte** in der Ankunftscity. Auch Campmobil-Mieter müssen mindestens eine Übernachtung zwischen Transatlantikflug und Übernahme vorsehen.

(2) für ganz bestimmte **beliebte Hotels** w.z.B. das *Chateau Frontenac* in Québec City und in *Park Lodges*, in denen man im Sommer nur bei Voranmeldung unterkommt.

(3) bei **saisonalen Sonderfällen** wie etwa dem *Indian Summer* in Kerngebieten von Vermont und New Hampshire oder im Juli/August auf **Cape Cod**, wenn man in bestimmten Orten/ Häusern unterkommen möchte.

(4) zu Zeiten, in denen bekannte **Veranstaltungen/Festivals** stattfinden wie *Tanglewood* in Massachusetts (Seite 334), **Niagara-on the Lake** in Ontario (Seite 386) oder **Saratoga Springs** in NY-State im August zur Zeit der Pferderennen.

Mit Einschränkungen gilt dies auch noch

(5) für **Wochenendübernachtungen** in oder in der Umgebung von Touristenattraktionen und beliebten Parks, speziell, wenn sie mit nationalen Feiertagen zusammenfallen

(6) für die **letzte Nacht vor dem Abflug** ggf. in Airportnähe.

City Hotels

Zu (1): Es gibt einige Cities, wo diese Reservierung unabdingbar ist, möchte man nicht Gefahr laufen, überhaupt nicht oder nur zu Höchstpreisen unterzukommen. Im Nordosten der USA gilt dies für fast alle der hier relevanten Cities (**New York, Boston, Chicago**, weniger für Detroit) und in Canada ebenfalls (**Montréal, Toronto**), sieht man von Halifax ab. Um nach vielleicht langem Flug Stress zu vermeiden, spricht aber ohnehin viel dafür, die erste Nacht vorab zu regeln.

Populäre Hotels

Zu (2): Populäre und persönlich favorisierte Häuser kann nicht früh genug buchen, wer Wert darauf legt, dort und nicht in einem Ausweichquartier zu übernachten. Zahlreiche besonders reizvolle Hotels sind im Reiseteil genannt. Sollte das jeweilige Haus bei keinem Veranstalter zu finden sein, kann man selbst anrufen/faxen. Sofern die Übernachtung nicht innerhalb der ersten Woche der Reise erfolgen soll, reicht meist auch noch die Reservierung ein paar Tage vor Ankunft mit dem Vorteil, die kostenfreie 800-Nummer nutzen zu können.

Saison

Zu (3): Hochsaison und Hochsaison sind nicht immer dasselbe, d.h., auch dann gibt es meistens noch Zimmer, wenn man nicht erst abends um 20 Uhr mit der Suche beginnt. Allerdings existieren einige Zielgebiete, in denen zur Kernzeit der Sommersaison, speziell an Wochenenden, kein Bett mehr findet, wer nicht zumindest ein paar Tage im voraus reserviert, außer *Cape Cod* z.B. rund um den *Algonquin Park*, an der *Wasaga*

Beach/Ontario, auf der *Gaspé Peninsula* bei Percé und Gaspé, in Bar Harbor am *Acadia National Park* etc. Die Kernzeit des *Indian Summer* variiert mit dem Breitengrad und der Höhe. Aber man kann davon ausgehen, daß **ab Mitte September bis Anfang Oktober** alle Orte in **Neu-England** im Einzugsbereich der Höhenzüge gut gebucht, an Wochenenden proppevoll sind.

Veran-
staltungen

Zu (4): Von vielen Veranstaltungen, welche sämtliche Unterkünfte einer Region füllen, erfährt der Tourist oft erst, wenn es ihn mehr oder weniger zufällig betrifft. Das kann passieren. Gemeint ist hier die Reservierung bei gezielten Besuchen von im voraus bekannten Veranstaltungen, ⇨ die o.a. Beispiele.

Wochenende

Zu (5): Für "normale" Wochenenden (Freitag-/Samstag- ggf. noch Sonntagnacht) gilt, daß manche Airport- und City-Hotels halbleer stehen und deshalb mit reduzierten Tarifen werben, es sei denn, die **Stadt an sich ist eine Touristenattraktion** (z.B. New York, Boston, Québec City).

Aus der Gratis-Broschüre "Toronto Value Packages 1996"

Feiertage

An langen Wochenenden sorgen in erster Linie das *Memorial Day* und *Labor Day Weekend* (letztes/erstes Wochenende im Mai/September) und ggf. noch das Wochenende um den **Nationalfeiertag des 4. Juli** herum in den USA und *Victoria Day, Canada Day* (vorletzter Montag im Mai bzw. 1. Juli) und auch der *Labour Day* (wie USA) dafür, daß ganz Amerika auf Achse ist. Man tut gut daran, das bei der eigenen Planung zu berücksichtigen und sich an den genannten Wochenenden möglichst abseits beliebter touristischer Ziele zu halten.

Saison

In den **populäreren Landschaftsparks** wird es **in der Saison an den Wochenenden** nicht nur in parkeigenen Unterkünften, sondern auch schon mal **im Umfeld rammelvoll**. Dennoch genügt meist ein Anruf ein paar Tage, maximal eine Woche vorher; Telefonnummern aller wichtigen Motelketten stehen auf Seite 156, im einzelnen an entsprechender Stelle im Reiseteil. Wenn aber nach Ankunft in Toronto am Donnerstag gleich darauf am Freitag/Samstag der *Algonquin Park* auf dem Programm steht, dann sollte man besser vorgesorgt haben.

Vor Abflug
Zu (6): Es beruhigt die Nerven, wenn die **letzte Nacht in Amerika** von vornherein gebucht ist. Selten aber starten Flüge nach Europa am Vormittag. Nur dann wäre eines der teuren Hotels in Airportnähe vielleicht eine sinnvolle Lösung. Besonders Mietwagenfahrer können sich aber eigentlich besser ein preiswürdiges Hotel, das sich für die letzte Nacht eignet, in der weiteren Umgebung des *Airports*/der Verleihstation ggf. bereits am Anfang der Reise selbst suchen – etwa in der Nähe einer **Shopping Mall** für letzte Einkäufe, ➪ Seite 340.

Liegt der Rückflugtermin auf einem Samstag oder Sonntag, übernachtet man andererseits gerade in Airportnähe relativ preiswert (etwa in Chicago, Detroit, Toronto) – bei Buchung vor Ort sogar in der Hochsaison, ➪ Abbildung links.

Hotelpässe/ -gutscheine
Für eine Reihe von **Hotelketten** mit Häusern in beiden Ländern Nordamerikas bieten Reiseveranstalter Hotelpässe mit fixen Tarifen/Nacht an (Gutscheine ab ca. 70 DM bis 125 DM), die neuerdings nicht nur verbundene Ketten betreffen (wie die **Choice Hotels**, ➪ nächste Seite ©-Liste), sondern Häuser einer Palette von Motel- bzw. Hotelketten. Der Inhaber der Hotelgutscheine weiß dann zwar exakt im voraus, welche Übernachtungskosten auf ihn zukommen, sollte er wirklich jede Nacht in einem im Pass enthaltenen Haus Quartier nehmen. Das ist aber auch schon alles, denn Reservierungen sind damit nicht verbunden; die muß der Passinhaber im voraus oder rechtzeitig vor Ort (mindestens 24 Stunden vorher) vornehmen (lassen). Das kann er auch ohne Hotelpass und zwar bei sämtlichen im Zielgebiet vorhandenen Hotels und Motels, nicht nur bei den in Frage kommenden Häusern seines Passes. Bei Vorausreservierung sieht man außerdem erst bei Ankunft, was genau man eigentlich gebucht hat. Im übrigen besteht die Möglichkeit, daß man nicht immer wie geplant unterkommt und deshalb einzelne Tagesgutscheine zurückbehält. Die Rückgabe kostet hohe Gebühren. Gehen die Gutscheine verloren, fällt der Gegenwert sogar ganz "unter den Tisch". Wer mit Kreditkarte vor Ort bezahlt und die Karte verliert, haftet höchstens bis 100 DM.

Nachteile
Einmal die Gutscheine in der Tasche, wird man durch diese Regelungen zur Vermeidung ökonomischer Nachteile auch möglichst in einem der angeschlossenen Häuser übernachten – selbst wenn gegenüber ein noch so schönes *Country Inn* Platz hätte oder ein offenbar gleichwertiges anderes Motel durchaus keine 125 DM kostet, sondern unübersehbar annoncierte $59 (plus *Tax*) Sonderpreis. Kurz, die Pässe besitzen "eingebaute" Nachteile, aber keine ersichtlich überzeugenden Vorteile. Ob man im Schnitt vor Ort in denselben oder vergleichbaren Quartieren ohne den Pass wirklich nennenswert höhere Kosten hätte, ist nicht einmal immer gesagt – zumindest außerhalb der Hauptsaison oft eher nicht.

**Hotelpass
Einzelkette**

Ohne Not jede Flexibilität verliert, wer Hotelgutscheine einzelner Ketten kauft, womit – wie es scheint – ebenfalls selten besondere Preisvorteile verbunden sind. Wer z.B. 80 DM für den Übernachtungsgutschein bezahlt, den er nur gegen Gebühr zurückgeben darf, und vor Ort feststellt, daß Zimmer der Kette im Preis stark variieren und durchaus schon mal unter den Gutscheinkostenliegen, wird kaum begeistert sein.

**Hotel-/
Motel-
ketten**

Zur Kenntnis der Verteilung (Standorte) und aktueller Vor-Ort-Tarife der Hotel- bzw. Motelketten schon vor der Reise kann man sich von folgenden hier vertretenen Firmen Unterlagen schicken lassen und ggf. auch bereits direkt buchen:

Days Inn:	069/42089089
Canadian Pacific:	0180/5/242828
Choice Hotels (*Comfort, Friendship Quality, Sleep Inns, Clarion Hotels, Rodeway Motels, EconoLodges*):	0130/855522
Travelodge:	0130/2944
Best Western:	0130/4455
Marriott/Courtyard:	0130/854422
Holiday Inn:	0130/815131
Hilton:	0130/818146
Hyatt:	069/290114
Radisson:	040/35020
Sheraton:	0130/853535
Westin:	0130/852662

Alle weiteren Informationen zu Preisen, Buchung und Reservierung etc. von Hotels und Motels während der Reise liefert **Kapitel 3.5** im Unterwegs-Teil (ab Seite 149).

2.7 WAS SONST NOCH WICHTIG IST

Vor jeder Reise fragt sich, was unbedingt eingepackt werden muß, was ggf. noch zuhause beschafft werden sollte und was günstiger im Ferienland zu erstehen wäre. Nur auf Fahrzeugmieter und Zelt-Urlauber bezogen waren bereits die Hinweise im Abschnitt 2.5.4. Hier geht es um Punkte, die jeden USA-/Canada-Reisenden betreffen. Zunächst zum Thema

2.7.1 Foto- und Video

Dia-Filme in Amerika

Bei in den USA erworbenen Dia-Filmen ist die Entwicklung nie im Preis eingeschlossen. Man kauft zunächst den Film und gesondert eine Entwicklungstüte zum Versand an die jeweilige Firma (meist *Kodak*) oder bringt den Film zum Fotohändler. Für Touristen ohne feste Adresse in den USA kommt beides kaum in Frage. Amerikanische Entwicklungstüten werden aber von *Kodak* in Stuttgart akzeptiert. Ohne sie erfolgt eine Berechnung per Nachnahme. Der getrennte Kauf von Film und Entwicklungstüte bzw. die "Sonderentwicklung" von Umkehr-Filmen mit der Aufschrift *Does not include processing* ist teurer, als **Kodakchrome-Filme** vor der Reise zu Hause zu kaufen. Nicht zu reden von **preisgünstigeren Fabrikaten**, die man möglicherweise vorzieht.

Empfehlung

Man sollte sich daher für die ganze Reise mit dem voraussichtlich benötigten Dia-Filmmaterial bereits hier eindecken. Das gilt speziell für andere als *Kodak*-Filme. Sie halten drüben nur verschwindende Marktanteile. Lediglich *Fuji*-**Filme** tauchen in *Foto Shops* häufiger auf. *Kodak* dominiert die Regale sämtlicher Supermärkte und Drugstores, und das zu 90% mit Negativfilmen jedweden Formats. Wer für Dia-Aufnahmen Wert auf andere als Standardempfindlichkeiten (64/100 ASA) legt, muß oft suchen.

Wenn der Vorrat an mitgebrachten Filmen ausgeht, empfiehlt sich ein Nachkauf von Filmen der ***Ektachrome***-Serie. Sie brauchen nicht zu *Kodak* nach Stuttgart gesandt zu werden; viele Labors entwickeln sie preisgünstig.

Negativ-Filme

Ganz anders ist es bei Negativfilmen. Zwar existieren dafür große lokale Unterschiede, aber insgesamt liegt das Preisniveau in etwa auf dem auch hierzulande üblichen – soweit es **Kodakfilme** betrifft. Andere Marken – drüben wie gesagt selten – bekommt man bei uns (kursabhängig) günstiger.

Viele Fotohändler bieten ihren Kunden gratis einen **Ersatzfilm**, wenn er Entwicklung und Abzüge vom abgeknipsten Film in Auftrag gibt. Wenn derartige Offerten mit einem **Schnellservice** verbunden sind, kann man auch als durchreisender Tourist davon profitieren.

Video-kasette Wer seine Videokamera mitnimmt, kann zusätzlich benötigte Kassetten (**Video-8** und **VHS-C**) preiswert nachkaufen. Hi8-Kassetten sind bisweilen schwer aufzutreiben.

"Fertige" Videos Achtung auch beim Kauf "fertiger" Video-Kassetten! In vielen Nationalparks gibt es ausgezeichnete **Dokumentarfilme** zu Flora, Fauna und den spezifischen Phänomenen des Parks. Wenn sie nicht VHS/PAL-Norm, sondern dem VHS/NTSC-Standard für Amerika und Japan entsprechen, müssen sie bei uns für viel Geld konvertiert werden.

2.7.2   Was muß mit, was nicht?

In den Reisekoffer gehört eigentlich nichts, was man nicht auch für den gewohnten Urlaub in Europa mitnehmen würde – klimabezogen und aktivitätsabhängig. Die USA und Canada haben den Vorteil, daß sich fast alles, was vielleicht vergessen wird, allerorten leicht nachbeschaffen läßt. Und das häufig zu günstigeren Preisen als in Europa.

Bekleidung Das gilt speziell für Bekleidung einschließlich **Kindersachen,** speziell Markenware wie *Oshkosh* etc. Markenlose Ware in Kaufhäusern ist meist spottbillig, aber auch bekannte Markennamen erwirbt man in vielen Fällen weit unter den bei uns bekannten Preisen. Ein **Extrembeispiel sind Jeans**: Selbst *Levis* und *Lee Jeans* finden sich für **$30-$40**, bisweilen im Sonderangebot auch darunter. **Sportartikel** – Textilien, Schuhe und Ausstattung aller Art – gehören ebenfalls zu den besonders vorteilhaften Käufen. Wer sich eindecken möchte, nimmt etwas weniger als benötigt mit, und stockt unterwegs nach Lust, Laune und Bedarf auf. Preisgünstige Fundgruben für Bekleidung aller Art und Schuhe sind die *Outlet Malls* mit ihren *Factory Stores*, ⇨ Seite 48.

Steckdosen-Adapter

Föhn und Rasierapparat lassen sich in den Nordamerika nur benutzen, wenn sie auf **110/125 V** umschaltbar sind. Aber auch dann benötigt man einen Adapter für das amerikanische Steckdosensystem. Der ist hier problemlos in *Travel Shops*, in größeren Elektroläden und auch in Kaufhäusern erhältlich. Die Suche danach in den USA oder Canada bereitet dagegen erhebliche Mühe.

Drogerie-Artikel

Relativ teuer sind **Toilettenartikel** wie Seife, Zahnpasta, Kaltwaschcreme, Haarshampoo, Sprays, Nivea-Creme u.ä., aber auch **Sonnenschutzmittel**, sofern man von Billigware absieht. Man tut gut daran, seinen Reisebedarf mitzubringen.

Medikamente

Die Reiseapotheke kann man in Amerika in *Drugstores* und Supermärkten **per Selbstbedienung** mit rezeptfreien Medikamenten zu ähnlichen Preisen wie bei uns komplettieren, ⇨ Seite 188 (Apotheken). Wer rezeptpflichtige Medikamente benötigt, sollte dafür besser nicht auf amerikanische/kanadische Ärzte angewiesen sein. Außer in Notfällen ist es für durchreisende Touristen oft mühsam, kurzfristig einen Termin zu bekommen.

Mücken-spray

Da in Canada und in den USA immer irgendwelche Viecher beißen und stechen, wenn es nicht noch/schon zu kalt oder am offenen Meer ist, könnte man auf die Idee kommen, ein **Mückenspray** einzupacken oder sogar **Vitamin-B-Pillen** vor der Reise zu schlucken. Letzteres hilft auch hoch dosiert gegen amerikanische Moskitos und andere Biester kaum. Und Anti-Insektenmittel zum Sprayen oder Einreiben kauft man besser in Amerika. Das dort erstandene Zeug ist garantiert wirksam, wenn auch nicht sonderlich haut- und umweltverträglich, ⇨ Seite 193.

Bikes für Bastler gibt's gratis: Fahrradfriedhof in Vermont

3. UNTERWEGS IN NORDAMERIKA

3.1 GLÜCKLICHE ANKUNFT

Zeitumstellung

Auf der Reise nach Westen "gewinnt" man je nach Ziel und Jahreszeit im Nordosten Nordamerikas zwischen vier und sechs Stunden mit der Folge, gemäß Ortszeit nur zwei bis drei Stunden nach Abflug auf amerikanischem Boden zu stehen (**Zeitzonen** ➪ Seite 201). Meist kann man deshalb schon am Nachmittag des Ankunftstages erste Eindrücke sammeln. Es empfiehlt sich, aufkommender Müdigkeit nicht so rasch nachzugeben, sonst sitzt man mitten in der Nacht (ca. 7-11 Uhr in Europa) hellwach im Bett. Gelingt das, ist die Zeitumstellung kein Problem. Nach dem Rückflug und "Verlust" der Stunden ist das schwieriger und dauert ein paar Tage.

U.S. Department of Justice
Immigration and Naturalization Service

OMB No. 1115-0148

Willkommen in den Vereinigten Staaten

I-94W Einreise-/Ausreiseformular für visafreies Reisen

Anleitung

Dieses Formblatt ist von jedem Besucher auszufüllen, der nicht im Besitz eines Besuchervisums ist und Staatsbürger eines der in 8 CFR 217 aufgeführten Länder ist. Die Fluggesellschaft kann Ihnen eine Liste der in Frage kommenden Länder zur Verfügung stellen.

Füllen Sie das Formblatt in GROSSBUCHSTABEN mit der Schreibmaschine oder mit der Hand aus. Bitte beantworten Sie die Fragen vorzugsweise **IN ENGLISCH.**

Das Formblatt besteht aus zwei Teilen. Bitte vervollständigen Sie sowohl den Teil, der sich auf die Ankunft bezieht (Arrival Record), Punkte 1 bis 11, als auch den Abschnitt über die Ausreise (Departure Record), Punkte 14 bis 17. Unterschreiben Sie das Formular auf der Rueckseite und setzten Sie das Datum ein. Kinder unter 14 Jahren müssen das Formular von einem Elternteil oder Vormund unterschreiben lassen.

Punkt 7 - Wenn Sie in die Vereinigten Staaten auf dem Landweg einreisen, tragen Sie **LAND** unter diesem Punkt ein. Wenn Sie in die Vereinigten Staaten auf dem Seeweg einreisen, tragen Sie **SEA** in diesem Feld ein.

Admission Number
030580404 03

Einwanderungs- und Einbürgerungsdienst
Formular I-94W (05-29-91) - **Einreise**
AUFHEBUNG DER VISUMSPFLICHT

1. Familienname: MOLLMER
2. Vorname: FRITZ MARKUS
3. Geburtsdatum (Tag/Monat/Jahr): 170249
4. Staatsbürger von (Land): GERMANY
5. Geschlecht: MALE
6. Paßnummer: DE71835639C
7. Fluggesellschaft und Flugnummer: LH701
8. Land, in dem Sie wohnhaft sind: GERMANY
9. Stadt, in der Sie an Bord gegangen sind: FRANKFURT
10. Adresse in den Vereinigten Staaten (Straße/Hausnummer): 3820 FRANCIS LEE BLVD
11. Stadt und Bundesstaat: BOSTON, MASSACHUSSETTS

Government Use Only

12. 13.

Departure Number
030580404 03

Einwanderungs- und Einbürgerungsdienst
Formular I-94W (05-29-91) - **Ausreise**
AUFHEBUNG DER VISUMSPFLICHT

14. Familienname: MOLLMER
15. Vorname: FRITZ MARKUS
16. Geburtsdatum (Tag/Monat/Jahr): 170249
17. Staatsbürger von (Land): GERMANY

Siehe Rückseite **Staple Here**

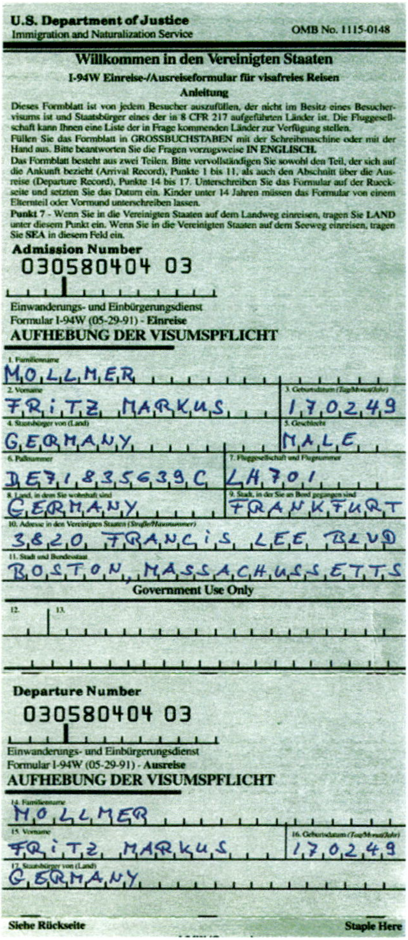

Formulare USA

Vor dem Einlaß in die USA stehen Einreisekontrolle ***(Immigration)*** und Zoll ***(Customs)***. Für beide Instanzen gibt es bereits beim Einchecken, spätestens im Flugzeug Formulare, die sorgfältig in bester **Druckschrift und Großbuchstaben** ausgefüllt werden müssen. Da die Fluggesellschaften von der amerikanischen Einwanderungsbehörde für das ordnungsgemäße Ausfüllen der Formulare verantwortlich gemacht werden (angeblich wurden schon Besatzung und Passagiere en bloc zum "Nachsitzen" in die Kabinen zurückbeordert), ist auf einigen Transatlantikflügen allgemeines Formularausfüllen angesagt: spätestens nach der Hauptmahlzeit läuft auf den Monitoren ein Video mit Anweisungen, damit bloß nichts schiefgeht! Und (fast) alle machen gehorsam mit, während die Crew in den Gängen für dennoch offenbleibende Fragen bereitsteht. Zum nebenstehenden ***Departure Record*** ➪ auch Seiten 68/70 – Einreisebestimmungen.

Zwei Punkte sind besonders wichtig:

Immigration – Die Zeilen für **"Adresse in den USA"** dürfen keineswegs leer bleiben, möchte man einen Disput mit dem *Immigration Officer* vermeiden. Die meisten Touristen besitzen natürlich keine feste Anschrift, da sie ja irgendwo unterwegs sind. Ersatzweise können sie die des Autoverleihers (also z.B.: c/o *Tour USA, 4578 General Custer Ave, Westpoint, NY 78350*) oder des ersten gebuchten Hotels angeben, wenn keine Freundes-/Bekanntenadresse zur Hand ist.

Zoll-vorschriften – Bei **Mitbringseln** gibt es zwar eine **offizielle Wertbegrenzung von $100,** und mehr als eine Flasche hochprozentiger Alkoholika wird nicht toleriert, aber den Zoll interessieren diese Punkte – so scheint es – eher am Rande. Das scharfe Auge des Gesetzes schaut vor allem auf die **schriftliche Zoll-erklärung**: Dort darf um nichts in der Welt ein "Yes" angekreuzt sein bei der Frage "Ich habe Früchte, Gemüse, Fleischwaren u.a.m. dabei und war kürzlich auf einem Bauernhof." Die kategorische Antwort heißt "No"! Wer wursthaltige Marschverpflegung oder Obst von daheim in der Tasche hat, muß alles spätestens jetzt essen oder vernichten (kein Scherz, sondern US-Seuchengesetz!).

Pass-kontrolle Wird man endlich aus der Schlange der ***Non-Residents*** zur Paßkontrolle vorgelassen, erfolgt ggf. die Frage nach Zweck und Dauer der Reise: Ersteres ist entweder **Business, Tourism** oder ***Visiting Friends/Relatives***. Unabhängig von ihren Angaben zur Reisedauer erhalten die meisten Reisenden die maximal möglichen 90 bzw. 180 Tage (nur Visainhaber).

Der untere Abschnitt des ausgefüllten, der echte ***Departure Record***, wird in den Pass geheftet und bei der Ausreise wieder entnommen, ⇨ auch Seite 70.

Canada Die Einreise nach Canada ist im allgemeinen entspannter. Zwar muß auch ein Formular für die ***Immigration*** ausgefüllt werden, aber das wird nicht in den Pass geheftet. Der Tourist erhält üblicherweise einen 6-Monats-Stempel, meist ohne daß er sonderlich intensiv befragt würde.

Zoll Der Zoll macht in beiden Ländern beim grünen Schildchen (***nothing to declare***) nur **Stichproben** und stempelt (in den USA) das Zollpapier. Am Ausgang ist dies abzugeben. Ohne **Zollstempel** bleibt die Tür in den Kontinent der unbegrenzten Möglichkeiten verschlossen.

Gepäck-karren Für einen der normalerweise reichlich vorhandenen Gepäckwagen (***baggage cart***) benötigt man oft Kleingeld. Erst nach Einschieben mehrerer *Quarters* (25 Cent) und/oder von $1-Noten/Münzen gibt die Sperre einen Wagen frei. Einen oder zwei *Quarter* erhält zurück, wer das Vehikel nach Gebrauch in eine der Aufnahmeschienen vor dem ***Terminal*** schiebt.

Umsteigen/ Weiterflug

Bei Fortsetzung der Reise über einen **inneramerikanischen Anschlußflug** muß in vielen Fällen das Gebäude gewechselt werden. Zwischen den manchmal weit auseinanderliegenden *Terminals* der verschiedenen Gesellschaften oder zwischen dem *International* und *Domestic Terminal* verkehren regelmäßig **Airline Connection** Busse oder gebührenfreie Schnellbahnen w.z.B. in New York-*Newark Airport* und Chicago.

Hotel-/ Mietwagen Pick-up Service

Hat man die **Hotelbuchung** in Airportnähe schon in der Tasche, genügt ein Anruf, um den **Abholservice** (*Pick-up*) zu aktivieren. Wichtig ist zu wissen, vor welchem *Terminal* genau man steht (*International Arrivals, United* etc.), damit der Fahrer entsprechend instruiert werden kann. In Großflughäfen existieren an den Fahrspuren farbig markierte Bereiche für die verschiedenen Busdienste. **Hotel- und Mietwagenzubringer** stoppen durchweg im identischen Abschnitt. Den Bus zu außerhalb des Airportgeländes liegenden **Rental-Car** Parkplätzen braucht man zu normalen Tageszeiten meist nicht zu alarmieren. Die Kleinbusse von *Avis, Hertz, Budget* etc. verkehren laufend und stoppen auf Handzeichen.

Zu weiter entfernten **City-Hotels** ist der Transport per Flughafen-Bus oder Taxi in der Regel selbst zu organisieren.

Buchung eines Hotels bei Ankunft

Ohne Buchung sind die in allen Ankunftshallen vorhandenen **Hotel-/Motel-Werbetafeln** hilfreich. Über ein Gratis-Telefon erreicht man die angeschlossenen Häuser direkt. Nach einer Reservierung und Angabe des *Terminals* dauert es meist nur wenige Minuten, bis der Hotel-Kleinbus vorfährt. Bei solchen Anrufen sollte man sich auf Englisch verständlich machen können; mit Fremdsprachenkenntnissen beim Personal von Hotels oder *Rental Car Companies* darf man nicht rechnen.

Go to Baggage Claim Level. Proceed outside and turn left to the Courtesy Bus pick-up area.

Hier kann nichts mehr schiefgehen: Unübersehbar die Anweisung für Hertz-Kunden in der Airport-Ankunftshalle

3.2   ÜBERNAHME DES VORGEBUCHTEN MIETFAHRZEUGS

Vorausgesetzt, der **Mietwagen** wurde bereits zuhause gebucht, geht es oft erst einen oder mehrere Tage nach Ankunft zur Vermietstation. Ggf. kann der Wagen aber schon bei Ankunft am Flughafen übernommen werden./ Die **Camper-Verleiher** holen ihre Kunden im Hotel ab; bei höherem Buchungsaufkommen deutschsprachiger Touristen verfügen sie im Gegensatz zu den Pkw-Verleihern häufig über **Personal mit guten Deutschkenntnissen**.

Pkw

Prozedur

Die Übernahme eines Pkw geht normalerweise rasch über die Bühne: *Voucher* des Veranstalters, Pass, Führerschein vorlegen, ggf. Beschlußfassung über Zusatzversicherungen (aber **Achtung, gerne werden den Kunden noch teure unnötige Versicherungen aufgeschwatzt**, auch wenn der Vertrag bereits Vollkasko und Haftpflichtaufstockung etc. enthält, ⇨ Seite 90!), Unterschrift und Hinterlassung einer Kaution (durchweg Kreditkartenerfordernis), Schlüssel steckt schon, Auto ist vollgetankt, fertig. **Kein Mensch wird auf die Idee kommen, irgendetwas zu erklären.** Leuchtet ein Bedienungsdetail nicht ein, muß man schon ausdrücklich fragen. Alle **Warntöne** schalten sich aus, wenn die Türen geschlossen und die Gurte angelegt sind. Vor der Abfahrt sollte man eine **Inspektion rund ums Auto** nicht vergessen und eventuell vorhandene Dellen und Kratzer "protokollarisch" festhalten lassen.

Schlüssel

Der Mieter erhält in aller Regel nur **einen Schlüsselsatz**. Insbesondere bei längeren Mietzeiten macht zur Sicherheit die Beschaffung zusätzlicher **Schlüssel in eigener Initiative** Sinn. Der **AAA** fertigt für seine Mitglieder, also auch ausländische Automobilklubmitglieder, in größeren Filialen Zweitschlüssel sogar umsonst. **Schlüsseldienste** gibt es in vielen *Shopping Malls* und in *True Value Hardware Stores*, überall in den USA zu findenden Eisenwarenläden, und bei *Canadian Tire*, einer weit verbreiteten Kette technischer Kaufhäuser.

Tankfüllung

Ein relativ neuer, hübscher **Einfall** der Vermieter ist es, dem Kunden anzubieten, die Tankfüllung zu einem besonders niedrigen Gallonen-/Literpreis zu übernehmen, statt den Wagen – wie an sich üblich – mit vollem Tank zurückzugeben. Akzeptiert der Kunde, erhält er den Sprit zwar nominal billig und spart die Fahrt zur Tankstelle kurz vor Rückgabe, wird es aber nur selten schaffen, den Tank leerzufahren. Was am Ende im Tank verbleibt, wird dem Vermieter geschenkt, meist ein schlechtes Geschäft für den Mieter.

Rückgabe

Die Rückgabe ist **unkompliziert** und bis unmittelbar vor Abflug zu erledigen, wenn die Station in Airportnähe liegt.

Camper

Wohnmobil | **Beim Camper sieht alles anders aus**. Zunächst identisch ist das Formale. Die Kaution bzw. Blanko-Kreditkartenunterschrift deckt hier nicht nur Risiken ab, sondern bezieht sich auf die **Extrakosten** wie Zusatzversicherungen (⇨ Seite 100), Zusatzmeilen, Kindersitze, Generatorbenutzung, Steuern und ggf. Schäden – Abrechnung nach Rückgabe.

Inspektion | Nach Klärung des Papierkriegs erfolgt eine Inspektion des Fahrzeugs verbunden mit einer mehr oder minder intensiven **Einweisung**. Besonders bei Andrang sind Erläuterungen aber nicht immer optimal und vollständig. Am ersten Tag ist es deshalb ratsam, erst einmal einzukaufen und fürs Einrichten und endgültige Verstauen nicht viel weiter als bis zum nächsten Campingplatz zu fahren. Dort kann man sich Zeit für ein **gründliches Durchchecken des Fahrzeugs** und seiner Technik nehmen. Sollte sich herausstellen (auf dem Platz des Vermieters wird man das oft nicht merken), daß etwa der Kühlschrank nicht richtig funktioniert, der Wasserschlauch fehlt oder Bedienungsdetails unklar sind, kann man leicht noch einmal bei der Station vorbeifahren. Fragen sollte man nach Unterleghölzern zum **Niveauausgleich** für ein ebenes Stehen, der auf manchen *Campgrounds* bitter nötig ist.

Schlüssel | Wie beim Pkw gibt es im allgemeinen nur einen **Schlüsselsatz,** siehe dazu die Hinweise auf Seite 121.

Checkliste | Vor jeder morgendlichen Abfahrt muß allerhand verstaut, verzurrt und festgemacht sein, auch außen 'rum darf nichts mehr hängen oder ungewollt offenstehen. Besonders ohne bisherige Campererfahrung des Reiseteams sollte man sich eine kleine Checkliste machen, die man morgens abspult.

Wartung | Mieter von **Campfahrzeugen** sind nur bei längerfristigen Verträgen verpflichtet, **Ölwechsel** durchführen zu lassen; das Intervall beträgt üblicherweise 5.000 mi. Die Kosten dafür müssen zur späteren Verrechnung ausgelegt werden. Da es in Amerika jede Menge Stationen für den schnellen **Ölwechsel zum Inklusivpreis** einschließlich eines Checks anderer wichtiger Liquide gibt (Getriebe, Bremsflüssigkeit, Servolenkung etc.), macht das wenig Probleme, ⇨ auch Seite 148. Die **Pkw-Verleiher** verlangen bei Langzeitmiete üblicherweise das Anfahren einer Station in bestimmten Intervallen.

Reparaturen | Reparaturen dürfen – wenn sie minimale Kosten ($50) übersteigen – **immer erst nach Rücksprache mit der Verleihfirma** ausgeführt werden. Dazu gehört auch der Ersatz von unterwegs verschlissenen Reifen. Die größeren Vermieter haben Verträge mit landesweit operierenden Reifenfirmen w.z.B. ***Goodyear, General Tire*** oder ***Firestone***, die auch gängige Routinereparaturen durchführen. Deren Ableger sind noch in sehr kleinen Ortschaften zu finden.

Pannen

Spätestens bei der ersten Panne wird man feststellen, daß es **kaum Bordwerkzeug** gibt. Dahinter steckt Methode: Der Kunde soll gar nicht erst auf die Idee kommen, selbst "herumzufummeln". Sogar Wagenheber und Radschlüssel fehlen schon mal. Er möge bei einer Panne halt den **Straßendienst** anrufen, wurde einem der Autoren in einem solchen Fall bedeutet – in vielen Situationen leichter gesagt als getan.

Rückgabe des Campers

Vor der Abreise steht die Rückgabe des Campers, bei den meisten Vermietern am Vormittag. Möchte man hohe **Endreinigungskosten vermeiden,** muß der Camper besenrein und mit entleerten Abwasser-/Toilettentanks zurückgegeben werden, oft auch mit gefülltem Frischwassertank und – falls man ihn so übernommen hat – vollem Benzintank. Die Vermieter akzeptieren im allgemeinen äußerlich "normal" verschmutzte Fahrzeuge. Es wird aber erwartet, daß der Kunde groben Dreck (an einer der zahlreichen Waschanlagen mit Druckreinigern) vor der Rückgabe selbst entfernt. Andernfalls wird man (wieder) zur Kasse gebeten.

Ist nichts beschädigt, gibt es keine Probleme. Formalitäten, Inspektion des Wagens und Abrechnung von Mehrmeilen, Steuern etc. sind rasch erledigt.

Flughafen-Transfer

Der Vermieter sorgt für den Transport zum Hotel bzw. zum Airport. Bei Planung von **Rückgabe und Abflug am selben Tag** sollte auf reichlich Zeit geachtet werden: besser nicht unter 4 Stunden zwischen frühestmöglicher Ankunft in der Station und Abflug. Denn gelegentlich entstehen Wartezeiten, etwa auf weitere Kunden, die im selben Bus zu anderen Zielen transportiert werden müssen. Entspannter verläuft auf jeden Fall die Rückgabe einen oder mehrere Tage vor Abflug.

Auf der Fähre über den Saguenay River/Québec

3.3 REGELUNG DES TRANSPORTS VOR ORT

**Eigen-
initiative**

Steht am Ankunftsort kein vorgebuchtes Fahrzeug bereit, und stecken weder das Rundreiseticket einer *Airline* noch *Greyhound*- oder *Amtrak/Canrail*-Netzpass in der Tasche, muß Eigeninitiative dafür sorgen, daß es weitergeht.

3.3.1 Pkw- und Camper-Miete

**Voraus-
setzungen**

Sich ein Auto zu mieten, ist in ganz Nordamerika ein alltägliches und unkompliziertes Geschäft, sofern der Kunde die nötigen Voraussetzungen erfüllt. Zu beachten ist, daß

– die großen **Pkw-Verleihfirmen keine Autos an Fahrer unter 21 Jahren** vermieten. Bisweilen wird ein Mindestalter von 23 oder sogar 25 Jahren gefordert bzw. bei Unterschreitung ein **Aufschlag bis $20/Tag** erhoben. Nur in den *Big Cities* gibt es hier und dort lokale Unternehmen, die sich den Service für Kunden **ab 18 Jahren** mit Höchsttarifen honorieren lassen. Damit verbunden ist oft die Auflage, das Stadtgebiet bzw. einen engen Radius um die Stadt herum nicht zu verlassen. Die **Haftpflichtdeckung** ist dabei meist miserabel.

– im Auto-Verleihgeschäft ohne **Kreditkarte** fast nichts läuft. Nur der "Vorbucher", der ja bereits in der Heimat alles bezahlt hat, darf die jeweilige **Kaution** schon mal bar oder in Reiseschecks hinterlegen. Bei Buchung eines Mietwagens vor Ort sind Firmen selten bereit, anstelle der *Credit Card* Bares zu akzeptieren, speziell nicht als Kaution. Folgerichtig sind auch verbindliche **telefonische Reservierungen ohne Angabe einer Kreditkartennummer nicht möglich**.

– die Vermieter zwar durchweg den europäischen Führerschein (**nicht den alten DDR-Schein**!) anerkennen, aber daß es nicht schaden kann, den **Internationalen Führerschein** mitzuführen. Der Reisepass ist zusätzlich vorzulegen.

Typen

Über die in den USA und Canada als Leihwagen zur Verfügung stehenden Wagentypen und -kategorien kann man sich in Reisekatalogen ausreichend informieren. Man erhält auch bei den internationalen Vermietern direkt Unterlagen. Das Angebot anderer Firmen unterscheidet sich bei Typen und Kostenkategorien davon im allgemeinen nicht wesentlich.

**Tarife
am
Airport**

Wer nicht aufs Geld schaut, bucht seinen Mietwagen ohne Reservierungsmühe am Ankunftsflughafen. Fahrzeuge sind fast immer vorhanden, **die kleineren, etwas preisgünstigeren Fahrzeuge** indessen, mit deren Tarifen in den Zeitschriften der *Airlines* gerne geworben wird, **oft ausgebucht**. Dagegen hilft nur zeitige Reservierung; die Telefonnummern stehen weiter unten. Gelegentlich erhält der Kunde aber auch schon mal ein größeres Fahrzeug zum Tarif eines *Subcompact*.

**Billig-
vermieter**

Für eine **kostengünstigere Automiete** sollte man besser einen Bogen um die Schalter im *Airport* machen und das nächste Telefon suchen. Immer besitzen auch einige Billigvermieter (ohne Flughafenschalter) eine Station im Umfeld. Die lokale Telefonnummer findet sich rasch, wenn nicht sogar ein **Gratistelefon für *Off-Airport* Vermieter** vorhanden ist, oft gleich neben der "Hotelwand".

Versicherung

In diesem Zusammenhang sei noch einmal auf die Problematik der Haftpflichtdeckungssumme hingewiesen, Seite 90.

Ist alles telefonisch vorgeklärt, schickt die Verleihfirma in der Regel einen Wagen, um den Kunden abzuholen.

Noch eine Mietwagen Werbung im Flughafen: hier verspricht Value Rent-a-Car, jeden Preis der Konkurrenz zu unterbieten

**Preis-
vergleich
per
Telefon**

Wer es nicht so eilig hat, kann ggf. in Ruhe **vom Hotel aus** den besten Tarif erkunden. Die gelben Seiten des örtlichen Telefonbuchs enthalten unübersehbare Anzeigen des Gewerbes unter *Automotive,* Unterrubrik ***Rental/Rent-A-Car*** oder aber direkt unter ***Car Rental***. Fast überall gibt es sehr niedrige Wochenendtarife (manchmal ab Donnerstag Mittag) und Wochenpauschalen für das Vier- bis Fünffache eines Tagessatzes.

**Unter-
schiede**

Die **Konditionenunterschiede für gleichartige Fahrzeuge** sind bemerkenswert. Der Vorteil der großen Firmen besteht im wesentlichen darin, daß die Wagen im Schnitt neuer und gepflegter sind und bei Problemen unterwegs die nächste Filiale der Firma nicht so weit entfernt sein wird.

**Sprach-
kenntnisse
wichtig**

Eine **wichtige Voraussetzung** des beschriebenen Vorgehens ist die Fähigkeit, auch am Telefon sprachlich einigermaßen klarzukommen, und außerdem eine gewisse Übersicht über die Tarife. Nur dann kann man sogleich entscheiden und entweder um Abholung bitten oder dankend ablehnen.

Reser-
vierung

Eine Reservierung erspart Mühe und mitunter auch Kosten. Ein Anruf beim nationalen Reservierungs-Service des jeweiligen Vermieters (auch der *Discounter*) einige Tage vor der geplanten Miete sichert in der Regel die gewünschte Wagenklasse und gelegentlich auch einen besseren Preis als direkt vor Ort (Kreditkartennummer erforderlich). Die **gebührenfreien Telefonnummern** der großen Vermieter lauten:

Ajax*	1-800-367-2529
Alamo*	1-800-327-9633
AI*	1-800-445-5664
Avis	1-800-331-1212
Budget	1-800-527-0700
Dollar*	1-800-800-4000
General*	1-800-327-7607
Hertz	1-800-654-3131
National/Tilden	1-800-CAR RENT
Payless*	1-800-237-2804
Thrifty*	1-800-FOR CARS
USA*	1-800-843-8796
Value*	1-800-327-2501

Die mit einem Sternchen versehenen Firmen bieten oft geringere Tarife als die internationalen Marktführer.

Sollte eine 800-Nummer nicht mehr zutreffen, erfährt man die neue ***toll-free-number*** unter **1-800-555-1212.**

Gebraucht-
wagenmiete

Noch günstiger als bei den "normalen" *Discountern* leiht man Gebrauchtwagen von Firmen, die sich ***Ugly Duckling***, ***Rent-A-Wreck*** (℡ 1-800-327-2501), ***Rent-A-Used-Car***, ***Rent-A-Junk*** oder ähnlich nennen. Die Preise für die durchaus nicht an "Wracks" erinnernden Autos liegen um $5 bis $8 pro Tag unter denen der Billigkonkurrenz, schließen aber oft nur 50-100 freie Meilen ein. Ein festgelegter Aktionsradius um den Sitz der Firma darf oft nicht überschritten werden. Solche Wagen eignen sich also eher für den reinen City-Aufenthalt.

Kanus werden in Amerika häufig nur mit festen Schaumgummiblöcken ohne Gepäckträger aufs Autodach gelegt

Campmobile

Saison-situation

Einen Camper während der Sommersaison direkt vor Ort in den USA bzw. Canada ohne Vorausreservierung zu finden, ist ein schwieriges, im Juli/August fast unmögliches Unterfangen. Vor **Memorial Day** im Mai und nach dem **Labor Day** im September dagegen sind die Aussichten erheblich besser. Von Mitte Oktober bis Mitte Mai freuen sich im Nordosten die meisten Verleihfirmen aber über jeden Kunden.

Kosten

Wer also in der absoluten **Vor- und Nachsaison** die Mühe auf sich nimmt, "seinen" Camper direkt zu buchen, wird kaum Probleme haben. Die Wahrscheinlichkeit aber, damit viel günstiger zu fahren als bei Buchung in der Heimat, ist selbst bei $-Kursen um 1,60 DM (c$ 1,20 DM) eher gering. Es muß insbesondere berücksichtigt werden, daß **in Nordamerika angebotene Camper keine aufgestockte Haftpflicht** beinhalten.

Die **Voraussetzungen** für eine Campermiete sind weitgehend identisch mit denen der Pkw-Miete, siehe oben.

Camper mieten, wo?

Adressen und Telefonnummern von Verleihfirmen findet man in den Gelben Telefonbüchern unter Rubriken wie **Automotive/ RV-Rental** oder **Recreational Vehicles**, außerdem in Kleinanzeigen (*Classified Ads*) in der Tageszeitung. Da es bei der Campermiete mit dem Anruf nicht getan ist, sondern immer auch die Begutachtung der Fahrzeuge erfolgen muß, benötigt man bis zur endgültigen Klärung einen Leihwagen.

Versicherung

Ebenso wie bei der Vorbuchung sollte man sich Klarheit verschaffen über die **Haftung des Mieters** beim Eintritt von Schadensfällen und die Höhe der Zuzahlung/Tag zur Vermeidung/ Minderung der Risiken. Eine automatische Aufstockung der Haftpflichtdeckung durch Zahlung mit einer entsprechenden Kreditkarte (⇨ Seite 91) oder der Abschluß einer Spezialversicherung bereits vor der Reise wäre bei Absicht einer Miete vor Ort zu erwägen.

Erst drüben mieten?

Die Frage **"Lohnt es sich, erst drüben zu mieten?"** kann wegen der Komplexität der Angelegenheit selbst für die *Off-Season* und einen niedrigen Dollarkurs nicht eindeutig beantwortet werden. Denn erstens gibt es bei vielen Veranstaltern auch für die Vor- und Nachsaison sehr günstige Angebote, und zweitens spielen zu viele qualitative Aspekte eine Rolle. So können Suche und Auswahl stressig und nicht gerade der ideale Einstieg in die Amerikareise sein. Ein wenig ermunternder Gedanke ist auch, daß bei Mängeln des Fahrzeugs und eventuellen Schäden sich eine daraus ergebende Auseinandersetzung im fremden Land geführt werden muß.

Empfehlung

Campermiete auf eigene Faust vor Ort sollten daher nur Leute ins Auge fassen, die über gute Englischkenntnisse und eine gewisse individuelle Reiseroutine im Ausland verfügen.

3.3.2 Autokauf in den USA

Motivation

Vergleich Miete/Kauf

Wer eine **längere Reise** durch Noramerika plant, fragt sich, ob nicht unter Umständen ein Autokauf der Miete vorzuziehen ist. Denn während **drei oder mehr Monaten** kommen bei den größeren Wagentypen und vor allem Campfahrzeugen erhebliche Mietkosten zusammen.

Zu bedenkende Aspekte

Bei der Entscheidung "Miete oder Kauf?" spielen neben dem reinen Kostenvergleich weitere Überlegungen eine Rolle. Z.B. ist man beim eigenen Wagen für **Reparaturen** selbst verantwortlich, die nicht nur Kosten, sondern vor allem Ärger verursachen können, der die Reisefreude trübt. **Organisatorische Probleme** können ebenfalls einiges Kopfzerbrechen bereiten: schon mit dem Kauf, aber auf jeden Fall mit dem Verkauf sind zeitraubende, mitunter frustrierende Aktivitäten verbunden.

Abwägen

Um solchen Problemen von vornherein aus dem Wege zu gehen, wird mancher gern auf mögliche ökonomische Vorteile verzichten. Anderen dagegen mag die Aussicht auf (hoffentlich) geringere Gesamtkosten einige Mühe wert sein.

Weitere Infos

In den folgenden Abschnitten findet der Leser die wichtigsten Informationen zur Beschaffung und Zulassung eines Autos **in den USA**. Als Ausländer ein Auto **in Canada** zu kaufen, empfiehlt sich schon allein wegen der höheren Preise und höherer Umsatzsteuern nicht. Die administrativen Hürden sind zudem in den Ostprovinzen (noch) höher als in den USA. Weitergehende Ausführungen für monatelange Touren durch Nordamerika – vielleicht sogar im mitgebrachten Campmobil – finden sich in einem umfassenden Sonderkapitel im **Reise Know-How Band USA/CANADA**.

Was zu beachten ist

Angebot in den USA

Die Anzahl der Autohändler und der zum Verkauf stehenden Fahrzeuge ist selbst in kleinen Ortschaften groß, in den Großstädten schlichtweg ungeheuer. Man braucht also nur zuzugreifen – so scheint es – und das Beschaffungsproblem wäre erledigt. Wer jedoch bestimmte Vorstellungen und gleichzeitig einen günstigen Preis realisieren möchte, wird einige Tage benötigen, bis der richtige Wagen gefunden ist.

Neuwagen

Die meisten Fahrzeuge auf Halde bei den Werksniederlassungen sind Neuwagen, da in Amerika die Mehrheit der Kunden Autos – wie andere Konsumgüter auch – aus einer Anzahl von Varianten aussucht und "gleich mitnimmt". Der **Listenpreis** wird üblicherweise mit sämtlichen Details im Seitenfenster der Wagen ausgehängt. Eventuell darauf gewährte Rabatte stehen in übergroßen Ziffern auf der Windschutzscheibe. Der effektive Preis unterliegt der freien Aushandlung.

Endpreis

Zum Kaufpreis kommen die **Überführungskosten** (*Transport and Preparation Fee*) plus die **Umsatzsteuer** (*Sales Tax*) in Höhe von 5%-8% (USA); wie alle anderen Preise gelten auch Autopreise in Amerika immer netto. Die *Sales Tax* wird von der Zulassungsbehörde kassiert; nicht nur bei Neuwagen, sondern auch bei Gebrauchtfahrzeugen, gleichgültig, ob sie von privat oder vom Händler erworben wurden.

Gebraucht-wagen

Bei **Neuwagenhändlern** findet man nur wenige gebrauchte bzw. nur Wagen neuerer Baujahre. **Ältere, preisgünstige Fahrzeuge** gibt es in größerer Auswahl beim *Used-Car Dealer*, bei nicht werksgebundenen Reparaturbetrieben, bei Tankstellen und auf dem privaten Markt. Um sich eine Übersicht über Autotypen und -preise zu verschaffen, ist der Kauf eines *Used-Car-Almanac* für wenige Dollar zu empfehlen. Es gibt solche **Preisübersichten** getrennt nach Pkw, *Trucks* und RVs (Campmobile) z.B. in mit Tankstellen verbundenen *Mini-Marts*.

Hinweise zum Erwerb

Wie bei uns sind **Fahrzeuge bei Händlern teurer** als von privat; dafür ist der Verhandlungsspielraum ungleich größer als hierzulande. Die privaten Angebote findet man in regionalen, auf Autos spezialisierten Verkaufsmagazinen und natürlich in den jeweiligen Tageszeitungen im Anzeigenteil *Classified (Ads) Section*, Stichwort *Automotive/Sales*. Bei der persönlichen **Inspektion** und Beurteilung eines in Frage kommenden Fahrzeugs muß berücksichtigt werden, daß Amerikaner ihre Autos weniger liebevoll behandeln als etwa Deutsche. Älteren Pkws und vor allem Campern sieht man die Jahre an, ohne daß dies als besonderer Mangel empfunden wird. Wichtig ist, daß technisch alles einigermaßen stimmt. Bei dieser Einschätzung hilft leider keine TÜV-Prüfplakette. Zwar muß jeder Wagen bei Besitzerwechsel und/oder Neuzulassung in einem anderen Staat zu einer **technischen Kontrolle**, aber vergleichbar mit strengen Bräuchen bei uns ist das nicht.

Amerikanischer Straßenkreuzer, hier: Ford Lincoln Towncar

Welchen Typ?	Grundsätzlich ist der **Camper das ideale Gefährt gerade für den Langzeittrip**. Viele Argumente sprechen für den kompakten *Van Camper* (⇨ Seite 39). Gerade bei längeren Reisen reizen schon mal abgelegene, oft schlechte *Backroads* und Zufahrten zu versteckten Campingplätzen, heißen Quellen und anderen Kleinoden der Natur, deren Bewältigung mit *Motorhomes* beschwerlicher und bisweilen unmöglich ist.
Einfacher Van	Wer sich bei begrenzten finanziellen Mitteln in puncto Komfort bescheiden mag und sich in einem neueren Fahrzeug (technisch) wohler fühlt, kann den Kauf eines viel preiswerteren *Van* (geschlossener **Lieferwagen**) erwägen und ihn für das Vorhaben mit Matrazen, Kocher, *Coolbox* etc. nach Lust und Geldbeutel mehr oder minder komfortabel einrichten. Zusätzliche Fenster und/oder insektensichere Belüfter lassen sich in den USA leicht, billig und ohne "TÜV-Abnahme" einbauen. Verkaufspreis und -möglichkeit am Ende der Reise sind weniger saisonabhängig und damit besser als beim reinen Campfahrzeug.
Pkw/Kombi	**Die preisgünstigere Alternative**, auch was die Benzinkosten angeht, ist der gebrauchte Pkw/Kombi mit Zelt im Kofferraum. Die Vor- und Nachteile des Zeltens, Auf- und Abbau bei Regen usw. sind bekannt. Für längere Reisen fallen zwar die Nachteile stärker ins Gewicht als bei einem 4-Wochen-Urlaub, aber grundsätzlich bietet die Kombination Pkw/Zelt plus gelegentliche Billigunterkunft **im Sommerhalbjahr** eine besonders preiswerte Form der Reisegestaltung. Die stärkere Wetterabhängigkeit kann man durch Wahl seiner Reiseroute ganz gut ausgleichen.
Verkaufsaspekt	Bei der Kaufentscheidung sollte der Wiederverkaufsaspekt nicht nachlässigt, d.h., möglichst nur gekauft werden, was einen großen Markt besitzt. Das sind in erster Linie **amerikanische Fahrzeugtypen** und m.E. einige japanischer Modelle (vor allem der Marken *Honda* und *Toyota*). Dafür existiert selbst unter ungünstigen Bedingungen ("falsche" Jahreszeit und Gegend) wenigstens eine gewisse Nachfrage; der Verkauf ist dann "nur" eine Preisfrage. Außerdem gilt: Mit einem *Ford*, *Dodge* oder *Chevy* kommt auch noch eine kleine Klitsche in der Wüste von Nevada zurecht, aber wenn exotische Typen (das sind alle außer den Amerikanern) weit weg von der nächsten Vertretung streiken, dann ist oft guter Rat teuer.
	Beim **Camper** bereitet die **Saisonabhängigkeit** Probleme. Viele Langzeittouristen kaufen bei anziehenden Preisen im Frühjahr/Sommer und wollen im Herbst/Winter verkaufen.

Zulassung

Papiere

Ist der geeignete Wagen gefunden, sind einwandfreie Eigentumsverhältnisse wichtig. Der Verkäufer muß den *Title* (Kfz-Brief) und die *Registration* (Kfz-Schein) vorlegen können und mit dem Auto an den Käufer übergeben. In manchen Staaten wird ein **notariell beglaubigter Vertrag** zusätzlich zu den unten angeführten Punkten gefordert. Man sollte sich vor Vertragsabschluß beim *Vehicle Department* erkundigen.

Voraussetzung

Die Zulassung eines in den USA erworbenen Autos auf den Namen des Touristen bereitet keine grundsätzlichen Schwierigkeiten. Immer mehr Staaten verlangen jedoch einen **amerikanischen Führerschein** oder eine *Identification* (Personalausweis), bevor sie Autos umschreiben. Beides hat der Tourist nicht, kann aber den Führerschein in den vielen Staaten relativ schnell und problemlos erwerben. Wichtig ist dabei, sich rechtzeitig gut mit den möglichen Prüfungsfragen vertraut zu machen (Übungshandbuch), sonst gibt es mit dem theoretischen *Multiple Choice Test* leicht Schwierigkeiten.

Zulassungsstelle

Ähnlich wie bei uns existiert in jeder größeren Ortschaft eine Zulassungsstelle, das *Motor Vehicle Department*, dem häufig auch gleich ein technischer Prüfstand angeschlossen ist. In kleineren Orten, und in einigen Staaten generell, übernehmen autorisierte Werkstätten und Tankstellen die Funktion der *Inspection Station*. Geprüft wird in manchen Staaten bei jedem Besitzerwechsel, in anderen nur wenn das Fahrzeug vorher nicht dort gemeldet war. Die *Inspection* ist auch mit nicht ganz jungen Gebrauchtwagen selten eine Hürde.

Für die Zulassung benötigt man

– eine **ID** (= *Identification*, als Ausländer Reisepass), ggf. **den amerikanischen Führerschein**, wie vorstehend erläutert

– den **Kaufvertrag**, eventuell notariell beglaubigt

– die **Wagenpapiere**, also *Title* (Kfz-Brief), vom Vorbesitzer auf der Rückseite als "rechtmäßig weitergegeben" unterschrieben, und die *Registration* (Kfz-Schein),

– eine im Bezirk des *Vehicle Department* liegende **Anschrift**. Der Wohnsitz braucht nicht nachgewiesen zu werden. Es genügt die Adresse eines Bekannten, der jedoch zuverlässig bereit sein muß, den umgeschriebenen, erst nach Wochen zugeschickten *Title* an den Touristen weiterzuleiten (ein Fahrzeugverkauf ohne *Title* ist so gut wie unmöglich), und

– **weitere Unterlagen** in Abhängigkeit vom Staat, wie Inspektionszertifikat, Haftpflichtversicherungsbestätigung oder eine Erklärung, daß der Wagen versichert wird, eine vom Vorbesitzer unterschriebene Tachostandsbestätigung etc.

Ist alles ordnungsgemäß vorhanden, erhält man gegen Zahlung der Anmeldegebühren und Steuern die Zulassung.

Versicherung Da es ohne Hilfestellung von Freunden oder Verwandten (und oft selbst dann) vor Ort oft erhebliche Schwierigkeiten bei der "Beschaffung" einer Versicherungspolice gibt, sollte man vorgesorgt haben. Haftpflicht- und Vollkaskoversicherungen für Nordamerika vermittelt die Firma **Tour Insure** in Hamburg (✆ 040/ 25172150, Fax 25172121). Sie kann Policen ggf. auch blanko ausstellen für zunächst noch nicht bekannte, d.h. erst später beschaffte Fahrzeuge. Nach dem Kauf werden die Fahrzeugdaten in die Unterlagen eingetragen und gleichzeitig der Firma mitgeteilt. Die Prämien sind nicht niedrig, aber entsprechen in etwa denen für Verträge, die in den USA durch den **Automobilklub AAA** vermittelt werden.

Für die **Versicherung von Campmobilen** kann man sich auch an die Firma **Seabridge/Detlev Heinemann** (Tulpenweg 36, 40231 Düsseldorf, ✆ 0211/2108083 und Fax 0211/2108097) wenden, die Versicherungsmakler und Spezialist für den **Hin- und Rücktransport eigener Fahrzeuge nach Amerika** ist. Sie bietet sogar einen **Notfall-Service für Langzeit-Reisende**.

Kauf von Campfahrzeugen mit Rückkaufgarantie

Was tun, wenn man per Auto oder Camper zwar gerne für einige Monate Nordamerika entdecken möchte, aber die Mietkosten für den langen Zeitraum zu hoch sind und andererseits der mit einem selbständigem Vorgehen verbundene Umstand und das Verkaufsrisiko abschrecken?

Die Lösung für diesen Fall bieten Firmen wie der Campervermieter **Moturis** (✆ 04222/950466). Zu attraktiven Konditionen verkauft *Moturis* neuere **Van Camper** und **Motorhomes** aus der eigenen Mietflotte (*Van Camper* 3 Jahre alt ab \$16.000) und verkauft sie auf Wunsch nach Ende der Reise – auf Provisionsbasis – für den Kunden weiter. Andere beschaffen für ihre Kunden jede Art von Gebrauchtfahrzeugen in allen Preisklassen (Pkw/Kombis ab \$2.000 bis \$3.000, Camper ab \$5.000 bis \$6.000) und bieten eine Rücknahmegarantie bzw. Rückgabepflicht zu vorher genau festgelegten Bedingungen.

Das Verkauf-/Rückkauf-Geschäft funktioniert wie folgt:

1. Der Kunde kontaktiert den Anbieter und erläutert seine Vorstellungen. Sind passende Fahrzeuge vorhanden, erhält er die genauen Daten inkl. Preis und Nebenkosten wie Steuern, Zulassung und Versicherung. Sagt ihm ein Wagen zu, reserviert er es in der Regel durch eine Anzahlung auf den vereinbarten Preis. Der Rest wird spätestens bei Übernahme bzw. der Zulassung auf seinen Namen fällig.

2. Bei Ankunft des Kunden steht der Wagen im günstigsten Fall "abmarschfertig" bereit, d.h. technisch einwandfrei, frisch gewartet und zugelassen. Konnte die Zulassung ohne den Pass des Kunden noch nicht erfolgen (mitunter möglich mit vorab eingesandter Fotokopie), wird das Auto jetzt angemeldet, und der Käufer kann losfahren.

3. Nach dem Ende der Reise nimmt die Firma das Fahrzeug wie vereinbart zurück und zahlt die vertragliche Rückkaufsumme aus – sofern der Wagen sich im vertraglich vorgesehenen Zustand befindet (eine übliche "Fußangel"). Die faktische Abschreibung ist mal meilen-, mal zeit- und saisonabhängig oder eine Mischform daraus. Dem Käufer wird machmal das Recht eingeräumt, den Wagen selbst verkaufen zu können, meistens jedoch nicht.

Die Kosten des Ankauf-/Rückkaufgeschäfts sind alles in allem auch **selten niedrig**, da ja zunächst hohe Fixkosten der Beschaffung, einer Grundinspektion und Fahrzeugvorbereitung sowie der Zulassung und außerdem die Kaufsteuern anfallen. Erst **ab 2 Monaten** (je nach Fahrzeugtyp, Saison und Alter des Käufers auch erheblich später) kommt es in aller Regel zu einem Kostenvorteil gegenüber der Miete für ein gleichartiges Fahrzeug, wobei aber die Mietfahrzeuge immer relativ neu sind, viele Kaufalternativen dagegen relativ alt sein werden. Je länger der vereinbarte Zeitraum, umso günstiger entwickelt sich das Geschäft gegenüber der Miete.

17-Fuß Van, Baujahr 1990. So etwas ist heute unter $10.000 zu haben.

Leider gibt es auf diesem Markt **problematische Geschäftspraktiken**. Mangels der objektiven Nachprüfbarkeit negativer Berichte kann nicht namentlich vor bestimmten Firmen gewarnt werden. Mißtrauisch werden sollte man bei Angeboten für Fahrzeuge ohne klare Baujahr- und Meilenangabe. Auch Meilenstände unter 100.000 bei Fahrzeugen, die 12 und mehr Jahre alt sind, geben zu denken. Abgesehen davon, daß man sich auf derartig alte Wagen – die ja theoretisch noch o.k. sein können – nur nach persönlicher Inspektion einlassen sollte.

Die Alarmglocken läuten ebenfalls bei sehr großzügigen Garantiezusagen für Altfahrzeuge. Die damit verbundenen Risiken sind naturgemäß hoch und müssen, damit sich das Geschäft noch rechnet, anderweitig wieder hereingeholt werden. Etwa durch einen von vornherein überhöhten Verkaufspreis oder durch für den Käufer nachteilige Vertragsklauseln.

Eine **Achillesferse** dieses Geschäfts liegt – wie bei bestimmten Mietangeboten – bei der **Deckungssumme der Haftpflichtversicherung**. Wenn überhaupt eine Aufstockung der häufigen Summenkombination $100.000/$300.000 (⇨ Seite 90) möglich sein sollte, dann wird es sehr teuer. Das gilt speziell bei Leuten unter 21 Jahren, die wegen des "Jugendzuschlags" vor der Pkw-Miete zurückschrecken. Ganz besonders achtsam müssen unter 21-jährige Käufer sein, die bei der Miete gar nicht zum Zuge kommen. Es ist möglich, daß für sie lediglich die gesetzliche Minimaldeckung mit oft – gegen hohe Prämien – lachhaften Summen abgeschlossen werden kann. Wenn in solchen Fällen ein ernster Unfall verschuldet wird, ist die Not groß und die Einbuchtungsgefahr imminent. Nach Information der Autoren bieten lediglich *Moturis* und *Adventure-on-Wheels* **Deckungssummen über $1Mio** pauschal für die bei ihnen gekauften Fahrzeuge zu akzeptablen Raten.

Vorsicht bei sehr preiswerten und alten Autos und bei einer niedrigen Deckungssumme der Haftpflichtversicherung! Das falsche Auto verdirbt die Reise, auf die man gespart und sich lange gefreut hat. Darüberhinaus sind die Risiken mit einer "schlechten" Versicherung unkalkulierbar.

Letztlich rechnet sich das eigene, vom "Rückkaufhändler" beschaffte Auto unter Berücksichtigung aller Neben- und selbst zu tragender Reparaturkosten, Reifenersatz etc. nur selten unter **Reisezeiten von drei Monaten**.

Hier etwas ältere Modelle für Nostalgiker

3.3.3 Auto Drive-Away

Auto-transport

Eine typisch amerikanische Möglichkeit, gelegentlich billig und trotzdem relativ selbständig zu reisen, ist das sogenannte *Auto Drive-Away*. Firmen in jeder größeren Stadt betreiben dieses Geschäft. Es handelt sich um den Fahrzeugtransport im Auftrage von Unternehmen und Privatleuten, die z.B. ihren Wohnsitz an einen anderen Ort verlegen und nicht die Zeit bzw. das Personal haben, alle in ihrem Besitz befindlichen Wagen selbst zu überführen. Für diesen Job sucht man gerne Fahrer, die ohnehin zum vorgesehenen Zielort reisen wollen. Die Transportfirma spart dadurch Honorare, der eingesetzte Fahrer die Ticketkosten für Flugzeug oder Bus. Die Mehrheit der Autotransporte fällt naturgemäß bei großen Entfernungen an, deren Bewältigung oft mehrere Tage dauert.

Touristen als Fahrer

Auch Touristen können Fahrzeug-Überführungen übernehmen; eine Arbeitserlaubnis benötigen sie dafür nicht. Voraussetzung ist ein Alter von **mindestens 21 Jahren** und die Vorlage des Führerscheins. Als Nicht-Amerikaner sollte man vorsichtshalber auch die internationale Version dabei haben. Meistens ist eine **Kaution** zu hinterlegen (mindestens $100). Darüberhinaus fordern viele Unternehmen **Referenzen** (Empfehlungsschreiben von Amerikanern, daß man eine vertrauenswürdige Person sei: *reliable, no criminal record*) und einen festen Wohnsitz (ggf. die Adresse eines Freundes). Zum Glück gelten Deutsche, Schweizer und Österreicher als besonders zuverlässig, so daß es oft auch ohne Referenzen klappt.

Kosten und Bedingungen

Bei "Anstellung" gehen je nach Fahrtziel und Firma nur die Kosten fürs Benzin voll oder teilweise zu Lasten des Fahrers, und das nicht einmal in allen Fällen. Der Wagen sollte auch gegen Schäden durch **selbstverschuldete Unfälle** weitgehend versichert sein (Nachfragen!); die Kaution deckt dabei eine eventuelle Selbstbeteiligung. Das zeitliche Limit wird meist knapp bemessen. Man erwartet, daß der Fahrer **400 bis 500 Meilen/bis zu 800 km pro Tag** schafft. Wer es nicht so eilig hat, kann nach Wagen suchen, die nur über Teilstrecken der Wunsch-route transportiert werden müssen.

Beurteilung

Das *Drive-Away* ist **keine generelle Transportalternative** für eine Reise durch Amerika, sondern eine zusätzliche Variante für Leute mit viel Zeit, die lange unterwegs sind.

Adressen

Interessenten finden Adressen und Telefonnummern in den örtlichen Telefonbüchern (gelbe Seiten) unter *Drive-Away* oder *Auto Drive-Away*. Die größten Firmen mit Filialen in vielen Städten der USA und Canadas sind ***AAACON Autotransport Inc.*** und ***Auto Drive-Away Co***, mit einer einheitlichen *toll-free number* ✆ **(800) 346-2277**. ***Anthony`s Driveaway***, ✆ **(312) 226-6616**, und ***Across America Driveaway***, ✆ **(219) 852-0134**, besitzen Filialen in Chicago.

3.3.4 Bus und Bahn

Ohne **Bus**- oder ***Railpass***, wie auf Seiten 106/108 beschrieben, sind Eisenbahn- und Busfahrten per **Einzelticket** wie bei uns auch in Amerika ein teurer Spaß. Netzkarten können m.E. aber auch noch in den USA bzw. Canada beschafft werden.

Ameripass, Kauf in den USA

Die ***Greyhound* Ameripässe** mit Ausländerdiscount erhält man am internationalen Schalter des zentralen Bus-Bahnhofs in New York (***Port Authority***) gegen Vorlage des Passes und eines Dokuments (z.B. den Flugschein, Studentenausweis o.ä.), das beweist, daß man nicht in den USA lebt. **Ameripässe für Amerikaner** sind deutlich teurer. Sie rechnen sich gegenüber Einzeltickets erst bei sehr langen Strecken bzw. zahllosen Sitzstunden im Bus. Einzeltickets lassen sich bis kurz vor Abfahrt lösen.

Canada

***Greyhound* Canadapässe** sind drüben nicht zu den identisch günstigen Bedingungen zu erwerben wie hierzulande.

Regional-busse

Obwohl speziell die USA, aber auch Canada, was öffentliche Verkehrsmittel betrifft, insgesamt zu Recht einen schlechten Ruf besitzen, trifft die Pauschalierung nicht auf alle Regionen und Cities zu. Im Bereich der dichter besiedelten Räume im Nordosten (Neu-England und NY-State), in Südontario und im Süden Québecs sind die **regionalen Busnetze relativ gut ausgebaut**. In manchen Cities (Toronto, Boston, Chicago, New York) steht die Qualität des Kurzstreckentransports dem in europäischen Großstädten kaum nach. Dank hoher Subventionen sind die **innerstädtischen Systeme zudem preiswerter als bei uns**. In den Staaten und Provinzen mit geringer Bevölkerungsdichte und **in mittelgroßen Städten** ist die Versorgung mit öffentlichen Verkehrsmitteln aber eher dürftig.

Bus Guide

Für Busreisende hilfreich ist ***Russell`s Official Bus Guide***. Das monatlich neu aufgelegte Kursbuch für alle Linien in ganz Nordamerika und Mexico ist in vielen *Book Stores* vorrätig, aber leider ein ziemlicher Wälzer. Da er nur $9 kostet, macht es ggf. Sinn, die benötigten Seiten herauszutrennen.

Die "Grüne Schildkröte" fährt in 10-14 Tagen von Boston über New York nach San Francisco

Alternatives Busreisen

Was im Westen und für Kontinentüberquerungen die alternative Linie **Green Tortoise** ist (ab Boston/New York nach San Francisco 10-14 Tage für ca. $350; © 800-867-8647), heißt an der Ostküste zwischen Boston und Washington DC **East Coast Explorer**. Die Linie fährt mit Kleinbussen auf Nebenstraßen (wenig Autobahnen) und legt an interessanten Punkten Pausen ein; ca. $35 für NYC–Boston, © (718) 694-9667.

Eisenbahn

Wer sich erst in Nordamerika zur Fahrt mit der Eisenbahn entschließt, kann die **Amtrak-Pässe** drüben nicht mehr beschaffen, wohl aber **Canrail** Pässe. Die interne US-Variante, die auch jedem Ausländer offensteht, ist aber ebenfalls kein schlechtes Geschäft. Die Tickets heißen **All-aboard-America** und erlauben Rundreisen innerhalb einer oder mehrerer Regionen im Rahmen gewisser einschränkender Bedingungen.

Regionale Eisenbahnen

Neben den großen Netzen von **AMTRAK** und **CanRail** gibt es in Nordamerika noch einen ganze Menge regionaler Gesellschaften, deren Züge mit den Railpässen nicht benutzt werden können. Im Nordosten der USA interessant sind z.B. der **Cape Codder** (nur von Mitte Juni bis Anfang September) von New York nach Hyannis und die **Long Island Railroad** von New York City/Penn Station nach Montauck. Für *Oldtimer Fans* ist die **Mt. Washington Cog Railway** in New Hampshire ein absoluter Leckerbissen, ⇨ Seite 309.

In **Québec** wird an den *Freight Train* von Sept-Îles am Unterlauf des St. Lorenz-Stroms nach **Labrador City**/Wabush in den hohen Norden 2x wöchentlich ein **Panoramawaggon** gehängt. In die nördliche Wildnis Ontarios, nach Cochrane, fährt der **Ontario Northland** und von dort der nostalgische **Polar Bear Express** in das abgelegene Moosonee an der James Bay der Hudson Bay, ⇨ Seite 425. Besonders reizvoll ist die Trassenführung der **Algoma Central Railway** ab Sault Ste Marie im westlichen Ontario, ⇨ Seite 424.

American Airlines: Auftanken in Chicago

3.3.5   Fliegen in Nordamerika

Kosten   Inneramerikanische/-kanadische **Flüge** sind durchaus **nicht alle und immer besonders preiswert**. Vielmehr gehen sie – ganz wie bei uns – gerade bei kurzen Strecken ziemlich ins Geld, handelt es sich nicht gerade um eine vielfrequentierte Shuttle-Route wie Boston–New York oder Toronto–Montréal. Kostspielig sind ganz besonders Anschlußflüge zu entlegenen Orten, die nur von einer einzigen Gesellschaft bedient werden. **Generell gilt**: kauft man Tickets drüben einzeln und kurzfristig, ist es nichts mit günstigen Spezialtarifen. Wer im voraus weiß, daß er inneramerikanische Flüge buchen will und dies gleich zusammen mit dem Transatlantikticket arrangiert – ggf. auch als Couponticket – fliegt im allgemeinen preiswerter als bei kurzfristiger Flugbuchung vor Ort.

Tarife   Wichtig zu wissen ist, daß in Nordamerika **jede Fluglinie ihr eigenes Tarifsystem** besitzt. Wenn also mehrere *Airlines* eine bestimmte Strecke bedienen, so gibt es so viele "Normaltarife" wie Gesellschaften, von Sondertarifen ganz zu schweigen.

Nachttarife   Praktisch alle Gesellschaften offerieren für Flüge am Abend oder in der Nacht sogenannte *Night Coach* Tarife, die je nach Strecke und Luftlinie um bis zu 25% ermäßigt sind.

Buchung   Der beste Weg zum Ticket ist im Prinzip das nächste Flugreisebüro. Bei sachkundiger Bedienung des Computers sind *Airline,* Abflugdatum und -zeit für den günstigsten Flug rasch gefunden. Wer seine Automobilklub-Mitgliedskarte dabei hat, kann sich auch an die kompetenten **Reisebüros des *AAA*** bzw. ***CAA*** wenden, ➪ Seite 64.

Reservierung   Oder man ruft die Gesellschaften unter ihren *toll-free* 800-Nummern selbst an. Für eine Buchung am Telefon muß immer eine Kreditkartennummer angegeben werden. Von den großen *Airlines* fliegen im Nordosten auch grenzüberschreitend:

American Airlines	1-800-433-7300
Air Canada	1-800-4CANADA
Canadian Airlines	1-800-426-7000
Continental	1-800-525-0280
Delta & Delta Connection	1-800-221-1212
Northwest	1-800-225-2525
United Airlines	1-800-241-6522
US Air	1-800-428-4322

Sollte eine 800-Nummer nicht mehr zutreffen, erfährt man die **neue *toll-free-number*** unter **1-800-555-1212**.

Weitere Details zu Flugreisen   Alles zum Fliegen in den USA und/oder Canada findet man im RKH-Titel **Durch die USA mit Flugzeug und Mietwagen**, das der Flugexperte Martin Stoll in Zusammenarbeit mit dem Ko-Autor dieses Buches, H.-R. Grundmann, verfaßt hat, ➪ Werbeseiten des Verlages hinten.

3.4	AUF AMERIKAS UND CANADAS STRASSEN
3.4.1	**Verkehrsregeln**

Situation   Autofahren ist in Amerika einfacher und im allgemeinen weit weniger stressig als in Europa. **Außerhalb der Ballungsgebiete** sind geringe Verkehrsdichte, von der Mehrheit beachtete Geschwindigkeitsgrenzen, Getriebeautomatik der meisten Fahrzeuge und größere Gelassenheit der Amerikaner und Kanadier am Steuer einige Gründe dafür. **Es wird** in beiden Ländern **rechts gefahren**, und die wenigen andersartigen **Verkehrszeichen** erklären sich durch ihre Symbolik weitgehend von selbst. Ein Umdenken ist also nicht erforderlich:

Aber die folgende kurze **Liste wichtiger abweichender Regeln** sollte man sich einschärfen:

Vorfahrt   – **Stoppzeichen** für alle Fahrtrichtungen an Kreuzungen bedeuten "wer zuerst kommt, fährt zuerst". Das Anhaltegebot gilt auch bei offensichtlich leeren Querstraßen und wird strikt befolgt. Die Regel ist genauer als "rechts vor links" und besonders in Wohngebieten Standard. Dabei überqueren mehrere sich der Kreuzung nähernde Wagen diese nach kurzem Halt in der **Reihenfolge der Ankunft**. Das gilt auch bei aufgestautem Verkehr (Ankunft **am weißen Balken** auf der Fahrbahn zählt); die Überquerung läuft dann ringsum einer nach dem anderen. Bei Unklarheit darüber wird das Problem in der Regel durch Zuvorkommenheit gelöst

Ampeln   – Zeigt eine Ampel **rot,** darf unter Beachtung der Vorfahrt des Querverkehrs rechts abgebogen werden, es sei denn, eine Schrifttafel untersagt dies ausdrücklich (*No Turn on Red*). Im Fall einer gesonderten Abbiegerspur **muß** sogar bei Rot abgebogen werden, solange dies der Querverkehr zuläßt. Die **Lichterfolge** an der Ampel ist **Grün-Gelb-Rot-Grün**; die Rot/Gelb-Phase vor dem Grün entfällt also.

Schulbus   – Die unübersehbaren gelben Schulbusse dürfen weder überholt noch vom **Gegenverkehr** (!) passiert werden, wenn sie anhalten und Kinder ein-/aussteigen lassen. Warnblinkleuchten an allen Ecken der Busse markieren die Stop-Phase. Das Verbot besitzt die Schärfe der Stoppvorschrift an roten Ampeln. Nichtbeachten gilt als schweres Verkehrsdelikt.

Die Schulbusse in beiden Ländern sind alle knallgelb und fahren beim Anhalten ein gesondertes Stoppschild aus

Überholen und Spurhalten

– Auf mehrspurigen Straßen wird in Amerika legal rechts überholt. Theoretisch ist dies zwar nur erlaubt, wenn dafür nicht die Spur gewechselt wird, aber in der Praxis sind **Überholmanöver auf der rechten Seite** üblich. Daran muß man sich gewöhnen und den rechten Fahrbahnen auf *Freeways* mehr Aufmerksamkeit schenken als bei uns. Eines der obersten Gebote auf mehrspurigen Straßen ist nicht zuletzt aus diesem Grund **stures Spurhalten**. Auf voll besetzten Straßen kann ein Spurwechsel deshalb etwas schwierig sein.

Geschwindigkeitsgrenzen

– 1995 fiel **in den USA** die bundesweite Höchstgeschwindigkeitsgrenze auf Autobahnen (65 mph=104 km/h). Es ist seither den Bundesstaaten überlassen, sie festzulegen. Die meisten **Oststaaten blieben bei der alten Regelung**, lediglich im Westen des Landes und in einigen Präriestaaten gelten nun neue Höchstgrenzen von 70 mph oder 75mph. **Auf allen anderen Straßen gilt seit eh ein generelles Limit von 55 mph, innerörtlich von 30 mph,** wenn nicht ausdrücklich anderes vorgeschrieben ist.

– In **Canada** darf nur auf wenigen Autobahnen 100 km/h überschritten werden. Auf Landstraßen gilt allgemein 80 km/h, manchmal 90 km/h, innerorts 50 km/h. Eine Unterscheidung zwischen Lkw und Pkw gibt es dabei im allgemeinen nicht mit der oft unangenehmen Folge, daß viele *Trucks* schneller als der sonstige Verkehr fahren.

Die **Überwachung** erfolgt durch in Polizeiwagen installierte Radargeräte. Wer am geschickt postierten Sheriff zu schnell "vorbeibrettert", hat ihn bald im Rückspiegel und wird sogleich zur Kasse gebeten.

Polizeikontakt

Um einen Autofahrer zu stoppen, überholt die amerikanische bzw. kanadische Polizei nicht etwa, sondern bleibt hinter ihm und betätigt kurz Sirene und rote Rundumleuchte, das unmißverständliche Zeichen zum "Rechtsranfahren". **Nach dem Anhalten wartet man im Wagen**, alles andere könnte falsch gedeutet werden. Es ist auch nicht ratsam, unbedachte Bewegungen zu machen, etwa in der Absicht, die Papiere aus dem Handschuhfach zu holen. Am besten bleiben die Hände auf dem Lenkrad.

Ein solches Verhalten ist üblich, um der Polizei – die in Amerika mit überraschendem Schußwaffengebrauch rechnen muß – eine defensive Position zu signalisieren. Polizisten verhalten sich in Kontrollsituationen meist sachlich-korrekt; nach dem ersten "Abtasten" und kooperativer Haltung des Gestoppten auch bei Übertretungen im allgemeinen eher freundlich.

Die Eröffnung eines ernsthaften Disputs mit einem **Sheriff** ist in Anbetracht seiner (für uns) erstaunlichen Machtbefugnis nicht sehr ratsam. Die respektvollen Anreden lauten **Officer** oder **Sir**. In Nationalparks besitzen die **Ranger** einen ähnlichen Status wie sonst die Polizei.

Parken und Parkverstöße

Parkvorschriften sind in den USA und Canada streng und tunlichst zu beachten. Die Polizei ist ständig unterwegs, verteilt *Tickets* an Parksünder oder läßt rigoros abschleppen (Gebühr ab $150). Auch wer auf Parkplätzen ohne Parkuhr die auf Hinweis-Schildern vermerkten Zeiten überschreitet, ist vor einem *Ticket* nicht sicher. Polizeikontrolleure verbinden mit einem Kreidestrich den untersten Punkt des Autoreifens mit dem Straßenasphalt. Ist bei der nächsten Kontrolle nach Ablauf der maximalen Parkzeit der Strich zwischen Reifen und Straße immer noch durchgängig, wurde der Wagen nicht bewegt. Also gibt`s ein *Ticket*.

Entlang **gelber Kantsteinmarkierungen** ist Parken verboten; ebenso dürfen Hydranten – die Dinger stehen in Nordamerika alle Naselang – nicht zugeparkt werden: ca. 5 m nach rechts und links müßen freibleiben.

Oft sind **Parkvorschriften** auf Tafeln erläutert, deren genaues Studium angeraten ist. Die Ausnahmen vom Parkverbot bzw. von der Parkerlaubnis werden darauf minutiös erklärt (für Straßenreinigung, Markttage und Anwohner).

Zahlung

Wer ein *Ticket* erhält, muß entweder im vorgefundenen Umschlag **Dollars bar** verschicken oder bei einer Bank per **Money Order** die Bußgeldsumme einzahlen. Wer das versäumt, hat die Aufforderung zur Zahlung bald zu Hause auf dem Tisch, denn der Autovermieter muß die Adresse herausrücken. Nach dreimaliger erfolgloser Zahlungsaufforderung gibt der Polizeicomputer auf. Aber nur bei Bagatellbeträgen, sonst holt man sich das Geld beim Verleiher, und der wiederum kennt die Kreditkartennummer seines sündigen Kunden.

So kann es laufen, muß es aber nicht. Die Handhabung der Verfolgung kleiner Verstöße durch ausländische Touristen ist uneinheitlich und – so der Eindruck – eher zurückhaltend.

Interstate Hinweisschild in den USA

Ontario -Autobahn **Q**ueen **E**lizabeth **W**ay *und Provinzstraße #55*

County-(Kreis-) und State Roads in den USA

Alkohol am Steuer

Alkohol am Steuer wird auch und gerade in Amerika nicht toleriert. Es gilt überall die **Null-Promille-Grenze**. Es darf sich nicht einmal eine geöffnete Flasche mit einem alkoholischen Getränk auch nur im Innenraum des Fahrzeugs befinden – theoretisch auch nicht die bereits entkorkte, aber nicht geleerte Weinflasche vom Vorabend im Kühlschrank des Campers. Auch trinkende Beifahrer rund um einen stocknüchternen Fahrer zählen bereits zum Tatbestand "Alkohol im Verkehr". Gegenüber **Drogen** am Steuer gilt ebenso die *Zero Tolerance-Politik*. Wer in dieser Beziehung auffällt, wird registriert und nach Bestrafung und Heimreise nicht ein weiteres Mal ins Land gelassen – in beiden Staaten.

3.4.2 Straßensystem

Zum Verständnis der amerikanischen/kanadischen **Klassifizierung von Straßen** erscheinen folgende Hinweise nützlich:

Highways/ Freeways

Eine durchgehende Autostraße, welcher Qualität auch immer, ist grundsätzlich eine *Highway.* Ein begrifflicher Unterschied zum englischen Wort *Road* existiert nicht. Lediglich die *Interstate Highway*, das amerikanische Pendant zur europäischen Autobahn, würde man kaum als *Road* bezeichnen. Für *Interstate*-Autobahnen und alle sonstigen autobahnartig ausgebauten Straßen existiert der Begriff **Freeway** *(free* im Sinne von freie Fahrt/keine Kreuzungen). *Freeways* sind teilweise gebührenpflichtig und heißen dann **Turnpike, Thruway** oder generalisierend **Toll Road** (*Toll* = Gebühr).

Etwas überraschend am *Freeway*-System sind **Auf- und Ausfahrten auf der linken Seite.** In Ballungsgebieten finden sich auf den Autobahnen manchmal zwei Besonderheiten: **Carpool-Fahrspuren**, die in der *Rush Hour* nur Wagen mit zwei oder mehr Insassen befahren dürfen und **Express-** bzw. **Thru-Lanes**, die bis zu einem – vorher angekündigten – Punkt keine Ausfahrt (*Exit*) mehr besitzen.

Interstate- Autobahnen

Wie der Name sagt, sind *Interstates* die großen Verbindungsstraßen zwischen den Staaten und faktisch die verkehrstechnischen Lebensadern der USA. Auf Ferienreisen wird man sie im allgemeinen nur abschnittsweise befahren; vor allem zur Überwindung größerer Distanzen und als City-Zubringer. Für die touristische Routenplanung sollten die *Interstates* – trotz durchaus vorhandener landschaftlich reizvoller Teilstücke – eher gemieden werden, soweit Alternativen bestehen.

Systematik

Zur Orientierung im *Interstate* System ist die **Numerierung in Verbindung mit der Himmelsrichtung** wichtiger als die Angabe von Ortsnamen, die sich mitunter erst nach langer Suche oder gar nicht auf der Karte finden lassen. Das System ist gegliedert wie folgt:

Die *Interstate Highways* mit **geraden Ziffern** laufen in Ost-West- und mit **ungeraden Ziffern** in Nord-Süd-Richtung.

Dreistellige Ziffern mit gerader Anfangszahl bezeichnen Stadtumgehungs-*Freeways*, dreistellige Ziffern mit ungerader Anfangszahl in die Zentren führende Stichautobahnen.

Andere Straßen

Auch alle anderen Straßen sind durchnumeriert. Ganz ähnlich wie bei uns gibt es **National Roads**/*Highways* (wie Bundesstraßen), regionale **State** bzw. **Provincial Roads** (Landesstraßen) und **County Roads** (Kreis-/Gemeindestraßen), sowie weitere Untergruppierungen, z.B. **Forest Roads** (Forststraßen).

Viele Straßen, auch **Interstate Freeways**, oder Straßenkombinationen tragen aus historischen und touristischen Gründen neben der Nummer einen hübschen Beinamen, ⇨ Seite 561.

Imbiss-Wagen an einer Interstate Picnic-Area in Vermont

Picnic Areas

An *Interstates* und Hauptstraßen gibt es zahlreiche **Rastplätze** (*Picnic/Rest Areas*). Die meisten sind ähnlich wie Campingplätze **mit Picknicktischen und Grillrosten** ausgestattet. Nachts darf dort in den meisten Staaten und Provinzen aber (im Sinne einer Übernachtung) nicht geparkt werden. Im Nordosten weicht lediglich der kleine Staat **Rhode Island** von dieser Regel ab; auf seiner einzigen **Rest Area** an der I-95 dürfen sich Autofahrer über Nacht (im Fahrzeug) aufs Ohr legen.

Nebenstraßen/ By-ways

Das Netz asphaltierter Straßen befindet sich im allgemeinen **in guter Verfassung**. Man kann davon ausgehen, daß sich auch kleinste, in den Karten als befestigt ausgewiesene Nebenstrecken ohne Vorbehalte befahren lassen.

Gravel Roads

Für uns ungewohnt sind **Schotterstraßen** (*Gravel Roads* oder *Unpaved Roads*). Schotter ist der bevorzugte Belag für wenig benutzte Nebenstrecken in dünn besiedelten Regionen. Viele **Campingplätze** in *National-*, *State-* und *Provincial Parks* sind nur über Schotterstraßen zugänglich. Schotter tritt auch schon mal ganz unerwartet auf, nämlich **an Baustellen.** Dort geht es mangels alternativer Strecken bisweilen meilenweit auf notdürftig planierten Pisten über Stock und Stein. Die Erfahrung zeigt, daß bei zurückhaltender Fahrweise auf *Gravel* **kein** sonderlich erhöhtes **Reifenpannenrisiko** besteht.

Dirt Roads

Der niedrigsten Stufe in der Straßenqualität entspricht die *Dirt Road*, auch – etwas feiner – *Unimproved Road* genannt. "Dreckstraßen" sind bessere Feldwege, die sich bei Trockenheit häufig angenehmer befahren lassen als *Gravel Roads*, jedoch bei Regen schnell verschlammen. Im hier beschriebenen Bereich sind *Dirt Roads* selten. Sie kommen im Hinterland von Maine und Brunswick, im Inneren der *Gaspésie* und in den *Laurentides* vor.

DER TRANS CANADA HIGHWAY

In Canada kam eine erste durchgehende Ost-West-Verbindung erst 1885 mit der Fertigstellung der *Canadian Pacific Railroad* zustande. Die **Schiene** blieb **über Jahrzehnte der einzige transkontinentale Verkehrsweg**. Der Ausbau eines Straßennetzes begann praktisch nicht vor Mitte der 20er-Jahre und beschränkte sich zunächst auf dichter besiedelte Gebiete. Während es schon seit 1942 möglich war, über die *Canada-Alaska Highway* auf einer durchgehenden Straße bis in den hohen Norden zu gelangen, konnte man bis in die 60er-Jahre hinein Canada nicht per Auto durchqueren. Die Barrieren des Lake Superior und der Rocky Mountains verhinderten eine Verbindung zwischen den Straßensystemen im kanadischen Osten und Westen mit dem der Prärieprovinzen. Der Autoverkehr zwischen diesen drei Regionen war nur über die USA möglich. Ein Blick auf die Karte zeigt, daß – je nach Start – und Zielpunkt – nicht einmal notwendigerweise größere Umwege anfielen.

Der Beschluß zur Schaffung einer Transkontinentalstraße erfolgte auch als Demonstration der Einheit Canadas und der wirtschaftlichen Unabhängigkeit des Landes (von den USA). Eine komplette Neukonstruktion war nicht erforderlich. Bereits existierende Straßen mußten "nur" nach Westen bzw. Osten verlängert und miteinander verbunden werden – vor allem zwischen Sault St. Marie und Winnipeg und im Bereich der Rocky Mountains. **Ab 1962** konnten dann erstmalig Autos **von St. John's auf Newfoundland bis nach Victoria auf Vancouver Island** quer durch Canada fahren. Aber **erst 1965** war der endlich letzte Kilometer asphaltiert und die Strecke damit ganzjährig witterungsunabhängig befahrbar.

145

Die aneinander anschließenden Teilstrecken wurden in ihrer Gesamtheit zur *Trans Canada Highway*. Ausschlaggebend für die Einbeziehung einer Straße in den TCH-Verlauf waren Ausbau und Zustand ebenso wie wirtschaftliche und politische Überlegungen. Touristische Aspekte bestimmten nur ganz am Rande den Verlauf, der deshalb auch durchaus nicht überall der denkbar reizvollsten Route durch Canada entspricht. Aber ohne Frage gibt es außerordentlich attraktive Abschnitte etwa oberhalb des Lake Superior im Westen Ontarios und in British Columbia.

Im Laufe der Jahre wurden der TCH – speziell in **Ontario** – Alternativrouten, die ebenfalls die Bezeichnung TCH tragen, "hinzudefiniert", um in abgelegenen Gebieten den Tourismus zu fördern. So teilt sich westlich von Ottawa die TCH in **zwei Arme**: einer läuft direkt in Richtung Sault Sainte Marie, der andere Arm schlägt einen südlichen Bogen bis in die Nähe von Toronto. Ab North Bay führt eine **TCH-Nebenroute** durch die Einsamkeit des Nordens. Von Thunder Bay bis Kenora existiert eine weitere "ausgewiesene" Alternativstrecke, die *Voyager Route*. Nur zwischen Manitoba und Ontario gibt es auf dem Festland neben der TCH keine weitere die Provinzgrenzen überschreitende Straße.

Die Gesamtlänge der TCH hängt von der gewählten Route ab. Die kürzeste Verbindung ist **7.700 km lang** und schließt zwei Fährabschnitte ein (Newfoundland–Nova Scotia und Vancouver–Nanaimo). Schon kleine Abweichungen davon bringen die Gesamtstrecke rasch auf über 8.000 km.

Im Rahmen dieses Buches spielt die *Trans Canada Highway* keine eigenständige Rolle, etwa als Schwerpunktroute. Dort wo die TCH bzw. Teilabschnitte dieser Straße die sinnvollste oder einen besonders reizvolle Route ergeben, ist die *Trans Canada Highway* in die beschriebenen Strecken integriert. Wo aber die Straße weniger bietet – etwa auf ihrem Verlauf durch Québec und im Osten Ontarios –, bleibt sie bei der Routenführung dieses Buches weitgehend unbeachtet.

3.4.3   Tanken, Wartung, Pannenhilfe

Benzin

Die Benzinpreise in den USA schwanken je nach Region zwischen ca. $1.10 bis $1.60 für die Gallone (3,8 l) unverbleites Normalbenzin (*Regular Gas*; bleifrei=*lead free, unleaded*); in Canada muß mit c$ 0,55/l-c$ 0,80/l gerechnet werden. Wegen der erheblichen Preisunterschiede zwischen Selbstbedienung und *Full-Service* überwiegen **Self-serve Gas Stations**.

Die Oktanzahlen stehen immer deutlich neben den Zapfsäulen. Sie sind aber nicht mit den Werten bei uns zu verwechseln: 87 = ca. 91 ROZ

**Cash
or
Credit Card**

Die Mehrheit der Preisschilder in den **USA** bezieht sich heute auf **Cash or Credit Card – Same Price**. Die günstigsten Benzinpreise bieten **Mini-Marts** mit einigen Tanksäulen vor der Tür. Dafür gibt`s selten Wassereimer und Schwamm fürs Scheibenwaschen, Druckluft für die Reifen schon gar nicht. Es sei denn in einem Automaten für einen *Quarter* extra.

Discount-Tankstellen (nur USA) ohne Markt überraschen den Kunden gelegentlich damit, daß sie keine Kreditkarte akzeptieren. Darum sollte der erste Blick des mit Karte zahlenden Kunden bei Einfahrt in die *Gas Station* immer den Master Card/VISA-Symbolen gelten. Findet der suchende Blick sie nicht, besser fragen, ob Kreditkarten angenommen werden!

Mehr und mehr gibt es **Kreditkarten-Tanksäulen (Vorreiter ist hier Shell)**, die den Gang zur Kasse überflüssig machen. Nach Einschieben der Karte und elektronischer Prüfung wird der Benzinfluß freigegeben und am Ende des Vorgangs auf Knopfdruck ein Beleg ausgedruckt.

**Erst zahlen,
dann tanken**

Vor allem in Ballungsgebieten kann an **Self-serve** Stationen immer häufiger nur nach **Vorauszahlung** getankt werden (meist in Verbindung mit *Mini Marts*, überwiegend in den **USA** der Fall). Praktisch hinterlegt der Kunde eine Dollarnote und erhält die Freigabe der von ihm genannten Zapfsäule. Ist der Betrag verbraucht, stoppt der Benzinfluß automatisch. Überschießende Zahlungen werden abgerechnet. Alternativ hinterlegt man vor dem Tanken die **Kreditkarte** an der Kasse in der Hoffnung, daß sie nicht verwechselt wird.

Reifen-druck

Einen Druckluftservice, wie bei uns selbstverständlich, ver-mißt man an vielen Tankstellen. Wo vorhanden, findet man einen langen sperrigen Schlauch, dessen Ventil (in **Canada**) unter Druckbelastung eine Meßskala freigibt, oder man muß selbst mit eigenen, billig zu erwerbenden Prüfern im Kugel-schreiberformat nachchecken. *Mini Marts* in den USA besit-zen häufig einen schwachbrüstigen Münzkompressor, der für einen *Quarter* ein paar Minuten anspringt.

Ölwechsel

Mit einem langfristig gemieteten Pkw der großen Vermieter sind zu den **Wartungsintervallen** Filialen der Firmen anzu-laufen. Die eigenständige Wartung (Ölwechsel) wird vom Kunden nur von kleinen Vermietern und beim Camper im Fall einer Langzeitmiete bzw. einer über 5000 mi/8.000 km hinausgehenden Fahrleistung verlangt. Ist der entsprechende Meilen-/Kilometerstand erreicht, kann im Prinzip jede **Tank-stelle** in Anspruch genommen werden. Perfekter und schnel-ler arbeiten darauf spezialisierte, in allen Städten zu findende **Service-Stationen** mit eindeutigen Bezeichnungen wie z.B. *Quick/Jiffy Lube* o.ä. (*to lube* = abschmieren/ ölen), die neben dem Öl- und Filterwechsel auch gleich weitere wichtige Checkpunkte abprüfen und ggf. erledigen (Bremsflüssigkeit, Getriebeöl etc. auffüllen). Die Preise dafür liegen aus unserer Sicht niedrig ($25-$40 inklusive Öl und Filter). Sie werden von den Vermietern bei Rückgabe verrechnet.

Panne/ Unfall

Alle **Auto- und Campervermieter** geben ihren Kunden eine Telefonnummer mit auf den Weg, die bei Pannen oder Unfall angerufen werden muß. Bei den großen Firmen ist das Tele-fon in der Regel Tag und Nacht besetzt.

AAA Straßen-dienst

Ebenfalls helfen können AAA oder CAA, die einen *Emergency Road Service* unterhalten. Einsatzwagen patroullieren wie bei uns auf Autobahnen und vielbefahrenen Strecken. Im Fall einer Panne wählt man gebührenfrei **1-800-336-4357** (4357=*HELP*) und erfährt dort die lokale *Emergency Number*.

Typisches Neu-England Motel der Mittelklasse

3.5 HOTELS, MOTELS UND ANDERE UNTERKÜNFTE

3.5.1 Hotels und Motels

Situation

Touristen wird die Suche nach einer geeigneten Unterkunft in ganz Nordamerika leicht gemacht. Hotels und Motels konzentrieren sich **unübersehbar** an den Ausfallstraßen von Städten und Ortschaften, an typischen Ferienrouten, in der Nähe der Flughäfen und in bestimmten Bereichen der Cities.

Vor allem die *Motels* und *Motor Inns* zeigen mit

Vacancy/No Vacancy – Welcome/Sorry

oder ganz einfach Yes/No

überwiegend in Leuchtschrift meist unmißverständlich an, ob die Nachfrage nach einem freien Zimmer lohnt.

Suche

Während man in Europa im Sommer besser schon zur Mittagszeit mit der Quartiersuche beginnt, genügt es in Amerika in der Regel, **ab dem späten Nachmittag** Ausschau zu halten (Ausnahmen sind besonders populäre Regionen/Orte, Veranstaltungstage, Wochenendziele). Nur in ganz bestimmten Fällen ist es wirklich nötig, Unterkünfte schon vor der Reise zu buchen (⇨ Seite 111f). Wer sichergehen möchte, ruft einige Tage vorher, spätestens am Morgen des Übernachtungstages das Motel/Hotel bzw. die Kette seiner Wahl an, ⇨ Seite 156.

Abgrenzung der Begriffe

Die Begriffe *Hotel, Motel* und *Motor Inn* werden in den USA und auch in Canada ohne klare Abgrenzung verwendet. Für die Qualitätseinstufung spielen sie eine nachrangige Rolle:

Motels

Man darf davon ausgehen, daß im **Motel** der Wagen nahe am gemieteten Zimmer oder Appartment abgestellt werden kann, und damit die Be- und Entladung des Autos auf kürzestem Wege möglich ist. Ein Motel verfügt typischerweise über ebenerdige, höchstens doppelstöckige (von außen unkontrolliert zugängliche!) Zimmertrakte und eine Rezeption, sehr **selten aber über eine eigene Gastronomie**.

Der Gästeservice beschränkt sich auf Cola- und Snacktütenautomaten und Eiswürfelmaschinen. Bei Buchung erhält der Gast gegen **Vorauszahlung** bzw. Kreditkartenunterschrift den Zimmerschlüssel. Er wird am nächsten Morgen in der Tür steckengelassen, sofern kein **Schlüsselpfand** auszulösen ist.

Cabins

Auf dem Lande besteht manches Motel aus einer Ansammlung sogenannter *Cabins*, zimmergroßen Holzhäuschen, gelegentlich in Blockhausbauweise. *Cabins* können aber auch komplett ausgestattete Ferienhäuser sein. Man findet sie u.a. auf *Guest Ranches* oder *Lodges* in der Wildnis, wo die Gäste nicht nur wenige Tage, sondern Urlaubswochen verbringen.

Motor Inns

Motor Inns unterscheiden sich in vielen Fällen durch nichts außer ihrer Bezeichnung vom Motel, sind aber vom Standard her im Schnitt höher angesiedelt. In besseren *Inns* erfolgt der Zutritt zu den Zimmern über die Rezeption oder nur Gästen mit Schlüssel zugängliche Eingänge und Korridore, nicht über ungeschützt außenliegende Türen. Das ist zwar unpraktischer, kommt aber dem **Sicherheitsbedürfnis** vieler Reisenden entgegen. Parkraum steht immer reichlich zur Verfügung. *Motor Inns* der gehobenen Klasse verfügen eigentlich immer über Restaurant und Bar.

Hotels

Eine allgemein zutreffende Kennzeichnung wie im Fall der *Inns* und Motels läßt sich für die **Hotels** nicht formulieren. Zwischen "Absteigen" in Randbezirken der Stadtzentren und den oft nur wenige Blocks entfernten Luxusherbergen aus Glas und Marmor liegen Welten. **Gemeinsames Merkmal** fast aller Hotels ist die zum Haus gehörende **Gastronomie** und die Erhältlichkeit von **Alkoholika** (nie in Motels, mal so, mal so in *Motor Inns*). Bei Stadthotels fehlt oft Parkraum. Gehören bewachte Parkgaragen zum Haus (ab obere Mittelklasse), werden dafür oft auch den Gästen Gebühren abverlangt.

Speziell **in Neu-England,** aber durchaus auch in *New York State* und in den kanadischen Ostprovinzen gibt es zahlreiche äußerst *attraktive* **Nostalgie-Hotels,** die ausnahmslos in der oberen Mittelklasse bis Luxusklasse angesiedelt sind. Diese historischen bis zu 200 Jahre alten Häuser besitzen in vielen Fällen einen ganz besonderen Charme, der den meist hohen Übernachtungspreis halbwegs verschmerzen läßt. Manches derartige Hotel bietet lediglich *Bed & Breakfast,* worauf weiter unten noch gesondert eingegangen wird.

*Das
Red Lion Inn
in Stockbridge
Massachussetts,
ein Haus mit
Charme außen
wie innen*

Lodges

Vor allem in landschaftlich reizvollen Gebieten und Nationalparks nennen sich Hotels gerne *Lodges* und signalisieren damit, daß neben dem Hotelkomfort **Aktivitäten** wie Reiten, Fischen, Kanufahren, Golf etc. geboten werden oder im Umfeld möglich sind. Nur selten kann man *Lodges* nur für eine Nacht buchen; *Weekend* oder 2 Nächte sind das Minimum.

Resorts

Das gilt auch für **Resorts** oder **Resort Hotels**. Der Begriff ist nicht ganz eindeutig. Gewöhnlich sind *Resorts* ausgedehnte Anlagen und auf Familien- oder Sporturlaub zugeschnitten mit allen nur erdenklichen Freizeitangeboten.

Die **Innenausstattung** amerikanischer Hotel- und Motelzimmer zeichnet sich durch **weitgehende Uniformität** aus:

Komfort und Ausstattung

Je nach Größe des Raums ein Bett*) oder auch zwei davon, ein Schränkchen mit Fernseheraufsatz, ggf. eine Schreibplatte, in einer Ecke Sessel/Stühle plus Tischchen. Man schläft zwischen zwei Laken unter einer Wolldecke, deren Zustand in billigen Unterkünften schon mal zu wünschen übrig läßt.

Im Gegensatz zu Europa gehören ein **eigenes Bad und Farbfernseher** noch zum preiswertesten Raum, in sommerheißen Gebieten überall und in besseren Hotels immer eine **Klimaanlage**. Unterschiede im Preis drücken sich weniger im grundsätzlich vorhandenen Mobiliar und der Zimmergröße als durch Qualität/Gediegenheit der Ausstattung und Grad der Abnutzung aus. Neuere Häuser der Mittelklasse bieten für $60 bis $100 einen Raumkomfort, der oft denen in weitaus teureren Hotels kaum nachsteht.

Kosten

Die Preise für die Übernachtung unterliegen erheblichen regionalen und saisonalen **Schwankungen**. Sieht man von den Zentren der großen Cities und Brennpunkten des Tourismus zur jeweiligen Saison ab, kommt man generell – bei vergleichbarem Standard im DZ und 2 Personen – **preiswerter** unter als in Mitteleuropa. Das gilt heute besonders für **Canada**.

Es gibt immer noch einfache Motels, die bei einer Belegung mit 2 Personen auch in der Hochsaison nur bis zu $40 pro Nacht und Zimmer fordern – vor allem an Wochentagen auf dem Land und in kleinen Ortschaften. **Die Mehrheit der Unterkünfte in der durchaus akzeptablen unteren Mittelklasse (außerhalb der Großstädte und Tourismuszentren) liegt im Tarifbereich $45-$60**. *Motels* und *Motor Inns* der Mittelklasse, die ohne Sonderfaktoren wie z.B. Großstadt, Nationalparknähe, Wochenende, Sportveranstaltung etc. über $80 fürs normale DZ berechnen, befinden sich eher in der Minderheit. Dabei liegt das kanadische $-Preisniveau in etwa auf Höhe des amerikanischen und ist damit ca. 20%-25% günstiger.

Saisonpreise

Bei schlechter Auslastung und in der **Off-Season** sinken die Preise. Ausgesprochen **guter Standard** ist dann nicht selten schon **für $50 oder sogar weniger** zu haben. Ohne besondere Ansprüche übernachtet man in der Herbst- und Frühjahrssaison bisweilen für unter $40. Entsprechende Angebote sind an *Highways* und Ortsdurchfahrten nicht zu übersehen.

---

*) **Double**: 1,35x1,90 m, **Queensize**: 1,50x2 m, **Kingsize**: 1,95x2 m; Einzelbetten kleiner als *Double* gibt es so gut wie nicht

Einzel/Doppel Sehr gerne wird in der Werbung der günstigste Preis herausgestellt, nämlich für Einzelbelegung. Dann steht ein kleines **sgl** für *single occupancy* hinter der Zahl. Tatsächlich gibt es keine echten Einzelzimmer, mindestens steht ein Bett der Größe **Queensize** (⇨ Fußnote Seite 151) im Raum, der auch für **double occupancy** genutzt wird. Der Preis liegt dann nur wenig über dem fürs Einzel oder ist sogar identisch. In **Twin Bedrooms** (mit zwei *Queen* oder *Kingsize*-Betten) können meist bis 4 Personen übernachten, ohne daß dafür generell ein Aufgeld verlangt wird, etwa im Fall von **Eltern mit Kindern** bis zum Alter von 16/18 Jahren.

Steuern, Frühstück **Alle Preisangaben sind netto**; hinzu kommen immer die Umsatzsteuern (**Sales Tax;** in Canada außerdem die **GST,** ⇨ Seite 199), die im Hotelgewerbe häufig höher liegen (bis zu 16%) als im Supermarkt oder bei der Autovermietung. Ein **Frühstück** ist **normalerweise nicht im Zimmerpreis** enthalten. Befindet sich kein **Coffeeshop** im eigenen Quartier, geht der Motelgast ins nächste **Fast Food-Restaurant**, das selten weit ist.

Amerikanisches Frühstück

Hungrig und verführt von Neonreklame wie *Breakfast all Day* oder *Breakfast Special $2,95* läßt man sich gerne auf das preiswerte Angebot fürs US-Frühstück ein. Speisekarte und freundliche Bedienung lassen nur Gutes erwarten. Klar und übersichtlich ist da schließlich aufgelistet: *1-Egg, 2-Egg, 3-Egg-Breakfast,* gesondert herausgestellt das *Special* und dazu – vielleicht auch als Alternative – *Pancakes*.

Okay, das *2-Egg-Breakfast* als Sonderangebot für $3.95, Tee/Kaffee inklusive plus *tax*. Den Finger auf die Karte, dann ist alles klar, oder nicht? Denn schon kommt die erste Frage: *How would you like your eggs?* Man denkt an Spiegeleier ..., wie hieß das doch gleich auf Englisch? Der unsichere Blick führt zur Hilfeleistung: *Sunny side up?* (Spiegeleier), *scrambled?* (Rührei), *over?* (beidseitig gebraten), *over easy?, over hard?, over medium?* Also die "Sonnenseite nach oben", ein schön bildhafter Ausdruck, nix mit *over!* Aber weiter: *With bacon, ham or sausages?* Bloß nicht jetzt *sausages* sagen; da gibt es wieder x Unterscheidungen, die man vergessen kann, weil die Würste meist nicht schmecken. Also *ham* (wie gekochter Schinken, aber heiß) oder *bacon* – der Speck sollte gut durchgebraten sein, was jedoch nicht als *order* vorgesehen ist. *Bacon* kommt, wie es kommt.

Hash browns or fries? Die Bedienung lächelt immer noch. *French fries*, hat der Tourist bereits gelernt, sind *Pommes Frites*. Warum also nicht *hash browns*, eine Mischung aus Rösties und Kartoffelpuffer?

Aber damit ist noch nicht Schluß: *How would you like your toast?* Toast ist Toast bei einer Brotkonsistenz, die der von *Marshmellows* ähnelt, gleich, ob *white, wheat, whole wheat, black* oder *dutch bread* gebräunt werden. Was man jetzt auch sagt, geschmacklich kommt sowieso Pappiges. Also am besten gleich den ersten Vorschlag bestätigen.

Oder *Pancakes* ordern? Die sind weich und *fluffy*, nicht so wie Pfannkuchen bei uns, und werden immer mit *Maple Syrup* serviert (⇨ Seite 325). In Kombination mit dem ersten Gang aus *eggs, bacon* und *hash browns* bilden sie eine ziemliche Kalorienbombe. Dann doch lieber *toast* und zwar mit *marmelade or jam?* Die Bedienung wird`s schon richten, hat aber meist noch eine kleine Frage auf dem Herzen: *What kind of juice would you like? Orange, Tomato, Grapefruit?* Soviel Entscheidungen in rascher Folge, und das schon vorm Frühstück! Schlimm genug für den noch schläfrigen Sprachversierten und ein Martyrium bei nur geringen Englischkenntnissen.

Zum Glück ist die letzte Frage ganz einfach: *Tea or coffee?* Heißwasser und einen Teebeutel oder Kaffee eben. Dabei entfällt jede Differenzierung. Kaffee ist in Amerika Kaffee, der mal danach schmeckt und oft auch nicht.

Einmal eingeweiht, aber weiß man ein *Egg Breakfast* zu schätzen, obwohl *boiled eggs* unbekannt sind. Dafür entfällt das Problem, ob nun 4, 5 oder 6 Minuten Kochzeit. Wer kräftig zulangt, spart ohne weiteres das Mittagessen.

Zugaben

Gerne geworben wird mit *free coffee, free continental breakfast* und *free movies*:

Der **Gratiskaffee** bezieht sich häufig auf eine Haushaltskaffeemaschine in der Rezeption oder ein kleines Heißwassergerät im Zimmer plus einige Tütchen Pulverkaffee. **Das "kontinentale" Frühstück** ist ebensowenig ein besonderer Anreiz: meistens handelt es sich um Kaffee oder Tee aus dem Automaten, einzunehmen aus Styroporbechern, und ein Tablett voll übersüßen Gebäcks zur Selbstbedienung. In letzter Zeit haben einige Ketten wie **Hampton, Fairfield** und **Ramada** das Sortiment etwas verbessert und bieten tatsächlich ein akzeptables Schnellfrühstück.

Movies

Die **Gratisfilme** am laufenden Band (fast) ohne werbliche Unterbrechung gibt es auf den Kabelkanälen des *Pay-TV*, das viele Motels abonniert haben. Bessere Häuser bieten eine Auswahl neuester Produktionen und spät abends ein paar Softpornos. Nach Einschalten oder nach ein paar Freiminuten werden **Gebühren** fällig (ab ca. $7 pro Film), die der Abrechnungscomputer automatisch belastet.

Hotel-
verzeichnisse
Wie bereits eingangs erläutert, enthalten die *Tourbooks* der **Automobilklubs AAA/CAA** für die **USA** und **Ontario** ziemlich umfassende, wenn auch nicht komplette Unterkunftsverzeichnisse mit aktuellen Preisen und Daten für Hotels und Motels ab unterer Mittelklasse mit vielen **Discount-Angeboten für Mitglieder**. Für **Québec** und die *Maritimes* ist das Verzeichnis des AAA/CAA zu unvollständig.

In **Canada** gibt es für sämtliche Provinzen bei der jeweiligen Touristinformation einen *up-to-date* **Accommodation Guide** (gratis; in Ontario in die *Trip Planner* integriert), der fast ausnahmslos alle Hotels und Motels auflistet – gelegentlich sogar einschließlich der Jugendherbergen und Campingplätze. Darin findet man neben Beschreibungen und Preisen auch die Telefon-/Faxnummern.

In Buchläden gibt es **Spezialführer für besondere Unterkunftsarten**: Schön gelegene Landgasthäuser (*Country Inns*), historische Hotels in Neu-England (*Historical New England Inns*), Hotels und Motels unter $40 etc.

Discounts
für
jedermann
In den Touristeninformationen der US-Staaten liegen fast immer sog. *Travelers/Exit Guides* voller **Discount-Coupons** für Hotels und Motels aus. Sie beziehen sich überwiegend auf Häuser der großen Ketten entlang der *Interstate Highways* und rund um touristische Attraktionen. Mithilfe der Sonderangebote in diesen Heften versuchen die angeschlossenen Motels freie Kapazitäten zu füllen, also Gäste zu finden, die bei ihnen sonst nicht nach einem Zimmer gefragt hätten. Grundsätzlich besteht kein Anspruch auf Einlösung der *Coupons*; es kommt auf die täglich wechselnde Nachfrage an. Die Erfahrung lehrt aber, daß man bei Anrufen nicht zu spät am Tage im allgemeinen gute Chancen hat, zu den annoncierten Tarifen unterzukommen.

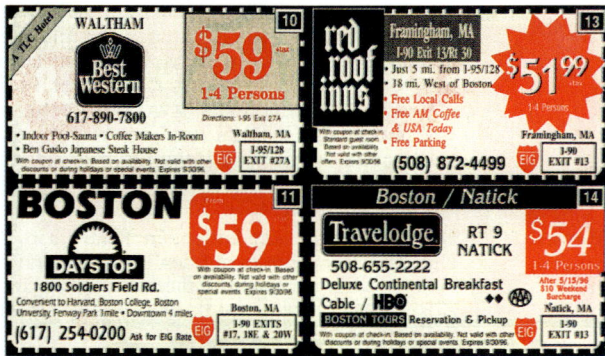

Typische Angebote aus einem Exit Guide (Herbst 1996)

3.5.2 Unterwegsreservierung von Hotels und Motels

Situation
Voraussetzung einer sinnvollen Reservierung sind Informationen über Qualität, Preis und andere Merkmale, darüber also, welche Unterkunft den eigenen Vorstellungen entspricht. Eine Vielzahl von **Hotel-/Motelketten** in allen Komfortkategorien, deren Häuser weitgehend identisch sind oder zumindest einen ähnlichen Standard aufweisen, macht die Lösung des Problems leicht. Auf Reisen kommt zur Not ohne Hotelverzeichnis aus, wer sich im wesentlichen an die Ketten hält. Zumindest gilt das in den **USA.** Dort dominieren die Ketten landesweit das Berherbergungsgewerbe. In **Canada** ist die Anzahl unabhängiger Hotel- und Motelbetreiber größer.

800=toll free
Dank der gebührenfreien *(toll-free)* **800-Nummern** fallen bei einer Reservierung oft nicht einmal Telefonkosten an. Über diese Nummern (↪ folgende Seite) verfügen durchaus nicht nur Hotelketten, sondern auch viele Einzelunternehmen. Mit den im folgenden genannten Telefonnummern erreicht man die Reservierungszentralen der bekanntesten Ketten.

Standard
Die Ketten sind hier nach **Ober-, Mittel-** und **Unterer Preisklasse** aufgeteilt, wobei die Grenzen insbesondere zwischen Unterer und Mittelklasse fließend verlaufen.

Preise
Die **Preisgestaltung variiert stark**; die angegebenen Intervalle in Klammern geben nur einen Anhaltspunkt, der sich auf ganz Nordamerika bezieht; im Nordosten gilt eher der obere Preis. Die Mittelklasse bietet bei mangelnder Auslastung auch schon mal Nettopreise unter $50, liegt aber mehrheitlich im Bereich $50-$75 je nach lokalen und saisonalen Gegebenheiten. An Brennpunkten des Tourismus, in Innenstädten und Airportnähe wird die angegebene $90-Grenze bisweilen überschritten. Auch ein *Budgetmotel* kann in einigen Städten und/oder zur Hochsaison über $50 kosten. Andererseits sind Tarife (etwas) unter $30 in der *Off-season* keine Ausnahme. In sehr vielen Fällen noch unter oder nur wenig über $30 kosten die Zimmer der *Motel-6-***Kette.**

Standorte
Soweit nicht anders angegeben, findet man Häuser der Ketten in beiden Ländern Nordamerikas bei sehr unterschiedlicher Verteilung und Dichte. Die **Ober- und Luxusklasse** konzentriert sich dabei eher auf die **großen Städte** und deren Einzugsbereich. Auf einige Namen der Mittelklasse (*Howard Johnson, Travelodge, Days Inn, Best Western, Holiday Inn, Comfort Inn, Quality Inn*) stößt man dagegen allerorten. Auch einige der preiswerteren Kettenmotels sind weit verbreitet, allerdings mit regionalen Schwerpunkten. **Spezifisch kanadische Ketten** sind *Country Inn&Suites, Sandman, Journey`s End* (in Kooperation mit *Comfort Inn*), *Keddy`s* (nur in den Maritimes, überwiegend Nova Scotia), *Delta* und *Canadian Pacific*, *Wandlyn`s* und *Welcome Inn*.

Im Nordosten der USA und in Canadas Osten sind folgende Hotel-/Motelketten vertreten

		toll-free Number	Bemerkung
Obere Preisklasse ($90-$200 und mehr)	Canadian Pacific	1-800-268-9411	nur Canada
	Delta	1-800-268-1133	nur Canada
	Doubletree	1-800-222-TREE	
	Hilton	1-800-HILTONS	
	Hyatt	1-800-233-1234	
	Marriott	1-800-228-9290	
	Radisson	1-800-333-3333	
	Residence	1-800-331-3131	
	Sheraton	1-800-325-3535	
	Westin	1-800-228-3000	
Mittlere Preisklasse ($50-$90)	Best Western	1-800-528-1234	
	Budgetel Inn	1-800-4BUDGET	
	Country Inn & Suites	1-800-456-4000	Maritimes
	Courtyard	1-800-321-2211	
	Days Inn	1-800-325-2525	
	Comfort Inn	1-800-228-5150	
	Econo Lodge	1-800-55ECONO	
	Fairfield Inn	1-800-228-2800	
	Hampton	1-800-HAMPTON	
	Holiday Inn	1-800-HOLIDAY	
	Howard Johnson	1-800-I·GO-HOJO	
	Keddy`s Inn	1-800-561-7666	Maritimes/NS
	Quality Inn	1-800-228-5151	
	Ramada Inn	1-800-2RAMADA	
	Rodd Hotels&Resorts	1-800-565-RODD	
	Sandman Inn	1-800-SAN-DMAN	nur Canada
	Super 8	1-800-800-8000	
	Susse Chalet	1-800-5CHALET	
	Travelodge	1-800-578-7878	
	Wandlyn Inn	1-800-561-0000	Québec/NB
Untere Preisklasse ($30-$50)	Budget Host	1-800-BUD HOST	
	Friendship Inn	1-800-453-4511	
	Journey`s End	1-800-668-4200	
	(in Canada mit Comfort Inn)		
	Master Host	1-800-251-1962	
	Motel 6	1-800-4MOTEL6	
	Red Roof	1-800-THE ROOF	
	Rodeway Inn	1-800-228-2000	
	Thriftlodge	1-800-525-9055	
	Welcome Inn	1-800-387-4381	Ontario/Québec

Neue 800-©   Sollte eine Motelkette unter der aufgeführten Nummer nicht mehr erreichbar sein, ruft man – ebenfalls gebührenfrei – die *Toll-free Information* an: **1-800-555-1212**.

Unabhängige Neben den aufgeführten Ketten gibt es jede Menge **unabhängiger Motels und Hotels**, von denen viele ebenfalls eine 800-Nummer besitzen. Sie lassen sich aus den auf Seite 154 genannten Verzeichnissen entnehmen.

Trinkgeld Ein kleines Problem ist für europäische Touristen die Frage der "richtigen" **Trinkgeldbemessung** in der Gastronomie. Da Angestellte in Hotels und Restaurants in Amerika viel stärker vom Trinkgeld abhängig sind als ihre deutschen Kollegen (⇨ Seite 186), wird auch bei allen Dienstleistungen im Hotel ein *tip* erwartet. Überläßt man es z.B. einem *Attendant*, den Wagen auf dem Hotelparkplatz abzustellen (*Valet Parking*, üblich in der "Oberklasse"), bekommt dieser nicht unter $2. Der *Bellhop* (Hotelpage) erhält fürs Koffertragen $1 pro Gepäckstück, der *Doorman* (Türsteher) $0,50-$1 fürs Taxiholen und die *Room Maid* (Zimmermädchen) $1-$2 täglich, die im Zimmer hinterlassen werden sollten.

Unterwegs Motels und Hotels telefonisch reservieren

Damit eine **Zimmerreservierung per Telefon** reibungslos klappt, benötigt man nicht nur **akzeptable Sprachkenntnisse**, sondern muß möglichst systematisch vorgehen:

– Bei einem **Direktanruf** im Hotel/Motel sind zunächst die Art des gewünschten Zimmers (*Single/Double Bedroom, Non-Smoker, 1 or 2 Beds etc.*) und die Daten zu nennen. Bei Anruf bei einer Kette sagt man dem *Reservationist* auch noch **Stadt** und **Staat** bzw. **Provinz**. Sind Zimmer frei, wird ein Preis genannt, dem man zustimmt, oder man "handelt". Die Frage etwa, ob da nicht ein günstigerer AAA-Tarif existiert, führt ggf. schon zu einer Reduzierung. Nach Einigung erhält man eine Reservierungsnummer (*Reservation Code/Number*) – so sollte, sollte man danach fragen!

– Nächster Punkt ist die **Ankunftszeit**. Wer nicht vor 18 Uhr (*6 pm*, selten früher) eintrifft, muß das Zimmer mit Kreditkarte "garantieren", d.h., auch bei Nichteintreffen zahlen.

– Fragen sollte man auch nach der genauen **Adresse** und der **Anfahrt** zum gebuchten Hotel/Motel.

Ist ein Quartier **ausgebucht**, hat man eine zweite Chance auf Unterkommen am selben Tag **kurz nach 12 Uhr**! Abreisende Gäste müssen spätestens bis *Noon* ihre Zimmer räumen. Oft werden dann noch unerwartet Zimmer frei, die ursprünglich länger gebucht waren.

Sagt man selber eine vorherige Kreditkarten-Buchung ab, ist es wichtig, sich dafür einen *Cancellation Code* geben zu lassen. Wird das Konto versehentlich belastet, hat man sonst keine Chance, die ja nur telefonisch erfolgte Absage zu untermauern.

3.5.3 Bed & Breakfast

Situation Eine Übernachtungsmöglichkeit, die sich in Canada schon in den 70er-, in den USA aber erst in den 80er-Jahren durchgesetzt hat, ist *Bed & Breakfast* in Pensionen und Privathäusern. In ländlichen Regionen wird man **B&B-Schilder** relativ oft entdecken, obwohl bei weitem nicht alle *B&B*-Häuser ihre Funktion öffentlich machen – speziell nicht in größeren Städten. Daher sollte vor Ort einen ***Bed & Breakfast*** **Guide** kaufen, wer sich vorstellen kann – anstelle anonymer Motels und Hotels –, auch mal Zimmer mit Frühstück zu buchen. In allen größeren ***Bookstores*** gibt es regionale B&B-Führer und auch Bücher, die besonders schön gelegene und/oder historische Anwesen beschreiben. Hier und dort sind auch regionale **Listen mit allen *Bed* & *Breakfast* Places** einer Gegend oder Stadt in den Büros der *Visitor/Tourist Information* erhältlich.

Kosten Man wird schnell feststellen, daß ***B & B* in Amerika nicht die billige Alternative zum Motel** ist; das Preisniveau liegt überwiegend im Mittelklassebereich und oft darüber, also etwa ab $50-$60 für 2 Personen im DZ, wobei jedoch ein üppiges amerikanisches/kanadisches Frühstück mitgeliefert wird.

Reiz des B&B Reizvoll an *B & B* kann der über den gelegentlichen "Familienanschluß" erleichterte – einige Englischkenntnisse vorausgesetzt – Kontakt zu Land und Leuten sein. Eine **teure, aber reizvolle *Bed* & *Breakfast* Variante** sind schön gelegene und/oder architektonisch/historisch besondere Anwesen. Vor allem in **Neu-England**, im ***Hudson Valley*** von NY-State und in einigen Bereichen Ontarios (Niagara-on-the-Lake, Kingston, *Loyalist/*

1000 Islands Parkway) findet man relativ viele Häuser dieser Art. Der Übergang zum ***Country Inn***, faktisch einem Hotel, ist dabei fliessend. Die bei uns als *Hotel Garní* bezeichnete Variante ist in Neu-England, in Ontario und den maritimen Provinzen das ***Bed* & *Breakfast* Inn**.

Auch in einigen Großstädten wie **Montreal, Québec City** und **Boston** hat sich *B&B* zu einer beliebten Alternative zum uniformen Hotelzimmer entwickelt.

3.5.4   Quartiere für junge Leute

Jugend-herbergen/ Hostelling International (HI-Hostels)

Das Jugendherbergswesen ist in Nordamerika im Vergleich zu Europa zwar unterentwickelt, aber manche der Herbergen befindet sich in günstiger Lage im Brennpunkt der Cities und in besonders schöner Umgebung in oder in der Nähe von *National-*, *State* und *Provincial Parks*. Die Kosten in Häusern der **American bzw. Canadian Youth Hostel Federation (HI-Hostels)** variieren zwischen $8 und $20 pro Nacht. Damit sind sie konkurrenzlos billig.

Wer in Jugendherbergen übernachten möchte, kennt deren Vor- und Nachteile. Das Gesamtverzeichnis für die Herbergen in den USA und Canada (nur in englischer Sprache) kann man beim DJH-Verband, Bismarckstr. 8 in 32756 Detmold, beziehen: **Hostelling North America, A Guide to Hostels in Canada and the United States**. Im **World Wide Web** findet man im **Internet Guide to Hostelling** ebenfalls alle Informationen zu *AYH-Hostels*: **http://hostels.com/rectravel/hostels/**.

YM/WCA

Der Christliche Verein Junger Männer/Frauen – in Amerika **YMCA** beziehungsweise **YWCA** – bietet vor allem in Großstädten Übernachtungsmöglichkeiten. Während die **YMCA-Häuser** neben Mehrbett- auch über Einzel- und Doppelzimmer verfügen und Männer, Frauen und Paare aufnehmen, gilt für **YWCA-Heime** meist *Ladies only*.

Die **Übernachtungskosten** liegen im allgemeinen nur knapp unter denen der jeweils billigsten Hotels. Dafür können die Gemeinschaftsanlagen wie Trimmräume, Pools, Lesesäle etc. von den Gästen mitbenutzt werden. Ein **Gesamtverzeichnis** der amerikanischen YMCA/YWCA-Häuser erhält man beim

CVJM-Gesamtverband
Im Druseltal 8, 34131 Kassel
✆ 0561/30870

Kontakt in Canada:
Central YMCA, 180 Argyle Ave, Ottawa Ontario K2P 1B7, Canada; Fax (001) 613-788-5095

Kontakte in den USA:
YMCA, 224 E 47th Street, New York, N. Y. 10017, USA; Fax (001) 212-308-3161 oder
YWCA, 726 Broadway, New York, N. Y. 10003; ✆ (001) 212-614-2700

Jugendherbergen wie **Ys müssen** insbesondere in den Cities und in der Nähe touristisch bedeutsamer Ziele (Nationalparks/Küstenorte) Wochen **im voraus reserviert werden**.

Zentrale YM/WCA Reservierung in Amerika:
✆ **(212) 308-2899** (von hier aus 001 vorwählen)

International Hostels

Eine **Alternative zu Jugendherbergen** im konventionellen Sinn und den christlich orientierten *Ys* bieten die Häuser der **American Association of International Hostels** (AAIH), Herbergen unter freier Trägerschaft mit Sitz in Flagstaff/Arizona. Sie befinden sich vor allem im US-Westen, aber auch in den großen Cities New York, Toronto, Montreal etc. Die meisten von ihnen verfügen über Schlafsaalunterkünfte ab ca. $15 pro Bett und private Zimmer ab $25. In ihnen geht es legerer zu als in den Hostels der AYH.

Hostel Liste

Außerordentlich hilfreich ist das kompakte **Hostel Handbook** für die USA und Canada, das über **500 *Hostels*** und Billighotels **for the International Traveler** up-to date listet und jedes Jahr im März neu erscheint. Es enthält Adressen, Telefonnummern und Tarife sowohl der **Hostelling International** Herbergen (*HI Hostels* = traditionelle Jugendherbergen AYH) **und** der Häuser in freier Trägerschaft wie **AAIH** plus ein bißchen Werbung. Dieses für Rucksacktouristen unverzichtbare Büchlein ist gegen Voreinsendung von US$5 erhältlich bei

Jim Williams: *The Hostel Handbook*
722 Saint Nicholas Avenue, New York, NY 10031 / USA

*Jugend-
herberge
in
Niagara
Falls
(Ontario)
auf der
kana-
dischen
Seite
der Fälle*

**Studenten-
wohnheime**

Eine Übernachtungsalternative sind in den Sommermonaten (Mai bis einschließlich August) die dann teilweise leerstehenden Studentenwohnheime, die **University Residences** oder **College Dormitories**. Fast jede Mittelstadt verfügt über zumindest ein *College*. Die Bedingungen fürs Unterkommen variieren sehr. Während in manchen Fällen Einzelübernachtungen kaum weniger oder sogar mehr als in billigen Motels kosten, liegen woanders die Preise auch schon mal unter $20 pro Nacht. Billiger werden *Dormitories* ab einer Woche oder länger. Abgesehen vom günstigen Unterkommen bieten sie **Kontakte und Mitbenutzung** von Einrichtungen wie Sportanlagen und preiswerten Cafeterias.

3.6 CAMPING: THE GREAT OUTDOORS

An Meeresküsten und Seen, in den Bergen und unendlichen Wäldern genießen Amerikaner und Kanadier ihre *Great Out-doors*, Camping und Freizeitaktivitäten draußen in der Natur. In Europa gibt es nichts Vergleichbares.

3.6.1 Amerika hat es besser

Ausstattung der Plätze

Die USA und Canada bieten dem Camper alles, was sein Herz begehrt, sei es nun das Komfortcamping im Wohnmobil oder eher ein Campieren unter einfachen Bedingungen weitab jeder Zivilisation. Platz ist genug, und so sind die meisten *Campgrounds* großzügig angelegt. Ein **Stellplatz** fürs Campmobil oder Zelt beschränkt sich nicht auf einige Quadratmeter Wiese oder Heidelandschaft, sondern umfaßt ein eigenes **Areal mit Picknicktisch, Feuerstelle und separatem Grillrost**. Auf staatlichen Plätzen (siehe weiter unten) geraten die Nachbarn mitunter sogar aus dem Blickfeld. Nur Feuerschein in angemessener Entfernung und der Duft gegrillter Steaks künden dort vom Vorhandensein der Mitcamper.

Camping-führer

Bevor man auf Tour geht, ist die Beschaffung eines Campingführers sinnvoll, selbst wenn einem der Campervermieter schon *KOA-Atlas* (⇨ unten) und Regionalbroschüren privater *Campground*-Betreiber zugesteckt haben sollte.

Die handlichen, auch an Mitglieder europäischer Automobilklubs gratis ausgegebenen *Campbooks* des **AAA/CAA** – obwohl nicht komplett und geografisch etwas unklar – sind recht brauchbar und zusammen mit den Hinweisen in diesem Buch für eine Urlaubsreise bis zu sechs Wochen ausreichend.

Überall in Nordamerika findet man das telefonbuchdicke und -formatige *Woodall`s Campground Directory (Western* und *Eastern Edition*, je ca. US$15), ein fast ganz auf kommerziell betriebene Plätze ausgerichteter Führer voller Werbung. Sein alphabetischer Aufbau macht die Benutzung mühsam.

Canada

Kostenfreie **Campingplatz-Verzeichnisse** gibt es in Canada in den Besucherinformationen. In **Ontario** sind alle *Campingplätze* in regionalen *Trip Planner* integriert, ⇨ Seite 154.

Kosten

Auf **staatlichen Plätzen** gilt eine **pauschale Einheitsgebühr** (*fee*) **pro Stellplatz** unabhängig von der Personenzahl (bis zu **4-9 Personen und oft 2 Fahrzeugen**). Die Gebühren werden überwiegend im *Self-Registering* Verfahren erhoben. D.h., die Camper stecken nach Eintragung einiger Daten Bardollars in einen bereitliegenden Umschlag und werfen ihn in eine sog. *Deposit Box* (Foto umseitig). Auf **privaten Plätzen** überwiegt die Berechnung einer Basisgebühr für 2 Personen plus Aufschlag für jeden zusätzlichen Gast, ⇨ weiter unten.

Strom, Wasser, Abfluß

Besitzer von Campfahrzeugen können ihren eingebauten Komfort nur dann voll nutzen, wenn der Campingplatz entsprechend eingerichtet ist. Die meisten kommerziell betriebenen *Campgrounds* und auch viele *State* bzw. *Provincial Parks* (⇨ unten) verfügen über **Hook-ups**, Steckdosen, Wasserhahn und Abwasserloch an den Stellplätzen. Häufig gibt es auch **Sites,** die nur **Electricity** und **Water** bieten. Sind alle Anschlüsse vorhanden, spricht man von einem **Full Hook-up**. Naturgemäß kosten Stellplätze mit Anschlüssen mehr als andere.

Dumping und Drinking Water

Mit weitsichtiger Disposition kommen RV-Fahrer aber ganz gut ohnedem aus. Denn auf manchen Rastplätzen und *Campgrounds* ohne *Hook-up*-Einrichtung sowie in *National-* und *State/Provincial Parks* befinden sich sog. **Dump-/Dumping-** oder **Sewage-Stations**, wo – manchmal gegen eine Gebühr – Schmutzwasser abgelassen und Trinkwasser aufgefüllt werden kann. Auch **Tankstellen** und **Tourist Information Center** bieten vereinzelt diesen Service.

Elektrizität

Strom braucht man im Camper eigentlich nur zum Betreiben der Dachklimaanlage bei großer Hitze oder für Mikrowelle, Fernseher und Haartrockner. Fürs Licht genügt die Kapazität der immer vorhandenen zweiten Batterie, sofern man keine längeren als 2-3tägige Standzeiten ohne Motorlauf hat. Genaugenommen ist der **Clou moderner Campingfahrzeuge** der Umstand, daß sie auch ohne zeitgleiche äußere Versorgung jeden Komfort bieten. Gerade mit ihnen ist bequemes Camping abseits der Zivilisation möglich. Die Realität zeigt aber, daß gerade Campmobilfahrer den Vollanschluß suchen.

Self Service Campingplatz-Registrierung und -Bezahlung. Der Umschlag mit dem Geld kommt in den "Safe" rechts.

3.6.2 Alles über Campingplätze

Die gute Wahl der Übernachtungsplätze macht bereits den halben Erfolg einer Campingreise aus. Die gängigen Campingführer listen im wesentlichen Ausstattungsmerkmale und geben selten brauchbare Hinweise auf andere Qualitäten wie landschaftliche Einbettung, Größe der Stellplätze usw. Aufschlußreich in dieser Beziehung ist die Betreiberorganisation. Denn die staatlichen *Campgrounds* einerseits und die privat geführten Plätze andererseits unterscheiden sich erheblich.

Staatliche Plätze - *Public Campgrounds*

Folgende staatlich unterhaltenen Plätze findet man (auch) im Nordosten der USA und/oder in Canadas Ostprovinzen:

National Park Camping

Die Campingplätze in Nationalparks, -monumenten und weiteren Einrichtungen unter Verwaltung des amerikanischen wie auch des kanadischen *National Park Service* (➪ Seite 27) liegen meist in reizvoller Umgebung und zeichnen sich durch großzügige Aufteilung aus. Die Mehrheit verfügt neben den üblichen Ausstattungsmerkmalen (➪ oben) nur über einfache sanitäre Einrichtungen; gelegentlich sind Plumpsklos und ein paar Wasserhähne der einzige Luxus. Nur Großanlagen bieten mehr Komfort, der dann auch etwas mehr kostet. Die Kosten betragen ab $10/Nacht und Stellplatz. Oft gratis sind *Walk-in-Campgrounds* abseits der Straßen.

National Forest Camping

In den unendlichen Wäldern Nordamerikas hat der *National Forest Service* beider Länder unzählige Campingplätze der sanitären Einfachstkategorie – angelegt; wiewohl überwiegend im Westen. Unter ihnen befinden sich **traumhafte Anlagen** inmitten unberührter Natur. In **Neu-England** gibt es große *National Forests* mit Campingplätzen **nur in New Hampshire** und **Vermont**. Im **Osten Canadas** liegen Forste unter nationaler Verwaltung abseits der Touristenrouten.

Lage und Gebühren

NF-Plätze sind nur sporadisch in Campingführern verzeichnet, z.T. aber in den *AAA Campbooks*. Markierungen in den Karten der Staaten bzw. Provinzen und im *Rand Mc Nally Road Atlas* zeigen oft deren ungefähre Lage. Genaue und komplette Karten erhält man in den regionalen Büros des *Forest Service*`. Die Übernachtungskosten betragen zwischen $3 und $12 und sind immer per *Self-Registering* zu zahlen.

State und Provincial-Parks

Alle US-Bundesstaaten und kanadischen Provinzen unterhalten *State* bzw. *Provincial Parks*, in denen ihre Bürger die *Outdoors* genießen oder das historische Erbe kennenlernen können. Zu vielen *State/Provincial Parks* gehören Campingplätze; oft stand das Campingmotiv bei deren Einrichtung sogar im Vordergrund. Die *Campgrounds* sind von Staat zu Staat und Provinz zu Provinz recht unterschiedlich:

Manche verfügen über einen hohen sanitären Komfort mit *Hook-ups* an den Stellplätzen, andere sind eher den *NF-Camp-grounds* vergleichbar. So oder so, Lage und Anlage der *State* und *Provincial Park Campround*-Areale sorgen durchweg für **erfreuliche Campingbedingungen**. Die **Übernachtungskosten** variieren mit dem Komfort; sie betragen **$12-$25** pro Nacht, mehrheitlich um $12-$18. Die meisten **State** und **Provincial Parks** sind in Campingführern verzeichnet und **auf fast allen Karten** deutlich markiert. In einigen Neu-England-Staaten gibt es neben *State Park Campgrounds* auch Plätze in **State Forests**. Sie entsprechen denen in *National Forests*.

Cities & Counties

Manche **Städte** und **Landkreise beider Länder** unterhalten in eigener Regie Parks mit Campingplätzen sehr unterschiedlicher Qualität und Austattung. Motive sind Naherholung für die eigenen Bürger und Förderung des lokalen Fremdenverkehrs. Die **Kosten** liegen daher durchweg **niedrig**.

Ein National Forest Campground in Vermont: Holz, Säge-bock und Säge liegen zur Selbst-bedienung bereit

Kommerziell betriebene Plätze

Ausstattung/ Kosten

Über die kommerziell betriebenen Campinglätze lassen sich **allgemeingültige Aussagen** nur in sehr grober Form machen. Alle bezüglich Komfort und Lage denkbaren Kategorien sind vorhanden. Es überwiegen Plätze mit **Hook-up-Einrichtung** und deutlich knapperem Zuschnitt des einzelnen Besuchern zugeteilten Areals als auf staatlichen *Campgrounds* gewohnt. Die **Preisgestaltung** orientiert sich an der sanitären und sonstigen Ausstattung und der Nähe zu touristischen Routen und Zielen. Die **preisliche Untergrenze** für einfache und/oder abgelegene Privatplätze liegt bei etwa **$12**. Im Umfeld von Attraktionen (Nationalparks, Badeorte) und im Einzugsbereich der **Big Cities** wird es schnell teurer. Für **bis zu $30 und mehr** erhält der Camper dort sein eben betoniertes Plätzchen, einwandfreie Sanitäranlagen, Waschmaschine, Pool etc.

Lage

Nur wenige rein kommerziell geführte *Campgrounds* können es in puncto landschaftliche Lage und Anlage mit staatlichen Plätzen aufnehmen. Zur Sicherstellung hoher Auslastung befinden sich Privatplätze eher in **verkehrstechnisch günstiger Position**, d.h., oft in der Nähe verkehrsreicher Straßen und *Interstate*-Autobahnen. Ist der Lärmpegel auf solchen Plätzen selbst im Camper noch reichlich hoch, überschreitet er im Zelt das erträgliche Maß. Die Kunden der Privaten sind auch deshalb mehrheitlich Campmobil-Fahrer, für die es in erster Linie auf den Vollanschluß ankommt.

Qualität privater Plätze

Geht man bei der Auswahl der Plätze nach den Ausstattungskriterien der Campingführer und vor allem nach der darin reichlich enthaltenen vollmundigen Werbung, wird man sich oft wundern über die Diskrepanz zur Realität. Vor allem der **sanitäre Zustand** ist die Achillesferse manchen Platzes.

Camping-Ketten

Ähnlich wie in der Hotel- und Restaurantbranche existieren Campingplatz-Ketten (***KOA*** und ***Good Sam;*** beide in USA und Canada). Während die Betreiber von *Good Sam* Plätzen nur als loser Verbund kooperieren und die Einhaltung gewisser Ausstattungsmerkmale garantieren, sind die **650** *Kampgrounds* **of** *America* eine Franchise-Kette. Sie bieten überall einen schon äußerlich nahezu identischen Standard und verfügen über einen zentralen Reservierungsservice.

KOA

Eingangs war bereits die Rede vom ***KOA-Atlas***, einem Verzeichnis mit Lageplänen aller *KOA*-Plätze, die an keinem touristisch interessanten Fleckchen Nordamerikas fehlen. *KOA* lockt die Kunden der Campmobilvermieter gerne mit einer ***Value Card*** (gratis), die einen 10%-igen Rabatt auf die Übernachtungskosten, und ab der 4. Nacht auf bestimmten Plätzen sogar 25% garantiert, den viele gerne mitnehmen.

Aber auch damit bleibt KOA noch in der preislichen Oberklasse **ab $20** und häufig deutlich mehr. Der Erfolg von KOA läßt sich neben dem guten Marketing der Kette und der verkehrsmäßigen Positionierung der Plätze am besten mit der sanitären Nachlässigkeit der Konkurrenz erklären. Denn bei KOA darf man einigermaßen sicher sein, daß **Toiletten- und Duschanlagen** sauber und intakt sind. Viele Plätze besitzen in dieser Beziehung sogar ein vorbildliches Niveau.

Klarer Fall: KOA. Die Zentralgebäude mit den Sanitäranlagen sehen auf dem ganzen Kontinent gleich aus

Reservierung von Campingplätzen

Private Plätze

Fast alle privaten Campingplätze lassen sich telefonisch reservieren. Die Nummern finden sich in den Campingführern. **Im Reiseteil** dieses Buches sind für viele besonders empfehlenswerte Plätze die **Telefonnummern** genannt. Wie bei den Hotels werden Reservierungen oft nur dann akzeptiert bzw. auch für eine Ankunft nach 18 Uhr zuverlässig festgehalten, wenn der Anrufer eine **Kreditkartennummer** nennt. Auch bei Nichterscheinen wird diese dann belastet.

Staatliche Plätze

Für die staatlichen Plätze gilt überwiegend die Regel *first-come-first-served*, d.h., jeder offensichtlich unbesetzte Stellplatz in Nationalparks etc. kann als frei betrachtet und belegt werden. Die Anzahl der **Ausnahmen** steigt allerdings:

Schon seit jeher gehören dazu viele *State Park* und teilweise auch *Provincial Park Campgrounds*. Sie werden über die jeweilige Verwaltung reserviert; und zwar oft über schriftliche Anmeldung mit Vorauszahlung. Mehr und mehr setzt sich aber auch dafür **telefonische Reservierung** und Kreditkartenbelastung durch. Die von Staat zu Staat bzw. in den Provinzen wechselnden Details entnimmt man den in jedem(r) Staat/Provinz gratis erhältlichen Broschüren über das jeweilige Park-System. Es gibt sie in den größeren Touristeninformationen und in allen *State/Provincial Parks*.

State Parks im Staat New York

Die *Campgrounds* der *State Parks* in *New York State* können zentral über den landesweiten Reservierungsservice *Destinet* gebucht werden.

Die *Toll-free Number* von **Destinet** für *NY-State* lautet

DESTINET

☎ **1-800-456-2267,**

Bevor man wählt, sollte man sich mit Zettel, Stift und Kreditkarte bewaffnen, sich auf seine Englischkenntnisse konzentrieren und tief Luft holen, denn *Destinet* will viel wissen: nicht nur den gewünschten Campingplatz und alle persönlichen Daten, die des Autos (Nummernschild, Art, Marke, Länge), Ankunfts- und Abfahrtsdatum, sondern auch wieviel Personen und Zelte und *last but not least* **Kreditkartennummer** und Verfallsdatum. Das klappt dann aber auch 100%! Sogar ohne Adresse für eine postalische *Destinet*-Bestätigung; die am Telefon genannte **Reservierungsnummer** reicht bis 21 Uhr abends. Erst danach verfallen Reservierungen.

Die Gebühren für diesen Service sind leider happig. *Destinet* kassiert pro Reservierung eine Zusatzgebühr von $6,75. Storno kostet $10; wer nicht storniert, ist Camping- und Servicegebühren los. **Storno läuft über ☎ 1-800-388-22733**.

Genaugenommen lohnen sich Reservierungen dadurch nur bei sicheren Daten (fester Reiseplan!) und mindestens 2 Übernachtungen hintereinander in ein und demselben Park.

Acadia Park   *Destinet* **ist auch verantwortlich** für die Campreservierungen von stark frequentierten Nationalparks, im Nordosten ausschließlich für den *Acadia National Park*:

DESTINET   ✆ **1-800-365-2267**

Man kann auch **von Europa aus** anrufen oder faxen:

✆ **(001) 619-452-8787;   Fax (001) 619-452-8788**

Reservierungen sind bis zu 8 Wochen im voraus möglich. Im Gegensatz zu den NY-*State Parks* fallen keine Reservierungsgebühren zusätzlich an.

Fritz Müller   Unterstraße 27   D-12345 Alpdorf   Germany
Tel # 01 49 1234 678910
Fax # 01 49 1234 111213

Fax for
Destinet Corporation
001 619-452-8788
U S A

Campsite Reservation   May 23rd, 1997

Dear Sirs,

we are a **family of 4** (2 adults, 2 children) and will travel through New England in July 1996 with a **Motorhome 22 Ft**. We would like to stay at the

Blackwoods Campground in **Acadia National Park**

for **2 nights** arriving **July 25th 1997**

Please charge Eurocard 5232 1234 5678 9101, expiring 01/99

Yours sincerely
Fritz Müller

---

*Das Verfalldatum (*Expiration Date*) der Kreditkarte darf nicht vergessen werden*

Feuerholz-Verkauf bündelweise. Auf und in der Nähe von Campingplätzen ein häufiges Bild

Abschließende Hinweise zum Camping

Vorteile und Nachteile unterschiedlicher Plätze

Die staatlichen Plätze sind den meisten privaten Anlagen unabhängig von Kostenüberlegungen vorzuziehen, sofern der Vollanschluß nicht im Vordergrund der Bedürfnisse steht. Das Campen auf ihnen ist in aller Regel einfach erfreulicher. Andererseits ist festzuhalten, daß es gerade in diesem Teil Amerikas an Meeresküsten und Seeufern auch sehr viele großzügig angelegte Anlagen in Privathand gibt, die der staatlichen Konkurrenz wenig nachstehen. Sie bieten oft (noch) mehr für **Familien mit Kindern**.

Duschen

Wie bereits erläutert, finden **Campmobilfahrer** genügend Möglichkeiten, die Ver- und Entsorgung ihres Fahrzeugs auch **ohne** *Hook-up* am Stellplatz zu erledigen. Der Nachteil eventuell nicht vorhandener Duschen auf sonst hervorragenden Campingplätzen läßt sich leicht verschmerzen. Hat man selbst keine Dusche an Bord, kann man gegen Gebühr unterwegs die Duschen von Privatplätzen oder *Truck Stops* nutzen.

Ein **optimaler Kompromiß** sind die *State Parks*. Sie sind gut angelegt, verfügen in der Regel über ordentliche, oft bessere sanitäre Anlagen als mancher Privatplatz und kosten – sogar mit *Hook-up*, so vorhanden – meistens weniger.

Campen in Cities/ auf Rastplätzen (Rest Areas)

In einigen Großstädten gibt es keine, sehr teure und/oder nur weit vor den Toren der Stadt gelegene Campingplätze. Von der vielleicht aufkommenden Idee, **in städtischen Parks** oder auf deren Parkplätzen stadtnah und gratis zu übernachten, muß dringend abgeraten werden, denn die Gefährdung durch **Kriminalität** ist im Zweifel erheblich. Eben deshalb gehören die Parks auch zu regelmäßig von der Polizei kontrollierten Zonen. Das **Übernachten in Campmobilen auf innerstädtischen Plätzen und Straßen ist in den USA und in Canada ausnahmslos untersagt**. Dasselbe gilt im Nordosten der USA und in Canada auch für **Rastplätze an Autobahnen**. In einigen US-Staaten ist es erlaubt – nebenbei auch in Rhode Island, aber in diesem Ministaat existiert nur eine einzige *Rest Area*.

Camping ohne Campground

Wer die Augen offenhält, kann in einsamen Gebieten und in *National Forests* durchaus legal auch **ohne** *Campground* mal ein Plätzchen für die Nacht finden. **Abseits offizieller Campingplätze** muß man dabei aber Vorsicht und Umsicht walten lassen. Obgleich das Risiko gering erscheint, außerhalb von Ballungsgebieten Opfer eines Verbrechens zu werden, sollte der gewählte Platz nie von irgendwoher einsehbar sein und möglichst niemandem die erfolgreiche Platzsuche aufgefallen sein. Das Fahrzeug muß so stehen, daß man möglichst ohne Rangieren davonfahren kann.

Privatbesitz

Wichtig ist die Respektierung von *Private Property;* es hat in Amerika einen hohen Stellenwert. Camping auf einem scheinbar verlassenen Grundstück sollte man nicht riskieren.

3.7   Essen und Trinken

3.7.1   Selbstverpflegung

Lebensmittel und Getränke

Supermärkte   Die Selbstversorgung auf Reisen bereitet weder in den USA noch in Canada Probleme. Supermärkte (***Food Market/Mart***) enormer Ausmaße mit einem schier unübersehbaren Angebot an Waren findet man bis hinunter ins kleinste Nest. Die meisten sind Filialen nationaler oder regionaler Ketten wie ***Safeway, Albertsons*** u.v.a.m.

Öffnungs- **zeiten**   Gesetzlich geregelte **Ladenschlußzeiten gibt es in beiden Ländern nicht**. In **Canada** schließen die Läden zwar früher als im Nachbarland, aber **Supermärkte** sind auch dort **werktags meist bis 21 Uhr geöffnet**, samstags und immer häufiger auch **sonntags bis 18 Uhr**. Manche Supermärkte in den **USA** – speziell in Ballungsgebieten – bleiben **bis Mitternacht** geöffnet, bisweilen auch rund um die Uhr.

Lage   Supermärkte muß man selten suchen. Sie befinden sich in größeren Orten an den Ausfallstraßen, häufig im Verbund mit anderen Läden und einem Warenhaus (***Department Store***) integriert in kleine und große ***Shopping Plazas.*** In kleineren Orten liegen sie fast immer an der Hauptstraße.

Manche Supermärkte besitzen gigantische Ausmaße

Mini-Märkte   Außer in Supermärkten gibt es Lebensmittel, aber kaum Obst, Gemüse und Frischfleisch in teilweise rund um die Uhr (nur USA) betriebenen ***Mini-Marts*** (*Circle K Stores, K-Food Stores, 7 to 11 Stores*, u.a.). Sie sind mehrheitlich mit Tankstellen kombiniert und fungieren außerdem mit *Cold Drinks, Coffee, Ice Cream, Popcorn, Hot Dogs* und allerhand weiteren Snacks als **Versorgungsstationen für Autofahrer**.

General **Store**   Weitab des modernen *American Way of Life* stößt man immer noch auf den ländlichen ***General Store***, einen klassischen Gemischtwarenladen, der von der Milch bis zum Angelhaken so

Lose Ware heißt Bulk Food; *hier in Torontos Chinatown*

ziemlich alles führt, was die Kunden im Einzugsbereich nachfragen. In manchen Gegenden wurde dieser Ladentyp in letzter Zeit zu neuem Leben erweckt, oft unter Erhaltung einer nostalgischen Einrichtung.

Preise

Im regulären **Lebensmittelsupermarkt** verbinden sich größte Auswahl und günstigste Preise. Nahrungsmittel sind in beiden Ländern beim einem Kursniveau um 1,60 DM für den US$ bzw. um 1,20 DM für den can$ etwas preiswerter als bei uns. Das gilt besonders für Tiefkühlprodukte, Fleisch (Steaks), Fisch und für die immer große Auswahl an Obst und Gemüse.

Salat-/ Brat- Theken

Eine bei uns im Supermarkt kaum zu findende Spezialität sind *Salad Bars*, an denen man sich selbst auflädt und an der Kasse pfundweise abrechnet. Auch dampfende **Suppentöpfe** und anderes mehr stehen häufig zur Selbstbedienung bereit. An der **Brattheke** werden halbe Hähnchen, Lasagna, *Spare Ribs* usw. fürs häusliche *Fast Food* bereitgehalten.

Québec

In Québec ist der französische Einfluß unverkennbar und macht das Einkaufen im Supermarkt selbst für Gourmets zum Vergnügen: Fleisch- und Fisch-Pasteten, Baguette, Croissants, vielerlei Käsesorten und manches mehr liegen bereit.

Nettopreise/ lbs-kg

Die Nettopreisauszeichnung in den **USA,** bezogen auf die englische Maßeinheit *lb* (= *pound*; ein Pfund entspricht etwa 450 Gramm), läßt Preise leicht niedriger erscheinen, als sie in Wirklichkeit sind. Um den Endpreis für ein Kilo zu erhalten, müssen der *lb*-Preis verdoppelt, 10% aufgeschlagen und ggf. weitere 5%-8% für die Umsatzsteuer (*sales tax*) addiert werden. In **Canada** ist zwar lange das Dezimalsystem eingeführt, aber eigenartigerweise wird insbesondere Obst und Gemüse noch mit lb-Preisen ausgezeichnet. **In einigen Staaten und Provinzen sind Lebensmittel umsatzsteuerbefreit.**

Fleisch/Steak Fleisch kauft man im Supermarkt. Schlachterläden gibt es nicht. Die vielfältigen Bezeichnungen für Rindfleisch sind uns nur teilweise geläufig. Für den Grillrost eignen sich vor allem **Prime Rib, Sirloin, New York und Porterhouse Steaks. Tenderloin** (Filetsteak) ist noch besser, aber teuer ebenso wie das beliebte **T-Bone Steak**. Man hüte sich vor preisgünstigen Stücken der Sorten *Brisket, Chuck-* und *Roundsteak*, die oft gut aussehen; sie sind meist zäh wie Leder und nur mit jeder Menge **Meat Tenderizer** genießbar.

Fisch und Meeresfrüchte Gleich neben der Fleischtheke befinden sich in allen Supermärkten die Fischvitrinen. Regional unterschiedlich gibt es den tollsten Frischfisch wie **Lachs, Forelle, Thunfisch, Hai, Oktopus** etc. Im Bereich der Küsten ist das Angebot groß und fangfrisch. Auch an **Meeresfrüchten** herrscht kein Mangel. Vor allem der **Hummer** sorgt im Nordosten für Tafelfreuden.

Wurst Wurstwaren, meist vakuumverpackt, schmecken nicht so recht; auch Markennamen wie **Mayer** und **Schneider** können darüber nicht hinwegtäuschen. Wurst darf im übrigen **mit pflanzlichen Zusatzstoffen** vermischt sein und muß nur zu einem geringen Teil aus Fleisch bestehen. Die Liste der Zusätze ist bei allen Produkten lang. Lose Ware und viele Salate findet man an der Fleisch- oder **Deli** (katessen)**-Theke**.

Milch und Käse **Milch** gibt es von **Non Fat** (ohne Fett) über 1%-2% **Low Fat** bis zu 3,5%iger **Homo Milk** (Vollmilch). Sie ist immer mit Vitamin A und D angereichert. **Deli**s führen (teure) importierte und ausgefallene einheimische Käsesorten wie *Strawberry* (rosa!) oder *Chocolate Cheese*. Der überall zu kaufende amerikanische/kanadische **Cheddar Cheese** schmeckt gut, speziell die Sorten *sharp* und *extra sharp*.

Obst und Gemüse Das Angebot an Obst und Gemüse variiert mit der Region und Saison. Normalerweise ist die Auswahl viel reichhaltiger als bei uns. Preiswertes **Produce** gibt's an Straßenverkaufsständen z.B. in den Obstanbaugebieten der Finger Lakes Region (NY-State) und in Südontario.

Fischtheke: man achte auf die Halskette!

171

Cereals/ Müsli

Zu den Umsatzrennern in den Supermärkten zählen die sog. *Cereals,* also *Cornflakes, Rice Crispies* usw. In Amerika gibt es unendlich viele – meist zu süße – Varianten. Qualitativ sehr hochwertig sind die müsliähnlichen *Cereals* der kanadischen Marke **Quaker**, die sich neben den Produkten des Monopolisten *Kelloggs* in den Regalen behauptet.

Tiefkühlkost

Gut gefüllt sind Tiefkühltruhen und -schränke. Wer im Wohnmobil über Backherd oder Mikrowelle verfügt, kann sich preiswert mit tiefgefrorenen **Fertigmahlzeiten** verpflegen.

Kuchen

Kuchen und Kekse (**Cake** bzw. **Cookies**) erfreuen sich großer Beliebtheit, aber für den mitteleuropäischen Geschmack findet sich im Supermarkt nicht viel Genießbares. Vor allem liegt das am hohen Süßegrad und dem ausgeprägten Einsatz von Zimt und Chemie. Ganz gut schmecken **Donuts**, speziell, wenn sie frisch aus der **Bakery** kommen.

Bakeries/ Bagel

In den letzten Jahren entstanden in kleinen Orten und besonderen Vierteln der Städte **unabhängige Bakeries** neu, nachdem sie zuvor fast völlig von Supermarkt-Bäckereien verdrängt worden waren. Sie werden oft von jungen Leuten betrieben, die mit viel Liebe Kuchen (probierenswert der typisch amerikanische **Carrot Cake**), "richtiges" Brot, **Bagel** u.a.m. produzieren. *Bagel* sind an sich eine jüdische Spezialität, aber heute überall zu haben. Sie sehen aus wie *Donuts,* bestehen

jedoch aus einer Sauerteigart. Es gibt Knoblauch-, Käse-, Zwiebel- und viele andere Bagelarten mit "Geschmack". Man ißt sie entweder, wie sie sind, oder belegt sie – aufgeschnitten – mit Frischkäse. *Bakeries* dieser Art verfügen meist über ein paar Tische und Stühle, wo man die Produkte des Hauses bei einer Tasse Kaffe gleich verzehren kann. Fürs Frühstück sind sie eine **Alternative zum** *Fast Food Restaurant*.

Kaffee

Der grob gemahlene und anders geröstete Kaffee in Amerika wird bei Kaffeefreunden nicht auf viel Gegenliebe stoßen. Amerikaner trinken sowieso mehr Pulverkaffee. Hier und dort gibt es aber sogar **Melitta-Kaffee**, der fast so schmeckt wie bei uns, ⇨ Kasten.

Tee

Die **Teeauswahl** ist – außer in wenigen Fachgeschäften – eher dürftig und besteht vor allem aus Teebeuteln einiger großer Hersteller. Wer seine Kaffee- oder spezielle Teesorte auch im Urlaub nicht missen möchte, sollte den voraussichtlichen Bedarf von zu Hause mitbringen.

COFFEE BARS UND KAFFEE

Die nordamerikanische **Cup of Coffee** spaltet die Besucher aus Europa in zwei Lager. Die einen empfinden den Kaffee als "braune Plörre", die anderen trinken ihn wie die Amerikaner literweise, zumal ein **Refill** – ein, zwei oder mehr nachgeschenkte Tassen – üblicherweise kostenlos ist.

Ketten wie **Star Buck** oder **Coffee Connection** sind die amerikanische Version von *Tchibo* und *Eduscho*. Neben einer endlosen Latte von aromatisierten Kaffeesorten gibt es dort sogar **Espresso, Cappuccino** oder einen **Café aux Lait** zum *Croissant* bzw. *Muffin*. Aber selbst der Edelkaffee kommt oft genug nur im Plastikbecher.

Alkoholfreie Getränke

Bei nichtalkoholischen Getränken muß man in Anbetracht der vielen farben- und chemieprächtigen Sprudel- und Brausearten erst herausfinden, was genießbar ist. Selbst *Sprite*, *Fanta*, *Coca-* und *Pepsi Cola* schmecken anders als gewohnt. **Die Amerikaner lieben es süßer**. Der natürliche Fruchtgehalt von Fruchtsäften ist bei den preiswerten Sorten extrem niedrig. Hundertprozentige Fruchtsäfte sind erstaunlich teuer, es sei denn, man kauft sie als tiefgefrorenes Konzentrat. Mit Kohlensäure versetztes **Mineralwasser** gibt es als **Soda Water** in 1 l- und 2 l -Plastikflaschen einigermaßen preiswert nur in größeren Supermärkten. In kleinen Läden findet man äußerstenfalls die relativ teuren Sorten *Canada Dry* oder *Perrier*.

LEITUNGSWASSER

Das Leitungswasser in den USA ist zum Trinken häufig ungeeignet ("Schwimmbadqualität" wegen hoher Chlorbeigaben zur Keimabtötung). Das gilt ganz besonders im Einzugsbereich der *Big Cities*, aber auch in mancher Kleinstadt und auf vielen Campingplätzen. Das Wasser taugt deshalb auch kaum für Kaffee- oder Teegenuß. Dafür nimmt man **Purified Water**, das in allen Super- und Minimärkten in 1- bis 2-Gallonen-Behältern zu haben ist.

Märkte

Farmers Market

Märkte sind zwar nicht in jeder Kleinstadt üblich, aber buntes Markttreiben, frische Nahrungsmittel und Stände mit kleinen Snacks gibt es durchaus. Ein ***Farmers' Market*** kann eine große Markthalle sein, oder eine Handvoll Buden, wo verkauft wird, was in der Umgebung gerade reif ist. Größere **Wochenmärkte** findet man eher in mittelgroßen Städten, z.B. in Saint John und Fredericton/New Brunswick oder in Kingston/Ontario. Manchmal besitzen derartige Märkte ein besonderes **Flair**, wie der von Mennoniten und deutschstämmigen Immigranten betriebene *Farmers Market* in St. Jacobs bei Kitchener/Ontario oder der **Kensington Market** in Toronto. Auf den meisten Märkten werden leckere Snacks angeboten.

Fish Market

Die gesamte Atlantikküste und der Golf von St. Lorenz bieten eine reichliche Auswahl an Fisch und Meeresfrüchten. In den Häfen gibt es überall kleine **Fischmärkte,** wo der frische Fang verkauft wird, sofortige Zubereitung und Verzehr inbegriffen. Nicht nur ***Lobster*** (ca. $8 für den Einpfünder-Hummer), auch ***Clams*** (Muscheln), ***Fish Chowders*** (Fischsuppen) und köstliche ***Fish & Chips*** (Kabeljau oder Heilbutt mit *French Fries*) sind dort oft zu haben.

Raw Bar

Als feiner gelten die ***Raw Bars*** der Fischrestaurants: auf Barhockern am Tresen schlürft man Austern oder Muscheln; dort fehlen auch alkoholische Getränke nicht.

Mona Lisa als Blickfang für einen Obst- und Gemüseladen auf dem Kensington Market in Toronto

Alkoholika

**Alkohol-
verkauf
USA**

Alkoholika werden **in den USA in Supermärkten** und *Liquor Stores* (auch: *Package Store*) verkauft. In manchen Staaten gibt es **Hochprozentiges** nur im *Liquor Store*. Die meisten untersagen den Alkoholverkauf nach einer bestimmten Zeit am Abend und/oder an Sonn- und Feiertagen. Ebenfalls untersagt ist die Abgabe von Alkohol an **Personen unter 21 Jahren**. Auf die Einhaltung dieser Vorschriften wird streng geachtet. Das **Preisniveau** liegt etwas höher als in Deutschland.

Canada

In kanadischen Supermärkten gibt es mit der Ausnahme von Québec (fast) **keine alkoholischen Getränke**. Lediglich *Light Beer* und im Alkoholgehalt reduzierte Weinsorten sind dort erhältlich. Für "richtiges" Bier, Wein und Whiskey muß man staatliche *Liquor Stores* aufsuchen, bestens sortierte Monopolläden, die selbst in kleinsten Orte zu finden sind.

Die **Öffnungszeiten** von *Liquor Stores* variieren mit lokalen Gegebenheiten. In Kleinstädten und Dörfern sind sie **nach 18 Uhr geschlossen**, an **Sonntagen ohnehin**. Wegen der hohen Besteuerung sind alle **Alkoholika extrem teuer** und kosten mindestens doppelt soviel wie bei uns. Es gilt ein **Mindestalter von 21 Jahren** für Alkoholkauf und -verzehr.

**Konsum-
gesetze**

Besitz und Konsum von Alkoholika unterliegen erheblichen Beschränkungen. **Alkoholika dürfen nur auf privaten Grundstücken** (dazu gehören der Stellplatz auf dem *Campground* und das *Open-air* Lokal an der Straße) **und in Räumen** konsumiert werden. **Öffentlicher Alkoholgenuß** gilt in ganz Nordamerika als Vergehen (*Prohibited by Law*). **Verbotsschilder** wie *No Alcoholic Beverages on Beach, in the Park* etc. erinnern nachdrücklich an die restriktive Gesetzgebung.

Bier

Nordamerikanische Biere sind überwiegend leichte Sorten (*Lager*), wobei kanadische Marken wie *Molson* und *Labatts* mehr Würze aufweisen als die meisten US-Sorten. Unter den teureren Marken (USA: um $1/Flasche) befinden sich indessen ausgesprochen gute Biere (z.B. *Samuel Adams*). Bei den ebenfalls teuren Importbieren besitzen *Heineken* und deutsches *Beck's Bier* hohe Marktanteile. Trotz der Originalverpackung schmecken die Importe wegen einer gesetzlich verordneten Sterilisation nicht so wie im Ursprungsland.

**Kleine
Brauereien**

In beiden Ländern wurde in den 80er-Jahren die schon totgesagte Tradition kleiner Brauereien wiederbelebt. Vor allem in **Vermont** und **Québec**, aber auch in **Ontario** erzeugt man in den Kleinbetrieben qualitativ gutes Bier.

Pfand

Bier gibt es in den **USA** nur in **Einwegflaschen oder Dosen**, die allerdings mit einer Abgabe belegt sind (durchweg 10 Cents). Kinder und Obdachlose sammeln gerne die **Aluminum Cans** in Plastiksäcken. In vielen *State* und *National Parks* findet man gesonderte Abfall-Container für Getränkedosen.

In **Canada** ist die Einwegverpackung für Bier "eigentlich" seit langem abgeschafft. Man zahlt ein hohes **Pfand** auf Flaschen wie Dosen. Die Rückgabe bereitet aber auf Reisen Probleme, weil sie vielfach nicht im *Liquor Store*, sondern in besonderen, abseitig gelegenen **Sammelstellen** erfolgen muß.

Wein

Die Weinregale der *Liquor Stores* sind in **Canada** nach Herkunftsländern geordnet, in den **USA** zumindest nach *Domestic* und *Imported Wines*.

Wein USA

Speziell **kalifornische Weine** können es mit europäischen Produkten ohne weiteres aufnehmen, soweit es sich um bessere, relativ teure Sorten handelt – ab ca. $9-$10 die Flasche. Das gilt auch für die Weine aus der **Finger Lakes**-Region in New York State. **Deutsche Weine** sind wenig verbreitet. Nach Auskunft der Weinhändler liegt dies an den Etikettangaben. Was soll ein Amerikaner auch mit einem "Sonnenbichler Goldstädel" anfangen? Weine wie "Liebfraumilch" oder *Blue Nun*, oft jahrgangslose Abfüllungen unbestimmter Herkunft, sind zwar allgemein bekannt und erhältlich, aber – zumindest im Nordosten – im Grunde *out*. **Dry**, worunter gewöhnlich *Chablis* oder *Chardonnay* verstanden wird, **ist in**. Sekttrinker werden mit spanischem **Freixenet** preiswert bedient.

Wein in Canada

Auch in den *Liquor Stores* Canadas ist das Weinangebot groß. Neben Weinsorten aus aller Herren Länder gibt es **kanadische Weine**. Sie stammen vorwiegend aus den Weinanbaugebieten des *Okanagan Valley* und Südontarios. Die geschmacklich akzeptablen Sorten sind aber recht teuer. Importe aus Westeuropa schießen preislich den Vogel ab, ohne daß es sich dabei um erste Qualitäten handelt; das Gegenteil ist oft der Fall.

Tip

Rotwein der kalifornischen Firma **Woodbridge** (ab $9) und **chilenische Weine** – auch in Canada erhältlich – sind noch bezahlbar und auch qualitativ empfehlenswert.

Weinregal in einem Liquor Store in Maine

Traditionelles Maisgrillen in Vermont zur Erntezeit an der Straße: Die Verkaufs-erlöse dienen hier einem guten Zweck

3.7.2   Zu Speisen und Gerichten im Nordosten

Gerichte, Nahrungsmittel oder Essenstraditionen, die rein nordamerikanisch sind, gibt es praktisch nicht.

Indianische Tradition

Der Büffel – einst Hauptnahrungsmittel der Indianer in den *Great Plains* – wird neuerdings manchenorts in kleinerem Wuchs gezüchtet und vermarktet. Doch noch ist **Büffelfleisch** selten auf den Speisekarten der Restaurants zu finden. Eine indianische Spezialität der maritimen Provinzen ist eine **Fiddlehead Green** genannte Gemüseart: Ein Farnkraut bildet im Frühjahr – vor allem in feuchten Gebieten – *fronds* (Sprossen) aus, die aussehen wie die Schnecke einer Violine. Diese Sprossen werden geschält, dann gekocht oder gedünstet.

Clam Bake

Von den Indianern in Neu-England stammt das traditionelle **Clam Bake**: Die Indianer gruben ein Loch in den Sand des Strandes und entfachten ein Holzfeuer. Die Glut wurde mit Seetang oder Seegras (*seaweed/rockweed*) bedeckt und darüber der Fang (im wesentlichen Muscheln und Hummer), aber auch Gemüse, Mais und Kartoffeln, übereinandergeschichtet, immer wieder durch eine Lage Seegras getrennt. Im kokelnden Gras garen die Meeresfrüchte und das Gemüse sehr langsam und werden dabei besonders zart. *Clam Bakes* erfreuen sich heute im Sommer am Strand oder im Garten als **All Day Picnic** immer noch großer Beliebtheit, manchmal auch als kommerzielle Veranstaltung. Im 19. Jahrhundert waren *Clam Bakes* sogar als gesellschaftliches Ereignis in Mode.

Überlieferte Gerichte

Die **frühen Siedler** plagten andere Sorgen, als die Verfeinerung des Speisezettels. Ihre Kost bestand meist aus kräftig-dicken **Bohnensuppen** (*Boston Baked Beans*, in Québec *Pie Soup*) mit gepökeltem Fleisch, Zwiebeln, Melasse oder Ahornsyrup.

Die **Franzosen** achteten von Anfang an auch in der Neuen Welt mehr aufs gute Essen (⇨ Port Royal/Nova Scotia, Seite 543). Fleisch, Wild, Geflügel und Fische wurden nicht einfach übers offene Feuer gehalten, sondern man nahm sich Zeit für die Zubereitung: **Pasteten** wie *Tourtières*, *Cipailles* oder *Six Pailles* sind bis heute im französischen Canada verbreitet.

Surf & Turf   *Seafood* wird auch **Surf** genannt, während die Fleischgerichte **Turf** heißen. Restaurants werben oft mit beidem: *"We serve surf and turf"*.

Shellfish   Schalentieren heißen **Shellfish**. Beliebtestes Schalentier im Nordosten ist zweifelsohne der **Hummer**. Man wirft die *Lobster* lebend in kochendes Wasser und genießt das Fleisch ohne weitere Zubereitung, ⇨ Seite 290. Aber man nimmt gern ausgelassene Butter oder Mayonnaise dazu.

Clams (Muscheln) gibt es mit unterschiedlicher Bezeichnung. **Softshell Clams** besitzen Schalen, die leicht zu knacken sind. Sie werden gewöhnlich in Seewasser gedünstet (deswegen auch **Steamers** genannt) und nach Entfernung der Haut in warme Butter getunkt. **Hardshell Clams** haben harte, porzellanähnliche Schalen: **Little Necks** oder **Cherry Stones.** Man serviert sie wie Austern: roh **on the half shell** mit Zitrone. **Quahogs** (sprich Kohogs) sind größer. Sie werden in Streifen geschnitten und paniert als *fried clams* verkauft. Auch für **Clam Chowder** nimmt man sie. *Chowder* (*Clam-* oder *Fish Chowder*) sind weiße, angedickte Suppen auf der Basis von Kartoffeln, Milch und Mais – mitunter sehr lecker, aber auch mal eher fade. **Mussels** (Miesmuscheln) und **Scallops** (Jakobsmuscheln) werden **baked, fried** und **steamed** serviert (gebacken, gebraten oder gedünstet).

Empfehlung   Bei den gängigen Fischarten wie Kabeljau, Heilbutt oder Seezunge sollte man auf *deep fried* oder *battered* verzichten, weil das Frittieren den feinen Fischgeschmack erschlägt. *Sauteéd* – in Butter und Zitrone – schmecken vor allem die kleinen **Scrods** (Kabeljau Filets) vorzüglich.

HOT DOGS

Winies, Wiener, überwiegend aus Schweinefleisch, gab es schon vor 130 Jahren in den Staaten. **Red Hots**! war der Lockruf New Yorker Straßenverkäufer um die Jahrhundertwende für heiße Frankfurter Würstchen aus Rindfleisch. Daß dann aus der Kreuzung von kleinerem Schwein und größerem Rind auf einmal ein "heißer Hund", der populäre **Hot Dog** wurde, geht auf den Karikaturisten **T.A. Dorgan** zurück, der den fleischigen Eßstengel zu einem gestreckten Dackel zwischen zwei Brötchenhälften (*Bun*) verulkte. Prompt wurde auf der Würstchenesser-Hochburg **Coney Island** die neue Bezeichnung *Hot Dog* untersagt, weil alle Welt verwurstetes Köterfleisch in der dünnen Pelle vermutete. Das war 1914. Der nationale Schaden hielt sich aber in Grenzen: *Hot Dogs* blieben Amerikas beliebteste *Fast Food*, bis der **Hamburger** zwei Jahrzehnte später seinen Siegeszug antrat.

3.7.3	**Fast Food**

Wer auf Amerikas Straßen unterwegs ist, kommt an – zumindest gelegentlicher – *Fast Food*-**Ernährung** kaum vorbei. Trotz dessen heute oft negativer Bewertung läßt sich nicht leugnen, daß das "schnelle Essen" eine Reihe von Vorteilen bietet. Im übrigen ist es vielfach besser als sein Ruf.

Übersicht

Selbst im letzten Winkel der USA und zumindest in Ontario auch in Canada noch ziemlich flächendeckend findet man die Filialen der großen *Fast Food*-Ketten. Wo sich *McDonald`s* niedergelassen hat, sind *Hardee`s*, *Wendy`s* und der *Burger King* mit ihren Hamburger-Variationen nicht weit. Und nach Hähnchenteilen von *Kentucky Fried Chicken – KFC*, den *Donuts* von *Tim Horton* und den Eisspezialitäten der *Dairy Queen* muß man auch selten lange suchen. Um die Gunst des eiligen Kunden konkurrieren außerdem jede Menge lokale Snackbars, Cafeterias und *Coffee Shop*s.

Allen gemeinsam ist das moderate Preisniveau und der weitgehend identische Geschmack aller gängigen Gerichte. Ausnahmslos erfolgt **kein Alkoholausschank**. Eine weitere Gemeinsamkeit besteht in der tischdeckenlosen, nüchternen **Plastikeinrichtung**. **Selbstbedienung** überwiegt bei weitem.

Frühstück

Unabhängig von ihrer Spezialisierung für den Rest des Tages gibt es in vielen *Fast Food Restaurants* morgens von 6–10 oder 11 Uhr *Breakfast.* Das amerikanische Standardfrühstück besteht aus zwei Eiern (*Scrambled* = Rührei; *Fried*, **sunny side up** = Spiegelei), gebratenem Speck oder Bratwürstchen und **Hash Browns** (gebratene Reibekartoffeln). Dazu werden Toast und Marmelade serviert oder Waffeln mit **Ahornsyrup**, sowie Kaffee oder Tee nach Belieben; ⇨ Glosse Seite 152.

Zu den wichtigsten in ganz Nordamerika verbreiteten Ketten ist folgendes anzumerken:

Hamburger-Lokale

– Der Marktführer *McDonald's* serviert bekanntlich **Hamburger** in verschiedenen Ausführungen. Der *Burger King* und *Hardee`s*, die #2 und #3 (im Osten) unter den Hamburger-Ketten, unterscheiden sich nur dem Namen nach von *McDonald's.* Sortiment, Geschmack und Preise stimmen fast überein. **Hauseigene Spielplätze** helfen bei der Konkurrenz um die Gunst der Kunden, zumindest von Eltern. Denn Kinder lieben die Anlagen der Hamburger-Konkurrenten mit Kunstrasen, Kletternetzen und Rutschen.

– *Wendy's* lockt die Kunden heute weniger mit dem Basisprodukt *Hamburger* als mit einer **Salad Bar**, die in manchen Filialen um *Mexican Food* und *Pasta* erweitert ist.

Kentucky Fried Chicken

– Um die Ehre, die größte amerikanische Kette zu sein, wetteiferte *McDonald's* lange mit *Kentucky Fried Chicken* (*KFC*), deren Filialen überbackene Hähnchenteile verkaufen.

179

KFC Obwohl ein *Chicken-Meal* weder billig noch sonderlich schmackhaft ist, erfreuen sich die *KFC*-Spezialitäten erstaunlicher Beliebtheit.

Dairy Queen – Auch die *Dairy Queen* Filialen sind zahlreich. Ursprünglich spezialisiert auf **Milch-Mixgetränke**, Eis und Yoghurt, serviert man auch *Hamburger*. Es gibt sowohl die schmuddelige Dorf-Cafeteria wie den pieksauberen modern gestylten Plastikschuppen. Immer schmeckt das **Eis hervorragend**.

Donuts – Nicht nur Süßes und Kaffee servieren Ketten wie *Dunkin' Donuts*, *Donut Hut* und *Tim Horton`s*, hauptsächlich jedoch *Donuts* und *Muffins*. Sie alle sind auch jederzeit für ein schnelles Frühstück gut.

Mexican Food – *Tacos, Burritos* und *Tostados* findet man heute selbst im Nordosten der USA und – vereinzelt – im Osten Canadas. Ob nun in der Filiale einer der großen Ketten wie *Taco Bell* oder beim "Dorfmexikaner", kaum irgendwo sonst läßt sich für so wenig Geld der Magen füllen.

Bei Tim Hortons (nur Canada) schmeckt auch der Kaffee

Sonderpreise Alle Ketten werben nahezu kontinuierlich mit Sonderpreisen für bestimmte Gerichte oder **Kombinationen von *Items***, z.B.: *Large Coke* & *Cheeseburger* & *French Fries* (Pommes Frites) für $1,99. Wer auf derartige Angebote achtet und es darauf anlegt, kann mitunter billiger essen als bei Selbstverpflegung.

Drive-in Der besonders eilige Gast verläßt zum *Fast Food*-Imbiß sein Auto nicht, sondern fährt am *Drive-in-Counter* vor. Dort geht es bei Andrang oft erheblich schneller als im Lokal selbst.

Alkohol und Fast Food Obwohl sich die Trinksitten gelockert haben – vor allem in Canada, wo noch bis in die 60er-Jahre Trinken und Essen als getrennte Vorgänge galten –, darf dort, wo gegessen wird, nicht unbedingt auch Alkoholisches getrunken werden. **Den *Hot Dog* oder *Hamburger* "in der Öffentlichkeit" mit einem Bier hinunterzuspülen, ist jedenfalls ziemlich undenkbar.**

Das gilt generell für *Fast Food Restaurants, Delis, Coffee Shops* und *Bakeries*. Sogar **Hummer**, an einem Imbiss direkt am Kai verzehrt, darf man in Neu-England und in den maritimen Provinzen Canadas nur im *Softdrink* schwimmen lassen. Wenige Ausnahmen bestätigen die Regel.

Fast Food nicht nur in Ketten-Restaurants: Imbiss in Ontario

HAMBURGER

Die Idee, Fleisch durchzudrehen und roh zu essen, kam von den Tartaren. Sie führten das "Tartar" im Baltikum ein, von wo es nach Hamburg gelangte und dort vor dem Verzehr vorsichtshalber gebraten wurde – glauben die Amerikaner und nannten daher den gebratenen Fleischklops *Hamburger*. Es gibt auch noch andere Theorien über die Herkunft der Bezeichnung, aber die sind mindestens ebensowenig wissenschaftlich gesichert. Wie auch immer: der *Hamburger* wurde in Amerika zum nationalen Kompaktmenü, wobei heute zwischen zwei sesambesträuselten Schaumgummiteilen das Hauptgericht ruht – garniert mit Salat und Zutaten aus Tuben und Konserven. Diese Veredelung vollzog sich Schritt für Schritt. Das Brötchen kam im Ersten, das Salatblatt im Zweiten Weltkrieg dazu. Beides vom *Hot Dog* abgeguckt, den der *Hamburger* bald vom Platz 1 der *US-Fast-Food*-Hitliste verdrängte. Die Burger-Familie wuchs und wuchs und bekam reichlich Freunde. So etwa **Wimpeye**, den Comic-Kollegen von *Popeye*, der sich nicht mit Spinat, sondern mit *Hamburgers* stärkt. Die Herkunft des *Wimpey Burger* ist damit zweifelsfrei geklärt.

Die billionenfache Vermassung als *Fast Food* geht jedoch auf *McDonalds* Werbestrategie zurück: *Dad* und *Mom* essen, wo die *Kids* sie hinquengeln. Seit kurzem selbst dort, wo die Story einst begann, im Baltikum.

3.7.4 Family Restaurants

Obwohl der Begriff des *Family Restaurant* durchaus auch auf die *Fast Food Places* ausgedehnt wird, bezieht er sich doch eher auf ein **Zwischending** zwischen *Fast Food* und *Full Service Restaurants* mit Alkohollizenz, wie im folgenden Abschnitt beschrieben. Ein Familienrestaurant ist gekennzeichnet durch Preise, die sich auch **Familien mit Kindern** leisten können, eine **große Auswahl "amerikanischer" *Items*** und ebenfalls die weitgehende **Abwesenheit von Alkoholika.**

Denny`s

Das ***Family Restaurant* an sich ist *Denny`s***. Die Filialen von *Denny`s* gibt es überall. Viele *Denny`s Restaurants* sind Tag und Nacht geöffnet und servieren die ganze Palette des reichhaltigen *Menu* vom Frühstück bis zum Nachtisch jederzeit. Bei *Denny`s* gibt es eine Theke für den eiligen Gast und die in den USA so beliebten Tischabteile (wie in alten Eisenbahn-Speisewagen). Dort wird normal bedient wie im "richtigen" Restaurant, aber schneller. Eine Plazierung (⇨ Seite 184) erfolgt nicht oder wird leger gehandhabt.

Bewertung

Generell gilt: bei *Denny`s* wird man satt fürs Geld, und es schmeckt! Eine mengen- und preisreduzierte Speisenfolge wird ***Seniors* ab 55** geboten. **Empfehlenswert** für unterwegs, wenn *Fast Food* nicht mehr läuft, aber "richtige" *Restaurant* zeitlich und finanziell zu aufwendig erscheinen.

Sizzler

Für ein preiswertes, schmackhaftes Steak und eine überbordende ***Salad Bar,*** an der mitunter auch zwei, drei warme Gerichte zu haben sind, geht nichts über das ***Sizzler Steakhouse***. Für einen Einheitspreis kann man sich an dieser Bar grenzenlos und wiederholt (*all you can eat*) bedienen. Ein Hauptgericht ist dabei kein Zwang. Sizzler ist auch gut mit Kindern, da oft gilt: ***Kids eat free with adults***. Aber selbst wenn nicht, auf jeden Fall gibt`s **Kinderteller** und **Kinderauswahl** an der Desserttheke. *Sizzler* praktiziert faktisch eine **Mischung aus Selbstbedienung und Service**. Die Platzwahl ist dem Gast überlassen. ***Steaks, Seafood***, heiße Beilagen und Getränke werden gebracht. Da ist dann ein ***Tip*** für die Bedienung fällig.

Hier gibt`s alles, was das Herz begehrt zu kleinen Preisen (in Weirs Beach/New Hampshire)

Ponderosa/ Bonanza	Die Steakhäuser *Ponderosa* (rustikal) und *Bonanza* (bürgerlich) und die (sehr gute!) *Steak & Seafood-Kette* **Red Lobster** gehören im Prinzip in dieselbe Kategorie wie **Sizzler** bei kleinen Unterschieden in Philosophie und Einrichtung.
Pizza Hut	Flächendeckend in beiden Ländern vertreten bietet die *Pizza Hut* Pizza und *Pasta* in großer Vielfalt zu angemessenen Preisen (gelegentlich sogar Bier und Wein!). An der Qualität gibt es nicht viel auszusetzen, aber man muß sich erst an die ungewohnten **Pizza-Größenkategorien** und das raffinierte Zuzahl-System für die *Toppings* herantasten, soll die Pizza nicht unerwartet teuer werden. Zur Mittagszeit bietet die *Pizza Hut* sehr günstige **Lunch-Specials** und meistens auch besonders preiswerte **Pasta-Gerichte für Kinder.**
Zahlweise	Im Gegensatz zu den Fast Food-Lokalen, in denen fast ausschließlich bar bezahlt werden muß, akzeptieren die *Family Restaurants* durchweg **Kreditkartenzahlung.**

3.7.5 "Richtige" Restaurants

Situation

Küchen	Natürlich existieren in Amerika nicht nur *Fast Food Places* und *Family Restaurants* sondern auch zahlreiche "richtige" Restaurants, die in den Vielvölker-Staaten USA und Canada **Spezialitäten aus aller Herren Länder** anbieten. In den großen Cities ist die Auswahl unter verschiedenartigsten ethnischen Küchen oft enorm, während sich in Kleinstädten und auf dem Lande das gastronomische Angebot nicht selten auf die typischen Hamburger- (auch im Restaurant!) und Steakgerichte beschränkt. An den Küsten gibt es *Seafood Restaurants* auch noch in ziemlich kleinen Orten.
Bistros	Wo eine entsprechende Kundschaft vorhanden ist – also überwiegend in den Cities, auf dem Lande nur in Neu-England und auf Long Island sowie in den Naherholungsgebieten von Toronto und Montreal –, hat sich eine leichte internationale Küche durchgesetzt mit kreativen Varianten aller Küchen dieser Welt. Unter derselben Voraussetzung konnten sich auch Lokale im "**Bistro-Stil**" mit viel Grün verbreiten.
Wo findet man Restaurants?	Mit Ausnahme von Fußgängerzonen in touristisch geprägten Städtchen, Altstadtbereichen und bestimmten Großstadtvierteln ist ein geeignetes Restaurant nicht einfach beim – in Amerika ohnehin selten angezeigten – abendlichen Ortsbummel zu entdecken. **Full Service-Restaurants** (mit Alkohollizenz) findet man ebenso wie die *Fast Food* Konkurrenz an den Hauptverkehrsstraßen zwischen Einkaufszentren und Tankstellen. Die in Informationsbüros vorrätigen Werbebroschüren enthalten immer Hinweise zur lokalen Gastronomie.

Terrassen Im Nordosten gibt es mehr Möglichkeiten, bei gutem Wetter draußen zu essen als in den meisten anderen Regionen Nordamerikas. So findet man etwa in Boston, Québec City, Montreal und Toronto viel mehr Terrassenlokale als in New York City. Auch in den kleinen und großen Seebädern an der Atlantikküste (Long Island, Cape Cod, Maine – weniger in Canada) fehlt es nicht an Restaurants mit *Outer Decks*.

Preisniveau Gemessen an dem, was hinsichtlich Ausstattung, Ambiente und Küchenqualität im allgemeinen geboten wird, sind amerikanische Restaurants auch bei günstigem Dollarkurs **selten ein sonderlich preiswertes Vergnügen**. Gutes Essen bei ebensolchem Service in angenehmer Umgebung muß immer gut bezahlt werden. Indessen gelten mittags und abends häufig unterschiedliche Karten: als *Lunch serviert* sind dann alle Gerichte – oft deutlich – billiger als dasselbe zum *Dinner*.

Alkohol Alkohol und Restaurants sind in Nordamerika ein Kapitel für sich. Wein- und Biertrinker achten bei der Wahl des Restaurants darauf, ob es *licensed* oder *unlicensed* ist, ➪ Seite 185.

Im Restaurant

Plazierung In ganz Amerika werden Restaurantgäste "plaziert". Auch wenn freie Tische vorhanden sind, wartet man, bis sich ein *Waiter/Host* oder eine *Waitress/Hostess* seiner und der dazugehörenden *Party* annimmt und einen Tisch zuweist. Einzelne freie Plätze an sonst bereits besetzten Tischen werden nicht vergeben. Ist im Moment kein Tisch frei bzw. noch nicht abgeräumt, werden die **Namen** der ankommenden Gäste

notiert und der Reihe nach aufgerufen.

"Meyer, party of four!" soll heißen, für die "Gruppe" **Meyer mit 4 Personen** steht nun ein Tisch bereit. Bis das der Fall ist, dürfen sich Meyers die Zeit mit einem *Drink* an der Bar vertreiben, falls eine vorhanden ist. Wenn nicht, warten sie ggf. draußen. **Warteschlangen** vor Restaurants sind in Amerika kein ungewöhnliches Bild.

In Lenox/ Massachussetts

Die Karte

Endlich am Tisch, bringt die Bedienung das **Menue** (sprich Männjuh), die Speisekarte. Meist stellt sie/er sich mit einem kurzen Satz vor wie *"Hey, my name is Joan/Jim, I am serving on you tonight, how are you doing!* Auch ein wenig **Small Talk** ist selten Ausdruck umwerfender Freundlichkeit, sondern gehört – mit Blick auf den *Tip* – zum Ritual.

Vorspeisen heißen **Appetizers** oder **Starters**, Hauptgerichte **Entrees**. Die Beilagen zum *Entree* sind **Side Dishes**. Getränke stehen unter der Rubrik *(Alcoholic) Beverages*. Nur ausgesprochen feine Restaurants führen eine **Vine List** mit einer Auswahl von Flaschenwein. Das **Glas of Vine** (*red, white ohne weitere Details*) ist Glücksache. Man muß aber gar nichts zum Trinken bestellen, denn das Glas **Eiswasser** gibt`s sowieso und wird ungefragt serviert. Es handelt sich dabei um ganz normales Leitungswasser, das zwar bakteriologisch einwandfrei, aber geschmacklich oft indiskutabel ist, da dem Wasser in vielen Landstrichen Chlor beigefügt wird.

Alkohol-konsum

Nur in **Restaurants mit Lizenz** können alkoholische Getränke geordert werden. Manches ethnische Restaurant – speziell in Canada – verfügt über keine Alkohollizenz. Mitunter (Montreal!) ist es erlaubt, seine eigene Flasche mitzubringen. Ein Schild **B.Y.O.B – Bring Your Own Bottle** weist darauf hin.

Salattheke

Vor allem **Steak Restaurants** verfügen über eine **Salad Bar**, an der unbegrenzt nachgefaßt werden darf. Sehr häufig sogar ohne ein Hauptgericht zu bestellen, obwohl das nicht immer ausdrücklich auf der Karte steht. Das kostet nur ein paar Dollar und ersetzt leicht eine ganze Mahlzeit.

Nachtisch

Nach dem Hauptgericht fragt man den Gast regelmäßig, ob er noch **Sweets** oder **Dessert** wünscht. Zur Vermeidung übersüßter Farbüberraschungen sollte man den Nachtisch mit Ausnahme von Eis und Früchten nur nach "Inspektion", nie ausschließlich nach Karte bestellen.

Kaffee

Kaffee wird in den meisten Fällen beliebig nachgeschenkt, aber nur einmal berechnet. Kännchen gibt es nicht. Ein gerne angebotener (teurer) *Irish Coffee* enttäuscht leicht. Die rechte Mischung aus starkem Kaffee, einem angemessenen Quantum Whisky und richtiger Schlagsahne gelingt selten.

Ende der Veran staltung

Essengehen in Nordamerika ist **keine abendfüllende Veranstaltung**. Selbst nach einem üppigen Menü mit Vor-, Haupt- und Nachspeise hat es die Bedienung oft eilig, dem Gast nach dem letzten Bissen zu signalisieren, daß das Vergnügen nun beendet sei, indem nach einem knappen *Anythings else!* die Rechnung präsentiert wird.

Es ist unüblich, nach dem Essen am Tisch sitzen zu bleiben und noch Getränke zu konsumieren; dazu geht man an die Bar oder in die *Lounge*, ggf. in ein anderes Lokal.

RAUCHEN

In beiden Ländern – mit Ausnahme von Québec – gelten fürs Rauchen in der Öffentlichkeit heute immer **strenger werdende Restriktionen**. **Bahnhöfe, Flughäfen, *Shopping Malls*, Museen** und *Amusement Parks* sind strikte ***Non-Smoking* Zonen**, öffentliche Gebäude sowieso. Die meisten **Hotelzimmer** sind für Nichtraucher reserviert, in denen auf keinen Fall geraucht werden darf, auch wenn alle *Smokers` Rooms* ausgebucht sind.

In **Restaurants** dürfen Raucher oft nur an wenigen Tischen irgendwo hinten in der Ecke Platz nehmen, wenn überhaupt, und selbst dort sind Aschenbecher nicht selbstverständlich. Wer die streng blickende Bedienung explizit nach derartig obszönen Gegenständen fragt und sich damit öffentlich zu seiner Nikotinsucht bekennt, benötigt schon Mut. Für "verzweifelte" europäische und japanische Touristen eignen sich italienische Cafes in New York City, die nicht zwischen Raucher und Nichtraucher, sondern zwischen Raucher- und Kettenraucher-Sektionen unterschei-

SMOKING AT CURBSIDE DESIGNATED AREAS ONLY

den. Ihre Kundschaft sind heute zu über 50% Ausländer, die sich in der rauchschwangeren Atmosphäre bei Wein und Cappuccino wie zu Hause fühlen dürfen.

Nebenbei ist natürlich klar, daß die Preise für Zigaretten gepfeffert sind. Raucher decken sich vor der Abreise im *Duty Free Shop* oder im Flugzeug ein.

Rechnung

Der *Cheque* weist neben den Nettopreisen des *Menu* zusätzlich die Umsatzsteuer aus (5%-12%, in Canada plus *GST*, ⇨ Seite 199). Da der *Service* nie im Preis enthalten ist und das Personal nur ein kleines Fixum erhält, wird ein für europäische Verhältnisse **üppiges Trinkgeld** erwartet. Üblich sind **12%-15%**, bei guter, freundlicher Bedienung auch deutlich mehr nicht ungewöhnlich. Ein *Tip* von **$8** bei einer **Gesamtrechnung von $52** gilt in Restaurants der mittleren bis gehobenen Kategorie nicht nur als normal, sondern wird ungefähr erwartet. Zu den Preisen der Karte muß man also mindestens 20% addieren, will man die **Effektivkosten** richtig kalkulieren.

Zahlung

Gezahlt wird selbst in besseren Restaurants nicht selten an einer Kasse am Ausgang. In diesem Fall hinterläßt man den *Tip* im allgemeinen bar am Tisch. Bei persönlicher Rechnungsbegleichung per Kreditkarte kann man das Trinkgeld auch auf dem Beleg vermerken.

3.7.6 Kneipen, Bars und Pubs

USA
Das Angebot an Bars, *Pubs* und *Saloons* ist im **Osten der USA** zwar nicht so groß wie im Westen, aber doch immerhin auch in kleinen Orten vorhanden. Hotels besitzen üblicherweise eine **Bar** oder – etwas feiner – eine *Cocktail Lounge*. Die Atmosphäre in ihnen entspricht weitgehend dem Bild, das uns Fernsehserien und Filme liefern. Eine amerikanische Besonderheit sind *Sports Bars*, Bierkneipen, in denen überall an den Wänden Fernseher hängen, die kontinuierlich Sportereignisse zeigen, in erster Linie *American Football, Baseball, Basketball* und *Eishockey*. Billardtische gehören auch dazu.

Canada
In Canada sind **Pubs** und **Bars** rarer, aber in Groß- und Mittelstädten zahlreich genug, um sich bei Bedarf mal ein Bier oder einen Drink zu genehmigen. In besseren Hotels gibt es **hauseigene Bars** auch auf dem Lande, wo es ansonsten düster aussieht mit der Kneipenszene. **Sonntags** und zu später Stunde steht man (auch in einer City) leicht vor verschlossener Tür.

Getränke
In amerikanischen Kneipen wird überwiegend **Bier** getrunken. Hochprozentiges ist im reinen Zustand – außer *Wisky* und *Rye* (kanadischer Wiskey) mit viel Eis *on the rocks* (Achtung, schmeckt wie das Eiswasser oft nach Chlor) – so gut wie unbekannt. Es wird überwiegend zum Mixen benutzt. Beim Bier stehen meist mehrere Sorten Flaschenbier und Zapfbier (*draft beer*) zur Auswahl. Zapfen ist in Amerika mangels Schaumbildung keine besondere Kunst. Das eiskalte Naß fließt flott ins Glas. In manche Kneipen gibt es *Pitcher*, offene Krüge, aus denen sich die Runde nach Bedarf nachschenkt.

Preise
Alkoholische Getränke sind in der Gastronomie beider Staaten ein relativ teurer Spaß. Ein Bier (0,3 l) unter $3 gibt es kaum noch, in Canada muß leicht ab $5 und mehr hingelegt werden. Das gilt auch für Zapfbier in Plastikbechern.

Gaststätte
Die bei uns bekannte Kombination aus Kneipe und Restaurant, die gemütliche **Gaststätte,** in der sich angenehm ein Abend verbringen läßt, ist **in Amerika (fast) nicht existent**.

Kneipe in Wakefield/Massachussetts (nördlich von Boston)

187

3.9 **ALLES WEITERE VON A – Z**

Apotheken

Reine Apotheken *(Pharmacies)*, wiewohl hier und dort vorhanden, findet man relativ selten. Meistens ist bestimmten *Drugstores* eine "Apothekenabteilung" zugeordnet, wo es die nicht verschreibungspflichtigen Medikamente in Selbstbedienung gibt. Rezeptpflichtige Medikamente werden an einer Sondertheke für ***Prescriptions*** in neutralen Tütchen mit Einnahmeanweisung, aber **ohne Beipackzettel** ausgegeben.

Ärzte und Zahnärzte (⇨ **Gesundheit**)

Wie bereits weiter oben erläutert, sollte für den Eventualfall einer auf Reisen notwendigen Behandlung unbedingt vorgesorgt sein. Es gibt Fälle, in denen die Behandlung auch im Notfall verzögert oder sogar abgelehnt wird, wenn unklar ist, wie und ob sie bezahlt werden kann. Trotz einer insgesamt hohen Dichte bei der ärztlichen und zahnärztlichen Versorgung, ist es in beiden Ländern für Touristen nicht immer einfach, einen Arzt (***Physician***) oder Zahnarzt (***Dentist***) zu finden bzw. einen Termin zu erhalten. Im Prinzip benötigt man eine persönliche "Beziehung". Das kann jemand vom Hotelpersonal sein oder der Campingplatzbetreiber. Eine Ausnahme bilden ***Walk-in Clinics*** (Ambulatorien), auf "Laufkundschaft" eingestellte Gemeinschaftspraxen, die man in Städten ab mittlerer Größe mehr und mehr findet. Mit **akuten Beschwerden** und **Verletzungen** kann man sich direkt zum ***Emergency Room*** (Notaufnahme) des nächstgelegenen Hospitals begeben. Bei Problemen hilft auch die lokale ***Visitor Information*** *(Chamber of Commerce)* eventuell weiter. In *National* und *State Parks* sind die ***Ranger*** Ansprechpartner und in aller Regel sehr hilfsbereit.

Die in Canada und den USA einheitliche Telefonnummer für Notfälle aller Art *(Emergencies)* ist 911.

Banken

Eine Bankfiliale findet sich noch im kleinsten Ort. Die meisten akzeptieren anstandslos die gängigen **Reiseschecks** und zahlen ohne Abzug den Nennwert aus. Gelegentlich gibt es eine **Summenbegrenzung** bei der Entgegennahme. Oft muß der Pass vorgelegt werden. Das gilt ausnahmslos für die Auszahlung von Bardollars gegen Kreditkarte *(Cashing)*. Die Mehrheit der Banken honoriert ***Mastercard*** (***Eurocard***) und ***VISA***. Banken öffnen ihre Schalter üblicherweise von montags bis freitags (manchmal auch samstags) um 9 Uhr und schließen bei durchgehender Geschäftszeit bisweilen bereits um 14 Uhr, selten später als 16 Uhr.

Botschaften und Konsulate

Embassies and Consulates

Die diplomatischen Vertretungen des eigenen Landes sind für Touristen normalerweise nur von Interesse, wenn **Not am Mann** ist, in erster Linie bei Verlust der Finanzen und/oder Papiere. Soweit "lediglich" Reiseschecks und Kreditkarten abhandengekommen sind, helfen die ausgebenden Organisationen und Eigeninitiative. Ist der **Pass weg**, läßt sich der Gang zur Botschaft bzw. zu den Konsulaten nicht vermeiden. Die Adresse des jeweils nächstliegenden zuständigen Konsulats erfährt man durch einen Anruf bei seiner Botschaft:

In den USA

Deutschland: 4645, Reservoir Road NW,
Washington DC 20007
✆ (202) 298-4249/8140

Schweiz: 2900 Cathedral Ave NW
Washington DC 20008
✆ (202) 745-7900

Österreich: 2343 Massachusetts Ave NW
Washington DC 20008
✆ (202) 483-4474

In Canada

Deutschland: 275 Slater Street, 14th Floor
Ottawa, ON K1P 5H9
✆ (613) 232-1101

Schweiz: 5 Marlborough Ave.
Ottawa, ON K1N 8E6
✆ (613) 235-1837

Österreich: 445 Wilbrod Street
Ottawa, ON K1N 6M7
✆ (613) 563-1444

Der Ernstfall

Bei **Dokumentverlust** hilfreich sind **Fotokopien**, die man tunlichst schon zu Hause angefertigt hat. Die **Konsulate sind** zwar zur Hilfe verpflichtet, aber in der Regel wenig begeistert für diese Aufgabe. Mit der Hilfeleistung verbundene finanzielle Aufwendungen holt sich der Staat in der Heimat zurück.

Datum

In Amerika ist die Datenschreibweise Monat/Tag/Jahr. Der **25. Juni 1996** schreibt sich demzufolge **06/25/96**.

Elektrischer Strom

Nordamerika verfügt über ein Wechselstromnetz mit einer Spannung von 110-125 Volt und einer Frequenz von 60 Hertz. Apparaten, die sich auf 110/125 V umschalten lassen, schadet der Wechsel von 50 auf 60 Hertz nicht; Rasierapparate laufen etwas rascher. Zur Adapterbeschaffung ⇨ Seite 117.

Feiertage

USA

An Feiertagen bleiben Banken, Postämter und öffentliche Verwaltungen geschlossen. **Private Geschäfte brauchen ein Feiertagsgebot nicht zu beachten** und locken ihre Kunden gerade dann mit Sonderangeboten zum *Family Shopping*:

Canada

In Canada gelten überwiegend identische Daten, wenn auch z.T. unter abweichender Bezeichnung. **Es entfallen** *M.L.King, President`s, Memorial, Independence* und *Columbus Day*.

Viele **Geschäfte** bleiben zwar auch an Feiertagen geöffnet, aber mit reduzierten Öffnungszeiten. Nebenstehende kanadische Feiertage weichen von der folgenden US-Listung ab:

Feiertagsbezeichnung	Datum	Bemerkungen
New Years Day	1. Januar	Neujahrstag wie bei uns
Martin Luther King Day	3. Montag im Januar	Gedenktag an den ermordeten Prediger wider den Rassenhaß
President`s Day	22. Februar	Washington`s Geburtstag, heute Feiertag zu Ehren aller ehemaligen Präsidenten
Good Friday	Freitag vor Ostern	Karfreitag
Memorial Day	Letzter Montag im Mai	Tag zur Ehrung aller Gefallenen. Das Wochenende läutet den Sommer ein
Independence Day	4. Juli	Unabhängigkeitstag, wichtigster Feiertag der USA, Umzüge und Paraden, Feuerwerk
Labor Day	1. Montag im September	Tag der Arbeit, wie bei uns der 1. Mai. Ende der Feriensaison.
Columbus Day	12. Oktober	Gedenktag an die Entdeckung Amerikas
Veteran`s Day	11. November	Ehrentag für die Veteranen der US-Armee
Thanksgiving	4. Donnerstag im November	Erntedankfest
Christmas Day	25. Dezember	Nur **ein** Weihnachtstag

Canada	Easter Monday	Ostermontag
	Victoria Day	vorletzter Montag im Mai
	Canada Day	1. Juli
	Provincial Day	erster Montag im August
	Thanksgiving	2. Montag im Oktober
	Remembrance Day	11. November
	Boxing Day	26. Dezember

Fernsehen

Private Stationen

Das amerikanisch/kanadische Fernsehen wird von einer Handvoll großer kommerzieller Gesellschaften dominiert. Daneben gibt es zahlreiche Lokal-/Regionalstationen die Programmteile der national operierenden Sender übernehmen. Gegen die seichten, in oft sehr kurzen Abständen von Werbung unterbrochenen Programme ist das Angebot unserer öffentlich-rechtlichen Sender fast eine intellektuelle Wohltat, und auch unsere Kommerzsender schneiden im Vergleich nicht schlecht ab. Die gelobten, locker gemachten amerikanischen Nachrichten vermitteln noch intensiver als bei uns überwiegend Momentaufnahmen aktueller Geschehnisse. Sie sind außerdem überwiegend auf **National News** beschränkt. International berichtenswert ist nur, was die Politik und Interessen der USA bzw. Canadas zumindest indirekt tangiert.

Insgesamt besitzen **anspruchsvollere Sendungen Seltenheitswert**. Für alle, die der ewigen Werbebotschaften überdrüssig sind, kommt **werbefreies Kabelfernsehen gebührenpflichtig** ins Haus. Filme am laufenden Band von jugendfrei bis Softporno ohne Unterbrechungen durch Werbespots gibt es auf **Movie Channels**. Viele Hotels und Motels werben damit.

Kabel

GESUNDHEIT UNTERWEGS

Situation

Jeder weiß, daß in keinem der beiden Länder Nordamerikas unkalkulierbare Gefahren oder problematische Hygienebedingungen warten. Vielmehr sind die USA und Canada überwiegend extrem sauber, sieht man von bestimmten Problemzonen in Ballungsgebieten der USA ab.

Einige mögliche, uns weitgehend unbekannte **unliebsame Überraschungen** hält aber unter Umständen der **Aufenthalt in freier Natur** bereit:

Beaver Fever

Wanderer und Kanuten müssen wissen, daß das Wasser der Seen und Flüsse – trotz vielerorts augenscheinlicher Trinkqualität – auf jeden Fall behandelt werden sollte. Das Problem heißt **Giardia Lamblia** oder auch **Beaver Fever**. Es handelt sich um eine Krankheit, die von Parasiten übertragen wird. Diese geraten durch menschliche und tierische

Ausscheidungen in die Gewässer und sind fürs Auge unsichtbar. Die Symptome der Krankheit sind Magen- und Darmkrämpfe, Durchfall und Übelkeit. Den Erregern kommt man bei durch ein mindestens zehnminütiges Abkochen des Wassers oder durch chemische Keulen auf Chlor-/Jodbasis wie *Puritabs*, *Steritabs* oder *Portable Aqua*. Es gibt sie in *Outdoor Shops*, in *Camping* und *Sports Departments* von Kaufhäusern und auch bei den *Outfitters* (Kanuverleihern).

Borreliose/
Lyme
Tick
Desease

In allen Waldgebieten des Nordostens können Zecken (*Ticks*) mit **Borreliose** infiziert sein. Da die Borreliose als von Zecken übertragene Krankheit 1975 in Lyme/Connecticut entdeckt wurde (die Symptome waren auch vorher bekannt, aber nicht dieser Ursache zugeordnet), heißt sie in Amerika *Lyme Tick Desease*. Bisse durch infizerte Zecken führen normalerweise zu nicht zu übersehenden Hautirritationen und Jucken um die betroffenen Stellen. Man braucht deshalb nicht vor Ort zum Arzt zu gehen, sollte sich aber innerhalb weniger Wochen bzw. gleich nach der Reise untersuchen lassen, selbst wenn einem nichts zu fehlen scheint. Borreliose ist im Anfangsstadium relativ leicht zu behandeln, zunächst unentdeckt kann sie jedoch schwerwiegende Spätfolgen zeitigen wie Artritis, kardiologische Probleme und – im schlimmsten Fall – Meningitis.

Giftiges
Efeu/
Poison
Ivy

Poison Ivy wächst meist als 60-90 cm hoher Busch, kann sich aber auch ebenerdig ausbreiten oder wie Efeu an Bäumen hochranken. Die Pflanze trägt weiße beerenartige Früchte. Ihre kleinen Stengel enden jeweils in drei 10-15 cm ovalen Blättern – *Leaflets three, let it be!* Die Berührung mit der unscheinbar wirkenden Pflanze, die in **Südontario** und **Québec** ziemlich verbreitet ist, kann bis zu 10 Tage lang recht unangenehm sein. Zunächst reagiert die Haut auf das toxische Öl der Pflanze mit schmerzhaftem Jucken und Rötungen, bis nach ein paar Stunden oder Tagen wässrige Bläschen auftreten. **Achtung:** *Poison Ivy*-Öl hält sich an der Kleidung und kann zu erneuten Reaktionen führen, wenn man diese nicht gründlich reinigt. Je früher man alle betroffenen Hautpartien mit Wasser und Seife behandelt, desto besser. Nur in schweren Fällen tritt auch noch Fieber auf. Eine heilende Antihistamine-Salbe *(Seldane, Hismanal* oder *Chlortriplon)* oder ein Puder *(Burosol powder)* ist in **Drugstores** erhältlich.

Mücken/
Moskitos

Wenn man von den amerikanischen *Outdoors* spricht, dann darf ein kleines Problem, das man in der touristischen Werbung gerne ausläßt, nicht verschwiegen werden. Vor allem in Canada, aber durchaus auch in den Nordoststaaten der USA kann die **Insektenplage** ein arges Kreuz sein. So es nicht

Insekten-plage
die Mücken oder Wespen sind, dann die **Black Flies, Horse Flies** oder die sogenannten **No-See-Ems**, fast unsichtbare Kleinfliegen. Irgend etwas sticht oder beißt von Mai bis Ende August immer. Nicht umsonst sind Häuser, Wohnmobile und Zelte der Amerikaner und Kanadier mit feinmaschigen Netzen verbarrikadiert. Auf Wanderungen, im Kanu, am Lagerfeuer und in weniger insektensicheren Fahrzeugen oder Zelten hilft nur eine Behandlung mit **Insect Repellent** und hochgeschlossene Kleidung. Essenzen aus europäischer Produktion nützen indessen kaum. Mit amerikanischen Mitteln wie *Johnson`s* **Off** oder **Deep Woods** hält man sich dagegen alle Biester gut vom Leib. Insektensprays und -lotions wie Antimückenspiralen gibt`s auch noch im kleinsten Laden. Am preiswertesten, wenn auch nie billig, kauft man alles in **Discount Drugstores**.

Sonnen-intensität
Viele der in diesem Buch beschriebenen Regionen liegen auf so südlichen Breiten wie Südfrankreich und Norditalien. Auch wenn es oft nicht so scheint: die **Sonnenintensität** ist dort identisch wie in den südeuropäischen Ländern. Vorsicht kann daher nicht schaden – das **Ozonloch** wird auch über Nordamerika immer größer.

Maße & Gewichte

In **Canada** gilt das **Dezimalsystem**. Die Einführung metrischer Maß- und Gewichtseinheiten ist zwar auch in den **USA** seit Jahren gesetzlich beschlossen, man findet aber bis heute nur in Broschüren und auf Wegweisern der Nationalparks so exotische Angaben wie Kilometer, Liter und °Celsius. In den USA gelten nach wie vor die alten englischen Maße und Gewichte, mit denen sich wunderbar das Kopfrechnen üben läßt:

1 inch		2,54 cm
1 foot	12 inches	0,30 cm
1 yard	3 feet	91,44 cm
1 mile	1760 yards	1,61 km
1 acre	4840 square yards	0,40 ha
1 square mile	640 acres	2,59 km^2
1 fluid ounce		29,57 ml
1 pint	16 fluid ounces	0,47 l
1 quart	2 pints	0,95 l
1 gallon	4 quarts	3,79 l
1 barrel (Öl)	42 gallons	158,97 l
1 ounce		28,35 g
1 pound (lb)	16 ounces	453,59 g
1 ton	2000 pounds	907,19 kg

Notfälle

– Krankheit/Unfall

Anruf

In dringenden Notfällen, gleich ob man in erster Linie einen Arzt, den Unfallwagen oder die Polizei benötigt, ruft man die **Nummer 911** an. Sollte die *Emergency Number* ausgefallen sein, wählt man die **"Amtsleitung" 0**.

Vor jedem Notfall-Anruf sollte man sich über den eigenen **Standort** vergewissern und für Rückrufe die Nummer des Apparates, von dem aus man telefoniert, parat haben. In den Nordamerika besitzen auch Münzfernsprecher eine Nummer und können angerufen werden.

– Pass-/Geldverlust

Pass

Bei Verlust des Passes helfen die nächstgelegenen diplomatischen Vertretungen (⇨ Seite 117), aber auch die Notfallzentralen der Kreditkartenunternehmen.

Reiseschecks

Falls Reiseschecks verlorengehen oder gestohlen werden, ruft man die ausgebende Institution (*Toll Free Number*) an und erhält dann vom Aufenthaltsort abhängige Direktiven für die Ausstellung von Ersatzschecks. Voraussetzung für den Ersatz ist das Vorhandensein des Kaufnachweises und eine "Buchführung" über ausgegebene Schecks.

Hilfe

Sind alle Unterlagen und auch die Kreditkarten abhanden gekommen, hilft *Western Union* (Büros in vielen Städten Canadas und der USA) in Kooperation mit der **Deutschen Verkehrs-Bank** (Filialen in den Bahnhöfen der wichtigsten deutschen Großstädte und an einigen Grenzübergängen). Wer sich **von zu Hause Geld schicken lassen** möchte, kann innerhalb weniger Minuten nach Einzahlung in einer DVK-Filiale in einem *Western Union Office* seiner Wahl über den Betrag verfügen. Weitere Details dazu unter ✆ 069/ 2648201. *Western Union* in Amerika ✆ (800) 325-6000.

Polizei

Äußeres und Verhalten der amerikanischen Polizei entsprechen auch in der Realität weitgehend dem aus **Fernsehserien** bekannten Bild. Tatsächlich baumelt der Colt am Halfter, und auf dem Lande und in der Kleinstadt steht auf den Autos der Obrigkeit immer noch *Sheriff*. Der amerikanische wie kanadische Arm des Gesetzes greift in der Ausübung seiner Pflichten im Bedarfsfall hart durch; in Anbetracht des im Zweifel bewaffneten Gesetzesbrechers vielleicht verständlich. Mit Polizisten, sofern man etwas angestellt hat bzw. in Verdacht gerät, ist nicht gut Kirschen essen. Das Verhalten bei **Verkehrskontrollen** und **Gestopptwerden** nach Übertretungen wurde bereits auf Seite 141 erläutert.

Post

**Laufzeiten/
Postämter**

Die amerikanische/kanadische Post funktioniert zuverlässig, aber nicht unbedingt besonders schnell. Brief- und Postkartengebühren bewegen sich deutlich unterhalb des deutschen Niveaus. **Post nach Übersee** geht (mit der Ausnahme von Paketen) automatisch per Luftpost, wenn die dafür vorgesehene *Air Mail Stamps* benutzt werden. Für Briefe nach Europa ist mit Laufzeiten von **rund 1 Woche** zu rechnen. Postämter befinden sich auch noch im kleinsten Nest und sind dank der zu den Schalterstunden (Zeiten etwa wie bei uns) immer aufgezogenen **Nationalflagge** selten schwer zu finden.

Briefmarken gibt es auch in **Automaten** in Supermärkten und Einkaufszentren. Dort allerdings mit einem Aufschlag, d.h., ein Nennwert von z.B. $0,40 kostet $0,50 oder ähnlich.

Paket

Wer drüben in Kaufrausch verfällt und Probleme mit seinem Flugreise-Gepäck erwartet, findet mit **Postsäcken** eine billige und bequeme Versandmöglichkeit. Größere Postämter vergeben sie kostenlos, man muß sie nur vor dem Schalter vollpacken. Die Kosten für einen Sack sind erheblich geringer als im Fall von Paketen gleichen Gewichts. So ein Sack überquert den Atlantik in ca. 3-4 Wochen.

Postlagernd

Wer in Nordamerika Post empfangen möchte und im voraus keine festen Anlaufpunkte kennt, kann als *American Express*-Reisescheck- oder Kreditkarteninhaber die zahlreichen **AE-Vertretungen** als Adressen nutzen. Gut funktioniert auch das postlagernde System (**General Delivery**), vorausgesetzt, es herrscht Klarheit über das aufbewahrende Postamt. Jedes von ihnen läßt sich durch eine Postleitzahl (*Zip-Code*) eindeutig identifizieren, ➪ **Foto Seite 200**. Bei Konsulaten und in Amerika-Häusern sind *Zip-Code*-Verzeichnisse einzusehen.

Radio

Radiostationen sind überwiegend **Lokalsender** mit geringen Reichweiten. In den dünn besiedelten Regionen beider Länder ist das Radio daher 10 Autominuten außerhalb einer Ortschaft mehr oder weniger tot. Zumindest gilt das für **FM** (=UKW). Auf **AM** (Mittelwelle) findet man zur Not immer noch einen *Country* & *Western*-Sender und/oder Stationen mit religiösen Botschaften und Programmen erbaulichen Liedguts. Eine **faszinierende Angelegenheit** sind in den USA landesweit ausgestrahlte politische "*Talk Shows*", die von konservativen bis rechtsradikalen Organisationen gesponsert werden. In die mit aktuellen Tagesereignissen verknüpften **Tiraden** gegen alles, was nach Sozialgesetzgebung oder Einschränkung des freien Waffenbesitzes "riecht", können sich Hörer telefonisch einklinken und mitdiskutieren.

Senioren

Der Begriff des *Senior* für alle älteren Mitbürger ist eine amerikanische Erfindung, die sich auch bei uns mit und ohne Zustimmung der Betroffenen durchgesetzt hat. Wichtig ist, daß es in Amerika für alles und jedes **Seniorenermäßigung** gibt, auf die Eintrittspreise in Museen und Nationalparks, beim Camping, in *Family Restaurants* und in manchen Hotels in der *Off-Season*. In den **USA** gilt meistens schon als Senior, wer **55 Jahre** alt ist, spätestens erreicht man diesen Vorzugsstatus dort mit 60 Jahren. In **Canada** geht es frühestens damit los, manchmal ist man dort auch erst mit 65 Jahren *Senior*. Für alle über 50 lohnt es sich, nach dem *Senior Discount* zu fragen. Manchmal ist er nicht ausdrücklich ausgewiesen.

Telefon

System

Nordamerika inklusive Mexiko verfügt über ein einheitliches Telefonsystem. Jeder US-Staat besitzt eine dreistellige Vorwahl, den *Area Code*, einige dicht besiedelte Staaten mehrere davon (in Canada nur Ontario). Der ersten Vorwahl folgt eine **zweite, ebenfalls dreistellige Ziffer**, die sich auf das Dorf, den Landkreis oder einen Stadtteil bezieht. Die **Apparatnummer ist vierstellig**. Bei Gesprächen über den regionalen *Area Code* hinaus muß eine "**1**" vorweggewählt werden. Bereits Anrufe beim Nachbarn um die Ecke, der eine abweichende zweite Vorwahl besitzt, sind "Ferngespräche". Statt des Ortstaktes gilt für die Gebühren dann der Minutentakt (die Kosten ergeben sich aus angebrochenen Minuten multipliziert mit einem entfernungsabhängigen Satz).

International

Über die Vorwahl 01, gelegentlich auch 011, öffnet man den Zugang zum internationalen Netz. Mit

49 für Deutschland
41 für die Schweiz
43 für Österreich

und die um die Null reduzierte Ortsvorwahl sind Verbindungen in die Heimat (von Privattelefonen aus) leicht hergestellt.

Münztelefone

In amerikanischen Münzfernsprechern (*Pay-Phones*) ist die direkte Durchwahl, national wie international, nicht ohne weiteres möglich. **Ferngespräche** einschließlich solcher im Nahbereich lassen sich **nur mit Hilfe eines *Operator*** führen, sofern der Anrufer keine *Calling Card* besitzt.

AT&T/Sprint

Bis vor kurzem war eine *Calling Card* der amerikanischen Gesellschaften *AT&T*, *Sprint* oder *MCI* die optimale Methode zur Vermeidung hoher Telefonkosten für Ferngespräche innerhalb Amerikas wie auch für Anrufe in der Heimat. Man kann sie hier über die Kreditkartengesellschaften erwerben: Die Gebühren werden dann über die Kreditkarte abgebucht.

Telefonieren mit Münzeinwurf

Ohne sie mußte man für Ferngespräche in *Pay Phones* **jede Menge Kleingeld** dabeihaben. Barzahlung in Telefonzellen kostet deutlich mehr als Telefonate von privaten Anschlüssen aus bzw. per *Calling Card*, zumal mindestens 3 min (!) zu bezahlen sind. Für Anrufe in Europa benötigt(e) man **rollenweise *Quarters.*** Denn Telefonate nach Übersee kosten ab $5 für die ersten 3 min. Da immer ein *Operator* einzuschalten ist, gibt/gab es oft Verständigungsprobleme.

Calling Cards

Solche Komplikationen sind mittlerweile Schnee von gestern dank überall (Tankstellen, Hotels, Campingplätze, *Mini Marts* etc. pp.) zu kaufender ***Calling Cards*** der verschiedensten Telekomunikationsunternehmen. Man kann Telefonkarten für Nordamerika sogar schon in Deutschland beim Reiseveranstalter erwerben. Die Konkurrenz bewirkte erstaunlich verschiedene Minutenpreise, wobei das beste Angebot 1996 die ***Calling Card* der *Vocall Communications*** war, ⇨ Foto nächste Seite. Mit dieser Karte kostete die Minute innerhalb der USA bzw. Canada ganze $0,19, das Überseegespräch nach Deutschland ca. $0,45 pro Minute.

System

Die ***Calling Cards*** funktionieren in Apparaten ohne Einsteckschlitz (das ist die große Mehrheit, sieht man ab von **Ontario**, wo faktisch keine *Pay Phones* ohne Kartenaufnahme mehr existieren) wie folgt: 800-Nummer für die gewünschte Sprache wählen, dann nach Anweisung die Codenummer der Karte eintasten, die anzurufende Nummer wählen und fertig. Eine Ansage nennt die noch verfügbaren Restminuten. Außer den niedrigen Kosten ist ein Vorzug des Systems die Sicherheit: mehr als der jeweilige Restwert der Karte kann nicht verlorengehen, Mißbrauch unmöglich.

Automat für Calling Cards in einem Truck Stop

Kreditkarte Dort, wo Karten eingeschoben werden können, also z.B. überall in Ontario oder an entsprechenden Geräten in *Airports* oder *Shopping Malls*, läßt sich auch direkt ohne die lästige Zahlentipperei **per normaler Kreditkarte telefonieren**. Die dafür erhobenen Gebühren sind indessen in der Regel deutlich höher als bei Anrufen mit einer günstigen *Calling Card*.

Im Hotel Wie bei uns ist das Telefonieren in Hotels und Motels mit hauseigenen Aufschlägen belegt. Sie sind aber in der Regel niedriger als in Europa, bisweilen werben Motels mit Netto-Telefongebühren. **Ferngespräche** lassen sich daher vielfach **bequemer vom Hotelzimmer aus** führen als von *Pay Phones* aus. Ebenso Anrufe zum **Nulltarif** bei einer der **800-Nummern**, etwa zur Reservierung eines Mietwagens oder Hotelzimmers für die nächsten Nächte oder in die Heimat per *Calling Card*.

Für **gebührenfreie** und **Kreditkartengespräche** vom Zimmertelefon aus berechnen Hotels und Motels manchmal nichts oder einen Fixbetrag von $0,50-$1 pro Anruf.

1-800/900 Bei der Vorwahl 1-800 schaltet sich auch von *Pay Phones* aus kein *Operator* ein; die Kosten gehen zu Lasten des Angerufenen. **Von Europa aus sind 800-Nummern über eine normale Durchwahl nicht zu erreichen**. Inhaber von Telefonkarten der Firmen *AT&T* bzw. *Sprint* sind dazu in der Lage, zahlen jedoch die normalen Überseegebühren.

Das Gegenteil der 800-Nummern sind **900-Nummern**, für die neben den üblichen Kosten der Telefongesellschaft im Minutentakt eine **Honorierung für den Angerufenen** fällig wird; z.B. für kommerzielle Ratgeber, Partnervermittlung etc.

Handy

Handy-Besitzer können in NA noch nicht ohne weiteres angerufen werden bzw. telefonieren. Wer hier jedoch D1-Kunde der **Telekom** ist, kann für die Dauer der Reise bei einem der Service Center der Telekom ein für Nordamerika geeignetes Gerät vorübergehend mieten. Die hiesige Nummer wird auf das sog. AMPS-Netz Amerikas "aufgeschaltet".

1996 vermutlich die preiswerteste Calling Card Amerikas: innerhalb USA 0,19/min und nach Europa ca. $0,45/min

Temperaturen

In den USA werden Temperaturen in °Fahrenheit gemessen. Die Formel für die Umrechnung von Celsius in Fahrenheit und umgekehrt lautet:

°Fahrenheit = 32° + 1,8 mal °Celsius bzw.

°Celsius = (°Fahrenheit – 32°) : 1,8

Celsius	–15°	–10°	-5°	0°	5°	10°	15°	20°	25°	30°	35°	40°
Fahrenheit	5°	14	23°	32°	41°	50°	59°	68°	77°	86°	95°	104°

Trinkwasser

Ein Problem in vielen Städten, aber auch auf Campingplätzen weitab großer Siedlungen ist die Wasserqualität. Das amerikanische Leitungswasser wird im allgemeinen stärker als bei uns mit allerhand Chemie behandelt, um auch noch den letzten gefahrvollen Keim abzutöten. Man riecht und schmeckt es. Für Kaffee und Tee, oft auch zum Kochen empfiehlt sich daher, das Leitungswasser zu meiden und durch *Drinking Water* aus dem Supermarkt zu benutzen. Es wird überall in 1- und 2-Gallonen-Behältern ab ca. $0,70/*Gallon* verkauft.

Umsatzsteuern/Erstattung in Canada

Sales Tax

In fast allen US-Staaten und den meisten kanadischen Provinzen wird auf Güter und Dienstleistungen eine Umsatzsteuer unterschiedlicher Höhe erhoben. Sie schwankt **zwischen 5% und 12%** und wird auf die ausgezeichneten Nettopreise aufgeschlagen. Wie bei uns gibt es gespaltene Sätze in Abhängigkeit von der Art des Umsatzes. Mitunter entfällt die Steuer beim Kauf von Lebensmitteln. Außer den *State* und *Provincial Sales Taxes* fallen oft noch zusätzliche lokale Steuern auf den Umsatz an; für Touristen relevant sind solche Zusatzsteuern gelegentlich bei der Automiete und Hotel-/Motelübernachtungen.

GST Canada

In Canada existiert **zusätzlich zur Umsatzsteuer der Provinzen** eine *General Sales Tax* des Bundes. Die *GST* ist eine Mehrwertsteuer und beträgt einheitlich 7%.

Die während des Aufenthaltes in Canada **gezahlte GST kann Besuchern auf Antrag erstattet werden**, und zwar für

– Übernachtungskosten in Hotels, Motels etc.
– Waren, die innerhalb von 60 Tagen nach dem Kauf aus Canada ausgeführt werden

Die **Erstattungsanträge** für die GST gibt es in den Büros der *Visitor Information*. Mit allen Quittungen müssen diese an die entsprechende Zentralstelle geschickt werden.

Nach frühestens **zwei Monaten** erhält man einen Scheck mit der Steuergutschrift. Wer von Canada in die USA reist, kann den Antrag auf Steuerrückerstattung in bestimmten *Duty Free Shops* abgeben und bekommt sofort sein Geld zurück.

Zur Erstattung von in **Ontario** gezahlter *Sales Tax* gibt es in den dortigen *Visitor Information Centers* eine Broschüre mit den entsprechenden Erläuterungen und Antragsformularen.

Zeit

In Amerika steht "am" (*ante meridiem*, vormittags) oder "pm" (*post meridiem*, nachmittags) hinter einer Zeitangabe:

9 Uhr	9 am
21 Uhr	9 pm

Besonders zu beachten ist:

12.00 Uhr	12:00 pm oder *noon*
12.20 Uhr	12:20 pm
24.00 Uhr	12:00 am oder *midnight*
0.20 Uhr	12:20 am

In **Fahrplänen** werden "am-Zeiten" häufig in Normalschrift, **"pm-Zeiten" in Fettschrift** gekennzeichnet.

Waschmaschinen und -salons

Wenn die Reisezeit zwei Wochen überschreitet, läßt sich gelegentliches **Wäschewaschen** kaum vermeiden. Münzwaschautomaten gibt es auf fast allen privaten Campingplätzen und bisweilen auch auf stark frequentierten staatlichen *Campgrounds*. In Dörfern und Städten sind die *Coin-Laundries* oder *Laundromats* (Münz-Waschsalons) kaum zu übersehen. In den üblicherweise installierten Maschinen bewegt sich statt der Trommel eine Art Propeller hin und her und quirlt die Wäsche durcheinander. Es gibt aber auch – meist teurere, aber auch nicht bessere – Trommelwaschmaschinen. Die Einstellung "hot" heißt in keinem Fall Kochwäsche, sondern besagt nur, daß mit der Temperatur des zulaufenden Heißwassers gewaschen wird (keine Nachheizung in der Maschine). Nach etwa 20 min. ist der Vorgang beendet und das Ergebnis selten befriedigend. Bei höheren Ansprüchen an den Grad der Sauberkeit fügen Amerikaner dem Waschmittel (*Detergent*) die bei uns kaum bekannte Bleiche (*Bleach*) hinzu.

Come by Chance
AOB 1NO

Canadä

Ortsname und Postleitzahl (Zip Code) am Postamt/ Neufundland

Zeitungen und Zeitschriften

**Zeitungen/
Nachrichten**

Die einzige **in den USA** landesweit verbreitete Zeitung ist *USA Today* (Mo-Fr). Sie besitzt ein relativ gutes Niveau. Bei Interesse dafür, was in den USA vorgeht, lohnt sich ihr Kauf (überwiegend in Automaten für $0,50). Internationale Nachrichten findet man darin nur, soweit sie die Politik der USA irgendwie betreffen und/oder Sensationswert besitzen. Die wenigen höherrangigen Zeitungen (z.B. *New York Times, Washington Post, Boston Globe*) werden außerhalb ihres regionalen Verbreitungsgebietes kaum gelesen. In **Canada** gibt es keine *USA Today* vergleichbare Zeitung.

Lokale Zeitungen berichten überwiegend über regionale Themen und sind darüberhinaus reine Werbeträger. Schon der Nachbarstaat bzw. die nächste Provinz ist für sie weit entfernt.

Zeitschriften

Bei den Zeitschriften existieren ein breites Sortiment für alle denkbaren Spezialbereiche und jede Menge Blätter der seichten Unterhaltung. Darüber hinaus gehen nur die bekannten *Newsweek, Time* und einige Wirtschaftsmagazine. Sie sind auch in Canada erhältlich. Insgesamt ist das Zeitungs- wie Zeitschriftenangebot mit europäischer Vielfalt und unserem Standard im Bereich Kultur und Politik nicht vergleichbar.

**Deutsche
Presse**

Internationale Publikationen gibt es nur in einer Handvoll spezialisierter *News Shops* der großen Cities (Gelbes Telefonbuch unter *News*; Liste der Spiegel-Verkaufsstellen in Nordamerika beim "Spiegel" abfragbar, ✆ 040/30070). Für viel Geld ergattert man dort schon mal einen "**Spiegel**", den "**Stern**", "**Die Welt**" und eine "**Bild Zeitung**". Sieht man von wenigen Ausnahmen ab, führen die sog. *International News Stands* in den Flughäfen meist nur britische und spanischsprachige Zeitungen und Zeitschriften.

Zeitzonen

Der größte Teil des in diesem Buch beschriebenen Gebietes liegt in einer sehr "breiten" Zeitzone, die vom Atlantik bis an den Lake Michigan reicht: Die *Eastern Time Zone* hat gegenüber der mitteleuropäischen Zeit MEZ einen "Rückstand" von **6 Stunden**. Da in Nordamerika wie bei uns eine Sommerzeit eingeführt wird, die sich aber datenmäßig nicht ganz mit der europäischen Umstellung deckt, kommt es während kurzer Wochen im Frühjahr und Herbst zu **5 Stunden Differenz.**

5 Stunden beträgt auch die normale Zeitdifferenz zwischen MEZ und *Atlantic Time*, die **in den maritimen Provinzen** Nova Scotia, New Brunswick und Prince Edward Island gilt.

Newfoundland besitzt eine ungewöhnliche eigene Zeitzone, die eine halbe Stunde Differenz zu den *Maritimes* ausmacht, also **4,5 Stunden Differenz** zu MEZ besitzt.

REISEN
in
CANADAS OSTEN
und im
NORDOSTEN DER USA

1. ZUR KONZEPTION DES REISETEILS

Welche Reiseroute?

Wer eine individuelle Reise in die USA und/oder nach Canada plant, steht vor der Frage der optimalen Routenplanung. Selbst in einem geographisch scheinbar kleineren Bereich gibt es für Rundfahrten wie auch für *One-way*-Routen in Abhängigkeit von Jahreszeit, Reisedauer und persönlichen Präferenzen zahlreiche Möglichkeiten. Das zeigt auch ein Blick auf die Routenübersicht in der vorderen Umschlagsklappe. Der Umstand, daß viele denkbare und schöne **Reiserouten** im Nordosten **grenzübergreifend** sind, führte zur Zusammenfassung des kanadischen Ostens und der US-Neu-England Staaten, New York State und Michigan in einem Buch.

Systematik

Die Beschreibung der Teilrouten erfolgt nichtsdestoweniger staaten- bzw. provinzweise. Wo Routen durch beide Länder einander nahekommen, wird auf die dort möglichen Verbindungen detailliert eingegangen. Teilweise – etwa in Niagara Falls oder Sault Ste. Marie (Michigan/Ontario) und Yarmouth (Nova Scotia/Maine via Fährverbindung) – gehen die Routen direkt ineinander über bzw. schließen aneinander an.

USA-Routen

Die USA-Kapitel beginnen mit einer großen **Rundreise ab New York oder Boston** durch die **Neu-England-Staaten**, auf der alle wichtigen Sehenswürdigkeiten, Städte, Parks und Landschaften – teilweise über Abstecher – beschrieben werden. Eine Fahrt durchs **Hudson Valley** und über Albany durch den **Adirondack Park** nach **Niagara Falls** schließt sich an. Die Niagarafälle bilden die wichtigste touristische Nahtstelle zwischen Ontario und den USA, weshalb die Beschreibung der kanadischen Provinzen dort beginnt.

Canada

In **Ontario** geht es – nach einem großen **Niagara/Toronto**-Kapitel – auf zwei Rundkursen durch den zentralen Südwesten und den Osten der Provinz. Beide lassen sich auch gut zu einer einzigen Rundreise zusammenfassen. Von Ottawa führt die Route **am St. Lorenz-Strom** entlang von **Montréal** über **Québec-City** und allerhand Abstecher zum Oberlauf des Flusses, von wo man per Fähre über den Strom setzen kann, um die Fahrt auf der **Gaspé Halbinsel** und/oder in Richtung *Maritimes* fortzusetzen. Die maritimen Provinzen Canadas werden über eine Rundfahrt durch **Nova Scotia** mit Erweiterungen durch **Prince Edward Island und New Brunswick** und Anschluß an die Routen durch Maine/USA und Québec behandelt.

Newfoundland

Das Sonderkapitel 6 beschäftigt sich mit der abgelegenen und landschaftlich wie klimatisch rauhen Insel und Provinz **Newfoundland** und deren Festlandareal **Labrador** für alle, die Einsamkeit, Eisberge und die Spuren der Wikinger suchen.

Michigan

Eine bedenkenswerte **Erweiterung der Routen** durch Ontario führt in und durch das Land der Badeseen, Strände und Dünen **Michigan**, außerdem nach **Chicago** und **Detroit**.

Hinweise
Weitere **Details zu den Routenverläufen** einschließlich klimatischer Bedingungen zu den verschiedenen Jahreszeiten und einer allgemeinen Bewertung der verschiedenen Regionen finden sich in einer Übersicht eingangs der einzelnen Kapitel.

Routenübersicht
Die **Karte in der vorderen Umschlagklappe** zeigt alle Teilstrecken in vereinfachter Form. Die außerdem einbezogenen Ziele und Strecken ergeben sich aus dem Text. Darin wird auch auf **Erweiterungsmöglichkeiten** hingewiesen, ebenso auf **Verknüpfungspunkte** und -strecken mit den anderen Routen.

Karten
Die Karten wurden **in Abstimmung mit dem zugehörigen Text** angefertigt. Sie sind geographisch so korrekt wie möglich und enthalten alle wichtigen im Text angesprochenen Straßen, Orte, *National, State* und *Provincial Parks* und Gewässer, erheben aber keinen Anspruch auf Vollständigkeit.

Die **Straßenkarten** sind in erster Linie gedacht zur Orientierung bei der Lektüre dieses Buches. Darüberhinaus leisten sie in **Ergänzung zur separaten Gesamtübersicht** gute Dienste bei der Reiseplanung. Die rot gekennzeichneten Straßen entsprechen weitgehend den beschriebenen Routen und möglichen Alternativen. Die **Stadt- und Nationalparkpläne** vermitteln einen guten Eindruck von den Gegebenheiten vor Ort.

Piktogramme
Überwiegend auf persönlicher Beurteilung der Autoren beruhen die **Piktogramm-Empfehlungen**:

– Die **Übernachtungsempfehlungen** beziehen sich auf außergewöhnliche Unterkünfte und solche mit gutem Preis-Leistungsverhältnis. Das nebenstehende Piktogramm findet sich auch am Textrand, wenn die Unterkunftssituation nur mit allgemeinen Hinweisen beschrieben wird. Ab Seite 152 ist erläutert, was von den **Hotel-/Motelketten** zu halten ist.

– Die **Campingsymbole** weisen in der Mehrheit auf Campingplätze hin, welche die Autoren selbst kennen und positiv bewerten. Ihre Bedeutung ist leicht verständlich. Die Empfehlung besagt, daß ein Platz die Gebühren unbedingt wert ist oder – bei sehr niedrigen Kosten – zumindest als akzeptabel eingestuft werden kann. Die weitaus meisten Plätze eignen sich für Campmobile und Zelte.

– Das Piktogramm der Wanderer findet sich in erster Linie bei empfehlenswerten **Tageswanderungen/Spaziergängen** von kurzer bis mehr-stündiger Dauer, nur in Ausnahmefällen bei Ganztags- oder noch längeren Unternehmungen.

– Das obere Piktogramm kennzeichnet hier die Aussicht auf einen guten Snack oder *Fast Food*, das untere auf ein "ordentliches" Restaurant im üblichen Sinn. Da **Essen und Trinken auf Reisen** in Amerika das geringste Problem darstellt, wenn man einmal die Gegebenheiten kennt (➪ Seiten 169ff), verweisen diese Piktogramme mehrheitlich auf generelle Standorte, nur gelegentlich auf einzelne Restaurants.

2. DURCH NEU-ENGLAND UND NEW YORK STATE

2.1 ZU DEN ROUTEN

Die in den folgenden Kapiteln beschriebene Route führt von **New York City** über **Long Island** und die **Küsten von Connecticut, Rhode Island** und **Massachusetts** nach **Boston**. Dabei werden die Ferienorte und Strände auf der Halbinsel *Cape Cod* und den Inseln *Nantucket* und *Marthas Vineyard* ebenso behandelt wie die historischen Stätten rund um Boston.

In **Maine** geht es weiter am Wasser entlang bis hinauf zum *Acadia National Park*, dem nordöstlichsten Punkt dieser Route. Wer von dort aus seine Reise nach **Canada** fortsetzen möchte, findet die Anschlußroute in den Kapiteln **Maritimes** bzw. **Québec** (⇨ Seiten 592 und 499).

Die Neu-England-Route führt von Maine durch die zentralen Touristenregionen von **New Hampshire**, das *Cottage Country* und die **White Mountains**, und weiter nach **Vermont**.

Das schmale Vermont durchquert man im Norden, um **Burlington** am *Lake Champlain* zu erreichen. Von dort ist es nur noch ein kleiner Sprung bis nach **Montreal**. Wer sich in Vermont mehr Zeit läßt, findet eine besonders reizvolle **Nord-Süd-Route** am Westhang der *Green Mountains* und durch die *Berkshires* im westlichen Massachussets. Dort stößt man auf die *Interstate #90*, die in östliche Richtung nach Boston (*Massachussets Turnpike*), oder in westliche Richtung über **Albany** zu den **Niagarafällen** und weiter bis Seattle läuft. Ab Albany erreicht man **New York City** rasch auf der *Interstate #87* – beschrieben ist hier alternativ die Strecke durch das *Hudson Valley* und die *Catskills* (⇨ Seite 342/46).

2.2 DIE NEU-ENGLAND-STAATEN

2.2.1 Reiseziel Neu-England

Kennzeichnung

Der Begriff 'Neu-England' kennzeichnet weder geographisch noch politisch ein in sich geschlossenes Gebilde. Was die sechs Neu-England-Staaten – **Connecticut, Massachusetts, Rhode Island, Maine, New Hampshire** und **Vermont**, die zusammen kleiner als Großbritannien sind – in erster Linie verbindet, ist das Bewußtsein ihrer Bewohner, dem ehemaligen Mutterland England in Kultur und Tradition näher zu sein als das übrige Amerika. Gleichzeitig ist das einmalige historische Verdienst Neu-Englands fest in den Lehrplänen der Schulen und in den den Herzen der Menschen verankert: Die Auflehnung gegen die Kolonialmacht und die Entstehung der ersten Demokratie modernen Zuschnitts nahm ihren Ausgang im Nordosten der heutigen USA.

Neu-England Staaten

N

0 — 55 km

Natur und Kultur

Meer, Strände und rauhe Küsten, Berge und Wälder mit klaren Flüssen und Seen, weiß leuchtende Dörfer und alte Seefahrerstädte und nicht zuletzt die Metropole Boston prägen das Bild der Neu-England-Staaten. Eliteuniversitäten, zahlreiche Museen und bemerkenswerte Beispiele alter und moderner Architektur sorgen ebenso wie die ungezählten Musik- und Theaterfestivals für ein hohes kulturelles Niveau. In diesen Rahmen passen die vielen hervorragenden Restaurants und nostalgisch attraktiven *Country-Inns*. Weniger als sonst in den USA stehen das Schnellste und Höchste im Mittelpunkt; es geht eher um das Älteste und Stilvollste. Um das neu-englische "Gesamtkunstwerk" aus Natur, lebendig gehaltener Geschichte, pulsierender Gegenwart und gehobenem Lebensstil genießen zu können, benötigt man Zeit und Muße.

Einige immer wiederkehrende **Motive** sind typisch für diesen Landstrich und allesamt für sich **Touristenattraktionen**:

– Spitze weiße **Kirchtürme,** die aus farbenprächtigen **Bäumen im Herbstlaub** hervorragen.

– Bunt beflaggte **Hummerfallen** vor zerklüfteter Felsküste mit windschiefen Kiefern und knallrote, riesige **Hummer** im kochenden Sud uriger *Lobster Pounds.*

– Prunkvolle Imitationen europäischer **Schlösser** und moderne **Luxusvillen** an den Gestaden des Atlantiks.

– Prächtige **Schiffe** aus neuer und alter Zeit in zahllosen Häfen und mit geblähten Segeln in Buchten und vor den Küsten.

Typische weiße Neu-England Kirche mit "Bleistiftspitze"

– **Menschen** in historischen Kostümen im originalen oder restaurierten Ambiente des 17. und 18. Jahrhunderts.

– Ausgedehnte **Universitätsgelände** mit altehrwürdigen Gemäuern wie in Oxford oder Cambridge mit Jugend aus aller Herren Länder auf dem grünen Rasen.

2.2.2 Klima

Jahreszeiten

Der auf Postkarten und in der Tourismuswerbung meist stahlblaue Himmel suggeriert paradiesische Zustände. "o heißt es in einer Broschüre: "Ein Land für alle Jahreszeiten!' Tatsächlich ist vor Mai und ab Oktober das Klima in Neu-England fürs Reisen aber eher ungünstig. Erst im Mai sprießen die Blätter – leider gemeinsam mit den **Black Flies**, die in manchen Gebieten in Massen über die Besucher herfallen. Von **Mai bis Mitte Juni** ist mit einem **Frühsommer** norddeutscher Prägung zu rechnen. Es kann – speziell in Küstennähe – auch schon mal recht frisch und regnerisch sein. Früher oder später im Juni wird es im allgemeinen viel wärmer als bei uns, dazu ist es oft schwül. Das gilt vor allem in der südlichen Region zwischen New York und New Hampshire. Je weiter man nach Norden gelangt, umso moderater sind die Temperaturen.

Im **Juli und August** können etwa die Strände von *Cape Cod*, die Massachusetts vorgelagerten Inseln *Nantucket* und *Martha's Vineyard* und die zahlreichen Ferienorte an Maines zerklüfteter Küste den Urlauberandrang kaum bewältigen. An vielen glasklaren Gewässern im Inland herrscht aber selbst dann nur punktuell und an Wochenenden Hochbetrieb. Auch in warmen Sommern bringt immer wieder einmal ein Tief aus Nordwesten kühle, regenreiche Tage.

Beste Reisezeit

Am besten eignet sich für einen Besuch die Zeit von **Ende August bis Ende September**, wenn der allgemeine amerikanische Ferienverkehr vielerorts bereits abklingt und nach *Labor Day* – bis auf die Wochenenden – stark nachläßt. Für einige Gegenden ist der kurze **Herbst** nichtsdestoweniger eindeutige **Hauptsaison,** wenn der berühmte *Indian Summer* das Laub der Bäume in allen Farben leuchten läßt (⇨ Seite 310).

Weitgehend unabhängig von Wetter und Jahreszeit kann man Reisen planen, auf denen der **Besuch historisch-kultureller-Sehenswürdigkeiten** im Südosten von Connecticut, Massachusetts und Rhode Island im Vordergrund steht.

Fall Foliage/ Laub-färbung im Indian Summer

2.2.3   Geschichte

Die Anfänge

Die puritanischen *Pilgrimfathers* waren aus Europa gekommen, um in Amerika ohne Repressionen leben zu können. Sie ließen jedoch selbst nicht die geringste Abweichung von ihren Glaubensregeln zu. Zweifler wurden ausgestoßen. Dies führte zwangsläufig zur Gründung immer wieder neuer Siedlungen. Neben den Immigranten aus Glaubensgründen kamen Abenteurer und wagemutige Kaufleute in die Neue Welt, und gegen Ende des 17. Jahrhunderts lebten bereits über 100.000 Weiße im Gebiet des heutigen Neu-England. Bei dieser "Bevölkerungsexplosion" blieben Zusammenstöße mit den dort beheimateten *Algonquin*-Indianern, die den Ankömmlingen zunächst durchaus freundlich begegnet waren, nicht aus (⇨ Seite 15). Die unbekümmerte Inbesitznahme von Indianerland rechtfertigten die Siedler mit ihrem christlichen Missionsauftrag. In mehreren blutigen Kriegen – besonders grausam war der **King Philip's War** (1675/76) – wurde der Wille der Indianer gebrochen und das Volk der *Algonquin* praktisch ausgelöscht. Geblieben sind nur die indianischen Namen für Flüsse, Seen und Ortschaften.

Das 18. Jahrhundert

Die rastlos schaffenden Neusiedler drangen immer tiefer ins Land, doch gab es keine nennenswerten Bodenschätze, und die steinigen Böden des Hinterlandes ließen sich nur schwer bewirtschaften. Und so blieb das Meer Hauptquelle für Einkommen und Wohlstand: Ein Vermögen brachte insbesondere der **Triangle Trade** (⇨ Seite 252) ein, Handel mit Rum, Melasse und Sklaven. Er wurde von angesehenen, eigentlich dem puritanischen Erbe verhafteten Familien betrieben, deren Doppelmoral ihnen zwar den Sklaven- und Schnapshandel erlaubte, nicht aber Sklavenhaltung und Alkoholgenuß. In den Haushalten der **Brahmins** (so nannte sich der Geldadel nach dem Vorbild der indischen Kastengesellschaft) arbeiteten dennoch Schwarze als *perpetual servants* (lebenslange Dienstboten), eine geschickte Umschreibung für faktische Sklaven. In der im 18. Jahrhundert größten Walfangflotte der Welt schufteten zudem noch Seeleute aus aller Herren Länder, vor allem Portugiesen, zu oft minimaler Heuer für neu-englische Reeder. Die hochherrschaftlichen Häuser in den alten Hafenstädten zeugen bis heute von den schönen Gewinnen des Geschäfts. Als die britische Krone daran teilhaben wollte und **1765 neue Steuergesetze** erließ, protestierten die Bürger Neu-Englands, speziell der Oberschicht. Bis zum Freiheitskampf und der Proklamation der Unabhängigkeit war es nicht mehr weit.

Industrielle Revolution

Nach dem endgültigen Sieg über die Kolonialherren (1783, ⇨ Seite 253) erlitt der Seehandel schwere Einbußen. Aber die selbstbewußten *Yankees* hatten schon umgedacht und für Amerika die industrielle Revolution konzipiert (⇨ Seite 273). Für Webstühle gab es Wasserkraft in Hülle und Fülle, und bald

YANKEES UND SPÄTERE IMMIGRANTEN

Der Ursprung des Wortes **Yankee** als Synonym für Amerikaner ist umstritten. Eine Theorie behauptet, dafür sei der holländische *Jan Kees* verantwortlich, ein alter europäische Name für die käseproduzierenden Holländer. Eine andere Theorie sagt, das Wort *English* – von einem Indianer ausgesprochen – habe wie *Yankee* geklungen. Erwiesen ist, daß im heutigen Staat New York lebende Holländer die nördlich von ihnen siedelnden Engländer schon um 1650 mit diesem Ausdruck belegten. Im amerikanischen Unabhängigkeitskrieg nannten britische Soldaten alle Siedler englischen Ursprungs *Yankees*, was eher herablassend gemeint war. Aus dem amerikanischen Süden kam eine Veränderung der Bedeutung. Die Farmer dort hielten ihre Nordstaaten-Nachbarn für gerissen, berechnend und deswegen für erfolgreich. Das gefiel den *Yankees* durchaus, die befanden, sie selbst seien erfindungsreich und clever. Und so bezeichneten sie sich bald selbst als *Yankees*. Nach der Schlacht von Lexington wurde gar der **Yankee Doodle** zum offiziellen Marschlied der Armee. Dank *Mark Twains* "*A Connecticut Yankee at King Arthur´s Court*" ging der Begriff *Yankee* – im positiven Sinn – ab 1889 in die Literatur ein. So kam es, daß im Ersten Weltkrieg die amerikanischen Soldaten in Europa zu *Yankees* wurden. Der bekannte Slogan "*Yankee go home*" wendete den Begriff wieder ins Negative und wird vor allem in Südamerika gegen die regionale Vormachtstellung der USA benutzt. Je nach Blickwinkel kann sich nun jeder ausuchen, was er für richtig hält.

Der echte, alteingesessene Neu-Engländer jedenfalls ist stolz auf die **Yankee Ingenuity**, den Erfindergeist, die politische und soziale Klugkeit, aber auch den Humor seiner Landsleute und ihrer Vorfahren.

Hauptsächlich zwei große Immigrantengruppen, definitiv keine *Yankees*, haben die "echten" Neu-Engländer, die man heute auch gerne als **WASPs** (*White Anglo-Saxon Protestants*) bezeichnet, allerdings erheblich "unterwandert": die zunächst verhaßten katholischen **Iren** – seit Mitte des vorigen Jahrhunderts waren sie zu Hunderttausenden eingewandert – kämpften sich mit hemdsärmliger Burschikosität in politische und wirtschaftliche Schlüsselpositionen. Ein weiterer Schlag gegen die *WASPs* gelang den **Italienern**, die sich keineswegs darauf beschränkten,Pizza-Bäcker zu werden.

Obwohl sie z. B. in New Hampshire rund ein Viertel der Bevölkerung ausmachen, wird eine wichtige Immigrantengruppe oft übersehen: die **Franko-Kanadier** aus Québec. Sie kamen im vorigen Jahrhundert als Holzfäller und Textilarbeiter und betrachten sich noch heute als ethnische Minderheit, leben vielfach in abgeschlossenen Gemeinden und bewahren ihre Identität hauptsächlich über die französische Sprache. Im Gegensatz zu Iren und Italienern strebten sie nie höhere gesellschaftliche Positionen an. Spätere Einwanderungswellen aus Asien, Osteuropa und den Südstaaten führten – außer in Boston – kaum mehr zu größeren, heute noch identifzierbaren Minderheiten.

bald klapperten Wasserräder an den Ufern der Flüsse. Die Textilindustrie brachte noch mehr Wohlstand für die alteingesessenen ohnehin schon reichen Familien und Arbeit für die Heere von Immigranten.

Die Neuzeit Anfang des 20. Jahrhunderts kam die Krise: Viele Fabriken wurden wegen der billigeren Arbeitskräfte in die Südstaaten verlagert, und die Depression der 30er-Jahre tat ein übriges. Der Unternehmergeist der *Yankees* ließ sich jedoch nicht unterdrücken. Heute besitzt Neu-England sein eigenes *Silicon Valley* und *High Tech*-Industrie in und um Boston und im südlichen New Hampshire. Einst von der Industrie verdreckte Flüsse und Seen sind wieder sauber, große Teile der Landschaft in *National* und *State Forests* und *State Parks* vor weiterer Ausbeutung geschützt.

2.2.4 Kurzkennzeichnung der Neu-England Staaten

Trotz des gemeinsamen Ursprungs betonen die Neu-England-Staaten gerne ihre **kulturelle Eigenständigkeit**. Im Detail wird davon in den folgenden Kapiteln noch die Rede sein. Ihre wichtigsten Charakteristika wie auch die des Ostteils von *New York State* seien hier bereits vorab gekennzeichnet.

Connecticut *Ouinnehtukqut* (*Long Tidal River*) nannten die Indianer den mächtigsten Fluß Neu-Englands und gaben so dem Land seinen Namen. Die Industrialisierung Neu-Englands begann an eben diesem Connecticut River. Der Süden des Staates wird nach wie vor von Industrieanlagen beherrscht und wirkt wie eine langgezogene, unattraktive Vorstadt New Yorks. Erst im hügeligen Hinterland wandelt sich das Bild; dort zeigt Connecticut ein typisches Neu-England Gesicht.

Rhode Island Um Rhode Island, den kleinsten US-Bundesstaat, zu durchqueren, benötigt man keine halbe Tankfüllung. Das Meer und ein starker Freiheitsdrang prägten den **Ocean State**. *Roger Williams*, von den Puritanern der *Massachusetts Bay Company* in die Wildnis getrieben, gründete dort einst seine Kolonie auf der Grundlage von Freiheit und Toleranz. Auch viele Juden und Quäker kamen. Mit den Indianern schloß *Williams* für seine Zeit ungewohnt faire Verträge.

Für Touristen besteht Rhode Island heute hauptsächlich aus **Newport** und Umgebung. "Französische" Schlösser zeugen dort vom Reichtum Amerikas in der zweiten Hälfte des 19. Jahrhunderts. Newports zweite Attraktion sind die Yachthäfen und die **Segelregatten.** Der *America`s Cup* Wettbewerb wurde mehrfach vor Newport ausgetragen.

Massachusetts Die **Wiege des modernen Amerika** steht in Massachussetts, denn mit der Landung der *Mayflower* (1620) und der *Boston Tea Party* (1773) nahmen die weiße Besiedlung und der Unabhängigkeitskampf von dort ihren Anfang.

Massa-chusetts

Die hügelige Bilderbuchlandschaft im Inneren von Massachusetts zeigt sich im *Indian Summer* von ihrer besten Seite. Die langen Sandstrände von *Cape Cod* dagegen erfreuen sich im Sommer größter Beliebtheit. Mit Boston verfügt Massachusetts über die einzige echte **City** Neu-Englands und gleichzeitig über die US-Großstadt mit der längsten Geschichte.

New Hampshire

Der **Granite State** New Hampshire verdankt diese Bezeichnung seinen *White Mountains*: harter Fels, enge Schluchten und der *Mount Washington*, Neu-Englands höchster Berg, prägen diese Gegend.

Touristen kommen nicht nur wegen der Naturschönheiten nach New Hampshire. Der Staat gilt dank der dort nicht erhobenen **Sales Tax** (Umsatzsteuer) als **Einkaufsparadies** des Nordostens. Auch Einkommensteuern sind in NH unbekannt, und so holt sich der Fiskus sein Geld dort, wo gesündigt wird: bei Alkohol, Nikotin und Lotterien. Auch wer nicht zu Hause speist oder schläft, wird speziell besteuert.

Maine

Der größte und jüngste Neu-England-Staat ist Maine; er wurde erst 1820 von Massachusetts abgetrennt. Schon seit der Jahrhundertwende ist er Ziel von Sommerfrischlern. Heute zieht es Millionen von Amerikanern und Kanadiern alljährlich an seine felsigen Küsten und Strände und auf vorgelagerte Inseln.

Maine ist **Lobster**-Land: Hochgetürmte Hummerfallen und brodelnde Riesenpötte, in denen die frischgefangenen Tiere gekocht und an Holztischen und Bänken gleich verzehrt werden – fast immer mit Blick auf einen Bootssteg und schaukelnde Segelboote – ist eine markante Maine-Szenerie.

Das andere Maine, das der endlosen Wälder und Seen, wird über seinem Küsten-Image oft vergessen. Maine besitzt im weiten Hinterland im Norden noch viel echte **Wildnis**.

Typische Hummer-Kochbottiche in Maine

Vermont

Land der grünen Hügel nannte *Samuel de Champlain* das Gebiet des heutigen Vermont, des einzigen Neu-England-Staates ohne Zugang zum Meer. Einst stritten sich Frankreich, New Hampshire und der Staat New York darum. Der Volksheld **Ethan Allan**, dessen Name bis heute in Vermont allgegenwärtig ist, kämpfte mit seinen *Green Mountain Boys* 1770 gleichzeitig um die Unabhängigkeit des Staates von New York und die der englischen Kolonien vom Mutterland. Er rief 1777 die unabhängige Republik Vermont aus. Einen Stern auf der US-Flagge erhielt Vermont erst 1791 – als 14. Staat der Union.

Außer Bergen, Wäldern, Wiesen und großen dunkelroten Holzscheunen sind es u.a. altmodische **General Stores** und die berühmten **Covered Bridges**, die (nicht nur) Vermont besonderen Charme verleihen.

Covered Bridge, im Herbst

New York State

Obwohl **New York State** nicht zu den Neu-England-Staaten gehört, sind New York City, Long Island und zumindest der Ostteil von *Upstate* New York geographisch und aus touristischer Sicht doch eng mit ihnen verbunden. Die im folgenden beschriebene Neu-England-Rundreise führt – bei Anreise oder Rückflug nach/ab New York City zwangsläufig – auch durch Teile des Staates New York.

Long Island und das **Hudson Valley** (Strecke Montreal–New York City) sind geprägt durch die Nähe der Metropole. Sie haben aber auch landschaftlich weder mit den Industriezonen im Norden des Staates (zwischen Syracuse und Buffalo) noch den landwirtschaftlich geprägten Gebieten im zentralen und westlichen Bereich viel gemein.

2.3 VON NEW YORK CITY
ÜBER LONG ISLAND NACH BOSTON

2.3.1 Long Island

Wer die Neu-England-Reise in New York City beginnt, sollte über Long Island nach Norden fahren. Auf dieser Route erspart man sich eine Fahrt durch den weniger attraktiven, verkehrsreichen und industrialisierten Süden Connecticuts, der – sieht man einmal von der *Yale University* in New Haven ab – für Touristen nicht sonderlich viel zu bieten hat. Die ca. **200 km lange Insel** gehört historisch und politisch nicht zu Neu-England, sondern ist Teil des Staates New York. Der dort anzutreffende Lebensstil ist jedoch viel eher mit dem in Connecticut und Massachusetts zu vergleichen, als mit dem in *New York Upstate* (Daten und Zahlen ➪ Seite 336).

Kenn-zeichnung

Schon vor der Jahrhundertwende errichteten betuchte New Yorker ihre **Sommerhäuser** auf Long Island. Dabei bevorzugten sie zunächst die buchtenreiche, ruhigere Nordküste, während heute die dem Atlantik zugekehrte Seite mit ihren vorgelagerten Sand- und Dünenbarrieren Trumpf ist. Wer auf sich hält, nimmt sogar den langen Weg zu den weit im Osten auf der Südgabel liegenden *Hamptons* in Kauf. Dort bleiben die "Reichen und Schönen" aus *Manhattans* Park Ave oder der *Upper East Side* unter sich und in beruhigender Distanz zu den Massen der *lower* und *middle classes* an citynäheren Stränden (➪ New York City Extra, Seite 44).

Verkehrs-situation und Anfahrt

Zu den kilometerlangen Sandstränden und eleganten Orte an Long Islands Küsten "vor den Toren" Manhattans gelangt man nur auf *Freeways* (und der Eisenbahn ab *NYC-Penn Station*) durch die Millionen-Stadtteile **Brooklyn** und **Queens** und endlos ausufernde Vorstädte weiter östlich. In der nachmittäglichen **Rush Hour** und an **Wochenenden** sind die Ausfallstrecken regelmäßig sehr voll bis verstopft. Erst 40-50 mi von der City entfernt nimmt die Verkehrsdichte ab. Am besten startet man an einem Werktag vormittags. Und zwar vorzugsweise via den **Queens Midtown Tunnel** und die **Interstate #495** (**Long Island Expressway**). Bei knapper Zeit ist ein Besuch der Hamptons (➪ Seite 218) das Minimalprogramm.

Zur Route

Vor einer etwas zeitaufwendigeren Fahrt in Küstennähe steht man vor der Entscheidung **"Süd- oder Nordküste?"** Wenn auch die Straße #25A etwa ab **Oyster Bay** (Zufahrt über die #106) durchaus ihren Reiz besitzt (Oyster Bay selbst ist ein kleines, elegantes Städtchen; die *Mansions* der *Vanderbilts* und der *Gatsbys*, die Sommerresidenz von *Theodor Roosevelt* sowie Gemäldegalerien und Museen liegen am Wege), so bietet der Süden doch insgesamt mehr und lockt im Sommer mit den besseren Baderevieren.

Jones Beach

Auf dem *Meadowbrook Parkway* geht es zunächst zum **Jones Beach State Park**: Streßgeplagte New Yorker ohne eigene Immobilie auf Long Island finden ein riesiges Gelände mit kolossaler Parkplatzkapazität und einen 5 mi langen, breiten Strand. In diesem *"Central Park* am Meer" gibt es nicht nur Sand, Sonne und Wellen, sondern auch allerhand Möglichkeiten für sportliche Aktivitäten.

Fire Island

Ganz anders dagegen der kleinere **Robert Moses State Park** am westlichen Ende von **Fire Island,** den man vorzugsweise über den *Jones Beach Park* auf dem *Ocean Parkway* ansteuert. Der Park liegt auf einer sandigen Landzunge zwischen Bucht und Ozean: kein lärmender Betrieb mehr, nur noch Dünen, Strand und Wasser. Vom *State Park* aus sind **Kismat,** ein Treff junger Leute, und **Saltaire,** ein eher familienorientierter Ort am Rande der sich anschließenden *National Seashore* in etwa einer halben Stunde (nur zu Fuß) zu erreichen.

National Seashore

Der größte Teil der 55 km langen Insel steht als **Fire Island National Seashore** unter Naturschutz. Bis auf ihr West- und Ostende ist sie nur per **Personenfähre** und mit privaten Booten zugänglich. Schon ein Tagesbesuch der autolosen Insel lohnt sich. Neben wunderschöner Dünenlandschaft beeindruckt eine erstaunlich üppige und abwechslungsreiche Vegetation. Hübsche, kleine Siedlungen unterschiedlichster Charakteristik fügen sich natürlich in das Bild ein. Oft liegen die Holzhäuser wie in einem Urwald versteckt.

Orte

Da *Fire Island* erst 1964 zum Landschaftsschutzgebiet erklärt wurde, blieben die bereits existierenden Ortschaften bestehen, dürfen sich seither jedoch nicht weiter ausbreiten. Im Zentrum der meisten Orte befinden sich äußerstenfalls ein Laden, eine Kneipe und/oder vielleicht ein kleines Hotel. Die Häuser sind über **Boardwalks** (Holzplankenwege) verbunden, die hochstaplerisch *Highways* genannt werden. Nicht einmal das Fahrradfahren blieb dort erlaubt, aber zum Strand ist es ohnehin selten weit.

Auf Fire Island besitzt jeder seinen eigenen "Bollerwagen" für Transporte von und zu den Fähranlegern; dort warten sie – gut gesichert – auf ihren nächsten Einsatz

Karte Fire Island

Fähren

Die Überfahrt ins Paradies dauert von allen drei Häfen (**Bayshore, Sayville, Patchogue**) eine halbe Stunde. Das *Return-Ticket* kostet $11 pro Person und ist auch für die Rückfahrt von einem anderen als dem Ankunftsanleger gültig. Die Boote verkehren im Sommer etwa im Zweistundentakt. Besonders empfohlen seien die Fähren von Sayville nach Fire Island Pine oder Cherry Grove, den beiden attraktivsten Siedlungen und gleichzeitig beliebten *Gay Communities*.

Fire Island Pine und Cherry Grove

Im eleganten Fire Island Pine läßt sich moderne Holzhausarchitektur studieren. Cherry Grove ist jugendlicher und freakiger, das *Gay-Sein* wird dort mehr zur Schau gestellt als im Nachbarort. Beide Orte besitzen eine Handvoll Restaurants, Kneipen, Geschäfte und Übernachtungsmöglichkeiten. Ob nun *Gay* oder nicht, das **Hotel *Belvedere*** in Cherry Grove, ✆ (516) 597-6448, ab $100, ein aus dem Rahmen fallendes venezianisches Schlößchen ganz in weiß mit lauschigem Innenhof, ist glatt eine Hochzeitsreise wert.

Sailor`s Haven

Von Cherry Grove führt ein kurzer Spaziergang nach Sailor`s Haven mit einem geschützten Badestrand an der Buchtseite, Marina und Fähranleger. Im **Sunken Forest**, sogenannt wegen seiner Lage in einer Mulde hinter den Dünen, ist die üppige Vegetation noch in ihrem Urzustand.

Wildniswanderung

Wer sich für die Flora und Fauna (insbesondere Seevögel) von *Fire Island* stärker interessiert, sollte die 11 km lange, einzige echte *Wilderness Area* des Staates New York besuchen. Dieses Gebiet läßt sich auf der Straße #46 über eine Brücke anfahren. Ausgangspunkt einer Wanderung in die Wildnis ist **Smith Point West**.

Camping

Der **Heckscher State Park** zwischen Bayshore und West Sayville, eine Picknick- und Freizeit-Anlage mit Stränden an der *Great South Bay*, besitzt einen kleinen, weniger frequentierten Campingplatz, von dem aus die Fährhäfen bequem zu erreichen sind (von der #27A über *Heckscher State Parkway*).

Die Hamptons

Von der *Fire Island National Seashore* geht es am besten auf der Autobahn #27 zu den *Hamptons*; eine Fahrt über kleine Straßen, etwa auf der #80 lohnt sich kaum: es geht durch zahlreiche ineinander übergehende Ortschaften nur langsam voran. Die unter dieser Bezeichnung bekannten Städte **Southhampton, Bridgehampton** und **East Hampton** waren früher reine Wochenend-Ziele. Heute machen es die neuen Kommunikationstechniken möglich, im Sommer den Arbeitsplatz von Manhattan in die Hamptons zu verlegen.

East Hampton

Das Flair dieser Edelorte ist für den Durchreisenden nur zu erahnen, spielt sich doch das gesellschaftliche Leben in den großen weißen Villen am Meer ab. An den Strand gelangt man über Stichstraßen, z. B. die **Egypt Lane** in East Hampton, die von traum-haften Anwesen gesäumt wird. Das eigene Auto allerdings darf in Strandnähe in der Hochsaison nur abstellen, wer *Resi-dent* ist und einen gültigen *Sticker* an der Windschutzscheibe hat. Für den einzigen, allgemein zugänglichen Strand, die **Main Beach**, sind $10 Parkgebühren fällig.

Im *Hither Hills State Park*, etwa in der Mitte der Strecke zwischen East Hampton und Montauk, zahlt man nur $4 Eintritt. In diesem Park kann man direkt am Meer **campen.**

Unterkunft

Wer im Bereich der Hamptons bis einschließlich Montauk übernachten möchte, muß sich auf ein **sehr hohes Preisniveau** einstellen. Zu noch relativ normalen Kosten kommt man in den Ortschaften entlang der **I-495** unter.

Long Island

Montauk	Der **Leuchtturm** von Montauk ist ein beliebtes Ausflugsziel. Nicht weil er besonders schön wäre, aber am östlichsten Zipfel von Long Island suchen Amerikaner gerne die "Nähe" zu *Good Old Europe.*
Sag Harbor	In Sag Harbor, einem geschützt gelegenen alten Walfangort an der Bucht zwischen *South* und *North Fork* an der Straße #114, kann man abends im hübschen kleinen *Historic Dis-trict* mit Restaurants und Geschäften gemütlich bummeln. Ein Besuch des **Whaling Museum** lohnt nur, wenn eine Weiterfahrt an die Neu-England-Küste nicht auf dem Programm steht, wo Mystic, New Bedford oder Nantucket noch mehr Details zur Walfanggeschichte der Region bieten.
Fähren	Zwei Fähren – jeweils $8 – transportieren Auto und Passa-giere im Abstand von 15 min über Shelter Island zur Nordwestspitze Long Islands. In **Orient Poin**t legt die **Fähre nach New London/Connecticu**t ab – in den Sommermonaten stündlich. Eine telefonische Reservierung ist ratsam. Auf Long Island ✆ (516) 323-2525; in Connecticut ✆ (860) 443-5281. **Tarife**: $29 für Auto und Fahrer, Zusätzliche Person: $9. Die Überfahrt dauert ca. 90 min.

> **Steckbrief Connecticut/CT**
>
> 3.200.000 Einwohner, 13.000 qkm, südlichster Neu-England-Staat, Hauptstadt **Hartford** mit 140.000 Einwohnern.
>
> 55% der Fläche Connecticuts sind bewaldet. Östlich des Connecticut River ist die Landschaft überwiegend flach, westlich des Flusses hügelig (*Appalachian Mountains*, bis 725 m). Industrien sind Schiffbau (U-Boote), Waffen, Munition; *High-Tech* (Computer, Raketenteile). Eine abnehmende Rolle spielt die Landwirtschaft.
>
> Wichtigste touristische Ziele: *Yale University, Litchfield Hills, Mystic Seaport* und der *Foxwood Komplex*

2.3.2 Südöstliches Connecticut

Küste von Connecticut/ Straße #1	Wie eingangs erläutert, verpaßt man entlang der Küste zwischen New York und New London wenig. Wer auf den Umweg über Long Island verzichtet, könnte auf den Gedanken kommen, statt der I-95 die parallel zur *Interstate* verlaufende **Straße #1** zu wählen. Diese Route durch einen bis New Haven extrem be- und zersiedelten Küstenabschnitt ist aber sehr zeitaufwendig und lohnt sich eigentlich erst ab der Autobahnausfahrt #57. Von dort ab läuft die **Straße** durch saubere Neu-England-Wohlstandsdörfer vorbei an Buchten und Meeresarmen mit zahllosen Yachthäfen. Einen langen Sandstrand und großen **Campground** besitzt in diesem Bereich der **Hammonasset Beach State Park**.

Straße #156

Wer nach Überquerung des Connecticut River weiter die I-95 vermeiden möchte und über ausreichend Zeit verfügt, kann bis New London statt der #1 nun besser der hübschen kleinen Straße #156 über das Künstlerstädtchen *Old Lyme* folgen. Der *Rocky Neck State Park* bei South Lyme verfügt über einen sehr schönen Strand Strand und Campingplatz.

New London liegt auf dieser Route ebenso wie bei Benutzung der Fähre von Orient/Long Island unvermeidlich am Wege, muß aber nicht intensiv besichtigt werden. Die *Interstate*-Brücke über den *Thames River* bietet weit und breit die einzige Möglichkeit zur Überquerung des breiten Flusses.

Atom-U-Boot

Am Ostufer befindet sich die **Naval Submarine Base** (Exit 86 von der I-95, Straße #12 ca. 3 mi nach Norden). Dort bildet das erste atomgetriebene Unterseeboot der Welt, die **USS Nautilus** aus dem Jahr 1954, das Prunkstück eines U-Boot-Museums. Es kann im Sommerhalbjahr Mi–Mo 9–17 Uhr und Di ab 13 Uhr, Rest des Jahres Mi–Mo 9–16 Uhr, besichtigt werden. Der Eintritt ist frei.

Kleines U-Boot

Nach Mystic

Auf der Straße #1 (ggf. und etwas schneller auch über die I-95) gelangt man in Ostrichtung unverfehlbar nach Mystic und *Mystic Seaport*, dem größten Seefahrtsmuseum Nordamerikas. Mystic, ein altes Walfängerstädtchen 6 mi flußaufwärts am gleichnamigen *River* gelegen, war um die Mitte des letzten Jahrhunderts ein blühendes Schiffbau- und Handelszentrum. Nirgendwo wird die maritime Vergangenheit Neu-Englands lebendiger vorgeführt als dort.

Mystic Seaport

Das **Freilichtmuseum** *Mystic Seaport* ist ein weitläufiges Gelände mit Hafenanlagen, Häusern der Kaufleute, Banken und allen Handwerksbetrieben, die zu Fischfang, Handel, Transport und Schiffbau gehörten. 60 historische Gebäude und fast 300 Boote und größere Schiffe warten auf die Besucher. Hauptattraktion ist die *Charles W. Morgan*, ein 1841 gebautes hölzernes Walfangschiff – das letzte seiner Art.

Walfang

Walfang begegnet einem in Neu-England noch des öfteren, etwa in New Bedford oder Nantucket, aber nur in *Mystic* kann man einen voll erhaltenen und ausgerüsteten Walfänger besteigen, was nicht nur Kinder reizt, sondern auch *Moby Dick*-Leser – und wer war das nicht?

Im *Stillman Building* wird ein Video über Walfang und Walverarbeitung gezeigt. Es ist mit *Herman Melvilles* Worten aus **Moby Dick** unterlegt. Eine große *Scrimshaw*-Ausstellung rundet die Informationen über die Meeressäuger ab. **Scrimshaw** ist die Bezeichnung für Schnitzereien aus Wal-zähnen oder die kunstvolle Bearbeitung von **Baleen**, einer fingernagelähnlichen Hornsubstanz, die einige Wal-Arten statt der Zähne besitzen. Während der Wartezeiten auf See schnitzten die Seeleute an Bord daraus ornamentierte Ziergegenstände, aber auch nützliche Dinge, wie Griffe für Spazierstöcke, Garnabwickler oder Korsettstangen (⇨ Seite 235). Aber nicht nur vom Walfang ist die Rede: im **Lobster Shack** erfährt man alles Wissenswerte über Hummer, im **Oyster Shack** die Geschichte und Technik der Austern-Fischerei.

Erläuterungen

Im Gegensatz zu anderen lebenden Museen stellen sich in *Mystic* keine kostümierten Bewohner als "Zeitzeugen" den Besucherfragen, sondern **Fachleute** von heute geben kompetent Auskunft. Hier werden Seile gereept, Knoten gelegt, Gallionsfiguren geschnitzt, Fässer und Segel hergestellt.

Schiffe

Auf der museumseigenen **Werft** werden Segelschiffe repariert und neue auf Kiel gelegt. Im Hafen dümpelt die **Josef Conrad**, ein Kadetten-Trainingsboot von 1882, das heute als schwimmende Unterkunft für Teilnehmer von Segelkursen dient. Der Schoner **L.A. Dunton** ist das dritte große Schiff in *Mystic Seaport*. Mit dem alten Passagierdampfer **Sabino** kann man an Fahrten auf dem Mystic River teilnehmen.

Öffungszeiten: Juni–August 9–20 Uhr, sonst 9–16/17 Uhr. **Eintritt** $18, Kinder $16; die Tickets sind 2 Tage gültig.

Da *Mystic Seaport* in Amerika liegt, darf auch **Action** nicht fehlen. Wenn auf den Segelschiffen plötzlich der Teufel los ist, kann das nur eine Meuterei sein. Um wieviel Uhr gemeutert wird, wann Kurse fürs Shanty-Singen, Knoten- und Seilemachen oder Navigieren beginnen, verrät ein Flugblatt an der Kasse.

Mystic Town

Im hübschen Städtchen Mystic kann man **Windjammer-Cruises** oder *Sunset*-Trips auf alten Segelschiffen buchen. Anleger und Ticket-Büro findet man in der **Main Street** am Westufer des Flusses gleich hinter der Zugbrücke.

Old Mistick Village ist ein nachgebautes alt-englisches Dorf voller Restaurants und Souvenirshops am Coogan Blvd.

Im **Mystic Marinelife Aquarium**, ebenfalls am Coogan Blvd, gibt es Pinguin-Pavillon und *Seal Island*, ein Freigehege für Robben. Auch Wale, Seelöwen und **Delphin-Show** fehlen nicht. Im Sommer 9–17.30 Uhr, sonst 16.30 Uhr; $10.

Motels in Mystic sind teuer und oft ausgebucht. Ab $70 im Sommer noch o.k. sind **Comfort** und **Days Inn** an der #27. Der **Seaport Campground** liegt an der #184 bei Old Mystic.

Foxwood Casino

Staunenswert ist der **Kasino-Komplex** *Foxwood* (von Mystic nach Old Mystic und dann Straßen #201 und #2 bzw. zunächst I-95 East; ca. 45 min Fahrt ab Mystic). Die postmodernen, leicht kitschigen Gebäude wirken in der Waldlandschaft wie eine *Fata Morgana*. Einige wenige indianische Symbole im Design dieses Glitzerpalastes sind alles, was auf dessen Standort in einem Indianer-Reservat hindeutet.

Hotel

Wer dort übernachten möchte (im Sommer ab $140!), ruft **toll free** die zentrale Reservierung an: ✆ 1-800-FOXWOOD.

KLEIN-LAS VEGAS IN CONNECTICUT

Seit 1988 ein Bundesgesetz das **High Stake Gambling**, sprich Glücksspiel um harte Dollars, in Reservaten erlaubt, haben landesweit über 20 Indianerstämme die Spielwut der Weißen zur Haupteinnahmequelle gemacht. Der nur 263 Köpfe zählende *Mashantucket-Pequot*-Stamm gehört heute zu den größten Arbeitgebern in Connecticut. An 365 Tagen im Jahr rund um die Uhr geöffnet, hatte *Foxwood* 1996 schon über 5.000 Angestellte, Tendenz steigend. Zwei Hotels, 16 Restaurants, zahlreiche Geschäfte, Golfplätze, Swimming Pools und Amusementpark-Komponenten ge-hören zum Komplex, und eine Monorail verbindet lautlos alle Teilbereiche miteinander. Spielen wird hier – wie heute in vielen Staaten der USA – als *Fun for the whole Family* für die ganze Familie salonfähig gemacht.

Nicht-indianischen Kasino-Betreibern wie *Donald Trump* mit mehreren Atlantic-City-Palästen ist *Foxwood* ein Dorn im Auge, weil die *Pequots* keine Steuern bezahlen müssen und ihre Profite in neue Attraktionen investieren können. So fiel es den *Pequots* nicht schwer, im Jahr 1992 für $100 Mio. vom Staat Connecticut die Exklusivrechte für *Slot-Machines* ("einarmige Banditen") zu erhalten, die bis dato nicht aufgestellt werden durften.

Viel böses Blut wallt auch in der Umgebung von *Foxwood*. Die Bewohner der ordentlichen weißen Häuschen in der hübschen Hügellandschaft Connecticuts wollten sich kein kleines Las Vegas vor die Nase setzen lassen. Aber aller Protest half nicht: Bebauungsauflagen und andere Restriktionen besitzen für das *Indian Territory* keine Gültigkeit.

Die Indianer haben damit die unerwartete Chance zu finanzieller Unabhängigkeit und politischer Einflußnahme beim Schopf gepackt. Zweifler werden in einem Museum belehrt, wieviel Geld neuerdings dank *Foxwood* für Bildung, Gesundheit, Wohnprojekte und Erforschung wie Bewahrung indianischer Kultur zur Verfügung steht.

Die *Pequots* sehen den neuen Reichtum als eine Art später Wiedergutmachung an. Sie wurden von den Engländern 1637 fast ausgelöscht und die wenigen Überlebenden überwiegend auf andere Stämme verteilt. 1856 lebten nur noch 50 *Pequots* in den angestammten Gebieten. Erst seit Mitte der 70er-Jahre hatte sich der Stamm reorganisiert. Er konnte seine Landansprüche gerichtlich durchsetzen und – zwischen 1983 und 1991 – das Reservat von ganzen 85 ha (also nicht einmal 1 qkm) auf rund 7 qkm vergrößern.

Foxwood Casino-Komplex im Indianer-Reservat in den grünen Hügeln von Connecticut

Weiter nach Newport

Von Mystic nach Newport, dem touristischen Magneten des kleinsten US-Bundesstaates (60 km breit und 77 km lang), sollte man ab Mystic die ab Rhode Island autobahnartig ausgebaute **Straße #1** der *Interstate* #95 vorziehen. Von *Foxwood* aus erreicht man die #1 über Westerly.

2.3.3 Rhode Island

In Rhode Island nennt sich die **#1 *Ocean Scenic Highway***, obwohl der Ozean weit ist. Mit ein bißchen Extrazeit kann man über die – ebenfalls – ***Scenic* #1A** einen Abstecher nach **Watch Hill** einlegen, einem hübschen Sommerfrischeort mit Dünen und sauberen Stränden, und die Fahrt auf der strandnahen ***Oceanview Highway*** fortsetzen – vorbei an Golfplätzen, herrlich gelegenen Villen und Inlandlagunen. Die Alternativstrecke führt nach einigen Meilen zurück auf der **#1** über **Point Judith** und von dort am Westufer des *Rhode Island Sound* entlang. Sie trifft unmittelbar vor der mächtigen **Jamestown Bridge** auf die Zufahrt nach Newport.

Rhode Island

Steckbrief Rhode Island/RI

1 Mio. Einwohner, 3.150 qkm, damit kleinster Staat der USA, Hauptstadt **Providence** mit 161.000 Einwohnern.

Dank der *Narragansett Bay* tiefe Einschnitte ins flache Küstenland, zahlreiche Buchten, Strände und Inseln. Die größte Insel ist die für den Staat namensgebende Rhode Island Das Hinterland ist leicht hügelig. Maschinenbau, Elektro- und Texitilindustrie, sowie der Tourismus sind die wichtigsten Erwerbszweige; wenig Landwirtschaft.

Wichtigste touristische Ziele: Die ganze *Narragansett Bay* und mittendrin das berühmte Newport.

Newport

Kennzeich-nung

Newport (28.000 Einwohner) wird manchen europäischen Besuchern bereits bekannt sein: als **Tummelplatz der Super-reichen** um die Jahrhundertwende und lange Zeit Ausgangs-punkt einer der bekanntesten **Segelregatten** der Welt, des *America`s Cup*. Wer den **Film High Society** mit *Grace Kelly, Bing Crosby, Frank Sinatra* und *Louis Armstrong* gesehen hat, erinnert sich vielleicht auch an die Stadt. Heute ist Newport eine an Wochenenden und generell im Sommer stark be-suchte Touristenattraktion mit allen dadurch verursachten Begleiterscheinungen, aber nichtsdestoweniger sehenswert. Immer noch bewohnen "die Reichen" einige der riesigen Paläste, die hier bescheiden **Cottages** genannt werden. Sie ha-ben ihre eigenen privaten Strände wie den **Bailey's Beach Club** am Ocean Drive und natürlich auch ihre exquisiten Yacht- und Golfclubs.

Übersicht

Man erreicht Newport über enorme Brücken. Die neue Kon-struktion zwischen Festland und *Conanicut Island* (James-town) wird gern mit San Franciscos *Golden Gate Bridge* ver-glichen. Und tatsächlich ist das $160 Mio.-Bauwerk überaus eindrucksvoll. Von Jamestown geht es über die noch längere Newport Bridge ($2 *Toll*) fast bis ins Zentrum.

Eine große **Visitor Information** befindet sich im **Gateway Center** unverfehlbar an der Haupteinfahrt in die Stadt nur wenig südlich der Brückenrampe (23 America's Cup Ave). Dort gibt es jede Menge Informationsmaterial, Unterkunfts-listen (auch für Jamestown und Middletown) und einen **Orts-plan.** Ein *Diorama* vermittelt einen plastischen Überblick über Newport. Wer in Anbetracht des starken Autoverkehrs und der Parkprobleme allerorten aufs Auto verzichten mag, kann Newport gut per **Fahrrad** erkunden: **Verleihstation** in der 18 Elm St, Ecke America`s Cup Ave; eine Stunde kostet $11, ein Tag $25. Die **Busse** in Newport verkehren nicht mit hoher Frequenz, dafür aber zeitweise kostenlos, sonst $0,90.

**Colonial
Newport**

Die touristische "Kernzone" mit dem alten Stadtteil *Colonial Newport* befindet sich unweit der Besucherinformation und läßt sich gut zu Fuß durchstreifen.

Schon 1638 kam eine Gruppe von Siedlern, die sich nicht den strikten Regeln der Massachusetts-Bay-Puritaner unterordnen wollten, in das Gebiet der *Narragansett Bay.* Nach der Gründung 1639 entwickelte sich Newport rasch zu einer wichtigen Hafen- und Werftenstadt. Der bereits erwähnte Dreieckhandel (⇨ Seite 252) sorgt im 18. Jahrhundert auch in Newport für Wohlstand.

Der *Newport Historical Society* ist es zu verdanken, daß ganze Straßenzüge der kolonialen Epoche erhalten blieben bzw. um typische Gebäude ergänzt wurden, denen anderswo der Abriß drohte. Die **Washington St** besitzt besonders viele Wohnhäuser aus dem späten 17. und frühen 18. Jahrhundert, u.a. das berühmte **Hunter House** (1748), ebenso die **Marlboro Street** mit dem *Quaker Meeting House* (1699) und der *White House Tavern* (1670), die immer noch in Betrieb ist. Erwähnenswert sind weiter das *Colony House* (1739) am **Washington Square**, nicht weit davon der *Brick Market* (1760), die *Touro-Synagoge* (1763) und die *Trinity Church* (1729) auf dem Queen Ann`s Square.

Waterfront

Von dort ist es nicht mehr weit zur *Waterfront.* Den Touristenrummel um die *Bowen's Wharf* läßt hinter sich, wer die Lower Thames St nach der Abzweigung zum Memorial Blvd hinuntergeht. In den kleinen alten Holzhäusern sind viele Geschäfte und Restaurants untergebracht; an den dahinterliegenden Kais findet sich ein quirliger Fischereihafen mit Hummerboote und *Lobster-Tanks*, wo man Hummer auch einzeln kaufen kann. **Segel- und Motoryachten** gibt`s *for hire*.

In der großen **Antony's Shore Dinner Hall** auf der *Waites Whar*f werden Hummer und andere Meeresfrüchte serviert, z.B. hervorragende *Clam Cakes* und *Chowders* auf Papptellern an langen Tischen – und dies alles mit einem wunderbaren Blick auf Wasser und Hafen.

Geschäftsstraßen zum Bummeln sind die Spring St und die Bellevue Ave nördlich des Memorial Blvd.

*Cottages
oder
Mansions*

An **Bellevue Ave** und **Ocean Drive** findet man Newports erste Attraktion: dort liegen die europäischen Schlössern vergleichbaren *Mansions* der *Vanderbilts, Astors* und anderer reicher Eisenbahn-, Kohle- und Stahl-Magnaten aus der Zeit des unbeschränkten Kapitalismus der Jahrhundertwende. Nach der Depression der 30er-Jahre und neu eingeführten Steuergesetzen wurden den Eigentümern die Anwesen zu kostspielig; und so wurde teilweise ihr Verwendungszweck geändert. Seit 1945 bemüht sich die *Preservation Society* um ihre Erhaltung. **Sechs der imposanten Villen** sind mittlerweile in ihrem

**Besucher-
tarife/Zeiten**

Besitz und der Öffentlichkeit zugänglich. Zusätzlich gehört der *Society* das erwähnte **Hunter House** und **Green Animals**, ein Garten nördlich von Newport bei Portsmouth mit zu Tierformen zurechtgestutzten Bäumen. Alle 8 Objekte zu besichtigen, ist ein zu teures Vergnügen. Die $38 bzw. $10 für Kinder lohnen sich kaum. Man sollte gezielt einige Gebäude auswählen. Die Besichtigung von 2 Objekten kostet $13, Kinder $5; 3 Objekte kosten $19; Kinder $6 etc. Einzelbesichtigungen sind ebenfalls möglich: $7-$10 je nach Größe des Objekts, Kinder die Hälfte. Der Ticketkauf ist in allen Gebäuden möglich, Parkplatz dort reichlich vorhanden. **Im Sommer** (April/Mai–September/Oktober) sind alle *Mansions* zu identischen Zeiten geöffnet: **täglich 10–17 Uhr**, Rest des Jahres verkürzte Zeiten, einige nur an Wochenenden.

Details

Der Palast **The Breakers** (1895/*Cornelius Vanderbilt)* ist das meistbesuchte *Mansion*. Was die Konkurrenz innerhalb der Familie *Vanderbilt* vollbrachte, kann man im **Marble House** (1892/*William Vanderbilt*, Bruder des Cornelius), bestaunen. Auch **Rosecliff**, in dem die meisten Szenen des Films **Der große Gatsby** mit *Mia Farrow* und *Robert Redford* gedreht wurden, erfreut sich großer Beliebtheit. Sehenswert sind auch **The Elms** und das **Château sur Mer**, alle an der Bellevue Ave.

Kingscote

Nicht alle Sommerhäuser sehen aus wie Schlösser; ein Blick ins Innenleben lohnt nichtsdestoweniger, z. B. ins ***Kingscote***, das sich 1839 ein Kaufmann aus Georgia bauen ließ (ebenfalls an der Bellevue Ave).

Kennedy Villa

Die ***Hammersmith Farm*** am Ocean Dr – weit abseits der anderen Häuser – bietet eher rustikal-amerikanisches *Setting*. Das Anwesen ist vor allem deshalb populär, weil dort die Hochzeit von *Jacqueline Bouvier* mit *John F. Kennedy* stattfand und das Haus mehrere Jahre als **Summer White House** diente. Es gehört nicht zum Besitz der *Preservation Society* und kann nicht mit deren Kombi-Ticket besichtigt werden. April–November täglich 10–17 Uhr, Eintritt $7, Kinder $3.

Hammersmith Farm der Kennedy-Familie

Cliff Walk

Eine gute Ergänzung einer Autofahrt über Bellevue Ave und Ocean Drive könnte eine Wanderung auf dem *Cliff Walk* sein, einem Weg hinter den wasserseitig liegenden Anwesen, der ihre Parks vom überwiegend felsigen Ufer trennt. Es handelt sich dabei um keine bequeme Promenade, sondern um einen Pfad, der streckenweise recht unwegsam ist. Auch sieht man dort nur wenig von den *Mansions*. Der dennoch empfehlenswerte Weg beginnt am Memorial Blvd/*Easton Beach* und läuft hinunter bis zum Südende der Insel/ *Bailey's Beach* über eine Gesamtdistanz von ca. 4 km. Er kann auch über Teilstrecken gelaufen werden.

Fort Adams

Ein kurzer Abstecher von der Rundstrecke um die äußere Newport Halbinsel führt zum **Fort Adams State Park.** Die heute etwas verwahrloste Festungsanlage (geschlossen) bewachte einst die Einfahrt zum *Newport Harbor*. Drinnen gibt das **Museum of Yachting** Auskunft über die Segelsport-Geschichte von Newport und zeigt, wie schön teure Schiffe sein können; Mai–Oktober 10–17 Uhr, $5. Die hübsche **Picnic Area** des Parks liegt reizvoll auf einer kleinen Anhöhe gegenüber der Stadt mit herrlichem Blick über die Bay.

Festivals

Das **Newport Jazz Festival** Mitte August (im *Fort Adams Park*) gehört zu den bekanntesten seiner Art weltweit. Ebenfalls im August findet ein **2-Tage-Folk-Festival** mit oft großen Namen der Szene statt. **Klassische Musik** steht auf dem Programm eines 14-Tage-Festivals im Juli (1.-3. Wochenende).

Tennis Hall of Fame & Museum

Nicht nur für Tennisfans interessant ist das **Newport Casino** (Memorial Blvd/Bellevue Ave). Um 1880 war das *Casino* einer der elegantesten *Country Clubs* des Landes. Dort wurden einst die amerikanischen Tennis-Meisterschaften ausgetragen. Dem Komplex angeschlossen ist die *Tennis Hall of Fame* und ein Tennis Museum; täglich 10–17 Uhr; $6.

Unterkunft

An Wochenenden und im Sommer sind Newport-Unterkünfte nicht nur teuer (sogar das **Motel 6** kostet dann **über $50**), sondern weitgehend ausgebucht. **Bed & Breakfast** gibt`s kaum unter $80 fürs DZ. Etwas preiswerter sind **Motels** in **Jamestown** und an den Straße #114 und #138 in **Middletown**. **Camping** an der Straße #114 Nord im *County Park Melville Ponds.*

STRESS IN NEWPORT

Wohlhabende Plantagenbesitzer aus den heiß-feuchten Südstaaten hatten den Küstenstreifen rund um Newport schon fast hundert Jahre vor den "Neureichen" entdeckt. Sie flohen vor der Sommerhitze und verlebten entspannte Ferien. Die spätere Geld-Aristokratie von Newport fand dagegen keine Muße; sie stand auch im Urlaub im Wettbewerb – ganz wie im Geschäftsleben: "Wer hat das größte Haus, wer den aufwendigsten Ballsaal? Wer leistet sich den teuersten Marmor, wer die originalsten Möbel?" "Gehöre ich zu den 400 Auserwählten, die auf *Mrs. William Backhouse Astor's* Einladungsliste stehen?" Wichtig war natürlich auch die Frage nach dem besten Gastgeber: "Wo waren die Feste am rauschendsten, die Ausstattung und Wahl der Menüs am exklusivsten?"

Den gesellschaftlichen Streß sieht man den *Mansions* an. Es wurde soviel Unterschiedliches und Teures herangeschafft, daß der Blick für einzelne, schöne Teile verlorengeht. Der sonst eher bescheidene *Vanderbilt II* ist mit dem Renaissance-Palast *The Breakers* unbestrittener Sieger der Baukonkurrenz. Keiner hat es ihm je nachgetan, einen ganzen Salon – in Frankreich entworfen und konstruiert – wieder auseinandernehmen zu lassen, um ihn samt Arbeitern nach Newport zu verschiffen.

In Jahrzehnten, in denen Einfachheit und Funktionalität im Vordergrund standen, wurden die *Cottages* durchweg als Geschmacksverirrung belächelt. Seit die postmoderne Architektur wieder alle möglichen Stile zusammenbringt, sieht man das nicht mehr so verbissen.

Providence

Die **Hauptstadt von Rhode Island** an der direkten Route I-95 von New York nach Boston zählt heute 160.000 Einwohner.

Geschichte

Gegründet 1636 von **Roger Williams**, der wegen seines religiösen Nonkonformismus die *Massachussets Bay Company* verlassen mußte, wurde Rhode Island und mit ihm Providence bald Sammelpunkt für viele, die dem strengen Regiment der Puritaner entfliehen wollten.

Heute ist Providence hauptsächlich eine moderne Industrie- und Universitätsstadt und hat von allem, was Neu-England ausmacht, etwas: eine *Downtown* mit dem üblichen Gemisch aus Geschäftsgebäuden aller Stile und Epochen, ein schön renoviertes **Kolonialviertel** mit bescheidenen hölzernen Wohnhäusern und prächtigen repräsentativen Backsteinbauten aus dem 18. Jahrhundert, ein quirliges Universitätsviertel um die renommierte *(Ivy League)* **Brown University** herum und nicht zuletzt ein etwas altmodisch wirkendes, aber daher ziemlich authentisches *Little Italy*, das sich "rühmt", mehr *Mafiosi* hervorgebracht zu haben, als jede andere Italo-Gemeinde in den USA.

Besichtigung

Die Stadtbesichtigung beginnt am besten an der **Brown University** auf dem *College Hill*, auch **East Side** (des Providence River) genannt. Das zum Greifen nahe *Downtown* am anderen Flußufer wurde erst 1993 durch Einrichtung von Fußgängerzonen und -brücken wieder bequem erreichbar.

College Hill

Zum *College Hill* gelangt man leicht über die **Interstate #95**, dann I-195 *East* und deren Exit #3/Gano St, von der man links (3. Ampel) in die Angell St abbiegt. Die Angell St kreuzt die **Thayer St**, die zentrale Achse des studentischen Lebens (Kino, Bistros, Buchläden) außerhalb des angrenzenden großen Universitätscampus`. Ein Spaziergang durch den *Brown*-Komplex demonstriert beispielhaft die Großzügigkeit der Anlage amerikanischer Campus-Universitäten (Zugang z.B. Ecke Waterman/Prospect St.)

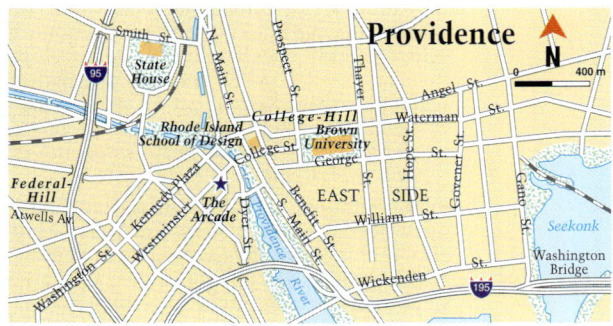

Kunst-museum

An der Ecke Benefit/College St liegt die berühmte **Rhode Island School of Design** mit dem **Museum of Art**, einem der besten kleinen Museen Neu-Englands. Es zeigt ägyptische, griechische, römische und ostasiatische Kunst, außerdem europäische Werke des 19. und 20. Jahrhunderts, u.a. *Manet, Monet, Rodin, Cezanne, Picasso* und viel amerikanische Kunst. Sept–Juni Di–Sa 10.30 –17 Uhr, Do 12–20 Uhr. So 14–17 Uhr. Im Sommer nur Mi–Sa 12–17 Uhr; $2.

Kolonial-viertel

Insbesondere in der **Mile of History** der Benefit St (zwischen Meeting und William St) findet man viele der eingangs erwähnten eindrucksvollen Gebäude des 18. Jahrhunderts.

Downtown

Von der Benefit St ist man zu Fuß in 10 min in *Downtown*. Von der wenig ansprechenden Kennedy Plaza mit der *City Hall* ist es nicht weit zur **Westminster Mall**, einer kleinen Fußgängerzone mit der historischen **Arcade**, der ersten überdachten *Shopping Mall* der USA (1825) im *Greek Revival Stil*.

Das **State House** von Providence mit einem mächtigen weißen Marmordom liegt an der Francis St etwas abseits *Downtown*. Die große Kuppel überragt die Stadt.

Little Italy

Westlich von *Downtown* (jenseits der *Interstate* #95) liegt entlang der Atwells Ave auf dem **Federal Hill** das italienische *Viertel* mit vielen Restaurants und Geschäften, darunter gute Delikatess-Läden, wie z.B. *Tony`s Colonial* (311 Atwells) und dem *Providence Cheese Shop* (178 Atwells).

Little Italy betritt man durch einen **Torbogen,** in dessen Mitte eine Ananas hängt. Auf dieses Symbol stößt man in Neu-England des öfteren, z.B. am *Hunter House* in Newport. Von den Ehefrauen heimkehrender Seeleute wurde die Frucht als Zeichen der Wiedersehensfreude und Üppigkeit an die Tür gehängt. Sie signalisierte, daß nach den langen Monaten des Darbens auf den Schiffen nun Genuß und Wohlleben auf die Männer warteten.

Unterkunft

Providence ist keine *Tourist Town* wie Newport und daher bei den Hoteltarifen etwas moderater. Wer halbwegs preisgünstig in der City unterkommen möchte, dem sei das nostalgische **Bed&Breakfast State House Inn** empfohlen: 43, Jewett St nordwestlich I-95, *Exit* 22, ☏ (401) 785-1235, ab $80. An Wochenenden kostet das **Marriott Hotel** unweit der Ausfahrt #23 auch nicht mehr. Preiswerter sind Motels an der Straße #1 (Post Rd) südlich der Stadt, z.B. das **Susse Chalet** und die **Econolodge** in Airportnähe um $60. Je weiter man hinaus fährt, umso preiswerter wird es, ebenso im Osten in **East Providence** (**New Yorker Motel**, 400 Newport Ave) ab ca. $45 oder in **Seekonk/MA,** dort **Susse Chalet** oder **Ramada Inn**, ab ca. $55.

Mit den Campmöglichkeiten ist es auch bei Providence nicht weit her. Am stadtnächsten liegt noch der **Colwells Campground** am *Flat River Reservoir* bei Coventry, Straße #117.

2.3.4   Durch den Süden von Massachusetts

Route

Die Stadtgrenzen von Providence bilden im Nordosten von Rhode Island zugleich die Grenze zu Massachussets. Nach Boston sind es auf direktem Weg nur noch 50 mi. Die hier verfolgte **Route** führt aber **zunächst nach *Cape Cod***. Einen Besuch wert sind auf dem Weg das Kriegsschiff-Museum ***Battleship Cove*** in Fall River, 15 mi östlich, und **New Bedford**, 35 mi südöstlich von Providence und ca. 28 mi entfernt von Newport. Besonders bei einer Fahrt ab Newport, die statt über die I-195 auch über die Straßen #177 und #6 erfolgen kann, fallen auf der Karte Ort und *State Park* **Horseneck Beach** als potentielle Abstecher- oder Übernachtungsziele ins Auge. Trotz der Insellage ist *Horseneck Beach* nicht sonderlich attraktiv, dennoch im Sommer überlaufen, der ***Campground*** meist ausgebucht.

Fall River/ Battleship Cove

Wer sich für Kriegsschiffe des 2. Weltkriegs interessiert, darf den Zwischenstop in Fall River bzw. den kleinen Umweg dorthin (von Newport aus) auf keinen Fall auslassen. Eine riesige Festung der Meere, das ***Battleship Massachusetts*** (46.000 t), liegt zusammen mit dem Zerstörer *John P. Kenndy jr.*, einem Unterseeboot und weiteren Booten am Kai der sog. *Battleship Cove*. Alle Schiffe können von den Maschinenräumen bis zur Brücke besichtigt werden. Zufahrt über die I-195, *Exit* 5. Im Sommer täglich 9–20 Uhr, sonst bis 17 Uhr; $9; Kinder $4,50.

New Bedford

Die immer stark befahrene ***Interstate #195*** läuft in New Bedford (100.000 Einwohner) mitten durch die Stadt. Dabei lädt der Blick von der Autobahntrasse nicht eben ein zu einem Zwischenstop in der einstigen **Welthauptstadt des Walfangs**.

Steckbrief Massachusetts/MA

6 Mio. Einwohner, 21.500 qkm, **Hauptstadt Boston** mit 575.000 und im Großraum 4,2 Mio. Einwohnern.

Der zentrale **Inlandbereich** des Staates ist hügelig mit vielen Seen und Flüssen. Im Westen sind die Berkshire Hills bis zu 1.060 m hoch; die **Atlantikküste** ist durch lange Sandstrände gekennzeichnet. 60% der Fläche sind bewaldet.

Der kleine Staat ist **hochindustrialisiert**: Metall-, Textil-, Druckindustrie, Elektronik und *High Tech*. Auch die Landwirtschaft spielt noch eine wichtige Rolle: Milch, Geflügel, Gemüse, Obst (*Cranberries!*), Fischerei.

Wichtigste **touristische Ziele** sind Boston, die *Harvard-University* in Cambridge, Salem, die *Plimoth Plantation*, *Old Sturbridge Village*, die *Berkshires*, die Strände von *Cape Cod* und die Inseln *Martha's Vineyard* und *Nantucket*.

Geschichte Jedem **Moby Dick**-Leser aber wird in New Bedford das Herz höher schlagen.Dort heuerte einst **Herman Melville** an und entwickelte auf See die Ideen für seinen Roman. New Bedford war zu jener Zeit eine der reichsten Städte des Kontinents. In ihrer Blütezeit zwischen 1820 und 1850 lag eine Flotte von 300 Walfangschiffen im Hafen. Reich wurden natürlich nicht die meist portugiesischen Matrosen, sondern die cleveren Reeder und Kaufleute, die mit dem Federkiel in ihren Kontoren saßen und rechneten. Diese klassische Arbeitsteilung schlug sich auch architektonisch nieder: während die Portugiesen – ihr Einwohneranteil ist bis heute hoch – sich kleine spitzgieblige Holzhäuser bauten, errichteten sich die "Pfeffersäcke" großzügige Bürgerhäuser. Man kann viele davon im **Historic District** an der *Waterfront* bestaunen.

New Bedford`s Wohlstandsquelle hielt jedoch nicht lange vor. Noch 1857 war ein extrem gutes Jahr gewesen, aber nach erfolgreichen Bohrungen in Pennsylvania verdrängten fossile Öle das Walöl quasi über Nacht. Denn die neuen Öllampen brannten bei weitem heller als die alten Tranfunzeln. Die Walfänger wurden arbeitslos. Bis sich New Bedford von diesem Schlag erholt hatte, vergingen über 100 Jahre. Heute liegt eine der größten Fischereiflotten Neu-Englands im Hafen, und Touristen strömen in das Wal Museum im *Historic District*.

Wal Museum Das **Whaling Museum** befindet sich in der Jonny Cake Hill St unweit der **Visitor Information** (2nd North St, ausgeschildert), wo man gut sein Auto abstellen kann. Das Museum läßt keinen Aspekt der Geschichte von Walfang und -verarbeitung aus. Die **Lagoda,** eine Nachbildung eines New Bedforder Walfangschiffes im Maßstab 1:5, ist der Stolz des Museums. Wer aber in Mystic schon die *Charles W. Morgan* in voller Größe erlebt hat, wird nicht beeindruckt sein.

Der bereits 1922 gedrehte Stummfilm **Down to the Sea and Ships** zeigt Harpunier- und Verfolgungsjagden, die mit den kleinen Beibooten unternommen wurden. Öffnungszeiten im

Juli/August Mo–Sa 9–17 Uhr, So ab 13 Uhr; Rest des Jahres bereits ab 9 Uhr geöffnet; Eintritt $4.

Altstadt *The Seamen's Bethel*, eine kleine – auch von *Melville* beschriebene – Seemannskirche aus Holz, steht gegenüber dem Museum. Bei einem Bummel durch den *Historic District* (nur 4 Blocks mit Kopfsteinpflaster und Gaslaternen) sieht man die für Neu-England typischen Kaufmanns- und Verwaltungshäuser. Detailinformationen dazu gibt es reichlich im *Visitor Center,* wo auch **Architectural Walking Tours** angeboten werden.

Originell ist das historische **Durant Sail Loft Inn** an der *Waterfront*/Merrills Wharf, ☎ (508) 999-2700, ab $75.

WALE UND WALFANG

Etwa 80 Walarten von 2-30 m Länge und bis über 100 t Gewicht bevölkern unsere Ozeane. Man unterscheidet zwei Gruppen: **Zahnwale**, einschließlich des Narwales, der mit seinem markant nach außen gewachsenen Zahn wie ein See-Einhorn aussieht und **Bartenwale**, die ihre Nahrung durch einen Bart aus *Baleen* filtern, einer unseren Fingernägeln ähnlichen Hornsubstanz. Wie fossile Funde in Pakistan belegen, waren diese größten Meeressäuger vor 50 Mio. Jahren noch Landtiere. Wahrscheinlich trieb Nahrungsmangel an Land sie ins Wasser.

Während die Augen der Wale schwach sind und ihr Geruchssinn völlig verlorenging, ist ihr Gehör extrem gut, obwohl äußere Ohren fehlen. Die Tiere können bis zu einer Stunde tauchen und erreichen dabei Tiefen von über 600 m. Eine bis zu 50 cm dicke Speckschicht hält ihre Körpertemperatur auch in Eiswasser konstant bei 37° C.

Auf ihren bisweilen 8000 km langen Wanderungen ernähren sich Bartenwale von Plankton und Krill, streichholzlangen Krebsen; auch Zahnwale kauen nicht mit den Zähnen, sondern verschlingen kleine Fische, Calamares, Würmer und Muscheln, aber auch größere Meerestiere wie Seehunde. Sie erbeuten ihre Nahrung in Gruppen oder gehen allein auf Jagd, wie etwa der Spermwal.

Vor Neufundlands Küsten (*Trinity Bay, Witless Bay*) sieht man zwischen Mitte Juni und Anfang August **Buckel-, Finn**- und **Mink-Wale**; in Quebec (Tadoussac am St. Lawrence) zwischen Mai und Oktober auch den weißen **Beluga-Wal** oder den **Blauwal**, das größte Säugetier der Welt.

Schon früh hatten Wale, neben dem Kabeljau, Fischern aus Europa den Weg in die Neue Welt gezeigt. Allen voran waren die Basken bereits 1565 in Red Bay/Südlabrador an Land gegangen und hatten einen Walverarbeitungs-Stützpunkt errichtet. Kanadisch-amerikanische Fangtechniken, Bezeichnungen der Jagdgeräte und das Trankochen sind baskischen Ursprungs.

Die **Barten** (*baleen*), auch Fischbein genannt, jene 400-800 bis zu 4m langen und 25cm breiten elastischen Hornstreifen, die im Walmaul die Nahrung aus dem Wasser filtern, wurden zunächst nicht verwertet. Erst, als man den Wert ihrer Elastizität für Korsettstangen, Angelruten, Droschkenfedern u.a. erkannte, wurden sie begehrt. Sie ließen sich problemlos schneiden, sägen, drechseln und schleifen, und so auch zu Nutz- und Ziergegenständen, wie Kämmen, Knöpfen, Stöcken und Tabakdöschen verarbeiten. Erst die Erfindung von Plastik stoppte den *Baleen*-Bedarf.

Unter *Scrimshaw* verstand man ursprünglich auf Pottwal- (und Walroß-) Zähnen eingeritzte Zeichnungen, die als Heimkunstwerk nicht für den Verkauf, sondern als persönliches Geschenk oder für den eigenen Kaminsims bestimmt waren. Im weiteren Sinn ist *Scrimshaw* jedes bildliche Motiv aus Fischerei und Seefahrt, auch auf Kacheln, Gläsern und Pokalen. Auf den Bildern finden sich immer wieder Darstellungen, die den Walfisch mystisch verklären, als Seeungeheuer, als Schöpfungswunder, als *Moby Dick* oder unter biblischem Bezug auf "Jonas im Wal".

Der **Walfang** war lange so gewinnbringend, daß der Mensch die lebensgefährliche Jagd mit Handharpunen aus offenen Ruderbooten nicht scheute: Mit der Parole *Vis vinctur arte*, will sagen: "unsere Geschicklichkeit und List besiegt die Urgewalt der Tiere", machte man sich Mut. War der Wal harpuniert, angestellt und erschöpft, gab man ihm aus 5-10 m Entfernung den tödlichen Stoß mit der Lanze ins Herz. Über drei Jahrhunderte hatten die Wale bei diesem Kampf durchaus gute Chancen, den Jäger selbst zu erlegen und mit dem Leben davonzukommen. Das änderte sich jedoch mit dem Einsatz von Harpunier-Kanonen Ende des 19. Jahrhunderts.

Zwischen 1920 und 1940 erlegten Walfangflotten aus Norwegen, England, Japan, Panama, Südafrika, den USA, Rußland – und bis 1939 auch Deutschland– 30.000 bis 50.000 Tiere pro Saison. Während die frühen Walfänger allein zum "Flensen", dem Abspecken des längsschiffs vertäuten Tieres einen vollen Tag benötigt hatten, dauerte es nun nur noch eine Stunde, um auf den die Walfänger begleitenden Mutterschiffen einen Wal restlos zu verarbeiten.

Erste internationale **Fangrestriktionen** wurden **1937** in London vereinbart. Damals legte man die Abschußquote auf 16.000 Blauwaleinheiten pro Jahr fest (1 Blauwaleinheit= 2 Finnwale = 2,5 Buckelwale usw.). **1967** wurde der Walfang auf 3200 Blauwaleinheiten limitiert. Buckel- und Grönlandwale sind dennoch heute fast ausgerottet, der Blauwal-Bestand wurde bis auf geschätzte 500 Tiere abgeschlachtet. Seit **1985** ist der kommerzielle Walfang nach einem Beschluß der Internationalen Walfangkommission (IWC) verboten. Trotzdem besteht u.a. Norwegen auf Ausnahmegenehmigungen und fängt immer noch Minkwale "zu wissenschaftlichen Zwecken" im Nordatlantik. Auch Japan widersetzt sich den internationalen Schutzbestimmungen kontinuierlich.

Cape Cod Peninsula

Anfahrt

Wie ein angewinkelter Arm mit schwächlicher zum Festland gerichteter Faust: so wird die Gestalt der **Halbinsel** *Cape Cod* gern charakterisiert. Erst 1913 wurde sie durch einen Kanal vom Festland "getrennt", was den Schiffsweg nach Norden erheblich abkürzte und auch die Passagen durch Untiefen westlich der Inseln *Martha`s Vineyard* und *Nantucket* vermied. Nur **zwei Brücken** führen über den *Cape Cod Canal:* Die Bostoner Ausflügler kommen aus Norden (Straße bzw. Autobahn #3) über die **Sagamore Bridge**. Besucher aus dem Süden oder Westen reisen auf der I-195 oder I-495 an, die – vereinigt zur Massachusetts-Autobahn #25 – den Kanal über die **Bourne Bridge** überqueren. Die Brücken sind stauanfällige Nadelöhre. Im Sommer herrscht auf der #6 in Richtung Provincetown bis zum "Ellenbogen" (Ende der Autobahn bei Rock Harbor/Orleans) häufig dichter *Stop-and-go*-Verkehr. **Juli und August**, besonders die Wochenenden, sind daher und wegen der dann **teuren und oft ausgebuchten** – an sich überall in sämtlichen Kategorien zahlreich vorhandenen – **Unterkünfte** keine idealen Besuchszeiten. Andererseits ist nur im Hochsommer das Klima badefreundlich.

Kennzeichnung

Auf der *Cape Cod Peninsula* gibt es an Nord- und Süd- und Ostküste fantastische Strände. Das Wasser an der flachen *Cap Cod Bay* ist erstaunlicherweise kühler als im golfstromerwärmten offenen Atlantik. Der hochgereckte "Unterarm" *Cape Cods* erinnert an Sylt; an seiner kilometerlang gradlinigen Atlantikküste ist selbst in der Saison noch viel Platz, obwohl heftige Winterstürme jedes Jahr ein Stück Strand und Dünen ins Meer reißen. Der "Oberarm" der Halbinsel besitzt zahlreiche Buchten und damit natürliche Häfen. Der Küstenverlauf bietet offenbar genau die richtigen Verstecke für Anwesen und Privatstrände der Superreichen, etwa der Kennedy-Familie, die in Hyannis Port residiert.

King`s Highway

Die **schönste Strecke** auf der Halbinsel ist die Straße #6A, der *King's Highway*, der durch kleine romantische Dörfer und Städtchen führt. Er ist gesäumt von den Villen ehemaliger Kapitäne, die sich hier zur Ruhe setzten. Heute präsentieren sich viele von ihnen als – oft luxuriöse – **Bed & Breakfasts Inns**, Antik-Läden und **First Class Restaurants**. Dabei blieb der typische **Cape Cod Style** erhalten: die Holzfassaden grau mit weißen Tür- und Fensterrahmen.

Sandwich

Gleich hinter der *Sagamore*-Kanalbrücke lädt Sandwich zu einem Stop ein. In dem hübschen kleinen Ort wurde im vorigen Jahrhundert feines Glas hergestellt. Das **Sandwich Glas Museum**, nicht zu verfehlen gegenüber dem Rathaus, stellt besonders schöne Stücke aus. Göffnet täglich 9.30–16.30 Uhr im Sommer, sonst kürzer, Eintritt $3.

Boston

Provincetown · Pilgrim Heights

Herring Cove Beach

Kingston

Truro

CAPE COD NAT. SEASHORE

Plymouth

Wellfleet

Cape Cod Bay

44

3

3A

MYLES STANDISH STATE FOREST

Vallersville

Salt Pond Visitor Centre · Eastham

South Carver

Cedarville

495

Shawme-Crowell State Forest

Sagamore Bridge

Sandwich

25

Sagamore

Nickerson State Park · Orleans

Brewster

Bourne Bridge

Wareham

Dennis

Nauset Beach

Bourne

Sandy Neck

28

130

Barnstable

6A

6

Hyannis

28

Chatham

Mashpee

Craigville

South Yarmouth

West Dennis Beach

Silver Beach

Craigville Beach

Hyannis Port

Buzzards Bay

East Falmouth

New Seabury

Falmouth

Woods Hole

Nantucket Sound

Naushon Island

Martha's Vineyard

N

0   8 km

Cape Cod

Nantucket Island

Providence

New Bedford

Park & Museum

Die ***Heritage Plantation of Sandwich*** (an der Straße #130, ausgeschildert) ist eine der größeren Touristen-Attraktionen auf *Cape Cod*. Die *Plantation*, ein europäisch anmutender Park, erfreut sich vor allem während der Rhododendronblüte im Mai/Juni großer Beliebtheit. Außer Pflanzen und Blumen gibt`s noch einiges mehr zu sehen: In einer runden *Shaker*-Scheune (⇨ Seite 332) warten **Oldtimer**, Autos der Baujahre 1899–1937, auf Bewunderung, in einem weiteren Gebäude handbemalte Zinnsoldaten, Waffen und Flaggen, ein altes Karussell, Holz-Schnitzereien und *Scrimshaw*. Insgesamt lohnt sich der Besuch; geöffnet täglich Mitte Mai bis Mitte Oktober 10–17 Uhr; Eintritt $8, Kinder $4.

Camping

Bei Sandwich liegt an der Straße #130 der große *Campground* des **Shawme-Crowell State Forest**. Da dieser Platz weit von den Stränden der *National Seashore* entfernt ist, wird er im allgemeinen nicht so stark frequentiert wie etwa der zu Recht sehr beliebte *Nickerson State Park* bei Brewster.

Sandy Neck Über die besten **Strände** im westlichen Bereich der *Cape Cod Bay* verfügt **Sandy Neck**, eine 10 km lange, Barnstable Harbor vorgelagerte Dünennehrung.

Dennis Im kleinen, aber feinen Dennis erfreut sich das **Cape Cod Playhouse** erstaunlicher Bekanntheit. Hier traten schon Stars wie *Henry Fonda, Julie Harris* und *Ann Baxter* auf. Jeden Sommer läuft dort ein veritables Theaterprogramm; Auskunft unter © (508) 385-3838. Das **Cape Museum of Fine Arts**, das hauptsächlich die Werke regionaler Künstler ausstellt, befindet sich im selben Gebäudekomplex.

Nickerson State Park Der **Nickerson State Park** gehört zu den schönsten seiner Art im ganzen amerikanischen Nordosten. Er besitzt Pinien- und Eichenwälder und drei Seen mit Sandstränden: einen schilfigen Waldsee, einen reinen Badesee und eine große Wasserfläche, auf der auch Motorboote zugelassen sind. Die Strände der *Cape Cod National Seashore* sind nicht weit.

Wer im *State Park* campen möchte, muß allerdings im Sommer früh auf- und anstehen, um einen der rund 400 Stellplätze zu ergattern. Die besten Chancen hat man montags und donnerstags. Vorbestellungen sind nicht möglich. Insbesondere mit Kindern läßt es sich dort gut ein paar Tage aushalten. Einkaufen kann man im nahen Orleans: der Laden im Park führt nur die wichtigsten Lebensmittel und Utensilien.

Zum Kap Gleich nördlich von Orleans vereinen sich die Straßen #6A und #28 mit der Straße #6, die bis zur Spitze des Kaps führt.

National Seashore Unter Kennedy wurde 1960 ein großer Teil des *Cape Cod* Küstenstreifens zur **National Seashore** erklärt und damit unter Naturschutz gestellt. Bei Eastham befindet sich das **Salt Pond Visitor Center**. Neben einer kleinen Ausstellung zur Meeresflora und -fauna gibt es dort jede Menge Karten- und Informationsmaterial, außerdem einen kleinen Film über die Geologie *Cape Cods*.

Strände Der Zugang zu den Stränden des *National Seashore* ist streng geregelt. Autos dürfen nur auf einem der offiziellen Parkplätze abgestellt werden (Ticket $5/Tag), nicht irgendwo am Straßenrand. Wer vorhat, länger zu bleiben, erwirbt für **$15** am besten ein **Seasonal Ticket**.

Wenn alle strandnahen Parkplätze besetzt sein sollten (das kommt im Sommer nicht selten vor), kann man vom *Salt Pond Visitor Centre* aus die **Coast Guard Beach** auch per *Shuttle Bus* erreichen. In Richtung Norden folgt ein (über Parkplätze) zugänglicher Strandabschnitt dem nächsten.

Ebenso schön wie die Strände der *National Seashore* ist die kommunale **Nauset Beach**: in Orleans **Main Street** (zweigt von der Straße #28/#6A ab) in östliche Richtung bis zum Ende. Dort warten 8 km Dünen und Sand.

Strand in Provincetown

Es gibt zwar hier und dort Strände, die nicht der öffentlichen Aufsicht unterliegen, diese sind jedoch allein den *Residents,* den Anwohnern, vorbehalten. Wer glaubt, es geht auch ohne Sondererlaubnis (*permit*), wird postwendend abgeschleppt und darf sein Auto für viele Dollars wieder auslösen.

Wandern

Die *National Seashore* bietet eine Reihe kurzer, durchweg leichter Wanderwege, z.B. den 2 km langen **Fort Hill Trail**, der durch Salzwassermarschen führt, und den **Atlantic White Zedar Swamp Trail**, der beim **Marconi Station Site** beginnt, wo einst die erste drahtlose Funkverbindung mit Europa aufgebaut wurde. Auf diesem *Trail* erfährt man vom ursprünglich großen Baumbestand auf *Cape Cod*: hohe Pinien, Eichen und Zedern. Am Ende führt der Pfad auf einem *Boardwalk* durch einen Sumpf. Einzelheiten ergeben sich aus den in der **Visitor Information** erhältlichen Beschreibungen.

Für Jogger, Wanderer und Radler ist der 30 km lange **Rail Trail** zu empfehlen. Auf einer jetzt asphaltierten Bahntrasse kann man prima durchs Hinterland radeln oder wandern. Er beginnt südlich von South Dennis an der Straße #134 und endet am Parkplatz der *National Seashore* in Eastham.

Fahrräder lassen sich bei **Brewster Bicycle Rentals** in Brewster leihen, ✆ (508) 896-8149; $6-$20 für 2-8 Stunden.

Wellfleet

Unbedingt einen Stop lohnt der kleine Hafen Wellfleet an der Westküste. Hier wird **Austernfang** betrieben, und Freunde des Muschelschlürfens können in der **Raw Bar** am Kai gleich zulangen. Wem der Sinn eher nach einer Hummermahlzeit steht, findet eine **Lobster Hut** mit Picknick-Tischen. Teure **Inns** und ein bekanntes Luxus-Restaurant – *Aesop's Table* in einer alten Kapitänsvilla, von dem es heißt, es sei das beste für Meeresfrüchte auf ganz *Cape Cod* – sind auch vorhanden.

Pilgrim Heights

In *Pilgrim Heights*, ca. 3 mi vor Provincetown, genießt man einen herrlichen Blick über die Dünenlandschaft. Ein *Trail* führt zur **Pilgrim Spring**, einer Quelle, welche schon den *Pilgrim-Fathers* bei ihrem ersten Landgang in der neuen Welt Frischwasser lieferte, bevor sie die Reise fortsetzten und endgültig in Plymouth einen geeigneten Platz zum Siedeln fanden.

Hostel

Sogar Jugendherbergen existieren auf *Cape Cod*: **Mid Cape International Hostel** bei Eastham, ✆ (508) 255-2785, und **Truro International Hostel**, ✆ (508) 349-3889, beide $12-$15; Reservierung erforderlich.

Camping

Auf dem Gebiet der *National Seashore* gibt es keine *Campgrounds*, aber gleich dahinter eine Reihe guter privater Plätze. Empfehlenswert ist **Paine's Campground** in South Wellfleet. Er liegt nicht weit von Strand (*Marconi Seashore*) und einigen kleinen Badeseen entfernt; Reservierung unter ✆ (508) 349-3007 oder *toll free* ✆ (800) 479-3017.

Provincetown

Nach der gediegenen, traditionellen Eleganz, die auf *Cape Cod* weiter südlich dominiert, überrascht das Erscheinungsbild von Provincetown. Wegen der reichen Fischgründe zog es zunächst vor allem Fischer dorthin, nicht ohne Grund heißt das Kap *Cape Cod* (Kabeljau). Und wie viele andere neu-englische Küstenstädte erlebte Provincetown eine kurze Blütezeit während der Walfangperiode. Wegen der Lage am Ende einer "Sackgasse" blieb das Städtchen danach lange abgeschieden. Aber Anfang dieses Jahrhunderts ließen sich dort Künstler und Schriftsteller nieder. Stücke berühmter Autoren wie *Eugene O'Neill* und *Tennesee Williams* wurden in Provincetown uraufgeführt. Heute ist Provincetown ein Sommertreff für *Gays* und viel "freakige" Jugend, gleichzeitig aber **Tourismusmagnet** ersten Ranges. Neben *Seafood*, Kneipen, Galerien, *Shops* und Stränden ziehen vor allem die Bootstrips fürs Hochseefischen und *Whale Watching* Besucher an.

Besichtigung

Bei Ankunft in Provincetown folgt man am besten der #6 bis zur Ortsmitte (die #6A ist der **Motelstrip**, wo sich als erstes eine Unterkunft sichern ließe). Entlang der Hauptstraße **Commercial Street** sind die unterschiedlichen Gesichter der Stadt vielfältig vertreten: gute Kunst neben Schnickschnack, *Fast Food* neben *Gourmet*-Restaurants und im Sommer erstaunliche Menschenmengen. Viele Lokale besitzen eine **Terrasse**, von der man den halbmondförmigen Stadtstrand überblickt.

Der weniger touristische Teil der Commercial St – er beginnt dort, wo sie eine kleine Biegung nach Süden macht (Ecke Tremont St) – ist originaler, erinnert mehr an ein Fischerdorf.

Unterkunft

Dort kann man individueller übernachten als in einem der gesichtslosen Motels am *Strip*, z.B. im **Masthead Beach Front Resort**, ✆ (508) 487-0523 und *toll-free* (800) 395-5095 mit hübschen Zimmern und Appartments, die in der Vor-/Nach-

saison für unter $60 zu haben sind. Eine der wenigen auch im Sommer einigermaßen preiswerten Alternativen ist das *Cape Codder*, ebenfalls in der Commercial St, ✆ (508) 487-0131. Ein *AAIH-Hostel* befindet sich in der Winslow Street unweit des *Pilgrim Father* Denkmals, ✆ (508) 487-4378, Bett ab $15.

Camping

Camping bei Provincetown ist im Sommer keine gute Idee. Die beiden Plätze sind meist überfüllt und noch teurer als entlang der Straße weiter südlich, ca. ab $30 mit *Hook-up*. Am besten, man klärt die Stellplatzfrage bereits vor Erreichen von Provincetown auf einem der *Campgrounds* im Bereich **Wellfleet/Truro**, siehe auch oben.

Pilgrim Monument

Den legendären *Pilgrim Fathers*, die hier 1620 landeten, aber schon bald weitersegelten, um fruchtbareres Land zu finden (siehe oben *Pilgrim Spring*), hat man auf dem *Tower Hill* ein Denkmal gesetzt. Der toskanisch wirkende Turm bietet an klaren Tagen einen herrlichen Blick über Kap und Meer und beherbergt ein kleines Museum zur Geschichte von *Cape Cod* und der *Pilgrim Fathers*.

Wal-beobachtung

An die Walfangzeit erinnert in Provincetown erstaunlich wenig, sieht man einmal ab von den **Whale Watching Cruises**. Eine ganze Reihe von Unternehmen bieten solche *Trips* an. Aber Achtung: einige ähneln eher Kaffeefahrten mit *Hot Dogs* und Souvenirs. Empfehlenswert sind vor allem die Exkursionen der *Dolphin Fleet* mit wissenschaftlicher Begleitung, auf denen das Verhalten der Wale und die Geschichte des Walfangs erläutert werden. Sie finden zwischen Mitte April und Oktober statt und starten an der **McMillan Wharf**. Die Boote fahren zur 6 mi vor der Küste liegenden *Stellwagen Bank*, wo sich im Sommer zahlreiche Wale, Delphine, Schildkröten, Seehunde und jede Menge Seevögel tummeln.

Die Touristenboote fahren manchmal erstaunlich nah an die Wale heran, wie man hier sieht

Strand

Wem der Ortsstrand in Providence weniger gefällt, findet mit **Herring Cove** einen der schönsten Strände der *National Seashore*: Nordende Commercial St, dann weiter auf der Province Lands Rd. Dort befindet sich eine weitere **Visitor Information.**

Straße #28
Wer über ausreichend Zeit verfügt, sollte sich im "Unterarm" von *Cape Cod* die Rundfahrt an Nord- **und** Südküste gönnen. Dabei ist die bereits beschriebene Straße #6A – wie gesagt – die eindeutig attraktivere Strecke. Die Straße #28 verbindet die größeren *Cap Cod*-Städtchen und fungiert als wichtiger Zubringer für die Inselfähren, ⇨ Übersicht unten rechts.

Chatham
Etwas abseits liegt im Südosten Chatham, der vielleicht eleganteste Ort auf *Cape Cod*. Große grau-weiße Holzhäuser, teure *Inns* und die Schaufenster-Auslagen in der Geschäftsstraße *Main Street* verraten, daß hier nicht die Ärmsten leben und logieren. Am *Fish Pier* liegt eine große Fischereiflotte. Der Hausstrand ist die *Chatham Light Beach.*

Touristen-konzentration

Zwischen South Yarmouth und Hyannis pulsiert das pralle Leben des *Cape Cod*-Tourismus. Dicht an dicht stehen Souvenirshops, Eisbuden, *Seafood*- und *Fast Food*-Restaurants, und natürlich gibt es dort jede Menge **Hotels** und **Motels**. Wer eine Unterkunft am Strand sucht, wird am **Shore Drive** von South Yarmouth fündig und zahlt dafür auch etwas mehr. Snobisten bespötteln diesen Bereich gerne als **Cape Kitsch** (!). Schicker wirkt Hyannis, insbesondere die breite **Main Street** mit vielen Geschäften, Restaurants und Nachtlokalen.

DER CLAN DER KENNEDYS (⇨ auch Seite 254)

Rose und **Joe Kennedy** hatten neun Kinder: neben dem berühmten **John F.** (Attentat 1963), **Robert** (Att. 1968), **Edward** und **Joseph** (gef. 1944), **Rosemary** (*1918 geistig behindert), **Kathleen** (Flugzeugabsturz 1948), **Eunice, Patricia** und **Jean**. Von den Enkeln besonders bekannt sind **John F. jr.**, Präsidentensohn und Gazettenliebling, **Edward jr.** (1973 Beinamputation/Krebs), **David** (1984 Drogentod).

Hyannis
In den 60er-Jahren wurde **Hyannis Port** als Sitz des **Kennedy-Clans** bekannt. Ein hoher Zaun hält ungebetene Gäste auf Distanz. Wer den sehen möchte, muß auf der Ocean Ave (südlich des Fährhafens) bis zum *Kennedy Memorial Park* fahren und sich dann westlich bis zur Irving Ave "durchschlagen". Mehr über den charismatischen Präsidenten und die Familie erfährt man – hauptsächlich durch Fotos und Familienbilder – im **John F. Kennedy Museum** in Hyannis (Main St). Geöffnet Mo–Sa 10–16 Uhr, So ab 13 Uhr, Eintritt $2.

Strände
Weiter westlich von Hyannis bis Falmouth wird die Straße #28 etwas ruhiger; Richtung Meer liegen große Villen, oft mit Privatstränden. Touristen haben über öffentliche Strände Zugang zum hier relativ warmen Atlantik. Schön sind z.B. die **Craigville Beach** bei Hyannis und die **Old Silver Beach** bei Falmouth. Zwischen Chatham und Hyannis ist die die **West Dennis Beach** hervorhebenswert.

Nantucket und Martha's Vineyard

Die beiden vor der Südküste Cape Cods gelegenen Inseln lohnen einen Ausflug und auch einen mehrtägigen Besuch. Für einen Tagestrip ist trotz der längeren Überfahrt Nantucket attraktiver, weil die Insel sich stärker vom Festland unterscheidet und an einem Tag leichter zu erkunden ist.

Fähren

Fährverbindungen existieren von Hyannis Port zu beiden Inseln, von Falmouth (nur Personenfähre) und Woods Hole nur nach Martha's Vineyard.

Zu den Fähren nach Martha's Vineyard

Für einen Besuch von Martha's Vineyard ist **Falmouth** als Ausgangspunkt am besten geeignet: von dort fährt das Passagierschiff *Island Queen* nach Oaks Bluff; Dauer der Überfahrt 30 min. Zahl der Abfahrten und Zeiten variieren mit der Saison, Auskunft unter ✆ (508) 548-4800. Die Personenfähre von **Hyannis Port** nach Oak Bluffs macht für "Durchreisende" nur wenig Sinn. Am äußersten Ende der "*Cape Cod*-Schulter" liegt **Woods Hole**. Dort kann man auch sein Auto verladen. Aber nur, wer sein Fahrzeug mitnimmt, sollte sich für diese Verbindung entscheiden. Ohnedem ist man mit der *Island Queen* besser bedient. Denn der Parkplatz liegt in Falmouth direkt neben dem Anleger, wohingegen Passagiere der Woods Hole-Fähre ihr Auto in Falmouth parken müssen und von dort per Shuttle-Bus zum Hafen gebracht werden – für einen Tagestrip eine zu umständliche und zeitraubende Prozedur.

Fähren Cape Cod – Martha's Vineyard/Nantucket

	ab Hyannis Port	ab Falmouth	ab Woods Hole
nach	Oak Bluffs	Oak Bluffs	Vineyard Haven
Martha's Vineyard	Dauer: 2 Std. In der Saison 4 x täglich Erw. $22 Kinder $11	Dauer 40 min Erw. $9 Kinder $5	Dauer: 40 min 10 x täglich Erw. $9 Kinder $5 Pkw $38
		(Anzahl der Abfahrten stark saisonabhängig)	**Oak Bluffs** 4 x täglich Erw. $9, K.$5 Pkw $38
Reederei:	*Hy-Line Cruises*	*Island Queen*	*Steamship Authority*
nach Nantucket nur ab Hyannis Port	Dauer: 2,5 Std. Mitte Juni bis Mitte Sept. 6 x täglich Erw. $22 Kinder $11		Dauer: 2 Std. 6x täglich Erw. $20 Kinder $10 Pkw 98

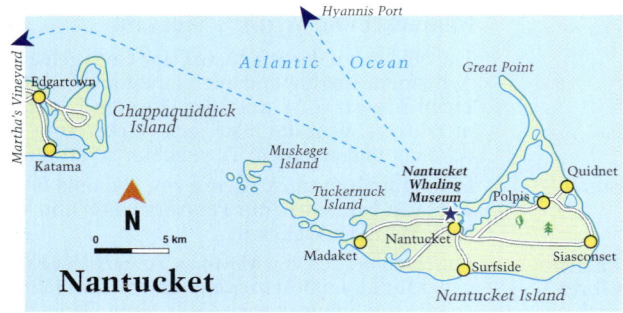

Nantucket

Das nur 15 km lange und 5 km breite **Nantucket Island** wird wegen seiner grauen *Shingle*-Häuser gerne **Gray Lady** genannt. Selbst moderne Villen, die Tankstellen und die neuerbaute Schule sind aus grauen Schindeln. Lediglich im Ort Nantucket gibt es einige größere Backsteinbauten, die sich beim Walfang reich gewordene Reeder bauen ließen, z.B. die *Three Bricks* in der Main Street, drei identische Häuser – für jeden Sohn eines, um Erbstreitigkeiten zu vermeiden.

Walfang

Einst hatten die Indianer den ersten Siedlern gezeigt, wie man vom Strand aus Wale harpuniert. Später – als sich die Tiere vom Ufer fernhielten – brauchte man Ruderboote, und als im Meer bei Nantucket die Wale weniger wurden, mußten seegängige Schiffe her. Schließlich war der Hafen für die immer größer werdenden Segler, die ihr Fanggebiet bis nach Alaska und in den südlichen Pazifik ausdehnten, zu flach. Das Walfangzentrum verlagerte sich nach New Bedford mit seinem tiefen Hafenbecken (⇨ Seite 232).

Das Aufkommen der Eisenbahn bedeutete für die abgelegene Insel einen zusätzlichen Wettbewerbsnachteil gegenüber den Häfen mit Bahnanschluß auf dem Festland. Als ab 1858 dann das Kerosin den Markt eroberte, war dies auch in Nantucket der endgültige Todesstoß für die verbliebenen Walfänger.

Nantucket: Flache Marschlandschaft einerseits ....

Museen

Über den Walfang und die damit eng verbundene Geschichte Nantuckets lernt man viel im **Whaling Museum** in der Broad St (Juni–Oktober täglich 10–17 Uhr, sonst kürzer; $4) und im **Museum of Nantucket History** in der Main St, das im alten *Thomas Macy Warehouse* untergebracht ist (Juni–*Labor Day* täglich 10–17 Uhr und 19–22 Uhr, Sept./Okt. 11–15 Uhr; $3). Dieser *Macy* gründete eines der bekanntesten Warenhäuser New Yorks und später Nordamerikas.

Ort/Hafen

Nantuckets Hafen dient heute überwiegend Yachten als Liegeplatz. Hübsche Terrassen-Restaurant, z.B. das **Roap Walk**, warten auf Gäste. Entlang der alten Kopfsteinpflaster-Straßen findet man neben teuren, geschmackvoll ausgestatteten **Inns** viele Boutiquen und gut sortierte Buch- und Antikläden.

Landschaft und Strände

Die Insel Nantucket ist nicht so stark bewaldet wie Martha's Vineyard. Moore, Heide und *Cranberry Bogs* (⇨ Seite 251) bestimmen das Bild der Landschaft. Zu Geologie, Flora und Fauna erfährt man einiges auf geführten Bustouren (ca. 1 Std; $10). Besonders hübsch ist das Dorf **Siasconset** mit einem langem Strand. Zu einigen Stränden verkehrt im Sommer ein *Shuttlebus*: zur stadtnahen, kinderfreundlichen **Jetties Beach** (alle 30 min), zur **Surfside Beach** (8 x täglich) und zur **Siasconset Beach** (5 x täglich), beide mit hoher Brandung.

Strand und Meer andererseits

Radfahren ist sehr beliebt, Fahrradverleih direkt am Fährhafen (ab $20/Tag). Aber Achtung: oft weht ein kräftiger Wind und macht Streckenfahren ziemlich anstrengend.

Unterkunft

Dank der Sommerfrischler ist Nantucket von neuem reich geworden. Häuser und Grundstücke kosten astronomische Summen. Und das schlägt sich auch in den Übernachtungstarifen nieder, ebenso wie die relativ kurze Saison. Ein mittelprächtiges Zimmer in einem der hübschen *Inns* kostet etwa ab $120 plus Steuern ohne Frühstück in der Sommersaison. Eine gute Wahl ist das **Seven Sea Street Inn**, ✆ (508) 228-3577, ab ca. $140 fürs DZ. Aber es gibt auch ein **International Hostel**, ✆ (508) 228-0433, $12-15; langfristige Reservierung nötig.

Campingplätze existieren auf Nantucket nicht.

Martha's Vineyard

**Martha's
Vineyard**

Martha's Vineyard ist 30 km lang und maximal 15 km breit und weniger exklusiv als Nantucket. Die Insel wird – wegen der größeren Nähe zum Festland – von sehr vielen Tagesausflüglern besucht. Die Fährhäfen **Vineyard Haven** und **Oak Bluffs** sind **Familien-Badeorte** mit preiswerten Restaurants, viel *Fast Food* und Souvenirshops. **Edgartown** im Inselosten, ein weiterer alter Walfanghafen, und ***Chappaquiddick Island*** (Fähre 5 min) gelten Reichen und Berühmten als angemessene Ferienziele. *Bill Clinton* verbrachte dort 1993 – in alter *Kennedy*-Tradition – seinen ersten Urlaub als Präsident. *Chappaquiddick* wird vielen wegen eines mysteriösen nächtlichen Autounfalls noch in Erinnerung sein, bei dem *Edward Kennedys* Sekretärin ertrank, er selbst sich aber aus dem ins Wasser gestürzten Fahrzeug befreien konnte. Auch *Jaqueline Kennedy-Onassis* hatte auf *Cappaquiddick* einen Wohnsitz.

Transport

Martha's Vineyard läßt sich gut ohne Fahrzeug erkunden:

– An beiden Fähranlegern bieten mehrere Busunternehmen **Inselrundfahrten** an, ab $11.

– Für Kurzbesuche erscheint eine **Fahrradmiete** kaum geeignet. Dazu ist die Insel denn doch zu groß, es sei denn, man ist passionierter Radler. Ein **Moped** für $30-$40/Tag ist da schon empfehlenswerter und an beiden Häfen – auch doppelsitzig – verfügbar. Aber auch per Moped läßt sich an nur einem Tag nicht die ganze Insel abfahren.

– Mit **öffentlichen Verkehrsmitteln** ist Martha's Vineyard relativ gut versorgt. Die drei größten Orte sind im Sommer durch stündlich verkehrende Busse verbunden; Fahrpreise $1,50-$3. Auch die *Gay Cliffs* lassen sich per Bus erreichen.

Cottage City

Speziell, wer in **Oak Bluffs** ankommt, sollte auf keinen Fall versäumen, sich *Cottage City* (im Zentrum) anzusehen. Über 300 winzig kleine viktorianische, kitschig bunte Holzhäuser mit vielen Verzierungen (der sog. *Gingerbread*-Stil) stehen dort dichtgedrängt. Hervorgegangen ist diese Siedlung aus Methodisten-Sommercamps des vorigen Jahrhunderts.

Insel-Osten

In der Ostecke der Insel liegen die – bei guten Lichtverhältnissen (Sonne) – in vielen Farben leuchtenden *Gay Cliffs* und das einzige Fischerdorf der Insel, **Menemsha**. Deshalb und auch wegen der schöneren Strände sollte man einen Tagesbesuch – ggf. neben Oak Bluffs – auf den Osten konzentrieren.

Edgartown und Beaches

Edgartown ist mit seinen großen, klassischen Holzhäusern ganz anders als Oak Bluffs. Nobelste Geschäfte und Restaurants säumen die Hauptstraße. In der Hauptsaison fährt ein Shuttlebus alle 15 min an die **South Beach** bei Katama. Der attraktivste Strand überhaupt ist **East Beach** auf *Chappaquiddick Island*. Man erreicht ihn vom Parkplatz der **Wasque Preservation** ($3) nur zu Fuß. Dort wird anschaulich, wie die Vegetation der Insel früher einmal überall ausgesehen hat.

Die Strände zwischen Oak Bluffs und Edgartown (ca. 7 mi) sind wegen ihrer Nähe zur Straße und den großen Inselorten nicht so empfehlenswert wie die oben genannten *Beaches*.

Unterkunft

In den Inselstädten gibt es zahlreiche **Inns**, **Hotels** und **Bed& Breakfast**-Häuser. Übernachtungen in Oak Bluffs und Vineyard Haven sind etwas preiswerter (mittlere Kategorie ab ca. $100) als auf Nantucket und in Edgartown. Eine Unterkunftsliste kann man bei der **Chamber of Commerce** in Vineyard Haven anfordern, ✆ (508) 693-0085 oder per Postadresse: Box 1698, Vineyard Haven, MA 02568, USA.

Die älteste Jugendherberge der USA (1955!) steht bei West Tisbury in zentraler Insellage: **Manter Memorial Hostel,** ✆ (508) 693-2665. Reservierung immer erforderlich; $12-$15.

Campingplätze existieren bei Vineyard Haven – Martha`s **Vineyard Family Campground**, ✆ (508) 693-3772, ab $25 für 2 Personen – und bei Oak Bluffs – **Webb`s Camping Area**, ✆ (508) 693-0233, ab $28. In beiden Fällen Voranmeldung ratsam.

"Gingerbread" Häuschen in der Cottage City in Oak Bluffs auf Martha`s Vineyard

Plymouth

Anfahrt

Von *Cape Cod* kommend liegt Plymouth auf etwa halbem Weg nach Boston. Die Entscheidung für die **Autobahn #3** fällt leicht, denn die parallele Straße #3A an der Küste entlang bietet nach dem *Cape Cod*-Erlebnis keine besonderen Reize.

Plymouth, *Mayflower* und *Pilgrim Fathers* stehen in den Geschichtsbüchern Amerikas als Synonyme für die "Wiege der Neuen Welt". Der Ort, von dem die weiße und christliche Besiedelung des Kontinents ihren Ausgang nahm, ist eine Art nationales Wallfahrtsziel.

DIE *PILGRIM FATHERS*

Die *Mayflower* legte im heutigen Plymouth am **21.12. 1620** an. Der **Plymouth Rock**, jener Felsen, wo die *Pilgrim Fathers* erstmals amerikanischen Boden berührten, ähnelt heute dank seiner tempelartigen Umbauung einem Heiligenschrein. Von den 102 Passagieren der *Mayflower* gehörten nur 41 jener religiös motivierten Gruppierung an, die sich von der *Church of England* abgespalten hatte. Die anderen waren Dienstboten, See- und Kaufleute, die ihr Glück in der Neuen Welt versuchen wollten, meist Mitglieder der anglikanischen Kirche. Die Separatisten – nur sie gelten als **Pilgrims** – hatten viel gelitten, um den reinen Glauben im Sinne Calvins zu leben und zu lehren: zunächst die Emigration nach Leyden in Holland, dann 66 strapaziöse Tage auf hoher See und schließlich den ersten sehr harten Winter. Nur die Hälfte der Neuankömmlinge überlebte. Wer in direkter Linie von ihnen abstammt, wird heute in den USA zum **"Hochadel"** gezählt.

Der *Plymouth Rock* war durchaus nicht das angestrebte Ziel der Emigranten. Vielmehr standen sie bei der *Virginia Company* in Jamestown/Virginia unter Vertrag. Diese allererste englische Niederlassung gab es schon seit 1607. Die *Virginia Company* brauchte dringend Siedler. Und da der Atlantik alles andere als ein einfacher Pilgerpfad war, hatte man sogar Mitglieder der geächteten *Pilgrim*-Sekte unter Vertrag genommen. Die *Mayflower* verfehlte ihr ursprüngliches Ziel Virginia aber um etliche hundert Meilen und dümpelte wochenlang vor *Cape Cod* (⇨ Seite 240), wo der Vertrag mit der *Company* nicht hinreichte. Also setzten die 41 *Pilgrims* mit den 61 anderen *Mayflower*-Passagieren den *Mayflower Compact* auf, in dem sich vor Verlassen des Schiffes jeder verpflichtete, eine zukünftige wie auch immer geartete Regierung auf der Grundlage von Gleichheit und Gerechtigkeit anzuerkennen. Dieser **Mayflower Compact** gilt als die erste quasi vordemokratisch soziale Vereinbarung der Neuen Welt.

Situation
Die Geschichte der *Pilgrim Fathers* wird in Plymouth auf vielfältige Weise vermittelt. Wer die z.T. beträchtlichen Entfernungen zwischen den diversen Besuchspunkten nicht zu Fuß oder mit dem Auto zurücklegen will, kann den **Hop-on-Hop-off Trolley** benutzen ($5; die Tickets behalten ihre Gültigkeit einen vollen Tag). Los geht`s beim – sehr gut mit Karten, Broschüren und Prosketen versorgten – Büro der **Visitor Information** in der 225 Water St. Bereits dort kann man die **Kombitickets** für die Hauptattraktionen *Plimoth Plantation* und *Mayflower* kaufen und erhält sie $1 billiger als direkt an den Eingängen. Normalerweise kostet das **Ticket $20** für Erwachsene, für Kinder $12, und gilt für 2 Tage.

Mayflower
Die Nachbildung (aus dem Jahr 1957) der **Mayflower** liegt im Zentrum von Plymouth unverfehlbar am **State Pier**. An Bord berichten in zeitgenössische Kostüme gekleidete Schauspieler als Seeleute und Passagiere über die Härten "ihrer" Atlantiküberquerung. Dies allerdings nur von April bis November; die restlichen Monate überwintert die *Mayflower* in Florida. Öffnungszeiten im Juli/ August 9–19 Uhr, sonst bis 17 Uhr. Ein **Einzelticket** kostet $6; Kinder $4.

Die Mayflower im Hafen von Plymouth

Von der *Mayflower* aus sind weitere Sehenswürdigkeiten zum Thema *Pilgrims* leicht zu Fuß zu erreichen, so der **Plymouth Rock** und der gegenüberliegende **Cole`s Hill**. Dort begruben die Neuankömmlinge im Winter 1621 nachts heimlich ihre Toten, um vor den Indianern zu verbergen, wie rasch sich ihre ohnehin kleine Schar dezimierte. Auf diesem Hügel steht eine Statue des *Wampanoag*-Häuptlings **Massasoit**, mit dem die Siedler einen Friedensvertrag schlossen.

Museen
Im **Plymouth Wax Museum**, ebenfalls auf dem *Cole`s Hill* (in der Carver St) sind Freud und Leid der *Pilgrims* nachgestellt – untermalt von Blitz, Donner, Meeresrauschen und Vogelgezwitscher. Im Sommer und November 9–21 Uhr, sonst verkürzte Zeiten, im Winter nur bis 17 Uhr; $5.

Im **Pilgrim Hall Museum** an der Court St, der Verlängerung der Main St, befinden sich Originalstücke aus dem Besitz der *Pilgrims*. Geöffnet täglich 9–16.30 Uhr, Eintritt $5.

Zwei alte Häuser, das **Sparrow House** (1640) in der Summer St und das **Howland House** (1667) in der Sandwich St sind heute ebenfalls Museen und Zeugen dafür, daß die *Pilgrims* und ihre Nachkommen es sich schon nach relativ kurzer Zeit gemütlicher machten als auf der *Plimoth Plantation*.

Plimoth Plantation

Der Weg zur *Plimoth Plantation* ist bestens ausgeschildert; von *Downtown* Plymouth sind es auf der Main Street (Straße #3A) ca. 3 mi in südliche Richtung. Hinter dem Parkplatz wartet ein überdimensionales **Visitor Center**, in dem man sich zur Einstimmung den (etwas betulichen) Film über die *Pilgrims* und die *Mayflower* ansehen sollte. **Öffnungszeiten** wie *Mayflower*; nur **Kombiticket** erhältlich, siehe umseitig.

Die *Plimoth Plantation* selbst ist ein kleines, aber perfektes **Living Museum**. In dieser palisadenumstandenen Siedlung wird das Leben der *Pilgrims* sieben Jahre nach Landung der *Mayflower* – also im Jahr 1627 – lebendig nachgespielt. In den kleinen strohgedeckten Häusern wohnen die *Shakespeare-English* sprechenden "originalen" Familien, die *Bradfords, Standishs, Oldens, Fullers* etc. und führen den Besuchern ihren Alltag vor. Es wird getischlert, gemolken, gekocht und – je nach Saison – gepflanzt oder geerntet.

Indianer

Die **Hobbamock Homestead** liegt einige *Boardwalk*-Schritte außerhalb der Palisaden, gehört aber mit zur *Plantation*. Dort stehen **Wampanoag-Wigwams**, in denen das Leben der Indianer nachgestellt ist. Von ihnen lernten die Siedler, wie man in der Wildnis überlebt. Ihr Dank richtete sich gleichwohl kaum an die *Wampanoags*. Die *Pilgrims* priesen vielmehr die göttliche Vorsehung und begingen 1621 erstmalig *Thanksgiving* (Erntedankfest), einen in den USA bis heute ungleich wichtigeren Feiertag als bei uns.

"Bewohner" und Besucher in der Plimoth Plantation

Nicht nur wurde den Indianern wenig Dank zuteil, sogar die Darstellung im *Indian Village* heute wird ihrer Lebensweise wohl kaum gerecht. Weiße Angestellte informieren über die lendengeschürzten "Wilden", die sich als Statisten irritierend stumm auf ihre Arbeit konzentrieren müssen: Sie spalten Holz, schüren das Feuer und bearbeiten Baumstämme.

Hinweis

Leider drängen sich **häufig zu viele Besucher** auf dem relativ kleinen Gelände und in den Gebäuden, so daß die *Plimoth Plantation* an solchen Tagen einiges an Wirkung verliert.

Cranberry World

Nach soviel Geschichte bietet ein Besuch in der **Cranberry World**, dem Informationszentrum des *Cranberry*-Verwerters *Ocean Spray,* konkrete Neuzeit (an der – vom Hafen aus nördlich – verlängerten Hauptstraße durch Plymouth). *Cranberries,* eine Art Preiselbeeren, werden in Neu-England auf eigens tiefgelegten Felder (*Cranberry Bogs*) angebaut. Zur Erntezeit im Frühherbst flutet man die *Bogs* und harkt die *Cranberries* maschinell ab. Millionen rote Kügelchen schwimmen dann ihrer Verarbeitung zu fruchtigen Desserts, gelierten Torten und cremigen Soßen entgegen. Die Indianer nutzten den gepreßten Beerensaft als Textil-Färbemittel und zur Wundheilung. Geöffnet im Sommer 9.30–17 Uhr täglich; gratis.

Cranberries nach dem Aufschwimmen im Cranberry Bog

Unterkunft

Unterkünfte gibt es in und um Plymouth in Hülle und Fülle: *Hotels, Motels, Bed & Breakfast*. Das Preisniveau ist relativ moderat. Wer einen Strand vor der Tür haben möchte, bucht das **Pilgrim Sands Motel** unweit der *Plantation* (ab ca. $85 in der Saison), ✆ (508) 747-0900. In Plimoth relativ preiswert ist das **Cold Spring Motel**, ab ca. $60 im Sommer, ✆ (508) 746-2222. Das **Sheraton** als erstes Haus am Platze kostet ca. $90.

Camping

Im nahen **Myles Standish State Forest** befindet sich ein prima **Campground** mit 15 Teichen zum Angeln und herrlichem Badesee, mit Rad- und Wanderwegen. Das Waldgebiet liegt ca. 6 mi südwestlich von Plymouth, Straße #44, dann #58 Richtung South Carver. Auf der Anfahrt passiert man auf dem letzten Stück zahlreiche **Cranberry Bogs**, siehe oben.

2.4 BOSTON UND UMGEBUNG
(575.000 Einwohner, Großraum: 4.1 Mio.)

Blickt man aus der Vogelperspektive, etwa von der Aussichts-plattform des *Hancock Tower* (⇨ Seite 266) auf Boston herab, sieht man ein Meer aus rotem Backstein, das von zwei- bis vierstöckigen viktorianischen Häusern dominiert wird: Boston wirkt nach wie vor *very british*. Dieser Eindruck wird kaum verwischt durch die seit den 70er-Jahren hinzugekommenen Wolkenkratzer aus Glas, Beton und Granit.

Boston ist die **Stadt der WASPs**, der *White Anglo-Saxon Protestants*, die stolz darauf sind, einerseits im alten Europa zu wurzeln und andererseits die Vereinigten Staaten von Amerika "aus der Wiege" gehoben zu haben. Noch immer wird der **Bostonian** – je nach Sichtweise – als gebildet und kultiviert oder als arrogant und elitär angesehen. Etwa 50 Universitäten und *Colleges* in und um Boston sorgen für einen überdurchschnittlich hohen Akademiker-Anteil der Bevölkerung

Boston ist im Grunde keine sonderlich aufregende Stadt, eher britisch reserviert, aber nirgendwo sonst wird man so anschaulich und detailliert über Geschichte und Entwicklung der amerikanischen Unabhängigkeit informiert.

2.4.1 Geschichte

Der als Stadtgründer geltende **John Winthrop** und eine Gruppe von Puritanern, die der religiösen Unfreiheit Englands entflohen war, hatten 1630 beschlossen, eine Modell-Stadt zu errichten. Frömmigkeit und Tugend sollten als oberste Prinzipien gelten; wessen Verhalten in dieser Hinsicht zu Tadel Anlaß gab, kam– selbst wegen geringfügiger Anlässe – an den Pranger und ziemlich rasch an den Galgen. Arbeit galt als die höchste der Tugenden, und da auch Verschwendungssucht zu den vielen zu vermeidenden Sünden zählte, blieb den *Bostonians* nichts anderes übrig, als reich zu werden.

Handel und Wandel
Die Siedlung entwickelte sich schnell zum größten Handelshafen des Nordostens. Trotz ihres hohen moralischen Anspruchs waren die Bostoner Kaufleute in der Wahl der Mittel nicht zimperlich. Vor allem der berüchtigte **Dreieckshandel** war alles andere als ehrenhaft: man importierte Melasse (eingedickten Zuckerrohrsaft) aus der Karibik und stellte daraus Rum her, den man wiederum nach Europa und Afrika exportierte und dafür Sklaven einkaufte. Die Plantagenbesitzer im Süden Nordamerikas und in der Karibik zahlten dafür hohe Kopfprämien, die wiederum in Melasse investiert werden konnten. Die britische Regierung ließ die Kaufleute im fernen Boston unbehelligt, solange sie Rohstoffe an das Mutterland lieferten und dafür Fertigwaren mit zurücknahmen.

Unabhängig-keits bewegung

Die Beziehung zwischen Kolonie und Mutterland änderte sich grundlegend, als *George III.* von England Geld benötigte, um ein durch den Krieg mit Frankreich (1754-63) entstandenes Loch im Finanzhaushalt zu stopfen. Der König versuchte deshalb, zusätzliche **Steuern** in den Kolonien einzutreiben. Doch diese forderten als Gegenleistung Mitspracherecht im britischen Parlament: *No Taxation without Representation*! Diese Protestbewegung wurde überwiegend vom gebildeten, liberalen Bürgertum Bostons getragen. Die "**Söhne der Freiheit**", wie sich die Patrioten um *John Hancock, Samuel Adams* und *Sam Otis* nannten, setzten sich nicht nur mit flammenden Reden zur Wehr, sondern führten zur Umgehung der Steuern zudem Waren aus anderen Ländern ein. Dies betrachteten die Engländer als "Schmuggel" und ließen Bostoner Kaufmannshäuser von Militär durchsuchen. Am 5. März 1770 kam es zu einer Schießerei, dem sog. *Boston Massacre*, bei dem 5 (!) Bostoner Bürger getötet wurden.

Boston Tea Party

1773 wurden fast alle Steuergesetze und Einschränkungen für den Handel der nordamerikanischen Kolonien mit anderen Ländern rückgängig gemacht; bis auf eine – eher symbolische – **Teesteuer**. Sie war der Grund, daß im Dezember desselben Jahres einige als Indianer verkleidete Bostoner die Fracht des mit Tee beladenen britischen Handelsschiffes *Beaver* über Bord warfen, ein Ereignis, das als *Boston Tea Party* in die Geschichte einging und faktisch den Unabhängigkeitskampf einläutete. Die Engländer sperrten nach dieser Aktion den Hafen und brachten die Kolonisten durch einen drastischen Strafkatalog von neuem gegen sich auf. Die nachfolgenden Ereignisse führten schließlich zum amerikanischen Unabhängigkeitskrieg (1775-1783), dessen erste Schlachten in der Nähe von Boston ausgetragen wurden (⇨ Lexington, Seite 274).

Touristen lauschen auf dem rekonstruierten Tea Party Ship "Beaver" den Erläuterungen des zeitgenössischen Informanten

Bevölkerung

Boston ist – oberflächlich betrachtet – eine "weiße Stadt". Stadtteile mit überwiegend schwarzer oder hispanischer Bewohnerschaft wie Roxbury oder Dorchester, kommen zumindest in den imagepflegenden Broschüren der Touristenbüros nicht vor. Mit der Industrialisierung ab Mitte des 19. Jahrhunderts erfolgte ein starker Zustrom von **Immigranten,** zuerst **Iren,** dann **Italiener** und osteuropäische **Juden**. Die alteingesessenen *WASPs* hatten erhebliche Probleme vor allem mit den Iren, die arm, katholisch und ungebildet waren. Dennoch gelang es den Iren, sich hochzuarbeiten. Das galt besondere in der Politik, wenn auch mitunter mit zweifelhaften Methoden. Was Vetternwirtschaft und Korruption anbelangt, lief das vornehme Boston dem als Gangsterstadt verrufenen Chicago zeitweise sogar den Rang ab.

Politik

Seit Ende des 19. Jahrhunderts kamen fast alle Bürgermeister Bostons aus der *Irish Community*. Einer der populärsten irischen Politiker, zeitweise ebenfalls Bürgermeister und zugleich erfolgreicher Geschäftsmann war *John F. Fitzgerald,* Großvater von ***John F. Kennedy***. Der Enkel versuchte (im Gegensatz zu seinem Vorfahr), Politik mit Ehrlichkeit und Idealismus zu verbinden und wurde mit diesem Anspruch der erste nicht-protestantische Präsident der USA.

Ethnische Gegensätze

Die alten Gegensätzen in Boston zwischen *Wasps*, Iren und Italo-Amerikanern sind heute Historie und den inneren Spannungen zwischen Weißen, Schwarzen und Latinos gewichen.

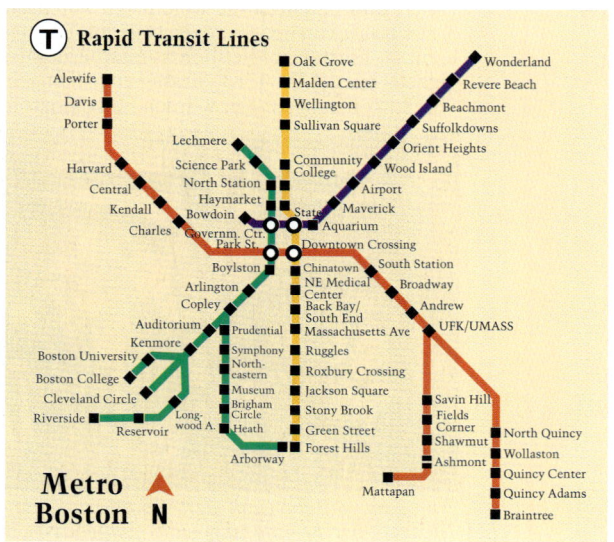

2.4.2   Transport, Verkehr und Information

Flughafen   Obwohl der internationale Flughafen Bostons keine 3 mi vom Zentrum entfernt liegt, muß für die An-/Abfahrt per **Bus** oder **Taxi** durch einen meist verstopften Tunnel reichlich Zeit eingeplant werden. Problemloser geht es mit der **U-Bahn** (**T**). Von allen *Terminals* fährt ein *Shuttle* gratis zur *T-Station*. Ferner gibt es einen kostenlosen *Shuttle* von den *Terminals* zum **Wasser-Taxi** (*Water Shuttle*), das werktags 6–18 Uhr im 15 min-Takt zur *Rowes Wharf/Harbor Front* verkehrt; sonntags nur alle 30 min. Es kostet $8, Kinder unter 12 frei. Der Preis für eine Taxi-Fahrt *Airport–Downtow*n beträgt bis $20.

Wasser-Taxi

Bahn   ***South Station***, Atlantic Ave/Summer St: für Züge von bzw. nach Süden und Westen

    North Station, Causeway St: für Züge von bzw. nach Norden

Bus   ***Vermont Transit***, ***Greyhound u.a.*** haben ihr *Terminal* in der South Station, Atlantic Ave.

U-Bahn/Bus   Die älteste U-Bahn der USA, die ***Rapid Transit Lines*** (kurz ***T*** genannt) gilt als schnell und effizient; Einheitsfahrpreis im innerstädtischen Bereich $0,85. Außerhalb dieser Region kann eine Fahrt bis zu $2 kosten. ***Token*** – Wertmünzen, welche die Sperren öffnen – gibt es an den Stationen. Als "Anhängsel" der *Green Line* verkehren **Straßenbahnen** (*Above Ground Trolleys*) ab Copley Square. Ein Informationsbüro befindet sich an der ***T-Station* Park Street**; dort können auch **Tages- und Mehrtages-Pässe** erworben werden (1 Tag $5; 3 Tage: $9, 7 Tage: $18). Die Pässe gelten für die Benutzung des U-Bahn- **und** Bus-Systems (Bus pro Teilstrecke $0,60).

Rundfahrten   Boston läßt sich mit Hilfe der blauen, roten oder grün-orange-farbenen ***Trolleys***, die auf einer Rundstrecke in 90 min reiner Fahrzeit die meisten touristisch wichtigen Punkte passieren, gut innerhalb eines Tages besichtigen. Der Fahrgast darf mit dem einmal entrichteten Fahrpreis ($16) die Fahrt beliebig unterbrechen und wieder zusteigen (*Hop-on-hop-off Tours*).

Zufahrt/ Orientierung im Auto

Aus welcher Richtung auch immer man per Auto anfährt, man stößt unvermeidlich auf die halbringförmig Boston umschließende **Stadtumgehung**, die **I-95**. Von ihr nimmt man mit Ziel *Downtown* von Süden am besten die **I-93/#3 (***Southeast Expressway)**, von Nordosten die *#1 (Northeast Expressway)* und von Westen die **I-90 (***Massachusetts Turnpike*.

Wie die Karte auf Seite 261 unschwer erkennen läßt, ähnelt Bostons Stadtanlage in ihrer Unregelmäßigkeit durchaus europäischen Großstädten. Die Orientierung ist daher besonders in der Altstadt nicht einfach. Hinzu kommt eine nur schwer durchschaubare Einbahnstraßenregelung. Boston erstickt fast an der 2x täglichen **Rush-Hour**, die je gut 3 Stunden dauert.

Parken

Die Parkproblematik im zentralen Bereich ist erheblich. Aber an der **Harborfront** (Atlantic Ave) befinden sich große **Parkplätze**. Am nördlichen Ende der *Harborfront* (Commercial St) sind sie am wenigsten frequentiert. Im Citybereich bieten **Tiefgaragen** längere Parkmöglichkeiten. Wer Glück hat, findet Platz in der **Garage unter dem *Boston Common***, dem idealen Ausgangspunkt für eine Stadterkundung. Ebenfalls noch zentral gelegen sind die **Garagen im *Hancock*** und im ***Prudential Tower***, Nähe Copley Square. Auch *Park and Ride* (mit der U-Bahn/Straßenbahn) ist in Boston erwägenswert – insbesondere mit Campmobilen, da sie nicht in Parkgaragen passen.

Information

Das **Boston Common Information Center** befindet sich in der Tremont St am Beginn des *Freedom Trail*; 8.30–17 Uhr. Eine weitere **Visitor Information** residiert am *Prudential Center* (➪ Seite 266). Der **National Park Service** unterhält ein Informationsbüro in der 15 State St neben dem **Old State House**. **Ranger** veranstalten ab dort Gratis-Führungen.

Old State House mit Visitor Center des National Park Service

2.4.3   Unterkunft und Camping

**Motels/
Hotels**

Boston ist eine der teuersten US-Cities. Das gilt im touristischen Bereich speziell für die Unterkunft. Im Kernbereich gibt es überwiegend sehr gute hochpreisige Hotels, die allerdings teilweise günstige **Weekend Rates** bieten. Noch relativ citynah und für Boston moderat (ab ca. $75 an Wochenenden) sind die beiden **Howard Johnson-Hotels** westlich Back Bay:

- z.B. **Howard Johnson Lodge Fenwa**y, 1271 Boylston St (Nähe Fenway Park), DZ $90–$130, ✆ (617) 267-8300.

Empfehlenswert im mittleren Preisbereich sind außerdem:

- **Newberry Guest House**, 261 Newberry St, DZ $85–$115, ✆ (617) 437-7666, ein schönes zentrales viktorianisches Haus.
- **Beacon Inn** (2 Häuser Brookline, westlich Fenway) 1087 und 1750, Beacon St, DZ $43–$76, ✆ (617) 566-0088

**Bed &
Breakfast**

Im britisch geprägten Neuengland hat *B&B* Tradition:

- **Beacon Hill Bed & Breakfast**, 27 Brimmer St, DZ $140, ✆ (617) 523-7376, ein schönes viktorianisch eingerichtetes Haus im Zentrum mit einem Hauch von Luxus

Bed & Breakfast Associates Bay Colony, *Babson Park Branch*, vermittelt Privatunterkünfte, ✆ (617) 449-5302. Für Leute, die in Cambridge logieren möchten, folgende Adressen:

- **B&B Cambridge**, Cambridge St, DZ $40–$90, ✆ (617) 868-7082 und *toll free* ✆ (800) 287-7082, empfehlenswert
- **Cambridge House Inn** – B&B, 2218 Massachsetts Ave, DZ $110–$150, ✆ (617) 491-6390, die feinere Alternative

**Billig-
quartiere**

Den hohen Übernachtungskosten ernsthaft Paroli bieten kann man nur im Hostel und (begrenzt) im YMCA/YWCA:

Boston International AYH-Hostel (Downtown),
12 Hemenway St, ✆ (617) 536-9455, $15-$18

Greater Boston YMCA,
316 Huntington Ave, ✆ (617) 536-7800, ab $36 EZ

Berkeley Residence YWCA (nur für Frauen)
40 Berkeley Street, ✆ (617) 482-8850, ab $36 EZ

Außerhalb

Ein (relativ) gutes Preis/Leistungs-Verhältnis bieten die beiden Häuser von **Susse Chalet**, ca. 10 mi südlich der City im Vorort Neponset, 800 bzw. 900 Morrissey Blvd, Exit #12/13 von der Autobahn I-93/#1; ab ca. $70/$60; ✆ (800) 5-Chalet.

Camping

Campen in der näheren Umgebung von Boston ist ein eher frustrierendes Vorhaben. In diesem Bereich gibt es nur einen wirklich empfehlenswerten Platz, den **Wompatuck State Park** mit 400 Stellplätzen ca. 25 mi südöstlich: **Autobahn #3**, *Exit #14*, dann Straße #228 ausgeschildert. Eine weitere Alternative ist der unter Plymoth bereits genannte **Myles Standish State Forest** in einer guten Autostunde Entfernung.

2.4.4   Stadtbesichtigung Boston

Die bereits empfohlenen *Trolley Tours* eignen sich sehr gut für einen Gesamtüberblick, indem man zunächst einmal die ganze Route abfährt und dabei die persönlich am meisten interessierenden Sehenswürdigkeiten für einen anschließenden Besuch "ausguckt". Die *Trolley Tours* starten unweit der *Visitor Information* am **Common** (Ecke Tremont/Park St).

Boston Common

Der **Common,** Amerikas ältester öffentlicher Park, ist in Verbindung mit den westlich angrenzenden **Public Gardens** die zentrale Grünfläche der Stadt. Das Gelände wurde bereits ab 1634 – damals noch außerhalb der Stadt gelegen – als kommunales Weideland genutzt. Später machte man es zum Exerzierplatz, auf dem auch Hinrichtungen und Prügelstrafen ausgeführt wurden. Heute trifft man sich auf dem *Common* zum *Lunch* und nach Geschäftsschluß zum Basketball.

Freedom Trail

Eine gute und erheblich preiswertere Alternative zur Stadtbesichtigung per *Trolley* ist das Ablaufen des **Freedom Trail.** Der Freiheitspfad (ca. 5 km) führt unverfehlbar entlang einer roten Linie auf dem Pflaster im Zickzack durch die **Innenstadt** und **North End** vorbei an 16 historischen Gebäuden und Gedenkstätten des amerikanischen Unabhängigkeitskampfes bis hinüber zum **Bunker Hill Monument** auf der anderen Seite des *Charles River*. Erläuterungen zu den Sehenswürdigkeiten am Freiheitspfad gibt es auf Kassetten. Sie können samt *Walkman* in Hotels und bei den Informationsbüros ausgeliehen werden. Es gibt auch ein **deutschsprachiges Faltblatt**.

Individuelle Besichtigung

Die **Downtown** von Boston ist relativ klein und überschaubar. Sie erstreckt sich vom **Common** bis zur **Harborfront**. Da die zahlreichen historisch besetzten Sehenswürdigkeiten in erster Linie für amerikanische Touristen interessant sind und Europäern nur teilweise etwas "sagen" dürften, orientiert sich die Beschreibung Bostons nur punktuell am Verlauf des *Freedom Trail*, nennt aber alle wichtigen Stationen.

Auf dem Quincy Market

Downtown Boston

Washington Street

Zentrale Achse des Bezirks *Downtown Crossing* und Haupteinkaufstraße ist die **Washington Street** (Verlauf südöstlich parallel zur Tremont St). In #426 befindet sich **Filene`s Basement**. In riesigen Hallen wird dort Bekleidung – zum größten Teil Markenware – zu Dumping-Preisen verkauft. Südlich von *Downtown Crossing* liegt die kleine, nicht sonderlich aufregende **China Town** mit der **Beach St** als Hauptader.

Historische Anlaufpunkte

Am *Freedom Trail*, der im Zickzack durch die Innenstadt läuft, reiht sich eine historische Sehenswüdigkeit an die andere:

– Die **Park St. Church** (1809) direkt am *Common (Tremont St)* wirkt in der Großstadt-Umgebung wie eine Dorfkirche.

– Die Gräber der bekanntesten Führer der Revolution wie *John Hancock, Samuel Adams* und *Paul Revere* befinden sich nur wenig weiter auf dem **Granary Burying Ground**.

– Die wie ein Tempel wirkende **King's Chapel** (1754) war die erste anglikanische Kirche Bostons (Tremont/School St).

– Mitte des vorigen Jahrhunderts, als die erste amerikanische Dichter-Generation Boston zum *Athens of America* machte, wurde der **Old Corner Book Store** (School/Washington St) – damals vor allem Verlag und Druckerei – zu einem Zentrum des geistigen Lebens.

– Im **Old South Meeting House** von 1729 (Washington/Milk St) fanden viele, oft turbulente Versammlungen statt, die schließlich zur **Boston Tea Party** führten (⇨ Seite 262).

– Im **Old State House** von 1713 (Court/State St) ist eine Dokumentation zur Vorgeschichte der Revolution zu sehen.

Faneuil Hall/ Quincy Market

Die **Faneuil Hall** (1792), in Sichtweite des *Old State House*, war sowohl Marktplatz als auch Versammlungsort (*Cradle of Liberty*) und ist heute – zusammen mit den 70er Jahren renovierten **Quincy Market** – zum attraktiven **Mittelpunkt der Stadt** geworden. In den ehemaligen Markthallen, drei langgestreckten Gebäuden im *Greek Revival* Stil (1826), sind zahlreiche Geschäfte und Boutiquen untergebracht. Die mittlere Halle ist hauptsächlich lukullischen Genüssen vorbehalten, und an den Ständen oder in den Terrassen-Restaurants kann man sich durch alle Küchen dieser Welt essen.

Zwischen den Gebäuden finden Vorführungen von Straßenmusikanten, Jongleuren, Zauberern und anderen Open-air-Künstlern statt. Eine gediegene Mittagspause läßt sich im Restaurant **Ye Olde Oyster House** (1826) einlegen (Union St).

Government Center

So erfolgreich die Renovierung der Markthallen war, so fehl am Platz wirkt in dieser Umgebung das **Government Center** mit der **City Hall**, architektonisch eine Mischung aus aztekischer Pyramide und überdimensionalem Taubenschlag mit viel Beton und windigen, ungemütlichen Plätzen.

Beacon Hill

Das **New State House** an der nordöstlichen Ecke des *Common* mit seiner goldenen Kuppel und den hohen weißen Säulen wurde 1798 von *Charles Bullfinch* entworfen, dem berühmtesten Bostoner Architekten jener Zeit. In dem dahinterliegenden, ruhigen Wohnviertel *Beacon Hill* lebten im vorigen Jahrhundert die **Brahmins**, die Geldaristokratie der Stadt.

Die eleganten Straßen, wie die Mount Vermont St, Chestnut St oder der Louisburg Square zeugen von Wohlstand und erlesenem Geschmack: rote **Backsteinhäuser** mit klassisch einfachen Fassaden (*Georgian Style*), Kopfsteinpflaster, Gaslaternen, schmiedeeiserne Portale und Blumen vor den Fenstern prägen das Viertel. Am Fuße von *Beacon Hill* verläuft die **Charles St**, deren Cafés, Antiquitätenläden und Restaurants den gehobenen Ansprüchen der betuchten Kundschaft gerecht werden.

Schwarze in Boston

Beacon Hill besitzt jedoch noch eine andere interessante Seite: im Norden des Viertels siedelten sich ab 1793 **Schwarze** an, die nach dem frühen Verbot der Sklaverei in Massachusetts in großer Zahl hierher flohen. Die **Boston African American Historic Society** (46 Joy St) informiert über den **Black Heritage Trail**, eine Art alternatives Gegenstück zum eher am Massentourismus ausgerichteten *Freedom Trail*.

Eine der ersten Schulen in Boston, in der Weiße und Schwarze gemeinsam unterrichtet wurden, war die **Phillips School** (Anderson/Pinckney St). Im **African Meeting House**, Kirche und Versammlungshaus der schwarzen Gemeinde (8 Smith Court), führte *William Lloyd Garrison* um 1830 die ersten Debatten um die Abschaffung der Sklaverei. Im **Louis & Harriet Hayden House** (46 Phillipps St) wurden entlaufene Sklaven aus dem Süden vor ihren Verfolgern versteckt (➪ Essay, Seite 525).

Harborfront, North End und Charlestown

Harborfront

Wie viele amerikanische Hafenstädte hat auch Boston seine bis in die 70er-Jahre hinein heruntergekommene *Harborfront* wiederbelebt. Entlang der Atlantic Ave und ihrer Verlängerung, der Commercial St, wurden alte kommerzielle Gebäude wie z.B. die **Union Wharf** und das **Mercantile Wharf Building** restauriert, andere Lagerhäuser in Wohnkomplexe umgewandelt. Die **Rowe`s Wharf** ist völlig neugestaltet – ein enormer rosafarbener Klotz mit Hotel und Geschäftsräumen. Im kleinen **Christopher Columbus Park** neben dem *Boston Marriots Long Wharf Hotel*, einem roten Backsteinkomplex im Lagerhausstil, lassen sich die Geschäftsleute aus dem nahegelegenen *Business District* mittags ihre *Sandwiches* schmecken. Etwas abgelegen jenseits der *Northern Bridge* am südlichen Ende der *Harborfront* finden sich auf dem **Boston Fish Pier** (Pier 6) Fischrestaurants mit Seeblick; ebenfalls beliebt ist das **Anthony's** am Pier 4.

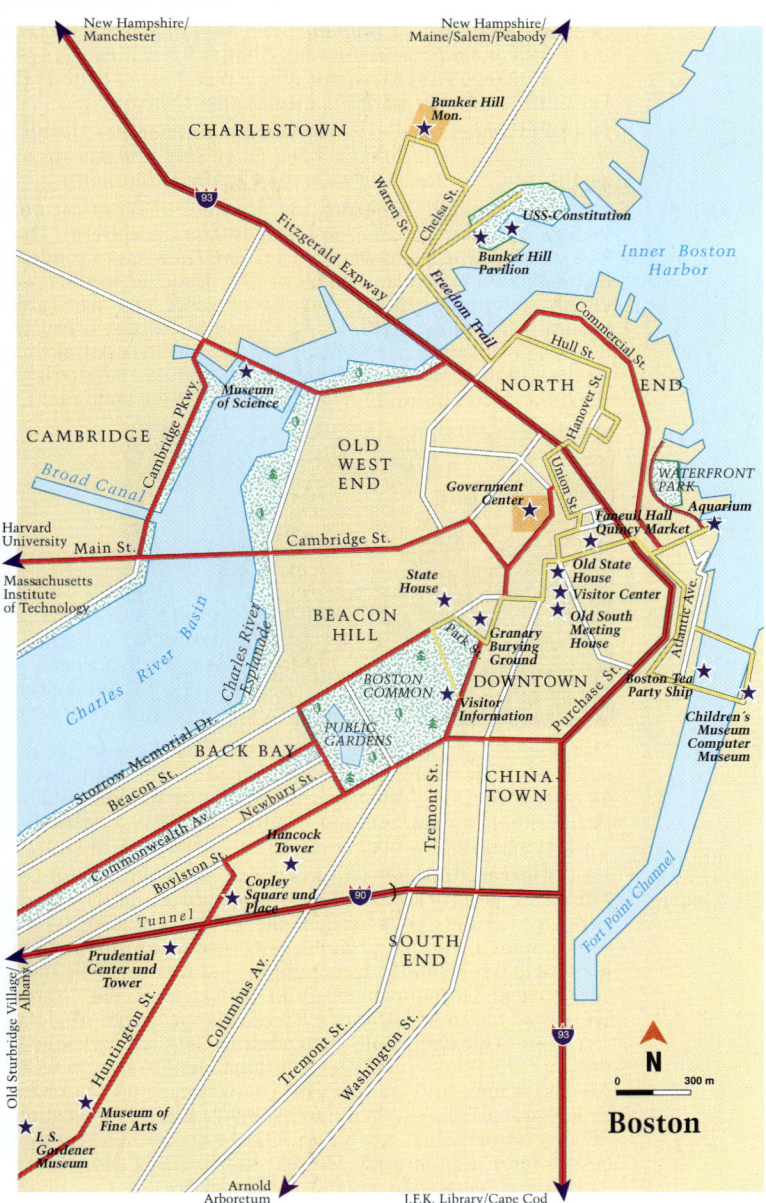

New Hampshire/ Manchester

New Hampshire/ Maine/Salem/Peabody

CHARLESTOWN

Bunker Hill Mon.

Warren St.

Chelsa St.

USS-Constitution

Bunker Hill Pavilion

Freedom Trail

Commercial St.

Inner Boston Harbor

Fitzgerald Expway

Hull St.

Hanover St.

NORTH END

Cambridge Pkwy.

Museum of Science

OLD WEST END

Union St.

WATERFRONT PARK

Aquarium

CAMBRIDGE

Government Center

Faneuil Hall Quincy Market

Broad Canal

Harvard University

Main St.

Cambridge St.

Massachusetts Institute of Technology

State House

Old State House

Visitor Center

Old South Meeting House

BEACON HILL

Park St.

Granary Burying Ground

Atlantic Ave.

Charles River Esplanade

BOSTON COMMON

Visitor Information

DOWNTOWN

Boston Tea Party Ship

Charles River Basin

PUBLIC GARDENS

Purchase St.

Children's Museum Computer Museum

Stortow Memorial Dr.

BACK BAY

Beacon St.

Newbury St.

Commonwealth Av.

Hancock Tower

CHINA-TOWN

Tremont St.

Boylston St.

Copley Square and Place

Fort Point Channel

Tunnel

SOUTH END

Prudential Center and Tower

Columbus Av.

Huntington St.

Tremont St.

Washington St.

Old Sturbridge Village/ Albany

Museum of Fine Arts

I. S. Gardener Museum

N

0   300 m

Boston

Arnold Arboretum

J.F.K. Library/Cape Cod

Die **Bay State Cruise Company** (*Long Wharf*) bietet *Sightseeing Trips* vor der *City-Skyline* den Charles River hinauf, ebenso Ausflüge nach *Cape Cod* mit *Whale Watching* (➪ Seite 241). Die *Spirit of Boston* startet u.a. zu *Dinner Cruises.*

Die **populärsten touristischen Anlaufpunkte** an der *Harborfront* sind das *Aquarium*, das *Tea Party Ship* und das ausgezeichnete *Computer-* wie auch das *Childrens Museum.*

Aquarium

Das **New England Aquarium** auf der *Central Wharf* ist nur wenige Minuten zu Fuß vom *Quincy Market* entfernt. Der Besuch lohnt vor allem wegen des **Giant Tank**, eines runden, fast 800.000 l fassenden Behälters. Die Besucher werden auf einem spiralförmigen Weg vier Stockwerke um den Tank herum in die Höhe geführt und können dabei das Leben in den verschiedenen Tiefen bewundern. Eine weitere Attraktion ist das Korallenriff und die Küstenlandschaft für possierliche Pinguine. Delphin- und Seelöwen-Shows fehlen auch nicht.

Surreale Szenerie im Boston Aquarium

Boston Tea Party

Das *Boston Tea Party*-Schiff (eine Replik der **Beaver**) hat am südlichen Ende der *Harborfront* (Congress Bridge) festgemacht (➪ Seite 253). Dort dürfen Touristen sich für $6 indianischen Federschmuck aufsetzen und – heute an Seilen gesicherte – Teekisten pausenlos über Bord werfen; täglich 10–18 Uhr.

Museum für Kinder

Im **Children's Museum** (jenseits der Congress Bridge auf der *Museums Wharf*) können Kinder spielerisch ihre Umwelt kennen und verstehen lernen. Sie erfahren wie Muskeln funktionieren, wie man träumt, was man aus Müll machen kann, wie ein Behinderter sich fühlt, und was wohl die Indianer gedacht haben mochten, als die Weißen ankamen. Großer Wert wird auf multikulturelle Verständigung gelegt. Moderatoren leiten die Kinder an, ausländische Gerichte zu kochen, unbekannte Spiele zu spielen; miteinander zu basteln usw. All das ist auch ein Vergnügen für Zaungäste: zuschauende Erwachsene. Ein überdimensionales Klettergerüst sorgt für den körperlichen Ausgleich. Das beste der den Autoren bekannten Kindermuseen. Zeiten: Sa–Do 10–17 Uhr; Fr bis 21 Uhr. Im Winter Mo geschl.; $7; Kinder $6.

Computer-museum

Das Computermuseum (im gleichen Gebäude-komplex wie das Kinder-museum) macht Kinder und Erwachsene – haupt-sächlich Väter mit ihren Söhnen – mit Geschichte und Funktion der Com-puter vertraut. Zu erfah-ren sind die unendlichen Möglichkeiten, mit Com-putern Aufgaben zu lösen. In einem 50-fach vergrö-ßerten *Walk- in-Computer* "erleben" die Besucher förmlich, wie im Inneren die von außen per Tasta-tur eingegebenen Befehle verarbeitet werden. Wer genug experimentiert hat, kann sich der Informa-

Kinder- und Computermuseum liegen an der Museums Wharf

tionstechnik und Funktionsweise von Robotern auch theore-tisch nähern. Im **Robot Theatre** spielen 25 Roboter elektroni-sche Monster. Geöffnet im Sommer täglich 10–18 Uhr; sonst Di–So bis 17 Uhr; $7; Kinder+Jugendliche $5.

North End

Um in **das älteste Wohngebiet Bostons** zu gelangen, muß man ein Stück "Niemandsland" unter dem *Fitzgerald Expressway*, der das **North End** und die **Harborfront** von *Downtown* trennt, überwinden. Nachdem die zu Geld gekommenen Bostoner sich nach *Beacon Hill* und in die *Back Bay* zurückgezogen hatten, siedelten sich dort ab 1850 hauptsächlich Iren und später Ita-liener an. Die geraden, einförmigen Backstein-Fassaden haben allerdings nur wenig Italienisches.Die **Hannover St**, Haupt-straße des *North End*, wirkt tagsüber eher verschlafen. Erst abends wird es lebendiger, wenn die vielen italienischen Re-staurants ihre Pforten öffnen.

Paul Revere House

Tagsüber kommen Touristen vornehmlich wegen der An-laufpunkte im Rahmen des *Freedom Trail:* da ist zum einen das **Paul Revere House** am North Square, ein Holzhaus aus dem Jahre 1680 und somit das älteste erhaltene Wohnhaus der Stadt. Nicht weit davon liegt die *Paul Revere Mall*, wo ein Denkmal an den Nationalhelden erinnert: In der Nacht zum 17. April 1775 wurden in der *Old North Church* (Salem St) zwei Laternen herausgehängt. Dies war das Zeichen dafür, daß die feindlichen Engländer von See aus anrückten (*One if by land, two if by sea*). Revere ritt daraufhin nach Lexington, um *Samuel Adams* und *John Hancock* vor dem Angriff der Briten zu warnen (⇨ Lexington, Seite 275).

Charlestown

Alle *Sightseeing-Trolleys* fahren von *North End* über den Charles River in den traditionell irischen Stadtteil Charlestown. Dort geht es zum **Umkehrpunkt der Rundfahrt**, dem *Bunker Hill Monument*, und außerdem zu einer der sehenswertesten historischen Attraktionen, der *USS Constitution*.

Bunker Hill/ Old Ironsides

– Das **Bunker Hill Monument**, ein 67 m hoher Granitobelisk auf dem *Breeds Hill* (Monument Square) erinnert an eines der ersten großen Gefechte des Bürgerkriegs, das die Engländer dank hoher zahlenmäßiger Überlegenheit für sich entscheiden konnten. Bevor man von oben die Aussicht über Boston genießen kann, sind 300 Stufen zu erklimmen.

– Die erst 1995 vollkommen überholte **USS Constitution** liegt am Kai der *Charlestown Navyyard*, Zufahrt über die Water Street, Führungen 9:30–16 Uhr, kein Eintritt. Das 1797 erbaute Schlachtschiff, im Volksmund auch **Old Ironsides** genannt, blieb in 40 Seegefechten ungeschlagen. Seinen Spitznamen verdankt es dem Eichenrumpf, den keine Kanonenkugel je durchschlagen konnte. An Land gehört ein kleines Museum zum Komplex, 9–18 Uhr, Frühjahr/Herbst 10–17 Uhr, Eintritt $3.

Multimedia Show

– Im **Bunker Hill Pavilion**, Water St/Constitution Rd, ganz in der Nähe der *USS Constitution* geht es – der Name sagt es – ebenfalls um die erste große Schlacht des Befreiungskrieges. Die spannend gemachte Multimedia Show **Whites of their Eyes** führt den Besucher mitten in das Geschehen. Täglich 9.30–17 Uhr im Sommer, sonst bis 16 Uhr; $4.

Old Ironsides während der Überholungsarbeiten. Das nostalgische Kriegsschiff ist seit 1996 wieder in voller Takelage

Back Bay und Fenway

Westlich der *Public Gardens* entstand Mitte des vorigen Jahrhunderts durch Aufschüttung der **Back Bay** das neben Beacon Hill "feinste" und urbanste Wohnviertel Bostons. Nach den seinerzeit in Europa modernen städtebaulichen Prinzipien wurden breite gerade Boulevards angelegt. Ein Spaziergang

Back Bay

durch die **Newbury St** (zwischen *Public Gardens* und Massachusetts Ave) ist vor allem im Sommer ein Vergnügen. In den 3-4stöckigen viktorianischen Häusern mit den typischen abgerundeten Erkern sind elegante Geschäfte und Terrassenrestaurants untergekommen. Alles ist schick und teuer, aber auch Studenten aus dem westlich der Massachusetts Ave gelegenen Viertel *Fenway* mit *Colleges* und Universitäten gehören durchaus zum Straßenbild. Beliebter Treffpunkt ist der *Harvard Bookstore* mit Cafe, Ecke Exeter St. Der inzwischen mit der Geschichte und den Geschichtchen Bostons vertraute Besucher sollte sich das **Wandbild** an der Ecke Newbury/ Dartmouth nicht entgehen lassen. Dort gucken aus Fenstern und von Balkonen berühmte Bostoner auf die Passanten herunter, ein Suchbild für Eingeweihte. Nicht ganz so elegant, aber auch voller Shops präsentiert sich die **Boylston Ave**.

Newbury Street: Haus im Haus als Wandbild mit bekannten Persönlichkeiten Bostons, Bostonians, in den Fenstern

Charles River Esplanade

Entlang der Commonwealth Ave, der breitesten Allee der *Back Bay*, stehen hauptsächlich Wohnhäuser und öffentliche Gebäude. Die **Charles River Esplanade**, ein Grünstreifen am Südufer des Boston von Cambridge trennenden Flusses, lädt zum Spaziergang ein. In der **Hatch Shell** finden im Sommer Konzerte u.a. der Philharmoniker statt.

Copley Square

Die Gegend um den **Copley Square** mit seinen alten Gebäuden wie der **Trinity Church** (1877), der *Public Library* (1885) und dem *Copley Plaza Hotel* gilt als Zentrum von *Back Bay*.

Hancock Tower

Der schon Ende der 60er-Jahre von *I.M.Pie* entworfene gläserne *Hancock Tower* ist noch immer der imposanteste *Highriser* Bostons. Im 60. Stock befindet sich eine geschlossene Aussichtsplattform, das *Observatory*, von der aus man einen tollen Blick über Boston hat. Außerdem sind in einem *Diorama* die ersten Schlachten des Unabhängigkeitskrieges nachgestellt, und die architektonische Entwicklung der Stadt wird erläutert. Täglich 9–22 Uhr, So ab 10 Uhr; Eintritt $4, Kinder, Jugendliche und *Seniors* $3.

Trinity Church und John Hancock Tower

Copley Place

Zum überdimensionalen **Copley Place**, einer multifunktionalen *First Class Shopping Mall* an der Huntington Ave, sind es vom *Hancock Center* nur ein paar Schritte. Dort findet man vor allem Geschäfte der Luxusklasse, zahlreiche Restaurants und Spitzenhotels wie das *Marriott* und *Westin*.

Prudential Center

Architektonisch nicht ganz so interessant wie *Copley Place* ist das **Prudential Center**, ein weiterer *Shopping*-Komplex, nur wenig westlich ebenfalls an der Huntington Ave. Der **Prudential Tower** besitzt eine Aussichtsplattform im 50. Stock: die Auffahrt zum **Skywalk** kostet $3, Jugendliche und Kinder $2. Geöffnet 10–22 Uhr, So ab 12 Uhr.

Fenway

Fans des **Red Sox Baseball Team** zieht es in **Fenway** ("unterhalb" der *Massachusetts Turnpike*, östlich begrenzt durch die Massachusetts Ave) zum kleinen traditionsreichen *Fenway Park Stadion*. Touristen kommen überwiegend wegen der **Kunstmuseen** nach *Fenway*. Der Besuch lohnt sich in beiden Fällen. Die Autoren favorisieren bei knapper Zeit das ungewöhnliche *Isabella Stewart Gardner Museum.*

Isabella Stewart Gardner Museum

Um 1900 ließ sich diese exzentrische Dame aus der Bostoner Gesellschaft ein großes Haus im Stil eines venezianischen Palastes aus dem 15. Jahrhundert bauen und zog mit ihren Kostbarkeiten dort ein; vor allem handelte es sich um europäische Kunstschätze, die sie in vielen Jahren gesammelt hatte. Man erkennt in diesem Museum keine nach üblichen Kategorien geordnete Ausstellung, sondern eine sehr persönliche, eher ungewöhnliche Auswahl: *Giotto, Degas, Matisse, Tizian, Boticelli* und *Rembrandt*, ferner Wandteppiche, Mosaiken und Statuen. Traumhaft der große Innenhof voller Pflanzen und Bäume. Der *Gardner*-Palast steht nicht weit weg von der Huntington Ave in 280 The Fenway; geöffnet Di–So 11–17 Uhr, Eintritt $7, Studenten und *Seniors* $5.

Kunst-museum

Im nahegelegenen **Museum of Fine Arts** (465 Huntington Ave), einem der größten und besten Kunstmuseen der USA in einem bombastischen Gebäude, geht es akademischer zu. Unzählige Ausstellungsstücke aus aller Welt und vielen Jahrhunderten machen es schwer, zu entscheiden, was man zuerst ansehen soll. Berühmt sind besonders die ägyptische Abteilung und die enorme Sammlung von Werken des französischen Impressionisten Monet. Der neugebaute Westflügel – ein sehr schönes funktionales Gebäude – bietet Raum für Sonder-Ausstellungen. Geöffnet Di–Sa 10–4.45 Uhr, Mi bis 9.45 Uhr, So bis 5.45 Uhr; Eintritt $8

Backbay Fens

Die Parkanlage **Backbay Fens** ist Teil der **Emerald Necklace**, eines Grüngürtels um die Stadt, der vom berühmtesten Parkgestalter der USA, *Frederick L. Olmsted*, geschaffen wurde. Sie zieht sich vom westlichen Ende der Commonwealth Ave (Charlesgate) bis zum wunderbaren **Arnold Arboretum** mit mehr als 7000 Pflanzenarten im Stadtteil **Jamaica Plain**.

South End

Das **South End**, ein lange vernachlässigter Distrikt, erlebte in den letzten Jahren einen Aufschwung und wurde zu einem beliebten Wohnviertel. In den viktorianischen Erkerhäusern leben Yuppies, Künstler, Schwarze, Studenten, Gays und Immigranten wie Griechen, Libanesen, Puertorikaner nebeneinander. Zwar gibt es dort für Touristen nicht viel zu sehen, aber entlang der Tremont St (zwischen Massachusetts Ave im Westen und Arlington St im Osten) finden sich einige gute Kneipen, Restaurants und *Coffee-Shops*. Am schönsten sind die stillen Wohnstraßen um den *Union Park* herum.

Museum of Science und Kennedy Library

Museum of Science

Das Wissenschaftsmuseum befindet sich am nördlichen Ende der Parkanlagen am Fluß auf dem Charles River Damm (*T-Station Science Park*). Das Museum zeigt eine Vielzahl interessanter Exponate und Experimente zum "Anfassen" (*hands-on exhibits*). Zum Gesamtkomplex gehört außerdem das *Charles Hayden-Planetarium* (Laser- und Musik-Vorführungen) und das *Mugar Omni Theater*, in dem auf einer überdimensionalen Leinwand wissenschaftlich orientierte Filme gezeigt werden. Wer keine Gelegenheit hat, das noch bessere *Ontario Science Centre* in Toronto zu besuchen (⇨ Seite 407), sollte sich das Bostoner *Museum of Science* nicht entgehen lassen. Geöffnet So–Do 9–17 Uhr, Fr bis 21 Uhr, $8.

John F. Kennedy Bibliothek

Nicht nur für *Kennedy*-Fans besuchenswert ist die **John F. Kennedy Library** am *Columbia Point* der Boston Bay im Stadtteil Dorchester. Die faszinierende Architektur des schneeweißen Gebäudes (*I. M. Pei*) und die exponierte Lage unmittelbar am Wasser mit Weitblick über *Boston Harbor* und die City lohnen die Anfahrt schon fast allein. Im Museum der JFK-Bücherei wird der Lebensweg beider Attentaten zum Opfer gefallenen *Kennedy* Brüder nachgezeichnet. Zu sehen sind Videos, zahllose Fotos und persönliche Gegenstände. Das *Oval Office* mit Kennedys Schreibtisch, wie er ihn am Tage seiner Ermordung hinterließ, wurde ebenso nachgebaut wie das Fernsehstudio, in dem die Redeuelle zwischen *Nixon* und *Kennedy* stattfanden. Ein hoher, fast leerer Glaspavillon soll zum Nachdenken anregen – er enthält nur eine Flagge, ein Zitat *Kennedys* und eine Sitzbank.

Zufahrt auf der I-93/#3 nach Süden, Ausfahrt ausgeschildert. Die rote Linie der **T** fährt bis zur *JFK University* Station; von dort verkehrt ein *Shuttle*-Bus. Täglich 9–17 Uhr, Eintritt $6.

2.4.5 Cambridge

Anfahrt

Cambridge liegt am Nordufer des Charles River und beherbergt die 1636 als erste Universität Amerikas gegründete **Harvard University**, bis heute eine der herausragenden akademischen Lehranstalten der USA. Mit der *Red Line* der **T** sind es nur vier Stationen von der zentralen *Park Station* am *Boston Common* zur Station *Harvard Square* und damit zum zentralen Bereich der Universität. Autofahrer überqueren den Charles River entweder über die **Harvard** oder **Longfellow Brigde**; beide Brücken sind allerdings oft verstopft.

Information

Das *Information Center* **Cambridge Discovery** direkt an der U-Bahnstation hält reichlich Material bereit. Dort starten auch **Sightseeing Trolleys**. Wer an Cambridge und *Harvard* mehr als ein kurzes touristisches Interesse hat, sollte erwägen, **The Unofficial Guide to Life at Harvard** zu kaufen, praktisch ein *Insider Book* für ganz Boston ($10).

Die **Harvard University Information** im *Holyoke Center* am *Harvard Yard* bietet einstündige kostenlose **Führungen** über den Campus an. Dabei erfährt man viel über die Geschichte der Uni und Honoratioren, die dort gelernt und gelehrt haben.

Kennzeichnung

Cambridge, eine selbständige Stadt mit 96.000 Einwohnern, besitzt zwei der weltbesten Universitäten: die schon 1636 gegründete **Harvard University** und das **Massachusetts Institute of Technology** (**MIT**). Ein Viertel der Bevölkerung sind Studenten, und über die Hälfte der erwachsenen Einwohner haben einen *College*-Abschluß. Immerhin 15 Nobelpreisträger leben in Cambridge. Kein Wunder, daß gleich **20 Buchläden** allein rund um den **Harvard Square** ihr Auskommen finden.

Da Studiosi aber nicht nur büffeln, findet man neben akademischen Institutionen jede Menge *Coffee-Shops*, ethnische Restaurants, Jazz-Kneipen, Bioläden und natürlich auch ganz normale Einkaufszentren, alles mehr oder weniger auf studentische Belange zugeschnitten. Am Zeitungskiosk, **Out of Town News** direkt am U-Bahnhof *Harvard Square*, gibt es Zeitungen aus jedem Winkel der Welt.

Sommer-Szene am Harvard Square: Schachpartner ganze 2$, Figuren, Brett und Schachuhr inklusive

PLAY THE CHESSMASTER $2.00

Harvard University

Der Hauptcampus der Universität, der **Harvard Yard,** grenzt unmittelbar an den *Harvard Square*. Er ist für jedermann frei zugänglich. Ein Bummel über den weitläufigen Campus mit altem Baumbestand muß sein. Zwischen efeuberankten Backsteinbauten stößt man auf die ehrwürdige **Widener Library** (4,5 Mio Bände!) mit mächtigen korinthischen Säulen, die **Holden Chapel** aus dem Jahr 1742, das **Science Center**, die klotzige **Memorial Hall** und den einzigen *Corbusier*-Bau in Nordamerika, das **Carpenter Center for the Visual Arts**.

Museen

Zu den beiden Cambridge-Universitäten gehören insgesamt sechzehn – teilweise hervorragende – Museen. Die wichtigsten sind im folgenden genannt. Die **Öffnungszeiten** variieren etwas, generell gilt 10–17 Uhr, teilweise täglich; verkürzt an den Wochenenden; exakte Zeiten bei der *Visitor Information*; Eintrittspreise siehe unten. Eintritt Sa 10–12 Uhr frei.

Die *Harvard* Museen lassen sich wie folgt einordnen:

Harvard University Art Museums

– **Fogg Museum,** 32 Quincy St, mit Gemälden und Skulpturen aus der westlichen Welt, *Giotto, Rembrandt, Renoir, van Gogh, Jackson, Pollok, Rothko, Cezanne, Monet*.
– Das **Bush-Reisinger Museum** (im selben Gebäudekomplex) ist auf deutsche Expressionisten spezialisiert, zeigt auch viel Bauhaus-Material und die Wiener Sezessionen.

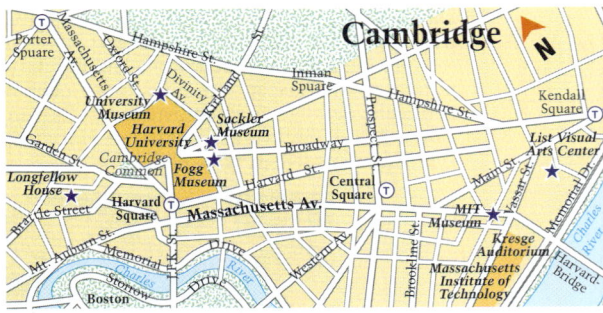

– Das ***Arthur M. Sackler Museum***, 485 Broadway, stellt in erster Linie asiatische Kunstwerke aus.

Das ***Ticket*** kostet $5. Es berechtigt auch zum Eintritt in die jeweils anderen Museen, Studenten $3; unter 18 Jahren frei.

Harvard University Museums of Natural History
(ein Gebäudekomplex zwischen Divinty und Oxford St)

– Das ***Botanical Museum*** ist u.a. wegen seiner ***Glasflowers*** bekannt: Unter den 3000 Exponaten aus Glas befinden sich 850 verschiedene Blumen-Modelle und Pflanzenteile.

– Das ***Museum of Comparative Zoology*** beschäftigt sich mit Gemeinsamkeiten und Unterschieden der Fauna.

– Das ***Mineralogical und Geological Museum*** besitzt eine große Sammlung von Mineralen, Edelsteine und Meteoriten.

– Im Mittelpunkt des ***Peabody Museum of Archaeology and Ethnologie*** steht eine sehr gute Ausstellung zu den nord-, zentral- und südamerikanischen Indianerkulturen in präkolumbischer Zeit. Außerdem gibt es gute afrikanische und ozeanische Abteilungen.

Das ***Ticket*** berechtigt auch in diesem Fall zum Eintritt in alle hier genannten 4 Museen: $4, Studenten $3; bis 18 Jahren $1.

Cambridge außerhalb Harvard

Das städtische Leben von Cambridge gruppiert sich – außer um den *Harvard Square* – um eine Reihe weiterer Plätze: In nördliche Richtung gelangt man auf der Massachusetts Ave vom *Harvard Square* über den ***Cambridge Common*** zum ***Porter Square***, einem studentischen Mittelpunkt mit Restaurants, Bars und *Shops*. Der Weg zum MIT auf der Massachusetts Ave nach Osten führt über den ***Central Square***, mit ebenfalls vielen *Book Stores* und Lokalen. Bei Studenten beliebt ist der ***Inman Square*** nördlich des *Central Square* wegen der preiswerten ethnischen Restaurants.

Tory Row

Ganz interessant ist die Brattle St, auch ***Tory Row*** genannt. Die meisten Besitzer der alten hochherrschaftlichen Häuser an dieser Straße waren Loyalisten (➪ Essay Seite 442) und verließen nach der amerikanischen Revolution die Stadt. Dort steht u.a. das **Longfellow House** *(National Historic Site)*, das im Unabhängigkeitskrieg *George Washington* zeitweise als Hauptquartier diente. Später lebte dort der jedem US-Schulkind bekannte Schriftsteller *Henry Wadsworth Longfellow*.

MIT

Das **Massachusetts Institute of Technology**, gleich jenseits der *Harvard Bridge*, wird von Touristen weit weniger beachtet als die *Harvard University*, obwohl es auf dessen Campus am Charles River– neben rein funktionalen Gebäuden – bemerkenswerte Architektur zu sehen gibt: neoklassizistische Bauwerke neben modernen Entwürfen von *I.M. Pie*. Vom Finnen *Eero Saarinen*, der u.a. den Stahlbogen *Gateway Arch* in St. Louis entwarf, stammt das **Kresge Auditorium** und die runde **MIT Chapel**. Ein weiterer finnischer Architekt, *Alvar Aalto*, konzipierte das **Baker House**. **Skulpturen**, darunter solche von *Henry Moore, Calder* und *Picasso*, sorgen fürs künstlerische Flair. Ein **Informationsbüro** speziell für das **MIT** befindet sich an der Massachusetts Ave #77. Dort erfährt man auch die aktuellen **Öffnungszeiten der MIT-Museen**; in der Regel 9–17 Uhr, Sa+So ab 12 Uhr.

MIT-Museen

– Das **MIT-Museum**, 265 Massachusetts Ave am Campus-Eingang, erklärt technischen Fortschritt mit Hilfe von Erfindungen und Entwicklungen, die (auch) am MIT entstanden: Computer, Elektronik, Nukleartechnologie und Weltraumforschung. Nebenbei erfährt man noch einiges über die Geschichte des MIT. Eintritt $3.

– Das **Hart Nautical Museum**, 55 Mass Ave, erläutert nautische Technik anhand von zahlreichen Schiffs- und Motorenmodellen. Bemerkenswert sind detailgenaue Modelle voll ausgerüsteter Kriegsschiffe. Kein Eintritt.

– Das **List Visual Arts Center** im *Wiesner Building* zeigt – überwiegend avantgardistische – zeitgenössische Kunst in wechselnden Ausstellungen. Kein Eintritt.

Hard Rock Cafe in Cambridge

2.4.6 Old Sturbridge Village

Lage/Anfahrt Das *Old Sturbridge Village Living Museum* ist eines der ältesten und besten "lebenden" Museumsdörfer (⇨ Seite 45) ganz Nordamerikas. Ein Umweg oder Abstecher wäre speziell dann zu erwägen, wenn keine Gelegenheit besteht, eines der vergleichbaren Museen anderswo zu besuchen (*Upper Canada Village, King's Landing,* ⇨ Seiten 455 + 588). Sturbridge liegt **70 mi westlich Boston** im Kreuzungsbereich der *Massachusetts Turnpike* **I-90** und der **I-84** unweit Connecticut. Von Boston fährt man rund 90 min (I-90/*Exit* #9; I-84/*Exit* #2).

Besichtigung

Auf einem hügeligen Waldareal von rund 80 Hektar steht ein **ländliches Neuengland-Städtchen aus der Zeit um 1830** mit 40 aus allen Teilen Neu-Englands hierher versetzten und restaurierten historischen Gebäuden, mit Feldern, Gärten, Wiesen, Teichen, Wegen und Plätzen. Nur die wasserbetriebene Sägemühle ist eine Rekonstruktion. Wie in allen neu-englischen Dörfer sind auch in Sturbridge die Wohnhäuser, Werkstätten, Läden und Verwaltungsgebäude um den *Common*, den Versammlungsplatz, herum angeordnet. Unterschiedlichste Baustile – aus Holz oder Stein, herrschaftlich und bescheiden – gibt es dort zu bewundern. In einem äußeren Ring stehen Bauernhöfe und Mühlen. Die "Bevölkerung" geht in *Old Sturbridge* ihren Aktivitäten in zeitgenössischen Trachten nach und demonstriert Fertigkeiten wie Schmieden, Korbflechten, Glasblasen, Töpfern und Färben. Es werden Lämmer geschoren, *Cider* hergestellt, Bankgeschäfte abgewickelt, die örtliche Zeitung gedruckt, *Thanksgiving* oder – am 4. Juli – *Independence Day* nach alter Sitte begangen. Bei all dem steht man den Besuchern aus der Neuzeit geduldig Rede und Antwort. Die Ergebnisse des nostalgischen Schaffens sind verkäuflich, empfehlenswert vor allem die Produkte der **Backstube,** die mit heutigen amerikanischen Bäckereileistungen zum Glück wenig gemein haben. In der *Bullard Tavern* können Besucher wie damals tafeln.

Zeiten Der minimale **Zeitbedarf** für den Besuch beträgt drei Stunden. Dabei muß man den frühen Toresschluß um 17 Uhr beachten (April bis Oktober täglich ab 9 Uhr), im Winter 16 Uhr. Der **Eintrittspreis** beträgt $16, Kinder ab 5 Jahren die Hälfte.

Übernachtung

Für das moderne Sturbridge sind die Touristen ein wichtiger Wirtschaftsfaktor, Hotels, Motels, *Bed* & *Breakfast,* Restaurants und Shops reichlich vorhanden. Eine schöne, wenngleich nicht billige Unterkunft ist das *Sturbridge Host Hotel* beim *Village* am *Cedar Lake* (Baden/Bootsverleih), Straße #20; ✆ (508) 347-73393, ab ca. $100.

Ein ruhiger öffentlicher **Campground** liegt im *Wells State Park* 3 mi nördlich von Sturbridge. Mehrere Privatplätze befinden sich an der Straße #20 westlich Sturbridge, meist Seezugang.

2.4.7 Lowell

**Kenn-
zeichnung**

Neu-England wird überwiegend wegen seiner Bedeutung im Unabhängigkeitskampf, seiner Bilderbuchdörfer und -landschaften besucht. Daß es im Süden von Connecticut, in Massachusetts und Rhode Island bis heute daneben viel Industrie gab und gibt, überrascht viele – nicht nur ausländische – Touristen. Lowell, ca. 45 Autominuten nordwestlich von Boston, ist die erste geplante Industriestadt auf dem neuen Kontinent (um 1820). Die Strukturen der industriellen Revolution des 19. Jahrhunderts wurden dort durch die Errichtung des **Lowell National Historical** und des **Heritage State Park** konserviert. Wer sich dafür interessiert, nimmt von der Ringautobahn I-95 um Boston am besten die #3 in Richtung Nashua/New Hampshire. Die Zufahrt zu den Parks ist in Lowell ausgeschildert.

FRANCIS CABOT LOWELL

Der Bostoner Kaufmann *Francis Cabot Lowell* reiste Anfang des 19. Jahrhunderts nach England, um dort bereits mechanisierte Webereien zu besichtigen. Die britischen Fabrikbesitzer zeigten ihm zwar stolz die neue Technik, untersagten *Lowell* jedoch, sich Notizen zu machen. Sie fürchteten zu Recht Konkurrenz aus dem damals noch hauptsächlich Rohstoffe liefernden Amerika. Mit *Lowells* technischem Verstand und gutem Gedächtnis hatten sie nicht gerechnet. Wieder heimgekehrt, gelang es ihm auch ohne Aufzeichnungen, die wasserkraftgetriebenen britischen Webstühle zu rekonstruieren.

Am Zusammenfluß von Concord und Merrimack River entstand eine nach *Lowell* benannte "Muster-Industriestadt", in der das in englischen Arbeitersiedlungen herrschende Elend vermieden werden sollte, eine für damalige Verhältnisse revolutionäre Idee. Aber sie wurde zunächst tatsächlich verwirklicht: Man warb für die Arbeit in den Textilmühlen unverheiratete Mädchen aus der Umgebung an, sogenannte **Millgirls.** Sie lebten in sauberen, beaufsichtigten **Boarding Houses** und erhielten eine ungewöhnlich hohe Bezahlung. So konnten Familien ihre Töchter unbesorgt in die Fabriken schicken, und nebenbei wurde der Welt gezeigt: Amerika macht es besser!

Aber als es nach einigen Boomjahren 1840 mit der Branche bergab ging, wurden die wohlbehüteten und -bezahlten *Millgirls* zu teuer. Zunehmend stellte man irische, franko-kanadische, polnische und griechische Immigranten ein, die schlechten Lohn und miese Arbeitsbedingungen akzeptierten. Und bald schon unterschied sich das einstige Musterstädtchen Lowell nicht mehr von anderen Industriezentren der Alten und Neuen Welt.

National Historical und Heritage State Park

In diesem Parkverbund wird den Besuchern erläutert, wie sich die Industrialisierung vollzog, unter welchen Bedingungen die Produktion ablief und wie das Wasser des Merrimack und Concord River über ein ausgeklügeltes Kanalsystem gleichmäßig auf die – vor allem textilen – Produktionsstätten verteilt wurde. Die *Visitor Center* sowohl des *State Park* (100 Market St) als auch des *National Park Service* (246 Market St) informieren detailliert und bieten Führungen an: Neben *Walking Tours* (mit und ohne *Ranger*) gibt es *Boat Tours* auf den Kanälen und *Trolley Tours* zu weiter entfernten historischen Gebäuden. *Center* geöffnet täglich 8.30–17 Uhr.

Das industriehistorische *Boott Cotton Mills Museum* sollte zum Besuchsprogramm in Lowell gehören. Ausstellungen, in denen sowohl die technischen Errungenschaften als auch die sozialen Verhältnisse deutlich werden, lohnen den Besuch. Im Sommer Di–Sa 10–16 Uhr; $4.

Lowell ist nebenbei der Geburtsort des Schriftstellers *Jack Kerouac*, eines der bekanntesten Vertreter der *Beat Generation* (*On the Road*).

2.4.8   Lexington und Concord

Bedeutung

Lexington und Concord sind heute wohlhabende, hübsche neu-englische Mitteltädte. In ihrer Nähe wurden die ersten Kämpfe des Unabhängigkeitskrieges ausgefochten. In Concord lebten zudem im 19. Jahrhundert bekannte Autoren. Beides zusammen bewirkt, daß amerikanische Touristen scharenweise dort einfallen. Es gibt keinen Schüler in der Region, der nicht mindestens einen Schulausflug dorthin gemacht hätte. Für Mitteleuropäer gilt: Nur bei starkem Interesse an amerikanischer Geschichte und Literatur lohnt der Besuch.

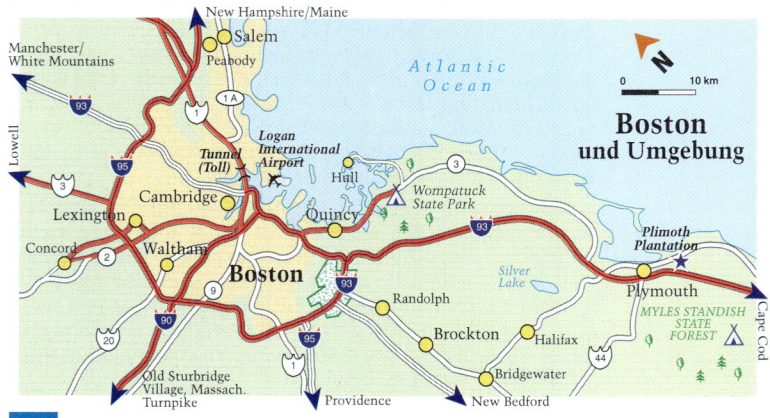

WIE DER UNABHÄNGIGKEITSKRIEG BEGANN

Nur einmal in der Geschichte ging es in Lexington und Concord kriegerisch zu. Am 19. April 1775 fielen dort die ersten Schüsse im Unabhängigkeitskrieg. Die Führer der Kolonisten, **John Hancock** und **Samuel Adams,** hatten sich nach Lexington zurückgezogen und vorsichtshalber auch Waffen von Boston dorthin gebracht. Das war den Engländern zu Ohren gekommen, und sie planten einen Überraschungsschlag, um die Waffen zu konfiszieren. Dieser Plan wurde jedoch durchkreuzt: **Paul Revere**, ein junger Anhänger der Unabhängigkeitsbewegung, ritt von Boston nach Lexington, um zu warnen (⇨ Seite 263). Sein Ritt ging in die US-Gschichte ein, *Paul Revere* wurde zum Volkshelden. Eine Bürgermiliz **The Minutemen** – so genannt, weil die Männer von einer Minute zur anderen bereit sein sollten – sammelte sich. Dennoch dachte noch niemand ernsthaft an Krieg. Aber die Engländer eröffneten das Feuer, und es kam zunächst in Lexington, danach in Concord zur offenen Schlacht mit den britischen Truppen. Auf englischer Seite gab es 73, auf amerikanischer 49 Tote. Der Freiheitskampf hatte begonnen. Seither sieht sich Lexington als **Cradle of American Liberty**.

Lage

Lexington liegt nordwestlich von Boston noch innerhalb des Autobahnrings I-95, Concord einige Meilen weiter außerhalb. Die historischen Ziele sind über die Straße #2A, die *Battle Road*, miteinander verbunden.

Lexington

Auf den Spuren der glorreichen Vergangenheit gibt es viele Details zu sehen. Auf dem *Lexington Common* oder *Battle Green*, Schauplatz des ersten Gefechtes, steht ein **Denkmal des Minuteman** (⇨ Kasten unten) und die **Buckman Tavern** (1709), wo sich die Amerikaner seinerzeit sammelten. Dort befindet sich auch ein **Visitor Center**.

Im **Battle Road Visitor Center** des **Minuteman National Historical Park** an der Straße #2A von Lexington nach Concord zeigt ein Film den Ablauf der Ereignisse im April 1775.

Concord

Ein zweites Denkmal des *Minuteman* steht an der North Bridge in Concord, einem weiteren Schauplatz der Kämpfe. Ein weiteres **Visitor Center** erläutert auch dort alle Details.

Dichter

In erster Linie aber sind im "Weimar der USA" die früheren Häuser der Dichterprominenz Ziel der Besucher. Der in Europa vermutlich bekannteste Poet aus Concord ist **Henry David Thoreau**, dessen Philosophie vom einfachen Leben der Hippie-Kultur einst als theoretisches Gerüst gedient haben soll. *Thoreau* lebte ab 1845 als Einsiedler am **Walden Pond** (südlich der Straße #2A: Walden St ca. 1 km vom Ortskern).

Dichter Heute ist dort von Einsamkeit jedoch nichts mehr zu spüren. Der See wurde zum Naherholungsgebiet der *Bostonians* und kann an Sommerwochenenden so überlaufen sein, daß die Zufahrt gesperrt wird. Trotz Einsiedelei brauchte *Thoreau* auf freundschaftlichen Zuspruch nicht zu verzichten, denn in Concord lebten damals u.a. **Nathaniel Hawthorne** (➪ Seite 278) und **Ralph Waldo Emerson**. Auch ihre Häuser stehen in Concord zur Besichtigung offen.

2.4.9 Salem

Zufahrt Eine halbe Autostunde nordöstlich von Boston liegt Salem (40.000 Einwohner). Von *Downtown Boston* fährt man am besten den **Northeast Expressway #1**, dann nimmt man die *Salem Turnpike*. Das Vorankommen auf der auch möglichen Straße #1A kann – tageszeitabhängig – mühsam sei. Ganz per Autobahn geht es über Peabody (#1/I-95) und dann die #128.

Geschichte Ende des 18. Jahrhunderts wurden manche Salemer Kaufleute durch Ostasienhandel wohlhabend. Sie exportierten Stockfisch, Holz, Fleisch, Tabak und führten damalige Luxusgüter wie Tee, Kaffee, Zucker, Pfeffer, Elfenbein und indische Textilien ein. Salem war dadurch zeitweise **eine der reichsten Hafenstädte** Neu-Englands. Davon zeugen noch heute prächtige Bauten am *Common* (beim *Salem Witch Museum*) und die hochherrschaftlichen Häuser entlang der Chestnut Street.

Salem, abgeleitet vom hebräischen *Shalom* (Frieden) besitzt in der Stadtgeschichte mit einer Phase (1692) besonders fanatischer **Hexenverfolgungen** einen dunklen Flecken, der dem Namen nicht gerade Ehre macht. Aber ausgerechnet dies wird heute gnadenlos als Touristenattraktion vermarktet: Auf den Straßen sind Guillotinen und Pranger aufgestellt, in die alle, die es mögen, ihre Köpfe stecken können. In den Souvenirläden gibt es kaum anderes als Hexen mit oder ohne Besen und kleine Teufelchen.

Hexen und Hexenverfolgung sind in Salem das wichtigste Thema der lokalen Tourismuswerbung

Hexenstadt Salem

Das ***Salem Witch Museum*** (Washington Sq/*Common)* ist im etwas düsteren Gebäude einer früheren Kirche untergebracht. In völliger Dunkelheit wird der Besucher in einen Raum geführt, wo nur ein Kreis von unten – wie durch das Fegefeuer – knallrot erleuchtet ist. Eine Stimme beschwört die Verführungskraft

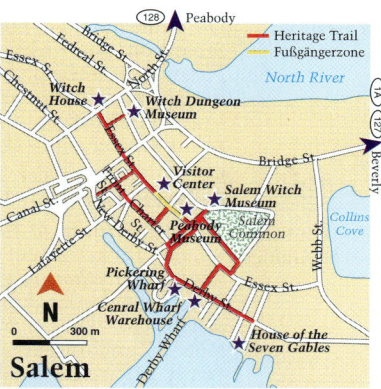

des Teufels und erzählt die Geschichte der Massenhysterie der Hexenverfolgung. Dabei werden nach und nach seitlich aufgestellte, zunächst verborgene Figurengruppen angestrahlt. Geöffnet 10–19 Uhr im Sommer, sonst bis 17 Uhr, $4.

Im ***Witch Dungeon Museum*** (Lynch St) werden Szenen aus den damaligen Prozessen von professionellen Schauspielern im Originaltext nachgespielt. Das ist zwar informativ aber nicht leicht zu verstehen. Nach der Show geht`s durch das rekonstruierte Verließ im Keller, wo von grausigen Folterungen und Haftbedingungen die Rede ist; 10–17 Uhr, $4.

Wer noch mehr über die Hexenverfolgung in Salem wissen möchte, besucht das ***Witch House*** (Essex/North St) wo Richter *Jonathan Corwin* lebte und seine Verhöre durchführte.

Information/ Heritage Trail

Der Werbeslogan ***See more than Witches*** ("wir haben mehr als nur Hexen zu bieten") zeugt vom Versuch der Stadtväter, vom reinen Spuk- und Hexen-Image herunterzukommen. Aber selbst im ***Visitor Center*** des ***Salem Maritime National Park*** – etwas versteckt in der Fußgängerzone Essex Street (bei der *Museum Place Mall*/Parkplatz) – spielt Diabolisches und Verhextes noch keine wesentliche Rolle. Der rot markierte ***Heritage Walking Trail*** beginnt dort. Er führt an allen Dollpunkten der Hexen- und Seefahrervergangenheit Salems vorbei. Wer nicht zu Fuß gehen möchte, nimmt den *Hop-on-Hop-off-Trolley für* $8.

Seefahrerstadt Salem

Der ruhmreicheren Vergangenheit Salems auf dem Wasser ist das ausgezeichnete ***Peabody Museum*** gewidmet (Essex St/East India Square). Es wurde 1799 von Kapitänen gegründet, die auf ihren weiten Reisen gesammelte Kostbarkeiten ausstellen wollten. Neben der maritimen Abteilung mit Gallionsfiguren, Schiffsmodellen, Navigationsintrumenten und Seekarten, ist die asiatische Abteilung sehenswert. Geöffnet Mo–Sa 10–17 Uhr, So ab 12 Uhr; $6; Kinder +Jugendliche $4.

Waterfront

Die vom *National Park Service* verwaltete **Waterfront** (Derby Street) ist nur wirklich interessant, wenn man sich einer Führung anschließt. Eine gute einführende Information zur Seefahrtsgeschichte Salems bietet – mit Ausstellungen und Videovorführungen – das **Central Wharf Warehouse Orientation Center**; 8.30–18 Uhr im Sommer, sonst bis 17 Uhr.

Für die Stärkung der Touristen sorgt an der *Waterfront* die **Pickering Wharf** mit Terrassen-Restaurants und Cafés.

House of the Seven Gables

Mit dem **House of the Seven Gables** gibt es einen literarischen Leckerbissen: das düstere Gebäude, verewigt in **Nathaniel Hawthornes** gleichnamigem Roman, liegt in der die *Waterfront* verlängernden Turner St. Es ist das einzige herrschaftliche Haus in Nordamerika aus dem 17. Jahrhundert (1668). Zum Museumskomplex gehört u.a. das eigens hierher transportierte Geburtshaus von *Hawthorne*, Nachfahre eines der Hexenrichter. Geöffnet 9.30–17.30 Uhr im Sommer; sonst 10–16.30 Uhr; $7, Kinder $3–$4. Garten und **Outdoor-Cafe** bieten Erholung vom "Besichtigungsstress".

HEXENVERFOLGUNG IN SALEM

Hexenwahn gab es nicht nur bei uns, sondern auch in Amerika. Schon 1647 wurden in Connecticut "Hexen" verfolgt.

In Salem nahm die Sache ihren Lauf, als *Reverend Samuel Parris* 1692 zwei karibische Sklaven mitbrachte, Tituba und John. Tituba "verwirrte" die puritanisch erzogenen jungen Mädchen aus der Nachbarschaft mit wüsten Erzählungen offenbar so, daß die Tochter des *Reverend* in Trance-Zustände fiel und ihre Cousine unerklärliche Anfälle bekam: sie warf Bibeln durchs Zimmer und wollte den Schornstein erklimmen. Der herbeigerufene Arzt diagnostizierte, "das Böse" habe Besitz von den Mädchen ergriffen.

Das Ereignis verbreitete sich wie ein Lauffeuer – mit Folgen. Die zwölfjährige *Anne Putnam* beschuldigte einige Frauen der mädchenquälenden Hexerei und fand Gehör. Als einige Mädchen im Gerichtssaal angesichts der Angeklagten in Zuckungen verfielen, sich auf dem Boden wälzten, kreischten und stammelten, gab es für die Justiz keinen Zweifel.

Bis Januar 1693 wurden fast 200 "verdächtige" Personen verhört und großenteils angeklagt, darunter ein vierjähriges Mädchen und zwei Hunde. Als der Spuk im April 1693 durch Eingreifen des Gouverneurs von Massachusetts ein Ende fand, saßen 53 wegen Hexerei Verurteilte im Gefängnis, und 19 Frauen waren bereits gehängt worden.

Arthur Millers Stück "Hexenjagd" zieht Parallelen zwischen den Salemer Geschehnisse von 1692/93 und der Kommunistenverfolgung in der McCarthy-Ära.

2.5 ROUTEN DURCH MAINE

2.5.1 Die Küstenroute: Anfahrt und Streckenführung

Im folgenden ist Maines Küste von Kittery bis zum *Acadia National Park* ausführlich beschrieben. Die knapp 70 mi von Boston (50 mi ab Salem) überbrückt man am schnellsten auf der ***Interstate #95*** (*Toll*/Gebühren für die 20 mi durch New Hampshire) oder auf der parallelen Straße #1. Auch wenn die in Küstennähe verlaufende Straße #1A auf der Karte vielversprechend wirkt, sie bietet – gemessen an Maine – kaum Reizvolles (⇨ folgende Seite). Nur bei reichlich Zeit lohnt sich ein Abstecher nach Gloucester und vor allem **Rockport** auf der Halbinsel ***Cape Ann*** (noch in Massachusetts), der von Amerikanern immer gern empfohlen wird.

"Motive #1", so nennt man lokal die "Fischmarkthalle" von Rockport, weil sie angeblich meistfotografiertes Motiv ist.

Rockport

Das als Ausflugsziel überaus populäre Fischer- und Künstlerdorf Rockport erreicht man auf der **Autobahn #128**, die von Peabody (bei Salem) nach *Cape Ann* führt. Am kleinen Hafen, auf der Holzpier und an der Hauptstraße drängen sich *Souvenirshops* und Fischrestaurants. Zahlreiche Galerien sorgen für die Vermarktung des lokalen Kunstschaffens. Entlang der rund um die Insel führenden Küstenroute #127A/#127 liegen hübsche, von Felsen eingerahmte **Strände**.

Unterkunft

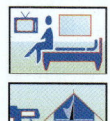

Hotels, ***Motels*** und ***B&B Inns*** sind auf *Cape Ann* zahlreich vorhanden, aber in Rockport sehr teuer. Etwas preiswerter, wenn auch nicht billig, kommt man in **Gloucester** unter, einer vor allem im (Fischerei-) Hafenbereich ansehnlichen, bei Touristen ebenfalls beliebten Stadt mit maritimer Vergangenheit. ***Campgrounds*** sind auf *Cape Ann* recht rar (nur Privatplätze) und im Sommer oft knüppeldickevoll.

Salisbury Beach

Folgt man der Straße #1A, erreicht man in **Salisbury Beach** (dort *State Park* **Camping** auf einem Riesenplatz in unmittelbarer Strandnähe) im nordöstlichen Winkel von Massachusetts wieder das Meer. Der sonst so propere Staat leistet sich hier eine Schmuddelecke mit grauen Stränden und einer von billigem Kommerz dominierten Infrastruktur. Erst nach Überschreiten der "Grenze" ändert sich das Bild. Dennoch ist die nur 20 mi lange Küstenlinie von New Hampshire (⇨ Steckbrief Seite 305) – trotz einiger hübscher Abschnitte und weißer Strände – nicht besonders sehenswert.

I-95/#1

Die *Interstate #95* und die Straße #1 laufen in Nord-Süd-Richtung – bis Brunswick parallel – durch Maine. Die I-95 verläßt bei Brunswick die Küste, folgt bis Waterville dem Verlauf des Kennebec River und verbindet die größten Städte des Staates: **Portland,** die Hauptstadt **Augusta** und die beiden von Holzindustrie geprägten Städte **Waterville** und **Bangor**. Nördlich von Bangor führt sie durch den dünn besiedelten Nordosten an die kanadische Grenze (New Brunswick). Sie bietet trotz einiger Umwegmeilen die schnellste, wenngleich am wenigsten interessante Verbindung mit der wichtigsten Touristen-Attraktion Maines, dem *Acadia National Park.*

Straße #1/ Kennzeichnung

Die überwiegend breit ausgebaute Straße #1 verläuft zwar küstennah, besitzt aber nur zwischen Rockland und Bucksport Teilstrecken am Wasser. Sie ist **keine romantische Küstenstrecke**, von der aus man das "Bilderbuch-Maine" einfach im Vorbeifahren genießen könnte. Über weite Strecken dominiert vielmehr eine typische Hauptrouten-Infrastruktur.

Südküste

Im südlichen Bereich bis Portland gibt es bei relativ gradlinigem Küstenverlauf eine Reihe von – in Maine sonst seltenen – langen **Sandstränden** mit flachem, daher warmen Meerwasser und Touristen-Rummel.

Breite, weiße Strände findet man in New Hampshire und im Süden von Maine, hier die Hampton Beach/NH

Steckbrief Maine/ME

1,3 Mio Einwohner, 86.000 qkm, größter Staat Neu-Englands, **Hauptstadt Augusta** mit 21.000, größte Stadt Portland mit 65.000 Einwohnern

Maine ist geprägt durch eine **Hügellandschaft** mit zahllosen Seen und Flüssen, aus der hier und dort einzelne Erhebungen und Höhenzüge herausragen. 80% der Fläche sind bewaldet. Durch den Nordwesten ziehen sich Ausläufer der **Appalachen** mit dem *Mount Katahdin* als höchstem Berg (1600m). Die **Küste** ist zerklüftet und ähnelt mit 1200 vorgelagerten Inseln und ungezählten felsigen Eilanden den Schären in Schweden und Finnland.

Landwirtschaft (Kartoffeln, Blaubeeren, Milcherzeugnisse, Geflügel) und **Fischerei** (besonders Hummer) sind wie der Tourismus wesentliche Erwerbszweige. **Industriebetriebe** in Maine arbeiten überwiegend im Bereich der Holzverwertung bzw. Papierherstellung, außerdem Textil/Leder.

Wichtigste **touristische Ziele** sind die Atlantikküste mit dem *Acadia National Park* und die Seen im Hinterland, speziell der noch von unberührter Wildnis geprägte *Baxter State Park*. Viele Touristen treibt eine Ballung von *Factory Outlets* zum preiswerten Einkauf ins südliche Maine.

Zentrale Küste	Erst **ab Brunswick** findet man das "echte" Maine so, wie es auf den Postkarten aussieht: weit ins Land eingeschnittene Buchten, graue oder rosafarbene (!), von den Wellen glattgeschliffene Granitfelsen, Kiefern, versteckt liegende Kiesel- oder Sandstrände und glasklares, wiewohl eiskaltes Wasser. Nur 16 Wochen im Jahr ist diese Küste eisfrei.
Halbinseln	Auf weit in den Atlantik hineinragenden Halbinseln findet man kleine Häfen mit bunten für den Hummerfang ausgerüsteten Booten. Nirgendwo auf der Welt schmecken Hummer besser als dort, ⇨ Essay Seite 290.
	Die Städte kann man – vielleicht mit Ausnahme von Portland – getrost links liegenlassen. Nach reichlich Geschichte und Zivilisation in Massachussetts, darf man nun an Maines Küste guten Gewissens ganz die Natur, Strände, Meer und kulinarische Freuden genießen.
Unterkunft/ Camping	Neben zahlreichen **Motels** an der Straße #1, die den üblichen amerikanischen Kategorien entsprechen, finden sich vor allem in kleineren Orten viele individuellere Unterkünfte: romantische *Country* und *B&B Inns* ebenso wie **nostalgische Hotels**. *State Parks* mit *Campground* unmittelbar an der Küste gibt es nicht. Von den privat betriebenen Campingplätzen – im Sommer oft überfüllt – liegen nur wenige direkt am Meer.

2.5.2   Die Südküste von Kittery bis Bath

**Kenn-
zeichnung**

Wie angedeutet, ist die Infrastruktur an der Südküste voll auf den Tourismus eingestellt; entlang der Straße #1 finden sich zahlreiche Motels und *Fast Food Restaurants*; dazwischen stehen aber immer wieder – etwas abseits – bemerkenswerte Sommersitze aus vergangener "großer" Zeit.

Kittery

Von Boston sind es auf der I-95 höchstens 90 Autominuten bis Kittery, dem südlichsten Küstenort Maines an der Grenze zu New Hampshire. Auch in Kittery (⇨ Freeport, Seite 286) gibt es bereits jede Menge preiswerter **Factory Stores**.

**Die
drei Yorks**

Die ehemals exklusiven Yorks – **York Harbor**, **York Village** und **York Beach** – haben sich heute ganz auf das Touristengeschäft eingestellt. In **Old York**, dem *Historic District* von York Village an der #1A nur wenig östlich der #1, wurden einige nostalgische Prachtbauten restauriert und museal hergerichtet. Ähnliches kann man aber anderswo (z.B. auf *Cape Cod*) stilechter und kompakter bewundern. Der einzige Campingplatz direkt am Wasser ist *Libby's Oceanside Camp*, rund 3 mi von York Village entfernt, ☎ (207) 363-4171.

**Ogunquit
Beach**

Ein populäres Ferienziel vieler Frankokanadiern aus Québec ist die lange **Ogunquit Beach** auf einer vorgelagerten Landzunge, ein wegen der geschützten Bucht besonders kinderfreundlicher Strand. Die Dichte der touristischen Einrichtungen entspricht dem sommerlichen Besucheransturm.

*Strandregeln
an der
Ogunquit
Beach:
Französisch
als zweite
"Amtssprache"*

Perkins Cove

Im Ortsteil *Perkins Cove* (an der Shore Rd zwischen Ogunquit und York Beach) ist allerhand los. Das einstige Fischerdorf bzw. die gern erwähnte Künstlerkolonie ist kaum noch zu erahnen. Die alten Häuschen sind aufgestylt und überwiegend umfunktioniert zu *Souvenir-* und *T-Shirt Shops.* Auf den Terrassen der Restaurants sitzt man – dank Meerblick – nichtsdestoweniger angenehm, wenn es nicht zu voll ist.

Maine's Küste

Bangor · Bangor · Waterville · Bucksport · Ellsworth · Lamoine S.P. · Bar Harbor · Blue Hill · Belfast · Castine · Winter Harbor · Acadia N.P. · Camden Hills S.P. · Camden · Deer Isle · Sunshine · Penobscot Bay · Augusta · Norway · Auburn · Lewiston · Rockland · Isle au Haut · Stonington · Acadia N.P. · Isle au Haut · Newcastle · Owls Head · Sebago Lake S.P. · Bradbury Mt. S.P. · Wiscasset · Brunswick · Boothbay Harbor · Port Clyde · Naples · Bath · Freeport · New Harbor · Pemaquid Point · Fort-W. Henry · Monhegan Island · Desert of Maine · Hermit Island Camping · Reid S.P. · Popham Beach S.P. · Sebago Lake · Westbrook · Portland · Saco · Old Orchard Beach · Yarmouth, Nova Scotia · Biddeford · Kennebunkport · Ogunquit · Kittery, Yorks, Boston/N.H.

Conway/N.H. · Lubec/New Brunswick · Yarmouth, Nova Scotia

Küsten- und Badeorte: Cousins Beach · Thomas Point · Wolf's Neck S.P. · Camden · Lincolnville · Willard B. · Brunswick · Birch Point · Scarborough B. · Portland · Pemaquid · Pine Point · Mile Beach · Old Orchard · Half Mile Beach · Hills Beach · Popham Beach · Fortune Rock · Crescent Beach · Fort Williams Park · Laudholm · Gooch's · Ferry Beach · Andrew's Beach · Wells Beach · Goose Rocks · Winslow Park Beach · Short Sands · Crescent Beach · East End Beach · Seapoint · Drakes Island · Crescent Beach (Fort Forster Beach) · Ogunquit · Long

Ein **50-Cent-Trolley** verkehrt kontinuierlich zwischen den Stränden, durch Ogunquit und *Perkins Cove*. Der **Marginal Way**, ein Pfad am Meer über die Halbinsel *Israel`s Head*, führt ebenfalls bis *Perkins Cove* (ca. 1,5 km ab Ogunquit).

Unterkunft

In den Yorks, um Ogunquit und Wells warten zahllose Motels und Hotels auf Gäste. In **York Harbor** ist das **Sunrise Motel**, ✆ (207) 363-4542, eine noch preiswerte Wahl, das **Stage Neck Inn** direkt am Meer die Luxusalternative ab ca. $150 im Sommer, ✆ (800) 222-3238. Die größte Ballung an Quartieren findet man um **Ogunquit**; in **Wells** kommt man preiswerter unter.

Kennebunkport

Der schönste und am wenigsten "verbaute" Ort in diesem Küstenabschnitt ist Kennebunkport (Straße #9), bekannt als Sommerresidenz von Ex-Präsident *George Bush*. Der **Docks Square** im Zentrum unweit der Brücke über den Kennebunk River unterscheidet sich mit seinen Läden und Restaurants nicht von ähnlichen Kommerzzonen anderswo. Dort zweigt die **Ocean Ave** von der #9 ab und schlägt einen Bogen um das *Cape Arundel*. Auf ihr erhält man einen guten Eindruck vom Wohlstand der hier seit Generationen ansässigen wie urlaubenden *Society*. Das Anwesen der *Bush Family* auf einer felsigen Halbinsel (*Walker's Point*) ist leicht an den Touristen zu erkennen, die in gebührendem Abstand fotografieren. Eine kommentierte **Trolleytour** (ca 45 min) vermittelt 1000 Einzelheiten zu den Häusern und speziell über die *Bush Family*.

Hochzeits-kuchenhaus	Ein weiteres vielfotografiertes Motiv ist das **Wedding Cake House**, ein Holzhaus mit reichen Verzierungen – fast in der Form einer Hochzeitstorte. Um 1800 wurde ein frisch getrauter Seemann überraschend an Bord seines Schiffes gerufen, so daß das junge Paar den Hochzeitskuchen nicht mehr gemeinsam anschneiden konnte. Nach der Rückkehr baute der junge Ehemann seiner Auserwählten dafür dieses Hochzeitskuchenhaus. Es befindet sich an der Verbindungsstraße von Kennebunk nach Kennebunkport (#35/#9A).
Museum	An der Log Cabin Road (3 mi nördlich von Kennebunkport) liegt ein recht originelles **Trolley Museum** mit über 200 alten Straßenbahnen aus aller Welt; im Sommer 10–17.30 Uhr, $7.
Unterkunft 	In einigen der Villen am **Scenic Drive** der Ocean Ave befinden sich heute elegante Restaurants (sehr gut **Seascapes**) und teure **Inns** wie das **Captain Lord Mansion** (ab ca. $150, ℂ (207) 957-3141). Bis Ende Juni/nach *Labor Day* ist das Preisniveau in vielen Fällen im Verhältnis zur Leistung durchaus moderat. **Preiswerter** kommt man in Kennebunk unter.
	**Kennebunkport Camping** mit großzügigen Stellplätzen liegt nur wenig nördlich des Ortes an der #9/Old Cape Road und ist unübersehbar gekennzeichnet, ℂ (207) 967-2732.
Old Orchard Beach	Folgt man der Straße #9 nach Norden, gerät man von der gepflegten Eleganz Kennebunkports in **Old Orchard Beach** noch einmal in touristischen Trubel mit *Boardwalk*, Karussels, Achterbahnen, Spielhöllen, *Hot Dogs* und Zuckerwatte. Den flach abfallenden Strandstreifen nennt man – wegen der vielen Besucher aus Franko-Canada – auch die **Canadian Riviera**.
Unterkunft	Entlang der 10 km langen Strandzone warten enorme Motel- und Hotelkapazitäten auf Gäste. Die Tarife orientieren sich an der Nähe zum Strand. Selbst im Hochsommer noch halbwegs im (dann) preiswerten Bereich bewegen sich die Kosten im kleinen **Atlantic Birches Inn B&B** an der Straße #98, ℂ (207) 934-5295, ab ca. $65, dafür keine Strandlage.

Bootshafen in Portland

Fähre Portland–Nova Scotia/Canada

Von Portland sticht von Mai bis Oktober die *Scotia Prince* täglich 21 Uhr in Richtung Yarmouth/Nova Scotia in See. Die Überfahrt dauert ca. 11 Stunden. Tarife in der Saison Juni–September: Erwachsene $77, Kinder bis zu 12 Jahren $39, Pkw $98 (Di/Mi $49); Mai+Oktober $57 bzw. $80. *Discount Coupons* von 10% sind zeitweise erhältlich (*Visitor Information*/Hotels). Kabinen kosten zwischen $45 und $170 für zwei Personen. Wer von Bar Harbor nach Nova Scotia übersetzt, spart einiges, ⇨ Seite 298.

Portland

Die **Hafen-**, **Industrie-** und **Universitätstadt** Portland ist mit 65.000 Einwohnern Maines einzige "City". Das kulturelle Zentrum des Staates wurde in den letzten Jahren in *Lifestyle*-Magazinen des öfteren als eine der US-Städte mit besonders hoher Lebensqualität benannt. Aus touristischer Sicht hat Portland weniger zu bieten; allenfalls das kleine renovierte **Old Port Exchange**-Viertel zwischen Pearl, Wharf, Exchange und Middle Street verdient Aufmerksamkeit. In den eher bescheidenen roten Backsteingebäuden finden sich heute Buchläden, *Coffee Shops*, ethnische Restaurants und Galerien. Die Atmosphäre ist entspannt-gemütlich.

Downtown

Downtown (Congress St) ist mit seiner typischen Ansammlung von Banken, Versicherungen und öffentlichen Gebäuden neueren Datums nicht besonders aufregend. Aber dem **Portland Museum of Art** am Congress Square, entworfen vom bekannten Architekten *I. M. Pie*, könnte man bei Interesse einen Besuch abstatten. Es stellt hauptsächlich Werke regionaler Künstler (Maine) aus, unter anderem die auch in Europa bekannten Helga-Bilder von *Andrew Wyeth*. Di–Sa 10–17 Uhr, So ab 12 Uhr. Eintritt $4, Kinder+Jugendliche $1.

Commercial Street

Die Kais an der Commercial St, die man bei Anfahrt auf der Straße #1, dann #1A, automatisch passiert, reflektieren die Aktivitäten eines lebendigen Fischerei- und Industriehafens. Von Montag bis Donnerstag finden auf dem **Portland-Fish Pier** um 13 Uhr Fischauktionen statt. Hier und dort befinden sich Fischläden oder Kneipen, z.B. das zünftige **Oysters.** An der Ecke Center St (305 Commercial) ist das Büro der **Visitor Information** nicht zu verfehlen.

Schiffs-ausflüge

Vom **Maine State Pier** (Commercial und Franklin St) fahren die Schiffe der *Casco Lines* zu zahlreichen Portland vorgelagerten Inseln. Wer nicht weiter nördlich als bis Portland reist, kann sich von Bord dieser Schiffe einen kleinen Eindruck vom Aussehen der Maine-Küste weiter "oben" verschaffen. Die Boote dienen im wesentlichen den Inselbewohnern als Transportmittel zur Arbeit und zum Schulbesuch mit auf ihre

Bedürfnisse zugeschnittenen Fahrplänen. Im Sommer werden zusätzliche Fahrten (für Touristen) angeboten. Fahrpläne in der *Visitor Information* und am *Casco*-Anleger.

Unterkunft

In Portland sind die Hotel- und Moteltarife relativ moderat. Mehrere Ketten sind mit ihren Häusern vertreten, z.B. ***Econolodge*** an der I-95, Exit 8 (ab $45), dort auch **Susse Chalet** ab $65; **Fairfield** und **Hampton Inn** in South Portland an der I-295 ab $75; alles Sommertarife, bei geringer Auslastung ggf. preiswerter. Portland besitzt eine internationale **Jugendherberge** (645 Congress St, ✆ (207) 874-3281, $14-$17) und sowohl **YMCA** (70 Forest, ✆ (207) 874-1111, EZ $25) wie **YWCA** (87 Spring St, ✆ (207) 874-1130, DZ $40).

Camping

In den *State Parks* im Umfeld von Portland kann man nicht campen. Ein prima Platz befindet sich westlich Portland bei Westbrook (Straße #22): **Wassamki Springs**, ✆ (207)839-4276. Etwa 20 mi nordwestlich von Portland – Straße #302 zwischen Raymond und Bridgton – liegt die **Sebago/Long Lake Region** mit dem **Sebago Lake State Park** am glasklaren See. Daneben gibt es schöne private Plätze mit Seezugang und Strand, z.B. das **Point Sebago Golf & Beach RV Resort**, ✆ (800) 222-0211. Der kleine **Bradbury Mountain State Park**, etwa 15 mi nördlich (landeinwärts, von Freeport 6 mi), eignet sich zum Zelten.

Freeport

In Freeport stoppt heutzutage kaum einer wegen des hübschen Stadtkerns, sondern wegen der zahlreichen **Factory Outlets** entlang der #1. Dabei beherrscht der Freizeit-Ausrüster **L.L. Bean** eindeutig die Szene. Denn wer könnte nicht einige der wunderbaren Produkte gebrauchen, die es bei *Bean* gibt?!

L.L. BEAN

Die meisten Europäer dürften diesen Namen, den jedes amerikanische Kind kennt wie *Coke* oder *Pepsi*, noch nie gehört haben. Über 100 Mio. Versandkataloge, in denen sich alles findet, was das Herz von *Outdoor*-Enthusiasten höherschlagen läßt, schickt die Firma *Bean* angeblich pro Jahr in die (amerikanisch-kanadische) Welt hinaus. Und rund 4 Mio. Kunden besuchen alljährlich *L. L. Beans* **Outdoor**-Kaufhaus (mit *Factory Store*-Billigetage) in Freeport. Dort geht es hoch her. Es ist rund um die Uhr geöffnet.

L.L. Bean wurde um die Jahrhundertwende mit einem Spezialschuh für Jäger und Fischer bekannt. Bis zum Knöchel war er aus Gummi – gegen Feuchtigkeit – und bis zur Wade aus Leder – gegen Kälte. Diese simple Idee wurde zum Renner unter den Flinten- und Blinker-Männern. Das Produkt hielt auf den Hochsitzen und Bootsstegen jedoch nicht, was es versprach. Die Verbindung zwischen Gummi und Leder war nicht recht gelungen, Feuchtigkeit und Kälte krochen durch die Naht.

L.L. Beans pfiffige Reaktion auf die Reklamationswelle sorgte damals für Aufsehen und machte ihn bekannt: Er nahm alle Schuhe zurück und ersetzte sie durch ein Paar der zweiten, verbesserten Stiefelserie.

Seither ist mit dem Namen *L.L. Bean* nicht nur Qualität, sondern auch 100%ige Kulanz verbunden. Der "Urschuh"

steht im Schaukasten gleich links vom Eingang. *Bean* sei Dank können immer mehr Menschen nun immer besser ausgerüstet und komfortabler der Natur zu Leibe rücken. Zum Ausgleich unterstützt die Firma mehrere Umweltschutzorganisationen und druckt ihre Katalogwälzer auf Umweltschutzpapier.

**Desert
of Maine**

Die **Desert of Maine**, ein für diese Breiten ungewöhnliches Naturphänomen, liegt nahe Freeport unweit der I-95, *Exit* #19. Die kleine "Wüste" mit erstaunlich hohen **Sandverwehungen** ist Überbleibsel eines Gletschers der letzten Eiszeit. Der helle Sand der Grundmoräne war Tausende von Jahren von schwarzer Erde bedeckt. Die landwirtschaftliche Nutzung der letzten Jahrhunderte trug jedoch die dünne Deckschicht ab und förderte mehr und mehr Sand zutage, bis Ackerbau und Viehzucht unmöglich wurden. Heute wird das ca. 25 ha große (in Privatbesitz befindliche) Wüstengelände touristisch vermarktet. Am Eingang begrüßt ein künstliches Kamel die Besucher; Jeep und "Wüsten-*Trolley*" dienen als Transportmittel bei Führungen. **Camper** können am Rand der Wüste übernachten; Reservierung unter © (207) 865-6962.

In der Wüste von Maine

Brunswick

Nächste Stadt am Wege ist Brunswick, eine kleine Industriestadt, die man nicht besucht haben muß. Von dort bis Bath ist die Straße #1 autobahnmäßig ausgebaut und – wegen der einzigen küstennahen Brücke über den breiten Kennebec River – häufig verstopft.

Bath

Einen Zwischenstop wert ist dagegen **Bath** bzw. das südlich der – von Werftindustrie geprägten – Stadt liegende *Maritime Museum*. Dazu verläßt man unmittelbar vor der Brücke über den Fluß die Straße #1 und fährt noch etwa 1 mi die Washington St hinunter. Das moderne Seefahrtsmuseum wird ergänzt durch einen hübschen Zweimaster am Anleger, wechselnde weitere Schiffe und eine kleine Yachtwerft. Interessant ist die in den originalen Werftgebäuden unter-

Bootswerft im Maritime Museum

gebrachte Ausstellung alter Holzboote. Eine von *L.L. Bean* gesponserte **Lobstering Exhibition** informiert umfassend über Hummerfang, -arten, -industrie und -vermarktung, sowie die Lebensbedingungen der Lobsterfischer. Ganzjährig 9.30–17 Uhr. Eintritt $6; **Bootstouren** auf dem Kennebec River kosten extra.

Camping

Die Straßen #209/#216 führen (ab Bath) zu einem der schönsten Campingplätze an Maines Küste: Die Stellplätze auf dem *Hermit Island Campground* liegen an sandigen oder felsigen kleinen Buchten am Meer und an einem ruhigen Nebenarm des Kennebee River unter schattigen Bäumen. Wer dort an der "richtigen" Stelle unterkommt, wird es einige Tage gut aushalten. In der Hauptsaison muß man ggf. langfristig vorbestellen: *Camping Hermit Island*, 42 Front St, Bath, ME 04530, © (207) 443-2101. Den wichtigsten Lebensmittel- und Campingbedarf deckt vor Ort nur ein kleiner Laden.

Hermit Island

Ausflugsziele auf *Hermit Island* sind der Hummerhafen **Westpoint** oder der **Popham Beach State Park** (ohne Camping, an der Straße #209). An seinem langen Sandstrand mit vorgelagerten Inselchen und dem nie vollendeten **Fort Popham** kann man vor allem bei Ebbe herrlich spazierengehen.

Reid State Park Der **Reid State Park** (ebenfalls ohne Camping, aber privater Platz *Camp Seguin* in der Nähe, © (207) 371-2777) bietet weitere Sandstrände und eine etwas wärmere Salzwasser-Lagune. Vom Ostufer des Kennebec River auf der Straße #127 nach Süden.

Hermit Island Campground:

Stellplätze an einer Sandbucht direkt am Meer

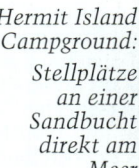

Kennebec River Route nach Québec oder Rundfahrt durchs Binnenland von Maine

Ab Brunswick führt eine direkte Strecke durch das Binnenland von Maine nach Québec City: zunächst die **Interstate #95** bis Waterville und von dort die landschaftlich reizvolle **Straße #201** weiter am Kennebec River entlang. Nach Überqueren der Grenze geht es auf der Straße #173/#73 nach Québec City (ca. 230 mi).

Herrliche Ausblicke in die Täler des Flusses – vor allem zwischen **Solon** und **West Forks** – und im weiteren Verlauf die unzähligen kleinen Seen und Flüsse am Wege bis **Jackman** sind der Lohn für die Wahl dieser Route. Da Mitte der 70er-Jahre das Flößen verboten wurde und seither keine Holzstämme mehr den Kennebec River hinunterschwimmen, haben die *River Rafter* den Fluß "entdeckt". Im Bereich West Forks bieten über 20 *Firmen* **Whitewater-Rafting** und *Kanu-Touren* an. Mehr als 30.000 Touristen "bezwingen" heute jede Saison mit Schlauchbooten die Stromschnellen der *Kennebec River Gorge*.

Auch wer nicht nach Québec möchte, könnte die Straße #201 abfahren, etwa als Teil einer **Rundfahrt** durch das einsame Hinterland von Maine, z.B. über die Straßen #6/#15 und den **Moosehead Lake**, den größten See in Maine mit fast 700 km felsig rauher Küstenlinie. In Rockwood und Greenville kann man Kanus mieten und/oder sich von Wasserflugzeugen irgendwo in der Einsamkeit absetzen lassen.

Camper finden u.a. im **Old Mill Campground** (südlich Rockford) und im **Lily Bay State Park** (10 mi nördlich von Greenville) Stellplätze direkt am See. **Unterkünfte** jeder Art, von rustikalen *Cabins* bis zu teuren *Resort Hotels*, gibt es in großer Zahl sowohl im Bereich des Kennebec River als auch am Moosehead Lake.

HUMMER

Hummer haben nicht nur eine merkwürdige Gestalt. Auch im Körper geht alles drunter und drüber: ihr Herz schlägt unter dem Rücken, ihre Zähne kauen im Magen, ein Ausscheidungsorgan liegt unmittelbar hinter dem Mund, ihr Geschmacksnerv in den Antennenspitzen und als männliches Begattungsorgan dient das umfunktionierte erste Hinterleibs-Beinpaar. Trotz dieses Organ-Kuddelmuddels überlebt der Hummer seit einer Million Jahren.

Hummer sind Glieder- bzw. Zehnfüßer (das erste Beinpaar ist zu Scheren umgestaltet) und gehören zur Familie der Schalen- und Krustentiere, von denen es zigtausend Arten gibt. Über deren korrekte Bezeichnungen herrscht weltweit babylonische Verwirrung. Allein 10.000 Großkrebsarten, 5.000 Krabben- und 3.000 Garnelenarten sind zu unterscheiden. Vor der nordamerikanischen Ostküste, wo der Hummerfang um 1800 begann, lebt der **Northern Lobster** (*Homarus americanus*), ein unmittelbarer Verwandter des etwas schlankeren europäischen Hummers (*Homarus gammarus* oder *vulgaris*), wie wir ihn bei Helgoland finden.

Der Hummer liebt Felsspalten und kühles Wasser, i.e. 5°-20°C. Er ist ein typisches Nachttier und Allesfresser; seine Nahrung bilden Würmer, Muscheln, tote Fische. Selbst wehrlose Artgenossen bleiben nicht verschont. Damit werden auch die hölzernen Hummerfallen bestückt, die aus zwei Kammern bestehen: der Eingang führt in den *bedroom*, von dem aus das gefangene Tier zur *kitchen* mit dem Köder gelangt. Mit kunterbunten Korkbojen bis zu 40 m tief vertäut, findet jeder Fischer seine Hummerkörbe wieder. 40.000 t Lobster werden jährlich vor Maine, Neufundland und Labrador gefangen. Um den Bestand zu wahren, ist die Hummersaison in vielen Gegenden auf zwei Monate begrenzt, und Jungtiere, deren Brustpanzer keine 8cm lang sind (weniger als 500 Gramm), gehen wieder über Bord. 50-jährige Prachtexemplare werden bis zu 80 cm lang und 10 kg schwer.

Bei der Paarung im Spätsommer übernimmt das Weibchen das Samenpaket und bewahrt es über den Winter in einer Samenblase auf. Erst im folgenden Sommer erfolgt die Befruchtung und Eiablage. Die Lobster-Frau legt sich auf den Rücken und klebt den Laich, 5.000-40.000 Eier, für 10-12 Monate unter ihrem Hinterteil fest. Die 8 mm langen Larven schwimmen die ersten zwei Wochen frei im Wasser und werden erst nach drei Häutungen zu Bodentieren. Solche Häutungen finden auch später alle zwei Jahre statt. Das wachsende Körpervolumen spaltet dabei den Rücken auf, das ungeschützte Tier versteckt sich drei Wochen lang in einer Höhle, wo sich die Haut zu einem neuen Panzer aus Chitin und Kalk verhärtet.

Gourmets bevorzugen solche *Softshell*-Tiere mit weicherem Panzer, sowie Weibchen. Das Männchen erkennt man an dem hintersten Paar der Gliederfüße, die zu ca. 2 cm langen, nach vorn unter die Brust geklappten Beinchen rudimentierten. Aus ihnen werden die Samenpakete abgegeben. Beim Weibchen ist dieses Beinpaar noch verkümmerter und ähnelt zwei Stacheln. Wer eine Geschlechtsbestimmung am lebenden Tier vornimmt, muß behutsam vorgehen, denn das Schlagen mit dem Schwanz kann den Fingern genauso gefährlich werden, wie das Kneifen der Scheren. Mit einem einzigen Schlag, mit dem der Lobster normalerweise seine Flucht nach hinten antritt, schnellt er in einer Sekunde bis zu 7m zurück, das entspricht fast 50 km/h.

Hummer kocht man so: das lebende Tier kopfüber in kochendes Wasser stürzen – es ist trotz der Zuckungen auf der Stelle tot – und bei etwas reduzierter Hitze köcheln lassen. Ein *Lobster* von 500 g ist nach 12 min.

richtig gar. Das nächste Pfund verlängert die Kochzeit um 10, jedes weitere Pfund das Garen um zusätzliche 5 Minuten. Ein Kilo-Hummer braucht also 22 min. Wer für die ersten 500 g nur 8-10 Minuten rechnet, liebt das Schwanzfleisch nicht weiß, sondern glasig. Überall im Nordosten des Kontinents liegen Merkblätter aus: **How to eat a lobster**! Noch besser als mit einem Nußknacker geht es mit einer kleinen Hummerschere.

Frische Hummer vor dem Kochen. Man beachte die zugebundenen Scheren

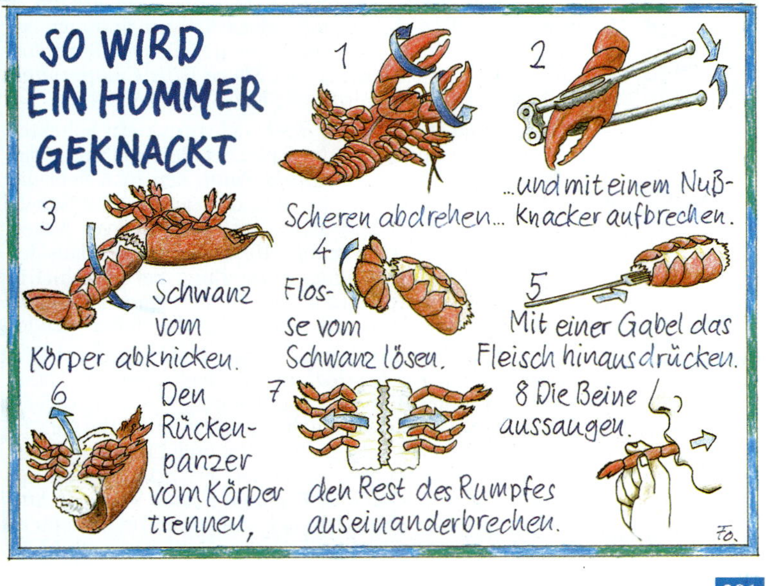

SO WIRD EIN HUMMER GEKNACKT

1

2

...und mit einem Nuß-Scheren abdrehen... knacker aufbrechen.

3 Schwanz vom Körper abknicken.

4 Flos-se vom Schwanz lösen.

5 Mit einer Gabel das Fleisch hinausdrücken.

6 Den Rücken-panzer vom Körper trennen,

7 den Rest des Rumpfes auseinanderbrechen.

8 Die Beine aussaugen.

2.5.3 Die zentrale Maine-Küste

Etwa 2 mi östlich von Wiscasset zweigt die Straße #27 von der #1 ab. Sie führt nach Boothbay Harbor, einem Bilderbuch-Küstenstädtchen a la Maine. Die Zeit für den Abstecher dorthin, eventuell verbunden mit einem Bootsausflug nach *Monhegan Island*, sollte man sich nehmen. Ein voller Tag plus Übernachtung ist dafür das zeitliche Minimum.

Am Wege passiert man kurz vor Boothbay das **Railway Museum** in Form eines nachgebauten alt-neuenglischen Dorfes. Neben nostalgischen Eisenbahnen gibt es eine Ausstellung von **50 Auto-*Oldtimern*** und **Trucks**. Vor allem Kinder haben ihren Spaß bei einer Zugfahrt mit der Dampflok. Juni–Oktober, 9.30–17 Uhr; $6, Kinder unter 12 Jahren nur $2.

Boothbay Harbor

Boothbay Harbor besitzt einen malerischen Hafen. Eine große Windjammerflotte und Ausflugsboote fahren die Besucherscharen aufs Meer hinaus – sei es zum bloßen **Sightseeing**, zum **Whale Watching** oder zum Tiefseefischen. An Land laden hübsch gelegene Restaurants zu **Seafood** und zahlreiche Geschäfte zum Bummeln und Geldausgeben ein.

Unterkunft

In Boothbay Harbor findet man die meisten guten Quartiere weit und breit, viele davon direkt am und (auf Piers) über dem Wasser, etwa das **Fisherman`s Wharf Inn**, ✆ 800) 628-6872, ab ca. $100 im Sommer. Unter den preiswerteren Häusern abseits der Küste macht des **Pines Motel**, ✆ (207) 633-4555, einen guten Eindruck. Sehr schön liegt das **Ocean Gate Inn** in Southport, ✆ (207) 633-3321, auch ab ca. $100 im Sommer. An Campingplätzen fehlt es ebenfalls nicht. Nur gute 3 mi von Boothbay Harbour entfernt ist der **Shore Hills Campground** am Inlandfjord Cross River/Straße #27, ✆ (207) 633-4782.

Pemaquid Point

An Küsten sind immer auch die Leuchttürme ein beliebtes Ausflugsziel. In besonders dramatischer Position steht das **Lighthouse** am felsigen **Pemaquid Point**, den man über die Straße #130, ggf #32, erreicht. Wer dort wegen des Nebels nicht die Hand, geschweige denn den Leuchtturm vor Augen sieht, tröstet sich im **Fisherman's Museum** im alten Haus des Leuchtturmwärters mit einer Ausstellung zur Geschichte des lokalen Fischfangs und sonstiger maritimer Errungenschaften. Nur im Sommer 10–17 Uhr täglich, kleine Spende.

Pemaquid State Historic Site

Kurz vor dem *Pemaquid Point* haben Hobby-Archäologen Reste einer alten **Fischersiedlung** aus dem frühen 17. Jahrhundert – aus einer Zeit vor (!) der Landung der *Mayflower* – freigelegt. Dabei stießen sie auch auf präkolumbische Gegenstände und auf ein Skelett in einer Rüstung. Die Frage, ob es sich dabei möglicherweise um einen Wikinger handelt, ist ungekärt. Auf dem **Colonial Pemaquid State Historic Site** kann man die Ausgrabungsstelle begutachten und in einem kleinen **Museum** die Funde selbst sehen. Im Sommer 9–17.30

Ausflug nach Monhegan Island

Diese nur 3 km lange und 1,5 km breite, **autolose** Insel, ca. 20 km vor der Küste, ist einen Ausflug wert. Sie steht für ein unverfälschtes, vom Tourismus kaum berührtes Maine.

Von folgenden Häfen kann man zur Insel übersetzen:

– Die *Balmy Days II* fährt täglich um 9.30 Uhr ab **Boothbay Harbor** und erreicht die Insel in 90 min.

– Die *Hardy III* fährt ab **New Harbor**, Nähe *Pemaquid Point*, täglich um 9 Uhr.

– Das Postboot *Laura B.* von **Port Clyde** (südlich Rockland Straße #131) verkehrt in der Hochsaison (April–September) 3x täglich um 7 Uhr, 10.30 Uhr, 14.45 Uhr.

Tarife für Hin- und Rückfahrt zwischen $20 und $30.

Die (wenigen) Bewohner von Monhegan Island lassen sich vom "Einfall" der Tagesausflügler offenbar nicht beirren. Die Infrastruktur für Touristen ist dünn und unmodern und die kleinen, grauen Schindelhäuser der Fischer in *Monhegan Harbor* sind noch nicht in Boutiquen umgewandel, die Kneipen keine Bistros und die Handvoll viktorianischer Gasthöfe zum Glück nicht mit den Motels an der #1 zu vergleichen. Schöne **Wanderwege** führen durch eine – für eine derart kleine Insel – vielfältige Landschaft und Vegetation: Felsen, Blumenwiesen und Mischwald. Von überall fällt der Blick über die Küste, wenn nicht dichter Nebel über Monhegan Island hängt, wie es leider selbst im Sommer oft der Fall ist. Vogelliebhaber kommen auf der Insel aber immer auf ihre Kosten.

Uhr täglich, sonst nur Wochenende, $3. Eintritt einschließlich Zugang zur benachbarten Rekonstruktion des einst von Engländern und Franzosen umkämpften *Fort William Henry*.

Campen kann man an dieser exponierten Ecke auch und zwar im *Sherwood Forest Campsite*, ✆ (207) 677-3642, wenngleich einige hundert Meter von der Küste entfernt.

Bradley Inn Ein wenig exklusiver übernachtet man im historischen *Bradley Country Inn* unweit des Leuchtturms und der *Pemaquid Beach*. Das Hotel wurde Anfang der 90er-Jahre renoviert und besitzt seine besten Räume im 3. Stock. Restaurant und Bar gehören zum Haus; ✆ (207) 677-2105, ab ca. $100.

Owls Head Wer sich für alte Flugzeuge ("fliegende Kisten"), Autos und Motorräder interessiert, findet bei **Owls Head** (südlich von **Rockland**, kurzer Abstecher von der #1) ein besonders sehenswertes *Museum of Transportation*. Im Sommer täglich 10–17 Uhr. Eintritt $5, Kinder $3.

Rockland   Die Straße #1 umgeht Rockland. Wer ihr ohne Abstecher in den Ort folgt, verpaßt eine ähnlich romantische Hafenbucht mit alten Segelschiffen wie im nachfolgend beschriebenen Camden. Er beherbergt außerdem eine kleine Fischereiflotte und ist nicht so "touristisch" wie der Nachbarort.

Camden   Zwischen Rockland und Bucksport ergeben sich von der #1 immer wieder schöne Ausblicke über die *Penobscot Bay* mit ihren zahlreichen kleinen und größeren Inseln. Der einzige touristisch voll erschlossene Ort auf diesem Küstenabschnitt ist das "schnuckelige" Camden. In der herrlichen Hafenbucht liegt eine ganze **Windjammerflotte** vor Anker und am Steg, die im Sommer zu Kurztörns, Tagestrips und *Dinner Cruises* ausläuft (kurzfristig buchbar). Nebenbei ist Camden ein Edelport für Yachteigner. Bei gutem Wetter ergeben sich dort tolle Fotomotive. Einziges Manko von Camden ist die mitten durch den Ort führende, stark frequentierte #1.

Unterkunft   Wer sich zum **Restaurantbesuch** oder zum Snack auf einer der hübschen **Terrassen** animieren läßt, muß etwas tiefer als üblich in die Tasche greifen. Das gilt auch für die Mehrheit der Unterkünfte: Camden verfügt über eine Reihe attraktiver *Country* und *Bed& Breakfast Inns* (im Sommer ab ca. $100). Preiswerter sind nur weniger reizvolle Häuser wie das *Mount Battie Motel*, ca. 4 mi nördlich des Ortes (ab $60 im Sommer).

State Park   Kurz hinter dem Ort in Richtung Norden geht es links ab zum *Camden Hills State Park* mit einem guten **Campingplatz.** Ohne Campabsicht lohnt die teure Einfahrt ($3/Person) in den Park mit Ziel *Mount Battie* nur bei gutem Wetter! Von der Kuppe des Berges hat man einen fantastischen Blick über die *Penobscot Bay*, die Inselwelt und hinüber nach *Mount Desert Island*. Vom Picknickplatz des Parks (östlich der Hauptstraße) läuft ein *Trail* hinunter zum felsigen Meeresufer.

Castine   Der größte, landschaftlich abwechslungsreichste und gleichwohl vom Tourismus weitgehend verschonte *Finger* schiebt sich östlich von Bucksport ins Meer. Der einzige größere Ort, **Castine,** zeigt die liebliche Seite Maines. Das alte Städtchen

Anlandesteg der Hummerfischer

Blue Hill

(Straße #175, dann die #166A) mit einem Yachthafen an grüner Bucht, ein paar Geschäften und Restaurants an der Main St und einem von weißen Schindelhäusern umstandenen *Common* verdient einen Abstecher. Ein weiterer hübscher Neuengland-Ort ist **Blue Hill** an der Straße #15 mit großzügig gestalteten weißen Holzhäusern.

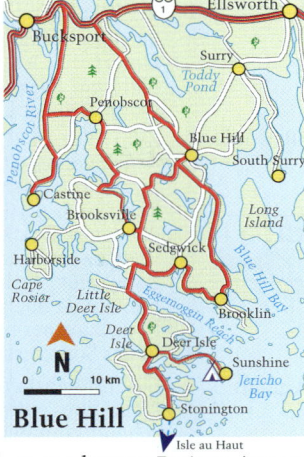

Stonington

Von Blue Hill führt die #15 quer über die Halbinsel – über zwei Brücken – weiter nach **Deer Isle**. Am Ende der Straße liegt **Stonington**, ein Fischerhafen ohne Touristenrummel. Im *Captain's*

Quarters Inn & Motel gibt es zu moderaten Preisen Appartments und Zimmer; ✆ (207) 367-2420. Von der Sonnenterrasse des *Captain`s Quarter* hat man einen wunderbaren Blick über die vorgelagerten Granitfelsen und Inselchen.

Isle au Haut

Eine kleine Passagierfähre setzt über zur *Isle au Haut*, die zur Hälfte zum *Acadia National Park* gehört und einige schöne Wanderwege besitzt. Auch ein kleiner **Zeltplatz** fehlt nicht.

Der **Sunshine Campground**, ✆ (207) 348-6681, beim gleichnamigen, abgelegenen Ort am Ende einer Stichstraße bietet selbst in der Saison meist Platz. Er liegt nicht direkt am Wasser, aber in der Nähe befindet sich ein herrlicher Sandstrand.

Maine pur findet auch, wer kurz vor dem Campingplatz links den Schildern zur Bootswerft (*Wharf*) folgt. Am **Eaton's Pier**, ebenfalls kurz vor dem Campingplatz – aber rechts abbiegen – gibt es in einer kleinen Bude an Holztischen mit Traumblick frischen **Hummer** abseits jeglichen Tourismus`.

Glasklares Wasser in der Sunshine Bay

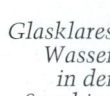

2.5.4   Mount Desert Island und der Acadia National Park

Die Lage weitab aller Bevölkerungszentren auf der Insel **Mount Desert** im Osten von Maine tut der Popularität des **Acadia National Park** keinen Abbruch. Der einzige Nationalpark im Nordosten der USA zählt jährlich über 4 Mio. Besucher.

Ellsworth

Kein Weg in Richtung *Mount Desert Island* führt an Ellsworth vorbei. Die kleine Stadt "lebt" im Juli und August von ihrer strategisch günstigen Position als unvermeidlicher Verkehrsknoten 10 mi nördlich der – Festland und Insel verbindenden – Brücke über die *Mount Desert Narrows*. In Ellsworth warten zahlreiche **Hotels und Motels** (auch preiswerter Kategorien) entlang der Straßen #1/#3 auf Gäste. Dort kommt man meist noch unter, wenn Bar Harbor ausgebucht ist. Aber Motelzimmer unter $50 und Campingplätze unter $25 gibt`s in der Sommersaison selbst in Ellsworth kaum.

Anfahrt

Das Bild entlang der #3 nach Bar Harbor läßt kaum auf die Nähe eines großen Naturparks schließen. Die Strecke ist weitgehend kommerziell zersiedelt mit *Factory Outlets*, Motels, *Fast Food*-Restaurants, Minigolf-Anlagen und allem, womit sich im Tourismusgeschäft Dollars verdienen lassen. Lediglich die Hummertöpfe in regelmäßigen Abständen belegen, daß die #3 nicht eine beliebige Straße irgendwo in den USA ist, sondern sich tatsächlich in Maine befindet.

Information

Informationen und Werbefolder für **Hotels, Restaurants** und **Shops** auf *Mount Desert Island* sowie für alle möglichen Aktivitäten verteilt das **Thompson Island Information Center** gleich südlich der Brücke über die *Narrows*.

Einen ersten Eindruck von der Schönheit der Natur im Nationalpark erhält man im riesigen **Acadia Visitors Center** an der Parkeinfahrt **Hulls Cove**, etwa 3 mi vor Erreichen von Bar Harbor. Ein kleiner Film erläutert halbstündlich Geologie und Geschichte des Parks. Hier gibt es wie an jeder Einfahrt die Nationalpark-Karte und dazu massenhaft Acadia-Information.

Bar Harbor

Bar Harbor ist ein Urlaubsort par excellence mit einem attraktiven Zentrum und hübschen Hafenbereich. An den Piers in Sichtweite pittoresker Felsinseln liegen die Boote für **Whale Watching Trips** und **Island Cruises** durch die *Frenchman Bay* und rund um *Mount Desert Island*, darunter auch dort nostalgische **Windjammer**. An Land ist die **Kneipen- und Restaurantszene** bemerkenswert, die in Maine ihresgleichen sucht.

Museen

Gleich zwei Aquarien bzw. Ozeanarien, wie sie hier heißen, warten auf Besucher: an der Straße #3 ca. 9 mi nordwestlich von Bar Harbor (Thomas Bay) das **Mount Desert Oceanarium** (Mo–Sa 9–17 Uhr, $6) und das **Oceanarium/Lobster Hatchery** am *Municipal Pier* der Bar Harbor *Waterfront* (Mo–Sa 9–20 Uhr, $6). In der *Lobster Hatchery* erfährt man alles über die wirtschaftliche Bedeutung und wissenschaftliche Methoden der Hummer-Aufzucht. Ein weiteres *Mount Desert Oceanarium* residiert in Southwest Harbor, Öffungszeiten und Eintritt wie Thomas Bay. Für alle drei Museen zum maritimen Leben im Atlantik vor Maine gibt`s ein **Kombinationsticket** für $10, Kinder $7.

Lokale Geschichte, Fotografien der großen Sommerhäuser und Erinnerungen an das große Feuer von 1947 zeigt das *Bar Harbor Historical Society Museum*, 34 Mount Desert St. Im Sommer täglich 9–17 Uhr, $3.

Unterkunft

Wie bereits angedeutet sind die **Sommertarife** der Hotellerie in und bei Bar Harbor **haushoch.** Im Juli/August kosten selbst relativ einfache Motelzimmer noch $70 und mehr pro Nacht. Dabei fallen die Preise mit der Entfernung vom Ort. Tatsächlich verfügt Bar Harbor über immense Kapazitäten, wobei die besseren Häuser und *B&B Inns* in nostalgischen Villen einen überproportionalen Anteil halten. In Bar Harbor standesgemäß unterzukommen, ist damit kein Problem, vielmehr im Sommer eher eine Frage rechtzeitiger Reservierung. Das *AAA-Tourbook* Maine leistet mit vielen farbigen Abbildungen für diesen Zweck hervorragende Dienste (➪ Seite 64). Nur bis Ende Juni und nach *Labor Day* kommt man in guten Häusern mit weniger als $100 aus.

Ellsworth/Bangor

Acadia National Park

Lamoine S.P.
Trenton
Visitor Center
Salsbury Cove 5
Eden
Hulls Cove
Frenchman Bay
Visitor Center Nationalpark
Bar Harbor
Winter Harbor
Birch Harbor
Western Bay
Somesville
Eagle Lake
Cadillac Mtn. 459 m
Sargent Mtn. 412 m
ACADIA NATIONAL PARK
Sandy Beach
ACADIA NATIONAL PARK
Long Pond
Somes Sound
Tea House
Otter Creek
Thunder Hole
Otter Cliffs
Seal Cove Pond
Bernard Mtn. 321 m
Seal Harbor
Black-woods
Otter Point
Blue Hill Bay
Seal Cove
Southwest Harbor
Northeast Harbor
Lookout
Little Cranberry Island

1 Narrows Too
2 Barcadia
3 Mt. Desert Narrows
4 Hadley's Point
5 Bar Harbor Camp
6 Mt. Desert
7 Quietside
8 Smuggler's Den
9 Somes Sound View

ACADIA NATIONAL PARK
Cranberry Isles
Islesford
Seawall
Bass Harbor
Great Cranberry Island
Isle au Haut
ACADIA NATIONAL PARK

Yarmouth/Nova Scotia

0   4 km

N

Motels

Wer nicht soviel ausgeben möchte, findet die preiswerteren Angebote entlang der Straße #3, ggf. soweit weg wie Ellsworth. In den kleinen Orten im **Inselsüdwesten** gibt es weitere Unterkünfte etwas billiger als in und um Bar Harbor. Von den noch moderaten Häusern besitzt das *Villager Motel* (in der Saison ab $80) den Vorzug, im Zentrum von Bar Harbor zu liegen, ✆ (207) 288-3211. Man kann von dort zu Fuß durch den Ort bummeln und einen Zug durch die **Kneipen** machen. Das gilt auch für das – allerdings teurere *The Golden Anchor* mit eigener Pier und Pool am Wasser, ✆ (800) 328-5033.

Apropos Kneipen – eine originelle und nach 21 Uhr unterhaltsame Wahl (*Live Music*) ist *Lompoc Café and Brew Pub* in der Rodick St mit frisch vor Ort gebrautem Bier.

AYH/YWCA

Die preiswerteste Möglichkeit zu übernachten, bieten auch in Bar Harbor die Schlafsäle des *International Hostel*, 27 Kennebec St, ✆ (207) 288-5587; $12-$15/Bett. Im Sommer langfristige Reservierung nötig. Nur Frauen kommen im *YWCA* unter, 36 Mount Desert St, ✆ (207) 288-5008; ab $18 fürs Bett.

Camping

Der Nationalpark verfügt über zwei Campingplätze: *Blackwoods*, einen Platz im Wald, zu erreichen über die Straße #3 durch den Park, und *Seawall* an der #102A im äußersten Südwesten der Insel. *Blackwoods* kann reserviert werden, ➪ Seite 167. *Seawall*-Plätze werden in der Reihenfolge der Ankunft vergeben. Beide *Campgrounds* füllen sich in der Hochsaison schnell. Gute Alternativen sind die privaten *Plätze* außerhalb der Parkgrenzen mit Stellplätzen direkt am Wasser wie **Barcadia**, ✆ (207) 288-3520, *Mount Desert Narrows*, ✆ (207) 288-4782, *Hadley`s Point,* ✆ (207) 288-4808 (beide mit Pool) und *Narrows Too*/Trenton, ✆ (207) 667-4300. Weitere Plätze befinden sich an der Straße #198/#102 im Westteil der Insel. Das *Thompson Island Visitor Center* hat eine komplette Liste.

Eine Empfehlung verdient auch der *Lamoine State Park* auf einer Halbinsel nördlich *Mount Desert Island*. Von dort bis Bar Harbor fährt man kaum länger als 30 min.

Fähre Bar Harbor–Yarmouth/Nova Scotia

Die kanadische *Bluenose* verkehrt im Sommer (Ende Juni bis Anfang Oktober/*Columbus Day*) täglich um 8 Uhr nach Yarmouth/Nova Scotia, zurück 16 Uhr ab Yarmouth. Diese Verbindung bietet insbesondere für eine erweiterte Rundfahrt durch Neu-England **und** die maritimen Provinzen Canadas eine bedenkenswerte Alternative. Die **Überfahrt** (ca. 6 Std.) kostet pro erwachsene Person **$42**, Kinder $21; Pkw ab $53, Campmobile kosten nach Länge, Fahrräder $4. In der Nebensaison verkehrt die *Bluenose* nur 3x die Woche an wechselnden Tagen. Auskunft und Reservierung unter ✆ (207) 288-3395 oder ✆ (800) 341-7981.

ENTSTEHUNG DES ACADIA NATIONAL PARK

Mount Desert Island erhielt ihren Namen von *Samuel de Champlain* (➪ Seite 476), der sie wegen ihrer kahlen Bergkuppen *L'Isle des Monts Deserts* nannte. Um die Jahrhundertwende erkoren einige reiche Familien, die es rustikaler liebten als die Dollarkönige von Newport (➪ Seite 226), die Insel als Aufenthaltsort für die Sommerferien und bauten sich in Bar Harbor grandiose Residenzen (leider vernichtete ein Feuer 1947 fast den gesamten ursprünglichen Waldbestand auf Mount Desert Island und zerstörte viele der Villen). Schon früh begannen die sog. *Rusticators*, sich um die Zukunft "ihrer" Insel zu sorgen. Sie befürchteten – wie man weiß – zu Recht, daß sie einer Kommerzialisierung zum Opfer fallen könnte.

Um das zu verhindern, wurden einem eigens gegründeten *Trust* per Schenkung Landrechte übertragen. Daraus entstand schon 1890 der danach ständig wachsende Nationalpark. Ein Drittel des heutigen Areals wurde von *John D. Rockefeller Jr.* gestiftet. Er war es auch, der zwischen 1916 und 1933 weitsichtig 120 km *Carriage Roads* anlegen ließ, die Pferdekutschen vorbehalten bleiben sollten. Sie dienen heute überwiegend als Wander-, Rad- und Reitwege.

Nach wie vor befinden sich große Teile der Insel in Privathand. Neben Bar Harbor gibt es eine Reihe weiterer Orte, z.B. das exklusive Northeast Harbor, wo die *Rockefellers* bis heute ein Anwesen besitzen, daneben aber auch Fischerdörfer wie Bass oder Seal Harbor.

Acadia National Park

Der *Acadia National Park* umfaßt rund die Hälfte der Fläche von **Mount Desert Island**, einige umliegende kleinere Inseln, die exponierte *Isle au Haut* und einen Festlandsstreifen am Ostufer der *Frenchman Bay* (➪ Seite 303). Kennzeichnend für *Acadia* sind die zahlreichen **Buchten, Fjorde** und **Klippen**, landeinwärts dichter Wald in den Tälern und glasklare Gewässer. Die ungewöhnlich gerundeten, kahlen Kuppen und der Nord-Süd-Verlauf der Höhenzüge gehen auf Gletscherbewegungen während der letzten Eiszeit zurück.

Park Loop Road

Das **Minimalprogramm** für *Acadia* ist ein Abfahren der 20 mi langen **Park Loop Road**. Sie beginnt am *Hulls Cove Visitor Center*, kann aber ebensogut am **Cadillac Mountain Entrance** (Straße #233, ca. 2 mi westlich von Bar Harbor) begonnen werden. Hilfreich ist die im *Visitor Center* erhältliche Park-Broschüre **Motorist`s Guide**, in der Geschichte, Flora und Fauna des Parks erläutert sind. Bei der erstmaligen Einfahrt sind pro Auto mit bis zu 6 Insassen **$5 Eintritt** fällig, Fußgänger/Radfahrer $2 (beide gültig für 7 Tage).

Loop Road Zwei Drittel der *Park Loop Road* sind Einbahnstraße. Nur die Strecke zum **Tea House** am **Jordan Pond**, *wo* bei schönem Wetter der *High Tea* auf dem Rasen serviert *wird*, und die Auffahrt zum **Cadillac Mountain** kennen Gegenverkehr.

Cadillac Mountain Bereits von den Aussichtspunkten entlang der Straße, mehr noch vom Gipfel aus – mit 466 m ist der *Cadillac Mountain* die höchste Erhebung an der amerikanischen Ostküste – hat man bei klarem Wetter eine fantastische **Rundumsicht** über *Mount Desert Island* und die ganze Inselwelt der *Frenchman* und *Bluehill Bay*. Es macht Sinn, den Berg als ersten Besuchspunkt zu wählen und erst danach die *Loop Road* in Angriff zu nehmen. Nach dem Blick von oben fällt die Orientierung unterwegs leichter.

Rundfahrt Auf der Rundstraße passiert man zunächst die **Sieur des Montes Springs** mit den **Wild Gardens of Acadia** (Wildblumen der Region und Arboretum) und einem **Nature Centre**. Das kleine **Abbé Museum** zeigt indianische Gebrauchsgegenstände aus fünf Jahrtausenden und erinnert daran, daß *Micmac*-Indianer die Ureinwohner der Insel waren (im Sommer täglich 9–17 Uhr, Vor-/Nachsaison 10–16 Uhr; $2).

Nächster Haltepunkt ist **Sand Beach**. Auch wenn die Wassertemperaturen selten 15°C übersteigen, drängen sich an heißen Sommertagen zahlreiche Badelustige an diesem malerisch von Felsen eingerahmten Sandstrand, dem einzigen im Park. Dort beginnt ein schöner, aber sehr rauher **Uferpfad** (parallel zur Straße) zum **Otter Point**. Am Wege liegt das **Thunder Hole**, wo sich unter steilen Klippen die Wellen brechen und die Gischt hoch aufsteigt.

Einen Zwischenstop verdienen außerdem der **Nature Trail** am *Jordan Pond* und der **Bubble Rock** am Westabschnitt der *Loop Road*. Durchaus reizvoll ist auch die **Otter Cliffs Road**. Die ebenfalls durch das Parkgelände laufende Straße #3 bietet keine Besonderheiten, sieht man davon ab, daß die Zufahrt zum *Blackwoods Campground* von ihr abzweigt.

Typische Küste im Acadia Park: an der Otter Cliffs Road

Wandern Wer genügend Zeit mitbringt, genießt Acadias Natur entlang der *Carriage Roads* und zahlreicher reiner Wanderwege. Im *Visitor Center* gibt es Wanderkarten. Man kann sich auch Wanderungen unter *Ranger*-Leitung anschließen. Im *Acadia Beaver Log*, einer monatlich erscheinenden Park-Zeitung, die im *Visitor Center* ausliegt, findet man das aktuelle Programmangebot des *National Park Service*` für Besucher.

Kanu/Biking Erwägenswert wäre auch, ein Kanu zu mieten und damit die Zivilisation hinter sich zu lassen (Vermietung in Bar Harbor oder am Nordende des *Long Pond*, Straße #102; ca. $30/Tag) oder die *Carriage Roads* per **Leihfahrrad** zu abzuradeln; Miete möglich in Bar Harbor in mehreren *Bike Rentals*, z.B. **Wheels Bike Shop**, 161 Main St, ℰ (207) 288-9433, oder **Acadia Bike & Canoe**, 48 Cottage St gegenüber der Post, ℰ (207) 288-9605.

Baden Wasserratten kommen auf *Mount Desert Island* kaum auf ihre Kosten. An der bereits erwähnten **Sand Beach** und einigen kleinen, außerhalb des Parks gelegenen Stränden bleibt das Meer selbst im Hochsommer zu kalt für den rechten Badespaß. Nur am Strand des Echo Lake (Straße #102 auf der Westseite der Insel) ist das Wasser wärmer, und so wird es an der **Echo Lake Beach** an Sonnentagen ziemlich voll.

Ausflüge Private Veranstalter bieten sowohl in Bar Harbor als auch in den anderen Orten zahlreiche Trips zu Lande und auf dem Wasser an. Beliebt sind u.a. Touren zu den Brutstätten der **Puffins**, einem in Europa unbekannten, schwarz-weiß gefiederten Vogel mit schwarz-rot-goldenem Schnabel, ⇨ Seite 23. **Sunset** und **Dinner Cruises** fehlen neben den unvermeidlichen *Whale Watching Excursions* ebensowenig wie Rundflüge und Kutschfahrten (ab **Wild Wood Stables** an der *Park Loop Road*, eine gute Meile südlich des *Jordan Pond House*).

Westteil Mount Desert Viel ruhiger als Bar Harbor sind die kleinen Orte **Northeast Harbor** und **Southwest Harbor** mit ihren Yachthäfen. Aber auch dort dampfen die Lobstertöpfe, und es fehlt nicht an *Motels*, *Restaurants* und *Shops*.

Hummer-Imbiß in Seal Harbor

2.5.5   Alternative Strecken durch Maine ab Acadia

Nach Nova Scotia oder New Brunswick

Je nach individueller Planung kommen ab dem *Acadia Park* unterschiedliche Fortsetzungen der Reiseroute in Frage. Bei Einschluß der maritimen Provinzen Canadas geht es von Bar Harbor entweder mit der Fähre nach Yarmouth/Nova Scotia (↪ Seite 540) oder auf dem Landweg nach New Brunswick. Wer durchs zentrale Neu-Braunschweig im wesentlichen mit **Ziel *Gaspé Peninsula*** fährt, sollte die **I-95** wählen. Die 170 mi von Bar Harbor bis zur kanadischen Grenze und noch ein wenig weiter – etwa *Kings Landing*/Fredericton, ↪ Seite 588 – lassen sich ggf. an einem Tag bewältigen. Ein Abstecher zum *Baxter State Park* wäre auf dieser Route zu erwägen, wenn die Zeit für mindestens einen Extratag mit Übernachtung reicht.

Straße #1

Wer von New Brunswick mehr sehen möchte, etwa den *Fundy National Park,* und Prince Edward Island besuchen will, wählt ab Ellsworth wiederum die Straßen #1 bzw. #1A. Es sei vorweggenommen, daß sich auf dieser Küstenroute nichts Sensationelles mehr abspielt und die nächstliegende Grenzstation Lubec nach rund 100 mi erreicht wird.

Abstecher von der I-95 zum Baxter State Park

Kennzeichnung

Der Abstecher zum *Baxter State Park* kommt in erster Linie für abenteuerlustige Reisende in Frage, die sich für eine Weiterfahrt auf der I-95 entschieden haben. Vom **Exit #56/Medway** gelangt man über die Straßen #11/#157 und eine Stichstraße – ab Millinocket – bis an die südliche Parkgrenze. Der *Baxter Park* liegt mitten in Maines nördlicher Seenplatte und steht für weitgehend unberührte Wildnis. Innerhalb der Parkgrenzen liegt der bei Wanderern sehr beliebte **Mount Katahdin**, mit 1.606 m höchster Berg Maines.

Versorgung

Millinocket ist die letzte "normale" Versorgungsetappe . Der **North Woods Trading Post**, 6 mi vor dem Parkeingang, bietet nur noch das Nötigste, wie Tankstelle, Telefon, Eis, *Cold Beer*, Kartenmaterial und **Canoe-Rental**.

Kurz vor der Einfahrt passiert man das **Penobscot Outdoor Centre** mit **Campingplatz**. Von dort startet ein *Shuttlebus* zu **Whitewater Rafting Trips**.

Im Park

Eine 50 mi lange **Dirt Road** führt durch den Park und wieder zurück in die Zivilisation bei Patten, rund 30 mi nördlich von Medway. Besucher werden am Tor registriert (geöffnet täglich von 6–21 Uhr, keine Motorräder; **gemietete Campmobile** dürfen laut Mietbedingungen in der Regel eine derartige Straße nicht benutzen). `Zig Wanderwege erschließen das Hinterland des Parks, u.a. der erste/letzte Abschnitt des bis Georgia führenden **Appalachian Trail** (↪ Seite 31).

Camping

An der Parkdurchfahrt befinden sich drei Campingplätze. Sie verfügen über weitläufige *Primitive-Sites*, Badestellen im See oder Fluß und bis zu 14 mi entfernte *Walk-in-Sites*.

Etwa 2 mi östlich der nördlichen Aus-/Einfahrt passiert man den – trotz seiner Bezeichnung – wieder zivilisierten *Mataga-mon Wilderness Campground* mit *General Store,* Tankstelle, *Cabins,* Duschen, Angelbedarf und Booten, ✆ (207) 528-2448, 10 mi weiter östlich das **Shin Pond Village** am gleichnamigen See mit *Campground* und *Cabins*, ✆ (207) 528-2900.

Allagash Waterway

Das Gebiet des **Allagash Wilderness Waterway** schließt nordwestlich an den *Baxter Park* an. So heißt eine 92 mi-Route über miteinander verbundene Seen und Flüsse für erfahrene Kanuten und *Rafters*. Der Einstieg ist nur nach langer Fahrt über *Dirt Roads* zu erreichen. Sie werden von *Logging Companies* unterhalten, die diesen Teil Maines mächtig zerrupft haben. Dem Wasserweg selbst kam dadurch aber der Romantik nicht abhanden, denn die Bäume in der Uferzone blieben stehen. Auskünfte beim **Maine Bureau of Parks and Recreation**, State House, Augusta, Maine 04333, ✆ (207) 289-3821.

Vom Acadia Park nach New Brunswick auf der Straße #1

Schoodic Peninsula

Der untere Zipfel der **Schoodic Peninsula** östlich von *Mount Desert Island* gehört zum *Acadia National Park,* Anfahrt auf der Straße #186. Zwar sind keine "neuen" Naturwunder zu bestaunen, aber der kurze Abstecher lohnt dennoch: dort ist relativ wenig Betrieb, und die kleinen schmucken Ortschaften, wie z.B. **Winter Harbor** sind kaum kommerzialisiert. Außerdem gibt es dort den wunderbaren **Ocean Wood Campground** in Birch Harbor unmittelbar an der Küste (Straße #186; ✆ (207) 963-7194) mit Stellplätzen direkt am Wasser. Er wird von ökologisch bewußten Eigentümern betrieben. Als Standort für den Besuch von *Mount Desert Island* ist der Platz zu weit entfernt, aber gerade richtig für eine Reisepause.

Ruggles House

Ein kleines architektonisches Juwel ist das **Historic Ruggles House** (1818) in Columbia Falls etwas abseits der Hauptstraße. Bemerkenswert sind der freischwebende Treppenaufgang und die feinen Schnitzarbeiten in den Räumen.

Grenze

Statt eines Verbleibs auf der #1 (ggf. auch #191 North), um in Calais/St. Stephen nach Canada einzureisen, empfiehlt sich die viel schönere, wenngleich zeitaufwendigere Route über **Campobello Island**. Ab **Whiting** fährt man dazu auf der #189 nach **Lubec** und dort über die *International Bridge*. **Camper** finden auf der Insel (Canada) einen guten Übernachtungsplatz im **Herring Cove Provincial Park**. Alles weitere ab Seite 592f.

Fortsetzung der Neuengland-Route

Wer den *Acadia National Park* als nördlichsten Punkt angepeilt hat und die Neuengland-Rundfahrt – wie im folgenden beschrieben – in westliche Richtung fortsetzen will, gelangt am schnellsten über Bangor (Straße #1A) und – zunächst – die *Interstate* #95 (schön während der **Herbstlaubfärbung**) zurück in Richtung New Hampshire. **Bangor** am Penobscot River – die mit ca. 30.000 Einwohnern drittgrößte Stadt Maines – hat aus touristischer Sicht aber nur wenig zu bieten.

Unterwegs im Camper in Maine während der Fall Foliage

Nördlich von Waterville zweigt die **Straße #201** in Richtung Québec/Canada ab, ⇨ Seite 289.

Augusta

Augusta, mit kaum 22.000 Einwohnern zweitkleinste Staatskapitale der USA (nach Montpelier/Vermont) ist einen Stop wert. Dort kann man das mit dem weithin sichtbaren Capitol-Komplex verbundene *Maine State Museum* besuchen (südlich des Zentrums). Die Naturkunde-, Industrie- und Geschichtsabteilungen gehören zu den besten ihrer Art in den USA; geöffnet Mo–Fr 9–17 Uhr, Sa 10–16 Uhr, So ab 13 Uhr, Eintritt $2.

Die zweite Attraktion in Augusta ist das *Old Fort Western*, ein kleines, nach dem Original von 1754 restauriertes Palisadenfort am Ostufer des Flusses (ca. 1 mi nördlich des *State Capitol*). Das Museum im Inneren muß man nicht unbedingt gesehen haben; eher steht das Fotomotiv "Fort" im Vordergrund der Empfehlung.

Nach NH

Südlich von Augusta beginnt die *Interstate* #495, die gebührenpflichtige *Maine Turnpike*. Man verläßt sie bei **Gray** und gelangt über die #4 zur **Straße #302**, welche in die Region der **White Mountains** des Nachbarstaates führt. Sie läuft durch das reizvolle *Sebago/Long Lake Seengebiet* mit zahlreichen wunderbaren *Campgrounds* an weißen Stränden nur wenig abseits der Straße, darunter auch der *Sebago Lake Statepark* mit einem **Picknickplatz** direkt am Strand (⇨ Seite 286).

2.6   DURCHS ZENTRALE NEW HAMPSHIRE

Die hier empfohlene Route durch New Hampshire berücksichtigt das *Cottage Country* um den Lake Winnipesaukee herum und die White Mountains Region, die attraktivsten Gebiete des **Granite State**.

2.6.1   Lake Winnipesaukee und das Cottage Country

Das Seengebiet in der Hügellandschaft des zentralen New Hampshire wird als **Cottage Country** bezeichnet. Dort kann man stille Tage verbringen, Ruhe und Natur genießen. Nur am **Lake Winnipesaukee** mit 426 km verzweigter Uferlinie und 274 Inseln herrscht stellenweise Sommerfrischebetrieb.

North Conway

Hauptsächlich wegen seiner **200 Factory Outlets** ist North Conway, an der Straße #16, bekannt. Die Stadt ist Versorgungszentrum, Verkehrsknoten- und Ausgangspunkt für die White Mountains und das Seengebiet zugleich. Zahlreiche **Motels und Hotels** warten dort auf Gäste.

Camping

Im **White Lake State Park** (an der Straße #16 zwischen Chocorua und West Ossipee) finden Camper ein prima Standquartier und zudem einen glasklaren See mit Sandstrand und Kanuverleih. Der *National Forest Campground* **White Ledge** liegt nur wenige Meilen südwestlich von Conway.

Steckbrief New Hampshire/NH

1,1 Mio Einwohner, 24.000 qkm, **Hauptstadt Concord** mit 36.000 Einwohnern, größte Städte sind Manchester mit 97.000 und Nashua mit 80.000 Einwohnern.

Das schmale New Hampshire mit nur 20 mi Küstenlinie ist **hügelig und seenreich**; größter See ist der *Lake Winnipesaukee* mit fast 200 qkm Fläche. Die dicht bewaldeten *White Mountains* im Norden des Staates, eine Formation der **Appalachen,** sind das höchste Gebirge Neu-Englands mit dem *Mount Washington* (1917m) als herausragendem Gipfel. Die Westgrenze mit Vermont wird auf ganzer Länge von Canada/Québec bis Massachusetts (ca. 200 mi) vom **Connecticut River** gebildet.

New Hampshire besitzt im Süden (Manchester, Nashua u.a.) eine **Industriestruktur** (Elektrotechnik, Elektronik und Maschinenbau), ist aber insgesamt ländlich orientiert: Milchprodukte, Geflügel, Obst und Ahorn-Syrup (Maple). Der **Tourismus** hat in den *White Mountains* neben der Sommer- und Herbst- auch noch eine Wintersaison und ist ein wesentlicher Wirtschaftsfaktor.

Wichtigste **touristischen Ziele** sind das *Cottage Country* und die *White Mountains*, kaum die Atlantikküste.

Cottage Country	Das *Cottage Country* läßt sich gut an einem Tag "erfahren". Die Straße #113/#113A über Silver Lake und North Sandwich zum **Squam Lake** ist besonders zu empfehlen. Ab Holderness fährt ein Ausflugsboot zu den Drehorten des *Henry Fonda/Katerine Hepburn*-Films **On Golden Pond**.
Lake Winnipesaukee/ Weirs Beach	Auf der Straße #3 geht es weiter zum **Lake Winnipesaukee**, der – von dunklen Tannen umstanden – mit seinen vielen kleinen Inseln an Finnland erinnert. **Weirs Beach** ist eine touristische Hochburg mit allem Drum und Dran. Einen Trip über den See (ca. 2 Std., Abfahrten 11 oder 1.30 Uhr; $12) macht das **US Mail Boat**, das von Weirs Beach Post zu den bewohnten Inseln bringt. An den größeren Orten stoppt der Nostalgie-Dampfer **MS Mount Washington** zu 2-3 Std.-Trips.
Shaker Village	Wer anderswo – zum Beispiel in Hancock/Massachusetts (➪ Seite 332) – keine Gelegenheit hat, ein *Shaker Village* zu sehen, sollte einen Besuch in **Canterbury** südlich von Laconia erwägen; am schnellsten von Holderness/Ashland erreichbar auf der I-93, Ausfahrt #18. Auf der #106 geht es dann zurück.
Wolfeboro	Am östlichen Ufer des Lake Winnipesaukee liegt Wolfeboro, ein kleiner, gediegener Sommerort mit hübschen Restaurants und Geschäften. Für Liebhaber von Krimskrams und alter Bücher gibt es an der Straße #16, etwa 1 mi nördlich von Ossipee, einen gut sortierten *Secondhand-Shop* zum Stöbern.

2.6.2   Die White Mountains

Kennzeichnung	Die **White Mountains**, mit Gipfeln bis fast 2.000 m das höchste Gebirge im Nordosten, erfreuen sich einer fast ganzjährigen Saison: Im Sommer sind sie hauptsächlich Wander-, im Winter Skigebiet und im Herbst eine der "farbigsten" Regionen für die **Leaf Peeper**, die zum *Indian Summer* anreisen (➪ Seite 310). Nur im Frühjahr, wenn die Bäume noch kahl sind und der Schnee getaut ist, herrscht kein Betrieb.
Geschichte	Trotz ihres Namens sind die – nur im Winter weißen – *White Mountains* ein eher düsteres Gebirge mit grau-schwarzen Granitfelsen, dichten Wäldern, engen Schluchten und Wasserfällen. Seine geheimnisumwobene Wildnis zog erste Reisende bereits vor der Jahrhundertwende an, obwohl schon damals keineswegs alles schön und romantisch war: **Logging Companies** hatten für Kahlschlag-Rodung gesorgt. Indessen mit langfristig erstaunlicherweise positiven Folgen. Anstelle der abgeholzten Nadelbäume wuchsen Birken, Ahorn und Pappeln nach, deren bunte Herbstlaubfärbung heute eine Hauptattraktion ist. Und wo einst holzbeladene Eisenbahnen qualmten, wandern nun erholungsuchende Städter auf den lange stillgelegten Bahntrassen. Bereits im Jahre 1913 wurde der **White Mountain National Forest** etabliert, in dem man heute über 1.800 km Wanderwege und **20 Campingplätze** findet.

Kommerz-vergnügen

Gleich neben der Natur pur gibt es in den White Mountains rund um die Ortschaften auch reichlich **kommerzialisiertes Vergnügen**, von Mini-Golf über Wasserrutschen und einer *Six Gun City* bis hin zu kompletten *Theme Parks*.

Mount Washington

Zentraler Anlaufpunkt ist der **Mount Washington**. Auf dem Weg dorthin ist bereits in North Conway zu entscheiden, ob man mit der Bergbahn, der **Mount Washington Cog Railway**, oder auf der **Mount Washington Auto Road** den "Berg der Berge" des Nordostens erklimmen will. Letztere erreicht man von North Conway aus über die Straße #16.

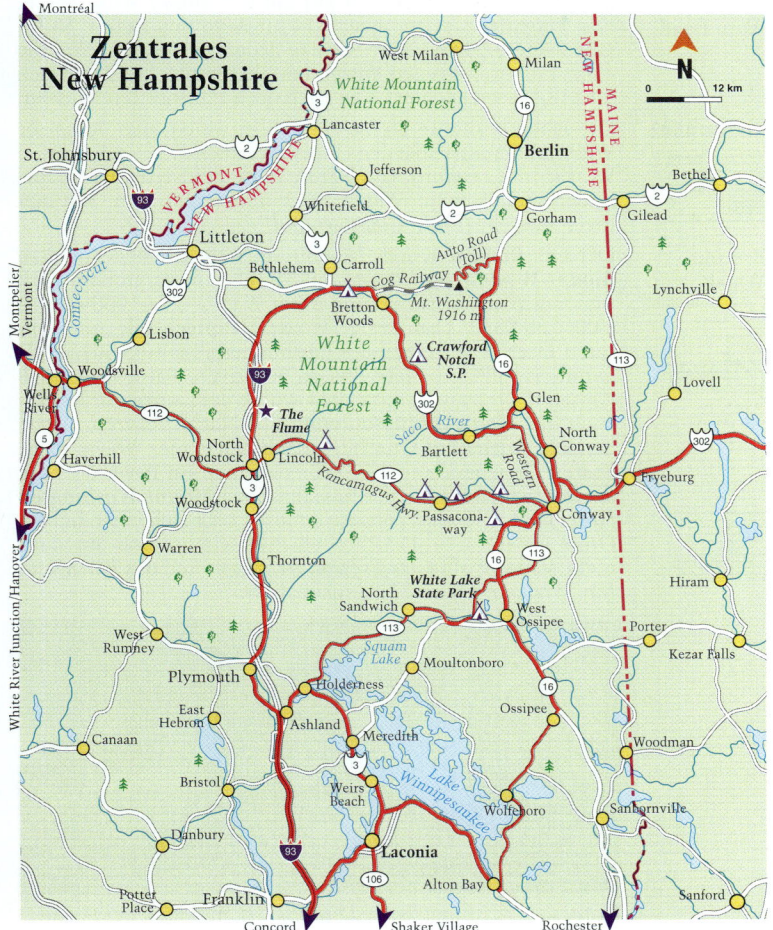

Zentrales New Hampshire

Straße #16

Auf der Strecke bis Gorham und ggf. darüberhinaus auf der Straße #2 befinden sich diverse Kommerzattraktionen und verstellen ein wenig den Blick auf die Natur. Aber man findet auch dort anderes: *Trails* ins Hinterland, den bei Kanuten sehr beliebten *Saco River* oder den *Echo Lake State Park* (nur *Day-Use* am See). Die *Westside Road*, eine kleine Parallelstraße zur stark befahrenen #16, führt nicht nur zu diesem *State Park*, sondern passiert auch zwei natürliche schöne **Badepools,** *Diana's Bath* und *First Bridge*.

Mount Washington Auto Road

In Glen House beginnt die 8 mi lange, äußerst kurvige und streckenweise steile **Autostraße auf den *Mount Washington***. Das Vergnügen ist arg teuer: $14 für Auto und Fahrer, $5 für jede weitere Person; eine Strecke dauert ca. 45 min. Wer die Fahrt nicht im eigenen Wagen bewältigen möchte, kann sich für $18/Person auch **per Van** nach oben transportieren lassen.

Straße #302

Die schon bekannte Straße #302 führt weiter quer durch die White Mountains über den *Crawford Notch Pass* nach Bretton Woods. Im **Crawford Notch State Park** (beidseitig der Straße) findet man schöne Wanderwege und einen (im Sommer meist ausgebuchten) *Campground*.

Bretton Woods

Der Ort **Bretton Woods** besteht im wesentlichen aus dem *Mount Washington Resort* mit Hotels, einem großem Park und Golfplatz; Reservierung unter © (603) 278-1000 oder © (800) 258-0330. Das riesige weiße Hauptgebäude mit dem roten Dach war Anfang des Jahrhunderts beim Geldadel als Sommerresidenz beliebt. Bis zu 50 private Bahnwaggons (!) kamen täglich an. Bereits 1944 wurde dort lange vor Kriegsende die **Weltwährungsordnung** der Nachkriegszeit ausgehandelt. Auch ohne Quartier zu nehmen (in der Woche ab ca. $140, Wochenende ab ca. $200), darf man im Foyer oder auf der Aussichtsterrasse des nostalgischen *Mount Washington Hotel* eine stilvolle Teepause einlegen oder sich einen noblen Drink genehmigen. Deutlich erschwinglicher und durchaus nicht schlecht sind das **Bretton Arms Inn** und das *BW Motor Inn* (Wochenende ab $115, sonst ab $85).

Hotel Mt. Washington: 1944 fand dort Weltgeschichte statt

Zahnradbahn Die Talstation der **Mount Washington Cog Railway** liegt etwas abseits der #302. Eine originellere Bahn gibt es selbst in Amerika nicht noch einmal. Die kohlenbefeuerte **Zahnrad-lok** aus dem Jahre 1869 klettert über Steigungen bis zu 37% im Schneckentempo auf den Gipfel. Damit bei der Schräg-lage die Kohle nicht vom Ofenrost rutscht, wurde der Kessel im schiefen Winkel aufs Fahrwerk gesetzt. Auch wer sich die Fahrt nicht gönnt (**$35 für gute 2 Stunden plus 30 min Auf-enthalt an der Bergstation** des kahlen Gipfels), sollte sich diese Bahn zumindest ansehen. Am besten am späten Nachmittag, wenn die Sonne fürs Foto gerade richtig steht und die letzten Züge zurückkehren (zwischen 17 und 19 Uhr). Abfahrt im Som-mer stündlich 9–16 Uhr. **Reservierungen** sind empfehlens-wert: *Toll-free* ℂ (800) 922-8825 oder ℂ (603) 278-5404.

Die "schiefe" Lok der Cog Railway unter dem Kohleschütter

Auf dem Gipfel

Auf dem 1916 m hohen Gipfel des *Mount Washington* stapft man allerdings oft genug durch dicke Nebelschwaden, die nicht daran denken, den vielgepriesenen Blick freizugeben – sofern einen der Sturm nicht sowieso schon vorher umgepu-stet hat. Mit 372 km/h wurde dort 1934 die höchste jemals auf der Welt gemessene Windgeschwindigkeit registriert. So lernt es der Besucher im schützenden **Sherman Adams Sum-mit Building** – und auch, warum das so ist.

Camping

Einige Meilen westlich von Bretton Woods passiert man die **NF-Campgrounds New Zealand** und **Sugarloaf** unweit der Straße (Hinweisschild). Beide sind gut angelegt, jedoch wegen der Straßennähe ein bißchen laut.

Kancamagus Highway

Der **Kancamagus Highway** (Straße #112) durch die südlichen *White Mountains* erfreut sich im Herbst wegen der dort be-sonders prächtigen Farben des Mischwaldes einer derartigen Beliebtheit, daß es dann an Wochenenden oft zu Verkehrs-staus kommt. Zu anderen Jahreszeiten ist die Strecke insge-samt nicht sonderlich spektakulär, aber man erreicht auf ihr mehrere **NF-Campgrounds** und **Trailheads** für Wanderungen zu Schluchten und Wasserfällen. Die Flüsse verfügen über viele Badestellen und sind gute **Inner Tubing** Reviere.

Fall Foliage im Indian Summer

Die farbenprächtige **Herbstlaubfärbung** – *Fall Foliage* – ist ein Naturphänomen, das in einer derartigen Intensität nur im Nordosten Nordamerikas auftritt, weil dort die Gebirgszüge – anders als etwa bei uns die Alpen – in Nord-Süd-Richtung verlaufen. Dadurch kann im Herbst polare Kaltluft ungehindert nach Süden vordringen. Gleichzeitig sorgt im September und Oktober noch kräftige Sonneneinstrahlung für Wärme mit der Folge extremer Temperaturunterschiede zwischen Tag und Nacht.

Durch die zunehmende Dunkelheit und Kälte in dieser Zeit, dem sog. **Indian Summer**, wird das für die grüne Farbe verantwortliche Chlorophyll zersetzt, während der unter Sonneneinwirkung tagsüber produzierte Zucker in den Nächten nicht mehr abgebaut werden kann. Als Folge verfärben sich die Blätter von Birke, Erle, Buche und vor allem des **Ahorn** (*Maple*), der in Nordamerika in zehn verschiedenen Arten vorkommt. Das Rot seiner Blätter ist umso leuchtender, je stärker der Temperatursturz vom Tag zur Nacht ausfällt. Auch Feuchtigkeitsgrad und die bewölkungsabhängige Lichtintensität im *Indian Summer* tragen zum Spektrum des Farbkaleidoskops bei. Erst wenn der Baum wegen stärker werdender Fröste gar keine Nährstoffe mehr produziert, fällt das welke Blatt ab.

Die **Fall Foliage** in **Neu-England** dauert gute vier Wochen. Sie beginnt höhenabhängig Mitte/Ende September in Vermont/New Hampshire und endet etwa Mitte Oktober im westlichen Massachusetts und Connecticut. Aber auch weiter nördlich und westlich sorgt der *Indian Summer* für eine grandiose Herbstlaubfärbung, speziell in **New Brunswicks Norden**, auf der *Gaspé Peninsula* und überall in den Waldgebieten **rund um die Großen Seen**, in **Ontario** und **Québec** nördlich des St. Lawrence River.

Besonders beliebte Strecken durch farbenprächtigen Herbstwald sind in **Neu-England** die *Franconia Notch* (#3) und *Kancamagus Highways* (#112) in New Hampshire, der *Molly Stark Trail* (#9) in Vermont und der *Mohawk Trail* (#2) in West-Massachusetts. Telefonische **Hot Lines** informieren *toll-free* darüber, wo die Farben gerade am intensivsten leuchten: **US Forest Service** ✆ 800-354-4595; **Connecticut** ✆ (800) 282-6863; **Maine** ✆ (800) 533-9595; **Massachusetts** ✆ (800) 632-8038; **New Hampshire** ✆ (800) 258-3608; **Vermont** ✆ (802) 828-3239; **New York State** ✆ (800) 225-5697.

Unterkünfte

Rund um Lincoln und North Woodstock stößt man wiederum auf eine dichte touristische Infrastruktur mit jeder Menge *Hotels* und *Motels.* Wer dort übernachten möchte, kann über die *Central Reservation* Unterkünfte telefonisch buchen: © (800) 227-4191, teilweise auch *Campgrounds.*

Franconia Notch Parkway

Die Straße #3 nördlich von Lincoln nennt sich *Franconia Notch Parkway* und führt in teils parallelem, teils identischem Verlauf mit der *Interstate* #93 über 8 mi durch eine besonders pittoreske, schluchtartige Region der "Weißen Berge". Aussichtspunkte – z.B. am Ufer des Profile Lake für einen Blick auf den *Man of the Mountain*, ein natürliches Felsprofil, das wie ein Indianerkopf aussieht – und ebenfalls *Trailheads* für Wanderungen liegen am Wege. Noch am südlichen Teilstück des *Parkway* passiert man *The Flume*. Der Zutritt zu diesem sehenswerten *Canyon* kostet leider $6 (inkl. White Mountains-Film im *Visitor Center*). Dort findet man u.a. Unterlagen zu den allen weiteren Angeboten der Region.

2.6.3 Routen von New Hampshire nach Canada oder zurück auf der I-91 nach Süden

Nach Canada

Wer von den White Mountains aus nicht – wie im folgenden beschrieben – nach Vermont, sondern nach Montreal oder Québec City fahren möchte, wählt die **I-93** und anschließend die **I-91** Richtung Norden. In Canada geht es dann über die Autobahnen #55 und #10 nach Montreal, bzw. die #20 nach Québec City. Beide Strecken bieten Gelegenheit, die *Eastern Townships* im Süden Québecs zu besuchen. Für eine Fahrt ausschließlich nach Montreal erscheint die im anschließenden Kapitel verfolgte Route über Burlington am geeignetsten, (⇨ Seite 320).

Straße #5 nach Süden

Für eine schnelle Fahrt von den White Mountains zurück nach Süden, Richtung Connecticut/New York bietet sich die Interstate #91 an. Eine bessere, wenngleich zeitraubendere **Alternative** dazu ist die **#5 am Connecticut River** entlang, eine vor allem im Herbst schöne Strecke mit vielen gemütlichen *Country Inns* und hübschen Orten am Wege. Ein gut erreichbarer **Startpunkt** wäre z.B. **Wells River** am Vermont-Ufer des Flusses (Straße #112/#302 in Vermont).

Hanover

Auf der anderen Seite des Flusses (in New Hampshire) liegt Hanover (in Norwich über die Brücke). Die Stadt ist einen kleinen Abstecher wert. Das Zentrum wird beherrscht vom großzügigen Campus der *Dartmouth University* mit roten Klinkerbauten um das *Village Green*. Zu der bereits 1769 gegründeten *Ivy League University* gehört das eindrucksvolle *Hopkins Centre for Creative and Performing Art*. Damit verbunden ist das *Hood Museum of Art* voller weltweit gesammelter Kunstschätze; Di–Sa 10–17 Uhr, So ab 12 Uhr, frei.

Straße #5

Bis **White River Junction** sollte man auf jeden Fall auf der #5 bleiben. Wer genügend Zeit hat, könnte sich dann noch im südöstlichen Vermont umsehen: Besonders lohnenswert erscheint ein Abstecher nach **Woodstock** auf der **Straße #4**. Auf ihr passiert man die Zufahrt zum *Quechee Gorge*, eine tiefe, malerische Felsschlucht. Der gleichnamige *State Park* verfügt über einen guten *Campground.*

Woodstock

Dieses Woodstock – nicht zu verwechseln mit dem weltbekannten Ort gleichen Namens im Staat New York (↻ Seite 347) und anderen Woodstocks in der Umgebung – gehört zu den hübschesten Städtchen Vermonts. Am zentralen *Village Green* stehen herrschaftliche Häuser, u.a. das bildschöne *Woodstock Inn (*ab $150, Reservierung unter ✆ (802) 457-1100, Fax 3827). Eine *Covered Bridge* fehlt auch nicht.

Schon Ende des letzten Jahrhunderts kümmerte sich einer der ganz Reichen Amerikas, *Frederick Billings*, um die Erhaltung des Stadtbildes. 1 mi nördlich liegt **Billings Farm and Museum**. Dort werden – ähnlich wie in den *Shelburne Farms* (↻ Seite 324) – alte und moderne landwirtschaftliche Praktiken vorgeführt; im Sommer täglich 10–17 Uhr, $6, Kinder $3.

Kürbisverkauf bei Woodstock im Oktober. Traditionell werden daraus zum Gespenstertag "Halloween" Fratzen geschnitzt

Dörfer

Von Woodstock geht es durch eine grüne Hügellandschaft weiter auf der #106 und – ab Springfield – auf der #11 nach **Chester** und über die Straßen #35 und #30 nach **Windham-Grafton** und **Newfane**, weiteren **Neu-England Bilderbuch-Ortschaften**. Eine Besonderheit dieser Gegend sind Chesters viktorianische Steinhäuser: *Stonevillage* in der North Street.

Camping

Die **State Parks Townshend** und **Jamaica** zwischen Grafton und Newfane besitzen **Flußbadestellen** und *Campgrounds*.

Brattleboro

In Brattleboro erreicht man wieder die **I-91**. Hippies ließen sich in den 60er-Jahren hier nieder und veränderten das Bild der *Main Street* nachhaltig. Alt- und Junghippies sitzen immer noch in **Hamelman's Bakery**, Elliot St., und in manch kleinem Restaurant. **Sam's Army Store** liefert die Ausrüstung fürs alternative *Outdoor*-Leben; dieser klassische *Hardware*-Laden liegt gleich neben dem *Health Food Store*.

2.7 DURCH VERMONT

2.7.1 Von den White Mountains nach Burlington

Für eine Weiterfahrt von den *White Mountains* nach Vermont bietet sich der Westabschnitt des **Kancamagus Highway** (#112) an, der 3 mi vor der "Grenze" auf die Straße #302 in Richtung Barre/Montpelier trifft. Nach Überquerung des *Connecticut River* erreicht man den **Vorzeigestaat** des amerikanischen Ostens. Für eine Camping-Übernachtung an dieser Route gibt es nichts Besseres als den *Groton State Forest* mit mehreren *Campgrounds* und warmen *Badeseen*.

Granitstein

Unweit Barre befindet sich bei Granitville ein riesiger Steinbruch: **Rock of Ages**, Zufahrt von East Barre über Websterville. Eine *Shuttle Tour* (30 min) führt im Sommer durch den **Granite Quarry** vorbei an der Maschinerie, die bis zu 100 t schwere Brocken abträgt. Von einer *Observation Platform* in der *Manufacturing Division* kann man zusehen, wie die Granitquader geschnitten, bearbeitet und poliert werden. **Visitors Center** und Produktionsanlage Mai–Oktober 8.30–17 Uhr, So ab 12 Uhr, frei. *Shuttle Tour* nur Mo–Fr 9.30–15 Uhr; $2.

Montpelier

In Montpelier, mit nicht einmal 10.000 Einwohnern kleinste Staatshauptstadt der USA, gibt es nicht ganz viel zu sehen. Die zentrale **Main Street** (nördlich des Winooski River; kreuzt die #2) ist ganz attraktiv. Nur ein paar Schritte sind es von dort zum *Capitol Building* in der State Street, einem Granitsteinbau mit dorischen Säulen und goldener Kuppel.

Hotels und **Motels** findet man entlang der Straße #2 und an der #12. In Montpelier gibt es sogar eine kleine Jugendherberge, das **Capitol Home Hostel**, ✆ (802) 223-2104.

Steckbrief Vermont/VT

560.000 Einwohner, 24.900 qkm, **Hauptstadt Montpelier** mit 8.200, größte Stadt Burlington mit 40.000 Einwohnern.

Die Hügel- und Mittelgebirgslandschaft des kleinen Binnenstaates ist zu 70% bewaldet. Die **Green Mountains** ziehen sich als *Backbone* (Rückgrat) durch die ganze Länge Vermonts bis zur kanadischen Grenze. Der **Lake Champlain** bildet im Nordwesten auf 130 mi die Grenze mit New York State und der **Connecticut River** die gesamte Ostgrenze mit New Hampshire.

Industrie ist in Vermont kaum ein Thema: nennenswert sind nur die **Holzwirtschaft** und die Granit-/Schiefergewinnung. Eine größere Rolle spielen **landwirtschaftliche Produkte**: Milch/Käse, Äpfel/*Cider* und vor allem **Maple Syrup**.

Wichtigste **touristische Ziele** sind die Ski- und Sommerresorts in den *Green Mountains* und der Lake Champlain.

BEN & JERRY`S ICECREAM

Bei der Vermarktung von *Ben & Jerry`s* Speiseeis verbinden sich gute alte Vermonter Geschäftstradition und neuzeitliches Marketing. Im Foyer der Fabrik erklären die beiden Eigentümer, bärtige Alt-Hippies, die einst für ein paar Dollar einen Fernkurs zur Herstellung von Speiseeis absolvierten, auf großen Schautafeln ihre unternehmerischen Leitlinien. **Caring Capitalism**, "fürsorglicher Kapitalismus", nennen sie das, was dort zum Wohle der Konsumenten, der Arbeitnehmer und Vermonts praktiziert wird.

Das Konzept beeindruckt durchaus: Naturreine Ingredienzen sind selbstverständlich. Die Erhaltung der ländlichen Gemeinden ist durch den Ankauf der Rohsubstanzen ausschließlich von kleinen Familienbetrieben gesichert. Der Top-Manager darf nicht mehr als das Siebenfache des einfachsten Arbeiters verdienen. Jeder Mitarbeiter ist am Gewinn beteiligt. Die Firma kümmert sich um die Lösung von Umwelt- und Gesellschafts-Problemen der Region. 7,5% des Profits fließen an gemeinnützige Vereine.

Dabei zeigt man keine falsche Bescheidenheit, die Botschaft vom guten Kapitalismus soll jeden Besucher erreichen. Und so wird auch noch dokumentiert, wie *Ben* und *Jerry* 1991, als die Milchpreise sanken, Kleinbetriebe vor dem Ruin bewahrten, wie vorbildlich die Firma recycelt, was zur Rettung des Regenwaldes unternommen wird und wie Sonnenenergie die Aggregate des Werbebusses **Ben & Jerry`s Travelling Show** kühlt bzw. heizt. Selbst eine abgewrackte U-Bahn Station im fernen New York City wurde "adoptiert" und renoviert.

Die Stars der der Wohltätigkeit in Wort, Bild und Ton sind naturgemäß *Ben* und *Jerry* selbst. Strahlende Angestellte führen humorig durch die Fabrik; und eisschleckend verläßt der Besucher die poppige Anlage mit dem Vorsatz, nunmehr täglich eine gute Tat zu begehen und **mindestens eine** der teuren Eistüten von *Ben & Jerry`s* zu genießen.

Ben & Jerrys Cowmobile, Werbeträger aus den 70er-Jahren

Straße #100 nach Stowe

Wer es nicht übertrieben eilig hat, sollte in Richtung Burlington weiter auf der Straße #2 bleiben; der Zeitgewinn auf der I-89 ist gering. In Waterbury kreuzt man die Nord-Süd-Straße #100, die nach Stowe führt, die größte *Outdoor*-Spielwiese Neu-Englands mit Ganzjahresbetrieb. Zunächst aber passiert man eine Meile nördlich der I-89 die Fabrikationsanlage des national bekanntesten Vermont-Produkts: **Ben & Jerry`s Icecream.** Die Zufahrt zur bonbonfarbenen Eisfabrik, die so gar nicht in die grüne Landschaft passen will, läßt sich nicht übersehen. Drinnen darf man von einer Galerie aus beobachten, wie dieses Edel-Speiseeis hergestellt wird. Im Juli/August 9–20 Uhr, sonst bis 17 Uhr; Zutritt $1, Kinder frei.

Cider Shop

Eine Meile weiter wird in der **Cold Hollow Cider Mill** (im Spätsommer) ein weiterer Verkaufsschlager produziert. Im riesigen *Shop* dieser Apfelwein-Abfüllanlage finden sich neben dem Hausprodukt ganzjährig alle denkbar möglichen naturreinen Produkte *made in Vermont.*

Stowe/ Kennzeichnung

So in die typische Kleinproduktion des Staates eingeführt und die Taschen bereits voller einheimischer Waren ist man bestens gewappnet für das pralle Angebot rund um Stowe, einer Tourismuszentrale, wie sie im Buche steht, und **Ski Capital of the East.** Die Infrastruktur in diesem – von der Einwohnerzahl her (ca. 3.500) – kleinen Ort samt Umgebung ist quantitativ wie qualitativ sagenhaft und kann sich mit den bekanntesten Wintersportorten in den Rocky Mountains locker messen. Dabei sind die Berge mit maximal 1339 m (*Mount Mansfield*) so ganz hoch nicht, jedoch von November bis März ziemlich schneesicher.

Ferienziel

Stowe ist es zudem gelungen, sich vom reinen Ski-Resort zu einem **Ferien- und Wochenendziel *all year round*** mit dreifacher Hauptsaison zu entwickeln (Sommer, *Indian Summer* und Winter). **Aktivurlaub** – Wandern, Joggen, Skating, Reiten, Golf, Tennis, *Mountain-Biking*, Kanufahren und Schwimmen – ist auch außerhalb der Wintersportzeit angesagt. Damit nicht genug gehört die **Mehrheit der Unterkünfte zur gehobenen bis Luxusklasse** mit allen denkbaren Annehmlichkeiten, und das gastronomische Angebot ist so vielfältig, dicht und attraktiv wie nirgendwo weit und breit. Es existiert sogar eine **Kneipenszene** mit lokalen Mini-Brauereien. Kein Wunder also, daß trotz des relativ hohen Preisniveaus bei der Unterbringung Stowe an Wochenenden – selbst außerhalb der Kernzeiten – meist ausgebucht ist. Wer einen Abstecher nach Stowe in Betracht zieht, sollte daher Anreisen am Freitag/Samstag Abend möglichst meiden und Quartier wie Campingplatz unbedingt vorreservieren, siehe nächste Seite.

Straße #108

Trotz einiger architektonischer Anleihen in Österreich wirkt der Ortskern von Stowe durchaus neu-englisch. Eine verdichtete Bebauung gibt es nur auf einigen hundert Metern Länge

In der Cold Hollow Cider Mill bei Waterbury Center

Stowe Info

an der Main St, der Durchgangsstraße #100. Das ***Information Center*** mit **Unterkunftsvermittlung** befindet sich gleich nördlich der Abzweigung der #108 (einzige Ampel) neben dem unübersehbaren Rathaus. Der **touristisch wichtigste Bereich** sind gute 5 mi (!) die #108 hinauf in Richtung *Mount Mansfield*. An dieser Straße oder wenig abseits steht die Mehrheit der *Inns*, *Resort Hotels* und *Lodges* wie auch der Restaurants, teuren Ladenzeilen, *Rental Shops* (s.u.) und Reitställe

Skating/ Biking

Neben der Straße verbindet der ***Stowe Recreation Path*** die zahlreichen Ferienkomplexe. Einst nur Wanderpfad und im Winter Langlaufloipe ist der heute asphaltierte Weg im Tal des West Branch River vor allem eine Attraktion für **Skater** und **Biker**. Wer am oberen Ende (Brook Rd beim *Salzburg Inn*) startet, rauscht mühelos bis ins Zentrum hinter die Kirche. Wanderer und Jogger sind dort fast verdrängt. ***Rental Shops*** sorgen fürs Gerät. ***Skates*** kosten $10-$12/Tag, ***Bikes*** ab $20.

Mount Mansfield

In erster Linie aber geht es in Stowe um den ***Mount Mansfield*** (1340 m), um Skilauf und Sommeraktivitäten in den Bergen des gleichnamigen *State Forest*. Nur 2 mi hinter den letzten noch Stowe zuzurechnenden Häusern erreicht man die Stationen der Skilifte und einer Gondelbahn, die auch im Sommer in Betrieb ist und ihre Passagiere für $10, Kinder $7, zum ***Cliff House Restaurant*** knapp unter dem Gipfel des *Mount Mansfield* befördert (gutes Essen, tolle Aussicht!). Autofahrer können auf der ***Mansfield Toll Road*** (Zufahrt ausgeschildert, 5 mi steile Schotterstraße, $6) bis zu einem Parkplatz fahren und von dort auf einem Höhenwanderweg mit nur noch leichter Steigung den Gipfel erklimmen (ca. 2,5 km).

Bobbahn

Ein ebenfalls sommerlicher Spaß ist der ***Stowe Alpine Slide***, 700 m die Hänge des ***Spruce Peak*** hinunter. Der Lift nach oben startet am ***Inline Skate Park*** rechts der #108; $7, Kinder $5; stark verbilligte Mehrfachtickets.

**Quartier-
suche**

Die Auswahl besonders an teuren Quartieren ist in und um Stowe – wie gesagt – enorm. In der Woche (So–Do) sind die Tarife zwar in Grenzen flexibel; für weniger als $50 kommt man jedoch kaum unter. Hilfreich ist der Reservierungsservice der *Visitor Information*: Mo–Fr von 9 bis 21 Uhr, Sa/So bis 17 Uhr: ℂ (800) 247-8693 bzw. 24-STOWE.

Trapp Lodge

Felix Austria pur bietet die **Trapp Family Lodge**, ein Luxushotel samt Dependancen im Alpen-Look in Alleinlage auf einer Anhöhe mit Weitblick, gut 2 mi abseits der #108 (Luce/Trapp Hill Rd); Preise fürs DZ im Sommer so etwa ab $200; Reservierung unter ℂ (800) 826-7000.

Hostel

Wer sich mit einem Bett im Schlafsaal zufriedengeben mag, kommt für $18 unter in der **Stowe Bound Lodge**, 673 Main Street, ℂ (802) 253-4515; Anmeldung erforderlich.

Camping

Die **Smugglers Notch**, Schlucht und Paß zugleich, gab dem **State Forest Campground** ihren Namen. Sowohl dort als auch im *Campground* **Underhill** (keine Duschen) muß man früh ankommen, um im Sommer noch ein Plätzchen zu ergattern. Alternativen sind die **State Parks Little River** bei Waterbury (ab der #2 westlich von Waterbury *Little River Road* ca. 4 mi) und – etwas entfernter – **Elmore** beim gleichnamigen Ort (Straße #12, 14 mi nordöstlich von Stowe), beide mit Strand und Bootsverleih. Der kommerzielle Platz **Gold Brook** direkt an der Straße #100 rund 2 mi südlich von Stowe bietet den üblichen Komfort auf einem nüchternen Areal.

DIE TRAPP-FAMILIE

Ältere Leser werden sich noch an die Salzburger Adelsfamilie von Trapp erinnern, die nach dem Einmarsch Hitlers ihre österreichischen Besitzungen verließ und singend Weltruhm erlangte. Hollywood nahm sich der rührenden Familiengeschichte im **Film** *Sound of Music* an: Der verwitwete Baron von Trapp, bereits mit reicher Kinderschar gesegnet, heiratet die Novizin Maria, die Gouvernante der Kinder, was weiteren Nachwuchs zur Folge hat. Im trauten Familienkreis wird fleißig gesungen und musiziert. Und zwar so gut, daß bald öffentliche Konzerte folgen, mit denen die Familie international reüssiert. Schließlich läßt sie sich in Stowe nieder – im Film wie im Leben. Das **Musical** *Sound of Music* ist dort bis heute obligatorischer Programmpunkt im Veranstaltungskalender.

Fast alle Kinder sind in Stowe geblieben. Ein Enkel des Barons führt die **Family Lodge**. Auch der musikalischen Tradition blieb man treu; im Sommer finden dort jeweils am Sonntagabend klassische *Open-air*-Konzerte mit Blick über die Berge statt: **Trapp Family Meadow Concerts**, Programm und Anfangszeiten unter ℂ (802) 253-7321.

Weiterfahrt Wenn in Stowe alles ausgebucht ist, hat man vielleicht Glück in Waterbury oder auf der Westseite der Berge (Straße #108/ #15), wo sich noch weitere *Hotels* und *Country Inns* befinden. Auch ohne Quartiersuche wäre eine Weiterfahrt in Richtung Burlington auf dieser Route (statt der #2/I-89) erwägenswert. Die Straße führt im *Smugglers Notch*-Bereich durch ein Gebiet riesiger pittoresk verstreuter **Granitblöcke**, die sich bei Kletterern großer Beliebtheit erfreuen, und passiert Ausgangspunkte für Wanderungen zu Wasserfällen und in die Berge.

Kanutrip Bei Jeffersonville kann man einen 3 Stunden-Kanutrip auf dem (ungefährlichen) Lamoille River machen; $40 pro Boot einschließlich *One-way* Transport. Eine Übernachtung im hübschen *Mannsview B&B Inn* läßt sich im Kombitarif gleich dazubuchen: ℂ (888) 937-MANN.

Burlington Burlington am *Lake Champlain* ist mit rund 40.000 Einwohnern die größte Stadt Vermonts. In den alten *Red-Brick*-Häusern im Stadtzentrum, speziell in der **Pedestrian Mall** der

Shopping **Church Street** zwischen Main und Pearl St, gibt es Geschäfte, die man in einer Mittelstadt kaum vermuten würde. Restaurants, Cafés und Bistros mit Open-air Terrassen säumen diese 500 m lange Fußgängerzone.

Parken Mit der *Open-air Mall* verbunden ist die **Burlington Square Mall** zwischen Bank, Cherry und Pine St, ein *Indoor Shopping Center*. Der Komplex umfaßt ein großes **Parkhaus** (günstige Einfahrt über die Pine St; die Straßen der Umgebung sind oft vollgeparkt) und das Regionalbus-Terminal.

Food In den *Bakeries* und *Delis* von Burlington kommen selbst Gourmets auf ihre Kosten. Dabei beschränkt sich die Auswahl keineswegs auf die verbundenen Einkaufszentren im Stadtkern mit Nebenstraßen. Für einen Imbiß immer gut ist z.B. die *Cheese Outlet* in der 400 Pine Street (4 Blocks südlich Main St), die allerdings mehr europäische als einheimische Käsesorten im Angebot hat, oder nebenan die Kaffeerösterei & Espresso Bar *Speeder & Earls* für alle, die mal wieder richtigen Kaffee genießen möchten. In der *Lake Champlain Chocolate Factory* gegenüber kann man zusehen, wie sich die Milch der *Holsteins* in Süßigkeiten verwandelt, Mo–Sa 9.30–17.30 Uhr, So 11.30–17 Uhr.

Anfahrt Bei Anfahrt aus östlicher Richtung gelangt man automatisch mitten ins Zentrum, sei es auf der Main St (Straße #2/Williston Rd) oder Pearl St, der Straße #15. Auf der I-89 wählt man die Ausfahrten #14 oder #15. Auch auf der Straße #7 von Süden kommend landet man unverfehlbar im Zentrum.

Information Stadtplan und Unterkunftsverzeichnis gibt`s an einem **Informationskiosk** in der *Pedestrian Mall*, Ecke Bank St, oder im Büro der *Chamber of Commerce* in der 60 Main St, einen Block von den Uferanlagen am Lake Champlain entfernt.

Am Lake Champlain

Der Seeuferbereich wurde in den letzten Jahren stark umgestaltet. Rund um den Fährhafen (Ende King St) fällt zwar noch Industriebrache ins Auge, aber man entkommt ihr rasch mit dem **Burlington Recreation Path** (*Jogging, Skating, Biking*), der über 9 mi am Seeufer entlang Strände, Parks und Yachthäfen miteinander verbindet. Einen *Boardwalk* findet man im **Waterfront/Battery Park** nördlich der College St. Am schwimmenden **Boathouse** werden Segel-, Ruder- und Motorboote vermietet, außerdem *Bikes* und *Skates*. Dort liegt auch das Ausflugsboot **Spirit of Ethan Allan** (⇨ Seite 214) und wartet auf Passagiere für **Sightseeing Trips**. Zwischen Universität, City und *Water-front* verkehrt im 15 min-Takt der **College St Shuttle** gratis. Wer einen **ruhigen Badestrand** am glasklaren See sucht, findet ihn im etwas verwilderten **Queen City Park**. Die gleichnamige Road zweigt von der #7 auf Höhe der I-189 ab und führt in eine Art alternative Siedlung. Kurz vor den Häusern befindet sich die leicht zu überfahrende Einfahrt. Am besten hält man sich links und folgt vom kleinen Parkplatz dem Schild *Beach* (ca. 100 m). Die Alternative ist **North Beach**, ⇨ unter "Camping" auf der nächsten Seite.

Beurteilung

Trotz des insgesamt positiven Eindrucks ist Burlington sicher kein touristisches Highlight, vielmehr ein gutes Tages-Etappenziel, wo sich relativ preiswert übernachten läßt und auch abends in Kneipen und Bars noch was los ist – nicht zuletzt wegen der vielen Studenten der **University of Vermont** und mehrerer *Colleges*. Dazu bietet der **Veranstaltungskalender** einiges: Im Juli etwa das **Vermont Mozart Festival;** ein Teil der – nicht nur Mozart-, sondern auch Bach- und Beethoven-Konzerte – findet in Burlington statt. Jazz liegt bereits im Juni beim **Discover Jazz Festival** an. Beim **Brewers Fest** am 3. Juliwochenende gibt`s alle in Vermont gebrauten Biersorten, und beim **Latino Festival** im August geht`s in der City hoch her.

Unterkunft

Die Mehrheit der Motels der unteren bis mittleren Mittelklasse konzentriert sich in Burlington entlang der Straße #7 zwischen Shelburne und der I-189 sowie entlang der #2/Williston Rd. Die Tarife sind mit $40-$60 eher moderat (außer während Veranstaltungen und *Fall Foliage*-Wochenenden). Einzelne Motels an dieser Route werben zeitweise auch mit Preisen ab $30. In ihrer Kategorie o.k. sind die Häuser der Ketten **EconoLodge, Howard Johnson, Travelodge** und **Day`s Inn**, alle an der Shelburne Rd. Direkt in der City liegt nur das **Radisson Hotel** mit Tarifen ab ca. $95, aber Sonderpreisen für ADAC-Mitglieder unter dem Stichwort *Family Adventure*. Ab ca. $70 kommt man in Häusern wie dem **Hampton Inn** in Colchester/*Exit* 14 der I-89 oder dem **Residence Inn** (*Marriott*) in Williston/*Exit 12* unter. Direkt am See liegt das **Beach & Boat Motel** an der Mallets Bay Rd (Straße #127 6 mi nördlich der Stadt, siehe auch Camping), ℐ (802) 865-3730.

Hostel

Ganze sechs Betten besitzt ***Mrs. Farrell`s Home Hostel***, Straße #127, 3 mi nördlich, 27 Arlington St, © (802) 863-6577, ab $15.

Camping

Lage und Anlage des städtischen ***North Beach Campsite*** hinter einem langen Strand am Lake Champlain sind Spitze. Der Platz befindet sich ca. 2 mi nördlich des Zentrums: Battery St, links North Ave und wieder links Institute Rd; $13-$22, Reservierung unter © (802) 862-0942. Wer dort nicht unterkommt, hat vielleicht ein paar Meilen weiter (Straße #127) Glück auf dem (durchschnittlich guten) ***Mallets Bay Campground*** an der gleichnamigen Bucht, aber durch den Lakeshore/Mallets Bay Dr vom See getrennt; © (802) 863-6577.

Von Burlington nach Montreal

Für eine **schnelle Fahrt** von Burlington nach Montreal (ohne Fährbenutzung) empfiehlt sich die I-89 bis zum Exit #21. Von dort aus nimmt man die Straße #78, dann #2 hinüber zur I-87 von New York nach Montreal. Von der (häufig überlasteten) Grenze sind es (auf der kanadischen Autobahn #15) bis ins Zentrum Montreals nur noch ca. 60 mi bzw. mindestens 90 min Fahrzeit, da sich um Montreal der Verkehr meist stark verdichtet. **Reizvoller** ist – nach 10 mi auf der I-89 – die Straße #2 über Grand Isle im Lake Champlain. Die Ortdurchfahrten vermeidet, wer auf der Insel die **Fähre zum Westufer** nimmt und gleich die I-87 ansteuert. Die ***State Parks Grand Isle*** und ***North Hero*** an der #2 besitzen **Badestrand** und ***Campground***.

Fähren über den Lake Champlain nach New York State

Vier Fähren verbinden Vermont mit dem Staat New York:
- Die nördlichste und mit 12 min Überfahrt kürzeste verkehrt von der Insel **Grand Isle** (Straße#2, dann #314) **zum Plattsburgh-Anleger**; $7 für Auto und Fahrer, $2 für jede weitere Person. Im Sommer verkehrt sie alle 20 min, letzte Fahrt um 20.40 Uhr.*)
- Die längste Überfahrt von **Burlington nach Port Kent** (ca. 60 min), ist bei schönem Wetter besonders zu empfehlen. Vom Wasser aus hat man die Adirondacks und die Green Mountains im Blick. Sie kostet $12 für Fahrer und Auto, $3 pro zus. Person. Im Sommer stehen 14 Abfahrten täglich auf dem Fährplan; letzte Fähre ca. 19.30 Uhr.
- Die Fähre vom **Charlotte-Anleger** (südlich von Burlington, Straßen #7/#F5) **nach Essex** benötigt 20 min. Fahrer und Wagen $7, jede weitere Person $2. Abfahrten im Sommer bis 21.30 Uhr halbstündlich.*)

*) Sonntags geringere Frequenz der Abfahrten. Aktuelle Information unter © (802) 864-9804.

- ***Fort Ticonderoga Ferry***, Straße #73/#74 bei Shoreham. Überfahrt 6 min, kontinuierlich Mai–Okt 8–18 Uhr, im Sommer 7–20 Uhr; Tarife wie oben die Kurzfähren.

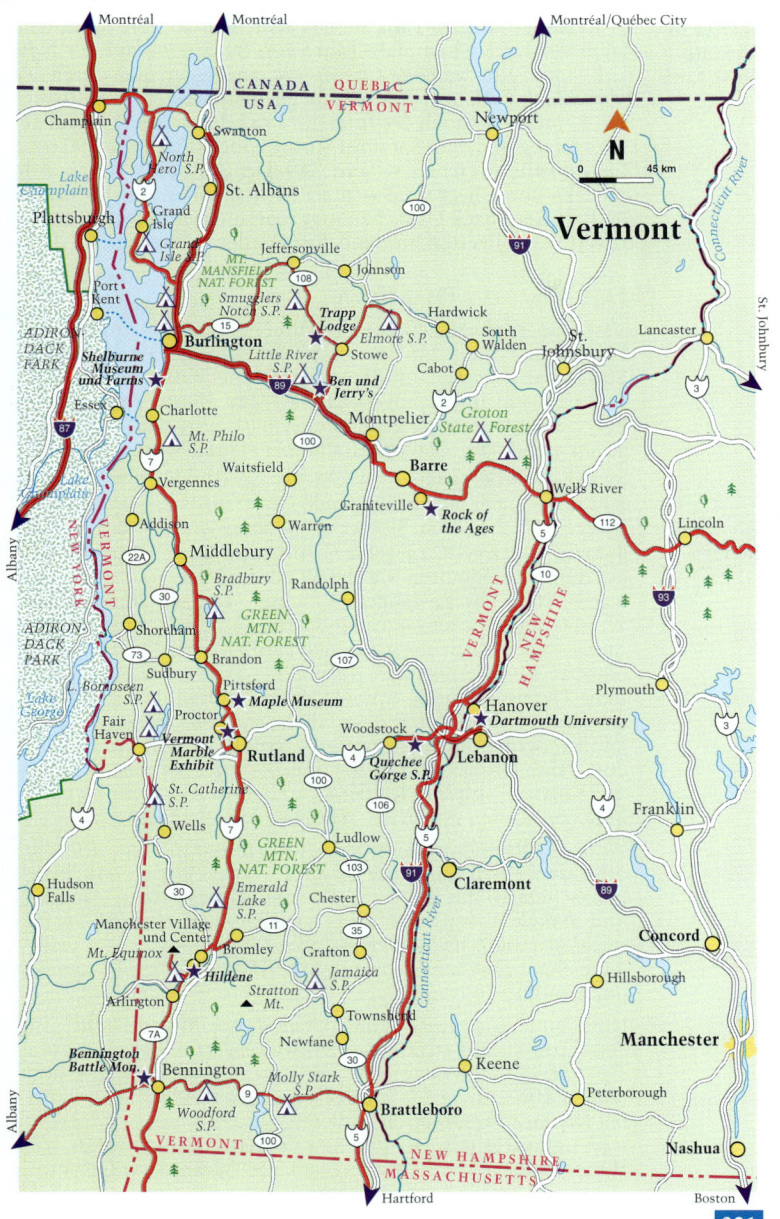

Weiter in Upstate New York

Bei **Reiseziel Niagara Falls** schlägt man sich ab Port Kent, dem Hafen der Lake Champlain-Fähre von Burlington auf der New York State Seite des *Lake Champlain*, am besten quer durch den **Adirondack Park** über Lake Placid nach Südwesten, ➪ Seite 355. Man könnte aber auch der *Interstate* #87 durch das Ostareal des Parks folgen und über Saratoga Springs und Albany die I-90 nach Niagara Falls erreichen, ➪ Seite 348. Der Zeitbedarf für die Adirondacks-Route liegt trotz weniger Meilen höher: Für die Strecke von Port Kent nach Utica benötigt man nicht unter 2 Tagen; bei kurzen Verweilzeiten hier und dort werden daraus rasch 3 Tage.

DAS VERMONT PHÄNOMEN

Vermont ist ganze 240 km lang, im Süden nur 64 km und im Norden maximal 145 km breit. Der einzige Neu-England-Staat ohne Zugang zum Meer besteht aus einer dicht bewaldeten Hügel- und Gebirgslandschaft. **Les Monts Verts**, grüne Berge, nannte *Samuel de Champlain* (➪ Seite 476) den Landstrich östlich des später nach ihm benannten Sees.

In der amerikanischen Geschichte spielte Vermont kaum eine Rolle; erst nach dem Ende des französisch-englischen Krieges 1759 kamen Siedler in nennenswerter Zahl in die damals abgelegene Gegend. Um Ackerland zu gewinnen, holzten und brannten sie die Wälder nieder, und um 1850 waren 70% der Bestände vernichtet. Danach lockten der Westen und neue Jobs in den Industrien an der Küste. Viele der mühsam der Natur abgerungenen Farmen verfielen. Der Wald eroberte sein Terrain zurück, und der Bestand fast ausgerotteter Tierarten (Bären, Kojoten, Elche und wilde Truthähne) erholte sich. Von der Industrialisierungwelle Anfang dieses Jahrhunderts blieb Vermont größtenteils verschont. Es gibt dort keine Großstadt. Die in Amerika sonst üblichen "Kommerzmeilen" mit Filialen der *Fast Food*-Ketten und *Shopping Malls* existieren nur in der Handvoll Mittelstädten.

Weite, sanfte Hügel, saftige Weiden mit *Holsteins*, wie die schwarz-weißen Kühe hier genannt werden, große dunkelrote Holzscheunen mit ihren charakteristisch gewölbten Dächern und makellos weiße Dörfer prägen die Landschaft. Alles ist etwas altmodisch: der *General Store*, die Kneipe an der Ecke, die vielen hübschen (aber teuren!) *Bed & Breakfast* Quartiere und *Country Inns*.

Und dennoch meinen manche, daß dieses **Musterländle** mit den ältesten und striktesten Umweltgesetzen der USA zum *Central Park* Neuenglands verkäme, es gäbe jetzt schon "mehr Kühe auf den T-Shirts als auf den Weiden". Der **Trust for Historic Preservation**, eine Organisation, die sich landesweit um die Erhaltung allen Bewahrenswerten kümmert, hat Vermont sogar kürzlich auf seine Liste "gefährdeter Gebiete" gesetzt. Ein Novum, denn die betraf bis dahin äußerstenfalls Städte und Kleinregionen, keinesfalls aber ganze US-Staaten.

"Zerstören die Liebhaber der Idylle die Idylle?" ist die Frage. Tatsächlich sind in den **Green Mountains**, dem zentralen Höhenzug Vermonts, Skigebiete entstanden mit zahllosen Hotels, Appartmentanlagen, breiten Schneisen für Abfahrtsläufer, Lifts und vielen Meilen gespurter Loipen. Im Sommer und vor allem Herbst zum **Indian Summer** ist Vermont auch über die *Green Mountains* hinaus eine beliebtes Reiseziel, das nicht ohne touristische Infrastruktur auskommt.

Einen **Kontrapunkt** dazu setzen seit den 60er-Jahren zivilisationsmüde Städter, die ökologische Landwirtschaft betreiben oder alte Handwerkstraditionen aufrecht erhalten. Sie passen zu den seit eh und je vorhandenen Familienbetrieben, die Holzmöbel, handgestopfte Teddybären, *Cider* (Apfelwein), jede Art von Milchprodukten, sogar Bier und süße Sachen aus *Maple Syrup* herstellen. Das kommt betuchteren "Aussteigern" gerade recht, die in letzter Zeit vermehrt verlassene Höfe in der *Countryside* kauften und stilvoll renovierten.

Wer durch Vermont reist, sollte kleine Straßen wählen und sich Zeit lassen, um den Charme dieses Staates zu entdecken. Allerdings besser nicht im Frühjahr. Der Schnee taut lange und langsam. **Mud Season**, Matsch-Saison, schimpfen die Vermonter, wenn Schnee und Frost endlich gewichen sind. Und auch die zwar unscheinbaren, aber umso unangenehmeren **Black Flies** treiben ihr Unwesen besonders in dieser anderswo so schönen Jahreszeit.

Blauer Himmel, glückliche Kühe und Besucher in Vermont

2.7.2   Von Burlington nach Bennington

Südlich von Burlington passiert man auf der Straße #7 das sehenswerte *Shelburne Museum* und die Zufahrt zu den *Shelburne Farms*.

Shelburne Farms

Von Burlington kommend führt die Bay Road, von Süden die Harbor Rd zur Einfahrt in den 250 ha großen Park der **Shelburne Farms** auf einer Landzunge zwischen dem Lake Champlain und dessen Shelburne Bay. Er wurde vom berühmten Designer des New Yorker *Central Park, Frederick Olmstead,* gestaltet. Im Farmbereich dieses herrschaftlichen Besitzes der *Vanderbilt-Webb Family* entstehen bis heute Milcherzeugnisse, Backwaren und Holzmöbel. Ein Laden beim *Visitor Center* besorgt die Vermarktung der Produkte vor Ort. **Eintritt** ohne Führung **$4**; Kinder **$3** (für den Zugang zu *Walking Trails* rund um den Park, zu Stallungen und *Children`s Farmyard*, einer Art Bauernhof-Spielplatz mit Tieren); geführte Tour $7. Der Besuch lohnt sich auch und besonders mit Kindern, die Führung ist eher etwas für Amerikaner.

Im ehemaligen Wohngebäude befinden sich das feine **Inn at Shelburne Farms** und **Restaurant**; ✆ (802) 985-8498.

Shelburne Museum

Auf dem Gelände des *Shelburne Museum* (direkt an der #7 unweit südlich der Harbor Rd) stehen – im weitesten Sinne – **Americana** im Mittelpunkt. **Electra Webb,** Tochter eines Zuckermagnaten und Sammlers europäischer Kunst, hortete – angesteckt von der Sammelleidenschaft des Vater – von Kindesbeinen an bis 1960 alles, was ihr in die Hände fiel, sofern es nur rein amerikanisch war. Diese Sammlung von Sammlungen, **Collection of Collections**, zeigt Gegenstände und Gebäude aus allen Bereichen des amerikanischen Lebens. Unter 35 (!) historischen Bauten des Komplexes befinden sich Eisenbahnstation, *Shaker*-Scheune (➪ Seite 332), eine alte Schule, sogar ein Raddampfer und eine *Covered Bridge*. Die Häuser sind vollgestopft mit allen nur erdenklichen Objekten wie Spielzeug, Kutschen, landwirtschaftlichem Gerät, Schlitten, Zirkusfiguren, Uhren und Jagdtrophäen. Die Kunstwerke aus Europa aus der Sammlung des Vaters sind ebenfalls zu sehen (u.a. *Goya, Manet, Monet, Rembrandt*). Täglich 10–17 Uhr; $16; Kinder bis 14 Jahre $6.

Teddybären

Wer sich für Teddybären interessiert, sollte im weiteren Verlauf der #7 auf die bunte, etwas isoliert stehende *Shopping Plaza* der **Vermont Teddy Bear Company** achten. Dort werden die Bären von Hand und nur aus natürlichen Materialien gefertigt. Stündliche Gratis-Führungen finden Mo–Sa 10–16 Uhr und So ab 11 Uhr statt.

Straße #7

Die Straße #7 führt weiter durch eine zunächst eher abwechslungsarme Hügellandschaft und kleine, meist schmucke Ortschaften. Sie alle besitzen ihre individuellen Besonderheiten:

Charlotte die *Vermont Wild Flower Farm* und **Vergennes** den *Factory Market Place*, eine umgestaltete Fabrik mit Antiquitäten-*Shops*, allerlei Handwerk und *Delis*. In **Middlebury**, einer hübschen *College Town* mit dem historischen **Middlebury Inn** am *Village Green (ab ca. $80, © (800) 842-4666)*, befindet sich das **Vermont Craft Center** hinter den *Otter Creek Falls* (gleich jenseits der Brücke Frog Hollow Alley)

Camping

Ein guter Übernachtungsplatz ist der **Mount Philo State Park** (zwischen Charlotte und North Ferrisburg) mit Weitblick über den Lake Champlain und die *Adirondacks*.

Am Rande des *Green Mountain National Forest* südlich von Middlebury bietet der **Branbury State Park** Straße #53) am **Lake Dunmore** Badestrand und **Campground**. Leider nur 17 (für Zelte und leichte Fahrzeuge) der ca. 50 Stellplätze liegen offen in Seeufernähe. Einziger weiterer öffentlicher Seezugang ist ein kleiner Strand am Nordufer; dort befindet sich auch der private Campingplatz **Kampersville**, © (802) 352-4501.

Paddeln im Leihkanu auf dem Lake Dunmore

Maple Syrup

Im Herbst erfreuen sich *Leaf Peeper* vor allem an der rosagelb-orangen Färbung der Blätter des *Sugar Maple*. Andere Ahorn-Arten entwickeln eher leuchtend rote Blätter. Am Ende des Winters, etwa sechs Wochen lang von Ende Februar bis April, wenn die Nächte noch frostig-kalt sind, länger werdender Sonnenschein aber tagsüber bereits für Wärme sorgt, steigt der Saft in den Bäumen. Dann werden die Zucker-Ahorns zu Vorboten des Frühlings.

Die Süße des Ahornsafts wurde zufällig entdeckt. Man erzählt von einer *Squaw*, die Regenwasser aus einem ausgehöhlten Stamm unter einem Ahornbaum zum Kochen verwendete. Als das Gericht süß schmeckte, suchte man nach der Ursache und wurde fündig. Die Irokesen hackten fortan im Frühjahr ihre Tomahawks in die Rinde der *Maple Trees* und fingen den herausquellenden Saft auf. Mithilfe erhitzter Steine, die sie in den Saft legten, erzeugten sie daraus dickflüssigen Sirup. b.w.

Immer noch lebendig ist das romantische Bild von Bauern, die in Schneeschuhen von Baum zu Baum gehen oder mit Pferdeschlitten durch ihr Gelände fahren, um Zapfhähne in die Baumrinde zu schlagen und Eimerchen darunter zu hängen. Die vollen Behälter wurden zu *Sugar Houses* transportiert und der Saft in einem großen Kessel über offenem Feuer eingekocht. Diese Prozedur wurde – und wird von den Hobby-Sirupkochern bis heute – gerne mit einer **Sugaring-off-Party** gefeiert. Kinder freuen sich dabei über die "Bonbons", die entstehen, wenn der Sirup – auf Schnee gegossen – rasch abkühlt und sich verhärtet.

Die moderne Sirupproduktion ist erheblich rationeller: Die Bäume sind heute über Plastik-Pipelines mit Containern verbunden, von denen aus der Saft automatisch in Tankwagen gepumpt und in zentralen Sammelstellen zu Sirup eingekocht wird. Für einen Liter Sirup benötigt man 30-50 Liter Ahornsaft, etwa die Menge, die ein einzelner Baum hervorbringt. Dabei eignen sich nur mindestens 40 Jahre alte Bäume zum Abzapfen.

Maple Syrup enthält alle **Vitamine** und zahlreiche **Mineralien** und gilt daher als besonders gesund. Europäern, die selten von Kindesbeinen an *Maple Syrup* genossen haben, schmeckt das süße Zeug oft nicht besonders. Indessen gibt es erhebliche Qualitäts- und Geschmacksunterschiede, die in einer fein abgestuften Kassifizierung dem Kenner verraten, was er von einer bestimmten Sorte zu halten hat.

Maple Museum Zwar wird im gesamten Nordosten Nordamerikas *Maple Syrup* produziert, aber Vermont gilt in den USA als Hochburg der Kunst seiner Herstellung. Da nur wenige Touristen im Februar und März, wenn der Ahornsaft fließt, das Land bereisen, lernen die meisten nur das fertige Produkt kennen. Wer sich fragt, woher die dickflüssige süße Soße für die *Pancakes* kommt, erfährt alle Details im **New England Maple Museum** direkt an der Straße #7, ca. 8 mi nördlich von Rutland bei Pittsford. In diesem liebevoll gestalteten kleinen Museum werden in Wandmalereien und anhand traditioneller wie moderner Geräte Technik und Geschichte der Sirup-Gewinnung erläutert. Außerdem darf man kosten und kaufen. Im Sommerhalbjahr 8.30–17.30 Uhr, sonst 10–16 Uhr; $2.

Proctor

In den USA sagt man, Vermonter seien "innen süß wie *Maple Sirup* und außen hart wie Marmor". Denn nicht nur in der Herstellung von *Maple*-Produkten ist Vermont führend, sondern auch in Abbau und Verarbeitung von Marmor. Größte Abbauregion ist die Gegend um Rutland. In der **Vermont Marble Exhibit** in **Proctor**, einem hübschen Städtchen an der Straße #3 unweit der #7, sorgen Ausstellung, Film und *Sculpting Studio* für Runduminformation. Am Ende weiß man, wie das Rohmaterial aus dem Berg kommt und was alles passieren muß, bis der Aschenbecher schließlich ansehnlich genug fürs Wohnzimmer ist. Marmorplatten aller Schattierungen und Maserungen und jede Menge Marmorprodukte von Kerzenhaltern und Vasen über Skulpturen bis hin zum kompletten Altar sind zu sehen und natürlich auch zu kaufen. Im Sommer 9–17.30 Uhr, sonst Mo–Sa 9–16 Uhr; Eintritt $4.

Wer Proctor besucht, kann die Hinweisschilder zum **Wilson Castle** nicht übersehen. Das "Schloß" liegt einige Meilen südwestlich des Ortes und ist für europäische Augen kein besonderes Ziel. Es handelt sich um einen großen roten Klinkerbau im Stil eines Rittergutes mit Spitztürmchen, Erker, Louis XV-Möbeln und Sammlerstücken aller Stilrichtungen.

Eingangstor aus rohen Marmorblöcken zum Marble Museum in Proctor

Rutland

Rutland ist Verkehrsknoten und bei weitem größte Stadt im südlichen Vermont mit der üblichen Infrastruktur an den Ausfallstraßen. Die **Moteltarife** sind dort relativ **günstig**. Eines der teureren, dafür jedoch ausgezeichneten Häuser ist das **Best Western Hogge Penny Inn**, 3 mi östlich an der #4 (ab ca. $65; an Wochenenden und im Indian Summer ab $89). Gleich gegenüber liegt das gute **Countryman`s Pleasure Restaurant**.

Ethan Allen Highway

Die Fahrt durchs südwestliche Vermont, speziell auf der #7A (*Ethan Allen Highway*), führt durch ein besonders attraktives Gebiet im Tal des Battenkill River mit dem vielleicht schönsten Städtchen Vermonts, Manchester. Sehr einladende **B&B Country Inns** und Restaurants und wunderschöne Häuser im schneeweißen **Clapboard-Look** säumen dort die Straßen.

Manchester Manchester zwischen den Taconic Mountains mit dem herausragenden Gipfel *Mount Equinox* (1.148 m) und den Green Mountains ist eine der nobelsten und gepflegtesten Ortschaften Neu-Englands. Teure und teuerste **Nostalgie-Quartiere** und stilvolle **Gourmet-Restaurants** konzentrieren sich im Bereich Manchester Village und Manchester Center. Die Geschäftszone rund um den Kreuzungsbereich der Straßen #7A/ #11/#30 und #30N bietet ein Bild der Exklusivität wie aus einem Guß. Selbst *McDonalds* paßt im schnneeweißen *Vermont-Look* in diesen lokalen Rahmen. Aber was auf den ersten Blick wirkt wie unbezahlbare Edelboutiquen sind in Wahrheit überwiegend *Factory Stores* mit Tiefstpreisen für Mode und Schmuck, wenn auch überwiegend feiner Markennamen wie *Calvin Klein*, *Giorgio Armani* oder *Ralph Lauren*. Damit lockt man nicht nur die Reichen und Wohlhabenden, die sich das Preisniveau der örtlichen Hotellerie und Gastronomie leisten können, sondern auch Besucher der Mittelklasse nach Manchester und fährt offenbar bestens damit.

The Equinox Ein mit Marmorplatten gepflasterter Fußweg begleitet die Straße zwischen Manchester Center und dem *Village*, 2 mi weiter südlich, das vom Hotelkomplex *The Equinox* dominiert wird. Dieses Haus der Edelkategorie geht auf das Jahr 1769 zurück und wurde nach temporärer Schließung erst 1992 in der heutigen Form wieder eröffnet. Wer in diesem illustren Hotel übernachten möchte: ein Zimmer für 2 Personen kostet ab ca. $160, ✆ (802) 362-4700 oder ✆ (800) 362-4747. Dafür gibt es sehr gute, wenngleich nicht luxuriöse Zimmer (die kosten erheblich mehr) und ein angenehmes Ambiente samt Pools, Tennis- und Golfplatz. Westlich des Hotels zieht sich das Naturschutzgebiet des *Equinox Preservation Trust* den gleichnamigen Berg hinauf. Hotelgästen wird eine "freiwillige" Spende von $5 dafür mit auf die Rechnung gesetzt.

The Equinox – exquisites Nostalgiehotel in Manchester

Restaurants

Die **Marsh Tavern** im *Equinox* ist ein Restaurant nicht nur für Hotelgäste, dabei stimmungsvoll mit Kaminfeuer und nicht zu teuer für die Kategorie. Gleich nebenan befindet sich einer der Gourmet-Tempel Neu-Englands, das **Reluctant Panther Restaurant**, ein wenig nördlich des *Equinox* **Mulligans,** eine gute Adresse in der mittleren Preisklasse mit *Live Music* am Wochenende. In Manchester Center ist für ein Steak der **Sirloin Saloon** die richtige Wahl (gegenüber *McDonalds*).

Unterkunft

Besonders für gut gefüllte Brieftaschen eignet sich das große Angebot an schönen Quartieren: herausragend sind das **1811 House** (*B&B Inn*) mit *British Pub* und Zimmern mit Kaminfeuer, ✆ (800) 432-1811, sowie das **Inn at Manchester** (nicht ganz so teuer), ✆ (800) 273-1793. Wer auf dem Gipfelplateau des *Big Equinox Mountain* logieren möchte, bucht das **Equinox Mountain Inn** ab $95, ✆ (800) 868-6843. Preiswerter sind die Motels, gut das **Four Winds** und das **Aspen Motel** nördlich von Manchester Center, ✆ (800) 698-1571 bzw. ✆ (802) 362-2450, ab ca. $60, an Wochenenden teurer.

Camping

Über einen schönen *Campground* und *Swimming Beach* verfügt der **State Park Emerald Lake** bei East Dorset. Ein privater Platz befindet sich 1 mi nördlich von Arlington direkt am **Battenhill River** (Kanutrips von dort!), ✆ (802) 375-6663.

Park

In Manchester Center kann man sich bei Bedarf rasch absetzen vom kommerziellen Edelrummel: An der Straße #30N liegt eine gute Meile außerhalb des Ortes der ausgedehnte **Dana Thompson Memorial Park** mit Picknicktischen, freien Tennisplätzen, Kinderspielplatz und einem **Public Pool**.

Hildene

Immerhin vier Präsidenten besuchten Manchester, und *Abraham Lincoln* war schon für den Sommerurlaub 1865 im Hotel *Equinox* angemeldet, bevor er ermordet wurde. Seine Nachkommen ließen sich um die Jahrhundertwende das Herrenhaus **Hildene** auf einem Hügel 2 mi südlich von Manchester Village errichten. Heute wird es für offizielle Funktionen und den Tourismus genutzt. Geführte Touren halbstündlich 9–16 Uhr, Eintritt $6. Außenbesichtigung von Haus und Park $3.

Umgebung

Die Green Mountains sind nicht weit. Eine lange Sommerrutschbahn (**Alpine Slide)** über gut 1000 m und "Seifenkisten" auf Vollgummireifen findet man beim Ski Center **Bromley** an der Straße #11, 6 mi östlich Manchester, außerdem einen Sessellift auf den Mount Bromley mit Aussichtsturm. Das Skizentrum **Stratton Mountain** an der #30, ca. 15 mi südwestlich von Manchester, ist nach Stowe Vermonts zweiter Wintersport-Tummelplatz, und auch im Sommer ist einiges los.

Equinox Mountain

Auf halber Strecke zwischen Manchester Village und Arlington zweigt die Straße auf den *Big Equinox Mountain* ab. Der private **Skyline Drive** ist 5 mi lang und kostet $6/Auto; Auffahrt frei für Gäste im *Equinox Mountain Inn*.

Arlington

Das hübsche Dorf Arlington ist Heimat des bekannten Illustrators **Norman Rockwell**. Viele seiner etwas kitschigen, naiv-realistischen *Sunday Evening Post*-**Titelbilder** und andere Werke sind in der kleinen alten Kirche an der Main Street ausgestellt; im Sommer 9–17 Uhr, sonst 10–16 Uhr, $1. Die Originale befinden sich großenteils in Stockbridge/Massachusetts in einem eigenen Museum (⇨ Seite 334). Wer noch ein Quartier sucht: Das **Arlington Inn** am Straßendreieck #7A/#313 gehört ebenfalls zu den nostalgisch-romantischen *Country Inns* der Gegend und ist nicht ganz so teuer wie die Konkurrenz von Manchester; ✆ (800) 443-9442, ab ca. $90.

Bennington

Mit 16.500 Einwohnern ist Bennington eine der größten, aber touristisch insgesamt weniger interessanten Städte Vermonts. Gesehen haben muß man das unverfehlbare **Sonny`s Blue Benn Diner** an der #7, ein Original aus den 50er-Jahren mit Wahltasten für die *Musicbox* an jedem Tisch und **breakfast all day long**, und die folgenden lokalen Sehenswürdigkeiten:

Museum

Bilder von **Grandma Moses**, die mit 70 Jahren begann, naive Szenen zu malen und damit weltberühmt wurde, sind die herausragenden Stücke unter den *Americana* im **Bennington Museum**. Eine andere Abteilung erinnert an die *Bennington Battle*, eine der entscheidenden Schlachten im Revolutionskrieg. Das Museum befindet sich westlich des Zentrums an der Main St/#9; täglich 9–17 Uhr; Eintritt $5, Kinder unter 12 frei.

Obelisk

Der Schlacht von 1777 ist auch das **Battle Monument** gewidmet, ein fast 100 m hoher, weithin sichtbarer Obelisk an der Monument Ave ebenfalls im Westen der Stadt unweit des Museums. Zutritt zum Fahrstuhl zum Aussichtssdeck und Diorama des Schlachtverlaufs 9–17 Uhr; $1.

Covered Bridges

Bei Bennington gibt es gleich gleich drei **Covered Bridge**s nahe beieinander entlang der Straße #67A westlich der Stadt. Ihre Standorte sind auf einer **Tour Map** eingezeichnet, die man im Büro der **Chamber of Commerce** am Veterans Dr erhält.

Unterkunft

In und um Bennington findet man relativ viele gute Motels und *Lodges*, die meisten davon unabhängig von den großen Ketten. Im zentralen Bereich eine gute Wahl in der oberen Mittelklasse ist die **Kirkside Motor Lodge,** 250 West Main, ✆ (802) 447-7596, ab ca. $60. Empfehlenswert sind auch das saubere **Fife'n Drum Motel** unter deutscher Leitung, ca. 2 mi südlich von Bennington an der #7, ✆ (802) 442-4074, ab etwa $65 im Sommer, und das **Molly Stark Inn**, eine **B&B**-Unterkunft an der #9 Richtung Osten, ✆ (802) 442-9631.

Camping

Von Bennington führt die Straße #9, der **Molly Stark Trail**, eine beliebte *Leaf Peeper*-Route, nach Brattleboro am Connecticut River (⇨ Seite 312). Der **Woodford State Park**, 11 mi östlich von Bennington, liegt an einem kleinen See (Kanuverleih/Schwimmen) und besitzt einen prima **Campingplatz**.

2.8

SCENIC ROUTE #7 DURCH MASSACHUSETTS UND CONNECTICUT NACH NEW YORK

Straße #7

Wer auf seiner Neu-England-Rundreise zum Ausgangspunkt New York City zurückkehren muß, erreicht von jedem Punkt der beschriebenen Fahrt durch Vermonts Westen relativ rasch die I-87 und damit in wenigen Stunden New York. Ohne Zeitdruck sollte man aber lieber weiter dem Verlauf der **Straße #7** folgen; sie ist auch für das westliche Massachusetts und Connecticut **die** *Scenic Route*. Der Übergang auf die (südöstlich von Albany) nächstgelegene Schnellstraße nach New York, den sehr schönen **Taconic State Parkway** (leider keine Campmobile!), ist von dort kein Problem.

Die Berkshires

Die **Berkshire Hills** (Kurzform: *The Berkshires),* obwohl viel flacher und lichter als die *Green Mountains* in Vermont, erfreuen sich großer Beliebtheit. Der **Mount Greylock** in der gleichnamigen *State Reserve* südlich von Williamstown ist mit 1.064 m ihr höchster Berg. Schon im vergangenen Jahrhundert zog es viele **Künstler** und **Schriftsteller** in die *Berkshires,* z. B. *Hermann Melville, Nathanael Hawthorne* und *Edith Wharton*. Ihnen folgten wohlhabende Bürger aus New York und Boston.

Williamstown

Gleich südlich der Grenze zu Vermont liegt die kleine Universitätsstadt Williamstown. Eine kurze Geschäftsstraße mit Delis und Buchläden lädt zum Bummeln ein. Auf dem Campus des *College* befindet sich das traditionsreiche **Williams Inn**, ✆ (413) 458-9371, ab $110. Während des sommerlichen **Theaterfestivals** im *Adams Memorial Theater* ist das Hotel immer ausgebucht. Aber es gibt – für diese Stadtgröße (8.000 Einwohner) überraschend zahlreiche – weitere reizvolle *Inns* und auch preiswertere Motels. Die meisten liegen unverfehlbar an den beiden Hauptstraßen #2 und #7.

Herbst in den Berkshires

Museen   Williamstown besitzt zwei hervorragende Museen. Das ***Sterling & Francine Clark Institute***, 225 South St, beherbergt eine Sammlung von hauptsächlich französischen Impressionisten, darunter über 30 Bilder allein von ***Renoir***. Außerdem sind ***Toulouse Lautrecs*** Portrait *Jane Avril* und Einzelstücke anderer Meister zu bewundern. Das **Williams College Museum of Art** in der Main Street (bei der Spring St) zeigt vor allem zeitgenössische amerikanische Kunst in wechselnden Ausstellungen. Öffnungszeiten in beiden Fällen Di–Sa 10–17 Uhr, So ab 13 Uhr. Beide Museen sind eintrittsfrei.

Shaker Village   Interessant ist ein Besuch des westlich von Pittsfield an der Straße #20 gelegenen ***Hancock Shaker Village***. Wie andere *Shaker*-Gemeinden schon vorher wurde Hancock erst 1961 in ein Museumsdorf umgewandelt. Es vermittelt heute einen umfassenden Einblick in die Geschichte, das Leben und die Arbeit der *Shaker*. Geöffnet im Sommer 9.30–17 Uhr, April und November 10–15 Uhr; $10, bis 17 Jahre $5.

DIE SHAKER

Die *Shaker* waren bis zur Mitte des 19. Jahrhunderts die größte religiöse Gemeinschaft Nordamerikas. Um 1840 lebten etwa 6.000 Mitglieder in 18 Kommunen von Maine bis Kentucky und Ohio. Die Gründerin, *Mother Anne Lee*, war 1774 aus England gekommen. In einer Vision hatte sie Adam und Eva beim Geschlechtsverkehr gesehen und dabei von Jesus den Auftrag erhalten zu lehren, daß Lust die Ursache aller Sünde sei. Eines der Prinzipien der Shaker war daher die strikte Geschlechtertrennung – jedoch bei absoluter Gleichstellung. Weiter wurden Sünden öffentlich bekannt, die Loslösung von allem Weltlichen und Gemeineigentum praktiziert und Pazifismus gelehrt. Ihre ungewöhnlichen "Gottesdienste" ohne Prediger, in denen die Mitglieder in eine Art von Trance verfielen, zitterten (das *Shaking*), ungewöhnliche Bewegungen ausführten (*whirling*) und merkwürdige Laute ausstießen, brachten der Sekte die Bezeichnung *Shaker* ein.

Mangels Nachwuchs und Zulauf lösten sich schon 1875 die ersten *Shaker*-Gemeinden auf. Heute gibt es *Shaker* in den USA nur noch in Sabbathdaj Lake/Maine und in Canterbury/New Hampshire.

Schon zu ihrer Blütezeit wurden die *Shaker* wegen ihrer effektiven Landwirtschaft, ihrer aus Kräutern gewonnenen Medizin und vor allem wegen ihrer Architektur und zweckmäßigen Erfindungen bewundert. Die Einrichtung ihrer großen Wohnhäuser besticht durch eine elegante Schlichtheit. Schränke, Stühle und Gerätschaften, wie etwa

Kästchen, Schubkarren und Besen, sind einfach, praktisch und schön. Funktional und arbeitserleichternd ist *The Round Barn*, die runde Scheune. Ein Arbeiter konnte – in der Mitte des Gebäudes stehend – ohne lange Wege eine ganze Herde Kühe füttern. Das später von der berühmten Chicagoer Architekturnschule proklamierte Motto **Form follows Function** hatten die *Shaker* schon lange realisiert.

Auf dem Mohawk Trail nach Old Deerfield

In Williamstown beginnt im 3-Staaten-Eck (New York, Vermont, Massachusetts) der 63 mi lange *Mohawk Trail*, der bis Millers Falls westlich des Connecticut River läuft. Die Straße folgt in diesem Bereich einem alten Pfad der *Mohawk*-Indianer. Auf dieser ebenfalls im Herbst beliebten Route hat man auf hochgelegenen Teilstrecken weite Ausblicke über das Land, so z.B. östlich von **North Adams**.

Dieser einzigen Stadt in der Nordwestecke von Massachusetts sieht man die industrielle Vergangenheit noch an. Im **Western Gateway Heritage State Park** (Furnace St) wird die Industriegeschichte von North Adams in ehemaligen Lagerhallen "konserviert". Bei Greenfield erreicht man das Ziel des Abstechers: **Historic Deerfield** (von Greenfield Straße #5, ca. 3 mi nach Süden). Für Liebhaber des kolonialen Neu-England ist dieses Dorf ein besonderer Leckerbissen. Der bereits 1679 besiedelte *Outpost* wurde bei Angriffen im indianisch-französischen Krieg zweimal weitgehend zerstört, jedoch wieder aufgebaut. Vierzehn der kolonialen **Clapboard-** und **Shingle-**Häuser (↪ Seite 40) können auf Führungen besichtigt werden. Sie befinden sich alle an der breiten Main St, **The Street**. Die restaurierten und mit originalen Möbeln, Gemälden und Haushaltsgegenständen jener Zeit ausgestatteten musealen Gebäude stehen zwischen Dutzenden noch im Privatbesitz befindlichen und bis heute bewohnten Häusern.

Visitor Center (gegenüber empfehlenswerte Cafeteria und Restaurant) geöffnet 9.30–16.30 Uhr; Teilnahme an *Walking Tours* $10, bis 17 Jahre $5. Ein Besuch ist aber durchaus auch ohne Führung möglich und lohnenswert.

Lenox Als Zentren von Kultur und gehobenem **Lebensstil der Berkshires** gelten Lenox und Stockbridge. In Lenox reiht sich ein riesiges weißes Holzhaus auf grünem Rasen an das andere. Viele wurden in **First Class Inns** umgewandelt, die der Saison allesamt langfristig ausgebucht sind. "Saison" heißt dort mit einem Wort: **Tanglewood**, ein auf den ersten Blick unscheinbarer Ort 2 mi südwestlich von Lenox an der Straße #183.

Tanglewood Seit 1939 nimmt dort das **Boston Symphony Orchestra** sein Sommerquartier. Dank *Leonard Bernstein* wurde Tanglewood weltberühmt. Auf den *Tanglewood Grounds* lauschen Musikliebhaber von Ende Juni bis September klassischen Konzerten im Saal und auf dem Rasen. Dainter liegen die *Berkshire Hills* und die *Stockbridge Bowl*, ein wunderschöner See. Das in den *Delis* von Lenox und Stockbridge zusammengestellte Picknick wird auf Decken ausgebreitet, und man trinkt – der rustikalen Gelegenheit zum Trotz – Wein nicht wie sonst aus Plastikbechern, sondern stilvoll aus Gläsern. Selbst Kerzenleuchter gehören zur standesgemäßen Ausrüstung. **Information/Reservierung** für *Tanglewood*-Konzerte unter © (413) 637-1940 und © (617) 266-1492. Ein Plätzchen auf dem Rasen kostet $12, überdacht ein wenig mehr.

Tanglewood Konzerte genießt man im Saal und picknickend auf der Wiese hinter den eigens dafür entfernten-Wänden

Stockbridge Auch Freunden des Theaters haben die *Berkshires* etwas zu bieten. Das **Berkshire Theatre Festival** findet im Sommer parallel zu den Tanglewood-Konzerten statt, und im fürstlichen Wohnsitz der Dichterin **Edith Wharton** spielt dann die **Shakespeare Company**; Info-© (413) 298-5576 oder 5200.

Alice`s Restaurant Stockbridge ist ebenso edel wie Lenox, aber lebendiger. Den *Afternoon Tea* nimmt man in gediegener Atmosphäre auf der überdachten Terrasse des traditionellen **Red Lion Inn** an der Main Street. Heute ist kaum noch vorstellbar, daß sich in Stockbridge vor nicht allzu langer Zeit noch *Hippies* zu Hause fühlten. An *Arlo Guthrie`s* Song und Film **Alice`s Restaurant** erinnern sich wahrscheinlich nur noch wenige. Das Lokal etwas abseits der Main Street heißt heute **Teresa`s** und ist – mit neuer Klientel – immer noch "in".

Rockwell Museum In ihrem Urteil über eine andere kulturelle Errungenschaft von Stockbridge sind sich die Konzert- und Theaterbesucher der *Berkshires* nicht einig. In den 40er- und 50er-Jahren erschienen die Zeichnungen von *Norman Rockwell* auf den Titelseiten der *Sunday Evening Post* und waren überaus populär. Die Originale sind in einem **Museum** zu sehen, etwa

2 mi außerhalb von Stockbridge an der #183. Täglich 10–17 Uhr im Sommer, sonst etwas verkürzte Zeiten, Eintritt $8.

Unterkunft

In den vorstehend genannten Ortschaften und generell entlang der Straße #7 ist es kein Problem, ein Quartier für die Nacht zu finden. Die Auswahl insbesondere an **B&B Inns** und reizvollen *Country Inns* ist groß, aber auch die üblichen Motels aller Kategorien sind gut vertreten.

Camping

Etwas abseits des beschriebenen Weges liegen mehrere Campingplätze des *State Forest Service* (*Mt. Greylock, Pittsfield, October Mountain* und *Beartown*). Der hübscheste an einem Bade- und Paddelsee ist der kleine *Campground* im **Beartown State Forest** unweit der Straße #23 östlich von Great Barrington (nicht geeignet für größere Wohnmobile).

Straße #7 durch Connecticut

Auch in Connecticut läuft die #7 weiter durch idyllische Hügellandschaften. In West Cornwall befindet sich noch eine der wenigen **Covered Bridges**, über die man mit dem Auto fahren darf. Ab Cornwall Bridge führt sie westlich – im Tal des *Housatonic River* – an den **Litchfield Hills** vorbei. Man könnte aber auch einen letzten Abstecher einplanen, und zwar über die Straßen #4/#63 nach **Litchfield**, dem Geburtsort von *Harriett Beecher-Stowe*. Das *Village Green* dieses attraktiven neu-englischen Städtchens wird umstanden von prächtigen weißen Häusern mit schwarzen Fensterläden und Türen und dem schlanken Turm der *Congregation Church*.

Nach New York

Ob auf geradem Weg über die #7 oder über Litchfield, in Danbury erreicht man die **Interstate #84** und in Verbindung damit die – in New York-Nähe "kleineren" Straßen vorzuziehende – Schnellroute **I-684** und andere Autobahnen nach Manhattan oder **JFK/Newark Airport**.

NORMAN ROCKWELL

Norman Rockwell lebte von 1953 bis zu seinem Tod 1978 in Stockbridge. Wie in seinem früheren Wohnsitz Arlington/Vermont sind auch dort noch viele ältere Einwohner stolz darauf, für seine Zeichnungen Modell gewesen zu sein. Manche empfinden die von *Rockwell* gemalten realistischen Szenen aus dem Kleinstadtalltag zwar als kitschig und provinziell, für viele aber hat *Rockwell* in seinen Darstellungen das wirkliche, positive Amerika liebevoll festgehalten. Wer mit den USA (auch) alte *Chevis*, *Drugstores* und Frisuren und Kleidung wie zu *Elvis Presleys* Zeiten verbindet, kurz *good old America of the golden fifties*, den überkommt Nostalgie. Kunst oder nicht: die Bilder trafen und treffen immer noch den Geschmack der meisten Amerikaner. Von *Rockwell* selbst stammt der Ausspruch: *I just painted life the way I would like it to be*.

2.9   DURCH NEW YORK STATE NACH NIAGARA FALLS

2.9.1   Zu den Routen

Von Neu-England nach Niagara Falls

Die folgenden Abschnitte für Fahrten durch New York State sind so aufeinander abgestimmt, daß sie auch an die Routen durch die Neu-England-Staaten "angehängt" werden können. Denn ab Burlington/Vermont oder auch weiter südlich – sei es auf direkter Strecke von Boston/Old Sturbridge oder auf anderen Wegen (siehe vorstehendes Kapitel) – wird mancher Leser seine Reise durch Neu-England mit einer Weiterfahrt in **Richtung** *Niagara Falls* verbinden wollen. Dabei stellt sich leicht die Frage **"Über Albany oder den** *Adirondack Park***?"** Die Beschreibung dieser Zielgebiete in den Abschnitten 2.9.3 und 2.9.4, die von der Anfahrt ab New York (2.9.2) getrennt sind, wird beiden Möglichkeiten gerecht.

Steckbrief New York State/NY

18 Mio. Einwohner, 127.000 qkm, **Hauptstadt Albany** mit 101.000 Einwohnern, größte Städte New York City mit 8,5 Mio. und Buffalo am Lake Erie mit 330.000 Einwohnern. Auch Rochester am Lake Ontario mit 232.000 und Syracuse auf halbem Weg zwischen Albany und Niagara Falls mit 164.000 Einwohnern sind größer als die Hauptstadt.

Die **Geographie** von New York State ist uneinheitlich. An der südöstlichen "Spitze" des Saatsgebietes liegen die teils flachen, teils hügeligen **Inseln** *Staten Island, Long Island* und *Manhattan*. Nördlich der Mündung des Hudson River erweitert sich das Staatsgebiet trichterförmig nach Nordwesten. Westlich des *Hudson River/Lake Champlain Valley* besetzt das *Adirondack Plateau* mit mehreren Höhenzügen über die Hälfte des Territoriums von *Upstate New York*. Vor allem der riesige *Adirondack* und der **Catskill Park** mit einem Teil der gleichnamigen *Mountains* sind dicht bewaldet. Die Westhälfte des Staates zwischen Lake Ontario und dem Staat Pennsylvania ist – bis auf breite Tiefebenen an und zwischen den beiden Großen Seen – hügelig, unterbrochen vom Seengebiet der **Finger Lakes**.

In New York State finden sich um die größeren Städte herum **Industrien vieler Branchen**. **Landwirtschaft** ist ein relativ bedeutender Wirtschaftsfaktor; namentlich Milchprodukte, Fisch, Obst und Gemüse sowie Wein (in der Finger Lakes Region) spielen eine Rolle.

Wichtigste **touristische Ziele** sind neben New York City und den *Niagara Falls* das *Hudson-River Valley*, der *Adirondack* und *Catskill Park* sowie die Finger Lakes.

Alternativen ab New York

Wer **in New York City startet** und zunächst die Niagarafälle/Toronto/Ontario besuchen möchte, fragt sich ebenfalls: "Über Albany und ggf. noch die *Adirondacks*"? Denn auf der Karte erkennt man leicht zwei prinzipielle Alternativen: Der meilenmäßig **kürzeste Weg** entspricht im wesentlichen dem Verlauf der zum *Freeway* ausgebauten **Straße #17**, die westlich von Elmira in die I-390 in Richtung Rochester übergeht. Über die Straße #20Alt erreicht man Buffalo/Niagara Falls schließlich nach **380/400 mi**, einer strammen Tagesreise. Auf dem gebührenpflichtigen ***New York State Thruway*** über Albany und Syracuse sind es ca. 50 mi mehr, aber man benötigt bei zügiger Fahrt "in einem Rutsch" weniger Zeit. Die **#17** ist insgesamt die schönere Strecke, auf ihr umgeht man jedoch das *Hudson Valley*, Albany und auch den *Adirondack Park*. Einige ausgewählte Zielpunkte im *Finger Lakes*-Bereich lassen sich von beiden Routen gleich gut erreichen.

New York State

Empfehlung

Wer nur einen Tag Zeit für die Fahrt nach Niagara Falls hat, sollte sich die von *Trucks* stark befahrene I-90 nicht "antun". **Die #17 zu fahren, macht mehr Freude**, auch wenn man vielleicht 2 Stunden länger unterwegs ist. Wer zumindest eine Übernachtung einlegen kann und es nicht auf eines der Ziele im Einzugsbereich der I-90 abgesehen hat, ist ebenfalls mit der #17 gut bedient. Als Zwischenstop kämen z.B. *Cayuga* oder *Seneca Lake* in Frage, ⇨ Seite 356. Erst ab zwei vollen, eventuell sogar drei oder mehr Tagen mit Umwegen durchs *Hudson Valley*, nach Albany hinein und/oder nach Saratoga Springs, mit Abstechern in die *Catskills,* zu den *Finger Lakes* oder nach Rochester geht kein Weg an der *Interstate*-Kombination **I-87/I-90** vorbei. Die folgenden Ausführungen beziehen sich auf Ziele entlang dieser Hauptverkehrsroute.

Nach New York

Wer von einer Rundreise durch Neu-England **von Norden nach New York City** fährt/zurückkehrt, könnte statt der vorgeschlagenen #7 durch Vermont/Massachusetts ab Saratoga Springs oder Albany auch durch das *Hudson Valley* fahren. Der unter 2.9.2 in Süd-Nord Richtung beschriebenen Fahrt am Hudson River entlang mit Abstecher in den *Catskill Park* kann man leicht in umgekehrter Richtung folgen.

Von New York nach Montreal

Eine **weitere Alternative** der individuellen Routengestaltung wäre, ab New York zunächst nach Montreal zu fahren. Bis Saratoga Springs gelten dann die beiden folgenden Abschnitte, danach das Kapitel 2.7 bis Burlington/VT in umgekehrter Richtung.

Wer auf dem Weg nach Canada auch nördlich von Saratoga Springs auf der I-87 bleiben möchte, erhält Anregungen für einen Abstecher in die Adirondacks im Abschnitt 2.9.4.

Imposante Washington Bridge über den Hudson; Blick von Fort Lee

2.9.2   **Von New York City**
             durch das Hudson Valley und die Catskills nach Albany

New York   Zu New York, dem Anfangspunkt dieser Route, sei auf die separate Broschüre **New York City Extra** verwiesen. Wegen der besonderen verkehrs-/hoteltechnischen Problematik im Großraum New York (wenn man nicht gleich ab *JFK Airport* auf der *Interstate* #495 in Richtung Long Island fährt, ➪ Seite 215) sind im folgenden ausführliche Empfehlungen zum Start/Ziel New York City gegeben.

Start
ab JFK
oder
Manhattan

Für die Fahrt von New York nach Norden gibt es mehrere Möglichkeiten. Bei **Start etwa ab JF Kennedy Airport** empfiehlt sich zunächst die I-678 (*van-Wyk-Expressway*), die im Stadtteil Bronx auf die I-95 (*Cross Bronx Expressway)* stößt, der man über die **Washington Bridge** folgt. Am Westufer des Hudson River bei Fort Lee erreicht man den Beginn des hier stark favorisierten **Palisades Interstate Parkway**.

Eine weitere Möglichkeit wäre, zunächst weiter auf der I-678 (nun *Hutchinson River Parkway*) zu bleiben und sich ab Mount Vernon (**Exit #13**) mit Ziel I-87 westlich zu halten. Auf der **Tappan Zee Bridge** überquert man den dort sehr breiten Hudson River, passiert am Westufer das historische Städtchen **Nyack** und erreicht den *Palisades Interstate Parkway* bei Spring Valley. Bei Start in **Manhattan** macht es Sinn, den **Harlem River Dr** zur *Washington Bridge* bzw. als Zufahrt zur I-87 (*Major Deegan Expressway*) zu wählen. Die **I-87** ist gleichzeitig die durchgehende *Interstate*-Autobahn nach **Albany/Montreal** bzw. nach **Niagara Falls**. Auch den **Freeway #17** (siehe nebenstehend oben) erreicht man über die I-87.

Start ab
Newark
Airport

Bei Start ab *Newark Airport* geht – um zunächst dem dort verwirrenden Netz der *Freeways* zu entkommen – nichts über die **I-95 North** (**New Jersey Turnpike**), auf der man sich am besten stur in der Mitte hält, um nicht auf irgendeine ungewollte Abfahrt gedrängt zu werden. Nach der letzten *Toll*-Station muß man aufpassen und rechts auf den Spuren für den **Local Traffic** bleiben, wenn man den **Palisades Interstate Parkway** ansteuert. Sonst wird es schwer, vor der *Washington Bridge* den *Freeway* zu verlassen.

Die I-95 N eignet sich auch als erster Anfahrtsweg, wenn **auf direkter Route Niagara Falls** angesteuert werden soll (ohne Hudson Valley). In diesem Fall geht es nach der letzten *Toll*-Station auf die I-80 *West* und dann (*Exit #62*) auf den **Garden State Parkway North**, der weiter nördlich auf die I-87 nach Albany trifft.

Nach
Albany

Wer auf schnellstem Weg nach Norden/Albany will, sollte im übrigen – speziell ab JFK – statt der I-87 den **Taconic State Parkway** (keine *Camper*!) östlich des Hudson River wählen.

Ziel
New York

Letzte
Nacht:

Hotel

Für den Fall, daß am Ende der Reise der **Mietwagen** am *JFK-/Newark Airport* bzw. ein **Camper** im Umfeld von Newark zurückgegeben werden muß, stellt sich oft die Frage einer möglichst stationsnahen letzten Übernachtung. Die **Hotels** beim *JFK* sind extrem teuer, beim *Newark Airport* auch nicht billig und überwiegend in unerfreulich isolierter Lage direkt am *Freeway*. Da nur selten eine Ankunft am frühen Morgen notwendig sein wird, macht es deshalb Sinn, die letzte Nacht noch außerhalb von *Metropolitan* New York zu verbringen. Aber ebenfalls noch relativ hochpreisig sind die Motels/Hotels im Einzugsbereich der I-95/I-87 nördlich der Bronx (Yonkers/White Plains etc.) einschließlich Stamford/Fairfield in Connecticut. Wer **preiswert** und **relativ flughafennah** unterkommen möchte, ist mit **Spring Valley/Nanuet** an der I-87/287 zwischen *Garden State* und *Palisades Interstate Parkway* gut bedient. Bei normalen Verkehrslagen sind sowohl *JFK* als auch Newark in einer guten Stunde erreicht. In Spring Valley empfiehlt sich das **Susse Chalet** (*Exit* #14, dann die #59 West und gleich an der Ampel rechts zum *Marketplace Shopping Center*; das Hotel liegt etwas versteckt dahinter; ✆ (914) 426-2000), in Nanuet das **Comfort Inn** (*Exits* #13/14; das Motel liegt erhöht an der Ecke #59/*Palisades Parkway*; ✆ (914) 623-6000). Beide Häuser sind auch über die jeweiligen 800-Nummern reservierbar: Tarife ab $55 für sehr ordentliche Zimmer. Entlang der #59 zwischen I-87 und *Parkway* ballen sich Einkaufszentren mit **Kaufhäusern** und **Factory Stores** – gerade richtig für die letzten Einkäufe vor dem Abflug.

Camping NY

Fürs Camping in der ersten/letzten Nacht und ggf. zum New York Besuch ist der **Beaver Pond Campground** im **Harriman State Park** eine erwägenswerte Wahl, ➪ nebenstehend. Allerdings gibt es keine *Hook-ups*. Der NY-City nächste Platz ist der **Liberty Harbor Marina RV-Park** in Jersey City: *New Jersey Turnpike*, *Exit* 14C auf die Grand St, dann rechts Marin Blvd, ✆ (800) 646-2066 und ✆ (201) 451-1000. Ebenfalls citynah liegt der **New Yorker RV-Park & Campground** in North Bergen, *Exit* 16E von der *New Jersey Turnpike* auf I-495, *Exit* 2 auf Straße #1/9, dann ca. 0,6 mi nach Norden, ✆ (800) 688-5080.

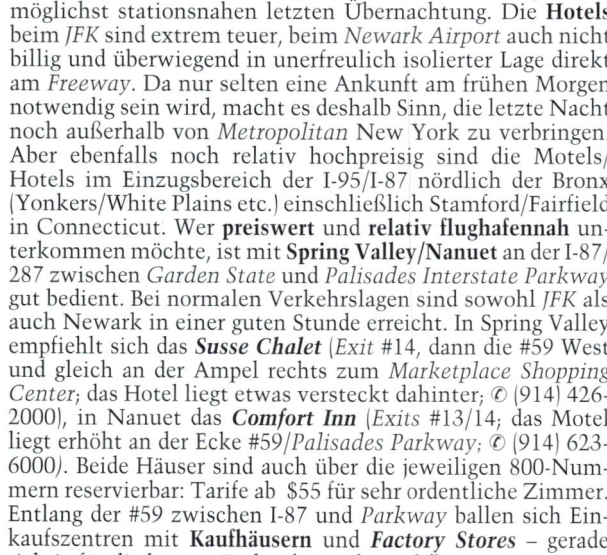

Vom Bear Mountain schaut man weit über das Hudson River Valley

Palisades Interstate Parkway

Der *Palisades Interstate Parkway* ist eine für kommerzielle Fahrzeuge, speziell *Trucks*, und leider auch *Motorhomes* und *Van Camper* nicht zugelassene **autobahnähnliche Straße "im Grünen"** zwischen Fort Lee (unweit der *Washington Bridge*) und der *Bear Mountain Bridge* bei Peekskill. Sie läuft die ersten Meilen in New Jersey durch ein **Uferparkgürtel** mit mehreren Zufahrten zu Picknickplätzen und Marinas am Hudson River (*Englewood, Undercliff, Alpine*). In New York State entfernt sich die Straße vom Fluß und führt im Nordabschnitt durch den *Bear Mountain State Park.*

Motor-homes

Campmobilfahrer können die überwiegend parallel laufende Straße #9W benutzen; an ihr befinden sich oberhalb Nyack ebenfalls *Day-use Parks*. Für schnelleres Vorankommen empfiehlt sich allerdings eher der *Garden State Parkway* weiter westlich, dann die I-87. Die im folgenden beschriebene Auffahrt zum *Bear Mountain* ist für Camper nicht möglich. Ab der *Bear Mountain Bridge* bzw. ab West Point, wenn man erst der I-87 folgt, gibt es keine Probleme mehr.

Nyack

Unterhalb der *Tappan Zee Bridge* (I-87/287), liegt das historische Städtchen Nyack mit einer hübschen Altstadt auf dem Hochufer des Hudson. Nyack ist Geburtsort des auch in Europa bekannten Malers **Edward Hopper**; im *Edward Hopper House* (82 North Broadway) hängen einige Originale. In Nyack könnte man im **Best Western** (Straße #59) noch NY-nah übernachten, jedoch teurer als im nahen Spring Valley.

Harriman & Bear Mountain State Parks

Kurz vor dem Ende des *Palisades Parkway* passiert man ein kleines **Visitor Center** der zusammenhängenden **State Parks** *Harriman* und **Bear Mountain**. Wer campen möchte, muß den *Parkway* bereits beim *Exit* 14 verlassen. Zum **Beaver Pond Campground** sind es von dort nur ca. 2 mi. Die Zufahrt ist auch von der #17 aus möglich (ab Sloatsburg Seven Lakes Dr). Reservierung empfehlenswert, ✆ (800) 456-CAMP.

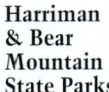

Die kurze Auffahrt zum **Bear Mountain** sollte man bei guter Sicht nicht auslassen: *Exit* 19 vom *Parkway*, Seven Lakes Dr, dann links Perkins Drive. Von oben überblickt man Hudson River und eine grüne Hügellandschaft – an guten Tagen bis Manhattan. Man kann bei Fortsetzung der Fahrt dem Seven Lakes Dr weiter nach Norden folgen und gelangt dann auf die Straße #9W in Richtung Westpoint. Dabei passiert man das **Bear Mountain Inn & Conference Center**. Der Naturstein-/Blockhausbau ist ein weiterer erwägenswerter Übernachtungsplatz in akzeptabler New York-Distanz, ✆ (800) 458-8264.

Hudson River Valley

Bis hierher hat den Hudson River aus der Nähe nur gesehen, wer entweder den Fluß bereits überquerte oder einen Abstecher vom *Parkway* nach Nyack und/oder zu Uferparks machte. Nördlich **Peekskill**, das man nicht besuchen muß, beginnt der romantisch-historische Teil des *Hudson River Valley.*

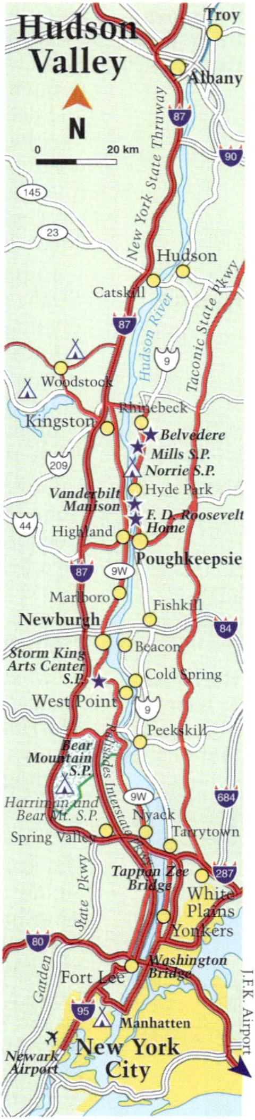

Geschichte

Henry Hudson segelte schon 1609 im Auftrag der Holländer bis Albany und nahm die Flußufer "in Besitz". Das fruchtbare Land lockte bald die ersten Siedler, neben Engländern viele Holländer. Die Ortsnamen mit der Endsilbe "-kill", ein altes niederländisches Wort für "Fluß", weisen darauf hin. Nach dem **Unabhängigkeitskrieg**, dessen Schlachten auch im Tal des Hudson geschlagen wurden, baute sich die *High Society* im letzten Jahrhundert schloßähnliche **Herrenhäuser** in der sanften grünen Parklandschaft vor allem des Ostufers. Eine ganze Reihe davon sind heute Museen und können besichtigt werden. Sie, die alten *Battle Fields* und alles andere, was geschichtlichen Bezug besitzt, sind populäre Ausflugs- und Wochenendziele. Nicht zuletzt auch deshalb, weil gerade am Hudson River zahlreiche *Historical Country Inns* und alte Kneipen ebenso wie zu Restaurants umfunktionierte Villen einen Hauch des *good old America* bieten.

Route

Nimmt man die in touristischen Anlaufstellen ausliegenden Informationsbroschüren zur Hand, erscheint die **Zahl reizvoller Sehenswürdigkeiten** im *Hudson Valley* sehr **groß**, die Auswahl daher schwer. In Wahrheit aber ist vieles, was lokal-historisch durchaus bedeutsam und sehenswert sein mag, oft so aufregend nicht. Auch manche "echte" Sehenswürdigkeit ist eine Wiederholung dessen, was einige Meilen zuvor ganz ähnlich zu sehen war wie etwa im Fall der Herrenhäuser. Kurz: für einen europäischen Touristen, der sich nur 1-2 Tage Zeit nehmen möchte, kommt es darauf an zu wissen, welches die wirklich herausragenden *Highlights* sind. Dies war die Leitlinie für die Auswahl der im folgenden beschriebenen Anlaufpunkte auf der Strecke von Peekskill über **Westpoint, Newburgh** und **Poughkeepsie** nach **Staatsburg** und **Rhinebeck** und von dort in die *Catskills*.

West Point

West Point, die Elite-Militärakademie der USA, liegt auf historischem Boden am Hudson River. Wer sich für Details dieses Riesenkomplexes interessiert, kann sich dort Führungen anschließen. Aber genaugenommen genügt der Besuch des ***Visitor`s Center*** und des ***West Point Museum.*** Beide befinden sich unverfehlbar an der Hauptstraße #218 (ab #9W) durch **Highland Falls**, einem hübschen Städtchen vor den Toren dieser Armee-Universität, und sind unbedingt den kleinen Abstecher von der #9W wert. Das Besucherzentrum (9–16.30 Uhr) informiert mit einer guten Ausstellung generell über *West Point,* Ausbildung und Alltag der Kadetten, und organisiert die ***Guided Tours*** (ab 45 min $5). Das Museum nebenan brilliert u.a. mit einer Darstellung der Geschichte der Kriege vom Altertum bis heute durch detailgetreue Schlachtaufstellungen in Dioramen und einer bemerkenswerten Waffensammlung. Kein Eintritt, geöffnet täglich 10.30–16.30 Uhr.

Picknick/ Unterkunft

Wer will, kann auch ohne Führung durch das Gelände von West Point fahren und es ggf. auch weiter nördlich wieder verlassen (*Washington Gate).* Man glaubt es kaum: Am Ufer des Hudson River mitten im Militärpark gibt es sogar Picknickplätze, und selbst an öffentliche Toiletten für Besucher ist gedacht. Gleich hinter dem ***Main Gate*** befindet sich das ***Thayer Hotel*** hoch über dem Fluß. Dort übernachten gern Eltern und Freundinnen, die ihre Söhne und Partner fürs Kadettendasein abliefern oder besuchen. Der alte schloßähnliche Bau besitzt Flair und kostet daher ein wenig mehr; ℡ (800) 456-5047 (nach Zimmern mit Blick über den Hudson fragen!). Preiswerter ist mit Tarifen ab $65 das ***Best Western Palisades Motel*** am Ortseingang Highland Falls.

Zum Storm King Park

Für das im folgenden beschriebene Ziel *Storm King Art Center* folgt man am besten der Ausschilderung ab Highland Falls zur Straße #32, dann unverfehlbar Orrs Mill Road.

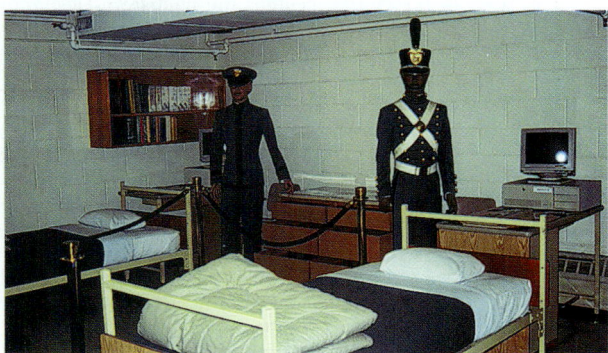

Kadettenunterbringung in West Point: heute mit Computer

**Storm King
Art Center**

Wer sich für die Kombination Kunst und Natur erwärmen kann, wird vom nahen *Storm King Art Center* begeistert sein. Es handelt sich um den größten **Skulpturenpark** der USA, qualitativ noch besser als der hochgelobte *Laumeier Sculpture Garden* in St. Louis. In einer wunderschönen, golfplatzartig gepflegten Hügellandschaft stehen weit über hundert Skulpturen – z.T. enormer Ausmaße – bekannter Künstler. Wer sie alle sehen möchte, benötigt leicht 2 Stunden auf den verbindenden *Pedestrian Paths* durchs weitläufige 160 ha-Gelände. Auf dem zentralen Hügel steht ein altes Herrenhaus mit einer **Indoor Sculpture Gallery** und dem unvermeidlichen *Shop*. Der einzige Wermutstropfen eines – sonst unbedingt empfehlenswerten Besuchs – ist der hohe Eintrittspreis von $7/Person, Kinder ab 5 Jahren $3. April bis Mitte November täglich 11–17.30 Uhr. Im Sommer Sa bis 20 Uhr.

Riesenskulptur im Park des Storm King Art Center

Straße #9W

In Newburgh besteht die nächste Gelegenheit, den Hudson zu überqueren (I-84). Die **Straßen #9D/#9** am Ostufer des Flusses bis und durch Poughkeepsie besitzten aber keine Höhepunkte. Die #9W auf dem Westufer führt dagegen durch Weinanbaugebiete; speziell um **Marlboro** (!) gibt es gleich mehrere Weingüter mit **Weinproben** (*Wine Tasting*). Sehr schön mit Blick über den Hudson liegt die **Benmarl Winery**, ca. 1 mi südlich Marlboro, dann Conway Rd; 12–17 Uhr.

Straße #9

Nördlich von Poughkeepsie (sprich: Pekípsie) verläuft der beste Abschnitt der Straße #9 auf dem hohen Ostufer des Hudson, wenngleich auch dort der Blick auf den Fluß nur selten frei ist. Die Ortschaften **Hyde Park**, **Staatsburg** und **Rhinebeck** besitzen zahlreiche schnuckelige **B&B Inns**, Kneipen, Restaurants und Touristen-Shops in den typischen weißen, manchmal uralten *Clapboard Houses*. Diesen Streckenabschnitt zu fahren, ist eine reine Freude.

Zwei **National Historic Sites** und zwei **State Parks** liegen an der #9 mit Zufahrten direkt von dieser Straße:

National Historic Sites

Allerdings ist das – vergleichsweise bescheidene – einstige Heim von **Franklin D. Roosevelt**, US-Präsident 1933-45, südlich von **Hyde Park** sicher nicht für alle von besonderem Interesse, erwähnenswert jedoch, daß auch das (separate) Haus seiner Witwe *Eleonor Roosevelt* die Adelung zum *National Historic Sit*e erfuhr. Unter zahlreichen historischen Plätzen dieser Art ist es der einzige, der Leben und Werk einer *First Lady* würdigt. **Museum** und **FDR-Home** 9–17 Uhr, $5. Der zum Komplex gehörende Park ist frei zugänglich.

Nur ca. 2 mi weiter am nördlichern Ortsende von Hyde Park befindet sich die Einfahrt zum **Vanderbilt Mansion**. Ein *Trail* hoch über dem Ufer des Hudson verbindet diese Anlage mit dem *FDR-Park*. Das alte Herrenhaus der *Vanderbilts* steht weitab der Straße inmitten eines riesigen Parks hoch über dem Hudson. Besichtigung des Hauses Mai–Okt 9–17 Uhr, sonst kürzer; Eintritt $3. Der **Park** ist – bis Sonnenuntergang – ohne Gebühr zugänglich. Auch wen das Innenleben des Geldadelspalastes weniger anzieht, sollte auf die Fahrt durch den Park nicht verzichten. Besonders reizvoll ist der **Picknickplatz** am Ufer des Flusses (Einbahnstraße am Haus vorbei, kurz vor der Ausfahrt nach links); einige Tische stehen dort direkt am Wasser; schön am späten Nachmittag und in der Abendsonne.

State Parks

Ebenfalls ein optimales, noch versteckteres Plätzchen für ein **Picknick** am Hudson findet man bei der **Marina** des **Norrie State Park** bei Staatsburg (auf der Zufahrt jeweils links halten). Vom Parkplatz muß man durchs Tor des kleinen Yachthafens nach links gehen und ein paar Schritte weiter vor der Wasserterrasse wiederum links durch eine Pforte in den kleinen Picknickgarten auf einem Felsabsatz. Der **Campground** des Parks ist etwas ungepflegt, aber für eine Übernachtung in Ordnung.

Im Park des Vanderbilt Mansion National Historic Site

Der nächste **State Park, Mills Mansion** (*Historic Site*), ist nicht weit, bietet aber nach dem *Vanderbilt Mansion* nicht mehr viel Neues. Wer noch Lust auf weitere Herrenhäuser hat, sollte *Mills Mansion* und auch das nahe *Wildenstein* auslassen und bis **Montgomery Place** nördlich von Rhinebeck fahren.

Belvedere

Genaugenommen aber liegt das **Belvedere Mansion** näher, in dem man wohnen und dinieren kann. Es befindet sich unübersehbar "über" der #9 nördlich von Staatsburg mit einer **Greek Revival**-Säulenfront zu Straße und Fluß. Die romantisch-hochherrschaftlichen Zimmer im Haupthaus haben mit $175-$195 ihren Preis, aber es gibt auch die preiswertere Alternative in benachbarten *Cottages* ($65-$125). Das **Restaurant** mit einer umwerfenden Innenausstattung wie aus dem Bilderbuch der Vor-Bürgerkriegszeit und einer exquisiten Karte ist nicht teurer als andere gute Restaurants auch; ℭ (914) 889-8000.

Rhinebeck

Der dritte und größte Ort an diesem Abschnitt der Straße #9 ist zugleich der attraktivste. Rhinebeck verfügt über einen besonders hübschen Zentralbereich rund um das alte *Beekman Arms Hotel* mit einigen Kneipen und Restaurants, vor allem aber über gemütliche **B&B Places** der gehobenen Kategorie wie das **Hideaway**, 36 Lake Drive, alle Zimmer mit *Jacuzzi*, einige mit Kamin, ℭ (914) 266-5673. Ordentlich und preiswerter kommt man im **Village Inn** unter, etwa 1 mi südlich des Ortes, ℭ (914) 876-7000, ab ca. $55.

Kingston

Nördlich von Rhinebeck geht es auf der Straße #199 zurück ans Westufer des Hudson und weiter in die *Catskill Mountains*. Das historische Städtchen Kingston darf man zur Not links liegen lassen. Wer auf der #9W hineinfährt, gelangt ins alte Zentrum und auf der Ost-West-Hauptstraße Broadway an die **Waterfront** an einem Nebenarm des Hudson. Dort gibt es eine Handvoll Restaurants, Open-air-Terrassen, einen kleinen Picknickpark und eine **Visitor Information**, die über Karten und weitere Unterlagen für die Catskill Region verfügt.

Catskill Mountains

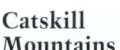

Bei Kingston reichen die Ostausläufer der *Catskill Mountains* bis an den *Hudson River*. Ein Teil dieses Mittelgebirges gehört zum **Catskill Park**, einem ausgedehnten Forstschutzgebiet mit fischreichen Flüssen und kleinen Seen. Allerdings gibt es in seinen Grenzen viel Privatbesitz. Haupt-Ostzugang ist die Straße #28. Neben weiteren ganz "normalen" Straßen im Nordostteil laufen kleine **Backroads** durchs Hinterland. Liebevoll angelegte *State Parks* besitzen gute **Campingplätze** – fast immer mit Badegelegenheit: z.B. **North Lake**, nicht weit von Woodstock, in der Nähe von Haines Falls (Straße #23A, 3 mi nach Nordosten), **Kenneth L. Wilson** an der #28 bei Mt. Tramper. Weiter westlich **Beaver Kill** mit einer *Covered Bridge* und Badestelle im Fluß (bei Livingston Manor an der Straße #17, dann 7 mi auf der #151) und **Little Pond** an derselben Straße weitere 7 mi nördlich.

Woodstock

Ein Städtchen am Rande des *Catskill Park*, gerade 12 mi von Kingston entfernt (Straße #28, dann #375) weckt nostalgische Gefühle: Woodstock, **das** Woodstock und auch wieder nicht. Dort haben immer schon Künstler und Musiker gelebt, und so kam man in den *Flower Power*-Jahren auf Woodstock als angemessenen Ort für ein Mammut *Open-air*-Konzert. Nach allerhand organisatorischem und juristischem Hin und Her fand die Veranstaltung aber letztlich gar nicht dort statt. Der Schauplatz von **Woodstock 1969** war Bethel, westlich Monticello (Straße #17).

"Antikmarkt" in einem Vorgarten in Woodstock

Sein altes Flair hat sich Woodstock trotz all der Jahre seither und der schicken, aber immer noch alternativ angehauchten Boutiquen, Restaurants und Kunstgalerien bewahren können. Das *Hippie*-Zeitalter ist im freundlichsten Ort der *Catskills*, noch nicht ganz vorüber, wie man an manchen Gästen in den *Capucchino Bars* und *Coffee Shops* unschwer feststellen wird. Dennoch lebt der Ort schon lange auch vom ganz "normalen" Tourismus, der vor allem an Wochenenden Woodstock belebt. Wer nicht in einem der diversen **B&B Inns** oder einer der besseren **Lodges** absteigt, kann kaum mehr tun, als die wichtigsten 500 m Hauptstraße durch den Ort abzulaufen, sich in den *Bakeries* mit *100%-natural bread* zu versorgen und den starken Kaffee zu genießen, der dort ausnahmsweise zu haben ist.

Spielplatz

Für Kinder bietet der Schulhof der *Elementary School* unweit der Ecke #375/#212 noch einen Bonbon: Der Abenteuerspielplatz dort steht auch anderen als den Schulkindern des Ortes zur Benutzung offen.

Camping

Ein ordentlicher **KOA-Platz** befindet sich ca. 2 mi östlich von Woodstock an der #212. *Freeway*-nah ist der **Rip van Winkle Winkle Campground** ebenfalls #212 ca. 2 mi westlich der I-87, dort eine halbe Meile auf der Straße #35 North.

2.9.3 Albany und Saratoga Springs

Albany

Für einen Kurzbesuch von Albany, der Hauptstadt von New York State, reichen zur Not ein paar Stunden. Hauptattraktion sind das alte *Capitol* und die *Rockefeller Plaza*, ein bombastisches Regierungs- und Kulturzentrum.

Rockefeller Plaza

Dessen vollständige Bezeichnung ist **Nelson A. Rockefeller Empire State Plaza**. Der Komplex hat schon Anfang der 80er-Jahre fast $2 Mrd. gekostet und wurde zum großen Teil vom Finanzmagnaten und ehemaligen Gouverneur des Staates selbst finanziert. Die mit den älteren Teilen des Regierungsviertels verbundene hochgelegene *Plaza* läßt sich nicht verfehlen: vom großen Verkehrsverteiler (I-787) am Hudson River führt eine Stadtautobahn unverfehlbar zur Parkebene unter dem Komplex (Parken nicht für Campmobile). Wer die hohen Parkgebühren dort sparen möchte, fährt einfach durch und biegt nach der Durchfahrt nach rechts zur State St ab, wo sich oft noch ein preiswerteres Parkuhrplätzchen findet. Von der Parkebene gelangt man zunächst in die unterirdische *Government Mall*, in der sich auch Shops und Restaurants befinden. Die Besichtigung der eindrucksvollen Gesamtanlage läßt sich gut mit einem Besuch des **New York State Museum** am Südende des Komplexes (10–17 Uhr, Spende erbeten) und einem Blick von der Aussichtsplattform (*Observation Deck*) des **Corning Tower** (9–16 Uhr, gratis) abrunden. Im Sommer finden auf dem Platz vorm Museum und rund um die großen Pools häufig *Open-air*-Veranstaltungen statt.

Futuristisches Rockefeller Center bei Anfahrt von der I-787

Capitol

Den Kontrapunkt zum kalten Beton der *Empire Plaza* setzen das **State Capitol**, das **State Office Building** und das **Education Building**. Diese Bauten rund um den alten Regierungspalast vereinen Stilelemente europäischer Vorbilder aus verschiedensten Epochen. Durch das überaus prunkvolle Innenleben des sehenswerten **Capitol** finden 1-stündige **Führungen** statt; Mo–Sa 9–16 Uhr; Sa+So ab 10 Uhr, gratis.

Zur Lunchtime aufgefahrene Fast Food-Vehikel bilden einen typischen US-Kontrast zu den Säulen des Justizpalastes

Zentrum/ Information
Von dort sind es zum Geschäftszentrum Albanys in der unteren **State Street** nur wenige Schritte. Das Info-Büro des *New York State Tourism Office* befindet sich oberhalb des *Capitol Building* an der der Ecke Washington/Swan St, das städtische *Visitors Center* mit kleinem *History Museum* etwas abseits am Quackenbush Square (Ecke Clinton Ave/Broadway).

Unterkunft
Ein preiswertes Motel der unteren Mittelklasse in Zentrumsnähe ist das **Red Capet Inn**, Albany Shaker Rd/#9 *North* (Abfahrt #6 von der I-90), © (518) 462-5562, ab ca. $40. Noch preiswerter geht`s nur im *Motel 6* an der 100 Watervliet Ave. Die Häuser der Mittelklasse finden sich vor allem in Airportnähe, etwa **Comfort Inn, Econo Lodge** und **Ramada Limited** an der Central Ave (Straße #5) westlich der I-87 oder das **Susse Chalet, Red Roof Inn** u.a. an der Wolfe Rd, parallel zur I-87. An Wochenenden darf man in den besseren Häusern des Bereichs wie **Courtyard** und **Hampton Inn** mit Sondertarifen rechnen.

Preiswert
Ein **YMCA**-Quartier befindet sich im Zentrum (13 State St, $22, © (518) 374-9139), das **YWCA**, 44 Washington Ave, ebenfalls; EZ $20 nur Frauen, © (518) 374-3394. Das **Pine Haven Hostel** kostet nur $13; 531 Western Ave; © (518) 482-1574.

Camping
Der nächste **State Park** mit **Campground** ist **Thompson`s Lake**, ca. 20 mi westlich von Albany, Straßen #443 und #157A.

Saratoga Springs
Gut 40 mi nördlich von Albany liegt Saratoga Springs. Bis in die 50er-Jahre war die – heute – 25.000-Einwohner-Stadt so etwas wie das **Baden-Baden der USA**. Neben den nach wie vor genutzten Mineralquellen im **Saratoga Spa State Park** gab es damals noch **Spielkasinos**. Nach dem Verbot des Glückspiels blieben aber immerhin Pferderennen samt Wetten weiter erlaubt. In der **Rennsaison im August** kommen deshalb Tausende von Besuchern nach Saratoga Springs.

Kultur

Außerdem wirken zur selben Zeit die Konzerte des *Philadelphia Orchestra*, das Saratoga Springs zum Sommerquartier erwählt hat, als Publikumsmagnet. Auch die *New York City Opera* und das *NYC Ballet* haben sich für den Sommer in Saratoga Springs entschieden, nachdem auf dem alten Kurgelände Ende der 60er-Jahre das *Saratoga Centre of Performing Arts* errichtet worden war – quasi als "Ersatz" für die Kasinos. Sie geben jeweils im Juni bzw. Juli Vorstellungen. Das Gros des Publikums sitzt dabei mit Picknickkörben und *Cool Boxes* auf dem Rasen rund um das *SPAC*.

Saratoga Spa State Park

Wie bereits erwähnt, fand und findet nicht nur das Kultur-, sondern nach wie vor auch das Kurprogramm im *Spa State Park* statt, wenngleich heute stark reduziert. Das Gelände des ausgedehnten Parks ist überaus gepflegt, beherbergt angelegte Wander- und Joggingwege, Golf- und Tennisplätze und zahlreiche Picknick-Tische. Der *Peerless Pool*, ein großes Schwimmbad, befindet sich mitten im Grünen, der kleinere *Victoria Pool* innerhalb eines zentralen Gebäudekomplexes, in dem (sehr teure) Heilbäder und Massagen angeboten werden. Alles in allem ist das zwar eine beeindruckende Anlage, aber nicht unbedingt das, was europäische Besucher nach Amerika zieht. Der *Spa Park* liegt eine gute Meile südlich der Stadt an der #9 (Broadway), ca. 3 mi nördlich des *Exit* #13N der I-87. Wer zunächst das *Visitor Center* ansteuern möchte, darf nicht bereits bei der ersten Einfahrt abbiegen (East West Rd), sondern erst bei der Avenue of the Pines. In Nachbarschaft zum Park liegt das *National Museum of Dance*, ein ungewöhnliches Museum zu allen Aspekten des rituellen, professionellen und Gesellschaftstanzes.

Für die einem Kurbad angemessene Unterkunft sorgt das *Gideon Putnam Hotel* auf dem Parkgelände, ein ehrwürdiges Haus der Oberklasse mit Zimmerpreisen im Sommer/Herbst ab $140, im August ab $250; © (800) 732-1560.

Stadtbild

Der **Broadway**, auf den man aus allen Richtungen automatisch trifft, zwischen Congress Park und Van Dam St bildet den Mittelpunkt Saratoga Springs`. Zur Orientierung ist es wichtig, zunächst einmal das *Visitor Center* an der Ecke Congress St/Broadway gegenüber dem Congress Park aufzusuchen (Parkplatz gegenüber). Dort erhält man jede Menge Material und kann in Ruhe klären, welche Teilbereiche der Stadt man sich ansehen möchte. Auf jeden Fall ist ein Spaziergng den Broadway hinauf angezeigt. Dort warten Terrassencafes, viele Boutiquen und einige bemerkenswerte Fassaden – besonders originell ist die des alten *Adelphi Hotel*. Wer sich für die originellen **Verzierungen viktorianischer Häuser** interessiert, sollte auch einen Blick in die Seitenstraßen werfen, etwa Spring und Circular St. Zahlreiche **wunderbare alte Villen** stehen u.a. am North Broadway und in der Woodlawn Ave.

Museen

Auch die Architektur des *Casino* im *Congress Park* verdient Aufmerksamkeit. Das Gebäude ist heute ein Museum zur Lokalhistorie mit Betonung der guten alten Zeit, in der noch um Geld gespielt wurde; Mo–Sa 10–18 Uhr, So 13–16 Uhr, $2.

Im *National Museum of Racing*, Union Ave, geht`s um Pferde und Jockeys; in der angeschlossenen *Hall of Fame* kann man *Highlights* früherer Rennen und Zielspurts per Video verfolgen; August 9–17 Uhr, sonst 10–16 Uhr, So ab 12 Uhr; $3.

Mobiler Kiosk aus den 20er-Jahren in Saratoga Springs

Unterkunft

Erhebliche Hotel- und Motelkapazitäten aller Kategorien konkurrieren in Saratoga Springs um Gäste. Unterzukommen ist daher außerhalb der Rennsaison (Ende Juli bis Ende August) kein besonderes Problem. Ab der letzten Juliwoche aber wird es nicht nur rappelvoll, sondern die Tarife verdoppeln sich in manchen Häusern. Im *Visitor Center* liegen die Werbebroschüren der Hotels/Motels in und um Saratoga Springs aus. Außerdem existiert dort eine komplette Liste der *B&B* Unterkünfte, viele davon in schönen alten Villen.

Im weiteren Umfeld gibt es eine ganze Reihe privat geführter Campingplätze; stadtnah liegt der kleine *Lee`s Park Campground* an der Straße #9P am Saratoga Lake, Ausfahrt #13 oder auch #14 von der I-87.

Saratoga National Historical Park

Über die Straße #9P fährt man nicht nur rund um den Saratoga Lake, sondern auch – dann #423 und #32 – zum *Saratoga National Historical Park*, wo im Jahr 1777 entscheidende Schlachten zwischen den Engländern und den amerikanischen Separatisten stattfanden. Die einstigen *Battlefields* am Hudson River erstrecken sich über einige Quadratkilometer Hügellandschaft zwischen den heutigen Straßen #32 und #4. Vom *Visitor Center* und Museum, in dem alle Details des glorreichen Sieges der Amerikaner über das von Canada nach Süden gesandte britische Expeditionskorps (darunter über 4000 deutsche Söldner) erläutert werden, führt eine Parkstraße (*Tour Route*) an den einstigen (teilweise restaurierten) Stellungen vorbei. Der Besuch ist bei Interesse an amerikanischer Geschichte und gutem Wetter einen kleinen Abstecher wert.

2.9.4   Durch den Adirondack Park

**Kenn-
zeichnung**

Die *Adirondacks*, eine ausgedehnte von Seenplatten unter-brochene, dicht bewaldete **Mittelgebirgsregion** im Dreieck zwischen kanadischer Grenze/St. Lorenz Strom und dem Hudson River/Lake Champlain, gehören zu den größten Natur-reservaten der USA. Auf gut 15.000 qkm liegen über 2.000 Seen. Die höchsten Erhebungen (um 1.500 m, *Mount Marcy 1.629 m*) finden sich im – deshalb als Skigebiet – relativ gut erschlossenen Nordosten. Außerhalb dieser Region und des von der *Interstate* #87/Straße #9 gebildeten Verkehrskorri-dors ist das durch den *Adirondack Park* führende Straßen-netz relativ dünn. In den menschenleeren Gebieten zwischen den Straßen existiert aber ein ausgedehntes System von Was-serwegen. Nennenswerte Ortschaften gibt es nur wenige. Der größte Ort, **Saranac Lake**, besitzt ganze 5.400 Einwohner, der bekannteste, **Lake Placid**, Trainingszentrum der amerikani-schen Winter-Olympiamannschaft und zweimaliger Austra-gungsort der Winterspiele, nur 2.400 Dauerbewohner. Viele der in den Karten eingetragenen Namen bezeichnen faktisch gar keine Orte, sondern kleine Streusiedlungen ohne erkenn-baren Kern, sieht man ab von Tankstelle und *General Store*. Der Park ist vor allem an Sommerwochenenden punktuell stark frequentiert, **Einsamkeit und Wildnis** warten jedoch auch dann auf Nebenstrecken und Kanurouten.

Geschichte

Das Gebiet der *Adirondacks* gehört geologisch zum *Canadian Shield*, ⇨ Seite 18. Felsige Böden und bitterkalte Winter hiel-ten Siedler davon ab, sich in dieser Gegend niederzulassen. Ende des letzten Jahrhunderts zog es aber Philosophen und Dichter hierher. Zeitweise galt es bei den Reichen als chic, sich von ihren Villen in Newport oder anderswo abzusetzen und in rauhen Landstrichen als **Rusticators** die Sommer zu verbringen (⇨ *Acadia National Park*, Seite 299). Schon vor der Jahrhundertwende wurde ein Sechstel des Gebietes als ***forever wild*** erklärt, 1892 der Park ins Leben gerufen. Die nicht zu Wildnis deklarierten restlichen fünf Sechstel der Fläche unterstehen dem *New York State Department of Environ-mental Conservation* oder befinden sich in Privateigentum, das – anders als etwa in den Nationalparks des Westens – aus den Parks nicht herausgedrängt werden kann.

In den *Adirondacks* entstand eine eigenwillige Architektur. Knorrige Stämme waren die Grundpfeiler der **Great Camp**s, wie hier die Sommerhäuser genannt werden. Auch die immer und überall präsenten *Vanderbilts* lebten dort nicht in *Louis-XV*-Mobiliar. Der bequeme **Adirondack Chair**, Amerikas Urgartenstuhl, und das fotogene **Guide Boat**, ein Kanu aus dunklem Holz, mit dem die Herrschaften einst von Landes-kundigen zum Jagen oder Angeln in die Wildnis gepaddelt wurden, sind immer noch beliebt.

Outfitter

Heutige Besucher haben keine eigenen *Guides* mehr, können aber Dienste von **Outfitters** buchen, die Kanutrips, Jagd- und Angelabenteuer, Wildbeobachtung und *Whitewater-Rafting* anbieten. Bären, Ottern, Biber, Elche und sogar der *Common Loon* mit seinem unverkennbaren Ruf sind im Algonquin keine Seltenheit. Im Park residieren u.a. folgende *Outfitter*-Firmen:

– **All Saisons Outfitter**, 168 Lake Flower Ave, Saranac Lake, N.Y 12983, ✆ (518) 891-6159

– **St. Regis Canoe Outfitters** Floodwood Road at Long Pond Portage, Lake Clear NY 12945, BOX 318, ✆ (518) 891-1838.

Adirondack Chair

Information

Unterlagen/Karten gibt es in den Besucherinformationen der größeren Orte im und um den Park. Spezifische, weitergehende Detailinformationen bieten die **Visitor Center** der Parkbehörde mitten in den *Adirondacks.* Eines befindet sich bei Paul Smiths ein wenig nördlich der Kreuzung #30/#86 (oberhalb Saranac Lake), das zweite in Newcomb an der #28N, ca. 15 mi östlich Long Lake. Auch das Museum in Blue Mountain Lake (unten) fungiert als eine Art *Information Center*.

Unterkunft

Hotels und Motels sind außer im Skigebiet um Lake Placid und an den Kreuzungspunkten der wichtigsten hindurchführenden Routen (Blue Mountain Lake, Long Lake, Tupper Lake) und in den Randzonen einschließlich der kommerziell besetzten Region um Old Forge herum ziemlich rar, dafür aber die Tarife relativ moderat (nicht in Lake Placid und Umgebung im Juli/ August). Um $50 kommt man wochentags auch im Sommer noch unter, sofern freie Zimmer verfügbar sind.

Camping

Aber eigentlich ist in den *Adirondacks* Camping angesagt. Zahlreiche schöne **Campground**s finden sich bereits an den oder in der Nähe größerer Straßen, manche sind über Schotterpiste, rund 50 (!) nur per Boot erreichbar. In der offiziellen *New York State* Karte ist die Lage der straßennahen Campingplätze eingetragen; Reservierung ✆ (800) 456-CAMP.

Anfahrt von Süden

Von **Saratoga Springs** über die I-87 aus Süden kommend, erreicht man zunächst **Lake George**, die Stadt am 32 mi langen gleichnamigen See. Dort herrscht Sommerurlaubstrubel.

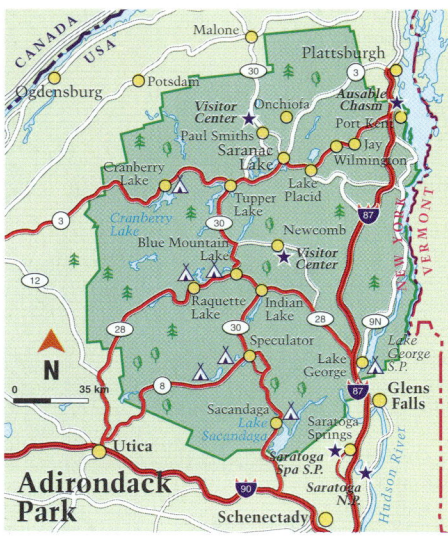

Lake George

Für Naturfreunde bleibt das **Inselcamping**. Auf 90 der 365 Inseln des Sees ist Zelten erlaubt – ein Königreich für ein Boot! Von Lake George aus führt die **Straße #28** ins Herz der *Adirondacks,* nach **Blue Mountain Lake**.

In diesem Dorf befindet sich das **Adirondack Museum**, ein Riesenkomplex, in dem alles über Geologie, Holzwirtschaft, Jagen und Fischen, Trapper, Tourismus und Umwelt in den *Adirondacks* zu erfahren ist. Besonders interessant ist die Ausstellung rustikaler Möbel und alter *Guide Boats*. Ende Mai bis Mitte Oktober täglich 9.30–17.30 Uhr, $10; Kinder $6. Sehr empfehlenswert!

Straße #28

Der Besuch von Blue Mountain Lake und eine Weiterfahrt über Inlet/Old Forge in Richtung Utica/Niagara Falls (I-90) entspräche einem **Abstecher in den Park für einen vollen Tag**. Er besitzt den Vorzug, auf dem letzten Teilstück schöne Badeseen zu passieren, an denen man sich den Grad der touristischen Erschließung aussuchen kann. Sie erreicht bei **Old Forge** ihren Höhepunkt mit allen üblichen Einrichtungen eines Sommerfrische-Ortes einschließlich Amusementparks.

Kanutrips

Ab Raquette Lake kann man einer beliebten Kanuroute über verbundene Seen und Flüsse bis Old Forge folgen. Wer ein bißchen Zeit hat, wird auf dieser (und anderen) Routen herrliche Tage verleben. **Verleihstationen** ggf. mit Rücktransport der Boote findet man am Wege. Der Mietpreis für ein Kanu beträgt pro Tag $30-$40 plus ggf. den Rücktransport.

Kurz-abstecher

Wem der Weg über Saratoga Springs, Lake George, Blue Mountain Lake etc. zu zeitraubend erscheint, könnte noch einen anderen – quasi **minimalen Abstecher** – erwägen:

Zunächst von Albany weiter auf der I-90, dann westlich Schenectady (Amsterdam, *Exit* 27) auf die Straße #30 zum **Great Sacandaga Lake**. Der wunderbare **Northampton Beach Campground** besitzt dort Stellplätze direkt am Wasser. Die #30 führt weiter rund um den *Mount Speculator* (Abkürzung Gimantown Rd im Sommer bei Wells). Ab Speculator geht es auf der Straße #8 – auch am *Sacanda* und *Piseco Lake* noch prima Campingplätze – zurück zur **I-90 bei Utica**.

Ab Lake Champlain durch die Adirondacks

Wer nicht von New York oder südlichen Neu-England-Routen anfährt, könnte eine Durchquerung des *Adirondack Park* auf der Strecke von **Port Kent** (Westufer des Lake Champlain, Anleger der Fähre von **Burlington**, ⇨ Seite 320) über das Skigebiet von Lake Placid ins Auge fassen.

Ausable Chasm

Unweit Port Kent überquert die Straße #9 ein kommerziell ausgebeutetes Naturschauspiel, den ***Ausable Chasm***. Der *Ausable River* hat unweit der Mündung in den Lake Champlain sein Bett tief in den Sandstein der *Adirondack Mountains* gegraben. Über Fälle und Stromschnellen stürzt das Wasser durch eine **90 m tiefe Schlucht**. Einschließlich einer kurzen Bootsfahrt durch den Engpaßbereich kostet der Spaziergang am Grunde des *Canyon* $13 Eintritt. Der eintrittsfreie Blick von der Straßenbrücke tut es zur Not auch.

Lake Placid

Auf der Straße #9N, dann #86 geht es am *Ausable River* entlang (immer wieder herrliche *Swimming Holes*) zunächst nach Lake Placid, Austragungsort der **Winterspiele** von 1932 und 1980. Das im Sommer wie ein Kurort wirkende Städtchen mit einer dichten touristischen Infrastruktur liegt zwischen den Höhenzügen *Wilmington* und *Sentinel Mountains* am gleichnamigen und *Mirror Lake*. Zwischen Skihängen und Lake Placid lockt der *Ausable River* gleich zum zweiten Mal zahlungswillige Touristen an seine Stromschnellen. **High Falls Gorge** heißt die Folge von Wasserfällen durch eine malerische Schlucht, die dort nur gegen $5 zu bewundern ist.

Nordroute

Deutlich einsamer als die vorgeschlagene Route, aber insgesamt kaum weiter bzw. zeitaufwendiger ist die Straße #3 von Tupper Lake über Cranberry Lake nach Watertown, wo man auf der I-81 Anschluß an die I-90 nach Niagara Falls hat. Am *Cranberry Lake* lädt **einer der schönsten Campingplätze** der ganzen *Adirondacks* zum Bleiben ein.

2.9.5   Von Albany nach Niagara Falls

Finger Lakes

Von Albany führt der gebührenpflichtige **New York Thruway** (I-90) quer durch den Staat New York nach Buffalo und weiter nach Westen. Zwischen der Industriestadt Syracus und der *Kodak-Town* Rochester liegen südlich der Autobahn die **Finger Lakes**, ideal für einen Abstecher oder Zwischenstop. Die Namen der Seen wie **Seneca, Cayuga** u.a. gehen auf die Irokesen zurück. Nach der Legende legte der Schöpfer seine Hand auf dieses Stück Erde und hinterließ den Abdruck seiner 11 (!) Finger. Die **Geowissenschaft** erklärt die Entstehung mit den Eismassen der letzten beiden Eiszeiten, die für die langgestreckten, bis zu 180 m tiefen Seen und die Schluchten mit zahlreichen Wasserfällen an deren südlichen Enden verantwortlich sind. Die fruchtbaren Böden der leicht hügeligen Landschaft eignen sich vor allem für den Wein- und Obstbau. Zahlreiche **Weingüter** bieten Weinproben. Nicht Wälder begrenzen hier die gradlinigen Seeufer, sondern Wiesen und Felder; der Blick auf das tiefblaue Wasser ist frei.

Seneca Falls

Wer sich für die Frauenbewegung interessiert, sollte in **Seneca Falls** den **Women`s Rights National Historic Park** besuchen. Man glaubt es kaum: hier, in der tiefsten Provinz, nahm sie ihren Anfang. *Elisabeth Cady Stanton* und *Amelia Bloomers* organisierten 1848 den ersten *Women`s Rights Congress*. Das **Visitor Center** ist täglich geöffnet 9–17 Uhr. Im alten Wohnhaus von *Mrs. Stanton*, 116 Falls Street, erfährt der Besucher alles zur Geschichte der Frauenbewegung. Ergänzend könnte man einen Besuch in der **National Women Hall of Fame** (16 Falls St) anschließen, die Frauen vorstellt, die in Geschichte, Wirtschaft oder Kultur der USA eine Rolle spielten.

Camping

Auf dem Campingplatz des **Robert H. Treman State Park** in der Nähe des gemütlichen Universitätsstädtchens **Ithaca** am südlichen Ende des *Cayuga Lake* kann man gut übernachten und in einem natürlichen Becken am Fuße eines Wasserfalles baden (5 mi südwestlich von Ithaca Straße #13, dann #327). Die **Campgrounds** der beiden am Westufer des Cayuga Lake gelegenen **State Parks Taughannock Falls** und **Cayuga** sind leider durch die Straße #89 von ihren Picknick- und Badegeländen am See getrennt.

Seneca Lake

Von der hübschen Stadt Geneva an der Nordspitze des *Seneca Lake* führt die Straße #14 am Westufer des Sees entlang nach Watkins Glen. Vor allem an dessen südlichem Ende stößt man auf **Weingüter** mit Probierstuben.

Im **Watkins Glen State Park** wird in den Sommermonaten zwischen pittoresken Felswänden und Wasserfällen eine **Sight&Sound Laser Show** über die Entstehung des *Canyon* gezeigt. Weiter oberhalb liegt der **Campingplatz** mit großem *Swimmingpool* und weitem Blick über den See.

Schnellimbiss und Rundfahrtbuchung am Seneca Lake

Seneca Indianer

In Victor, südlich der I-90, Exit #44, an der Straße #96, erinnert der **Ganondagan State Historic Site** an das Schicksal der *Seneca*-Indianer. Hier lebten vor mehr als 300 Jahren mehrere tausend Indianer. Ihre auf einem Hügel gelegene Stadt wurde trotz seiner Befestigungen 1687 von den Franzosen zerstört. Schautafeln informieren über die Lebensweise der *Seneca* – nicht spektakulär, aber durchaus interessant.

Rochester

Auf der Weiterfahrt ist Rochester am Lake Ontario für Fotofans einen Abstecher wert. In **Eastman Kodak Town** läßt sich alles, was irgendwie mit Fotografie zu tun hat, im **International Museum of Photography** bestaunen (im einstigen Herrenhaus von **George Eastman**, 900 East Ave/Straße #96, faktisch in der Verlängerung der Anfahrt I-490 von Südosten). Di–Sa 10–16.30 Uhr, $6, Kinder $2. Auch die Kodak-Produktionsstätten sind zu besichtigen; Auskunft im Museum.

Lake Ontario

Statt der Autobahn zu folgen, könnte man ab Rochester die Küstenstraße am Lake Ontario nehmen. Aber weder die Seeufer und Strände noch die nur teilweise direkt am Wasser verlaufende Straße sind sonderlich reizvoll. Lediglich die *State Parks* mit ihren Campingplätzen in regelmäßigen Abständen bilden ggf. ein gutes Motiv, für die letzten Meilen nach Niagara Falls den **Lake Ontario Parkway** zu wählen. Bester und zugleich Niagara Falls nächster (17 mi) **State Park** ist **Four Mile Creek** mit großem **Campground** unweit der Mündung des *Niagara River* in den Lake Ontario; © (800) 456-CAMP.

Old Fort Niagara

Das alte **Fort Niagara**, ein **National Historic Site** im gleichnamigen *State Park*, wurde zwar aufwendig restauriert, wirkt aber dennoch nicht so attraktiv wie sein kanadisches Gegenüber *Fort George* im Palisadenlook. Im Sommer finden täglich Paraden in historischen Uniformen statt; Eintritt $6.

Zufahrt Niagara Falls

Zu den Fällen sollte man vom *Lake Ontario* aus den wunderbar grünen **Robert Moses Parkway** wählen, der in Ufernähe dem Lauf des Flusses folgt. Bei Lewiston liegt der **Art Park**, der zum *Niagara State Park*-System gehört. Ein Veranstaltungssaal mit über 2.000 Sitzen öffnet sich nach draußen und bietet zusätzlichen Platz auf dem Rasen. In den Sommermonaten werden zahlreiche Aktivitäten organisiert, Information unter ✆ (800) 659-Park. Schöne **Trails** führen am hohen Steilufer des Niagara River entlang.

Anfahrt über Buffalo

Reist man auf der **Turnpike I-90** an, erreicht man rund 20 mi vor **Niagara Falls** zunächst den äußeren Autobahnring #290 um **Buffalo**, von dem man über die **Toll Bridges** der I-190 nach Niagara Falls geleitet wird. Auf der Straße #62 (Exit #3, *Niagara Falls Blvd*) vermeidet man Gebühren und gelangt auf direktem Weg zu den Fällen. An dieser Strecke liegen zahlreiche relativ preiswerte **Motels**, ➭ Seite 364.

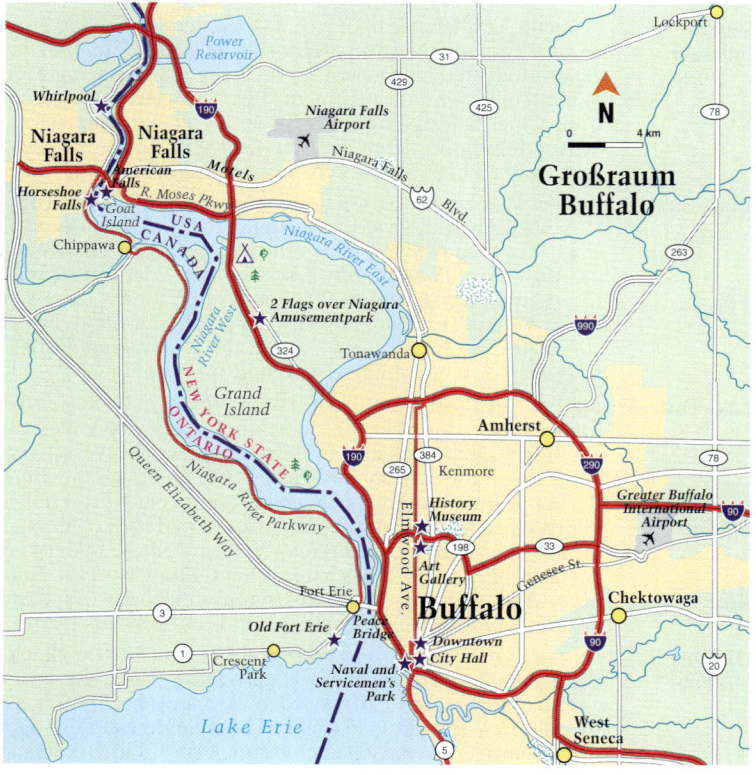

| 2.9.6 | **Buffalo und Niagara Falls (USA-Seite)** |

Anfahrt   Buffalo an der Ostspitze des Lake Erie und gleichzeitig dessen Abfluß in den Niagara River ist eine Großstadt von 330.000 Einwohnern (Großraum über 1 Mio.), die langsam ihren industriellen Niedergangs überwindet. Wer Buffalo auf der **I-90** von Osten erreicht, folgt ihr für eine Fahrt ins Zentrum zunächst weiter nach Süden (Ringautobahn um Buffalo herum) und nimmt dann den **Kensington Expressway #33** (*Exit* #51). Fürs Super-Shopping-Erlebnis fährt man noch eine Ausfahrt weiter zur Walden Ave East mit der **Walden Galleria Shopping Mall**.

Die eingangs dieses Kapitels beschriebene **Alternativstrecke** über Elmira führt über den *Aurora Expressway #400* und die I-190 Richtung Niagara Falls. Man gelangt "automatisch" nach *Downtown* Buffalo, am besten Ausfahrt #7.

Lakefront   An der **Lakefront**, quasi unter den Pylonen der I-190 und der Brücke über den Buffalo River (*Skyway* #5) befindet sich der **Naval & Servicemen's Park** mit dem Lenkwaffenkreuzer *Little Rock*, einem Zerstörer und einem Weltkrieg-II U-Boot als Kernstücken, die alle besichtigt werden können; im Sommer 10–18 Uhr, Eintritt $5, Kinder $3. Ein Park rund um die künstliche Bucht **Erie Basin** mit einem ausgedehnten **Yachthafen** schließt sich nach Norden an.

Downtown   Nur wenig östlich davon liegt das **Stadtzentrum** mit seiner autolosen (aber Straßenbahn) Geschäftszone in der **Main St**, der **Buffalo Place Pedestrian Mall** zwischen Seneca St und dem **Theatre District**/Cippewa St. Einen Besuch verdient die **City Hall** am Niagara Square, ein **Art Deco-** Bau aus dem Jahre 1901. Vom *Observation Deck* überblickt Buffalo, Lake Erie und Niagara Falls in der Ferne; Mo–Fr 9–15 Uhr, frei.

Art Gallery   Die herausragende Sehenswürdigkeit Buffalos ist die **Albright Knox Art Gallery** an der Elmwood Ave nördlich von Downtown (Zufahrt I-190/Freeway #198). Man könnte die Elmwood Ave, besser noch die parallele Delaware Ave wegen vieler architektonischer Juwele, auch direkt "hochfahren". Dieses Kunstmuseum hält einen Vergleich mit weit größeren Häusern seiner Art in Städten wie Washington, Cleveland oder Boston aus – nicht nur, was die bombastische *Greek Revival*-Architektur des Hauptgebäudes, sondern auch was die Sammlung betrifft. Kaum ein wichtiger Vertreter des Im- und Expressionismus, der europäischen und amerikanischen Moderne, der in Buffalo nicht mit Werken vertreten wäre; Di–Sa 11–17 Uhr, So 12–17 Uhr; $4, Kinder unter 13 Jahren kein Eintritt.

Geschichts-museum   Das der *Art Gallery* benachbarte Museum der **Buffalo and Erie Historical Society** kann sich ebenfalls sehen lassen. Zeit wie Kunstgalerie; Eintritt $4, Kinder $2. Hinter dem Museum erstrecken sich der *Delaware Park* und **bemerkenswerte Wohnviertel**; z.B. Bidwell und Jewitt Pkwy, Parkside Ave.

Unterkunft

Die Unterkunftsfrage wird sich in Buffalo nur ausnahmsweise stellen, da eigentliches Ziel der meisten Niagara Falls ist. Wer in Buffalo ein Quartier sucht, hat im – allerdings nicht eben attraktiven – **Flughafenumfeld** die größte Auswahl. An der *Transit Rd* (#78), *Genesee Ave* (#33) sind Kettenhotels gut vertreten, darunter auch die preiswerteren. Bei geringer Auslastung kann die Mittelklasse dort durchaus unter $50 kosten.

Historisches Museum in Buffalo

Nach Niagara Falls

Auf dem *Freeway* I-190 sind es von Buffalo nach Niagara Falls nur 20 mi. Eine schöne Alternative zur Autobahn ist der *Niagara River Parkway* am kanadischen Ufer. Dafür überquert man bereits in Buffalo den Niagara River an seinem Ursprung auf der **Peace Bridge** nach Fort Erie und muß (problemlose) Einreiseformalitäten erledigen. Zu Fort Erie ⇨ Seite 383.

Niagara Falls

Alle Details zu den Niagarafällen als solchen, Geschichte etc. finden sich im Abschnitt Niagara Falls/Canada ab Seite 372, ebenso die **Übersichtskarte Niagara Falls**.

USA-Seite der Fälle

Unverfehlbarer **Anlaufpunkt** für die Besichtigung der amerikanischen Seite der Fälle ist der *Prospect Park* mit **Besucherzentrum** und großem Parkplatz. Ein Modell der Fälle, eine kleine geologische Ausstellung und *Niagara Wonders,* ein Film in Großprojektion im **Festival Theater** (Eintritt), verschaffen schon mal einen guten Überblick. Zusätzlich sind viele Informationen über Monitore abrufbar.

American Falls

Nur ein paar Schritte sind es zum **Observation Tower** am *Prospect Point* mit einer in den Fallkessel der **American Falls** ragenden Aussichtsplattform. Dort befindet sich auch die Ablegestelle für die **Maid of the Mist**-Boote, die mit ihren Passagieren so dicht an die Fälle heranfahren, daß sie im Gischtschleier nahezu verschwinden: inkl. Ölzeug $8; ⇨ Seite 380.

Die Grünanlagen des *Prospect Park* setzen sich nach Süden und auf **Goat Island** fort, die **American** und **Horseshoe Falls** trennt. Die kleineren **Green, Luna** und **Three Sisters Islands** umgeben die Hauptinsel. Wer nicht gern läuft, kann dorthin mit dem Auto oder dem **Viewmobile** fahren ($4; Kinder $2).

Master Pass   Keine Gebühr kostet das *Viewmobil* für Inhaber des **Master Pass Book** für alle Attraktionen auf der US-Seite der Fälle. Es ist im **Visitor Center** erhältlich und kostet **$15**, **Kinder $10**. Der *Master Pass* enthält *Tickets* für das **Festival Theater**, die **Maid of the Mist**-Bootstour, **Cave of the Winds Trip**, Aquarium etc. plus **freies Parken**.

Goat Island   Ob mit oder ohne *Master Pass*; zur "Ziegeninsel" kann man – zumindest eine Strecke – gut **zu Fuß** gehen; der hintere (freie) **Parkplatz auf *Goat Island*** liegt weit weg von den "Dollpunkten", der Platz am Restaurant bei den Fällen (gebührenpflichtig, aber der Parkschein vom Prospect Park gilt weiter und umgekehrt; frei mit *Master Pass*) ist oft voll besetzt.

Neben den *American Falls* stürzt Wasser auch noch über die schmalen **Bridal Veil Falls** zwischen Goat und Luna Island. Eine tolle Sache ist der **Cave of the Winds Trip**: per Fahrstuhl geht es 50 m tiefer und dann auf glitschigen Holzstegen mitten hinein in Nässe und Gischt am Fuße der Brautschleierfälle; $5 inkl. Ölzeug. Ein paar hundert Meter weiter liegt **Terrapin Point** in der Westecke der Insel. Aus einer etwas ungünstigen Position überschaut man von dort die kanadischen **Horseshoe Falls**, die "eigentlichen" Niagarafälle.

American Falls, links Prospect Park mit Observation Tower

Turtle Museum   Am Rande des *Prospect Park* befindet sich das *Native American Center for Living Arts* **The Turtle**. Die markante Schildkrötenform macht das Gebäude unverwechselbar. Es beherbergt drei Galerien, die ebensoviele Stockwerke um das offene Rund eines zentralen Theaters einnehmen. Thematisch im Mittelpunkt stehen Geschichte und Kultur der sechs irokesischen Nationen (↔ nächste Seite). U. a. erfährt man von der in Europa kaum bekannten und in den USA gern verdrängten Tatsache, daß einige der demokratischen Traditionen des Landes auf die Irokesen zurückgehen. Außerdem sind indianische Kunstwerke von gestern und heute ausgestellt. Im Sommer täglich 9–18 Uhr, sonst bis 17 Uhr; Eintritt $4. Der **Master Pass** hat hier keine Gültigkeit.

TURTLE MUSEUM

Daß es sich bei den Niagarafällen ursprünglich um einen heiligen Ort der Indianer handelt, geht im allgemeinen touristischen Trubel unter. Nur das *Turtle Museum* (in der irokesischen Vorstellung trägt eine Schildkröte die Erde auf ihrem Rücken) erinnert den Besucher daran.

In der Abteilung *Voices of Turtle Island* wird die Mythologie aller amerikanischen Indianerstämme beleuchtet. Oft bleibt der Blick an einzelnen Ausstellungsstücken hängen, wie z. B. dem *Dream Catcher*, einer Komposition aus Netzen und Federn, die für das Kopfende einer Schlafstätte bestimmt ist. In den Netzen sollen Alpträume gefangen und festgehalten werden, während die schönen Träume den Weg aus den Netzen herausfinden, um noch einmal geträumt zu werden.

Leider besuchen nur etwa 35.000 Menschen jährlich das Museum (bei 12 Mio. Touristen an den Niagarafällen), von denen viele nicht einmal aus eigenem Antrieb kommen (z.B. Schulklassen). Die Fassade des Museums bröckelt bereits, obwohl es noch gar nicht alt ist. Zeitweilig konnten die Betreiber kaum ihre Stromrechnung bezahlen. Man unterstützt mit dem Eintrittsgeld eine lobenswerte Einrichtung.

Schoellkopf Museum

Am *Robert Moses Parkway* unweit der *Rainbow Bridge* liegt das kleine, aber anspruchsvolle **Schoellkopf Geological Museum.** Die Geschichte der Entstehung der Niagarafälle ist dort detaillierter und wissenschaftlicher aufbereitet als im *Visitor Center*. Außerdem existiert ein Fossilien- und Mineraliengarten. Im Sommer 9.30–19 Uhr, sonst 10–17 Uhr; $0,50.

Kraftwerk

Einige Meilen weiter befindet sich das **Visitor Center** der Wasserkraftwerke (**Niagara Power Project**). Sie produzieren 14% des gesamten elektrischen Stroms für New York State. Erläuterungen und Modelle zur Frage, wie das alles funktioniert, sind hochinteressant und gratis. Mitgeliefert wird der Blick über den *Niagara River* und – für Angler – eine **Fishing Platform**. Täglich 9–18 Uhr im Sommer, sonst 10–17 Uhr.

Abseits der Fälle

Kommerz und Unterhaltung werden rund um die **Niagara Falls** groß geschrieben. Überraschenderweise läuft in dieser Beziehung die kanadische Seite der amerikanischen bei weitem den Rang ab, ⇨ Seite 383. Erwähnenswert auf US-Seite sind das **Aquarium** (701 Whirlpool St) mit Delpin- und Seelöwen-Vorführungen, die **Oxy Lights**, eine aufwendige Licht- und Musik-Show (360 Rainbow Blvd) sowie der große Wasserspaß im **Niagara Splash Water Park** (700 Rainbow Blvd).

Art Museum

Vom *Artpark* in Lewiston war bereits die Rede. Unweit südlich davon befindet sich auf dem Campus der *Niagara University* an der Lewiston Rd das **Castellani Art Museum**, ein bombastischer Marmorbau, das in erster Linie moderne **Americana** ab 20. Jahrhundert präsentiert plus wechselnde Ausstellungen. Mi–Sa 11–17 Uhr, So ab 13 Uhr; frei.

Outlet Shopping

Markenartikel zu Discountpreisen gibt es gleich in diversen *Outlet Malls*. Einen Block hinter dem *Prospect Park* liegt die **Rainbow Centre Factory Outlet Mall**, ein Shoppingparadies mit **Wintergarten**, in dem man sich zwischen tropischen Pflanzen und kleinen Wasserfällen vom Einkaufsstress erholen kann. Die größte *Shopping Mall* dieser Art weit und breit ist jedoch **Niagara International Factory Outlets** an der Straße #62 (Niagara Falls Blvd), Ecke #265 (Military Rd) mit über 150 Shops aller Kategorien.

Unterkunft

In Niagara Falls unterzukommen ist im allgemeinen kein Problem. Hotels und Motels gibt es in Hülle und Fülle, und wohl wegen dieser Konkurrenz zu eher moderaten Tarifen. Ab Oktober bis April/Mai kosten Zimmer ab $30. Dabei ist die Höhe der Tarife weitgehend abhängig von der Distanz zu den Fällen. In Fallnähe überwiegen die **Hotels der Mittelklasse** (*Comfort Inn, Howard Johnson, Quality Inn, Holiday Inn, Ramada* etc.). Dort sollte man im Sommer/an Wochenenden im voraus reservieren.

Auslaß der Wasserkraftwerke beidseitig des Niagara River

Unterkunft

Preisauskunft und Buchung unter den auf Seite 156 genannten gebührenfreien Telefonnummern. Bei Wunsch nach möglichst "fallnaher" Übernachtung wäre eines der Hotels auf kanadischer Seite, von deren Zimmern man tatsächlich die Wasserfälle überblicken kann, eigentlich die bessere Wahl, ⇨ Empfehlung auf Seite 378.

Hotels und Motels ballen sich im übrigen entlang dem **Niagara Falls Blvd/Straße #62** (Verlängerung der Walnut Ave), darunter viele sehr preiswerte Quartiere. Wer etwa an einem Wochenende im Sommer zunächst kein Glück hat, sollte sich an das **Visitors Information Center** in der Niagara St/Ecke 4th St wenden. Der Besuch dort ist immer hilfreich, sofern man nicht schon andernorts die wichtigsten Unterlagen auch für Niagara Falls erhalten hat. Denn in den Info-Broschüren finden sich Coupons mit kräftigen *Discounts* nicht nur für den Besuch kommerzieller Attraktionen, sondern auch für Abschläge auf die Tarife vieler Hotels.

B & B

Darüberhinaus gibt es in und um Niagara Falls zahlreiche *Bed & Breakfast*-Quartiere. Viele Adressen sind im überall frei verteilten **County Visitor`s Guide** enthalten. Der **International B&B Club Reservation Service,** 7009 Plaza Dr, hilft bei der Suche und Reservierung, © (800) 723-4262.

Canada

Noch zahlreicher und bei der momentanen Wertrelation zwischen kanadischem und US-Dollar insgesamt noch preiswerter sind die Übernachtungsmöglichkeiten in Canada, ⇨ Seite 378,. Außerdem warten dort besonders viele reizvoll gelegene und/ oder anderweitig attraktive Unterkünfte.

Hostel

Das **Niagara Falls International Hostel**, 1101 Ferry Ave & Memorial Pkwy, © (716) 282-3700, ist 14 Blocks vom Niagara River entfernt, Reservierung wegen der geringen Kapazität (45 Betten) auch außerhalb der Hochsaison angezeigt; ab $13. Das **YMCA,** 1317 Portage Rd, liegt noch weiter weg von den Fällen und ist mit $25 für den Schlafplatz im Mehrbettzimmer eigentlich zu teuer; © (716) 285-8491.

Außerhalb

Man kann auch in nahen Orten wie **Lewiston** und **Youngstown** nach einem Motel oder *Bed & Breakfast* Ausschau halten. Eine gute Adresse in Lewiston ist das **Portage House Motel**, 280 Portage Rd (500 m westlich des *Robert Moses Pkwy* gegenüber dem Eingang zum *Artpark*), © (716) 754-8295, Zimmer ca. $50-$60.

Camping

Camping im **Four Mile Creek State Park** am Lake Ontario ist trotz der 17 mi Entfernung die beste Option. Dort gibt es 266 offene Stellplätze, von denen einige direkt am Seeufer liegen.

Die privaten Plätze bei Niagara Falls (ebenfalls am Niagara Falls Blvd) sind teurer und bei weitem nicht so attraktiv. Ein ausgedehnter **KOA-Campground** befindet sich unweit der I-190 nach Buffalo auf *Grand Island*; © (716) 773-7583.

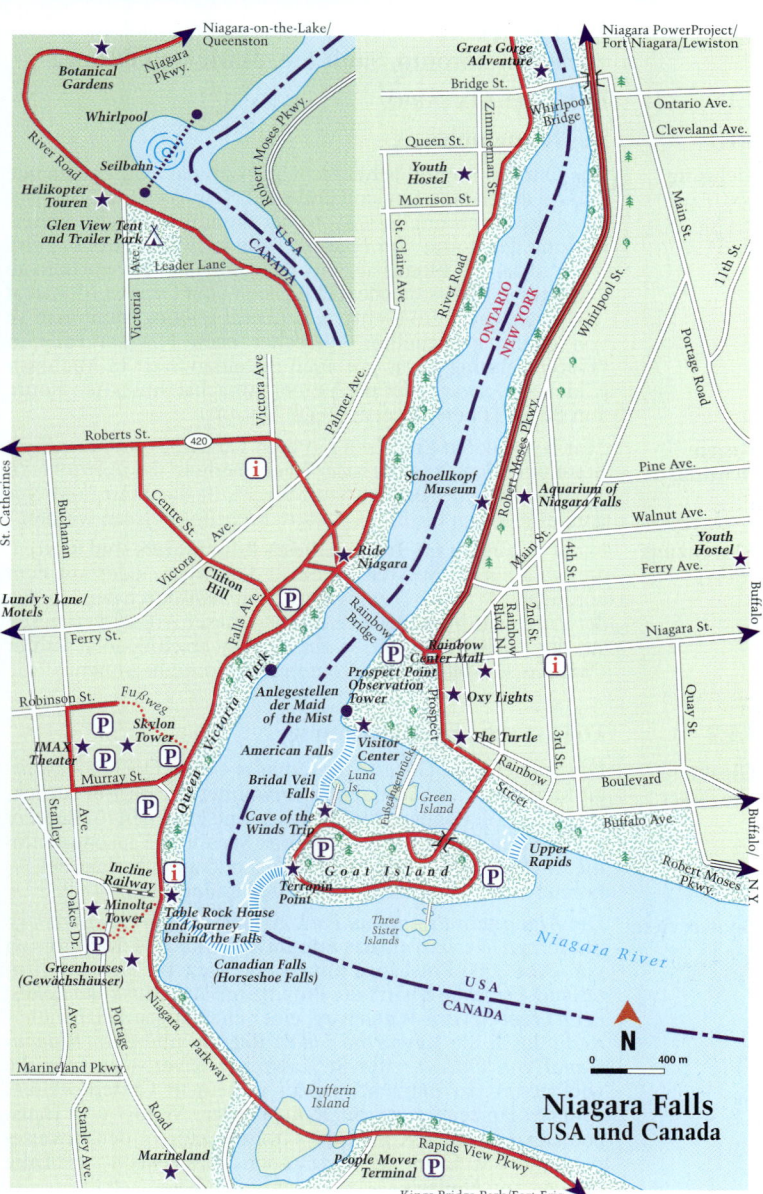

Niagara-on-the-Lake/
Queenston

Niagara PowerProject/
Fort Niagara/Lewiston

*Great Gorge
Adventure*

Bridge St.

Whirlpool
Bridge

Ontario Ave.

Cleveland Ave.

Queen St.

*Botanical
Gardens*

Whirlpool

Niagara
Pkwy.

Seilbahn

*Helikopter
Touren*

*Glen View Tent
and Trailer Park*

Leader Lane

Victoria
Ave.

River Road

Robert Moses Pkwy.

U.S.A.
CANADA

*Youth
Hostel*

Morrison St.

St. Claire Ave.

River Road

Zimmerman St.

ONTARIO
NEW YORK

Whirlpool St.

Main St.

11th St.

Portage Road

Palmer Ave.

Victoria Ave.

Roberts St.

420

St. Catherines

Buchanan

Centre St.
Ave.

i

Victoria
Ave.

*Clifton
Hill*

Falls Ave.

*Lundy's Lane/
Motels*

Ferry St.

Robinson St.

*IMAX
Theater*

Fußweg

P

P

*Skylon
Tower*

P

Murray St.

P

*Ride
Niagara*

P

Rainbow
Bridge

*Anlegestellen
der Maid
of the Mist*

*Prospect Point
Observation
Tower*

*Schoellkopf
Museum*

Robert Moses Pkwy.

*Aquarium of
Niagara Falls*

Pine Ave.

Walnut Ave.

*Youth
Hostel*

Ferry Ave.

Niagara St.

Main St.

4th St.

2nd St.

Rainbow
Blvd. N.

*Rainbow
Center Mall*

i

Buffalo

Quay St.

3rd St.

Oxy Lights

The Turtle

Boulevard

Prospect

Rainbow

Street

American Falls

*Visitor
Center*

Luna
Is.

*Green
Island*

Buffalo Ave.

Buffalo/
N.Y.

*Bridal Veil
Falls*

*Cave of the
Winds Trip*

Queen Victoria
Park

*Incline
Railway*

i

*Minolta
Tower*

P

*Greenhouses
(Gewächshäuser)*

Oakes Dr.

Stanley
Ave.

*Table Rock House
und Journey
behind the Falls*

*Terrapin
Point*

Goat Island

*Three
Sister
Islands*

*Upper
Rapids*

P

Robert
Moses
Pkwy.

Niagara River

*Canadian Falls
(Horseshoe Falls)*

U.S.A
CANADA

N

0   400 m

Marineland Pkwy.

Niagara
Parkway

Portage
Ave.

*Dufferin
Island*

Rapids View Pkwy.

Niagara Falls
USA und Canada

Marineland

Stanley
Ave.

Niagara
Road

*People Mover
Terminal*

P

Kings Bridge Park/Fort Erie

3.	**ONTARIO** **zwischen Toronto, Sault Ste. Marie und Ottawa**
3.1	**REISEZIEL ONTARIO**
3.1.1	**Zur Routenführung**
Richtung	Das Ontario-Kapitel schließt nahtlos an das vorherstehende Kapitel durch Neu-England und/oder New York State an. Wer aus dieser Richtung anreist, findet die unmittelbare Weiterführung der Route von Niagara Falls nach Toronto ab Seite 384 und darüberhinaus ab Seite 411. Auch bei Reiseplänen ab Toronto nach Westen oder nach Osten über Ottawa/Montreal "paßt" die gewählte Richtung der Beschreibung, sieht man ab von einem eventuellen Abstecher nach Niagara Falls in "Gegenrichtung". Das gilt auch für einen Start in Michigan (Chicago/Detroit) oder nach einer zunächst südlichen Route von Buffalo über Cleveland nach Detroit.
Gegen-richtung	Nur bei anderen Einreisen auf dem Landweg von New York State über den *St. Lawrence River* oberhalb des *Adirondack Park*, von Québec oder ab Sault Ste. Marie (bei Start in Michigan) muß gegen die hier verfolgte Richtung gelesen werden.
Abgrenzung	Nicht behandelt im Rahmen dieses Reiseführers sind Routen, die weiter nach Westen als Sault Ste. Marie oder auf dem nördlichen Arm des *Trans Canada Highway* durch den Norden der Provinz führen. Bei Reiseplänen dieser Art sei verwiesen auf den ebenfalls bei *Reise Know-How* erschienenen Führer **Canadas Westen**, dessen Routen in Toronto beginnen.

3.1.2	**Touristische Kennzeichnung**
Glasklare Gewässer	Die Bezeichnung *Ontario* für Canadas – nach Québec – zweitgrößte Provinz geht auf die Ureinwohner der Region zurück; sie steht in der Sprache der Irokesen und Huronen für **Land of the Shining Waters**. Die glasklaren Seen und Tausende Kilometer Uferlinie an den *Great Lakes* und am Oberlauf des St. Lorenz Stroms sind heute populäre Feriengebiete.
Bootsreviere	Der **Algonquin Provincial Park** gilt neben dem *Quetico Park* (im fernen Westen) als **das Kanurevier** Ontarios. Kanurouten von über 2000 km Länge führen dort weit ins einsame Hinterland. Daneben besitzt die Provinz mit den **Muskoka Lakes**, dem **Trent-Severn-Waterway**, einer ehemaligen Pelzhändlerroute durch die **Kawartha Lakes Region**, und dem **Rideau-Canal** von Ottawa zum St. Lawrence River – um nur die wichtigsten zu nennen – allein in seinem Ostteil weitere beliebte Freizeitreviere für Kanusportler, Motor- und Hausbooteigner. An den Küsten der Großen Seen, in den Erweiterungen des St. Lawrence und auf den "Binnenseen" wie **Lake Simcoe** und **Nipissing** wird außerdem viel gesegelt.

Ontario

Steckbrief Ontario/ON

9,5 Mio Einwohner (36% der Gesamtbevölkerung Canadas), 1,07 Mio qkm, davon 177.000 qkm Binnengewässer. Größte und **Provinzhauptstadt ist Toronto** mit 3,7 Mio. Einwohnern. Weitere große Städte sind **Ottawa,** Canadas Hauptstadt, mit 650.000, Hamilton und London mit je 320.000 Einwohnern. 90% der Provinzbevölkerung leben auf 10% der Gesamtfläche, 85% in der Südostregion. Riesige Gebiete im Westen sind so gut wie menschenleer.

Die Landschaft der Provinz ist überwiegend **flach oder leicht hügelig**, nur hier und dort gibt es Erhebungen (bis 700 m Höhe). In den Zweidritteln der vom *Canadian Shield* (⇨ Seite 18) geprägten felsigen und dicht bewaldeten Fläche finden sich **zahllose Gewässer**. Vier der fünf *Great Lakes* (Lake Ontario, Erie, Huron und Superior), der St. Lawrence River und der Rainy River im Westen bilden die natürliche Grenze zu den USA.

Ontario ist **im Süden** um Toronto, Windsor, Kitchener und Hamilton **stark industrialisiert**: High-Tech-, Elektro- und Metallindustrie, speziell Kfz-Bau und Zulieferer. Eine große, wenngleich abnehmende Rolle spielt die **Landwirtschaft**: Obst, Gemüse, Milchprodukte, Tabak und Wein. In den **Nordregionen** sind Holzverwertung und Bergbau (Uran, Kupfer, Zink, Nickel) bedeutende Wirtschaftsfaktoren.

Alle wichtigen **touristischen Ziele** sind im Rahmen dieses Abschnitts genannt.

Seeufer

Die meisten Gewässer liegen innerhalb des *Canadian Shield* (⇨ Seite 18). Blankgeschliffener Granit vieler Schattierungen und dazwischen kleine Sandstrände sorgen dort für den besonderen Reiz von Buchten und vorgelagerten Insel(che)n. Dieses Bild findet man sowohl an zahlreichen "Binnenseen" und am St. Lawrence als auch an den Ufern der *Great Lakes*. Malerisch wirken vor allem die Küsten der *Georgian Bay* des Lake Huron im Bereich des *Georgian Bay Islands National Park* und entlang der *Bruce Peninsula*, besonders im gleichnamigen Nationalpark. Bedauerlich ist, daß die Ufer der Großen Seen teilweise und vieler Binnenseen sogar überwiegend von Privatgrundstücken derart besetzt sind, daß der Zugang oft stark eingeschränkt, ja kaum ein Bick auf den See möglich ist.

City-Life

Abwechslung von soviel Natur bieten in erster Linie Canadas größte *City* **Toronto**, wo man sich ins großstädtische Treiben stürzen, Kultur, Konsum und die Küchen aller Herren Länder genießen kann, und die Hauptstadt **Ottawa**. Dort wartet *Good Old England* in kanadischer, modernisierter Modifizierung. Großstädte sind auch **Hamilton** und **London**, aber touristisch nur von geringem Interesse. Zwar nicht als Großstadt, jedoch total kommerzialisiert präsentiert sich **Niagara Falls**; "natürlich" sind dort nur noch der Niagara River, seine Ufer und die Fälle selbst, ein nach wie vor beeindruckendes Schauspiel.

Historie

Außer Naturerlebnis, Freizeitaktivitäten rund ums Wasser und *City Life* sind eine Reihe historischer Stätten touristische Attraktion, so das **Fort York** in Toronto, das Palisadenfort **Fort George** in Niagara-on-the-Lake und **Old Fort Henry** in Kingston. Mit der Besiedelungsgeschichte Ontarios eng verbunden sind die lebenden Museen **Black Creek Pioneer Village** bei Toronto, das **Upper Canada Village** am St. Lorenz Strom und die Befestigungsanlage **Sainte Marie among the Hurons** an der *Georgian Bay*. Bis auf **Cobourg** und **Kingston** am Lake Ontario und das idyllische **Niagara-on-the-Lake** bieten die anderen Mittel- und Kleinstädte Ontarios Touristen nur wenig.

Unterwegs in Ontario

Alle im folgenden beschriebenen Routen beziehen sich auf gut ausgebaute **Straßen.** Für die Versorgung und Übernachtung unterwegs ergeben sich auch auf Nebenstrecken keine Probleme. **Motels** sind zahlreich vorhanden und entsprechen in ihrer Ausstattung dem üblichen nordamerikanischen Standard. Aber abweichend von anderen Regionen im Nordosten der USA bzw. Osten Canadas findet man in Ontarios Kleinstädten und Dörfern – mit Ausnahme der Niagara-Region und Kingston/Quinte Isle – seltener hübsche **Guest Houses, B&B** oder **Country Inns**. Zum "Ausgleich" verfügt Ontario über zahlreiche schön gelegene und gut ausgestattete **Campgrounds** vor allem in seinen **Provincial** und **National Parks**. Kein Wunder, daß viele dieser Plätze in den Sommermonaten – namentlich an Wochenenden – häufig voll belegt sind und Spätankömmlinge dann wenig Chancen haben.

Camping

Wer das bedenkt und während der Reise ein bißchen vorausplant, kann insbesondere mit Wohnmobil oder Zelt unterwegs in Ontario eine wunderbare Zeit verleben. Zumal von Juni bis Mitte September auch das Wetter meistens mitspielt.

Kanufahrer im Spanish River des North Channel bei Massey

3.1.3 Klima

Sommer

Südliche wie nördliche Luftströmungen in Richtung Ontario werden nicht von Bergen aufgehalten. Im Winter dringt daher arktische Kaltluft ebenso wie **im Sommer feuchte Warmluft** aus dem Süden des Kontinents ungehindert ein. Ab Mitte Juni bis Ende August steigen die Tagestemperaturen oft auf **30° C** und darüber. Die Nächte kühlen auch bei Hitze tagsüber – unter dem Einfluß der enormen Wassermassen der Großen Seen – oft erstaunlich stark ab. Mehrere **Regentage** hintereinander sind in den Sommermonaten eher selten.

Wasser

Im südlichen Ontario wird das Wasser der meisten kleineren und größeren Seen zumindest im Uferbereich im Juli/August warm genug auch für ausgiebiges **Schwimmen**. Für die *Great Lakes* gilt das nur bedingt: Der extrem tiefe *Lake Superior* bleibt auch sommers eisig. Aber die geschützten Buchten der **Georgian Bay** mit ihren 30.000 Inseln erreichen Badetemperaturen; und wo am Lake Ontario oder am Lake Huron weite Sandstrände flach ins Wasser reichen, können Kinder den ganzen Tag lang planschen. Das Badevergnügen wird jedoch bisweilen gestört, wenn der von West nach Ost ziehende *Jetstream* über Nordamerika seine Lage ändert und kühle Luft aus Nordwesten ins Land läßt.

Andere Jahreszeiten

Mai und September können sommerlich warm sein, kühle bedeckte und regnerische Tage sind aber keine Seltenheit. Das gilt naturgemäß erst recht für den ungemütlichen April und den Spätherbst. Die Winter in Südontario sind unter dem Einfluß der Großen Seen zwar meist nicht sehr kalt, aber oft schneereich – im Gegensatz etwa zum Norden der Provinz.

Indianische Teepees an der Strecke zum Algonquin Park

3.1.4 Geschichte

Indianer

Zur irokesischen Sprachgruppe gehörende Indianerstämme siedelten im Gebiet zwischen den Großen Seen bereits mehrere tausend Jahre vor ihrer "Entdeckung". Das milde Klima und die fruchtbaren Böden im Dreieck zwischen den Lakes Huron, Erie und Ontario boten – im Gegensatz zur dünnen Erdschicht auf den Felsen des *Canadian Shield* weiter nördlich – gute Bedingungen für eine ertragreiche Landwirtschaft.

**Koloni-
sierung**

Der Franzose **Samuel de Champlain** gelangte 1615 als erster Europäer an den Lake Huron. Bis 1639 gründeten die Jesuiten im Siedlungsgebiet der Huronen mehrere Missionsstationen. Trotz der Zerstörung (⇨ Seite 412) einiger Missionen erklärte Frankreich 1669 das kaum besiedelte Gebiet zwischen Ottawa River, Huron und Superior Lake zur französischen Kolonie. Die englische Krone übertrug fast gleichzeitig und unabhängig davon der eigens zu diesem Zweck gegründeten **Hudson's Bay Company** die "Rechte" zur Ausbeutung des kanadischen Nordens. Nach daraus resultierenden ständigen Gebietsstreitigkeiten fiel rund 100 Jahre später das "französische" Territorium im Frieden von Paris 1763 an England

**Lower
and
Upper
Canada**

Die eigentliche Siedlungsgeschichte Ontarios begann aber erst mit der amerikanischen Revolution. England stellte königstreuen Siedlern aus den südlicheren Kolonien (den Loyalisten, die den Aufstand gegen die Krone ablehnten, ⇨ Seite 442) Land zur Verfügung. Dies führte 1791 zu einer **Zweiteilung** der kanadischen **Kolonie**, in das französischsprachige *Lower Canada* (Québec) und das britisch orientierte *Upper Canada* (Ontario). **Niagara-on-the-Lake** wurde **Hauptstadt**, verlor diese Funktion aber einige Jahre später an York, das heutige Toronto.

Krieg 1812/14

Der englisch-amerikanische Krieg (1812-14) endete – was die kanadischen Kolonien anging – mit einer Pattsituation. Die Engländer festigten danach dauerhaft ihre Position im Norden Amerikas mit Forts entlang der Grenze und schickten massenhaft Siedler – Iren, Schotten und Waliser – in die immer noch dünn besiedelte Region. Damit wurde gleichzeitig ein Gegengewicht zum katholischen, französisch-sprechenden Québec geschaffen, das **1841** wieder mit Ontario zu einem britisch dominierten **Territorium Canada** vereinigt wurde.

Dominion

Nach dem **British North America Act**, der 1867 zum bereits relativ unabhängigen **Dominion of Canada** führte, entwickelte sich Ontario zur bevölkerungsreichsten und wohlhabendsten Provinz des *Dominion*, danach des Staates Canada. Zunächst eine florierende Landwirtschaft und später die im *Canadian Shield* verborgenen, nach und nach entdeckten Bodenschätze (Uran, Nickel, Kupfer, Gold, Zink und Eisen) waren die Säulen, auf denen sich die Entwicklung des Wohlstands Ontarios im Laufe der Jahre stützen konnte.

3.2 NIAGARA FALLS CANADA

3.2.1 Geologie und Geschichte

Entstehung

Nach der letzten Eiszeit entstanden vor über 12.000 Jahren die **Great Lakes**, deren Überlaufwasser u.a. durch den Niagara River Richtung Meer strömt. Er ist nur 56 km lang und fließt vom Lake Erie nach Norden in den Lake Ontario, der das Wasser an den St. Lawrence River weitergibt. Auf seinem kurzem Weg mit insgesamt 99 m Gefälle durchschneidet der Fluß das **Niagara Escarpment** (⇨ Seite 20). Die Kraft seiner Strömung wusch den weichen Sandstein unter harten, aber porösen, wasserdurchlässigen Kalksteinschichten solange aus, bis der Kalkstein einbrach. Die stetige **Erosion** bewirkte eine Verlagerung der ursprünglichen Abbruchkante um etwa 1 m pro Jahr, im Laufe der Jahrtausende um insgesamt 11 km.

Gemälde "Pater Louis Hennepin an den Niagara Fällen"

Daten und Zahlen

Für die Indianer waren die Niagarafälle ein mystischer Ort und auch Pater **Louis Hennepin**, der als erster Weißer 1678 die Fälle sah, sank überwältigt auf die Knie. Damals lieferten die Fälle und ihre Umgebung allerdings noch ein unverfälschtes Naturschauspiel. Mit dem Bau mehrerer **Kraftwerke** wurde die **Wassermenge** der *Niagara Falls* seit den 50er-Jahren um bis zu 75 % reduziert. Unterirdische Kanäle entnehmen dem Fluß einige Meilen oberhalb der Fälle bis zu 4500 cbm/sec(!). Aus immens großen Auffangbecken beidseitig des *Niagara* schießt das Wasser ein Stück flußabwärts durch die Turbinen der Kraftwerke (insgesamt 2,5 Megawatt) zurück in das 107 m tiefer liegende Flußbett. Tagsüber verbleibt von April bis Oktober ein Minimum von rund 2.800 cbm/sec für die Fälle, nachts und im Winterhalbjahr nur 1.400 cbm/sec, davon über 90% für die *Horseshoe Falls* der kanadischen Seite. Ein Nebeneffekt des Kraftwerkbaus und der dadurch deutlich verminderten Wasserkraft an den Fällen war die Verringerung der Erosion. Der Abrieb des Felsens an der Abbruchkante ging auf unter 4 cm pro Jahr zurück.

Zahlen

Die kanadischen ***Horseshoe Falls*** sind zur Zeit 54 m hoch und 675 m breit, die ***American Falls*** 328 m breit, jedoch ca. 2 m höher. Das Wasser fällt dort aber nur 21-34 m tief. Diese Zahlen für sich sind keine Superlative; ihre Attraktion verdanken die Fälle in erster Linie den – trotz der Entnahmen immer noch – enormen über die Klippen stürzenden Wassermassen.

Tourismus

Schon zu Beginn des 19. Jahrhunderts wurden – damals noch nicht so genannte – Touristen vom großen Naturspektakel angezogen. Speziell **Hochzeitsreisende** entwickelten ein Faible für die *Niagara Falls*, nachdem ein Bruder Napoleons dort seine Flitterwochen verbracht hatte. Herzförmige Betten und *Whirlpools* in kitschig-stilvoll eingerichteten ***Honeymoon Suites*** vieler Hotels gehen heute auf die romantischen Bedürfnisse dieser speziellen Kundschaft ein, die sich zumindest am Tage einem ganz und gar unromantischen durchorganisierten Tourismusbetrieb rund um die Fälle ausgesetzt sieht. Hilfreich, über derartige kleine Mängel des Reiseziels hinwegzusehen, sind vielleicht die bonbonfarbenen allnächtlichen Illuminationen der weißen Wassermassen. Von ***Oscar Wilde*** stammt die originelle Bemerkung, die Niagarafälle seien nach seiner Hochzeitsnacht die zweite große Enttäuschung, "ein Wunder wären sie nur, wenn sie aufwärts stürzten".

Niagara Falls heute

Die beiden *Niagara Falls* sind heute ein weltweit bekanntes, extrem vermarktetes Reiseziel. Nicht allein das Naturschauspiel der Wasserfälle erwartet dort die jährlich angeblich 14 (!) Mio. Touristen, sondern – besonders auf kanadischer Seite – ein überbordendes kommerzielles Angebot.

ÜBER DIE FÄLLE: TOT ODER LEBENDIG!

Maid of the Mist heißen die Boote, die bis dicht unter die Sturzfluten der Fälle fahren. Echte ***Maids of the Mist***, Jungfrauen der Gischt, waren einst irokesische Mädchen, die regelmäßig geopfert wurden. Man setzte sie in ein mit Früchten und Blüten gefülltes Kanu und übergab sie der Gewalt des *Niagara River*. Einer Legende nach stürzte sich einst der Irokesenhäuptling *Eagle Eye* mit über die Klippen, als seine Tochter auf diese Todesfahrt gehen mußte.

Nachdem der Weiße Mann von den *Niagara Falls* Besitz ergriffen hatte, stand erst **1827** wieder ein Opfer an. Hotelbesitzer ließen einen ausrangierten Schoner mit wilden Tieren die Fälle hinuntertreiben – als Touristenattraktion! Über 10.000 Schaulustige sollen das Spektakel mitangesehen haben. Soviel Publikum ließ einen *Sam Patch* nicht ruhen. Er bastelte sich oberhalb der *Bridal Veil Falls* ein Sprungbrett, sprang in die Tiefe, überlebte und wiederholte **1829** den Sprung zum zweiten Mal erfolgreich.

Der unübertroffene Zirkusakrobat **Blondin** trat **1859** an und überwand die Schlucht unterhalb der Fälle auf einem Drahtseil, zog auf halbem Weg von einem Boot noch eine Flasche herauf und leerte sie unterwegs. Tollkühn steigerte er in den folgenden Jahren mehrfach die Übung: mal balancierte er per Fahrrad, mal in Ketten, mal mit Schubkarre oder Faß, das er vor sich her rollte, über den Abgrund. Höhepunkt seiner Künste jedoch war der Akt mit befeuertem Eisenofen, auf dem er sich Spiegeleier briet und sie in aller Ruhe noch über dem Niagara aufaß. Auch sein Manager mußte herhalten; vor 100.000 Zuschauern trug er ihn auf den Schultern heil auf die andere Seite. Niagara-Seiltanzen wurde danach zu einem nationalen Sport. Alle, die es wagten, kamen heil auf der anderen Seite an. Erst ein *Steve Peer* stürzte **1882** betrunken zu Tode und sorgte für ein Verbot. Ersatz boten vorübergehend die Katarakte im Fluß, speziell der **Whirlpool**, einRiesenstrudel. Zunächst versuchten Schwimmer mit und ohne Erfolg, die Stromschnellen lebend zu überwinden. Aber dann begann **1886** die "Tonnen-Ära". Nachdem mehrere Fässer samt Insassen den *Whirlpool* unbeschadet überstanden hatten, rückten die **Horseshoe Falls** in den Blickpunkt.

1901 stieg *Annie Taylor*, eine Lehrerin, mit ihrer Katze in eine Holztonne, überlebt den Sturz und wurde damit zur ersten "Bezwingerin" der Niagara Falls. Die Nachahmer waren nun nicht mehr zu halten, die Sache drohte auszuufern. **1912** kam es daher zu einem Verbot der "Provokation". Das Auge des Gesetzes wachte streng, daß sich niemand mit verdächtigem Gerät dem Fluß näherte. Also mußte man bei Nacht und Nebel `ran. Dem Kanadier **Dave Munday** gelang das sogar wiederholt. Beim letzten Mal nahm er die Kamera mit und filmte den Sturz. Im Foyer des IMAX-Kinos wird das Video gerne gezeigt: nur schäumendes Wasser. Andere waren weniger erfolgreich. Letztes Opfer ist *Robert Overacker* aus Kalifornien, der **1995** per *Jet Ski* über die Kante jagte. Er starb, weil sich sein Fallschirm nicht öffnete. Der jüngste Versuch paßt zu Niagara Falls als *Honeymoon Capital*: ein Pärchen überstand **1996** den Sturz in einer Doppelkapsel nur leicht verletzt.

Die Fälle sorgten auch für unbeabsichtigte Sensationen:

An einem Wintermorgen des Jahres **1848** trauten die Anwohner erst ihren Ohren, dann ihren Augen nicht: der Aufpralldonner der Fälle war verhallt, der Fluß versiegt. Stunden später kam das Wasser zurück. Eine riesige Eisbarriere hatte sich im Lake Erie wie eine Mauer vor den Abfluß des Niagara River geschoben.

1918 riß das Halteseil eines stählernen Arbeitsflosses. Die an Bord befindlichen Arbeiter fluteten geistesgegenwärtig die Luftkammern und liefen kurz vor den Fällen auf Grund. Da man befürchtete, das Boot würde wieder losgerissen, startete man eine dramatische Rettungsaktion. Aber das Wrack hält sich bis heute und ist beliebtes Fotomotiv.

Im Jahr **1960** stürzte der 7-jährige *Roger Woodward* in die Tiefe, nachdem sein Boot, dessen Außenbordmotor ausgesetzt hatte, gekentert war. Er blieb wie durch ein Wunder unversehrt und konnte von einer *Maid of the Mist* gerettet werden, während sein Freund nicht wieder auftauchte.

Im Gebäude des IMAX-Kinos beim *Skylon Tower* befindet sich **The Daredevil Adventure Collection**, in der sämtliche Kamikaze-Aktionen und andere Geschichten rund um die Niagarafälle ausführlich in Wort, Bild und Ton dokumentiert und Originalgeräte ausgestellt sind.

3.2.2   Parken, Transport und Information

Parken

Parken ist auf der kanadischen Seite der Fälle ein größeres Problem als auf der amerikanischen. Die Parkplätze in der Nähe der *Horseshoe Falls* entlang des *Niagara Parkway*, der parallel zum Fluß den *Queen Victoria Park* durchschneidet, kosten Parkgebühren von $8-$12; dazu sind sie oft von früh bis spät voll besetzt. Hinter der Uferstraße zwischen der *Rainbow Bridge* und den Fällen steigt das Gelände steil an. Auf die Hochebene – und damit in die Stadt Niagara Falls – führen vom Uferpark nur die Clifton Hill Rd unweit der Brücke und die **Murray Street**. Wer von "unten" dieser Straße folgt (breite Ampelkreuzung), gelangt auf der Höhe auf die **Buchanan Ave** und biegt rechts ab, dann Robinson St wieder rechts zum *IMAX*-Kino und *Skylon Tower* (⇨ unten). Vor dem *IMAX*-Komplex existiert der größte **Gratis-Parkplatz** in Fallnähe (alle Fahrzeugtypen). Eine Treppe führt unterhalb des *Skylon Tower* zum Uferpark. Noch fallnäher und **ebenfalls gratis** parkt man am *Minolta Tower* (Buchanan Ave/Oaks Dr). Von dort geht es

entweder mit der **Incline Railway** ($0,90), einer Art Fahrstuhl auf Schienen, hinunter zum *Table Rock House*, oder man wählt den etwas versteckten **Fußweg**, der 150 m weiter südlich von der Portage Rd South hinabführt.

Selbst größte Wohnmobile kommen auf dem **Rapids View Parking Lot** unter, 3 km südlich der Fälle jenseits Dufferin Island. Dort befindet sich auch das **People Mover Main Terminal**, Zentrale des *Shuttle Bus*-Betriebs zu den Fällen und darüberhinaus (⇨ unten). Aber wer gut zu Fuß ist, kann auf einem schönen Spazierweg am Fluß entlang ebensogut laufen.

Transport	Der **People Mover** sorgt innerhalb des *Niagara Park*-Systems im 15-20 min-Takt für die Beförderung der Besucher zwischen dem *Main Terminal* südlich der Fälle und dem *Queenston Heights Park* mit Haltepunkten an allen Attraktionen entlang der 30 km-Route. Eine Tageskarte mit beliebigem Aus- und Wiederzustieg kostet $4, Kinder bis 12 Jahre $2, unter 6 frei. Es gibt auch ein **Park- and Ride**-Kombiticket fürs Parken und alle Insassen eines Fahrzeugs für pauschal $11. Noch einen Schritt weiter geht der **Explorer`s Passport Plus** ($17, Kinder 6-12 Jahre $8,50), der neben dem Transport im *People Mover* das Eintrittsgeld für die *Table Rock Tunnels*, die *Spanish Aero Car* und das *Great Gorge Adventure* (↪ weiter unten) mit einschließt, eine aber nicht für jeden optimale Kombination.

Ein weiterer **Shuttle Bus** verkehrt im Sommer zwischen den Fällen und der Lundy`s Lane, dem kilometerlangen Motelstrip.

Information	Mehrere Besucherzentren versorgen die Touristen mit Informationsmaterial. Das **Niagara Falls Visitor & Convention Bureau** befindet sich in der 5433 Victoria Ave, das **Ontario Travel Information Centre** an der Roberts St (Straße #420), Ecke Stanley Ave. Eine weitere Besucherinformation gibt`s an der **Table Rock House Plaza** im Gebäudekomplex über den **Horseshoe Falls**. Alle verfügen neben unverzichtbaren Karten und aktuellen Daten und Preisen über eine Unzahl von Werbematerial für die kommerziellen Attraktionen der Umgebung, für Hotels, Motels und Restaurants. Besorgen sollte man sich das sehr informative **Heft Ontarios Niagara Parks**, herausgegeben von der *Parks Commission*. Sehr informativ, was Unterkunft, Restaurants und Veranstaltungen angeht, ist das Anzeigenheft **Niagara`s Seasons**. Außerdem achten sollte man bei Bedarf auf **Coupon**-Hefte, in denen sich neben Anzeigen vieler Attraktionen seitenweise **Discount-Coupons** finden, die zu – in vielen Fällen substantiellen – Ermäßigungen auf die regulären Preise verhelfen. Teilweise findet man auch *Discount Coupons* für Hotels und Motels.

Discount-Coupons für ermäßigten Eintritt zu den Kommerz-Attraktionen von Niagara Falls

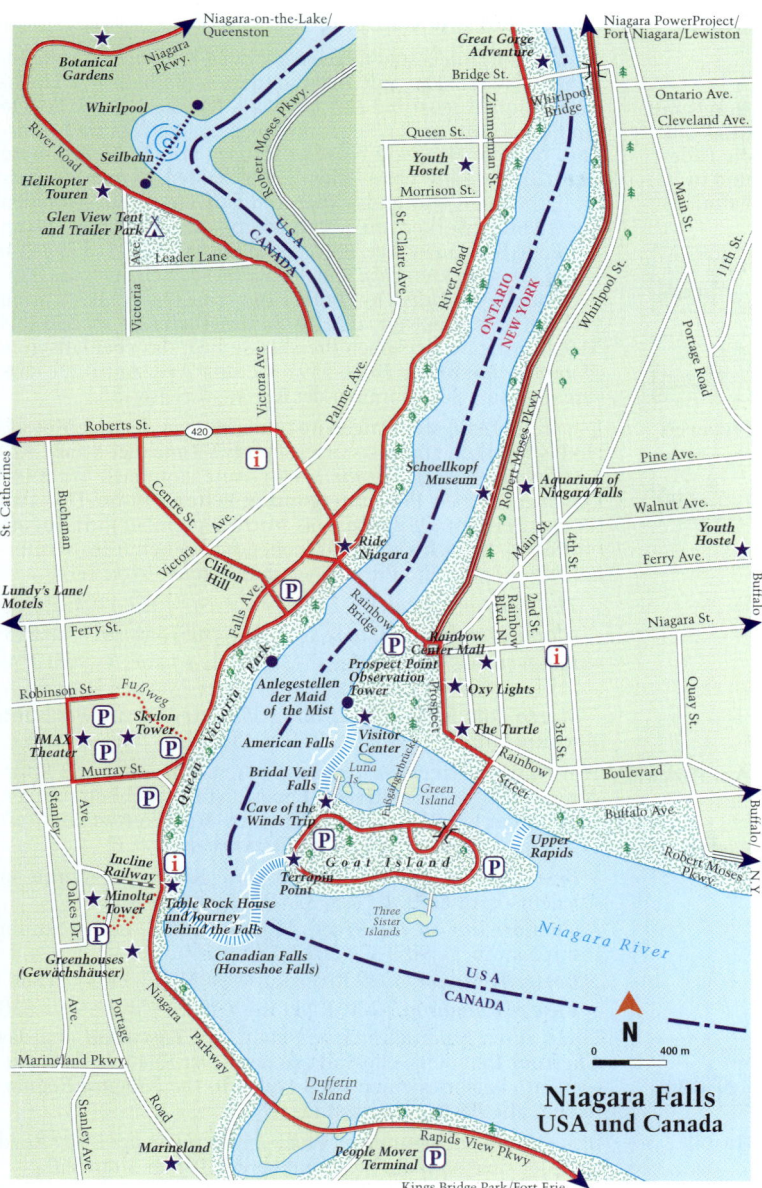

Niagara Falls
USA und Canada

3.2.3   ## Unterkunft und Camping

Motels und Hotels sind wegen der großen Konkurrenz erstaunlich **preiswert**. Das gilt insbesondere außerhalb der Hochsaison (Juli/August bis *Labour Day*). Für die Nächte So–Do sind die Tarife in der Regel niedriger als freitags und samstags. Nur die Handvoll besserer Häuser, von deren Zimmern aus man die Fälle überblicken kann, kosten immer ein paar Dollar mehr, darunter das **Sheraton Fallsview** und – von den oberen Stockwerken am besten überhaupt – **The Oaks Inn** an der Ecke Buchanan Ave/Portage Rd South, ℰ (905) 356-4514. Unter den Aspekten Lage und Anlage ist speziell auch das (kinderfreundliche) **Fallsway Quality Inn** mit Zufahrt über Clifton Hill hervorhebenswert, das im Sommerhalbjahr ab $80 (bis $150) kostet. In derselben Preisklasse liegt das ebenfalls gute **Hampton Inn at the Falls**, 5591 Victoria Ave. Anruf für letztere unter der 800-Nummer der Ketten, ➪ Seite 156.

Hotels mit Blick auf die Fälle und in Fallnähe

Preiswert

Die preisgünstigsten Angebote findet man in der von Motels/Hotels förmlich zugepflasterten **Lundy's Lane** (der Straße #20 westlich des *Queen Elizabeth Way*/Autobahn nach Toronto). Die angegebenen **Preisuntergrenzen gelten nur So–Do** etwa für den Zeitraum Mitte Mai bis Mitte September (Juli August oft höher). In "schwachen" Wochen und generell im Winterhalbjahr können die Preise noch deutlich niedriger sein.

- **The Caravan Motel**, 8511 Lundy's, ℰ (905) 357-1104, ab $55
- **Alpine Motel**, 7742 Lundy's, Pool, ℰ (905) 356-7016, ab $45
- **Bonaventure Travelodge**, 7737 Lundy`s Lane, ℰ (905) 374-7171; ab $65 im Sommer
- **Marco Polo Budget Host Inn**, 5553 Ferry St, mit Pool und relativ fallnah, ℰ (905) 356-6959, (800) 263-2554, ab $50

Am Parkway

Am **Niagara River Parkway** zwischen *Whirlpool* und *Rainbow Bridge*, der dort **River Rd** heißt, ist es erheblich ruhiger. Man findet gute Häuser der gängigen **Motelketten** wie *Best Western* etc. und viele **Bed & Breakfast-Inns**, z.B.

- **Best Western Fireside Hotel**, 4067 River Rd, Kamin in jedem Zimmer (!), ℰ (905) 374-2027, ab $80-$130.
- **Comfort Inn on the River**, 4009, River Rd, einige Suiten mit Kamin, ℰ (905) 374-2027, $80-$130
- **Butterfly Manor**, 4939 River Rd, ℰ (905) 357-1124, ab $60
- **Rose & Kangaroo**, 5239, River Rd, ℰ (905) 374-6999, ab $60

Einen guten Eindruck machen auch **The Eastwood** und das **Chestnut Inn**, beide ebenfalls an der River Road. In den *Visitor Centres* gibt es einen **B&B Guide to the Niagara Region**, in dem alle **B&Bs** gelistet sind.

Hostel

Im selben Bereich nur einen Block entfernt von der River Road befindet sich auch die Jugendherberge in einer alten Villa:

Niagara Falls International Hostel, 4699 Zimmerman Ave, © (905) 357-0770, 58 Betten, ab $12.

Camping

Der **Niagara Glen View Tent and Trailer Park,** Victoria Ave/ River Rd, liegt in Nachbarschaft zum *Whirlpool* (davon durch die Straße getrennt), © (800) 263-2570. Eine Haltestelle des **People Mover** ist daher in unmittelbarer Nähe. Der Platz ist nicht nur von der Lage her günstig, sondern auch großzügig angelegt und besitzt schattige Stellplätze und einen Pool.

Weitere Campgrounds liegen relativ weit außerhalb an der Verlängerung der Lundy`s Lane (u.a. KOA) und in Queenston: **Shalamar Lake Trailer and Family Park**, © (905) 262-4895.

USA

Zu Unterkunft und Camping auf der USA-Seite ➪ Seite 364.

3.2.4   Rund um die Horseshoe Falls

Table Rock

Direkt an der Abbruchkante der kanadischen *Horseshoe Falls* befindet sich die gischtbesprühte Aussichts-Terrasse *Table Rock*, unverzichtbarer Hauptanlaufpunkt aller Touristen in Niagara Falls. Von dort aus sieht man – bei Sonnenschein – im Sprühnebel auch am besten den berühmten **Regenbogen**.

Tunnel unter den Fällen

Im Besucherkomplex **Table Rock House** befinden sich Restaurant, *Souvenirshops* und ein **Visitor Centre** . Auch der Zugang zu den *Scenic Tunnels* erfolgt durch das *Table Rock House*. Zunächst wird man in gelbes Plastik verpackt und per Fahrstuhl auf die **Journey behind the Falls** geschickt. Der Haupttunnel µführt zu einer großen, nassen Terrasse seitlich der Fälle 38 m unter der Kante. Ein weiterer Tunnel läuft durch den Felsen zu zwei **Aussichtsöffnungen** hinter dem donnernden Wasservorhang. Dieses Erlebnis sollte man sich nicht entgehen lassen. Ähnlich eindrucksvoll ist auf der amerikanischen Seite der *Cave of the Winds Trip*. Im Sommer bis *Labour Day* täglich 9–22 Uhr, Rest des Jahres nur bis 18 Uhr, Sa bis 19 Uhr. Eintritt $6, Kinder bis 12 Jahren $3.

**Maid
of the Mist**

Das **Niagara-Erlebnis überhaupt** ist die Fahrt (hier wie auch von der anderen Seite) mit einer der Barkassen, die seit 1846 (!) alle den Namen *Maid of the Mist* tragen. Die von weitem beängstigend klein wirkenden, in Wirklichkeit sehr stabilen und starken Schiffchen fahren bis dicht an die Fälle heran mitten in die Gischt hinein. Die Anlegestelle auf kanadischer Seite befindet sich etwa 400 m südlich der *Rainbow Bridge* auf Höhe der Abzweigung Clifton Hill St vom Niagara Parkway. Die Boote legen Mitte Juni bis *Labour Day* im 15-min-Takt ab (bis ca. 19/20 Uhr), von Mitte Mai bis Mitte Juni und im September/Oktober halbstündlich bis ca. 17/18 Uhr. Trotzdem bilden sich oft lange Schlangen (auf kanadischer Seite meist länger als auf amerikanischer). Ein **Platz im Vorschiff** sichert den größten (nassen) Spaß. Blaue Gummistiefel und Regenmäntel sind im Fahrpreis enthalten: $10, Kinder $6.

AMUSEMENTPARK NIAGARA FALLS

Die Niagarafälle werden **auf kanadischer Seite** vom Drumherum im Hintergrund ziemlich dominiert. Das macht das eigentliche Naturschauspiel nicht weniger eindrucksvoll, ist aber etwas irritierend. Wer sich auf das Wesentliche konzentrieren möchte, sollte in Niagara Falls folgendes in dieser Reihenfolge tun (Zeitbedarf ca. 1 Tag):

1. Das **Table Rock House** an den *Horseshoe Falls* ansteuern und an der *Journey behind the Falls* teilnehmen.

2. Zu Fuß durch den Park am Niagara River entlang bis zur Anlegestelle der **Maid of the Mist** gehen (ca. 1 km) und den Trip buchen. Bei viel Betrieb erst diese Tour reservieren und die Wartezeit bis zur Abfahrt zum Spaziergang oder für Punkte 3. und/oder 4. nutzen.

3. IMAX-Film und **Daredevils Adventure** besuchen.

4. Vom *Skylon* oder *Minolta Tower* den **Blick auf die Fälle von oben** genießen.

(Vor 3. und 4. und dem Besuch weiterer kommerzieller Attraktionen **Discount Coupons** einstecken, ⇨ Seite 376)

5. Bei schönem Wetter unbedingt den **Niagara Parkway** bis Niagara-on-the-Lake fahren.

Amerikanische Seite: Vom *Prospect Park* hinüber zur *Goat Island* und Besichtigung der amerikanischen Fälle, ggf. auch der *Horseshoe Falls* vom *Terrapin Point* aus. Teilnahme am *Cave of the Winds Trip*.

Anmerkung: Über die *Rainbow Bridge* kann man zu Fuß oder mit Auto leicht von der einen zur anderen Seite der Fälle wechseln. Die Grenzkontrolle ist in der Regel problemlos. Mit Auto gibt es aber oft erhebliche Wartezeiten.

Mit der "Maid of the Mist" in die Gischt unter den Fällen

Gleich **3 Aussichtstürme**, *Skylon-*, *Minolta* und der *Tower* im *Maple Leaf Village* bieten den Blick aus der Vogelperspektive:

Minolta Tower

– Wer nicht laufen mag, fährt für $0,90 das kurze Stück vom *Table Rock* hinauf zur Portage Rd unterhalb des *Minolta Tower* (99 m) mit der *Incline Railway/Funiculaire.* Der Fußpfad nach oben befindet sich links von der Station. Autofahrer parken oben gratis, siehe Abschnitt 3.2.2. Von der Aussichtsplattform des fallnächsten Turms genießt man einen tollen Panoramablick und kann dort dank Spezialglas ohne Reflektionen fotografieren. Die *Waltzing Waters*, eine bunt illuminierte Wasserorgel, allerhand *High Tech*-Spiele (*Darkzone Laser, Cybermind* etc.) und eine Ausstellung zur Geschichte der Fotografie, speziell von (*Minolta-*) Kameras, *Shops* und Restaurants warten außerdem auf Besucher. Im Sommer bis Mitternacht, sonst bis 21 Uhr göffnet. Eintritt $6, Jugendliche $5. Kinder bis 10 Jahre in Begleitung frei.

Skylon Tower

– Der *Skylon Tower* (160 m), Robinson St etwas im Hintergrund (Zufahrt über Buchanan Ave oder Murray St) liegt zwar etwas weiter entfernt von den Fällen, übertrumpft mit seinen 160 m plus 70 m Basishöhe den *Minolta Tower* um einiges. Der Clou sind die außen laufenden verglasten Fahrstühle und das (naturgemäß nicht ganz billige) **Drehrestaurant**; Reservierung unter © (905) 356-2651. Auffahrt zum *Observation Deck* $7, Kinder bis 11 Jahren $4. Bis Mitternacht im Sommer, andere Zeiten variabel.

Maple Leaf Village

– Ein weiterer *Observation Tower* (109 m) gehört zum *Maple Leaf Village,* einem Hotel- und Shoppingkomplex unweit der *Rainbow Bridg*e; 1996 wurde renoviert. Zukünftige Details waren bei Redaktionsschluß noch nicht verfügbar.

IMAX-Kino/ Daredevils	Von allen kommerziellen Zerstreuungsmöglichkeiten rund um die Fälle erscheint ein Besuch im **IMAX-Kino** und der damit verbundenen Ausstellung ***Daredevils Adventure*** (in direkter Nachbarschaft zum *Skylon Tower*) als einzige uneingeschränkt empfehlenswert. Der Großbildfilm *Niagara Miracles, Myths and Magic* ist etwas kitschig, aber eindrucksvoll. In der **Daredevil**-Ausstellung (⇨ Seite 373) sind viele der für die "Bezwingung" der Fälle benutzten Behälter, Utensilien sowie Dokumente und Fotos ausgestellt. Der Eintritt – $8, Jugendliche bis 18 Jahren und Senioren $7, Kinder $6 – bezieht sich auf Kinobesuch und *Daredevils Adventure.* Stündlich März–Oktober 10/11–20/21 Uhr, sonst kürzer.
Fall-Simulator	Wer nachvollziehen will, wie sich die Bezwinger der Fälle während ihres Sturzfluges gefühlt haben mögen, kann für $8 (Jugendliche bis 18 Jahre $7, Kinder bis 12 J. $4) **Ride Niagara** buchen (am *Niagara River Parkway*, gegenüber der *Rainbow Bridge*). Der Sturz in den Abgrund wird dort im *High-Tech*-Vehikel *Drax E-1000* in Bild und Ton simuliert.
Wildwasser 	Etwa 5 km nördlich der Fälle (*Niagara Parkway*) warten zwei weitere kommerzielle Attraktionen (Eintritt enthalten im *Explorer`s Passport*, ⇨ Seite 376): die **Spanish Aero Car**, eine Seilbahn über den *Whirlpool*, und das **Great Gorge Adventure**. Beide sind kein "Muß", interessanter letzteres, ein *Boardwalk* entlang der Stromschnellen des Flusses. Eine Ausstellung erläutert Erfolge und Todesfahrten durch die früher – bei größerer Wassermenge – ungleich gefährlicheren Katarakte.
Whirlpool Jet	Eine Fahrt im *Whirlpool Jet* ist da heutzutage schon sicherer. Was in früheren Zeiten so oft mißglückte, schafft das **Jetboat** gefahrlos sogar gegen den Strom. Von Niagara-on-the-Lake jagt es in einer Stunde 22 km bis über die *Whirlpool Rapids* hinaus und zurück. Reservierung unter ✆ (905) 468-4800; Erwachsene $45, Jugendliche $35, Kinder $25 (*Discounts*!)

Great Gorge Adventure: Boardwalk am Niagara River entlang. Oben im Hintergrund die Whirlpool Bridge über den Canyon

Weitere Kommerz- angebote	Ein ungewöhnliche Ballung von "Touristenfallen" kennzeichnet die Straßen **Clifton Hill** und Victoria Ave, die mehr und mehr Jahrmarktscharakter annehmen. Dort befinden sich u.a. ***Louis Tussaud`s Waxworks,*** eine Wachsfigurengalerie von-Filmstars und Kriminellen, die Kuriositätensammlung ***Ripley's Believe it or Not!, The Haunted House***, ein Horrorkabinett, die ***Guinness World of Records*** und jede Menge *Shops, Fast Food*-Restaurants, Discos usw. Unverzichtbar ist nichts davon, wenngleich manches ganz unterhaltsam und lustig, vor allem für Kinder. Ende 1996 wurde auch noch ein **Spielkasino** eröffnet. Es befindet sich unweit der *Rainbow Bridge*.
Marineland	Besuchenswerter als die Clifton Hill Attraktionen erscheint ***Marineland*** (südlich der Fälle; 7657 Portage Rd) mit Delphin- und Killerwalshow, einem Zoo mit Bären und Büffeln und einem – auf Kinder ausgerichteten – *Amusementpark*. Täglich ab 9 Uhr bis zur Dämmerung im Sommer, sonst ab 10 Uhr; Eintritt $21, über 60 und 5-9 Jahre $18; reduzierter Eintritt im Frühjahr und Herbst. Mitte Oktober–Ende April geschlossen.
Planschpark	Weiter außerhalb an der Lundy`s Lane liegt die ***Typhoon Lagoon*** mit Riesenrutschen und Wellenbad. Nur Juni bis *Labour Day* 10–20 Uhr, Anfang Juni 11–18 Uhr. September nur Sa+So 10–18 Uhr. Eintritt $15, Kinder bis 10 Jahre $10; nach 16 Uhr reduzierter Eintritt.
Niagara Falls Parkway	Neben all dem Trubel findet man durchaus auch Ruhe und Atmosphäre, vorzugsweise entlang des – streckenweise vorbildlich angelegten – Uferparks. Gleich südlich der *Horseshoe Falls* befinden sich Gärten und Gewächshäuser der Parkverwaltung. Sie sind ebenso wie der große **Botanical Garden** nördlich des *Whirlpool* eintrittsfrei.
	Wer sein Fahrrad dabei hat oder es leiht (*Cupolo`s Sports*, 5510 Ferry St; *Pedlar Shop*, 4547 Queen St), kann eine schöne **Radtour** machen. Parallel zum *Niagara Parkway* von Fort Erie nach Niagara-on-the-Lake existiert ein Radweg (***Nature Walk & Bike Trail***). Entlang der Strecke gibt es – natürlich nicht nur für Radfahrer – zahlreiche **Picknickplätze** mit Tischen unmittelbar am/über dem Flußufer.
Old Fort Erie	Der *Niagara Parkway* beginnt/endet in **Fort Erie**. Die Buffalo gegenüberliegende Stadt erhielt ihren Namen von der gleichnamigen **Befestigungsanlage,** die im Jahr 1814 von den Amerikanern erobert und bis zum Ende des letzten amerikanisch-englischen Krieges gehalten wurde. Heute beherbergen die grauen Mauern des ***Historic Fort Erie*** ein Museum (südlich der *Peace Bridge*, Straße #1 ausgeschildert). Im Sommer finden Exerziervorführungen in alten Uniformen statt, die von Kanonenböllern begleitet werden. Am jeweils 2. Wochenende im August wird die Schlacht um das Fort nachgespielt. Im Sommer 10–18 Uhr; Frühsommer/Herbst bis 16 Uhr; Eintritt $4.

3.2.5 Von Niagara Falls nach Toronto

Über Niagara-on-the-Lake

Der schnelle Weg nach Toronto (ca. 140 km) entspricht der Autobahn *Queen Elizabeth Way*. Wenn die Zeit nicht allzu knapp ist, sollte man aber unbedingt den kleinen Umweg über Niagara-on-the-Lake einplanen und dazu dem **Niagara Parkway** am Fluß entlang nach Norden folgen.

Am Wege, bei der *Lewiston/Queenston Bridge* der *(US-Interstate #190/kanadische #405)*, passiert die Straße die **Floral Clock**, eine "Uhr" mit 12 m Durchmesser aus 20.000 Blumen, die dank der täglich vom *People Mover* herbeigeschafften Touristen tausendfach fotografiert wird.

Queenston Heights

Nur wenig weiter befindet sich der **Queenston Heights Park**, Umkehrpunkt der *Shuttle Bus Route* des *People Mover*. Auf den Höhen von Queenston schlug 1812 eine kleine Truppe britischer Soldaten und mit ihnen verbündeter Indianer zahlenmäßig weit überlegene amerikanische Angreifer. Eine monumentale Säule – das besteigbare **Brocks Monument**, gleichzeitig schöner **Aussichtspunkt** mit Weitblick über Fluß und Landschaft – erinnert an den Sieger, *General Isaac Brock*. Eine gute Aussicht hat man auch von den Fenstertischen des **Queenston Heights Restaurant**.

Bruce Trail

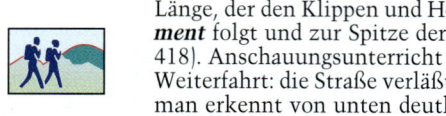

Im Park beginnt der **Bruce Trail**, ein Wanderweg von 700 km Länge, der den Klippen und Höhenzügen des **Niagara Escarpment** folgt und zur Spitze der *Bruce Peninsula* führt (➪ Seite 418). Anschauungsunterricht zum Thema erhält man auf der Weiterfahrt: die Straße verläßt hinter dem Park die Höhe, und man erkennt von unten deutlich den Verlauf der urplötzlich aus der Tiefebene ansteigenden Erhebung in Richtung Westen.

Queenston

Etwas abseits des *Parkway* liegt das Dorf Queenston über dem Ufer des Niagara River. Das **South Landing Inn** an der Zufahrt bietet eine ruhige Übernachtung mit Mittelklasse-Komfort im (Sommer-)Preisbereich $80-$95, ✆ (905) 262-4634. Ein privates Plätzchen für ein **Picknick am Fluß** findet, wer dem Schild *Boat Ramp* folgt. Meist ist dort nichts los. Nördlich von Queenston passiert man mehrere **Weingüter**, die in ihren *Tasting Rooms* und *Shops* Ontario-Wein offerieren.

Fort George

Noch vor Niagara-on-the-Lake erreicht man das restaurierte **Fort George**, einen **National Historic Site**. Das Fort wechselte im Krieg 1812-1814 mehrmals den Besitzer. Zeitgenössisch kostümierte Soldaten und Dienstpersonal beleben heute den als *Living Museum* hergerichteten Komplex von April bis Oktober und sorgen im Sommer für Kanonen- und Musketenböller und Exerziereinlagen. Von November bis März sind nur die Außenanlagen zu besichtigen. Juli bis *Labour Day* 10–17 Uhr, sonst kürzer; Eintritt $4. Für ein gutes Foto der Befestigungsanlage mit dem immer wehenden *Union Jack* folgt man dem *Parkway* in Richtung *Waterfront* (<u>nicht</u> Queens Parade).

Niagara-on-the-Lake

Niagara-on-the-Lake liegt – der Name sagt es – an der Mündung des Niagara River in den Lake Ontario. In den Jahren nach der amerikanischen Unabhängigkeit besaß der Ort dank dieser strategisch wichtigen Lage ein gewisse Bedeutung und war von 1791 bis 1796 sogar **Hauptstadt von *Upper Canada***. Das ist manchen alten Prachtbauten noch heute anzusehen. Nach dem Frieden mit den USA – und mehr noch mit der Fertigstellung des *Welland Canal* (⇨ unten) – geriet Niagara-on-the-Lake jedoch ins Abseits. Wohl nicht zuletzt deshalb blieb das aufgelockerte, parkartige Ortsbild weitgehend erhalten und entwickelte sich zu einer – separat von den nahen Niagarafällen – eigenen Touristenattraktion, die 1996 zu Recht den Titel der **Prettiest Town of Ontario**, der hübschesten Stadt Ontarios, errang.

Queen Street

Die das *Fort George* passierende Straße Queens Parade führt geradewegs ins kleine Zentrum zwischen Wellington und Mississauga Street entlang der alleeartigen Picton Street, die an der Ecke King St in den **Shopping-/Restaurantbereich** der Queen Street übergeht. Dort ist ein Spaziergang ein absolutes "Muß", auch wenn gelegentlich mehr Touristen die Queen Street bevölkern, als manchem gefallen wird. Ein paar Schritte weiter in den Nebenstraßen ist es ruhiger, der ganze Ort einschließlich der Uferparks leicht zu Fuß abzulaufen. Architektonisch-nostalgische Kleinode entdeckt man überall.

Elaborierte Schriftzüge in Gold sind in Niagara-on-the-Lake für alle besseren Hotels, Restaurants und Shops Pflicht

Information

Ortsplan und Hinweise gibt es im *Info Centre* der *Chamber of Commerce* in der King Street, einen Block nördlich der Queen St. Außerdem und vor allem das lückenlose **Hotel**- und **Bed & Breakfast Verzeichnis** im unverzichtbaren Informationsheft zum alljährlichen **Shaw Festival,** das seit 1962 alljährlich von April bis Oktober stattfindet.

Shaw Festival

Angeblich eine Viertelmillion Besucher reisen eigens zu den Aufführungen in den **3 Theatern** des Ortes an, in Anbetracht des dichten Spielplans mit fast täglich (bis auf Mo) zwei Aufführungen in jedem Haus in der Kernzeit Ende Juni bis September sicher keine übertriebene Zahl. Dabei werden nicht nur Stücke des Namensgebers aufgeführt, sondern klassisches ebenso wie Boulevard-Theater in einer Besetzung, die z.T. bei "großen" Bühnen ausgeliehen wird. Die Ticket-Preise liegen mit $22-$60 durchaus im Rahmen, wobei das Gros der Plätze Sonntagabend bis Freitagnachmittag unter $40 kostet. Wer sich dafür interessiert, erhält beim ***Shaw Festival Box Office*** Auskunft: ✆ (905) 468-2172 und ✆ (800) 511-7429, Fax (905) 468-3804. Aktuelles Programmheft, Auskunft und Reservierung auch in Deutschland bei *Edwards* & *Edwards* in Berlin; ✆ 030-6813491.

AUGUST

Programminformationen (Kopfbereich):

AT THE FESTIVAL THEATRE:
The Devil's Disciple, Rashomon, Hobson's Choice

AT THE COURT HOUSE THEATRE:
The Simpleton of the Unexpected Isles,
The Playboy of the Western World, Marsh Hay

AT THE ROYAL GEORGE THEATRE:
Mr Cinders, The Hollow, Shall We Join the Ladies?,
The Conjuror, Reading Series

SUNDAY	MONDAY	TUESDAY	WEDNESDAY	THURSDAY	FRIDAY	SATURDAY
				1 — 12:00 Conjuror; 2:00 Disciple; 2:00 Simpleton; 2:00 Hollow; 8:00 Rashomon; 8:00 Playboy	**2** — 2:00 Disciple; 2:00 Simpleton; 2:00 Hollow; 8:00 Hobson; 8:00 Playboy	**3** *Conversation* — 12:00 Conjuror; 2:00 Hobson; 2:00 Simpleton; 2:00 Hollow; 8:00 Hobson; 8:00 Simpleton; 8:00 Cinders
4 — 12:00 Shall We; 2:00 Hobson; 2:00 Playboy; 2:00 Hollow; 8:00 Rashomon ss; 8:00 Cinders ss	**5** *Civic Holiday* — Fair & Fête	**6** — 12:00 *Reading 2: War of the Worlds*; 2:00 Cinders; 8:00 Hobson; 8:00 Hollow	**7** — 12:00 Conjuror; 2:00 Disciple; 8:00 Rashomon; 8:00 Playboy; 8:00 Hollow	**8** — 12:00 Shall We; 2:00 Hobson; 2:00 Simpleton; 2:00 Cinders; 8:00 Rashomon; 8:00 Playboy; 8:00 Marsh Hay ▸	**9** — 12:00 Conjuror; 2:00 Hobson; 2:00 Simpleton; 2:00 Cinders; 8:00 Disciple; 8:00 Marsh Hay ▸	**10** *Conversation* — 12:00 Shall We; 2:00 Hobson; 2:00 Simpleton; 2:00 Cinders; 8:00 Rashomon; 8:00 Playboy; 8:00 Hollow
11 — 12:00 Shall We; 2:00 Disciple; 2:00 Marsh Hay ▸; 2:00 Hollow; 8:00 Hobson ss; 8:00 Simpleton ss	**12**	**13** — 12:00 Shall We; 2:00 Disciple; 8:00 Rashomon; 8:00 Marsh Hay ▸; 8:00 Cinders	**14** — 12:00 Conjuror; 2:00 Hobson; 2:00 Playboy; 2:00 Hollow; 8:00 Disciple; 8:00 Simpleton; 8:00 Hollow	**15** *Seminar* — 12:00 *Reading 3: Fables*; 2:00 Rashomon; 2:00 Marsh Hay ▸; 2:00 Cinders; 8:00 Disciple; 8:00 Simpleton; 8:00 Hollow	**16** *Seminar* — 12:00 Shall We; 2:00 Hobson; 2:00 Simpleton; 2:00 Cinders; 8:00 Playboy; 8:00 Hollow	**17** *Seminar* — 12:00 Shall We; 2:00 Disciple; 2:00 Marsh Hay ▸; 2:00 Hollow; 8:00 Hobson; 8:00 Simpleton; 8:00 Cinders
18 *Brunch Concert* — 12:00 Conjuror; 2:00 Rashomon; 2:00 Marsh Hay ▸; 2:00 Cinders; 8:00 Hobson ss; 8:00 Playboy ss; 8:00 Hollow ss	**19**	**20** — 12:00 Shall We; 2:00 Disciple; 8:00 Rashomon; 8:00 Marsh Hay ▸; 8:00 Cinders	**21** — 12:00 Conjuror; 2:00 Playboy; 2:00 Hollow; 8:00 Rashomon; 8:00 Marsh Hay ▸; 8:00 Cinders	**22** — 12:00 Shall We; 2:00 Playboy; 2:00 Hollow; 8:00 Hobson; 8:00 Simpleton; 8:00 Cinders	**23** — 12:00 *Reading 3: Fables*; 2:00 Cinders; 8:00 Disciple; 8:00 Marsh Hay o; 8:00 Hollow	**24** *Members' Day 2* — 12:00 Conjuror; 2:00 Rashomon; 2:00 Playboy; 2:00 Hollow; 8:00 Hobson; 8:00 Simpleton; 8:00 Cinders
25 — 12:00 Shall We; 2:00 Rashomon; 2:00 Playboy; 2:00 Hollow; 8:00 Marsh Hay ss; 8:00 Cinders ss	**26**	**27** — 2:00 Hobson; 2:00 Playboy; 2:00 Hollow; 8:00 Disciple; 8:00 Simpleton; 8:00 Hollow	**28** — 12:00 Shall We; 2:00 Rashomon; 2:00 Playboy; 2:00 Hollow; 8:00 Hobson; 8:00 Simpleton; 8:00 Cinders	**29** — 12:00 Conjuror; 2:00 Disciple; 2:00 Marsh Hay; 2:00 Hollow; 8:00 Hobson; 8:00 Playboy	**30** — 12:00 Shall We; 2:00 Marsh Hay; 2:00 Hollow; 8:00 Hobson; 8:00 Hollow	**31** *Conversation* — 12:00 Conjuror; 2:00 Simpleton; 2:00 Cinders; 8:00 Disciple; 8:00 Marsh Hay; 8:00 Hollow

Das August-Programm der Spielzeit 1996 vermittelt einen Eindruck von der großen Zahl an Vorstellungen während des allsommerlichen Shaw Festivals in Niagara-on-the-Lake

Unterkunft

Niagara-on-the-Lake verfügt über eine Reihe guter und bester Hotels in stilvoll nostalgischen Gebäuden. Das ist natürlich nicht ganz billig, aber – wenn man die Wochenenden meidet – bei Tarifen ab ca. $90 nicht zu teuer für den Charme dieser Häuser. Unter den Hotels fällt das zentrale **Prince of Wales** mit einem angemessenen Preis-Leistungsverhältnis auf (grosser *Indoor Pool*, Sauna, gemütliches Restaurant und Kneipe); © (905) 468-3246. Gleich nebenan das **Moffat Inn** bietet etwas weniger Komfort, ist aber $20-$30 preiswerter; © (905) 468-4116. Verhältnismäßig preiswert mit Tarifen ab $70 ist das **The Anchorage** am Hafen, © (905) 468-2141. Außerdem gibt es weit über 100 **Bed&Breakfast Inns** mit Preisen ab $75 fürs DZ im Sommer, darunter viele in schönen alten Villen. Die **Chamber of Commerce** – Box 1043, Niagara-on-the-Lake, Ontario L0S 1J0, © **(905) 468-2172** – fungiert auch als zentraler **Reservierungsservice** für alle Unterkünfte.

Restaurants

In Niagara-on-the-Lake kann man wie in Europa durch die Straßen bummeln und das Restaurant/die geeignete Kneipe für den Abend "ausgucken". Relativ preiswert ist das **Angel Inn** (Restaurant und *English Pub*) in der Regent Street; noch moderat sind Getränke und Speisen in der **Queen Victoria Lounge** (Bar) des *Prince of Wales Hotel.* Am Hafen (Ricardo St) liegt das **Anchorage Inn** mit Bar und Restaurant.

Nach Toronto

Auf schnellstem Weg von Niagara-on-the-Lake nach Toronto geht es auf der Straße #55, die östlich von St. Catharines auf den **Queen Elizabeth Way** trifft. Mit einer Extrastunde Zeit bleibt man auf der Lakeshore Rd #87 und fährt über Port Dalhousie (dort früher End-/Anfangspunkt des später verlegten *Welland Canal)* in Ufernähe des Lake Ontario, bis man westlich von St. Catherines auf den *QEW* stößt. Wer die Schleusen des Kanals besichtigen möchte, gelangt auch von der #87 (über die Government Rd am westlichen Kanalufer) leicht dorthin.

Welland Canal

Der **Welland Canal** verbindet *Erie* und *Ontario Lake* bereits seit 1829 als Umgehung des nicht schiffbaren Niagara River. Er ist heute ein wichtiges Teilstück des 1957 fertiggestellten **Great Lakes-St. Lawrence Seaway**, einer 3.700 km langen, für Hochseeschiffe befahrbaren Wasserstraße, die vom Atlantik bis Thunder Bay am Westende des *Lake Superior* reicht.

Anfangs 40, heute nur noch **8 Schleusen** sorgen für die Überwindung des Höhenunterschiedes von ca. 100 m zwischen den beiden Seen. Unweit des *QEW, Exit #38* Glendale Ave, befindet sich an **Lock #3** eine Besucherplattform, von der man im Sommer 9–21 Uhr (ab Mitte September bis Mitte Mai nur bis 17 Uhr) das Ein- und Ausschleusen der hier bis 220 m langen Schiffe beobachten kann. Picknickplatz und **Visitor Centre** fehlen auch nicht, und das **St. Catherines Museum** informiert über Geschichte, Bedeutung und Funktion des Kanals; Öffnungszeiten wie oben; Eintritt $3, Schüler/Kinder $2/$1.

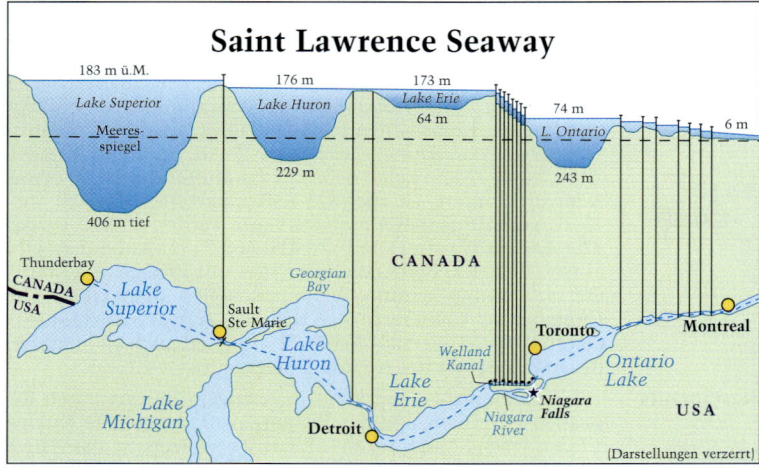

Saint Lawrence Seaway

183 m ü.M. | 176 m | 173 m | 74 m | 6 m

Lake Superior | *Lake Huron* | *Lake Erie* 64 m | *L. Ontario*

Meeres-spiegel

229 m | 243 m

406 m tief

Thunderbay

CANADA / USA

Lake Superior

Sault Ste Marie

Lake Huron

Georgian Bay

CANADA

Welland Kanal

Toronto

Montreal

Ontario Lake

Lake Erie

Niagara Falls

USA

Lake Michigan

Detroit

Niagara River

(Darstellungen verzerrt)

Weingüter   Die sonnenreiche Niagara-Region ist Ontarios wichtigstes Weinanbaugebiet. Zumindest die teureren Kreszenzen sind gar nicht schlecht. Wer sich für **Wines grown in Canada** interessiert, findet nicht nur in der Umgebung von Niagara-on-the-Lake diverse Weingüter (⟶ Seite 384), sondern eine ganze Reihe davon entlang der **Niagara Wine Route**, die zunächst der Straße #87, dann der #100 und im weiteren Verlauf der #81 bis Grimsby am Lake Ontario entspricht. In den Besucherzentren sind die Werbezettel und -broschüren der **Vineyards** nicht zu übersehen. Sie inserieren für ihre **Tasting Rooms** auch in den frei verteilten Touristen-Magazinen.

Hamilton   Die Industriestadt Hamilton, die sich weit um die Südwestspitze des Lake Ontario herumzieht, besitzt – obwohl für ihre Bürger ein überwiegend angenehmer Wohnort zwischen Seeufer und dem Höhenzug des *Niagara Escarpment* – keine touristische Reputation. Besucher Ontarios passieren Hamilton quasi automatisch auf der Autobahn *QEW* von/nach Niagara Falls bzw. Toronto. Wer den im folgenden beschriebenen Abstecher nach Kitchener/Waterloo bzw. St. Jacobs unternimmt, kann bereits in Hamilton den *QEW* verlassen und der **Straße #8** nach Nordwesten folgen. Etwas weiter, aber meist schneller ist die Autobahn #6 in Richtung Guelph, dann die Autobahn #401 und – ab Kitchener – die #86.

Safari Park   Unweit der Straße #8 belegt die **African Lion Safari and Game Farm** zwischen Hamilton und Cambridge ein 200 ha-Parkgelände. Trotz dieser Bezeichnung gibt`s neben Löwen, Zebras, und Elefanten auch einige Exemplare der nordamerikanischen Tierwelt (z.B. Bisons) in einem separaten Gelände, außerdem exotische Vögel, *Shows* und *Boatride.* Geöffnet Ende Juni bis *Labour Day* täglich 10–17.30 Uhr. Mai/Juni und Herbst bis Ende Oktober bis 16 Uhr, Sa+So bis 17 Uhr. Eintritt $15; Jugendliche $13; Kinder $11.

Kitchener

Gut 80 km westlich von Toronto liegt die – ebenso wie Hamilton – von Industrie geprägte Doppelstadt **K**itchener/ **W**aterloo (Kay-Dubbelju), gleichzeitig Ontarios Kapitale der *Factory Outlets* (➪ Seite 48). Von der lokalen Touristenwerbung wird **Kitchener** mit seinem 50%-igem Anteil Deutschstämmiger zu Recht als Deutschen-Hochburg, insbesondere der **Mennoniten** herausgestellt.

Erster Anziehungpunkt für Touristen, wenn nicht gerade das weltweit zweitgrößte **Oktoberfest** stattfindet (über 9 Tage in der ersten Oktoberhälfte), ist der *Farmers' Market* im Zentrum (Ecke King/Frederick St) am **Donnerstag** (11–18 Uhr) und **Samstag** (6–14 Uhr) – nur Mitte Mai bis Mitte Oktober. Im Souterrain des Marktgebäudes findet man die "deutschen" Marktstände mit vielen Wurst- und Brotsorten.

St. Jacobs

Bunter und lebendiger ist allerdings der traditionelle Markt bei **St. Jacobs**. Das einst *Jacobsstettl* genannte Städtchen, ein hübsch herausgeputzer Ort im Mennonitenland mit Antikläden, kleinen *Shops* und Cafés liegt gut 10 km nördlich von Kitchener/Waterloo. Abfahrt von Autobahn #86, dann links ca. 3 km bis zum Ort. Gleich westlich der #86 passiert man zunächst das große Gelände des *St. Jacobs Market.* Der Markt findet ganzjährig **donnerstags** (bis 16 Uhr) und **samstags** (bis 15 Uhr), Juni bis Oktober auch **dienstags** (bis 15 Uhr) unter freiem Himmel und in Hallen statt. An vielen Ständen bieten Mennoniten der Umgebung ihre Waren an. Damit an anderen Tagen die Anfahrt für Marktfans nicht ganz vergeblich ist, öffnet die neue *Factory Outlet Mall* im überdimensionalen Scheunen-*Look* neben dem Marktgelände täglich außer So.

Mennoniten Mural, Gemälde auf einer Hauswand in St. Jacobs

Deutsche, Mennoniten und Amish in Ontario

Kitchener/Waterloo ist bekannt als Canadas **German Capital.** Kitchener hieß früher sogar **Berlin.** Aus naheliegenden Gründen wurde es im 1. Weltkrieg umbenannt – nach einem britischen General. Die Nachkommen der deutschen Siedler halten nichtsdestoweniger die heimischen Traditionen hoch. Auf dem jährlichen **Oktoberfest** etwa gibt`s waschechte Dirndl- und Lederhosen-Atmosphäre. Auf das Kommando: "O`zapft ist`s!" nehmen die Canada-Deutschen neun Tage lang Maßkrüge in die Hand und sind völlig aus den Häuschen.

Von Bierseligkeit weit entfernt waren immer schon andere deutsche Immigranten, die **Mennoniten** und die Mitglieder der verwandten Glaubensgemeinde der **Amish**. Ihre religiösen Prinzipien, zu denen auch strikter Pazifismus zählt, trieben sie im 18. Jahrhundert von Europa nach Amerika. Ursprünglich hatten sie sich bei Lancaster im US-Staat Pennsylvania niedergelassen, wo auch heute noch die größte Gemeinde existiert. Dort nennt man die *Amish* auch *Pennsylvania Dutch*, was nichts mit Holländern zu tun hat, sondern – auf amerikanisch – "Deutsch" heißt. Während des Unabhängigkeitskrieges der USA fürchteten viele, den Dienst mit Waffen nicht verweigern zu können, und flohen deshalb nach Ontario.

In Kitchener und mehr noch in Pennsylvania wurden die Mennoniten bzw. *Amish* wegen ihrer traditionellen Lebensweise und ihrer hochwertigen landwirtschaftlichen Produkte zu einer Art Touristenattraktion. Ihre schwarzen Pferdekutschen auf den Straßen wirken heute wie aus einer anderen Welt. Immer noch leben viele von ihnen wie vor der industriellen Revolution. Zivilisatorische Errungenschaften wie etwa Elektrizität lehnen manche *Hardliner*, die Altmennoniten, immer noch ab. Sie betreiben Landwirtschaft wie vor über hundert Jahren. Moderne Maschinen finden nur langsam Eingang. Gerichte und staatliche Schulpflicht erkennen sie nicht an, das Wahlrecht nehmen sie nicht wahr. Die Männer der konservativen Gruppierungen tragen Kinnbärte und schwarze Hosen mit Hosenträgern, einfarbige Hemden und einen breitkrempigen schwarzen oder Strohhut, die Frauen knöchellange dunkle Bauerntracht und ein weißes Häubchen. Die Kinder sehen aus wie die Eltern *en miniature*.

Im *Mennonite Interpretation Centre* in St Jacobs` King Street, genannt **The Meeting Place**, erfährt man alles über die Geschichte der Mennoniten, ihren Glauben und ihre Lebensweise (Dokumentarfilm **Mennonites of Ontario**, Dia-Schau und Fotoausstellung). Geöffnet Mai–Oktober Mo–Fr 11–17 Uhr, Sa ab 10 Uhr, So ab 13.30 Uhr. Rest des Jahres nur Sa 11–16.30 und So ab 14 Uhr; Spende erbeten $2-$3.

3.3	**TORONTO UND UMGEBUNG**
	(Einwohner 635.000, Metro 3.7 Mio)

3.3.1	**Kennzeichnung**

**Schmelz
tiegel
Toronto**

Neben Torontos vergleichsweise kleiner *Downtown* sind die unterschiedlichen ethnischen Viertel interessant. Sie liegen wie Mosaiksteine nebeneinander und geben der Stadt Farbe und Flair. In Toronto scheint die **Idee der mulitikulturellen Gesellschaft weitgehend verwirklicht** zu sein: 350.000 Italiener, 230.000 Chinesen, 190.000 Osteuropäer, 120.000 Portugiesen, 90.000 Bengali, 75.000 Deutsche, 70.000 Philipinos und ebenso viele Griechen, 50.000 Frankokanadier und zahlreiche Kariben – um nur die wichtigsten Gruppen zu nennen – ließen die Angelsachsen mit 47% der Bevölkerung in die Minderheit geraten. Für eine nordamerikanische Großstadt fällt die geringe Zahle der Schwarzen auf.

Insgesamt trifft man in Toronto auf 90 Kulturen mit mehr als 70 verschiedenen Sprachen und 25 Religionen, teilweise mit eigenen Tageszeitungen, Radio- und TV-Programmen. Das errinnert stark an New York City, das aber viel spannungsgeladener und konfliktträchtiger ist. In Toronto kann man abends angstfrei ausgehen und nachts mit der U-Bahn nach Hause fahren. *Peter Ustinov* hat es auf den Punkt ge-bracht: ***Toronto is a kind of New York operated by the Swiss*** (... eine Art New York unter Schweizer Verwaltung).

**Kultur
und Sport**

Diese vitale, bunte Stadt verfügt – wie es sich für eine Metropole gehört – natürlich auch über architektonisch attraktive **Prestigebauten** und ein reiches **Kulturleben**. Mit mehr als hundert Galerien und Museen rangiert Toronto gleich hinter New York. Zahlreiche kulinarische, Musik- und Theaterfestivals haben ihren festen Platz im Jahresprogramm. Und das *Festival of the Festivals,* wie sich die **Filmtage** dort nennen, kann sich ohne weiteres neben Cannes, New York und Venedig sehen lassen. Daß nebenbei der Sport eine wesentliche Rolle spielt, ist fast selbstverständlich. Die ***Toronto Blue Jays*** (*Baseball*) und ***Argonauts*** (*American Football*) gehören seit Jahren zu den *Top Teams* Nordamerikas.

*Das alte
Fort York
(Seite 392)
vor der
modernen
Stadt-
silhouette
Torontos*

3.3.2 Geschichte

Entstehung

Toronto heißt auf indianisch "Treffpunkt", "Sammelplatz". Ursprünglich lebten *Mississauga* und *Huronen* am nördlichen Ufer des *Lake Ontario*. Von dort aus verband eine *Portage Route* für Lastkanus die *Lakes Huron* und *Ontario*, die später auch von den französischen Pelzhändlern, *Voyageurs*, genutzt wurde. Aber erst nach der amerikanischen Revolution und nachdem das fruchtbare Marschenland zwischen den Seen zu einem Spottpreis den Indianern abgeluchst worden war, ließ

der britische Gouverneur von *Upper Canada*, **Lord Simcoe**, an der *Humber Bay* des Lake Ontario 1793 das **Fort York** errichten. Es sollte die Siedler gegen Übergriffe der Amerikaner schützen. Um das Fort herum entstand das Städtchen York.

York

Loyalisten, die aus den neuentstandenen USA hierher geflohen waren, kultivierten das Land und bauten erste Straßen wie etwa die heutige **Yonge** oder die **Dundas Street**, auf denen sie ihre Produkte in die Stadt karrten. "**Muddy**" **York**, wie die Stadt wegen ihrer verschlammten Straßen oft genannt wurde, entwickelte sich trotz dieser unfreundlichen Kennzeichnung gut und zählte 1834, dem Jahr der Stadtrechtsverleihung und Umbenennung in Toronto, 9000 Einwohner.

Toronto

Toronto wurde rasch zur Großstadt, stand jedoch lange Zeit im Schatten von Montréal. Die Fertigstellung des *St. Lawrence Seaway* (➪ Seite 388) brachte 1957 einen wichtigen wirtschaftlichen Impuls. Einen weiteren Schub erhielt Toronto in den 70er-Jahren dank vieler Angelsachsen, die Québec wegen seiner wachsenden separatistischen Bestrebungen mitsamt ihrem Kapital den Rücken kehrten, ➪ Seite 478.

Toronto heute

Während lange Jahre in erster Linie Europäer nach Canada gekommen waren, zogen – nach einer Lockerung der Immigrations-Bestimmungen für Nicht-Europäer – vor allem Asiaten und Karibik-Bewohner nach. Die Region Toronto ist heute der am dichtesten besiedelte Ballungsraum des Landes, Toronto City bei weitem größte Stadt und das Finanzzentrum Canadas.

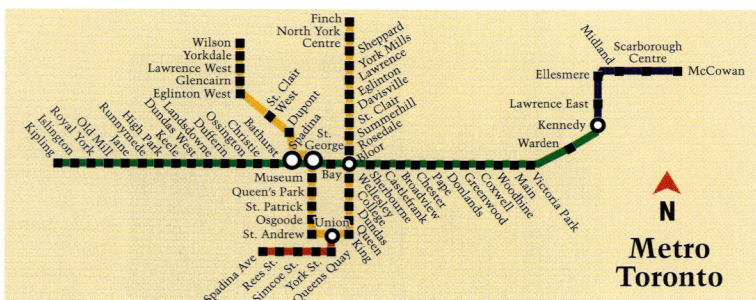

Metro Toronto

3.3.3   Transport, Verkehr und Information

Flughafen   Der *Pearson International Airport* liegt 24 km nordwestlich *Downtown* an der Flughafenautobahn #409, im Kreuzungseck der Freeways #401/#427. Über die #427 und den *Gardiner Expressway* gelangt man in 45 min ins Zentrum und rasch auf den *Queen Elizabeth Way* #2 in Richtung Niagara Falls.

In die City   Alle 20 min verbindet ein *Airport Shuttle* den Flughafen mit den größten *Downtown*-Hotels. Ein günstiger Ein-/Ausstieg auch bei anderen Zielen im Zentrum ist das *Holiday Inn* in der Nähe des *Bus Terminal*. Fahrtzeit ca. 45 min, einfache Fahrt $12, *return-trip* $20. Preiswerter ($2) ist es mit öffentlichen Verkehrsmitteln: Bus #58A zur *Subway-Station* Lawrence, dann gelbe **U-Bahn-Linie**.

Bahn   *Union Station* südlich der City in der Front St. West (alle Züge)

Bus   *Metro Toronto Coach Terminal*, nördlich City Hall, 610 Bay St.

U-Bahn/Bus   Das öffentliche Verkehrssystem Torontos gehört zu den besten Nordamerikas. Alle touristisch wichtigen Anlaufpunkte, die nicht in leicht zu bewältigender Fußgängerdistanz in und um *Downtown* liegen, lassen sich per **U-Bahn**, **Straßenbahn** oder **Bus** gut erreichen. Eine Einzelfahrt im Nahverkehrsnetz der *Toronto Transit Commission* (℡ 393-4000) kostet $2; Kinder bis 12 Jahren $0,50. Umsteigen frei. Bei Einzelfahrten in Bus/Straßenbahn (*Street Car*) ist das Fahrgeld abgezählt bereitzuhalten oder ein *Token* in den Fahrgeldbehälter zu werfen. Etwas günstiger sind Mehrfahrten-*Tickets*, z.B. das **10-fare-ticket** für $14, noch attraktiver der *Day Pass* für $6, die Tagesnetzkarte für alle Verkehrsmittel des Systems. Für den Tagespass gilt die Einschränkung, daß Mo–Fr die U-Bahnen erst ab 9.30 Uhr benutzt werden dürfen, Sa+So ganztägig.

Sightseeing   Eine erwägenswerte Möglichkeit, Toronto kennenzulernen, sind die *Hop-on-hop-off* **Olde Town Tours** mit einem oben offenen roten Londoner Doppeldecker. Eine Rundtour dauert 2 Stunden mit 18 Stops an allen wichtigen Sehenswürdigkeiten und kostet $25, Kinder $12, bei 24 Stunden Ticketgültigkeit. Zustieg an allen Haltestellen; *Tickets* im Bus.

Carlton Streetcar   Wer sich schnell und preiswert eine **Übersicht über Torontos Neigbourhoods** verschaffen möchte, steigt am besten in die **Linie #506** der *Carlton Streetcar*. Sie verbindet fast alle ethnischen Wohnviertel: *Beaches, Cabbage Town, Indian Basar, Little Italy*, das alte *Chinatown, High Park*. Sie fährt ab *Main Subway Station* von Osten nach Westen bis *High Park* durch Toronto. Beide Stationen liegen an der grünen U-Bahnlinie.

Zufahrt/ Orientierung   Aus Süden (Buffalo, Niagara) kommend ist der **Queen Elizabeth Way** (QEW), anschließend der **Gardiner Expressway** schnellster Zubringer für *Downtown* Toronto. Von Westen (Windsor/Detroit) führt der *Mac Donald-Cartier Freeway #401* am Flughafen vorbei durch Torontos Norden. Nach *Downtown* wechselt man beim Flughafen auf die #427, dann weiter ebenfalls *Gardiner Expressway*. Aus Norden (*Georgian Bay/ Bruce Peninsula)* und Osten bietet der **Don Valley Parkway** die beste Route in Richtung Zentrum."

Verkehrs-situation
Wie in anderen Metropolen auch ist die Verkehrssituation oft unerfreulich. Trotz breit ausgebauter Stadt-Autobahnen mit separaten Expreß- und Durchgangs-Fahrspuren herrscht zur *Rush Hour* vielfach *Stop-and-Go*-Verkehr.

Downtown
Den **Kernbereich der City** "oberhalb" des *Gardiner Expressway* begrenzen die **Yonge St** im Osten, die **University Ave** im Westen und die **Bloor St** im Norden. Die **Harbourfront** besetzt das Ufer des Lake Ontario "unterhalb" der City. Vorgelagert sind die *Toronto Islands*. Die **Skyline** wird vom **CN Tower** beherrscht, aber auch andere "Wolkenkratzer" sind beeindruckend. In Toronto stehen die **7 höchsten Gebäude Canadas**, darunter auch der *First Canadian Place* (290 m, 72 Stockwerke) südlich der *City Hall*.

Parken
Die Parkplatzsuche in der Innenstadt kann an Wochentagen ein schwieriges Unterfangen sein. **Parkstreß** vermeidet, wer den Wagen an einer Vorort-Station stehenläßt und mit der U-Bahn in die City fährt. Wer das Auto bevorzugt, findet am ehesten einen (citynahen) freien Parkplatz in der Umgebung des **St. Lawrence Market** (am Ostrand von *Downtown*: Front St zwischen Jarvis und Church), Anfahrt über *Gardiner Expressway* oder den Lake Shore Blvd bis Jarvis St. Einen Versuch wert sind auch die **Parkebenen des *Eaton Centre***, Zufahrt über Shuter St oder Dundas St. East. Etwas weiter von *Downtown* entfernt sind die **Parkplätze der *Harbourfront*** (westlich Yonge St) und im Bereich **Skydome/CN-Tower**.

Information
Ein saisonaler Informationsschalter für Toronto-Besucher befindet sich im **Eaton Centre** an der Ecke Yonge/Dundas St. Auf dem Level 1 des *Eaton Centre* gibt es ein außerdem ein **Ontario Travel Centre,** das neben Unterlagen für die ganze Provinz ebenfalls Material zu Toronto verteilt (Mo–Fr 10–21 Uhr, Sa/So bis 17/18 Uhr). Das größte Informationsbüro befindet sich im **Queen's Quay Terminal** an der *Harbourfront* (im Sommer täglich bis 18 Uhr, im Winter bis 17 Uhr). Dort residierte gleichzeitig die

Metropolitan Toronto
Convention & Visitors Association
207 Queen's Quay Terminal/Suite 590
Toronto, Ontario M5J 1A7

℡ (416) 203-2500 oder ℡ (800) 363-1990

Eine **Visitor`s-Hotline** informiert unter ℡ (416) 203-2500.

WWW
Am PC gibt`s sämtliche up-to-date Information von **tourism Toronto** unter **http://www.tourism-toronto.com**

3.3.4   Unterkunft und Camping

Situation

Die Hotelsituation in Toronto wie in anderen kanadischen Städten ist durch Überkapazitäten gekennzeichnet, die offenbar selbst im Sommer nicht immer ganz abgebaut werden können und zu bemerkenswerten **Sonderangeboten** teilweise weit unter den veröffentlichten Tarifen führen – etwa in den offiziellen ***Trip Planner Manuals*** für die verschiedenen Regionen Ontario von *Canada Tourism*, die in Ontario unbedingt ins Gepäck gehören. Bevor man sich direkt an ein Hotel bzw. die Reservierungszentrale einer Kette wendet, sollte man daher in einer Touristeninformation vorbeischauen (Info-Hefte von *Tourism Toronto mit* entsprechender Werbung findet man weit über die Grenzen der Stadt hinaus). Bei der Reservierung muß man auf das jeweilige Angebot Bezug nehmen, sonst wird oft ein höherer Zimmerpreis verlangt.

Motels/ Hotels

Airport

Viele gute Hotels mit einem günstigen Preis-/Leistungsverhältnis findet man um den ***International Airport*** herum im Einzugsbereich der Autobahnen #401, #409 und #427 in allerdings ziemlich nüchterner Umgebung. Ein gute Wahl ist u.a. das ***Delta Airport Hotel*** (801 Dixon Rd) ab $85. Preislich noch darunter liegen Häuser der Ketten **Comfort Inn** (240 Belfield Rd) und **Days Inn** (6257 Airport Rd) . An Wochenenden kommt bei ***Radisson Suites*** (640 Dixon Rd) ab $90 unter.

City

In der **City** käme als preiswerte Lösung u.a. das ***Karabanow Tourist Home*** in Frage, ein Haus in der 9 Spadina Ave, ✆ (416) 923-4004, ab ca. $60. In der Mittel- bis Oberklasse sind das ***Best Western Primrose Hotel,*** das ***Holiday Inn on King,*** das ***Westin Harbour Castle*** (ab $140) und das ***Sky Dome Hotel***, ✆ (416) 360-7100 oder ✆ (800) 441-1414, in ihrer Klasse empfehlenswert. Sehr schön liegt das ***Radisson Plaza Hotel*** an der *Waterfront* (ab $130); und Zimmer im nostalgischen Luxushotel ***Royal York*** von ***Canadian Pacific*** gab es im Sommer 1996 bereits ab $120. Noch günstiger auf ebenfalls hohem Niveau übernachtet man außerhalb, z.B. im ***Sheraton Parkway*** in Richmondhill (Autobahn #404/Straße #7), ab $90.

Reservieren

Die Hotels der Mittel- bis Oberklasse können statt mit einem Anruf beim Hotel bzw. der 800-Nummer der Kette auch über eine zentrale **Hotline** reserviert werden: ✆ (800) 363-1990.

Billig

Eine Reihe preiswerter Motels unterschiedlicher Qualität liegen nebeneinander am ***Lake Shore Blvd West*** (LSBW), Höhe *Humber Bay Park*, einige mit Picknicktischen auf der Park-/ Seeseite. Akzeptabel erscheinen:

– ***Beach Motel***, 2183 LSBW, ✆ (416) 259-3296, ab $60. Zimmer #41-48 und#51-58 sind ruhig und nach hinten gelegen.

– ***Hillcrest Motel***, 2143 LSBW, ✆ (416) 255-7711; ab $50.

– **Shore Breeze Motel**, 2175 LSBW, ✆ (416) 251-9613; ab $50.

**Bed &
Breakfast**

Als **Alternative** zu relativ teuren Hotels einerseits und Billigunterkünften andererseits gibt es in Toronto viele *B & B* **Quartiere**. Vermittlungsagenturen für *B&B* sind:

Association of Downtown Toronto B&B Guest Houses
PO Box 190, Station B
Toronto, Ontario M5T 2W1
✆ (416) 690-1724, Fax (416) 368-1653

Toronto Bed & BreakfastService
✆ (416) 588-8800 und 690-1407, Fax (416) 690-5089.

Zentrumsnah liegen das

– **Burken Guesthouse**, 322 Palmerston Blvd, ✆ (416) 920-7842, alte Villa, große Zimmer, stilvolle Einrichtung, reichhaltiges Frühstück, *non-smoking* und ohne TV, ab $70.

– **Casa Loma Inn**, 21 Wormer Rd, ✆ (416) 924-4540, ab $60.

Hostels

Von den preiswerten Quartieren sind wie immer die *Hostels* am günstigsten. Das große **AYH Hostel** liegt sehr zentral:

– ***Toronto International AYH Hostel***
90 Gerrard St, Toronto, Ontario M5G 1J6
✆ (416) 971-4440, Fax (416) 368-6499; Bett ab $23

– ***Leslieville Home Hostel***,
185 Leslie St, Toronto, Ontario M4M 3C6
✆ (416) 461-7258, Fax (416) 469-9938; Bett ab $15, EZ/DZ

– ***Mrs. Christiansen`s*** (oft empfohlen)
183 College St/University Ave; ✆ (416) 978-2489
Mehrbettzimmer $20/Person; EZ ab $30, DZ ab $40

YWCA

Die Preise des YWCA-Hauses (nur für Frauen) schließen zwar das Frühstück mit ein, sind mit $44 für ein Einzelzimmer und $59 fürs Doppelzimmer relativ hoch:

YWCA Woodlawn Residence
80 Woodlawn Ave East, Toronto, Ontario M4T 1C1
✆ (416) 923-8454, Fax (416) 961-7739

College

Etwas preiswerter – mit Doppelzimmern ab $40 – sind die College/Universitätsunterkünfte ca. Mitte Mai–Ende August:

Neill-Wycik College Hotel (unweit des *Eaton Centre*)
96 Gerrard St East, Toronto, Ontario M5B 1G7
✆ (416) 977-2320, ✆ (800) 268-4358, Fax (416) 977-2809

University of Toronto - Downtown Campus
45 Willcocks St, Toronto Ontario M5S 1A1
✆ (416) 978-8735, Fax (416) 978-1081

Camping

Kein Campingplatz in bzw. um Toronto übertrifft in Lage und Anlage den städtischen ***Glen Rouge Park Campground*** in der Nähe der Kreuzung ***Old Kingston Rd #2/Autobahn #401***, *Exit* Altona Rd, im Vorort Scarborough (⇨ Zoo, Seite 408. Trotz der fast 30 km zum Zentrum gehört er noch zu den "citynahen" Plätzen. Reservierung unter ✆ (416) 392-8092.

Ebenfalls noch relativ citynah in (ziemlich lauter) Autobahnnähe liegt der komfortable **Indian Line Tourist Campground**
oberhalb (nördlich) des *International Airport*: Autobahn #427,
Exit Finch Ave, dann noch 1 km nach Westen, ausgeschildert;
Reservierung ✆ (905) 678-1233.

Zwei weitere Campingplätze befinden sich weiter westlich
unweit der Autobahn #401: Ein **KOA-Platz** (Exit #312) und
der **Milton Heights Campground** (Exit #320B) am *Ontario
Agricultural Museum* in ruhiger Lage.

3.3.5 Stadtbesichtigung und Sehenswürdigkeiten

Downtown und die Waterfront

Orientierung Ein Blick auf Torontos Straßenkarte zeigt die typische Gitter-
struktur moderner amerikanischer Städte. Alle 10-20 Häuser-
blocks kreuzen sich größere Durchgangs- oder Geschäftsstraßen in Nord/Süd- bzw. Ost/West-Richtung. Dies erleichtert die Orientierung, auch wenn die Straßen – wie in Toronto
der Fall – nicht durchnummeriert sind, sondern Namen tragen.
Auch die **Neighbourhoods** sind gekennzeichnet: jedes Stras-
senschild besitzt einen zusätzlichen Hinweis wie *Little Italy*
oder *Chinatown*. Im Innenbereich der großen Quadrate liegen
grüne Wohnviertel. Wer in solch einem Karree wohnt, hat
pulsierendes Großstadtleben in kurzer Distanz wie auch eine
für vergleichbare Großstädte ungewöhnliche Verkehrsruhe in
den baumbestandenen Wohnstraßen, genießt angenehmes
urbanes Wohnen zwischen Kleinstadt und Metropole.

Downtown **Downtown** Toronto im weitesten Sinne erstreckt sich südlich der **Bloor Street** zwischen **Spadina Ave** und **Yonge St** bis
an die **Harbourfront**, der **Zentralbereich** südlich College St
zwischen Yonge und University Ave, ⇨ Karte Seite 403.

City Hall

Zentrum ist die **City Hall** (Queen St West/Bay St) mit dem **Nathan Phillips Square**. Der Bau des finnischen Architekten *Viljo Revell* galt Anfang der 60er-Jahre mit seinem eigenwilligen Grundriß – zwei "Halbmonde", die über einen unteren, muschelförmigen Trakt miteinander verbunden sind – als avantgardistisch. Heute wirkt er eher konservativ. Gegenüber steht auf der Ostseite des Rathausplatzes die **Old City Hall,** ein bombastischer Natursteinbau, der jetzt als Gerichtsgebäude dient. Der *Phillips Square* verwandelt sich bei gutem Wetter gegen Mittag in einen Picknickplatz für Angestellte aus den umliegenden Büros. Oft finden dort Theatervorführungen und Musikveranstaltungen statt.

Eaton Centre

Das von dem deutschstämmigen Architekten *Eberhard Zeidler* entworfene **Eaton Centre** an der Yonge St (zwischen Queen und Dundas St) ist seit seiner Eröffnung vor über 20 Jahren eine Touristenattraktion. Seine Ausmaße und Großzügigkeit setzen trotz neuer, noch größerer *Shopping Malls* anderswo nach wie vor Maßstäbe: Eine **450 m lange Glaskuppel** sorgt tagsüber für weitgehend natürliche Lichtverhältnisse. Auf 4 Etagen warten rund 340 Läden und 65 Restaurants auf Kunden.

Michael Snows Schwarm fliegender Gänse, die durchs Atrium schweben, sind ein beliebtes Fotomotiv.

Weltgrößter Buchladen

Ein weiterer **Superlativ** befindet sich in der Edward St einen Block nördlich des *Eaton Centre:* Dort besetzt der **World's Biggest Bookstore** mit einer überwältigenden Auswahl an Büchern jedweder Thematik und Fachrichtung fast einen ganzen Block zwischen Yonge und Bay St. In der ebenfalls bestens sortierten Zeitschriftenabteilung fehlen auch aktuelle deutsche Zeitungen und Magazine nicht.

Yonge Street

Einkaufstraße für alles und eher Preiswertes istdie lebendige, bunte Yonge St zwischen Queen und Bloor St. In ihren höchstens zwei- bis dreistöckigen Häusern befinden sich außer ethnisch gemischten Läden viele Restaurants und Bistros. Am Südende befindet sich die **Hockey Hall of Fame**.

EISHOCKEY IN TORONTO

Sport in Kanada bedeutet zunächst einmal *Hockey*, und mit Hockey ist natürlich Eishockey gemeint. Im Winter ist Toronto der rechte Ort, um einmal echt kanadische Sportkultur zu erleben, garantiert bei einem Eishockeymatch in den *Maple Leaf Gardens* (60, Carlton Street, Nähe U-Bahnstation *College, Yellow Line*). Als Toronto noch *Muddy York* genannt wurde, waren die heimischen *Leafs* schon Spitze, und wenn heute die gepufferten blauen Ahornblätter zum Heimspiel auf's Eis laufen, ist nicht nur im Stadion der Teufel los. Das Ergebnis ist am nächsten Morgen Stadtgespräch; Ticket-Information unter ✆ 977-1641.

Wer die *Leafs* im Sommer nicht in Aktion erleben kann, tröstet sich in der **Hockey Hall of Fame** an der Ecke Yonge/Front St. Diese Gedächtnishalle zeigt die Entwicklung des Puck-Spiels seit den Anfängen mit Filmen und Trophäensammlungen und würdigt gebührend alle Grössen des Eishockeys. Öffnungszeiten Mo–So 9–18 Uhr, Do/Fr bis 21.30 Uhr; Eintritt $8, Kinder $6.

Financial District
Der Finanzdistrikt am südöstlichen Rand von *Downtown* (Yonge/Bay/King St) mit den Gebäuden der Banken und Versicherungen ist bis auf einige neuere Hochhäuser aus Stahl, Marmor und Glas und dem – allerdings sehenswerten – **BCE Place** mit einem lichten Atrium unter einer Glaskuppel zwischen Bay und Yonge Street nicht übermäßig spannend. Ganz gewiß aber bleibt der Blick an der prächtigen **Union Station** (1907) und am klassischen **Royal York Hotel** haften (beide Front St West/Bay St). Östlich der Yonge St könnte man den Hallen des **St. Lawrence Market** (Front/Jarvis St) einen Besuch abstatten, besonders sonntags, wenn der **Farmer's Market** stattfindet. An der Kreuzung Front/Wellington/Church Streets steht das **Flatiron Building**, ein nostalgisches Backsteinhaus vor hoch aufragenden Fassaden postmoderner Wolkenkratzer, ein reizvolles Fotomotiv, ⇨ Titel dieses Buches.

Harbourfront
Südlich des *Financial District* ist die *Harbourfront* ein Anziehungspunkt für Touristen wie *Torontonians*: Sie ist Teil der **Waterfront** am Lake Ontario zwischen *Ashbridges Bay Park* im Osten und *Sunnyside Beach* im Westen.

Im Bereich der **Harbourfront** – etwa zwischen Bathurst und Yonge St – wurden Ende der 70er-Jahre obsolete Kaianlagen zu einer Art Freizeitpark mit Marinas, Läden, Restaurants, Kultur- und Kommunikationszentren umfunktioniert. Daneben entstanden auch Büros und schicke Blocks für wassernahes, urbanes Wohnen, aber auch großzügig dimensionierte Parkplätze zwischen den Teilbereichen des Komplexes. **Harbourfront Building** und das **Queen's Quay Terminal**, ein altes

Deco-Gebäude, das vom Architekten *Eberhard Zeidler* zu einem Einkaufskomplex mit lichtem Atrium und mehreren Innenhöfen umgestaltet wurde, sind die Zentren der Gesamtanlage. In ihnen läuft ganzjährig ein vielseitiges Programm, im Sommer ergänzt durch *Open-Air*-Veranstaltungen. Informationen zur Frage **"What's on at the Harbourfront?"** gibt's unter ℭ (416) 973-3000. Das **Info-Centre** im *Queens Quay Terminal* verfügt ebenfalls über das aktuelle Programm.

Toronto Islands

Die *Toronto Islands* sind ein beliebtes Naherholungsgebiet. Früher waren die Inseln eine sichelförmige mit dem Festland verbundene Landzunge und bildeten eine schützende Barriere für den Hafen. Sie wurde 1828 durch eine Sturmflut zerschnitten. Als später die Hafenanlagen verlagert wurden, entwickelten sich die Inseln zu einem Ausflugsziel.

Fähre

Hinter dem *Westin Harbourcastle Hotel* befindet sich das **Bay Street Ferry Dock** für die **Inselfähre**. Ihre Frequenz hängt von Saison und Tageszeit ab. Im Sommer verkehren die Boote alle 15-30 min; Fahrpreis $3,50, Jugendliche $2, Kinder $1; Dauer der Überfahrt 15 min. Auskunft unter ℭ (416) 392-8193. Einige der Boote steuern neben **Centre Island** auch noch die westliche (**Hanlan**) und östliche (**Ward**) der miteinander verbundenen Inseln an. Die Entfernung zwischen den äußeren Anlegestellen entspricht etwa einer Stunde Fußweg.

Charakter

Unweit der Bootsanleger kann man sich Fahrräder ausleihen, um die Inseln zu erkunden. Das **Centre Island** hat Stadtpark- und Jahrmarktcharakter zugleich. Rudern in Schwanenbooten auf einem kleinen See, ein historisches Minidorf mit Karussell und Seilbahn, die *Far-Enough-Farm* mit Ponyreiten und Streichelzoo, all das gehört zum kleinen **Centreville Amusementpark,** der vor allem Unterhaltung und Spaß für Kinder

bietet. Auf einem **Boardwalk** geht es an der Seeseite vorbei an Marinas, Badeständen und Picknickplätzen. Am östlichen Ende (dort liegen zwei kleinere Wohngebiete, deren Holzhäuschen immer wieder von der Abrißbirne bedroht sind) hat man einen besonders guten Blick auf Torontos *Skyline*.

Blick von den Toronto Islands auf die City

CN Tower Der ***CN Tower*** steht gleich hinter der *Harbourfront* zwischen Lake Shore Blvd und Front St. Er ist mit 553 m der höchste freistehende Turm der Welt – doppelt so hoch wie der Eiffelturm, und auch das New Yorker *Empire State Building* bringt es "nur" auf 381 m. Für $13 geht es binnen 58 Sekunden in gläsernen Liften außen an der schlanken Nadel zum unteren ***Observation Deck*** in 346 m Höhe. Ein weiter Blick über Torontos kleines Häuflein von Wolkenkratzern, die grünen Wohnviertel und den Lake Ontario sind der Lohn. Wer zusätzliche $3 anlegt, darf nochmals 100 m höher zum ***Space Deck*** in 447 m Höhe düsen. Bei gutem Wetter sind sogar die Sprühnebel der Niagara-Fälle zu sehen. Für Gäste des Drehrestaurants – ***360 Revolving Restaurant*** – ist der Aufzug gratis; Tischreservierung unter ℂ (416) 362-5411.

Der *CN Tower* kann täglich besucht werden: im Sommer Mo–Sa 10–24 Uhr; So bis 22 Uhr; in der restlichen Zeit des Jahres So–Do 10–22 Uhr, Fr+Sa bis 23 Uhr. Vor der Kasse und vor den beiden Aufzügen kommt es oft zu Warteschlangen, die sich leicht auf **2-3 Stunden Wartezeit** addieren können.

Mindwarp Wer noch höher hinaus will, muß erstmal wieder `runter: ***Mindwarp*** (Programm 1996, Wechsel möglich) im *Simulator Theatre* am Fuße des CN-Tower, ein simuliertes Rennen im Weltraum, ist eine *Industrial Light* & *Magic-Production*, Oscarpreisträger für Spezialeffekte in den Filmen *Star Wars*, *E.T.* und *Jurassic Park*. Nach einer kurzen Liftreise ins 21. Jahrhundert duscht ein Laserstrahl alles Irdische von den Besuchern ab, und dann beginnt der *Countdown*. Die Sitze der 40 Amateur-Astronauten ruckeln, Lautsprecher pfeifen, und Galaktisches rast vorbei: Raumstationen, schwarze Löcher, Meteoriten-Schauer. Fast-Zusammenstöße mit extraterrestrischen Objekten sorgen für Adrenalinschocks. Die Reisen ins Weltall beginnen laufend; Öffnungszeiten wie *CN Tower*, aber etwas kürzer; $8 Erwachsene, Kinder $6-$7,50.

Außerdem gibt`s im *CN-Tower*-Komplex noch einen **Food Court** mit Theken der bekannten *Fast Food*-Kettenbetriebe und einige elektronische Spielereien.

Sky Dome Direkt neben dem großen Turm befindet sich der **Sky Dome**, Heimstadion der berühmten **Blue Jays** (*Baseball*), der **Argonauts** (*Football*) und der **Raptors** (Basketball). Mit 67.000 Plätzen ist der *Sky Dome* gleichzeitig der Welt größte Veranstaltungshalle, einmalig das abgestufte Kuppeldach, das sich wie bei einem Observatorium öffnen läßt und den *Sky Dome* per Knopfdruck und $10.000 für Strom und Nebenkosten binnen 20 min in eine offene Arena verwandelt. In den Komplex integriert ist ein riesiges **McDonalds**, eines der beiden **Hard Rock Cafés** der Stadt und das **Sky Dome Hotel**, ab ca. $130; ℂ (416) 360-7100 oder ℂ (800) 441-1414.

Fort York

Westlich des *Sky Dome* an der Garrison Rd zwischen Bathurst St und Strachan Ave liegt das **Old Fort York** (Zufahrt über Fleet St). Es besteht aus acht restaurierten Gebäuden des von den Engländern 1793 errichteten und im amerikanisch-englischen Krieg 1813 zerstörten Forts. Heute bietet es die Kulisse für ein sehenswertes Spektakel. Komparsen in historischen Uniformen spielen den Kampf der Amerikaner gegen das 8. Regiment der *Queens Rangers* nach. Den Schlachtbeginn (nur Sommer an wechselnden Tagen/Zeiten) erfährt man unter ✆ (416) 392-6907. Öffnungszeiten im Sommer 9.30–17 Uhr, sonst Mo–Fr bis 16 Uhr, Sa/So 12–17 Uhr. Eintritt: $5.

Ontario Place

Karte Seite 409

Ein Anziehungspunkt "für die ganze Familie" ist der **Ontario Place** Komplex auf vorgelagerten durch Brücken verbundenen künstlichen Inseln (ca. 2 km westlich des *CN Tower* am *Lake Shore Blvd*, Ende Dufferin St). Dort gibt es Wasserrutschen und Tretboote, Mini-Golf, *Parasailing*, *Bungy Jumping*, den *Wilderness Adventure Ride*, das *Childrens Village and Waterplay mit LEGO Kreativ-Center*, das *Cinesphere-Theatre* mit IMAX-Filmen auf überdimensionaler Leinwand und einen Weltkrieg-II-Zerstörer zum Besichtigen von der Brücke bis in den Maschinenraum. **Fun total** von Mitte Mai bis Anfang September täglich 10.30–23/01 Uhr; Eintritt frei; kassiert wird nur fürs Parken und die einzelnen Attraktionen.

Neighbourhoods **rund um** *Downtown*

Rund um *Downtown* spielt sich in sehr unterschiedlichen *Neighbourhoods* das "normale" Leben der Bürger Torontos ab. Sich zwischen **Yorkville** und *Little Italy* umzusehen, lohnt auch bei nur kurzen Aufenthalten:

Yorkville

Nordwestlich der Kreuzung Bloor/Yonge St ist Yorkville das Nonplusultra der **Yuppie Generation**. An restaurierten und nachgebauten viktorianischen Häusern hängen die Markennamen international bekannter Edelprodukte. Die Kundschaft dafür wohnt in den Wohnstraßen gleich um die Ecke.

Annex

Ein vor langer Zeit von Toronto "annektierter" Vorort, nennt sich bis heute **Annex** (entlang Bloor St westlich Spadina Ave). Er ist ein gutes Beispiel für urbanes Wohnen. *Annex* ist an sich ethnisch durchmischt, die Uni-Nähe sorgt aber für Dominanz der Angelsachsen. Die vielen Straßen-Cafés, Restaurants und Geschäfte laden zum Bummel ein. Unübersehbar ist **Honest Ed**, das Billigwarenhaus von *Ed Mirvish*, Bloor/Bathurst St. Seine blinkenden Lichterketten stellen manche Rummelplatz-Bude in den Schatten und auch das Interieur erinnert an Irrgarten und Jahrmarkt. Derselbe *Ed* hat sich in der Markham St durch die stilvolle Restaurierung viktorianischer Wohnhäuser mit Lokalen und Läden selbst ein Denkmal gesetzt: **Mirvish Village**, ein kleiner Bereich mit Gaslaternen.

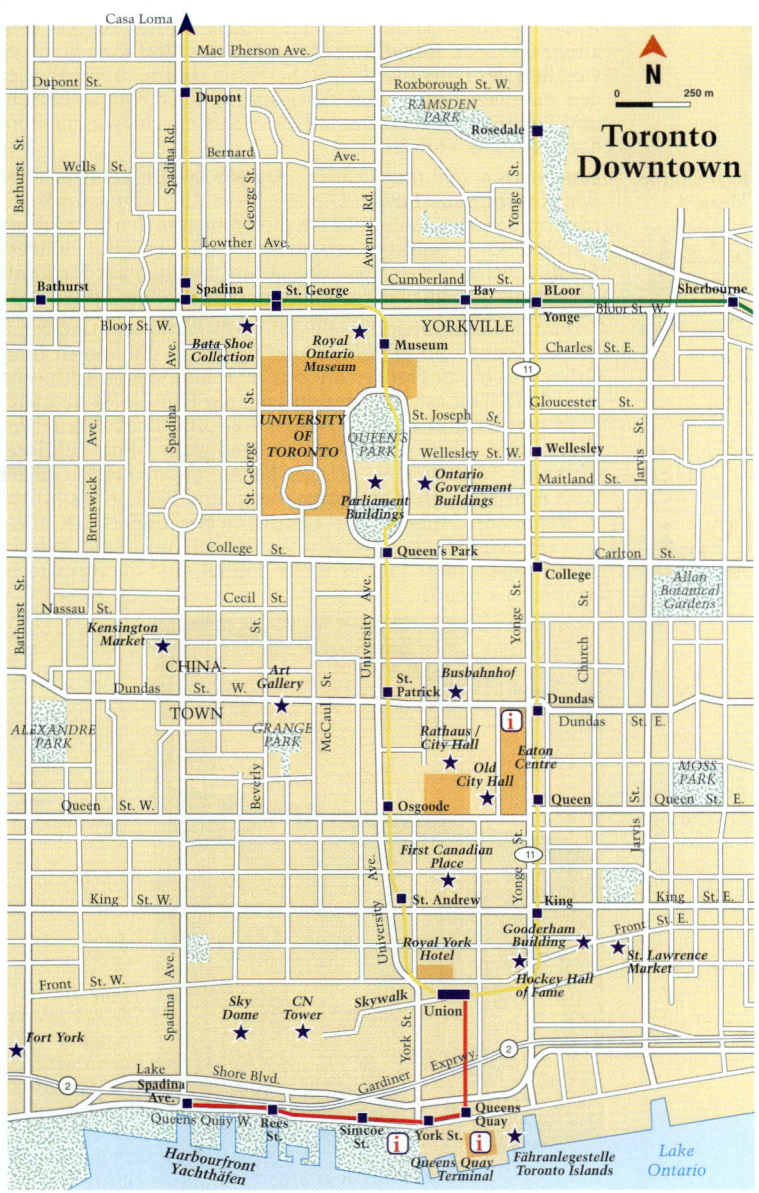

Casa Loma

Mac Pherson Ave.

Dupont St.

Dupont

Roxborough St. W.

RAMSDEN PARK

Rosedale

Toronto Downtown

0   250 m   N

Bathurst St.

Wells St.

Spadina Rd.

Bernard Ave.

George St.

Avenue Rd.

Lowther Ave.

Cumberland St.

Bay

Yonge St.

Bathurst

Spadina

St. George

BLoor

Bloor St. W.

Sherbourne

Bloor St. W.

Bloor St. W.

Yonge

YORKVILLE

Charles St. E.

Bata Shoe Collection

Royal Ontario Museum

Museum

Spadina Ave.

Gloucester St.

UNIVERSITY OF TORONTO

St. Joseph St.

QUEEN'S PARK

Wellesley St. W.

Wellesley

Jarvis St.

Brunswick Ave.

St. George

Maitland St.

Parliament Buildings

Ontario Government Buildings

College St.

Queen's Park

Carlton St.

College

Allan Botanical Gardens

Bathurst St.

Nassau St.

Cecil St.

University Ave.

Yonge St.

Church St.

Kensington Market

Spadina

CHINA-

Dundas St. W.

Art Gallery

McCaul St.

St. Patrick

Busbahnhof

Dundas

Dundas St. E.

ALEXANDRE PARK

TOWN

GRANGE PARK

Beverly St.

Rathaus / City Hall

Eaton Centre

MOSS PARK

Old City Hall

Queen

St. W.

Osgoode

Queen

Queen St. E.

King St. W.

University Ave.

First Canadian Place

St. Andrew

Yonge St.

King

Jarvis St.

King

King St. E.

Gooderham Building

Front St. E.

Royal York Hotel

St. Lawrence Market

Front St. W.

Spadina Ave.

Sky Dome

CN Tower

Skywalk

York St.

Hockey Hall of Fame

Union

Fort York

Lake Shore Blvd.

Gardiner Exprwy.

2

Spadina Ave.

Queens Quay W.

Rees St.

Simcoe St.

York St.

Queens Quay

Harbourfront Yachthäfen

Queens Quay Terminal

Fähranlegestelle Toronto Islands

Lake Ontario

Auch als Kunst-Mäzen tat sich *Honest Ed* hervor. Als dem altehrwürdigen **Royal Alexander Theatre** (260 King St West, westlich der University Ave) die Pleite drohte, übernahm er den maroden Laden, renovierte ihn in alter Pomp-, Plüsch- und Pleureuse-Pracht und holte die Kassenschlager aus London und New York hierher.

Kensington Market

Eine ausgeprägte multikulturelle Atmosphäre kennzeichnet den **Kensington Market**: Die durch ein überbordendes Sortiment gekennzeichneten Läden dieser noch in den 20er-Jahren rein jüdischen Marktgassen nordwestlich der Ecke Dundas/ Spadina werden von Händlern unterschiedlichster Herkunft betrieben. Zugang über St. Andrews oder Baldwin Street.

Chinatown

Torontos **Chinatown** ist selbst für San Francisco- und Manhattan-Kenner ein **Highlight** und das nicht nur wegen ihrer Größe (nach San Francisco leben hier die meisten Chinesen außerhalb Chinas). Sie liegt entlang der Dundas St überwiegend östlich und in der Spadina Ave und beeindruckt vor allem durch ihre pulsierende Lebendigkeit ohne Folklore-China für Touristen. Angefangen beim typischen Höker an der Ecke über moderne Einkaufspassagen und Banken bis hin zu *Benetton* mit chinesischen Schriftzeichen findet sich alles, was eine Großstadt ausmacht – nur eben auf chinesisch. In vielen Restaurants gibt es nicht einmal eine Speisekarte in lateinischer Schrift.

Sogar die Speisekarte ist in vielen Restaurants von Torontos Chinatown ausschließlich in Chinesisch verfügbar

Queen St West	Der Abschnitt der **Queen St West**, zwischen University Ave. und Bathurst St, südlich *Chinatown* und westlich *Downtown*, gibt sich **intellektuell-avantgardistisch** mit Galerien, *Artshops* und Musikkneipen.

Portugiesen und Italiener

Die große **portugiesische Gemeinde** hat sich an der Dundas St, westlich der Spadina Ave zwischen Bathurst und Grace St angesiedelt. Nur wenig weiter westlich befindet sich *Little Italy* an der College St zwischen Euclide und Shaw St, ein Viertel, das inzwischen auch von Chinesen, Spaniern, Portugiesen und Vietnamesen bewohnt wird. Erheblich weiter nördlich erreicht man den *Corso Italia* an der breiten St. Clair Street zwischen Lansdown und Westmount St. Die schicken Geschäfte und Restaurants in diesem Viertel strahlen jedoch kein Flair aus, das dem von *Little Italy* vergleichbar wäre.

Osteuropa

In die Roncesvalles Ave, 2 Blocks östlich des *High Park*, kann man polnische Mastgänse kaufen. Westlich des *High Park* (Bloor St/Runnymeede) überwiegen **kyrillische Schriftzeichen** in den Auslagen der Geschäfte und an den Fassaden.

Rosedale

Und wo blieben die **Angelsachsen,** die ursprünglichen Siedler? Die Betuchten wohnen in großen Villen in **Rosedale,** dem nordöstlichen Winkel von Yonge und Bloor St, mit dem *Rosedale Park* als geographischer Mitte. Dazu passende feine Läden, Cafés und Restaurants findet man vor allem an der **Mount Pleasant Road** zwischen Eglinton und Millwood St.

Neighbourhoods östlich Downtown

Iren, die als arme Leute immigrierten und vor ihren kleinen Häuschen im Vorgarten Kohl anbauten, gaben der Region östlich Sherbourne St, Höhe Wellesley bis Gerrard St den Namen: *Cabbagetown* – Kohlstadt. Die Parliament St. zwischen Gerrad St East und Bloor St East reflektiert irische Nachfrage.

Auf gleicher Höhe schließt sich östlich des *Don Valley Parkway* entlang der Gerrard St East ein *zweites Chinatown* an. **Griechen** leben entlang der Danforth St zwischen Pape und Woodbine Ave. Echte **Saris** gibt es auf dem **Indian Basar** nahe dem *Greenwood Park*, Ecke Gerrard/Greenwood Ave.

Beaches

Karte Seite 409

Für die gebildete *Upper Middle Class* sind die **Beaches** das Wohnviertel schlechthin: es liegt am *Lake Ontario* zwischen Woodbine und Victoria Park Ave, Zufahrt einfach der Queen St folgen oder *Gardiner Expressway* bis zum Ostende (Lakeshore Blvd East. Die Queen St East ist die bunte, quirlige Versorgungsader des Bereichs, während links und rechts davon schöne, ruhige Wohnstraßen liegen. Insbesondere zwischen Queen St und Seeufer läßt es sich leben, wie man leicht auf einem Bummel feststellen wird. Bis an den Strand des Lake Ontario sind es von der Queen St – auf einer beliebigen Querstraße – nur ein paar hundert Meter. Ein meilenlanger *Boardwalk* zwischen Strand und Uferpark dient als Promenade fürs Sehen und Gesehenwerden, für Spaziergang und *Jogging.*

Fahrräder und *Skater* sind auf den parallelen *Bikepath* ver-
bannt. Im Sommer kann dort und im (westlich) benachbarten
Woodbine/Ashbridges Bay Park natürlich auch geschwom-
men werden.

Priorität   Neben *Chinatown/Kensington Market* und *Yorkville* ist
bei knapper Zeit in erster Linie ein Besuch im **Beaches-
Bereich** zu empfehlen, selbst wenn Jahreszeit und/oder
Wetter Badespaß nicht in Aussicht stellen.

*Shop an der
Queen St
East im
Stadtteil
The Beaches*

Ausgewählte Museen

Unter den zahlreichen Museen in Toronto sind die folgenden
unbedingt einen Besuch wert:

**Kunst-
museum**   Die **Art Gallery of Ontario** (*AGO*) befindet sich Ecke Dundas
St/McCaul im Anschluß an den *Grange Park*. Hauptattraktion
der *AGO* ist das **Henry Moore Sculpture Centre**, mit 300
Werken die bedeutendste *Moore*-Sammlung der Welt. Außerdem besitzt sie eine große Abteilung mit Werken überwiegend kanadischer Künstler. Sehenswert sind hier besonders
die Ölbilder der bekanntesten Maler der **Group of the Seven**
oder die Bilder von *Emily Carr* (➪ Seite 410). In einem Anbau
wird zeitgenössische kanadische, amerikanische und europäische Kunst gezeigt. Das *AGO*-Gebäude ist mit der **Grange**,
dem ältesten Backsteinhaus Torontos, verbunden. Geöffnet
Mi–So 10–17.30 Uhr, Mo nur an Feiertagen, Mi zusätzlich –
bei freiem Eintritt – bis 22 Uhr. Zu den üblichen Öffnungszeiten Eintritt $8; Kinder unter 12 Jahren frei; Senioren und
Jugendliche $4.

Ontario Museum

Das **Royal Ontario Museum** (*ROM*), Ecke University Ave und Bloor St oberhalb des Queen`s Park zeigt in traditioneller Ausstellungsweise alte ägyptische Kultur und dekorative Kunst aus Westeuropa. Ausgezeichnet ist die große asiatische Abteilung mit einem originalen **Ming-Grab**. Öffnungszeiten: Di+Do 10–20 Uhr, Mi+Fr–So 10–18 Uhr; Eintritt $8, Kinder und Jugendliche $4; Di ab 16.30 Uhr frei.

Ontario Science Centre

Karte Seite 409

Das **Ontario Science Centre** liegt nordöstlich von *Downtown* (770 Don Mills Rd, Ecke Eglinton Ave, Anfahrt über den *Don Valley Parkway*, *Exits* Don Mills Rd oder Eglinton Ave; mit der U-Bahn bis zur Station Eglinton und dann weiter mit dem Bus). Es ist seit seiner Gründung im Jahre 1969 Vorbild für mittlerweile zahlreiche Museen ähnlicher Art in ganz Nordamerika, immer noch eines der besten und für jung und alt gleichermaßen besuchenswert. An **Hands-on** oder **Minds-on Exhibits** werden durch modellhafte Experimente naturwissenschaftliche Gesetze, biologische Zusammenhänge oder psycho-soziale Mechanismen einleuchtend dargestellt.

In einem überdimensionalen Labor etwa lernt man spielend physikalische Gesetzmäßigkeiten in unterschiedlichsten Wissensgebieten kennen. Im **Challenger Learning Centre** geht es um Werkzeugmaschinen, Kommunikations-Technologie und Transport- und Nahrungsmittel. Besonders für Jugendliche ist die Sport-Abteilung mit Experimenten zur Bestimmung der eigenen Leistungsfähigkeit attraktiv. Täglich 10–18 Uhr, Mi bis 20 Uhr. Eintritt $8, Jugendliche $6, bis zu 10 Jahren $3.

Schuhmuseum

Die **Bata Shoe Collection**, ein Spezialmuseum an der Ecke Bloor/St. George St, zeigt bis zu 2000 Jahre altes Schuhwerk vom Fußlappen bis zur Latexflosse und vermittelt damit einen amüsanten Überblick über das sich wandelnde Tretwerk in allen Kontinenten und Jahrhunderten: der Schuh als Ausdruck des soziokulturellen Lebens. Da fehlen natürlich auch Raritäten nicht, wie z.B. *Elton John's Plattform-Boots* von 1973. Geöffnet Di–Sa 10–17 Uhr, Do bis 20 Uhr, So ab 12 Uhr. Eintritt $6; Jugendliche/Studenten $4, Kinder $2.

Living Museum

Karte Seite 409

Das **Black Creek Pioneer Village** ist ein Museumsdorf mit über 30 originalen hierher versetzten oder authentisch rekonstruierten Gebäuden, das die Lebensbedingungen in Canada während der ersten Hälfte des 19. Jahrhunderts demonstriert. Wer keine Gelegenheit mehr hat, andere noch attraktivere "lebende" Museen wie *z.B. das Upper Canada Village* (↻ Seite 455), *Kings Landing* (↻ Seite 588) oder *Old Sturbridge* (↻ Seite 272) zu sehen, könnte ab drei Tagen Aufenthalt in der Stadt den Abstecher dorthin einplanen. Das *Pioneer Village* liegt ca. 25 km von der City entfernt im Nordwesten Torontos, Autobahn #400, *Exit* Steeles Ave. Geöffnet Mai bis Dezember 10–17 Uhr; Eintritt $8, Kinder $3,50.

Sonstige Attraktionen

Casa Loma

Die **Casa Loma**, nordwestlich von *Downtown* (Spadina, Ecke Davenport Rd), wird jeden hell erfreuen, der Skurriles mag. Das Privatschloß des Industriellen *Sir Henry Pellatt* entstand erst 1911-1914 nach Phantasie des Bauherrn. Normannische, romanische und gothische Stilelemente wurden vermischt zu einem nostalgischen Gemäuer mit zahlreichen Erkern, Türmchen und Zinnen. In den 98 Zimmern findet man luxuriöse Möbelstücke aus aller Welt, ebenso damals modernste Haustechnik wie Fahrstühle und Telefone. Unterirdische Gänge führen zum Weinkeller und zu den Stallungen, wo die Pferde in Mahagoni-Boxen standen und aus Porzellantrögen tranken. Der Erbauer zeigte sich am liebsten als zackiger Militarist in einer mit *Mohawk*-Intarsien angereicherten Uniform eines britischen *Colonel*. 1923 war er pleite und mußte verkaufen. Der Palast wurde zunächst zum Hotel, aber bald zur Touristenattraktion umfunktioniert, die nun zum festen Programm aller Rundfahrtbusse gehört. Sehenswert, zumal die Führung ausgezeichnet und spannend ist!

Geöffnet täglich 9.30–16/17 Uhr; Eintritt $8; Kinder/Jugendliche $5; Parken $3 pro Stunde!

Tierpark

Der **Metro Toronto Zoo** liegt gut ausgeschildert im östlichen Vorort **Scarborough** an der Straße #401, *Exit* #397. Über 4000 Tiere werden in weitläufigen Freigehegen im leicht hügeligen Tal des *Rouge River* gehalten. In fünf geographisch aufgegliederten Pavillons leben Tiere wie in ihrem gewohnten Umfeld: Eurasien, Nordamerika, Afrika, Indo-Malaysia und Polarregionen. Die $3 für die 5 km lange *Monorail*, die durch Areale mit einheimischen Tierarten fährt, kann man sparen. Man sieht mehr Wald und Wiesen als Waschbären und Wild. Infor-mativer sind die farblich markierten, themenbezogenen Wege wie der *Lion Trail*, der *Camel*- oder *Grizzly Bear Trail*. Ein modernes, sehr gelungenes Zookonzept.

Wer kein *Fast Food Fan* ist, sollte sich Proviant für einen der schönen **Picknickplätze** mitbringen. Geöffnet Ende Mai bis *Labour Day* 9–19.30 Uhr, sonst bis 17.30/16.30 Uhr. Eintritt $10; Kinder gestaffelt $5-$7. Parken $5.

Festivals

Caravan und die **Caribana** sind von den vielen die beiden wichtigsten *Festivals* in Toronto:

Caravan

– Jeweils Mitte bis Ende Juni Juli geben sich die ethnischen Gruppen der Stadt zum **Metro International Caravan Cultural Festival** die Ehre. Über die ganze Stadt verteilt finden in eigens errichteten Pavillons mehr als **200 Kulturveranstaltungen** und **Shows** statt. Dort werden landestypische Gerichte und Produkte der spezifischen Handwerkskunst angeboten. Der *Caravanbus* fährt von Pavillon zu Pavillon; man kann mit einer Tageskarte ($8) beliebig unterbrechen.

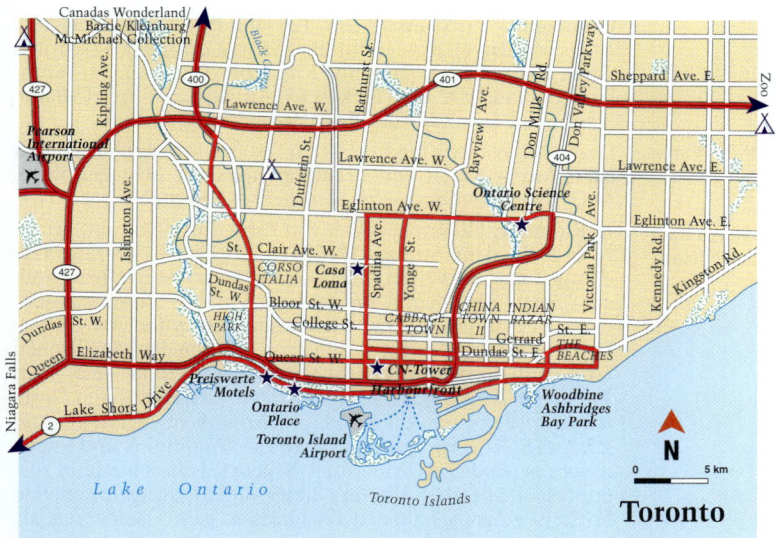

Toronto

Caribana — Ausgelassener geht es Ende Juli/Anfang August dann auf der *Caribana* zu. Dieser ehemals rein karibische **Karneval** ist inzwischen zu einem großen Toronto-Volksfest mit farbenprächtiger *Calypso Parade* geworden.

Aktuelle Daten dieser und anderer Festivals und Veranstaltungen entnimmt man den *Events Guides*, die in den *Visitor Centres* erhältlich sind, oder ruft ganz einfach die gebührenfreie *Events Hotline* an: ℂ (800) ONTARIO.

3.3.6 Torontos Umgebung

Wie für nordamerikanische Großstädte typisch gibt es auch an der Peripherie Torontos diverse kommerzielle Besucherattraktionen: Am citynächsten liegt in **Vaughan** der *Amusementpark Paramounts Canadas Wonderland:*

Canada`s Wonderland Die kanadische Variante des Vergnügungsparks unterscheidet sich nicht von den US-Vorbildern: Neben Fahrten in den unvermeidlichen *Rollercoasters* und anderen weniger oder mehr aufregenden *Rides* (bei Andrang Wartezeiten!) gibt's ein bißchen Showbühnenglamour, eine Portion *Disneyland* und *Fantasy*, künstliche Berge und Wasserfälle, viel Planschspaß und lebende Comic-Figuren.

Anfahrt über die Autobahn #400 nach Norden, *Exit* Rutherford oder Major Mackenzie Rd. Öffnungszeiten Mitte Juni bis Anfang September täglich 10–22 Uhr; ab Mai und bis Mitte

Oktober nur Sa+So bis 20 Uhr; *Pay-one-Price-Ticket* **$34** (alle *Rides* inklusive), Kinder nur bis 6 Jahren ermäßigt **$17**. Auch reiner Eintritt zum Park ohne *Rides*, die dann extra zu bezahlen sind, möglich: **$18**. Parken $5. Anfahrt auch mit **U-Bahn**: Stationen *York Dale* oder *York Mills*, dort *Busshuttle.*

Wild Water

Das *Wild Water Kingdom* ist ein großer **Wasserplanschpark** ca. 2 km westlich von **Brampton,** Anfahrt über Autobahn #427, dann Finch Ave. Nur Sommer bis *Labor Day*.

McMichael Collection

In **Kleinburg** (30 km nördlich von *Downtown Toronto*, Autobahn #427, dann Straße #27, oder #400, Exit #35/Straße #25, dann Islington Ave) befindet sich – eingebettet in einen Landschaftspark über dem *Humber River Valley* – ein ganz besonderes Kunstmuseum: Die *McMichael Canadian Art Collection* mit der größten Sammlung von Werken der kanadischen *Group of the Seven*. Die Mitglieder der Gruppe (u.a. *Tom Thomson, Franklin H. Carmichael, Lawren Harris* und *Frank Johnston*) bereisten Anfang dieses Jahrhunderts den *Algonquin Park*, die Georgian Bay und die Rocky Mountains und fingen in sehr persönlichen Stimmungsbildern Canadas Natur in ausdrucksvollen Farben ein. Ihre Bilder, die mit der traditionellen britischen Landschaftsmalerei brachen, galten seinerzeit als revolutionär.

Die Kunstgalerie ist täglich Juni–Oktober 10–17 Uhr, sonst Di–So bis 16 Uhr geöffnet; Eintritt $7; Kinder Jugendliche $4.

Kleinburg

Zum Standort Kleinburg war es gekommen, weil das Ehepaar *McMichael*, das gezielt Bilder der *Group of the Seven* gesammelt und zunächst in seinem Kleinburger Privathaus ausgestellt hatte, im Jahr 1965 die Kollektion der Provinz Ontario übereignete. Daraus entstand das heutige Museum, das ausserdem noch Indianer- und Inuit-Kunstwerke beherbergt.

Zum Museum gehört auch ein **Restaurant** mit sehr schöner Aussichtsterrasse

Unabhängig vom Museum ist der hübsche **Ort Kleinburg**, eine Idylle aus weißen *Clapboard Houses* und einem winzigen Zentrum mit schnuckeligen Läden und Restaurants im Bilderbuch-*Look* einer heilen Welt, schon allein einen Abstecher wert. An der Straße #27 südlich Kleinburg liegt das weit und breit einzige Motel: *Kleinburg Motel* ab $60.

Weitere Ziele westlich von Toronto auf Seite 388.

3.4   **ROUTEN DURCH ONTARIO**

3.4.1   **Überlegungen zur Streckenplanung**

Im zentralen Osten Ontarios warten viel Natur und Einsamkeit, aber auch ganz normale Ferien-Sommerfrische und interessante historische Sehenswürdigkeiten. Die möglichen Routen und Kombinationen reizvoller Gebiete und Einzelziele sind in diesem Teil Ontarios zahlreich. **Eine** ideale Strecke gibt es nicht. Zur Bestimmung der individuell optimalen Reise durch Ontario kommt es stark auf persönliche Präferenzen, die zur Verfügung stehende Zeit und die weiteren Pläne an. **Folgende Überlegungen** haben zur hier gewählten Routenaufteilung in drei "Stränge" (ab Toronto) geführt:

(1) Für sehr viele Urlauber dürften die Großstädte **Toronto** (mit Niagara Falls) und **Ottawa** wichtige **Eckpunkte der Routenplanung** sein, gleichgültig, ob die Reise sich insgesamt auf Ontario beschränkt oder – im Rahmen einer größeren Rundfahrt – auch durch Ontario führt.

(2) Ein **Sonderfall** ist der populäre *Algonquin Park*. Dank seiner zentralen Nordlage im Ostteil der Provinz kann er sowohl gut in einen **Ontario-Rundkurs** als auch – mit Umwegen – in eine **Ost–West** oder **West–Ost-Route** einbezogen werden, wiewohl meist unter Verzicht auf andere Ziele. Wer den Besuch von Kingston, des *1000 Islands Parkway* und des *Upper Canada Village* verschmerzen mag, kann Ottawa über den *Algonquin* auch gut direkt ansteuern bzw. über den Park von Ottawa aus nach Süden und Westen fahren. Mit ein wenig Extrazeit wären dabei die genannten Ziele am St. Lawrence River über eine Rundfahrt oder "Schleife" durchaus noch einzubauen.

(3) Eine Beschränkung (der Reise) auf die direkte Route zwischen Toronto und Ottawa über Kingston läßt auch mit Abstechern und Umwegen zwangsläufig die besten Naturziele Ontarios aus. Mehrere davon liegen an einer **Rundstrecke um die Georgian Bay** herum, die geographisch leicht mit einer Ost-West-Route verbunden werden kann (z.B. über Peterborough/Kawartha Lakes, die *TCH* **#17** oder die **#60** durch den *Algonquin Park*). Wer von Toronto aus nach Westen fährt bzw. von dort kommt, findet auf diesem Rundkurs zwei Alternativen für die Routenwahl.

Sowohl mit den Zwischenzielen *Bruce Peninsula* als auch Sudbury (3) und *Algonquin Park* (2) macht es Sinn, ab Toronto zunächst der **Autobahn #400** nach **Barrie** am **Simcoe Lake** zu folgen. Dieser große See wird von seinen Anwohnern intensiv als Wassersportrevier genutzt, stellt aber kein besonderes Ziel für Canada-Touristen dar. Nördlich von Barrie zweigt die Schnellstraße #11 nach North Bay bzw. zum *Algonquin* ab.

3.4.2 Rund um die Georgian Bay

Das Gebiet um den *Georgian Bay Islands National Park* dürfte auch für manche, die nicht gleich um die ganze Georgian Bay herumfahren wollen, sondern als nächstes Ziel z.B. den *Algonquin Park* "anpeilen", reizvoll sein. Daher wird in diesem Abschnitt der Weg nach Westen bzw. des Rundkurses nicht in "gerader Linie" bzw. im strengen Uhrzeigersinn verfolgt, sondern zuerst ein kleiner "Haken" nach Norden geschlagen. Wer dann aus dem Gebiet Wasaga Beach/Port Severn weiter zum *Algonquin Park* möchte, setzt die Reise mit dem **Abschnitt 3.4.3** fort. Zur Weiterfahrt auf dem *Trans Canada Highway* über Parry Sound nach Westen findet man die Beschreibung – wenngleich in Gegenrichtung – ab Seite 426.

Georgian Bay und *Thirty Thousand Islands*

Kenn-zeichnung

Als Georgian Bay wird ein durch die *Bruce Peninsula* und Manitoulin Island weitgehend abgetrennter Teil des Lake Huron bezeichnet. Zusammen mit dem North Channel im Westen ist diese "Bucht" fast so groß wie der Lake Ontario und damit eigentlich schon ein **sechster Großer See**. Bei Seglern und Surfern ist sie wegen ihrer günstigen Winde beliebt. In Ufernähe erreicht das Wasser im Juli/August Badetemperatur. In der Südostecke der Georgian Bay liegt die Region der – in Wahrheit noch zahlreicheren – **30.000 Islands**. Die Inseln und Inselchen sind mal glatt wie Walbuckel, mal mit nur drei Kiefern oder Wäldchen bedeckt und wirken im tiefblauen, klaren Wasser immer malerisch, mitunter sogar mediterran. Nur die Schräglage der Bäume läßt ahnen, wie rauh der Nordwestwind dort sein kann. Weiter südwestlich überwiegt ein nordisch-skandinavisches Aussehen der Küste. Das Gestein wechselt vom Rosa des *Canadian Shield* zum *Limestone*-Weiß des *Niagara Escarpmen*t (➪ Seite 20).

Geschichte

Wie bereits eingangs des Ontario-Kapitels erwähnt (➪ Seite 371), gründeten **1639** französische **Jesuiten** an einer Kanuroute der Pelzhändler mitten in der Wildnis eine Missionsstation (in der Nähe des heutigen Midland). Die in der Umgebung lebenden Huronen ließen sich zwar leicht zum Christentum bekehren, wurden aber gleichzeitig Opfer von bis dahin in Amerika unbekannten Infektionskrankheiten. Nicht genug damit, daß eine Scharlach- und Masernepidemie die Hälfte von ihnen dahinraffte, griffen 1648 auch noch die Irokesen ihre traditionellen Erzfeinde und die Station an. Acht der Missionare wurden getötet, einige von ihnen endeten am Marterpfahl. Die Jesuiten gingen ein Jahr später zusammen mit den wenigen Huronen, die Krankheit und Krieg überlebt hatten, nach Québec-City. Die Nachkommen der *Georgian Bay Hurons* leben noch heute im Vorort Wendake (➪ Seite 509).

Sainte-Marie among the Hurons

Von **Barrie** sind es noch gut 40 km zur 1964 rekonstruierten Mission *Sainte-Marie among the Hurons* östlich von Midland (Autobahn #400 bis zum Ende, dann Straße #12). Hohe Holzpalisaden unterteilen die erstaunlich kleine Anlage in zwei Befestigungsringe. Im äußeren Ring lebten die noch nicht getauften, im inneren die bereits christianisierten Huronen. Das einstige Leben in der Station ist detailgenau nachgestellt; typisch sind die *Longhouses*, große Häuser aus Baumrinde ohne Fenster und innere Unterteilungen für mehrere Indianerfamilien. Zeitgenössisch gekleidete "Bewohner" geben bereitwillig Auskunft auf alle Fragen. Im angeschlossenen Museum werden indianische Traditionen und die französische Lebensweise gegenübergestellt. Geöffnet Mitte Mai bis Mitte Oktober täglich 10–17 Uhr; Eintritt $7,50, Kinder $5, unter 5 frei.

Matyr´s Shrine

Nur einen Steinwurf entfernt vom *Sainte-Marie* Komplex stehen auf einem Hügel die hellen Zwillingstürme des **Martyrs' Shrine** . Der Schrein gilt den später heiliggesprochen Märtyrern, die hier im 17. Jahrhundert als Missionare ihr Leben ließen. Er ist Ziel zahlreicher Pilger und Touristen gleichermaßen (im Sommer Besichtigung täglich 8.30–21 Uhr; Parken $3). Große Bedeutung wird der Visite von Papst Johannes Paul II. 1984 zugemessen; sie ist ausführlich dokumentiert. Unterhalb der Kirche befindet sich ein **Aussichtspunk**t, von dem der Blick über den *Severn Sound* der Georgian Bay und die Umgebung fällt.

Midland

Im **Huronia Museum** von Midland und einem **Huron Indian Village** mit bohnenstangenartigen Palisaden (King St/Little Lake Park) wird das Leben der Indianer vor der Ankunft der

Bau eines Huronen-Longhouse

413

Europäer anschaulich dargestellt. Geöffnet Mai bis Oktober Mo–Sa 9-17 Uhr, So ab 10 Uhr. Kombiniertes Ticket $5, Jugendliche bis 17 Jahre $4, Kinder unter 6 Jahren frei.

Sainte Marie among the Hurons; gerade noch sichtbar im Hintergrund die Turmspitzen des Martyrs Shrine

Quartier

Wegen des starken Tourismus in diesem Bereich ist **Midland** mit **Motels** gut bestückt. Sie sind entlang der Hauptstraße King Street (***Best Western*** und ***Comfort Inn***) und in der Yonge St nicht zu übersehen. Relativ preiswert kommt man auch in **Barrie** unter. Die allesamt ziemlich neuen Häuser der Motelketten ***Best Western, Comfort Inn, Travelodge, Venture Inn*** lassen sich im Bereich der Autobahn #400 nicht verfehlen: Ausfahrten #96 und #98.

Penetan-guishene

Wenige Kilometer westlich von Midland liegt Penetanguishene. Das Städtchen war seit dem späten 18. Jahrhundert ein englischer **Marine-Stützpunkt** und **Werfthafen**. Im englisch-amerikanischen Krieg (1812–1814) wurden hier Kriegsschiffe versorgt. Auf diese Zeit bezieht sich das kleine *Living Museum* **Discovery Harbour**, ein Komplex rekonstruierter Gebäude an der Hafenbucht. Nostalgische Segelschiffe fehlen da natürlich auch nicht. Sie werfen mittags und zum Sonnenuntergang die Leinen los für Kurztrips ($20) durch die tief ins Land eingeschnittene *Penetanguishene Bay*. Nur Ende Mai bis *Labour Day* 10–16/17 Uhr; Eintritt $7, Kinder bis 16 Jahren $4, unter 6 frei. Vor allem bei gutem Wetter bei Buchung eines der Segeltörns empfehlenswert, sonst nicht so ergiebig.

Awenda Provincial Park

Nicht weniger attraktiv als im – übers Wasser – nahen Nationalpark zeigt sich die Inselwelt der Georgian Bay bereits hier an der Küste der *Penetanguishene Peninsula*. Der ***Awenda Provincial Park***, zu dem auch ***Giants Tomb Island*** gehört, liegt inmitten eines großen Waldgebietes, besitzt mehrere geschützte Sandstrände und ein System von Wanderwegen. Der große ***Campground*** dieses Parks eignet sich gut für einen Ruhetag. Anfahrt von Penetanguishene ausgeschildert.

Beaches

Ein Hinüberfahren zu den *Beaches* am Ostufer der **Nottawa-saga Bay** lohnt sich eigentlich nur, wenn man die Reise in Richtung Westen fortsetzt, ➪ nächste Seite.

Georgian Bay Islands National Park

Vom *Awenda Park* kann man zu den Inseln des *Georgian Bay Islands National Park* hinübersehen. Der Park wurde 1929 gegründet, um die Region nicht völlig privaten Häuslebauern zu überlassen. Ausgangspunkt für Bootstouren in die Nationalpark-Inselwelt ist der kleine Ort **Honey Harbour**, ca. 10 km nordwestlich von **Port Severn** (Straße #5). Im Blockhaus der Parkverwaltung gibt es Karten und alle Informationen. Um zu einer der 59 Inseln des Parks zu gelangen, benötigt man allerdings ein Boot.

Zur bedeutendsten und mit 11 qkm größten Insel des Parks, *Beausoleil Island*, fährt ein *Water Taxi* – Fahrtzeit 20 min. Ein *Visitor Centre*, der *Cedar Spring Campground* (einer von 15 auf verschiedenen Inseln angelegten Campingplätzen) und eine Reiheschöner *Hiking Trails* warten auf Besucher. Die Überfahrt kostet ca. $40 für eine Gruppe bis zu 5 Personen (inkl. Gepäck). Da es auf *Beausoleil Island* keine Einkaufsmöglichkeit gibt, muß man einen Besuch gut vorbereiten oder sich mit einer Stippvisite begnügen. Nur für eine Nacht lohnen sich Überfahrt und der damit verbundene Umstand kaum. **Unterkünfte sind nicht vorhanden**.

Quartiere

Motel- und Hotelbetten sind in diesem Bereich eher rar, die Kapazitäten der Unterkünfte in und bei **Honey Harbour** begrenzt, sieht man ab vom *Delawana Inn* mit 150 Räumen, Tarife ab ca. $100; ✆ (800) 461-9907. Weitere Quartiere findet man in **Port Severn**, z.B. *The Inn at Christie`s Mill*, ✆ (800) 465-9966, ab ca. $80, und die *Rawley Lodge*, ✆ (800) 263-7538.

Six Mile Lake Park

Über einen sehr schönen *Campground* verfügt der nahe *Six Mile Lake Provincial Park* am *Trans Canada Highway*. Sein Landschaftscharakter wird noch vom abgeschliffenen Granit des Kanadischen Schildes bestimmt, dessen südliche Grenze hier verläuft. Während der Hauptreisezeit ist der Campingplatz am See allerdings rasch besetzt.

An der Georgian Bay

Nach Tobermory auf der Bruce Peninsula

Straße #26 ab Barrie

Wie eingangs erläutert, wurde der vorstehende Abschnitt als möglicher Abstecher oder "Schlenker" formuliert. Die hier verfolgte Hauptroute läuft nördlich von Barrie zunächst auf der Straße #26 über Wasaga Beach/Collingwood nach Westen bis Owen Sound und dann weiter nach Tobermory an der Nordspitze der *Bruce Peninsula,* von wo es per Fähre nach Manitoulin Island geht. Die Straße #26 zeigt vor allem an der **Nottawasaga Bay** einen attraktiven Verlauf.

Wasaga Beach

Sie erreicht die Bucht etwa 10 km östlich von Collingwood. Dort zweigt die **Straße #92** nach Wasaga Beach ab. So nennt sich gleichzeitig der rund 14 km lange Küsten- und Strandstreifen bis über den Ort hinaus. Er ist auf ganzer Strecke über mehrere Blocks landeinwärts dicht mit Sommerhäusern und einer voll auf Badeferien und -wochenenden ausgerichteten Infrastruktur besetzt. Die #92 besitzt die Funktion der kommerziellen Hauptachse des Bereichs mit **Wasaga Beach *Town*** als zentraler Ferienhochburg. Die Großstädter aus dem nahen Toronto finden am Lake Ontario keine vergleichbaren Strände.

Provinzpark

Der größte Teil des Strandes und eines schmalen Dünenstreifens steht unter Provinzpark-Verwaltung. Er ist in kurzen Abständen über schmale Straßen (durch Privatbesitz) zugänglich. Die Gebühren fürs Parken sind zugleich Eintritt. Der **Wasaga Beach Provincial Park** verfügt außer über Strand und Uferstreifen zwar über Picknicktische hier und dort, besitzt aber keinen *Campground.* Diese Lücke füllen eine ganze Reihe privater Plätze, die nicht zu verfehlen sind. Ebensowenig übersehen läßt sich die große Zahl von **Hotels, Motels** und anderen Unterkünften entlang der #92 und im Ort Wasaga Beach, darunter allerdings – wohl wegen des reinen Saisonbetriebs – keine Häuser der Hotelketten. Im Sommer sind alle Quartiere teuer und weitgehend ausgebucht.

Nancy Island

Eine interessante Attraktion ist der **Nancy Island Historic Site**. Im Krieg von 1812-14 wurde vor der Mündung des Nottawasaga River (beim Ort Wasaga Beach) die *HMS Nancy* von amerikanischen Kriegsschiffen versenkt. Sand und Gestein, die sich um das Wrack sammelten, sollen die Bildung von Nancy Island verursacht haben.

Badeorte

Ein Stück nördlich von Wasaga Beach liegen weitere Badeorte wie Perlen auf einer Schnur. Sie alle verfügen ebenfalls über hübsche Strände, sind aber z.T. nur über Schotterstraßen erreichbar. Ihre Infrastruktur ist eher dünn. Es sind typische Ziele für Familien mit Kindern, die sich dort für einige Ferienwochen einmieten. Europäischen Canada-Touristen haben sie nur wenig zu bieten. Die nördlichsten von ihnen liegen schon sehr nah an der Region Midland, die im vorigen Abschnitt beschrieben wurde, ⇨ Seite 412.

Collingwood

Obwohl auch an der *Nottawasaga Bay* gelegen, ist Colling-wood das genaue Gegenteil von Wasaga Beach, nämlich – dank des nahen *Blue Mountain* (300 m), einer der höchsten Erhe-bungen des *Niagara Escarpment*, ⇨ Seite 20 – Zentrum des größten Wintersportgebietes von Ontario. In Collingwood fin-det man daher ebenfalls viele **Unterkünfte**; sie sind tenden-ziell etwas preiswerter als im nahen Wasaga Beach-Bereich.

Craigleith

In der Nähe von Craigleith warten die ***Blue Mountain Slide Rides*** (Blue Mountain Rd) mit **Wasserrutschen** (*Slipper Dip-per Water Slide* und *Tube Ride*) und eine fast 1000 m lange **Sommer-Rodelbahn** auf Besucher; Mitte Juni bis *Labour Day* 9–19 Uhr; im Juni und September nur an Wochenenden bis 17 Uhr. Einzeltickets pro *Ride* ab $4; Tagestickets für unbe-grenztes Rutschen und Rodeln $18; Kinder nur geringfügig ermäßigt. Nicht weit davon kann man die ***Collingwood Scenic Caves*** besichtigen und **durchs *Niagara Escarpment* wandern**.

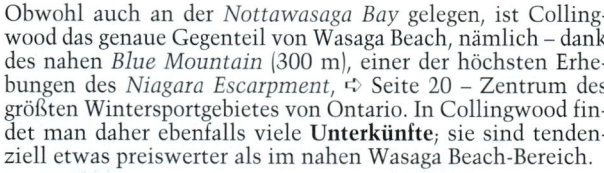

Der **Craigleith Provincial Park** direkt an der Straße besitzt einen komfortablen **Campingplatz.** Ein Strand fehlt zwar, aber das glasklare Wasser der felsigen Buchten lädt zum Schwimmen und Tauchen ein.

**Küsten-
straße #1/#26**

Westlich von Owen Sound, einem nicht sonderlich attraktiven Ort mit vielen **Motels** (*Econolodge, Comfort Inn, Best Western, Super 8* etc.), nimmt – wer einige Kilometer *Gravel Road* im Verlauf der #26 nicht scheut – statt der schnellen Route auf der #70 die Küstenstraßen #1 und #26 über Big Bay (**Colpoy Lookout Point** nicht auslassen) nach Wiarton. Dort erreicht man die Straße #6 nach Tobermory.

Trail-Wegweiser im Bruce Peninsula National Park

**Bruce
Peninsula**

Geologisch ist die **Bruce Peninsula** (wie auch die Flowerpot Islands und Manitoulin Island) Teil des **Niagara Escarpment** (⇨ Seite 20), die das südliche Ontario bis zu den Niagarafällen diagonal durchquert. Ein 720 km langer **Indianerpfad** von Queenston am Niagara River bis Tobermory folgt dem Verlauf des Höhenzuges. Der schönste Abschnitt des heute **Bruce Trail** genannten Weges sind die letzten Kilometer an der Ostküste der Bruce Peninsula. Die **Westufer** der Halbinsel am Lake Huron sind flach und streckenweise sumpfig. Sie verfügen aber auch über einige **Badestrände,** z.B. im leicht erreichbaren Bereich **Sauble Beach**. Dort warten Dünen, flaches, relativ warmes Wasser, zahlreiche **Ferienquartiere** und der **Sauble Beach Provincial Park** mit Campingplatz.

Weitere Abstecher an die Westküste machen frühesten im Nationalpark Sinn (siehe unten). An die Ostküste führen dagegen mehrere lohnenswerte Stichstraßen. Eine davon ist die **Straße #9A**, die in Lion`s Head endet. Dort und bei Barrow Bay finden sich Kalksandsteinklippen, Grotten und kleine Buchten. Ein Meeresboden aus kleinen Kieseln gibt dem Wasser die leuchtend türkis-blaue Färbung. Ein Teilstück des erwähnten *Bruce Trail* führt zum Aussichtspunkt **Lion's Head Point**.

Bruce Peninsula National Park

Südlich Tobermory erstreckt sich quer über die Halbinsel der erst 1987 ins Leben gerufene *Bruce Peninsula National Park* (270 qkm). In seinem **Ostteil** befinden sich einige **Badeseen** unweit der Küste. Die Ufer der Georgian Bay sind mit überhängenden Felsen, Höhlen, stillen Buchten und ihrer Wassertransparenz spektakulär, aber im Park nur zu Fuß zugänglich. Mehrere *Trails* führen vom zentralen Cyprus Lake zum *Bruce Trail*: Bis Tobermory sind es etwa 16 km.

Am **Cyprus Lake** liegen das *Visitor Centre* und **drei Campingplätze** dicht beieinander. Im **Westteil** erstrecken sich am Lake Huron Sümpfe, sandige Buchten und Dünen. Gut zugänglich ist der Badestrand *Singing Sands* an der Dorcas Bay.

Tobermory

Tobermory an der Nordspitze der Bruce Peninsula beherbergt den Fährhafen und ist Ausgangspunkt für Ausflüge zu den Inseln des *Fathom Five National Marine Park*. Ein *Visitor Centre* am Hafen informiert über diesen, aber auch über den *Bruce Peninsula National Park*.

Unterkunft

In Tobermory gibt es mehrere **Motels** der unteren bis mittleren Kategorie. Auf Manitoulin Island ist die Motelkapazität sehr gering; man sollte besser in Tobermory übernachten, bevor man ohne Quartiersicherung eine Abendfähre bucht; z.B. im *Big Tub Harbour Resort*, ℂ (519) 569-2219, ab ca. $60, oder *Harbourside*, ℂ (519) 569-2422, etwa dieselbe Kategorie.

Wartezeit

Wartezeit auf die Fähre (↻ umseitig) läßt sich durch einen kleinen Ausflug zum Fotomotiv *Big Tub Lighthouse* am Ende der Landzunge nordwestlich von Tobermory überbrücken (Front Street, am Fährterminal links ab). Abgehärtete Naturen können dort auch schwimmen.

Fathom Five National Marine Park

Der *Fathom Five National Marine Park* ist ein **Unterwasserpark**, der außerdem 19 Inseln in der Georgian Bay und einen Uferstreifen östlich von Tobermory umfaßt. Er gilt mit seiner großen Wassertransparenz und über zwanzig **Schiffswracks** als Paradies für Taucher. In der 2. Hälfte des 19. und Anfang des 20. Jahrhunderts verfehlten viele Schiffe in schwerer See die Passage zwischen *Bruce* und *Manitoulin* und gerieten in die Untiefen vor Tobermory. Für Besucher ohne Taucherausrüstung stehen **Ausflugsboote mit Glasboden** bereit ($12-$15; Kinder $7-$9). Deutlich erkennt man durch die Unterwasserfenster die hier erstaunlich gut erhaltenen Wracks.

Ein außerordentlich reizvolles Ausflugsziel ist *Flowerpot Island*, so benannt nach ihren beiden 7 m und 12 m hohen wie Blumenvasen geformten Felssäulen. Wer die *Flowerpots* und die Inselflora mit zahlreichen **Orchideenarten**(!) aus der Nähe betrachten möchte, kann sich vom Glasbodenboot absetzen und später wieder abholen lassen (im Sommer 5 Touren täglich). Auf der Insel befindet sich sogar ein *Campground* für sechs Zelte – Vergabe nach *first-come-first-served*.

Tobermory–Manitoulin Island Ferry

Die Fähre **MS Chi-Cheemaun** fährt Mitte Juni bis Anfang September 4x täglich von Tobermory nach South Baymouth auf Manitoulin Island und zurück. Mitte Mai bis Mitte Juni und Anfang September bis Mitte Oktober verkehrt sie nur 2x täglich, freitags 3x. Die kleinere **MS Nindawayma** wird in der Hochsaison bei Bedarf zusätzlich eingesetzt, befördert aber nur Personen und Pkw, keine Wohnmobile. Im **Sommer** erfolgt die erste Fahrt ab Tobermory um 7 Uhr morgens, die letzte um 20 Uhr. Die Fahrtzeit beträgt ca. **1 Std. 45 min**.

Pro Person kostet die einfache Fahrt $11. Für Fahrzeuge bis 2,60 m Höhe zahlt man $24, für höhere Fahrzeuge ab $52. Bei mehr als 6,10 m (20 Fuß) langen Wohnmobilen werden pro 30 cm Überlänge $3,50 Extragebühren fällig. Reservierungen – allerdings nur für die erste und letzte Fähre des Tages, alle andere Abfahrten werden in der Reihenfolge der Ankunft bedient – sind beim **Ontario Northland Marine Service** über folgende Telefonnummern möglich (Kreditkarte notwendig):

Tobermory: ✆ (800) 265-3163 oder ✆ (519) 596-2510
South Baymouth: ✆ (705) 859-3161

Big Tub Lighthouse am äußersten Ende der Bruce Peninsula. Das glasklare Wasser lädt zum Schwimmen ein

Von South Baymouth nach Sault Ste. Marie

Manitoulin Island

Manitoulin Island gilt mit einer Länge von 180 km und einer Breite von 5 km bis 80 km als weltgrößte Insel in einem Süßwassersee. Sie besitzt 1.600 km Küstenlinie und zahlreiche Seen, ist sehr grün und leicht hügelig, bietet aber touristisch wenig. Die Infrastruktur ist in Anbetracht einer nur kurzen Saison recht dürftig. Es gibt keine *Provincial Parks*, nur einfache private Campingplätze und relativ wenige Motels.

South Baymouth

In **South Baymouth**, in der Südostecke von Manitoulin Island, legt – seit Jahren unverändert – in der Hochsaison die erste Fähre um 9.10 Uhr, die letzte um 22 Uhr ab (✆ Fährauskunft siehe oben). Außer einem hundert Jahre alten **Little Red Schoolhouse** am Ortseingang gibt es in South Baymouth nicht viel zu sehen. Der **Campground South Bay Resort**, ca. 1 km außerhalb an der Hauptstraße (zugleich ein kleines **Motel** mit 8 *Cabins*), bietet Stellplätze an der Bucht.

Manito-waning

Die Straße #6 von South Baymouth nach Espanola am *Trans Canada Highway* bietet anfangs wenig fürs Auge. Etwa auf halber Strecke liegt Manitowaning und in seinem Hafen das **SS Norisle**, das letzte Dampfschiff auf dem Lake Huron. Nicht weit davon befindet sich das **Assiginack Museum** mit Gegenständen aus der Pionierzeit. Schiff und Museum sind

Juni–September zu besichtigen: 10–17 Uhr, Eintritt $1. Eine Handvoll kleiner **Lodges** und **Motels** wartet auf Gäste.

Indianer und Kirche

Die **Wikwemikong Indian Reserve** rund um den Ort gleichen Namens nordöstlich von Manitowaning ist eines von fünf Reservaten auf Manitoulin Island. Schon im 17. Jahrhundert hatten sich die *Wikwemikong*-Indianer zum katholischen Glauben bekehren lassen. Die Ruine der abgebrannten ersten **Holy Cross Mission** der Jesuiten ist ein bis heute sichtbarer Zeuge der Missionsgeschichte, ➪ Seite 413. Direkt an der Bay liegt der **Kendaasewin Campground.**

West Bay

In West Bay an der Straße #551, der zweitgrößten indianischen Ansiedlung auf der Insel, erfährt man mehr über *Ojibwe*- und *Anishnabe*-Indianer: In der **Ojibwe Cultural Foundation** werden indianisches Kunsthandwerk und wechselnde Ausstellungen moderner indianischer Maler gezeigt.

Südküste

Wer für Manitoulin Island einen Extratag Zeit mitbringt, findet an der Südküste in **Providence Bay** einen schönen Sandstrand mit *Beach Boardwalk.* Auf dem Weg dorthin (Straße #542 nach Mindemoya, von dort 17 km auf der Straße #551), passiert man **Sandfield** am Lake Manitou. Im 100 Jahre alten **Watson General Store** direkt an der Hauptstraße läßt es sich wunderbar herumstöbern.

Der einfache **Campingplatz** – eine grüne Wiese direkt am Wasser – eignet sich für eine Übernachtung.

Straße #6

Nördlich von Manitowaning passiert die Straße #6 in High Falls **Wasserfälle**, die aber kleiner sind, als die Bezeichnung vermuten läßt. Vom **10 Mile Point**, zwischen Manitowaning und Sheguiandah am indianischen **Trading Post**, genießt man einen weiten Blick über die Inselwelt.

Little Current

Little Current ist größte Siedlung und wichtigster Touristenort der Insel. Eine Meerenge, der *North Channel*, trennt Manitoulin Island von der Nachbarinsel Great La Cloche Island. An der #6 erinnert ein *Historical Marker* an die ersten Europäer in dieser Region, den Franzosen **Etienne Brûlé** und die Pelzhändler (**Voyageurs**), die ihm mit ihren Transportkanus folgten.

Die Strecke bis **Espanola** verläuft abwechslungsreich durch eine attraktive Seen- und Insellandschaft und erreicht bei Whitefish Falls wieder das Festland. Bei Espanola mit seiner Zellulose-Fabrik, die man häufig früher riecht als sieht, trifft man auf die Straße #17, den **Trans-Canada-Highway**.

INDIANER AUF MANITOULIN-ISLAND

Seit Jahrhunderten ist die Insel Indianergebiet und noch heute gehört ein Drittel der Inselbewohner zu den Ojibwe- und *Ottawa*-Stämmen; die Unterzeile *First Nation* auf den Ortsschildern weist darauf hin.

1836 wurde ganz Manitoulin-Island zu einem Indianerreservat erklärt. Als aber Mitte des vorigen Jahrhunderts immer mehr Siedler nach Ontario strömten, begannen langwierige Auseinandersetzungen zwischen den Indianern und der kanadischen Regierung. Die bot den Indianern ein Landabtretungs-Abkommen an. Im Gegenzug für den Verzicht sollte jede Familie Geld und ein fest zugeteiltes Grundstück erhalten. Während die Indianer im westlichen Inselteil einwilligten, lehnten die Bewohner der Region um Wikwemikong an der Ostküste das Angebot ab. Dieses Gebiet gilt seitdem als *unceded*, als "nicht abgetreten".

Alljährlich am ersten Augustwochenende findet in Wikwemikong eines der größten und buntesten **Pow Wows** Ontarios statt, zu dem Indianer aus dem ganzen Land anreisen: Bei Musik, Tanz und *Hot Dogs* sind auch Touristen willkommen; Auskunft dazu unter ℡ (705) 859-2385.

Umkehr-punkt Espanola

Wer keine Weiterfahrt über Sault Ste. Marie hinaus plant, sollte Espanola oder äußerstenfalls Massey und/oder den *Chutes Park* als Umkehrpunkt einer Rundfahrt um die Georgian Bay wählen. Weder die Strecke bis Sault Ste. Marie noch die Stadt sind so aufregend, daß ein Abstecher von fast 250 km und zurück lohnend wäre. Bei Umkehr ⇨ übernächste Seite. Wie bei einem solchen Kreuzungspunkt nicht anders zu erwarten, gibt es in Espanola wieder eine bessere Auswahl bei den

Quartieren, u.a. das *Clear Lake Inn*, ℂ (705) 859-1748, ab ca. $60, und das *Lake Apsey Resort*, ℂ (800) 559-6583, ab $70.

Chutes Park

Bei **Massey** am TCH, 24 km westlich von Espanola, lädt der sehr schöne *Chutes Provincial Park* zum Picknicken und Baden, ggf. zum Übernachten ein: Der Park wird auf ganzer Länge vom verzweigten **Aux Sables River** durchflossen. Am Nordende noch voller Stromschnellen und Wirbel beruhigt er sich im weiteren Verlauf. Im Süden gibt es eine *Sandy Beach*. Von einer Plattform überblickt man den Strand und den Standort eines früheren *Log Chute*.Auf dieser Rutsche wurden Baumstämme um die Katarakte herumgeflößt. Der **Campingplatz** des Parks befindet sich am Westufer des Flusses.

St. Joseph Island

Die **westlichste Insel** der Kette zwischen der Bruce Peninsula und Sault Ste. Marie ist **St. Joseph Island**. Für eine Fahrt über die – ans Straßennetz angeschlossene – Insel, verbunden etwa mit einem Besuch des *Fort St. Joseph National Historic Site*, benötigt man 2 Stunden und mehr (mindestens 100 km Hin- und Rückfahrt). Der geschichtsträchtige Platz im Süden des Eilands bezieht sich auf die Reste eines im Krieg von 1812-14 zerstörten Forts. Die abgelegene Befestigungsanlage war einst der westlichste Vorposten der Briten in Nordamerika. Ein *Visitor Centre* informiert über die Details der historischen Vorgänge; im Sommer 10–18 Uhr, Juni/September bis 17 Uhr.

Sault Ste. Marie

Eine enorme Brückenkonstruktion verbindet die gleichnamigen Zwillingsstädte beidseitig der – durch den St. Mary`s River zwischen Lake Superior und Lake Huron gebildeten – amerikanisch-kanadischen Grenze. Die *International Bridge* überspannt eine der einst strategisch wichtigsten Wasserstraßen des nordamerikanischen Kontinents.

Schleusen

Von der Brücke (*Toll* $2) blickt man hinunter auf das Schleusensystem, das die Stromschnellen des Flusses umgeht. Bereits 1855 wurde – auf amerikanischer Seite – die erste Schleuse gebaut und damit der Seeweg von Europa bis Fort William frei, das seit 1976 Thunder Bay heißt. Heute können Schiffe bis zu 300 m Länge und 30 m Breite durch die *Soo Locks* geschleust werden.

Wer nicht auf die amerikanische Seite hinüberfährt, kann *Lock Tours* auch in Canada buchen: Am *Tour Boat Dock* (Foster Drive/*Roberta Bondar Park*) legt mehrmals täglich ein Boot ab.

Ticket ca. $16, Kinder/Jugendliche nach Alter abgestuft. Alles weitere zu Sault Ste. Marie auf US-Seite ab Seite 624.

**Paper/
Pulp Mills**

Unübersehbar wie die *International Bridge* sind die Schlote der holzverarbeitenden Industrie. Mitunter legt sich der beißende Geruch der **Pulp Mills** tagelang über die Stadt. Da erscheint nur logisch, daß Sault Ste. Marie vor einigen Jahren wegen der Bedeutung seiner Forst- und Holzwirtschaft mit dem schönen Titel **Forestry Capital of Canada** geehrt wurde.

**Algoma
Central
Railway**

Der *Algoma Central Railway Terminal* in der Bay Street ist Ausgangspunkt für einen Tagestrip mit der Eisenbahn (8-17 Uhr, davon 7 Std. Fahrt), der sich vielversprechend "**Agawa Canyon - Wilderness by Rail**" nennt. Endziel ist der *Agawa Canyon* (ca. 200 km) am Ostrand des *Lake Superior Provincial Park*. Im per Auto nicht erreichbaren, malerisch-lieblich grünen Tal des Agawa River (keine rauhe Felsschlucht) wird ein 2-stündiger Stop eingelegt, der gerade ausreicht für Mittagsnack und einen Spaziergang durch die Parkanlage am dort ruhigen Agawa River. Für Leute mit ein bißchen Extrazeit empfehlenswert. Der Trip kostet $46; Kinder und Jugendliche bis 18 Jahre $18; unter 5 Jahren $9.

Ausgebuffte Eisenbahnfreaks können eine 2-Tages-Tour mit dem fahrplanmäßigen **Bummelzug** und zurück (je ca. 500 km) durch absolute Einsamkeit nach Hearst unternehmen. Der Trip kostet ohne Übernachtung $106; Kinder die Hälfte. In **Hearst** gibt es 4 Motels, Details im **Visitor Centre** in Sault Saint Marie, 261 Queen St West, bzw. im **Trip Planner Northeastern Ontario**, den man überall in Ontario erhält.

In die USA

Zur Weiterfahrt über Sault Ste. Marie/USA nach Michigan (Chicago und Detroit) ⇨ Kapitel 7. Für eine Weiterreise in Richtung Prärieprovinzen ist der Reise Know-How Band **Canadas Westen** ein unverzichtbarer Ratgeber.

Unterkunft

Bei der 1996 geltenden Kursrelation US-Dollar zu Canada-Dollar (1 US$ ca. 1,33 can$) macht es Sinn, vor einem Grenzübertritt das Nachtquartier ggf. noch auf kanadischer Seite zu suchen. Sault Ste. Marie verfügt über eine sehr große Zahl von Motels und Hotels sowohl entlang der durch die Stadt führenden **Straße #17B** (Great Northern Road) als auch im zentralen Bereich, etwa in der Queen St und Pim St.

Camping

Die privaten Campingplätze im Umfeld der Stadt befinden sich durchweg nördlich am *TCH* in mehr oder minder großer Entfernung, u.a. ein **KOA-Campground**.

USA

Wer sich auf den Campingplätzen von *State* und *Provincial Parks* wohler fühlt, findet bei Weiterfahrt nach Michigan im **Brimley State Park** an der *Whitefish Bay* des Lake Superior südwestlich von Sault Ste. Marie (USA) eine gute Alternative. Der *Campground* dort ist zwar mit 270 Stellplätzen sehr groß, besitzt aber allen Komfort.

Abstecher an die James Bay

North Bay am Lake Nipissing ist Ausgangspunkt des nördlichen Arms #11 einer weiteren alternativen *TCH*-Route. Von Sudbury aus kann man auf der Straße #144, dann #101 bei Iroquois Falls auf diese sog. *Frontier Route* stoßen. Von dort sind es keine 50 km mehr bis Cochrane.

Ab Cochrane fährt der **Polar Bear Express** Ende Juni bis *Labour Day* täglich außere freitags nach **Moosonee** an der James Bay, dem südlichen Ausläufer der Hudson Bay. Außer dieser sog. "Eisbären-Linie" in ein Gebiet, in das sich Eisbären auch im Winter kaum verirren, verkehrt nur noch der *Hudson`s Bay Train* an die namensgebende Meeresbucht (von Winnipeg/Manitoba nach Churchill). Die 4-stündige Bahnfahrt durch flache Landschaft kostet $48 retour, ein Familienticket $115. In Moosonee gibt`s zwar nicht viel zu sehen, aber wer hinfährt, war immerhin an der Hudson Bay und kann "mitreden". Dafür eignet sich statt des touristischen *Polar Bear Express* aber genaugenommen der langsamere **Local Train** besser. Der hält unterwegs dort an, wo immer Passagiere aus- oder (auf Handzeichen) einsteigen möchten. Im Bummelzug trifft man auf eine interessant gemischte **Reisegesellschaft** aus Indianern, Trappern und abenteuerlustigen Individualtouristen, ist aber für eine Strecke den ganzen Tag unterwegs.

Wer die Rückfahrt auf der #11 in Richtung North Bay antritt, passiert mehrere schöne Provinzparks. Hervorhebenswert sind **Kap-Kig-Iwan** westlich von Englehart und – etwa 50 km nördlich von North Bay – **Marten River** am gleichnamigen Fluß, beide mit prima **Campground.**

Über Sudbury und Parry Sound zurück nach Toronto

TCH

Wer den Rundkurs um die Georgian Bay verfolgt, fährt ab Espanola oder Massey auf dem *Trans Canada Highway* zurück in Richtung Osten. Bis Sudbury tut sich nicht viel.

Nickel Mine

Gut 5 km vor (westlich) **Sudbury** passiert man die **Big Nickel Mine**, eine speziell für Besucher hergerichtete alte Mine. Dort

erfährt man alles über Technik und Geschichte des Nickelbergbaus und der Weiterverarbeitung des Metalls. Ein beliebtes Fotomotiv im **Numismatic Park** ist eine 9 m hohe Nachbildung der 5-Cent-Münze, des **Nickel**. Eintritt $8; Kinder $6 einschließlich *Underground Guided Tour*; Öffnungszeiten/Kombiticket mit *Science North* siehe unten. Aber Achtung: Wer den *Southwest Bypass*/Straße #69 nimmt, verpaßt Mine und *Big Nickel*.

Sudbury Basin

Der Grund für den Erzreichtum dieser Region, aus der 85% der Weltnickelproduktion stammen, ist nicht geklärt. Die Stadt liegt in einer kraterartigen Senke von 24 km Durchmesser, dem **Sudbury Basin**, über dessen Entstehung die Wissenschaft streitet: die Erzkonzentration ist entweder vulkanischen Ursprungs oder geht auf Meteoriteneinschlag zurück.

Science North

Das Aussehen Sudburys ist durch Industrieanlagen geprägt. Riesige, bei der Nickelgewinnung entstandene Schlackehalden umgeben die 90.000-Einwohner-Stadt. Einen interessanten Anlaufpunkt für alle, die das *Ontario Science Center* in Toronto noch nicht kennen, bietet das Technikmuseum **Science North** am Ramsey Lake (Paris St/Straße #80), dessen Gebäude an die Form von Schneeflocken erinnern. Dort können Besucher Experimente selbst durchführen und 3D-Filme und Videos zu Technikthemen sehen. Geöffnet Ende Juni bis *Labour Day* täglich 9–18 Uhr, sonst bis 17/16 Uhr; Eintritt $8, Kombiticket mit *Big Nickel Mine* $15. Kinder $6/$9.

Unterkunft

Sudbury als *Connecting Point* des Hauptstranges des **Trans Canada Highway** mit seiner Alternativroute #17 von Ottawa verfügt über zahlreiche Motelbetten. Dort ein Zimmer zu finden, ist kein Problem. Das Gros der Häuser liegt unverfehlbar entlang der #17 bzw. der #69.

Camping

Zwei private Campingplätze (*Mine Mill* und *Carol Campsite*) liegen am Richard Lake, ca. 8 km südlich der Stadt am TCH #69, ein weiterer (*Holiday Beach*) am McCharles Lake an der Straße #55, die parallel zur #17 verläuft, ca. 20 km westlich.

TCH #17

Von/über North Bay führt eine direkte Strecke sehr schön und einsam am Ottawa River entlang direkt nach Ottawa. Abstecher an die Nordgrenze des *Algonquin Park* sind von dort aus möglich (z.B. nach Kiosk, ↪ Karte Seite 431).

**Killarney
Park**

Der **Killarney Provincial Park**, an der Georgian Bay südwestlich von Sudbury, ist ein echter **Wildnispark**. Zufahrt von Sudbury zunächst 18 km auf dem TCH, dann auf der Straße #637 noch weitere 60 km. Dieses Gebiet bietet in erster Linie Kanuten und Wanderern viel Natur und wenig Komfort. Es gibt nur zwei mit Auto erreichbare Campingplätze: den **Lake George Campground** im Park bei den *Headquarters* und eine private Anlage bei Killarney außerhalb der Parkgrenzen.

DER LOON

Der Loon, ein wildenten-ähnlicher Riesentaucher (70 cm bis über 80 cm), kommt vor allem in Canada vor, seltener, aber auch im Norden der USA. Zwei Arten dieser *Gaviae*-Vögel, *Red Throated Loon* und *Common-Loon*, nisten im Sommer an den *Great Lakes* und in einsamen Seengebieten wie dem *Algonquin Park*. Der *Common Loon* ist die prächtigere und durch ihre typischen, laut klagenden Schreie, die zu einem Sommer-Lagerfeuerabend in Canada einfach dazugehören, die bekanntere Art. Sie besitzt einen kräftigen geraden, schwarzen Schnabel. Der Erpel hat einen dunkel, gün-schillernden Kopf, der in einen schwarzen Hals übergeht, unterbrochen von einem zebra-gestreiften Kragen. Die Oberseite ist schwarz mit kleinen,weißen Punkten, die sich zu den Flügeln hin zu einem schwarz-weißen Maschennetz-Muster vergrößern.

Red Throated Loon

**Killbear
Provincial
Park**

Mit **Grundy Lake** und **Sturgeon Bay** säumen weitere schöne Provinzparks die Strecke. Unbedingt einen Abstecher mit Zwischenstop, am besten 1-2 Tage Aufenthalt sollte man für den **Killbear Provincial Park** einplanen, obwohl er im Sommer stark besucht wird (Wochenenden meiden!). Er liegt ca. 20 km westlich des TCH (20 km Straße #559, ca. 12 km nördlich von Parry Sound) auf einer Landzunge, die wie ein Finger in den geschützten *Parry Sound* hineinragt.

Killbear Park

Gleich 6 der 7 Campingplätze dieses Parks besitzen ihren eigenen Strand. Wer gern direkt an einer breiten *Sandy Beach* übernachten möchte, findet mit dem **Beaver Dam Campground** den idealen Platz. Ruhiger geht es auf dem **Granite Saddle Campground** zu, der nur einen kleinen Strand besitzt, aber dafür von runden Felsen eingerahmt wird.

Parry Sound

Der Hafen im Ort Parry Sound ist Ausgangspunkt für Bootsausflüge in das Gebiet der 30.000 Inseln. Von Anfang Juni bis Mitte Oktober startet die dreistündige **30.000 Islands Cruise** täglich um 14 Uhr, im Juli und August zusätzlich um 10 Uhr, Fahrpreis $15. Besonders reizvoll sind die Trips im Herbst, wenn die Laubfärbung begonnen hat. Wer vorher allerdings den *Killbear Park* besucht hat, wird vom Ausflugsboot aus nicht mehr viel Neues entdecken, lediglich die erstaunliche Ausdehnung der Georgian Bay-Inselwelt erfahren.

Aussichtsturm

Erwähnung verdient der alte Feuerwachtturm **Fire Look-out Tower** aus den 20er-Jahren. Er liegt auf dem *Forest Hill* inmitten einer Gartenanlage. Bei klarem Wetter bietet er eine fantastische Aussicht. Um dorthin zu gelangen, biegt man vom TCH beim städtischen Wasserturm in Richtung *Parry Sound* ab und hält sich am Seeufer links.

Unterkunft

Nirgendwo an der Georgian Bay gibt es derart viele *Motels, Lodges, Inns* und *Cottages* wie in und um Parry Sound. Dabei überwiegen die kleinen kettenunabhängigen Anlagen mit nur 5-20 Zimmern, *Cottages* oder *Cabins*. An der #69 liegt das gute **Comfort Inn** mit Tarifen ab $75 im Sommer. Das **Information Centre** in der Ortsdurchfahrt (70 Church Street/#69) hat eine vollständige Liste und Werbematerial.

Oastler Lake Park

Campingplätze sind in der Umgebung von Parry Sound ebenfalls nicht knapp; einige davon liegen an kleinen Seen. Die besten Stellplätze bietet der **Oastler Lake Provincial Park**, etwa 15 km südlich am TCH. Wer sein Zelt dabei hat, darf ruhige **Walk-in Campsites** auf einer kleinen Halbinsel nördlich des Flusses nutzen. Im Südwesten, linkerhand hinter der Einfahrt, befindet sich der beste Sandstrand des Parks.

Ende des Rundkurses

Über die Straße #141 oder – noch besser – ab Foots Bay über die #169, dann #118 durch die **Muskoka Lakes** Region kann leicht der **Algonquin Park** erreicht werden. Damit wäre der Anschluß zum folgenden Abschnitt unmittelbar hergestellt.

Bleibt man auf dem TCH, passiert man einige Kilometer weiter südlich den **Six Mile Lake Park** – der bereits am Ende des letzten Abschnitts 3.4.2 beschrieben wurde, ↪ Seite 415 – und schließt damit den Kreis der Rundfahrt.

3.4.3   Über den Algonquin Park nach Ottawa

Wer sich bei knapper Zeit für den Weg über den *Algonquin Park* nach Ottawa entscheidet, nimmt am besten die Autobahn #400, dann die breit ausgebaute Straße #11. Die viel attraktivere Straße #35 von Newcastle nach Norden ist eine entfernungsmäßig in etwa gleichwertige, jedoch deutlich zeitaufwendigere Alternative. Es stellt sich die Frage, ob dieselbe Zeit nicht besser anderweitig, etwa für einen Abstecher an die Georgian Bay investiert wäre. Im übrigen berührt die #11 die Muskoka Seenplatte, die ebenfalls Abstecher oder Zwischenaufenthalt verdient.

Die Muskoka Lakes

Kennzeichnung

Als Muskoka-Seenplatte bezeichnet man die Seen westlich der #11 zwischen Gravenhurst und Huntsville. Seit der Jahrhundertwende sind sie **das** Sommerfrische-Gebiet wohlhabender Bürger aus Toronto. Zwischen Granitfelsen des *Canadian Shield* und waldigen Abhängen stehen Jugendstil-Villen an den Seeufern, und nostalgisch-schnittige Mahagoni-Motoryachten aus den 40er-Jahren schippern über die drei verbundenen "Hauptseen" ***Muskoka, Rosseau*** und ***Joseph***.

Schiffs-Oldie

In **Gravenhurst** (Zufahrt zum Anleger ausgeschildert: Straße #169 durch das außerordentlich attraktive Städtchen folgen), kann man an Bord des nostalgischen ***RMS Segwun***, des dienstältesten – nach gründlicher Restaurierung – noch in Betrieb befindlichen Dampfschiffes Nordamerikas (1887), Ausflüge durch den südlichen Teil des **Lake Muskoka** buchen (Mitte Juni bis Mitte Oktober). Dauer und Abfahrtszeiten hängen vom Wochentag ab. Di, Do und So z.B. finden um 14.15 Uhr ***Millionaires` Row Cruises*** statt, Fahrten an den Ufer-Residenzen der Reichen vorbei. Reizvoll sind auch ***Sunset Dinner Cruises***, Mi, Fri und Sa um 18 Uhr; $18-$30, *Dinner Cruise* für $46 alles inklusive; Reservierung unter © (705) 687-6667.

Nostalgie-Dampfer RMS Segun legt ab zur Evening Cruise

Kleine Rundfahrt	Eine Rundfahrt per Auto um den Muskoka Lake (Straße #169/#118) lohnt ebenfalls, obwohl man wegen der überwiegend in Privatbesitz befindlichen Uferzonen das Wasser nur selten zu Gesicht bekommt In **Port Carling** und **Port Sandfield**, hübschen Orten an der #118 bzw. #27, ein wenig abseits der Hauptstraße, laden Marinas, Bistros und Boutiquen zum Bummel ein. Einen Extra-Abstecher ist das kleine **Windermere** am Lake Rosseau wert (Straßen #25/#24). Das viktorianisch-nostalgische Sommerhotel ***Windermere House*** (auch *Cottages* Tennis- und Golfplätze, eigener Strand) bietet eine exquisite Atmosphäre für Genießer. Dafür sind die Vollpensionspreise ab etwa $130/Person nicht unangemessen, ✆ (705) 769-3611, ✆ (800) 461-4283, Fax (705) 769-2168.

Camping	In der Muskoka Lakes Region gibt es nur eine Handvoll (privat betriebener) Campingplätze im wesentlichen an oder unweit der Durchgangsstraße #11 (zwischen Gravenhurst und Bracebridge). Mittendrin liegt nur der kleine Platz **Butterfly Lake,** Straße #118 zwischen Glen Orchard und Port Carling, dann White Road; Reservierung unter ✆ (705) 769-3927.

Der Algonquin Provincial Park

Einführung	Der *Algonquin Provincial Park* ist der älteste Park Canadas und mit 7.653 qkm größer als die kleinste kanadische Provinz, Prince Edward Island. Er umfaßt riesige Wälder, Hunderte von Seen und unzählige Flüsse und Bäche in einer flachen bis überwiegend hügeligen Landschaft mit nur wenigen größeren Erhebungen. Vor allem wegen seiner **Kanurouten** (insgesamt über 2100 km), die sich großenteils auch für Ungeübte eignen, ist der *Park* sehr populär. Gleichzeitig bietet er in 3 Autostunden Entfernung von Ottawa und Toronto bereits **echte Wildnis**.
Geschichte	Die Geschichte des Parks ist recht ungewöhnlich. Er wurde nicht geschaffen, um eine intakte Landschaft zu erhalten, sondern um zerstörte Wälder wieder aufzuforsten. *Logging Companies* hatten im 19. Jahrhundert in 60 Jahren die Wälder fast ganz abgeholzt und Feuersbrünste den Rest erledigt. Als das Gebiet des *Algonquin* 1893 unter Naturschutz gestellt wurde, war ein wichtiges Ziel die Erhaltung seiner Fähigkeit, weiterhin Holz zu liefern. An Freizeitreviere dachte zu jener Zeit noch niemand. Allerdings sprachen sich die Qualitäten des Parks – damals in erster Linie sein Wild- und Fischreichtum – langsam herum. 1936 wurde die Straße #60 durch den Südteil des Parks fertiggestellt, was zu einem erheblichen Besucheranstieg führte. Und so kam es nach dem Krieg zu wachsenden Konflikten zwischen Wirtschaftsinteressen und dem Freizeitbedürfnis der Städter in den *Outdoors*. Die Holzverwerter wurden schrittweise zurückgedrängt, und eine Diskussion – zwischen Naturschützern und Jägern, Holzindustrie

und Politik – über die Verwendung des Parks in Gang gesetzt. Sie zog sich bis in die Mitte der 70er-Jahre. Dann einigte man sich auf einen Kompromiß, den sog. *Master Plan*, der bereits 1974 in Kraft trat, danach noch mehrfach modifiziert wurde und neben zahlreichen anderen Details folgende wichtige Punkte beinhaltet:

– Im **Norden** bleibt der Park unberührt. Die wenigen Stichstraßen enden gleich hinter der Grenze und werden nicht weitergeführt, keine Service-Einrichtungen aufgebaut.

– Unter strikter Kontrolle der *Algonquin Forest Authority* darf die **Holzindustrie** in Teilen des Parks weiter ihrem Geschäft nachgehen, aber Uferzonen nicht kahlschlagen.

– Der zentrale Parkbereich bleibt weitgehend nur per Kanu und – auf drei Übernacht-Wanderrouten – zu Fuß erreichbar. Dafür gilt ein restriktives **Quotensystem**, das die Umweltbelastung begrenzen soll.

– Nur im Süden des Parks, 58 km entlang der **Straße #60**, ist ein kleines Gebiet für den **Tourismus** erschlossen. Dort befinden sich auch die Campingplätze, *Lodges, Boat Ramps, Visitor Centres* etc. Außerdem liegen die meisten Seen des Parks, die von Motorbooten befahren werden dürfen, im Einzugsbereich der Durchgangsstraße.

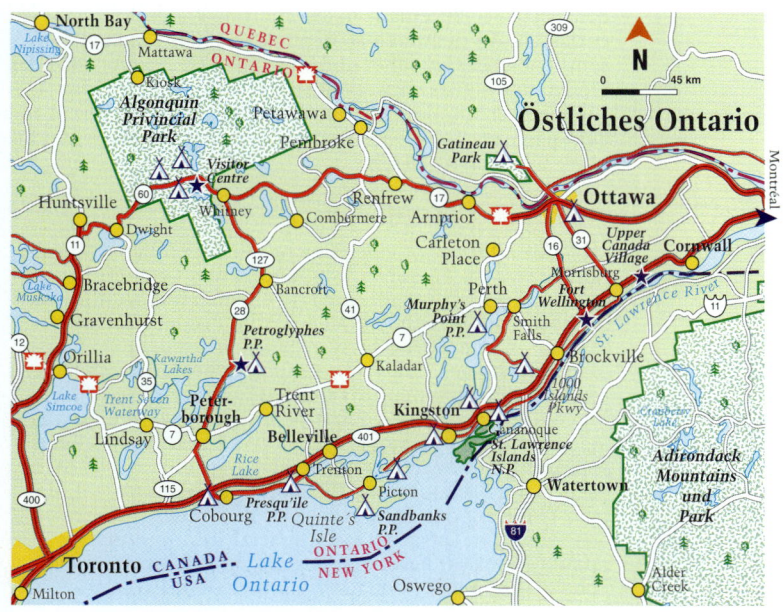

Information	Bei Einfahrt in den Algonquin ist wie in allen Provinzparks zunächst **Eintritt** fällig. Er ist mit $8 pro Privatfahrzeug einschließlich aller Insassen um $1 höher als in anderen *Ontario Parks*. An beiden Einfahrten (*West/East Gate*) des *Algonquin* existiert ein **Information Centre**, in dem das **Permit** gekauft werden muß, sollte das Kontrollhäuschen nicht besetzt sein. Dort gibt es auch die Info-Zeitungen **Parkway Corridor** und **The Park Interior**, die Karten und alle wichtigen Informationen und Regeln fürs Camping und Kanuwandern enthalten, außerdem viel Werbematerial kommerzieller Anbieter innerhalb und außerhalb der Parkgrenzen. Ein größeres **Visitor Centre** mit Austellung zu Flora und Fauna des Parks, Film/Dia-Show zur Parkgeschichte, Buchladen, Restaurant und Aussichtsplattform befindet sich im östlichen Abschnitt des Korridors (km 43). Geöffnet 9–17 Uhr.
Versand	Wer sich bereits vor seinem Besuch intensiv über den Park informieren möchte, kann sich Broschüren und Karten für geringe Versandkosten auch schicken lassen. Eine Liste der verfügbaren Unterlagen, etwa eine Karte der Kanurouten oder der Wanderwege, erhält man bei den **Friends of the Algonquin**, Box 248, Whitney, Ontario K0J 2M0, Canada.
Museen	Im **Logging-Museum** unweit der Osteinfahrt gibt es eine audiovisuelle Show, nach deren Ende sich die Leinwand öffnet, um den Besucher zu einem halbstündigen Waldspaziergang zu entlassen. An mehreren Haltepunkten erfährt man alles Wesentliche über Holzfäller und Holzfällerei (*Logging*), über das Flößen und eigens entwickelte Transportmittel wie den *Alligator*, ein Schiff, das sich mit der eigenen Winsch über Land zum nächsten See ziehen konnte. Sehenswert! Mitte Mai bis Mitte Oktober 10–18 Uhr.

WÖLFE IM ALGONQUIN PARK

Im *Algonquin Park* gibt es nicht nur Elche, Bären (angeblich 2.000 im Parkareal!), Biber und den *Common Loon*, eine Wildenten-Art mit unverkennbaren und weithin tragenden Lauten, sondern auch Wölfe. Deren Lebensweise wurde in den 50er-Jahren genauer untersucht und man fand u.a. heraus, daß Wölfe zwar gern heulen, noch lieber jedoch zurückheulen. Als ein *Park Ranger* dieses Phänomen 1963 erstmals Touristen vorführen wollte, kamen gleich 700 Personen statt der erwarteten Handvoll Interessierter! Heute warten an manchen Tagen über 1000 Menschen mucksmäuschenstill und stundenlang darauf, daß die Wölfe auf das Heulen speziell geschulter "Vorheuler" antworten – Tatsache, kein Scherz! Termine und Treffpunkte für diese besondere *Algonquin*-Erfahrung im Besucherzentrum und in den *Information Centres*.

Kanumiete   Jeder zweite Besucher des *Algonquin* hat sein eigenes Boot
auf dem Autodach. "Oben-ohne-Touristen" finden im Park
zwei ***Outfitter***, die komplette Ausrüstungen vom Kanu über
Kocher und Zelt bis zum Regenponcho vermieten. Die Voll-
Ausrüstung (inkl. Verpflegungsration!) für 2 Personen kostet
etwa $60, ein Kanu allein ab $20 pro Tag einschließlich der
Schwimmwesten. Vor beiden Parkeinfahrten bieten **weitere
Verleiher** Boote und Ausrüstung zu ähnlichen, meist aber
etwas niedrigeren Miettarifen als die parkinterne Konkurrenz
und bringen gegen mäßige Gebühren, manchmal auch gratis,
alles zum gewünschten Startpunkt.

*Kanuverleih, Camping, Motel und Restaurant – alles
zusammen kurz vor der Westeinfahrt des Parks*

Kanuregeln   Wer zum Paddel greifen möchte, muß folgendes beachten:

– Für Übernachttouren ist ein ***Campingpermit*** Pflicht, das pro
erwachsener Person und Nacht $5 kostet, für Kinder $2,50.
An den See- und Flußufern entlang der Kanurouten sind unzählige fürs Zelten geeignete Plätze (je maximal 9 Personen)
markiert, an die sich Übernachter zu halten haben. Für die
beliebtesten Gebiete (***Controlled Camping Zones***) existiert
ein recht kompliziertes Quoten- und Reservierungssystem.
Bei starker Nachfrage im Sommer kann es vorkommen, daß
ganze Bereiche schon früh am Morgen vergeben sind. Die in
den letzten Jahren immer wieder leicht modifizierten Einzelheiten entnimmt man den Info-Zeitungen. Bei der *Per-
mit-Beschaffung* helfen im übrigen die Kanu-Vermieter.
– Für die Benutzung der *Wilderness Campgrounds* gelten eine
Reihe strenger Regeln, besonderer Wert wird auf Abfallver-
meidung bzw. -beseitigung und Brandverhütung gelegt.
– Das Wasser der Seen und Bäche im *Algonquin* besitzt zwar
durchweg Trinkwasser-Qualität, sollte aber trotzdem besser 5 min. gekocht werden, um dem ***beaver feaver***, einer
speziellen Viruskrankheit, vorzubeugen (⇨ Seite 191).

Verleiher

U.a. folgende *Outfitter* verleihen Boote und Ausrüstung:

– *Algonquin Outfitters*, RR1T, Dwight, Ontario P0A 1H0, ✆ (705) 635 2243 (etwa 8 km westlich des Parks an der #60). Die Firma betreibt auch die Station im Park am **Opeongo Lake**, Zufahrt ab km 45 der Parkstraße, ca. 5 km.

– *Portage Store* am straßennahen **Lake Canoe** im *Algonquin Park*, Ontario P0A 1K0, ✆ (705) 633 5622. Geführte Trips mit Einweisung starten täglich um 9.30 Uhr (bis 16.30 Uhr). Inklusive Lunchpaket $36/Person, Kinder und Jugendliche $18. Voranmeldung empfehlenswert

– *Opeongo Outfitters* in Whitney an der #60, etwa 3 km östlich des Park, ✆ (613) 637-5470 (preiswert!).

Faszination Algonquin

Worin liegt die Anziehungskraft des *Algonquin Park*? Eine Ruhe, die jedes Geräusch intoniert, ein Licht, das alles Grelle bricht, das Glitzern des Mondes auf dem Spiegel der Seen, die sanften Schwaden der Morgennebels? Oder alles zusammen? Was auch immer es sein mag – es schlägt viele Menschen in ihren Bann. Niemand hat die Atmosphäre des *Algonquin* besser getroffen als *Tom Thomson*, der bekannteste Maler der *Group of the Seven*. Nicht zu Fuß, schon gar nicht mit dem Auto, sondern nur während einer mindestens zweitägigen Kanutour wird man die Faszination dieses Parks erkennen und erleben.

Wandern

Entlang der Durchgangsstraße passiert man die meisten Startpunkte der **15 *Trails*** für Kurzwanderungen. Drei davon sind besonders empfehlenswert: **Whiskey Rapids, Lookout** und **Beaver Pond**, je etwa 2 km. Von den längeren *Trails* (8 km) ist **Booth`s Rock** attraktiv; er führt zu einem Aussichtspunkt und über eine lange aufgegebene *Railroad*. Der Start liegt jedoch 8 km abseits der #60 am Rock Lake (Zufahrt ab km 40).

Für Übernacht-Wanderungen gibt es – wie erwähnt – 3 Wege: den **Western Upland Backpacking Trail** (je nach Streckenwahl 32 km/88 km Länge), den **Highland Backpacking Trail** (19 km/35 km) und den – recht kurzen – **Eastern Pines Trail** (6 km/19 km), der im entlegenen Ostareal des Parks startet. Kartenmaterial und das nötige *Permit* erhält man im **Visitor Centre** und in den **Information Centres**.

Camping

Im Park von der Straße #60 mit Auto zugänglich sind insgesamt acht unterschiedlich große und komfortable Campingplätze. Die meisten verfügen über WC und Duschen. *Full Hook-ups* für Campmobile gibt es nicht, wohl aber auf zwei *Campgrounds* Elektrizität (*Mew Lake* und *Rock Lake*). Alle Plätze liegen bis auf den *Rock Lake Campground* (Schotterzufahrt 8 km) straßennah und sind gut gekennzeichnet.

Camping

Pog Lake und vor allem **Canisbay** besitzen die großzügigsten Stellplätze. *Lake of two Rivers* verfügt über eine breite Bade-beach. Die explizit genannten Plätze können telefonisch oder per Fax reserviert werden: ✆ (705) 633 5538, Fax (705) 633-5581. Andere operieren nach *first-come-first-served*.

Mehr Komfort bieten wenige privat betriebene *Campgrounds* an der Straße #60 westlich und östlich des Parks, die aller-dings überwiegend weit entfernt vom *Algonquin* liegen.

Unterkünfte im Park

Hotel- und Motelbetten sind im und um den Algonquin Park weniger zahlreich als Stellplätze für Camper. Im Park gibt es drei – speziell im Sommer – ziemlich teure *Lodges*:

– *Bartlett Lodge*, rustikale Eleganz am Cache Lake unweit der Straße #60; ✆ (705) 633- 5543, Fax 5746, ab $130.

– *Arowhon Pines Lodge* in einsamer Alleinlage am Little Joe Lake auf einem wunderbaren Gelände 8 km nördlich der Straße #60. Reservierung unter ✆ (705) 633-5661, Fax 5795, Vollpension ab ca. $120/Person. Bei gutem Wetter wird das Lunchbuffet auf dem Rasen serviert.

– *Killarney Lodge*, 24 km westlich des Osteingangs auf einer kleinen Landzunge am Lake of two Rivers. 28 Blockhäuser am See mit je einem Doppelzimmer, 7 *Cottages* mit jeweils zwei Doppelzimmern, ✆ (705) 633-5551, Fax 5667. Mit Voll-pension ab $90/Person.

Unterkünfte außerhalb

Auf der genauen *Ontario Road Map* sind westlich und östlich des Algonquin Park zwar die Namen Dwight, Oxtongue Lake und Whitney eingetragen, dahinter verbergen sich aber keine "richtigen" Ortschaften, sondern kaum mehr als Tankstellen, ein paar Häuser, vielleicht noch ein Einfach-Restaurant und

Der letzte Mohikaner auf dem Weg zum Algonquin Park

ein *General Store*. Die in Verzeichnissen vermerkten *Lodges* und Motels liegen weit verstreut an und abseits der Straße #60, teilweise auch #35, und sind im Sommer fast ausnahmslos sehr teuer und meist ausgebucht. "Normale" Motels zu ebensolchen Tarifen gibt es erst wieder in und bei Huntsville:

Dwight

Im Bereich Dwight machen einen guten Eindruck u.a. das ruhig am See gelegene **Blue Spruce Inn,** ✆ (705) 635-2330 (Hinweis auf die Zufahrt an der #60), und die **Oxtongue Lake Cottages** direkt an der #60, ✆ (705) 635-2951. Dort liegen auch die **Cedar Grove Lodge** schön am Peninsula Lake auf halbem Weg nach Huntsville, ✆ (705) 789-40367, Fax 6860, ✆ (800) 461-4269 und das **Colonial Bay Resort**, ✆ (705) 635-2008.

Huntsville

In Huntsville, dem touristischen Knotenpunkt in Richtung *Algonquin Park*, ist die Auswahl groß, dennoch kann auch dort im Sommer telefonische Reservierung nicht schaden:

– **Grandview Inn** an der #60/Fairy Lake, ein Luxusresort mit allen Schikanen für die größere Brieftasche, ✆ (705) 789-4417, Fax 6882, ✆ (800) 461-4454, ab $170 im Sommer.

– **Huntsville Motor Court Motel**, die preiswertere Alternative im Ort/King William St, ✆ (705) 789-4431, Fax 5221, ab $50.

– **King William Motel** nebenan in derselben Preisklasse, ✆ (705) 789-9661, Fax 7871

– **Sunset Inn Motel** in der 69 Main St, ebenfalls preiswerte Kategorie ab ca. $60, ✆ (705) 789-4414

– **Comfort Inn,** die gute Mittelklasse an der Kreuzung #60/#3, ✆ (705) 789-1701, ✆ (800) 668-4200, ab ca. $80 im Sommer

Whitney

Das Nest Whitney gleich östlich des *Algonquin Park* verfügt über das teure, rustikale **Bear Trail Inn Resort** am Galeairy Lake, ✆ (613) 637-2662, und folgende preiswertere Unterkünfte:

– **Riverview Cottages**, ✆ (613) 637-2690, mit Kanus am Fluß
– **Algonquin Parkway Inn,** ✆ (613) 637-2760
– **Algonquin Eastgate Motel**, ✆ (613) 637-2652

Nach Ottawa

Zur Weiterfahrt vom *Algonquin Park* nach Ottawa gibt es zur **Straße #60** keine sinnvolle Alternative. Sie führt durch eine hübsche, wenngleich nicht sensationelle Landschaft und passiert mehrere Seen mit guten Campingplätzen. Bei Renfrew erreicht man den alternativen **Trans Canada Highway** #17.

Umweg

Wenn die Zeit reicht (plus 2 Tage, darunter wäre sehr knapp), könnte ein Überwechseln auf die im folgenden beschriebene Route erwogen werden. Nächster **Anschlußpunkt** ist das in den Karten als Woodview ausgewiesene Straßendreieck #28/Zufahrt zum **Petroglyphs Provincial Park** (➪ Seite 439), etwa 45 km nördlich von Peterborough und gut 120 km südlich von Whitney. Für die Strecke gilt Ähnliches wie für die Straße #60 bis Renfrew. Sie ist gut ausgebaut und zudem relativ verkehrsarm. **Peterborough** erreicht man in 2 Stunden.

Elchkuh am Ufer des Rock Lake im Algonquin Park

3.4.4   Von Toronto über Kingston nach Ottawa

Zur Route

Die schnellste Route von Toronto nach Ottawa entspricht weitgehend der Autobahn #401 (*MacDonald Cartier Freeway*), die am Lake Ontario und am Nordufer des St. Lawrence River entlang läuft. Die letzten 90 km geht es auf der Straße #16 zum Ziel. Insgesamt beträgt die Entfernung rund 430 km. An der Strecke liegt eine Reihe von interessanten Besuchspunkten, die nicht einmal nennenswerte Umwege, sondern lediglich ein zeitweises Verlassen des *Freeway* erfordern. Aber auch weitergehende **Abstecher** oder **Abweichungen** sind möglich, etwa Fahrten durch die *Kawartha* Seenplatte in Anlehnung an den *Trent-Severn-Waterway* oder von Kingston über Smith Falls am *Rideau Canal* entlang.

Trans Canada Highway

Ein Blick auf die Karte zeigt, daß eine Fahrt auf dem ***Trans Canada Highway***/Straße #7 ab **Peterborough** (bis dahin #401/#115) auf dem Weg nach Ottawa einige Kilometer sparen würde (ca. 30 km). Der TCH ist jedoch unter touristischem Blickwinkel die am wenigsten empfehlenswerte Alternative unter den möglichen Routen in Richtung Ottawa. Das gilt auch dann, wenn ab Perth/Smith Falls auf eine *Rideau Canal*-Route gewechselt wird (➪ Seite 456).

Umweg

Der folgende Abschnitt bezieht sich auf einen Abstecher zum *Trent-Severn-Waterway* und die *Kawartha Lakes*, der in eine West–Ost/Ost–West-Reise eingebaut werden könnte. Einer (mit Zwischenstopps) guten Tages-Rundfahrt entspräche z.B. die Straßenkombination #35 bis Fenelon Falls, dann #8/#36 und auf der #507 und/oder #28 über Peterborough zurück auf den *Freeway* #401. Ohne einen derartigen Umweg beginnt die Routenbeschreibung dieses Kapitels mit dem übernächsten Abschnitt *"Von Cobourg nach Kingston"*.

Trent-Severn-Waterway und Kawartha Lakes

**Kenn-
zeichnung**

Der **Trent-Severn-Waterway** verbindet Trenton am Lake Ontario (etwa auf halber Strecke zwischen Kingston und Toronto) und Port Severn an der Georgian Bay. Er kam zustande über den Bau von Kanälen zwischen zahlreichen nahe beieinander liegenden Flüssen und Seen. Baubeginn war – wie beim *Rideau Canal* (⇨ Seite 456) – bereits das Jahr 1830. Da aber die Holznachfrage und damit verbunden die Flößerei, das hauptsächliche Motiv für die Schaffung dieser Wasserstraße, in der Folgezeit stark zurückging, dauerte ihre Fertigstellung 50 Jahre. Ausflugsdampfer konnten die Route erst 1920 passieren, als die ursprüngliche Bestimmung endgültig keine Rolle mehr spielte. Über 380 km folgt dieser Wasserweg einer alten Indianer-, Entdecker- und Pelzhändler-Route. Die Kanäle und 40 Schleusen verbinden nicht nur die natürlichen Gewässer, sie umgehen auch Stromschnellen und Wasserfälle. Zwischen Lake Huron und Ontario besteht immerhin ein Höhenunterschied von 102 m. Um die gesamte Strecke von Anfang bis Ende per Boot zu durchfahren, benötigt man etwa eine Woche und ein Faible für Schleusen. Sie sind auch für Autofahrer gute Anlaufpunkte. Mit Blick aufs Wasser und den Schleusenverkehr kann man fast überall picknicken; für kleine Uferparks mit Tischen und Bänken hat der *Canadian Parks Service* gesorgt.

**Kawartha
Lakes**

Die **Kawartha Lakes** bilden das touristische Zentrum des *Trent-Severn-Waterway*. Wie die gespreizten Finger einer Hand, die nach Toronto "greift", liegen sie etwa in der Mitte der Linie Trenton–Port Severn. Während – um beim Bild zu bleiben – die "Handfläche" dieser Seenplatte geologisch noch zur Felslandschaft des *Canadian Shield* gehört, ragen die fingerförmigen Seen schon ins flache, grüne Farmland des Südens. Der nördliche Bereich der *Kawarthas* ist daher landschaftlich reizvoller als der südliche.

Bobcaygeon am Pigeon Lake (Straße #36) und **Fenelon Falls** am Cameron Lake sind die hübschen **Hauptorte** der nördlichen *Kawarthas* mit Motels und Hotels, Cafés an den Schleusen, Kneipen, Läden und Bootsverleih. In Bobcaygeon werden mehrtägige **Kanutouren** angeboten, die auf dem Pigeon Lake beginnen, der mit sechs weiteren Seen direkt, d.h. ohne Schleusen und Portagen, verbunden ist.

Badesee

Ideal zum Baden ist der **Sandy Lake** (von Buckhorn/#36 aus auf der Straße #16 zu erreichen) **mit türkisblauem Wasser**, das so intensiv leuchtet, daß der See sogar auf Satellitenfotos wie ein fluoreszierender Stecknadelkopf ins Auge fällt.

Curve Lake

Das Dorf **Curve Lake** (südlich von Buckhorn) ist Reservat der **Missisauga**-Indianer, die zum *Ojibwe*-Stamm gehören. Im **Whetung Ojibwe Arts & Crafts Centre** werden Ojekte alter und neuer indianischer Handwerkskunst verkauft – ihre Qualität unterscheidet sich wohltuend von vielen anderswo angebotenen Souvenirs aus Indianerhand, wenngleich auch hier die Preise alles andere als niedrig sind.

Petroglyphs Park

Wer sich für vorkolumbische Indianerkultur interessiert, findet im *Petroglyphs Provincial Park* ein abgelegenes und ungewöhnliches Ziel. Der Park (kein Camping) liegt oberhalb des Stoney Lake östlich von Burleigh Falls, Zufahrt zunächst Straße #28, ab Woodview #6. Auf einem ovalen, ca. 100 m² großen Felsbuckel aus porösem Kalkstein, der heute von einer aufwendigen, klimatisierten Stahl-Glas-Konstruktion geschützt wird, befinden sich eingeritzte Zeichnungen und Symbole, deren Alter man auf 500 bis 1000 Jahre schätzt. Der auch hier fällige **Provinzpark-Eintritt von $7** erscheint hoch für einen Besuch, der – einschließlich eines 20-min Hin- und Rückwegs vom/zum Parkplatz – nur in wenigen Fällen länger als 45 min. dauern dürfte.

INDIANISCHE PETROGLYPHEN

Abstrakte wie realistische Tierfiguren im *Petroglyphs Provincial Park* lassen sich zum großen Teil aus der indianischen Mythologie erklären. Die symmetrischen, gelegentlich witzigen Zeichen bestechen durch einfache und klare Linienführung. Sie stehen für Fruchtbarkeit, Geduld oder Ewigkeit und sind oft Bestandteil von Legenden.

Häufig wiederkehrende Elemente sind z.B. die Schildkröte – eine indianische Legende besagt, daß sie ihren Panzer für die Erschaffung der Welt anbot – oder magische Boote, die gen Himmel aufzusteigen scheinen. Eine Zentralfigur ist *Nanabush*, der jede beliebige Gestalt annehmen konnte. Meist wird er als freches und zu Streichen aufgelegtes Kaninchen dargestellt. Er lehrte die Indianer, die Heilkraft der Pflanzen zu nutzen, und brachte ihnen das Feuer.

Camping

An den *Kawartha Lake*s gibt es zahlreiche Campingplätze, so auch beim *Petroglyphs Park* am Stoney Lake den **Pilgrim`s Rest Family Campground**. Ein guter Platz liegt abseits der Straße #507 südlich von Buckhorn nicht sehr weit entfernt vom Curve Lake Indianerreservat: **Galvin Bay Park Resort** am Upper Chemong Lake.

Hausboote

Genaugenommen aber erfährt man die Schönheit der *Kawartha Lakes Region* so richtig nur auf dem Wasser, zumal die hindurchführenden Straßen überwiegend uferfern verlaufen. Besonders Hausbootferien und das Schippern von einem See zum anderen über viele Schleusen machen dort Spaß. Allerdings ist die Miete während der kurzen Hochsaison im Juli/August mit $1.000-$1.600/Woche nicht billig:

– *Happy Days Houseboats*, © (705) 738-2201, Bobcaygeon
– *R&R Houseboat Rentals*, © (705) 738-3462, Fax (705) 426-4141; Startpunkt zwischen Lake Simcoe und Canal Lake bei Bolsover an der Straße #48E
– *Water Way Houseboat Rentals*, © (416) 636-8700 oder © (705) 657-1466; Startpunkt bei Buckhorn

Erwägenswert wäre, bei einer längeren Urlaubsreise ab drei Wochen vielleicht eine davon für Hausbootferien hier oder auf dem *Rideau Canal* (⇨ Seite 456) zu "opfern" und dafür ein bißchen weniger auf den Straßen unterwegs zu sein.

Peterborough Lift Lock

Einzige größere Stadt des Bereichs ist Peterborough mit einer besonderen Sehenswürdigkeit, dem 20 m hohen *Lift Lock*. Von Mai bis Oktober ist die Anlage in Betrieb. Die Wirkungsweise dieses "Fahrstuhls" für Schiffe wird im *Visitor Centre* am Modell verdeutlicht, außerdem gibt es eine **Dia-Schau** zum *Trent Severn Waterway*. Wer Lust hat, kann Ende Juni bis *Labour Day* täglich um 13.30 Uhr selbst mit einem Ausflugsboot hinauf- und hinunterfahren, sonst nur an Wochenenden; Ticket $16, Kinder die Hälfte. Die Zufahrt zum *Lift Lock* ist weiträumig ausgeschildert.

Unterkunft

Mit dem *Best Western Otonabee Inn* an der Lansdowne St East/#7B findet man unweit des *Lift Lock* ein kombiniertes Motel/Hotel mit vielen ruhigen, zum Meade Creek hin gelegenen Zimmern und einem großen *Indoor Pool*; ab ca. $80 im Sommer, © (705) 742-3454 oder #800.

Camping

Mit dem gleichnamigen Stadtpark verbunden ist der Campingplatz *Beavermead Park*, eine gute Wahl mitten im Stadtbereich Peterborough, Ashburnham Drive (nicht weit vom *Lift Lock*). Reservierung unter © (705) 742-9712.

Peterborough Liftlock, Hebewerk nur noch für Freizeitboote

Serpent Mounds

Südlich von Peterborough liegt der Rice Lake, der seine Bezeichnung dem wilden Reis verdankt, der früher in seinem seichten Wasser wuchs. Über die Straße #7 (TCH) und dann #134 erreicht man die Zufahrt zum *Serpent Mounds Provincial Park* und die gleichnamige indianische Grabstätte.

Die neun **Grabhügel** der *Point Peninsula People*, die zu den *Woodland*-Indianern gehören (⇨ Seite 15), sind über 2000 Jahre alt und zählen zu den besterhaltenen ihrer Art in Canada. In den Gräbern wurden Muscheln, Tierknochen, Kupferspeere und Skelett-Teile entdeckt, aus denen man schließt, daß der Stamm ein weitverzweigtes Netz von Handelsverbindungen unterhielt. Die Bestattungsrituale und das Alltagsleben der Indianer sind auf Schautafeln erläutert.

Der **Campingplatz** dieses Provinzparks verfügt über besonders großzügige Stellplätze. Kinderspielplatz und Badebeach sind ebenfalls vorhanden.

Von Cobourg nach Kingston

Start

Bei knapper Zeit könnte man ab Toronto die #401 bis Kingston durchfahren (250 km). Besser wäre aber ein erster Zwischenstop in **Cobourg** und Weiterfahrt von dort über *Quinte's Isle*, eine nur bei genauem Blick auf die Karte als solche erkennbare große "Insel" im Lake Ontario. Sie ist durch einen schmalen Korridor, der von der Stadt Trenton besetzt wird, mit dem Festland verbunden.

Cobourg

Cobourg ist ein besonders hübsches Städtchen mit einem gut erhaltenen viktorianischen Zentrum und einen Zwischenstop, wenn es paßt, auch eine Übernachtung wert. Direkt an der Hauptdurchgangsstraße, zwei Blocks vom kleinen Geschäftsviertel entfernt, liegt am Lake Ontario hinter einem schönen Strand der **Victoria Park**, daneben ein großer Yachthafen, der sich durch eine in den See ragende Pier von Strand und Park abgrenzt. Recht ungewöhnlich ist die Lage des städtischen Campingplatzes in der westlichen Parkecke direkt am *Beach Boardwalk* in Nachbarschaft zur Marina. Einen guten, schattigen *Campground* mit allen Schikanen mitten im Ort mit Strand- und Hafenzugang gibt es so schnell nicht noch einmal;. Reservierung unter ✆ (905) 373-7321.

Unterkunft

Geheimtip #2 für Cobourg ist ein Motel, das diese Bezeichnung gar nicht verdient. Es liegt mitten im Villenviertel ebenfalls direkt am Wasser nur einige hundert Meter östlich des *Victoria Park* in der Green Street. **The Breakers Motel** besteht aus einer alten Villa und einigen *Cottages* auf einem großen Grundstück. Im Garten am See darf gegrillt und gepicknickt werden. Zimmer kosten maximal $70, außerhalb der Hochsaison $55; 2-Raum-*Cottages* ab $70 und Zimmer mit Küche ab $60 sind auch verfügbar; Reservierung ✆ (905) 373-7321.

**Straße #2
nach Trenton**

Für die Weiterfahrt von Cobourg nach **Trenton/*Quinte's Isle*** verpaßt der eilige Reisende auf der schnellen #401 gegenüber der Straße #2 nicht viel. Wer sich jedoch für Architektur und Einrichtung der Herrenhäuser des 19. Jahrhunderts interessiert, findet in Grafton (***Barnum House***) und Brighton (***Proctor House***) bereits Beispiele der Art, wie sie einem auf *Quinte`s Isle*, in Kingston und Brockville noch öfter begegnen.

Camping

An der Strecke bestehen erfreuliche Campmöglichkeiten am Lake Ontario. Der private ***Campground Jubalee Beach*** liegt ca. 4 km östlich von Wicklow, dann ca. 1 km südlich zum Seeufer.

Der ***Presqu`ile Provincial Park*** besetzt eine weit in den Lake Ontario reichende Landzunge, die seeseitig aus Dünen und Strand besteht und sich auf der anderen Seite breit als Sumpfgebiet in die *Presqu`ile Bay* ausdehnt. Auf der Stichstraße erreicht man zunächst den *Day-use* Bereich mit langen **Badeständen** und passiert dann den *Trail Head für* einen Naturlehrpfad durch Schilf und Sumpf. Ganz am Ende befindet sich der große **Campingplatz** mit mehreren getrennten Arealen. Die besten Plätze unmittelbar am Wasser gibt`s in der hintersten Zone mit der Numerierung 1-100. Bei der Einbuchung ggf. danach fragen, bevor ein anderer *Loop* zugeteilt wird.

**Loyalist
Parkway/**

**Straße #33
auf
Quinte's Isle**

Die 94 km lange #33, die von Trenton über ***Quinte's Isle*** in einem großen Bogen nach Kingston führt, trägt die schöne Bezeichnung ***Loyalist Parkway***: Sie führt durch ein Gebiet, das nach der amerikanischen Revolution Ende des 18. Jahrhunderts zunächst von den Gegnern einer Lossagung der Kolonien von Großbritannien besiedelt wurde, d.h., die loyal zum Mutterland standen. Die Straße läuft auf der Insel im wesentlichen uferfern durch Flach- und Hügelland bis zur Fähre in Glenora. Hübsche alten Loyalisten-Orte – zu nennen sind vor allem **Wellington** und **Picton –** liegen am Wege.

LOYALISTEN

Die kanadischen Provinzen Ontario und New Brunswick verdanken ihre Gründung letztlich dem amerikanischen Unabhängigkeitskrieg. In die bis dahin nur von Pelzhändlern und Voyageuren durchstreiften Landstriche der kanadischen Kolonien Großbritanniens flohen Zehntausende dem englischen Königshaus und dem Gedanken der Monarchie treu ergebenen "Loyalisten" vor den Amerikanern.

Sie stammten aus allen Bevölkerungsschichten: kleine Händler, reiche Kaufleute, Juristen, Kleriker der *Church of England*, Bauern, Soldaten und entlaufene Sklaven. Grund zur Flucht war nicht immer nur die Treue zu den britischen Kolonialherren: Denn jedem, der mit der Waffe der Krone beistand, war Land versprochen worden. Schwarzen Sklaven winkte darüberhinaus die Freiheit (➪ Seite525).

Einige dieser *Loyalists* flohen schon während der Wirren des Krieges. Mit dem Friedensvertrag von Paris (1783), der alle Gebiete der siegreichen 13 Kolonien den USA zuschlug, starb für sie die Hoffnung, in ihre Heimat zurückkehren zu können. Die Sieger ließen es auch nicht an Drohungen und Übergriffen auf den Besitz der im Lande gebliebenen Feinde fehlen. So machten sich nach dem Krieg an die 80.000 Menschen ins Exil auf. Nur wer genug Geld hatte, konnte sich die Überfahrt ins Mutterland leisten, andere gingen über die neuen Grenzen in die verbliebenen britischen Gebiete, heute Nova Scotia, New Brunswick und Ontario. Das Staatsmotto Ontarios *Loyal it began and loyal it remains* ("Wir waren und bleiben loyal") stammt noch aus jener Zeit.

Auch das Land der mit England verbündeten **Mohikaner** fiel im Friedensvertrag an die USA. Der Mohikaner-Häuptling *Joseph Brant* zog sich mit 2.000 roten Loyalisten ins südliche Ontario zurück. Es gab sogar **schwarze Loyalisten,** die nach der Niederlage aus dem feindlichen Territorium herausgebracht und belohnt werden mußten. Damit taten sich die Briten indessen ziemlich schwer. Fast alle wurden nach Nova Scotia gebracht (↔ Seite 533), wo sie – getrennt von den weißen Loyalisten – als "freie Schwarze" am Rand neu entstehender Siedlungen den spärlichsten Boden und die kärglichsten Essensrationen zugewiesen bekamen.

Auch für viele der aus einfachen Bevölkerungsschichten stammenden Flüchtlinge war der Neubeginn in der Wildnis nicht leicht. Sie bekamen ein Stück Land, Schaufel und Axt und wurden dann ihrem Schicksal überlassen. Soldaten, die für England gekämpft hatten, erhielten Grundbesitz gemäß Rang und Ehre. Damit wurden manche schnell reich, handelte es sich doch oft um Waldgebiete mit zum Schiffbau geeignetem Holz – und Schiffe brauchten die Engländer für ihre Kriege allemal.

Mit puritanischer Arbeitsmoral gingen die Loyalisten daran, ihr Leben in der Wildnis neu zu organisieren. Das Ergebnis konnte sich sehen lassen. So stellt sich das loyalistische Erbe dem Touristen jetzt auch hauptsächlich in stattlichen Gebäuden dar. Fredericton und St. John in New Brunswick z.B. sind großzügig angelegte Städte, die von dem Ehrgeiz zeugen, mit dem sich besonders der Geldadel der verlorenen Kolonien ein Ambiente nach altem Muster aufbaute. *By heaven, we shall be the envy of the American States* (ich schwöre, die USA werden uns beneiden), konstatierte **William Winslow**, einer der Führer der Loyalisten in New Brunswick. Auch entlang des *Loyalist Parkway* auf der Quinte`s Isle und anderswo vermitteln die gregorianischen und viktorianischen Häuser mit elegantem Mobiliar denn auch durchaus nicht den Eindruck einer armen, vertriebenen Minderheit.

Sandbanks Provincial Park

In der Südwestecke der Halbinsel befindet sich der populäre *Sandbanks Provincial Park* mit den besten und größten Stränden der Region. Der Park besteht aus zwei Teilen: Der *East Lake Sector* besitzt einen riesigen *Campingplatz* mit allem Komfort und mehrere *Day-use Area*s. An schönen Sommertagen und Wochenenden wird es rappelvoll. Ruhiger geht es am *West Lake Sector* zu: Hinter dem Schild *Overflow Area* (kurz vor der Einfahrt zur *East Area*) biegt man rechts ab und erreicht bis 25 m hohe Dünen und einen noch längeren Strand. Der *Campground* dort ist kleiner und besitzt nur einfache Stellplätze ohne *Hook-up*.

Lake on the Mountain

Nur 2 km südöstlich von Glenora liegt der Lake-on-the-Mountain (Zufahrt unmittelbar westlich Glenora ausgeschildert), ein tiefer, dunkler See auf einer Anhöhe ohne erkennbare Zuflüsse. Seine Ufer befinden sich weitgehend in Privatbesitz, nur ein kleines Areal ist Provinzpark mit **Picknickplatz.** Von einem Aussichtspunkt jenseits der Straße schaut man weit über den Meeresarm *Adolphus Reach* und die Anleger der Fähre zwischen Glenora und Adolphustown.

Nach Kingston

Die **Glenora-Fähre** verkehrt kostenlos Tag und Nacht, je nach Tages- und Jahreszeit, alle 15-30 min. Gleich hinter der Anlegestelle auf der anderen Seite liegen *Beach* und *Campground Adolphustown.* Die winzige Ortschaft mitten in einem ausgedehnten Obstanbaugebiet passiert man erst 3 km weiter. Bis kurz vor Kingston führt der *Loyalist Parkway* **auf seinem besten Abschnitt** nun oft dicht am Wasser entlang.

Kingston

Kingston, eine der attraktivsten Mittelstädte Ontarios, wurde bereits 1673 durch den Franzosen *Count Frontenac* gegründet, den ersten Gouverneur der Kolonie *Nouveau France*, die 1763 an England fiel, ⇨ Seite 477. Berühmtere Bürger der Neuzeit sind der in Kingston geborene und aufgewachsene Popstar **Bryan Adams** und **Paul Anka**, der in Kingston studierte und dort seinen ersten Hit *Diana* komponierte.

Anfahrt

Der alte Stadtkern liegt an der Mündung des Cataraqui River in den Lake Ontario bzw. den hier beginnenden *St. Lawrence.* Dorthin gelangt man aus jeder Richtung automatisch. Von Westen (Toronto/Quinte`s Isle) kommend konzentriert sich aller Verkehr in die Stadt auf die #2/Princess St, an deren Ende es nach links weitergeht auf die Brücke über den Cataraqui River (zum *Fort Henry*) und nach rechts zum zentralen *Confederation Square* und *Park* an der *Waterfront.*

Information

Auf dem Grün des kleinen Parks befindet sich der Pavillon der **Kingston Tourist Information**, wo eine Fülle von Material auf die Besucher wartet, vor allem das Heft **Key to Kingston** mit Stadtplan, allen Sehenswürdigkeiten, Veranstaltungskalender und einer detaillierten Listung sämtlicher **Unterkünfte** mit Preisen einschließlich vieler *Bed & Breakfast Inns*.

Unterkunft

Wer zentral übernachten möchte, hat in Kingston bei den Hotels die Auswahl zwischen *Holiday Inn*, *Ramada Inn* und *Howard Johnson Hotel*, welche die *Waterfront*/Confederation Square quasi einrahmen. Preislich liegen sie alle im Rahmen ab $80/$90 bis ca. $130 in der Hochsaison. Soweit Zimmer auf der Seeseite frei sind, besitzen *Holiday Inn* und *HJ-Hotel* Vorteile. Ebenfalls zentral gelegen ist das nostalgische **Hochelaga Inn**, 24 Sydenham St, ✆/Fax (613) 549-5534, ab $105.

Die Mehrheit der Motels liegt weit verstreut an der #2 East. Die Motels an der Autobahn #401/*Exit* 617 sollte man beim kolossalen Lärmpegel dort besser meiden. Zu empfehlen sind

– *Best Western Fireside*, 1217 Princess St/#2, alle Zimmer mit *Fireplace* (!), einige *Fantasy Suites* mit thematischer Einrichtung; ordentliches Restaurant im Haus, ✆ (613) 549-2211 und ✆ (800) 567-8800, ab ca. $90.

– *Ambassador Resort*, 1217 Princess St/#2, großer Pool mit Rutsche, ✆ (613) 548-3605, ✆ (800) 267-7880, ab ca. $90.

– *Travelodge Hotel Lasalle*, 2360 Princess St/#2, sehr gute Zimmer für moderate Tarife, Pool, preiswerte Cafeteria, ✆ (613) 546-4233, ✆ (800) 578-7878, ab ca. $60.

Preiswertere Motels findet man ebenfalls auf dem westlichen Ast der Princess St bzw. der Straße #2.

Zum "Sonderfall" *Wolfe Island Hotel* ⇨ Seite 449.

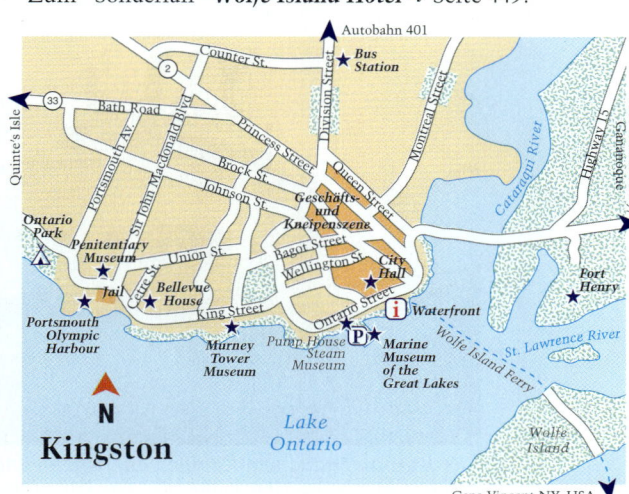

Kingston

N

Autobahn 401

Bus Station

Counter St.

Bath Road

Princess Street

Brock St.

Johnson St.

Geschäfts- und Kneipenszene

Raglan Street

Wellington St.

City Hall

Union St.

Jail

Bellevue House

King Street

Penitentiary Museum

Ontario Park

Portsmouth Olympic Harbour

Murney Tower Museum

Pump House Steam Museum

Marine Museum of the Great Lakes

Waterfront

Division Street

Queen Street

Montreal Street

Catarqui River

Fort Henry

Wolfe Island Ferry

St. Lawrence River

Wolfe Island

Lake Ontario

Cape Vincent NY, USA

1000 Islands Pkwy/Gananoque

Quinte's Isle

B & B

B&B-Angebote sind in Kingston zahlreich und alles in allem relativ preiswert ab ca. $60 fürs DZ im Sommer. Ein *B&B*-Vermittlungs-Service ist unter ☎ (613) 542-0214 erreichbar.

Originell übernachtet man (nur in der Zeit von *Victoria* bis *Labour Day*) auf dem alten Eisbrecher **Alexander Henry**, der zum Marine Museum gehört und im Lake Ontario vor sich hindümpelt und -rostet. In den einstigen Mannschafts- und Offiziersquartieren stehen 19 schlichte Zimmer für $42-$65 (2 Pers inkl. einfachem Frühstück in der Messe) zur Verfügung, von denen die um die Brücke gruppierten **VIP** und **Captain`s Cabin** für $60/$65 am besten sind; Reservierung unter ☎ (613) 542-2261, Fax (613) 542-0043.

Sogar eine Jugendherberge gibt es in Kingston:

Hostel

International Hostel AYH, 210 Bagot St ganz zentral, ☎ (613) 546-7203, Fax (613) 549-4998, $15/Person.

Camping

Im **Lake Ontario Park**, einige Kilometer außerhalb der Stadt an der Front Rd (verlängerte King St) befindet sich der recht gute, wenn auch bei voller Besetzung etwas enge städtische **Campground** (*Hook-ups*) oberhalb eines grünen *Beach Park* mit Strand; Reservierung unter ☎ (613) 542-6574. Gleich nebenan liegt der kleine **Kingston Amusement Park**, ein Jahrmarkt *all summer long*. Wer Parkprobleme in der Stadt aus dem Weg gehen möchte, kann das eigene Fahrzeug am Campingplatz lassen und *Downtown* bequem per Bus erreichen.

Weitere Campingplätze befinden sich landeinwärts oberhalb von Kingston, z.B. **Rideau Acres** am Ufer des Cataraqui River, einige Kilometer nördlich der Autobahn (Abfahrt #623) an der Straße #15; ☎ (613) 546-2711.

B & B einmal anders:in Kabinen auf dem ehemaligen Eisbrecher Alexander Henry *am Ufer des Lake Ontario*

Stadt besichtigung **City Hall**	Vom zentral gelegenen **Confederation Square** war bereits die Rede. Gegenüber überragt das mächtige Rathausgebäude an der Ostseite der Ontario Street **Waterfront** und **Confederation Park**. Die für eine 60.000-Einwohner-Stadt bemerkenswerte **City Hall** erinnert daran, daß Kingston für 3 Jahre (ab 1841) vorübergehend die Hauptstadt von *Upper* and *Lower Canada* war, bei der endgültigen Entscheidung über den Standort für die Kapitale des neuen *Dominion of Canada* aber Ottawa den Vortritt lassen mußte, ⇨ Seite 458. Der Bau war damals im Vorgriff der als sicher angesehenen Wahl Kingstons als Regierungskapitol konzipiert worden. Besichtigung eintrittsfrei; täglich 8.30–16.30 Uhr.
Bootstrips	In der linken Ecke des Parks können an einem Ticketkiosk Trips durch die *1000 Islands* gebucht werden. Die Boote legen an der *Crawford Wharf* zwischen Park und *Holiday Inn* ab. Näher an der Inselwelt liegen die Häfen von Gananoque, Ivy Lea und Rockport, siehe weiter unten. Eine **Island Queen**, einen *Paddlewheeler* wie einst auf dem Mississippi, gibt es indessen nur in Kingston. Außer für *1000 Island Trips* kann man das nostalgische Schiff auch für *Lunch Cruises* buchen. Eine Tour per Schiff halb über den St. Lawrence läßt sich – einschließlich Auto – auch gratis machen, nämlich auf der **Wolfe Island Ferry**, ⇨ Ende des Abschnitts.
Zentrum 	Haupteinkaufstraßen sind **Princess** (Einbahn Ost) und **Brock Street** (Einbahn West), die von der *Waterfront* in Ost-West-Richtung verlaufen. In beiden und einigen Querstraßen (King bis Barrie St) konzentrieren sich Geschäfte, Restaurants und Kneipen. Dank getäfelter viktorianischer Läden wie *Cooks Fine Foods* in der *Brock St* mit vielen Kaffee- und Teesorten, *Ginger-* und *Shortbread*-Keksen findet man in Kingston noch einen "Hauch" koloniales England. Nahezu authentische Alte-Welt-Atmosphäre verbreiten auch diverse **British & Irish Pubs**, die sich bei einem Bummel nicht verfehlen lassen. Andere Bars haben **Live Entertainment** wie *Country* oder *Jazz Music* und eine eigene Mini-Brauerei (*Chez Piggy*, Princess/ King St). Discos fehlen natürlich ebenfalls nicht. Wer zentral unterkommt, kann – außer in Toronto – nirgendwo in Canada einen abendlichen Zug zu Fuß durch die Kneipen besser und gefahrloser machen als in Kingston. Die für eine kanadische Mittelstadt ungewöhnlich abwechslungsreiche Szene verdankt Kingston– neben der Tradition – vor allem dem Umstand, daß sie Universitätsstandort mit einem regen studentischen und kulturellen Leben ist. Die **Queen`s University** gilt als eine der besten des Landes.
	Für *Shopping* und Versorgung ist auch der **Farmers Market** (Di, Do+Sa) mit Ständen für Käse, Obst, Gemüse und Kunsthandwerk eine gute Adresse unverfehlbar hinter der historischen *City-Hall*

**Marine-
museum**

Wer sich für Schiffe interessiert, sollte das **Marine Museum of
the Lakes** besuchen, das in einem alten Trockendock 5 Blocks
westlich der *City Hall* (55 Ontario St) untergebrachtwurde.
Die Geschichte der Schiffahrt auf den Großen Seen ist das
Hauptthema. Außerdem sind viele Schiffsmodelle, Maschinen
und Wrackteile zu bewundern. Am Museumskai liegt der
3000 t-Eisbrecher *Alexander Henry*, der ebenfalls besichtigt
werden kann ($2 extra) und in den Kajüten im Sommer *Bed
& Breakfast* bietet, siehe oben. Geöffnet täglich 10–17 Uhr,
im Winter bis 16 Uhr; Eintritt $4.

Das **Pump House Steam Museum** nebenan mit Dampfmasch-
inen aus viktorianischer Zeit eignet sich eher für Kinder.

Parken

Ein Nebenaspekt des Marinemuseums ist der Parkplatz am
Wasser. Dort läßt sich **citynah gebührenfrei parken**. Im Zentrum sind Parkplätze oft rar und ziemlich teuer.

King Street/

Vor und in den kurzen Hauptstadt-Jahren Kingstons entstanden eindrucksvolle Gebäude nicht nur im Zentralbereich, sondern speziell entlang der King St East, die einige Blocks östlich
des Zentrums zur Uferstraße wird, und in den Nebenstraßen.

Limestone

Viele davon und spätere Bauten sind aus hellgrauem Kalkstein, die Kingston den Beinamen **Limestone City** einbrachten.

Bellevue

Eine für Kanadier wichtige Sehenswürdigkeit ist das **Bellevue
House**, ein **National Historic Site**. Diese *Italian Villa* war
einst Sitz des ersten kanadischen Premierministers *Sir John
MacDonald*, der sich wegen seiner Trinkfestigkeit einer beson-
deren Wertschätzung erfreute. Für Touristen aus Europa ist
Bellevue kein prioritärer Anlaufpunkt.

**Correctional
Service of
Canada
Museum**

Interessanter ist da schon das alte **Kingston Penitentiary**, 555
King St East, ein **Museum** zu Strafvollzugs-Methoden, Aus-
bruchversuchen und Kalfakter-Systemen; nur Mitte Mai bis
Labour Day Mi–Fr 9–16 Uhr; Sa/So ab 10 Uhr; gratis. Die
Delinquenten von heute sitzen gegenüber in einer bombastischen fortartigen Festungsanlage am Wasser (sehenswert,
aber leider nicht zu besichtigen). Gleich nebenan befindet
sich – wohl als Kontrastprogramm zum geballten Freiheits-
entzug nebenan – der **Portsmouth Olympic Harbour** mit
zahlreichen herrlichen Yachten und einer schnuckeligen
Shopping- und Restaurantzone.

Fort Henry

Jenseits des *Cataraqui River* steht auf einer Landzunge das
Fort Henry tief verschanzt auf einem Grashügel. Der Blick
auf die Karte zeigt bei Kingston eine Engpaßstelle zwischen
Lake Ontario und St. Lawrence, die einst hohe strategische
Bedeutung besaß. Die Pelz- und Holztransporte von den *Great
Lakes* zum Atlantik und damit nach Europa mußten dort vor
Irokesen, zu französicher Zeit auch vor den Briten und später
vor Übergriffen der Amerikanern geschützt werden. So ent-
stand 1812 anstelle früherer Palisadenbefestigungen das *Fort*

Fort Henry

Henry in der heutigen Form und blieb bis 1870 ein aktiver Militärposten am *St. Lawrence Seaway*. Er wurde 1870 deaktiviert und verkam. In den 30er-Jahren restauriert ist das Fort heute eine Touristenattraktion. Bei der täglichen ***Officer of the Day`s Parade*** um 14 Uhr führen "Soldaten" in zeitgenössischen Uniformen Drill und Attacken vor. Böller aus den alten Vorderlader-Kanonen gibt es mehrfach täglich.

In den Räumlichkeiten des als **Museum** hergerichteten Fort ist der Alltag der Besatzung nachgestellt: Schlafsäle der Rekruten, Wohnzimmer für Offiziere, luxuriöser Salon des Befehlshabers, dazu Backstube, Kantine, Asservatenkammer usw.

Während des 2. Weltkrieges waren im *Fort Henry* (*POW Camp #31*) deutsche **Kriegsgefangene** untergebracht, die an eine Wand des "Heldenzimmers" mittelalterliche, noch heute zu besichtigende Szenen gemalt haben.

Geöffnet Ende Mai bis Anfang Oktober täglich 10–17 Uhr; Eintritt $10; Kinder bis 12 Jahre $5; Schüler und Studenten $7.

Fähre in die USA

Zwischen *Holiday Inn* und *Lasalle Causeway* über den Cataraqui River befindet sich der Anleger der Fähre hinüber nach Marysville auf *Wolfe Island* (kanadisch). Von dort sind es ca. 11 km zum Anleger der Cape Vincent-Fähre in die USA ($6 für Auto und Fahrer). Letztere verkehrt nur Anfang Mai bis Ende Oktober 8–19 Uhr etwa stündlich. Die ***Wolfe Island Ferry*** (frei) verkehrt ganzjährig ebenfalls ungefähr im Stundentakt 6–2 Uhr; Fahrzeit ca. 20 min. Sie hält sich im Winter selbst die Fahrrinne eisfrei, indem sie während der Fahrt laufend wärmeres Tiefenwasser nach oben pumpt.

Wolfe Island

Das ***Wolfe Island Hotel*** auf der Insel direkt am Wasser ist nicht zuletzt auch wegen des damit verbundenen **Gourmet-Restaurants** eine bedenkenswerte Unterkunftsalternative und nicht einmal besonders teuer; ✆ (613) 385-2611, ✆ (800) 353-1098, Hotel $45-$100; *Gourmet Dinner* ab ca. $30.

Officer of the Day`s Parade täglich 14 Uhr im Fort Henry

Von Kingston nach Ottawa

1000 Islands Parkway

Von Kingston sind es auf der Straße #2 nur noch gut 30 km bis ins Gebiet der *1000 Islands* (im St. Lawrence River). Eine Uferstraße, der ***1000 Islands Parkway*** ab Gananoque bis 10 km westlich von Brockville (die #2 läuft derweil noch weiter landeinwärts als die Autobahn #401), führt über rund 40 km weitgehend in Ufernähe am Fluß entlang. Sie gehört zu den besonders schönen Strecken Ontarios. Parallel dazu existiert ein populärer **Recreational Corridor**, ein breiter Weg für *Biker, Jogger* und *Hiker*. *Parkway* wie *Corridor* sind einschließlich des *Fort Henry, des Upper Canada Village* (⇨ Seite 455) und vieler schön angelegter Picknick- und Campingplätze am Fluß (und auf einigen Inseln) zwischen Adolphustown und Québec so etwas wie Provinzparks, befinden sich aber unter Verwaltung einer eigenen ***St. Lawrence Parks Commission***.

St. Lawrence Islands NP

Nicht zu verwechseln damit ist der ***St. Lawrence Islands National Park***, der kleinste Nationalpark Canadas, zu dem 21 der *1000 Islands* gehören. Sie liegen weit verstreut im Strom, einige kleinere bei Gananoque, die größeren in der Nähe des Hauptquartiers in Mallorytown Landing, siehe unten.

St. Lawrence River und 1000 Islands

Der St. Lawrence River wechselt in seinem Oberlauf im Bereich der Inseln seine Farbe von tiefgrün zu marineblau und verfügt über eine hohe Wassertransparenz. An seinen Ufern gibt es viele Buchten mit kleinen Sandstränden. Die berühmten 1000 sind in Wahrheit nahezu 2000 Inseln – Sandbänke und aus dem Wasser ragenden Felsbuckel mitgezählt – "wahllos" verteilt im breiten Bett des Flusses. Von den bewaldeten Inseln bieten viele gerade genug, manche aber auch reichlich Platz für romantische wie luxuriöse *Cottages* und Villen beneidenswerter Inseleigner. Im übrigen bilden die *1000 Islands* eine kaum kontrollierte und wohl auch nicht kontrollierbare Grenzregion. Zur unübersichtlichen Grenzsituation erzählt man an Bord der Ausflugsdampfer allerhand Anekdoten.

THOUSAND ISLANDS

Garden of the Great Spirit nannten die Indianer die Region der 1000 Inseln und überlieferten uns zu ihrer Entstehung eine Sage, die an den biblischen Sündenfall erinnert: Als die Menschen – trotz göttlichen Verbots – Streit und Krieg auch in diese Region trugen, wickelte Gott den Landstrich in eine große Decke. Sie zerriß jedoch auf dem Weg zum Himmel und ihr Inhalt fiel – in 1000 Stücke zerbrochen – in den Strom. Zu Flora und Fauna, die nur in dieser Inselwelt vorkommt, gehört merkwürdigerweise auch die *Black Red Snake*, eine ungiftige bis zu 2,40 m lange Schlange ...

Da fehlt nur noch der Apfelbaum!

Witzig ist die kürzeste "internationale" Brücke der Welt, ein 3 m langer Steg, der ein winziges Eiland auf der US-Seite mit der kanadischen Nachbarinsel verbindet.

Gananoque

Gananoque ist touristische Zentrale der *1000 Islands*-Region, gleichzeitig der einzige Ort am *Parkway* mit einer größeren Auswahl an Unterkünften und einer nennenswerten Gastronomie. Die Mehrheit der **Motels** und *B&B Inns* liegt an der langen Ortsdurchfahrt King St, darunter Häuser der Mittelklasse wie **Best Western, Econolodge** und **Days Inn**, aber auch eher individuelle Quartiere wie das zentrale **Appleby Motel**, ℂ (613) 382-4402 (mit orginellem Restaurant), und preiswerte Motels der Einfachkategorie. Eine hafennahe Wahl wäre das **Blinkbonnie Motor Inn**, Main Street, ein älteres villenartiges Haus mit Nebengebäuden und *großem Indoor* und *Outdoor Pool*, ℂ (613) 382-7272 und ℂ (800) 265-7474, ab ca. $90 im Sommer.

Bootstrip

Wer sich nicht in einer Marina ein Boot leiht, um die 1000 Inseln auf eigene Faust zu entdecken, bucht einen Bootsausflug. Speziell ab Gananoque gibt es zwar auch Kurztrips, aber kein *St. Lawrence River Trip* ist komplett, wenn nicht **Heart Island** mit dem **Boldt Castle**, ein Märchenschloß à la *Germany*, angelaufen oder zumindest passiert wird. Die Herzinsel liegt etwa auf Höhe Rockport unweit des Südufers bereits in amerikanischen Gewässern. Man muß deshalb – selbst ohne Absicht zum Aussteigen – den Pass dabeihaben. Die Insel mit dem von Bäumen halb verdeckten Schlößchen ist im übrigen vom *Parkway* aus gut sichtbar.

Folgende **1000 Island Cruises** sind prinzipiell empfehlenswert:

– Ab **Gananoque** der 3-Stunden-Trip **mit Stop** auf der Heart Island/*Boldt Castle*; Abfahrten im Sommer stündlich zur vollen Stunde 9–17 Uhr, im Mai/Juni und nach *Labour Day* um 9, 11, 13 und 15 Uhr; $16, Kinder $7. Die Besichtigung des *Castle* kostet $4,50, Kinder $2, extra.

– Ab **Ivy Lea**, 2 km westlich der *International Bridge*, 90-120 min Tours **mit Stop** auf Heart Island/*Boldt Castle* (Eintritt ins Gebäude wieder extra), stündlich 10–17 Uhr, Mitte Mai–Oktober; $12; Kinder $8.

– Ab **Rockport**, 3 km nördlich der *International Bridge*, **ohne Stop** auf Heart Island/*Boldt Castle* 60-min-Tour; Abfahrten im Sommer 9–17 Uhr stündlich, früher/später 10–15 Uhr; $11, Kinder $7.

Orte am Parkway

Abgesehen davon, daß die Touren ab **Ivy Lea** und **Rockport** etwas preiswerter ausfallen, sind sie auch deshalb eher zu erwägen, weil die – im Fall Gananoque – doch recht lange Hin- und Rückfahrt durchs Inselgebiet entfällt und beide Häfen wegen ihres idyllischen Charakters ohnehin **unverzichtbare Anlaufpunkte** darstellen.

Boldt Castle

Die Geschichte des *Boldt Castle* klingt märchenhaft: Es war einmal ein armer Bursche namens *Boldt* aus Deutschland, der um die Jahrhundertwende in die USA emigrierte, als Tellerwäscher begann und so reich wurde, daß er am Ende Besitzer des berühmten Waldorf-Astoria Hotels in Manhattan war. Er verliebte sich in eine wunderschöne Frau, heiratete sie alsbald und schenkte ihr eine der 1000 Inseln, die er in Herzform umgestalten und darauf für sie ein Märchenschloß errichten ließ. Selbst ein Haus für die Schwiegermutter auf einer Nachbarinsel durfte nicht fehlen. Aber noch vor Vollendung des Schlosses starb seine Frau. Voller Gram entließ er daraufhin die Bauarbeiter und setzte nie wieder einen Fuß auf Heart Island.

Nachtrag: Heart Island und dessen seinerzeit heruntergekommenen Bauwerke wurden 1977 von der *Thousand Island Bridge Authority*, Betreibergesellschaft der Brücke in die USA, gekauft, restauriert und als die Touristenattraktion hergerichtet, die sie heute ist.

Hill Island Als einzige Insel ist Hill Island per Brücke mit dem Festland verbunden. Dort befindet sich die **Grenzstation.** Auf amerikanischer Seite geht es direkt auf die *Interstate* #81. Schon die Fahrt über die *1000 Islands Bridge* (trotz $2 *toll* auf keinen Fall auslassen! Man kann vor der Grenze am Turm umkehren) und erst recht der **Observation Tower** mit 121m Höhe ($6) bieten einen tollen Blick über die Inselwelt – am besten am frühen Abend bei tiefstehender Sonne. Ein *Duty Free Shop* (preiswerte Alkoholika) und **Factory Outlet Stores** bilden vielleicht weitere Motive für den Abstecher an die Grenze. Auch ein Motel mit Restaurant ist vorhanden: ***Hill Island Lodge***, © (613) 659-2286 und © (800) 267-9497, $60-$75.

Camping Ein schöner **Campground** ist **Ivy Lea** der *St Lawrence Parks Commission* gleich westlich der *International Bridge*. Der weitläufige Platz verfügt über unterschiedliche Areale. In der hintersten Ecke des Geländes zwischen Felsen am Wasser gibt es 2 Stellplätze mit einem eigenen Mini-Strand (leider unterhalb der lauten Brücke). Am besten steht man auf den Plätzchen im Wald auf hohem Ufer über dem Fluß.

Über einen **Campground** verfügt auch der **St. Lawrence Islands National Park** auf dem Festland in Mallorytown Landing.

Nationalpark Dort befinden sich außerdem das **Visitor Centre** des Parks, ein Naturlehrpfad und das Wrack eines 1817 gesunkenen britischen Kanonenboots. Die Nationalpark-Inseln sind nur per Boot (*Boat Rental* in der nahen Marina) oder per Wassertaxi zu erreichen. Die einzige Ausnahme ist **Grenadier Island**:

Zwischen Mallorytown Landing und dieser größten Insel im Nationalpark verkehrt in kurzen Abständen eine **Fähre**.

Unterkunfts-suche

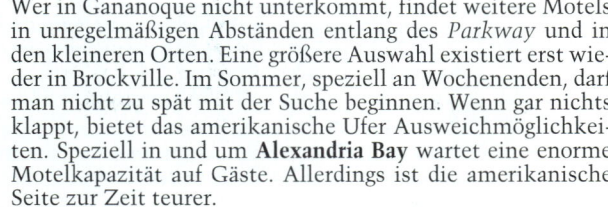

Wer in Gananoque nicht unterkommt, findet weitere Motels in unregelmäßigen Abständen entlang des *Parkway* und in den kleineren Orten. Eine größere Auswahl existiert erst wieder in Brockville. Im Sommer, speziell an Wochenenden, darf man nicht zu spät mit der Suche beginnen. Wenn gar nichts klappt, bietet das amerikanische Ufer Ausweichmöglichkeiten. Speziell in und um **Alexandria Bay** wartet eine enorme Motelkapazität auf Gäste. Allerdings ist die amerikanische Seite zur Zeit teurer.

Camping

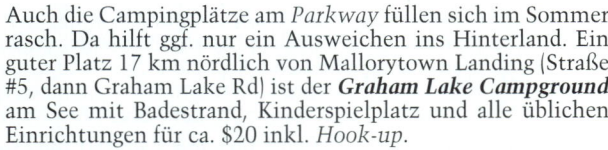

Auch die Campingplätze am *Parkway* füllen sich im Sommer rasch. Da hilft ggf. nur ein Ausweichen ins Hinterland. Ein guter Platz 17 km nördlich von Mallorytown Landing (Straße #5, dann Graham Lake Rd) ist der **Graham Lake Campground** am See mit Badestrand, Kinderspielplatz und alle üblichen Einrichtungen für ca. $20 inkl. *Hook-up*.

Zur Route

Ab Mallorytown könnte man unter Verzicht auf den Besuch von Brockville und des *Upper Canada Village* die St. Lawrence River-Route verlassen und auf der #5 über **Athens** (dort macht man mit originellen riesigen Wandbildern, sog. **Murals**, auf sich aufmerksam) zur Straße #15 (Otter Lake, schöner Badesee) und weiter nach Smith Falls fahren, um dann dem Verlauf des **Rideau Canal** zu folgen.

Brockville

Etwa 10 km westlich von Brockville endet der *1000 Islands Parkway* an der Autobahn #401, Auffahrt #685. Nach nur 2 km kann man sie wieder verlassen und auf der #2 durch Brockville fahren, eine alte, ansehnliche 20.000-Seelen-Stadt hoch über dem St. Lawrence River, die nach dem Sieger der Schlacht von *Queenston Heights* benannt wurde, ⇨ Seite 384.

Abendstimmung am 1000 Islands Parkway

Brockville	Ins Auge fallen im europäisch wirkenden Brockville die – wie in Kingston – vielen *Limestone Buildings* und wunderbare Villen an den Straßen am Hang zwischen Hauptstraße/King St und Fluß. Ein grandioses Gebäude ist **Fulford Place**, die Villa eines Industriellen der Jahrhundertwende auf einem wunderbaren Parkgrundstück, etwa 2,5 km östlich des Zentrums. Juni– Oktober, Mi–So 11–16 Uhr; Eintritt $2,50.

Eine ungewöhnliche Sehenswürdigkeit ist ein 500 m langer, 1954 stillgelegter Eisenbahntunnel, der unter der Stadt hindurchführt rund 100 Jahre in Betrieb war. Zugang im *A.S. Price Park* Juni bis *Labour Day*.

Das örtliche **InformationCentre** befindet sich an der *Waterfront* auf der mit dem Land verbundenen, parkartig angelegten (mit Picknicktischen) *Block House Island*. Dort liegen auch die Ausflugsboote für Trips in die – von Brockville etwas ferne – *1000 Islands*-Region. Zufahrt über West Market Street.

Unterkunft

Motels der Ketten (**Days Inn, Comfort Inn, Super 8**) konzentrieren sich im Bereich der Autobahnabfahrt #696; ein **Best Western** befindet im Stadtosten an der #2. Noch weiter östlich passiert man die **Seaway Lodge**, ein Motel auf der Stromseite der Straße, ℂ (613) 926-2164; ab $45, und die **Chalet Cabins**, ℂ (613) 342-6010, ab $40.

Straße #2/ Heritage Highway

Brockville markiert fürs erste das Ende der attraktiveren Uferzonen des St. Lawrence River. Der Strom fließt bald durch ein marschig-flaches, teils sumpfiges Gebiet. Die Uferstraße #2, der *Heritage Highway*, hat daher nicht viel zu bieten. Wer es eilig hat, verpaßt auf der schnelleren Autobahn wenig.

Fort Wellington

Wichtigste Ausnahme wäre das **Fort Wellington mit** pittoresker Palisadenumzäunung, ein *National Historic Site* bei Prescott. Wie im *Fort Henry* in Kingston wird auch dort in zeitgenössischen Uniformen gedrillt, marschiert und alles erläutert. Das Fort wurde zu Beginn des Krieges von 1812-1814 errichtet und bald nach dessen Ende deaktiviert. Ein Besuch lohnt besonders während der **Loyalist Days** um das 3. Juli-Wochenende herum. Dann findet ein großes militärhistorisches Spektakel mit Knall und Rauch statt. Fort geöffnet Juni bis Ende September täglich 10–17 Uhr, Eintritt $2,50.

Camping

Ein weiterer guter **Campingplatz** der *St Lawrence Parks Commission* ist **Grenville Park** am Fluß östlich der Brücke hinüber in die USA. Neben den üblichen Einrichtungen existiert dort auch ein Bootsverleih. Reservierung: ℂ (613) 925-2000.

Straße #16

Von Prescott sind es auf der Straße #16 nur noch 90 km bis Ottawa bzw. gut 90 min Fahrzeit. Wer bis hierher gekommen ist, sollte den Abstecher zum *Upper Canada Village* (ab Prescott 43 km) nicht auslassen. Bei Fahrziel Montreal liegt es ohnehin am Wege.

Upper Canada Village

Das ***Upper Canada Village***, ca. 10 km östlich Morrisburg, ist neben *Fort Louisbourg* in Nova Scotia das in vieler Beziehung eindrucksvollste *Living Museum* in Canadas Osten. Für den Besuch sind mindestens 2-3 Stunden einzuplanen.

Entstehung

Ursächlich für die Idee der Errichtung dieses historischen Dorfes war die Vertiefung der Fahrrinne des St. Lawrence River 1959, die den Fluß auch für große Frachter schiffbar machte. Auf einer Länge von 35 mi mußten dafür Uferzonen und mehrere Dörfer geflutet werden. Erhaltenswerte und geschichtlich bedeutsame Häuser wurden demontiert und am heutigen Standort wieder aufgebaut. Weitere restaurierte oder nachgebaute Gebäude kamen hinzu und bilden nun – in idyllischer Lage am Strom – das *Upper Canada Village*.

Am Eingang zum Upper Canada Village

Charakter

Dieses Dorf entspricht in Zusammensetzung und Einrichtungen einer typischen ländlichen Kleinstadt im Ontario des 19. Jahrhunderts. Neben der Dorfkirche findet man u.a. Bäcker, Schumacher, *Hardware Store* und *Willard` Hotel*, wo Speisen nach alten Rezepten bereitet und serviert werden. Außerdem gibt es ein wasserbetriebenes Sägewerk, eine Getreidemühle und viele alte Gerätschaften, etwa zur Textil- und Wollverarbeitung, und manches andere mehr, welches das Leben vor 150 Jahren widerspiegelt. Dazu informieren kostümierte Dorfbewohner sachkundig über die Verhältnisse zu "ihrer" Zeit im kolonialen Canada und ziehen die Besucher auch gerne ins Gespräch. So fühlt man sich im *Upper Canada Village* wie in einer Filmkulisse.

Öffnungszeiten täglich 9.30–17 Uhr Ende Mai bis Anfang Oktober; Eintritt $10, Kinder $4,50. Schüler/Studenten $7,50.

Crysler Beach

Direkt an das Gelände des *Upper Canada Village* schließt sich der ausgedehnte **Crysler Beach Park** mit Picknick- und Kinderspielplatz, Badestrand und einer riesigen Marina an. Wer campen möchte, findet nur wenig weiter westlich den großen **Riverside Cedar Park Campground** am *St. Lawrence*.

Sollte der bereits voll besetzt sein, gibt es Ausweichmöglichkeiten am schönen **Long Sault Parkway** östlich von Ingleside. Diese Straße führt von der #2 als reine Ferienroute über mehrere Inseln im Strom und ist gleichzeitig die Zufahrt zu zwei weiteren großen **Campgrounds** der *Parks Commission*, **McLaren** und **Woodlands**.

Unterkunft

Ab Prescott bis übers *Village* hinaus gibt es nur noch relativ wenige Motels, wobei einfacher bis knapp mittlerer Standard überwiegt. Eine bessere Auswahl an Unterkünften findet man erst wieder in Cornwall bzw. in Ottawa.

Straße #31

Vom *Upper Canada Village* bzw. Morrisburg führt die **Straße #31** direkt nach Ottawa. Wer noch eine Unterkunft sucht, findet in Williamsburg, 10 km nördlich von Morrisburg, ein preiswertes, ländliches ***Bed & Breakfast*** *(The Village Antiques)*, ℂ (613) 535-2463, $44-$54 fürs DZ mit Frühstück.

Rideau Canal

Auf dieser Strecke läßt man die verbundenen Seen des ***Rideau Canal*** gänzlich links liegen, während man bei Wahl der Straße #16 zumindest noch dessen nördlichsten Abschnitt (Straße #13 oder #19) und einen Teil der kleinen handbetriebenen Schleusen vor Ottawa "mitnehmen" kann. Allerdings sollte die Fahrt besser in Smith Falls oder in Merrickville beginnen.

Der Rideau Canal

Die als *Rideau Canal* bezeichnete Wasserstraße zwischen Ottawa und Kingston erinnert mit ihrem nostalgischen Charme an alte europäische Kanäle. Sie besteht aus einer Vielzahl von Teilstücken, die eine lange Kette großer und kleiner Seen miteinander verbinden. Sechs Jahre (1826-32) dauerte die Fertigstellung der 202 km langen Route zwischen Ottawa und St. Lawrence River. Für damalige Verhältnisse war der Bau ein gewaltiges Unternehmen. Dabei kamen Hunderte von Arbeitern – hauptsächlich irische und schottische Immigranten – ums Leben.

Aus heutiger Sicht ist der Sinn des Kanals kaum mehr einleuchtend. Die Engländer waren seit dem britisch-amerikanischen Krieg jedoch lange in erheblicher Sorge um die Sicherheit ihrer Transporte auf dem Oberlauf des St. Lawrence River. Daher kamen sie auf diesen "Wasserschleichweg", um ggf. via Ottawa River das kritische Stück der Route nach Toronto (zwischen Montreal und Kingston) außerhalb der Reichweite amerikanischer Kanonen umgehen zu können.

Schon seit Jahrzehnten ist der *Rideau Canal* nur noch ein – überaus beliebtes – Freizeitgewässer. Rund 90.000 Boote passieren jährlich die fast 50 überwiegend noch handbetriebenen **Schleusen** (allesamt *National Historic Sites*), die sukzessive die 84 m Höhenunterschied zwischen dem Niveau der beiden Flüsse ausgleichen.

Vor allem die kleinen Straßen #2, #19 und #13 eignen sich gut für einen "Autospaziergang" im nördlichen Kanalabschnitt mit Ausgangspunkt **Merrickville** (ein Künstlerdorf mit historischen *Inns*). Noch schöner ist der mittlere Bereich südlich von Smith Falls, wo in hügelig-felsiger Landschaft eine langgezogene Seenplatte kaum noch Verbindungskanäle erforderte. Dort erreicht man das Wasser per Auto aber fast nur über Stichstraßen, etwa von Perth oder Smith Falls aus den herrlich gelegenen *Murphy's Point Provincial Park*.

In den Orten an den Seen und am Kanal kann man Kanus und Fahrräder mieten. Hausbootferien auf dem *Rideau Canal* sind ebenfalls beliebt. Wer sich dafür interessiert, findet Angebote auch in den Katalogen deutscher Veranstalter. Firmen vor Ort sind

- *Aquaventures*, *Houseboat Rentals*, © (613) 498-2727 oder © (800) 663-2343, Apparat 27
- *Rideau Lakes Houseboat Vacations*, © (613) 737-3957
- *Waterway Getaway*, © (800) 280-9390

Gleich 8 Schleusen hintereinander sind zwischen Ottawa River und dem Kanalbeginn im Zentrum von Ottawa zu überwinden. Die Prozedur des Auf- bzw. Abschleusens dauert mindestens 2 Stunden (links im Bild das Bytown Museum)

3.5 OTTAWA/HULL
(Einwohner Ottawa 314000, Metro mit Hull 646.000)

3.5.1 Geschichte

Gründung

Schon 1613 errichtete *Samuel de Champlain* (⇨ Seite 476) sein Lager am Zusammenfluß von Ottawa und Rideau River, aber es vergingen noch fast 200 weitere Jahre, bis die ersten Siedler sich dort niederließen. Ab 1826 – mit Beginn der Bauarbeiten zum *Rideau Canal* – wurde aus dem Dorf vorübergehend das rasch wachsende **Bytown**, benannt nach *Colonel John By*, dem verantwortlichen Offizier für den Kanalbau. Die offizielle Bezeichnung **Ottawa** verdankt die Stadt den früher dort lebenden *Outaouac* Indianern.

Hauptstadt

Der Spitzname **Westminster of the Wilderness** bringt Historisches auf den Punkt. Als *Queen Victoria* 1857 auf der Suche nach einem geeigneten endgültigen kanadischen Regierungssitz war, ließ sie angeblich ihren königlichen Finger über der Landkarte kreisen. Er traf Ottawa – zum Entsetzen der konkurrierenden Hauptstadt-Aspiranten Montreal, Kingston und Toronto. Tatsächlich hatte sich Ottawa wie auch die anderen Städte regelgerecht um die Hauptstadtehre beworben; die Entscheidung für den Außenseiter war durchaus kein Zufall. Die Königin ging damit auf geographische Distanz zu den seinerzeit noch feindlich gesinnten Amerikanern und legte die kanadische Kapitale genau auf die Nahtstelle zwischen Ontario und das frankophone Québec.

Colonel John By,
Erbauer des Rideau Canal

Da es in Ottawa keinerlei für eine Hauptstadt geeignete Infrastruktur gab, mußte alles neu geschaffen werden. Und so setzte man ein neues *Westminster* samt einer Imitation von *Big Ben*, hier *Peace Tower* genannt, mitten "in die Wildnis". Selbst die typisch britischen Wachen mit den knallroten Uniformen und Bärenfellmützen übernahm man. Dabei blieb es auch, nachdem sich Canada 1867 von der Bevormundung durch die Kolonialmacht befreit hatte. Passenderweise wurden im selben Jahr die noch von den Briten begonnenen Regierungsgebäude fertiggestellt.

Seither entwickelte sich Ottawa kontinuierlich zur modernen City unserer Tage. Da Hauptarbeitgeber die Regierung und Dienstleistungsunternehmen sind, findet man in Ottawa so gut wie keine Belastung durch Industrie und die damit verbundenen Begleiterscheinungen.

3.5.2   Transport, Verkehr und Information

Flughafen   Ottawas Flughafen liegt im Süden der Stadt. Über den *Airport Parkway* und seine Verlängerung Bronson Ave ist man binnen 20 min in *Downtown.*

In die City   Ein ***Airport-Shuttle*** (einfache Fahrt $9) fährt halbstündlich (am Wochenende seltener) zu den wichtigsten Hotels im Zentrum. Das **Taxi** kostet ca. $25. Billiger, aber umständlicher ist der **Bus**: Linie **#96** fährt ab/bis *Confederation Park*/Elgin St.

Bahn   Die **VIA**-*Railway Station* liegt östlich des Zentrums in der Tremblay Rd (nahe der Kreuzung *Queensway* #417/Riverside Drive); ein Bus verbindet den Bahnhof mit *Downtown.*

Bus   Der ***Terminal*** für die *Voyageur*-Busse befindet sich in der 265 Catherine St/Kent St südlich von *Downtown* an der Stadtautobahn. Das **lokale Bussystem** gilt als vorbildlich. Routenplan und *Time Table* sind beim *Capital Infocentre* und beim Büro von *OC-Transport* erhältlich, 211 Kent St. Die Fahrpreise hängen von Linie und Tageszeit ab: $1,60-$2,70.

Touren   Stadtrundfahrten finden stündlich im oben offenen Doppeldeckerbus oder im Nostalgie-Trolley auf Gummirädern statt. Ersterer macht die große Stadtrundfahrt, letzterer läuft ebenfalls alle wichtigen Stationen an, funktioniert aber auf der Basis ***Hop-on-hop-off*** im Halbstundentakt für $18. Zentrale Abfahrt, Information und Tickets an der Ecke Elgin/Sparks St.

Lage   Das ursprüngliche Ottawa und die heutige City liegt im Dreieck zwischen dem hohem Südufer des Ottawa River und dem von Südwesten in ihn mündenden Rideau River. Mit den Jahren hat sich die Stadt aber nach allen Seiten hin weit über das einstige Kerngebiet großflächig ausgedehnt. Auf dem – ebenfalls hohen – Nordufer des Ottawa River liegt die französischsprachige Schwesterstadt **Hull** bereits in der Provinz Québec.

Zufahrt   Von Westen und Osten erreicht man Ottawa auf der *Downtown* tangierenden **Autobahn #417** (*Queensway,* gleichzeitig Straße #17/*TCH*). Über die Abfahrten Metcalfe/Elgin St, Kent St und Bronson Ave gelangt man rasch in die Innenstadt. Sowohl auf der Straße #16 (Prescott St) als auch auf der #31 (Bank St) von Süden fährt man auf direktem Weg in die City.

Der Hauptverkehr von Norden und Osten nördlich des Ottawa River (#5, #50 und #148) vereinigt sich vor der **McDonald Cartier Bridge** und fließt über den Sussex Drive nach *Downtown* Ottawa. Fast ebenso rasch kommt ins Zentrum, wer auf der *Rue Maisonneuve* (Straße #148) zunächst Hull durchquert, und dann auf der ***Pont du Portage*** über den Fluß fährt.

Parken und Orientierung   Die Orientierung im zentralen Bereich der Hauptstadt fällt im Prinzip leicht. Wer jedoch mit dem Auto nach *Downtown* fährt, sieht sich einer Vielzahl von Einbahnstraßen und Linksabbiegeverboten gegenüber, die es mitunter schwermachen, ein angepeiltes Ziel zügig zu erreichen. Die Parkplätze sind im Innenbereich überdies knapp und teuer. Da sich *Downtown* Ottawa ohnehin am besten zu Fuß erkunden läßt, ist es deshalb sinnvoll, zunächst einen leicht zu erreichenden Parkplatz anzusteuern. Relativ gute Chancen unterzukommen, bieten die Parkplätze rund um den *Byward Market:* Sussex Drive, dann York oder Clarence St. Dort können auch **Campmobile** parken. Zentral liegen die **Parkhäuser** im **Rideau Centre** (Rideau St, dann Dalhousie nach Süden und Besserer rechts ab) und des **National Arts Center** am Rideau Canal (zugänglich nur über Elgin St von Süden kommend).

Unterhalb des unübersehbaren *Parliament Hill* und der zentralen Hauptstraße **Wellington St** befindet sich das Finanz- und Geschäftsviertel zwischen Kent, Elgin und Somerset Sts. Die Straßen zwischen Somerset und dem *Queensway* markieren schicke urbane **Wohnviertel** mit der Bank Street als Hauptachse. Östlich davon begrenzt der **Rideau Canal** die zentrale Innenstadt, zu der man aber auch noch das Gebiet um den **Byward Market** östlich des Kanals bzw. des Sussex Drive zählen muß. Beidseitig des Ottawa River, des *Rideau Canal* auf ganzer Länge durch die Stadt und ebenso entlang des Rideau River befinden sich weitläufige **Grünanlagen**.

Information | Die zentrale Besucherinformation heißt **Capital Infocentre** und befindet sich gegenüber dem *Parliament Hill* in der Wellington/Metcalfe Street (Parken schwierig). Neben Stadtplan, Ontario-Karte und Werbefoldern für Sehenswürdigkeiten, Hotels etc. gibt es dort den **Ottawa Visitors Guide** oder das Heft **Where** mit allen aktuellen Daten und Informationen. Man ist auch behilflich bei der Hotelreservierung. Geöffnet täglich 9–17 Uhr; ✆ (613) 239-5000 und ✆ (800) 465-1857. Im Sommer erhält man Info-Material auch im Ticket-Büro des *National Arts Center* in der Elgin St (Kanalseite gegenüber dem bombastischen **War Memorial** auf dem Confederation Sq). Eine Besucherinformation der Provinz, **Access Ontario**, findet man im **Rideau Centre**, siehe unten.

Ausflugsboot auf dem Ottawa River unterhalb des Parliament Hill

3.5.3 Unterkunft und Camping

Situation

Die kanadische Hauptstadt ist mit Hotelkapazität reich gesegnet. Die Tarifgestaltung unterliegt starker Konkurrenz. Da im Sommer Parlamentsferien sind, fallen die Preise der sonst teuren von Geschäftsleuten und Politikern frequentierten Häuser auf ein bisweilen erstaunlich niedriges Niveau. Man kann daher mitten im Zentrum für relativ wenig Geld in sehr guten Hotels unterkommen. Es lohnt sich, auf **Sonderofferten** zu achten. Der in solchen Fällen oft nur geringe Unterschied zur Vorstadt-Mittelkasse von $10-$20 steht in keinem Verhältnis zum dadurch möglichen Qualitätssprung.

Hotel Chateau Laurier

Hotels

Nichts geht in Ottawa über das altehrwürdige Luxushotel **Chateau Laurier**, Rideau St, das so aussieht, als gehöre es zu den benachbarten Parlamentsgebäuden. Im Sommer 1996 war es mit Doppelzimmerpreisen ab $120 ein gutes Beispiel für die erläuterte Tarifsituation; Reservierung unter ✆ (613) 241-1414 und ✆ (800) 441-1414, Fax (613) 786-8030.

Ebenfalls sehr zentral gelegen und stilistisch nicht unähnlich ist das **Lord Elgin Hotel** unweit des *Chateau Laurier*, 100 Elgin St, ✆ (613) 235-3333, ✆ (800) 267-4298; Sommer ab $85! Im City-Bereich gut bedient ist man außerdem mit

– **Radisson Hotel**, 100 Kent St, ✆ (613) 236-0151 und ✆ (800) 333-3333, ab $89, zentrale Lage, **Drehrestaurant** im 26. Stock

– **Town House Hotel**, 319 Rideau St, ✆ (613) 789-5555, ab $60

– **Parkway Motel**, 475 Rideau St, ✆ (613)789-3781, ab $60

– **Auberge McGee's Inn**, historisches **B&B**, 185 Daly Ave, 2 Blocks südlich Rideau St, ✆ (613) 237-6089; ab ca. $70

– **Gasthaus Switzerland Inn**, auch historisches **B&B**, 89 Daly St unweit *McGee`s*, ✆ (613) 237-0335; ab ca. $80.

– **Market Square Inn** direkt am Byward Market, 350 Dalhousie St, ✆ (613) 241-1000, ab ca. $85.

Motels

Motels aller Preisklassen finden sich im Westen der Stadt an der **Carling Ave** (parallel zum *Queensway* #417), z.B.:

– **Webb´s Motel**, 1705 Carling, ✆ (613) 728-1881, ab $60

– **Embassy West Motor Hotel**, 1400 Carling Ave, ✆ (613) 729-4331 und ✆ (800) 661-5495; ab ca. $60

Airport

Wer auf der Strecke nach/von Süden vor der City unterkommen möchte, findet im **Southway Inn** an der Straße #31/Bank Street und Hunt Club Rd ein gutes Mittelklasse-Haus mit *Pool* ab ca. $75; ✆ (613) 737-0811 und ✆ (800) 267-9704.

Hull

In unmittelbarer Nähe des *Canadian Museum of Civilization* in Hull steht das **Clarion Hotel Centre Ville**, 35 Laurier St, ✆ (819) 778-6111 und ✆ (800) 567-9607.

Hostel

Als alternative Unterkünfte kommen in Frage:

– **International AYH Hostel**, 75 Nicholas St hinter dem *Rideau Centre*, schönes altes Gebäude ✆ (613) 235-2595; $16/$19; EZ/DZ verfügbar für $32-$42.

– **YM/WCA**, 180 Argyle St (nahe #417), ✆ (613) 237-1320; ab ca. $50, ohne eigenes Bad $45.

Camping

Der nächstgelegene private Platz ist **Rideau Heights**, ca. 2 km außerhalb an der Straße #16, ✆ (613) 226-4141. **Camp Hither Hills,** ✆ (613) 822-0509, und das **Poplar Grove Tourist Camp**, ✆ (613) 821-2973, liegen beide an der Straße #31 etwa 10 km bzw. 14 km außerhalb der Stadt. Das letztere verfügt über einen großen *Pool* mit prima Wasserrutsche.

Nur für **Zeltcamper** eignet sich das **Camp Le Breton**, Booth St/Fleet St, fast im Zentrum, ✆ (613) 943-0467; $8/Person.

Außerdem ➪ **Gatineau Park**, Seite 470.

3.5.4 Stadtbesichtigung

Downtown Ottawa

Eindruck

Ottawa, insbesondere die kleine *Downtown*, ist überschaubar, Metropolenhektik kaum vorhanden. Der Ottawa River mit seinen Uferparks und der *Rideau Canal* (➪ Seite 456) mit dem Schleusenpark zwischen *Parliament Hill* und *Chateau Laurier* und die vielen Grünanlagen sorgen für ein aufgelockertes Stadtbild. Im Mai erfreut am *Rideau Canal* Tulpenpracht das Auge. Königin Juliana von Holland dankt damit Ottawa, daß Canada ihr und anderen holländischen Bürgern im 2. Weltkrieg Zuflucht gewährte.

Ottawa Locks

Die Ecke Elgin/Wellington (Brücke über den *Rideau Canal/Rideau Centre*) eignet sich gut als **Ausgangspunkt** für eine Stadtbesichtigung. Man könnte von dort zunächst einmal zum Kanal hinuntergehen; ein Zugang für Fußgänger befindet sich unübersehbar an der Brücke. Über acht handbetätigte **Schleusen** werden dort Sport- und Hausboote auf kürzester Distanz über 24 m Höhenunterschied hinauf- oder hinuntergehievt. Wer die richtigen Zeiten abpaßt, kann bei dieser aufwendigen 2-Stunden-Prozedur zusehen (nur im Sommer). Die Betriebszeiten für Auf- und Abwärtsschleusung werden von der – heute die *Locks* verwaltenden – Nationalparkbehörde auf einer Tafel angekündigt. Am Ufer des Ottawa River angekommen, läßt sich der Spaziergang durch den *Major`s Hill Park* fortsetzen bis hinüber zur *National Gallery* am Sussex Drive und zum Aussichtspunkt **Nepean Point** (⇨ nächste Seite).

An der dritten Schleuse von oben steht das älteste Steingebäude der Stadt, das vom Kanalerbauer, *John By*, als Hauptquartier errichtet wurde und heute als **Museum** dient. Dort erfährt man alles, was es über den *Rideau Canal* zu berichten gibt; geöffnet Mo–Sa 10–17 Uhr, So ab 13 Uhr Mitte Mai–Oktober; sonst Mo–Fr bis 16 Uhr; $2,50, Kinder/Studenten $1.

Chateau Laurier

Neben dem Kanal befindet sich das bereits oben empfohlene **First Class Hotel Chateau Laurier**; es wurde nach dem kanadischen Ministerpräsidenten *Wilfried Laurier* (1896-1911) benannt. Unter dem Hotel, Eingang am Kanal, wartet das freie **Museum of Contemporary Photography** auf Besucher.

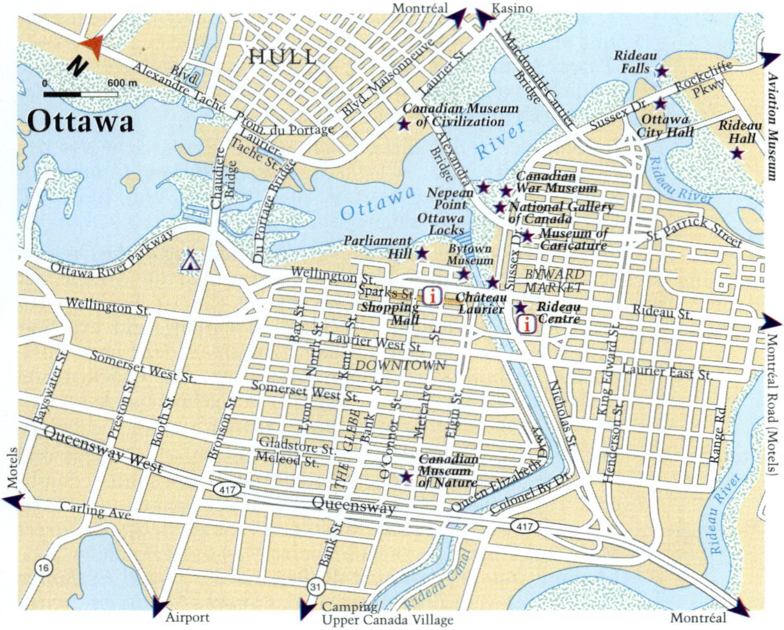

Ottawa

Parliament Hill	Wie ein mittelalterlicher Burgenkomplex thronen die Regierungsgebäude Canadas auf dem ***Parliament Hill*** hoch über dem Ottawa River. Das Grau ihrer neugotischen mit Türmen und Türmchen verzierten Fassaden aus dem Jahr 1867 paßte gut zur lindgrünen Patina der Dächer, die aber nun nach einer Renovierung 1996 zunächst wieder im kupfernen Glanz erstrahlen. Vom Aussichtspunkt ***Nepean Point*** oberhalb der Auffahrt zur *Alexandra Bridge* (hinter der *National Gallery*) und von der Terrasse des *Canadian Museum of Civilisation* auf der gegenüberliegenden Seite des Flusses präsentiert sich der Gesamtkomplex besonders gut für die Kamera.

Regierungs-gebäude

Führungen durch die Regierungsgebäude finden das ganze Jahr über statt. Im Sommer ist der Andrang groß. Zwischen Mitte Mai und *Labour Day* steht ein spezielles ***Info Tent*** auf dem Rasen, in dem Anmeldung und Zeitzuteilung geregelt werden (der Zutritt ist frei). Die Führungen durch den sog. ***Centre Block***, dem ***Parliament Building*** mit dem ***House of Commons***, dem ***Senate*** (der 2. Kammer) und der ***Library of Parliament*** beginnen alle 15 min und dauern etwa 45 min; Mo–Fr 9– 19.50 Uhr, Sa+So bis 16.50 Uhr. Nach *Labour Day* bis Ende Mai täglich 9–15.50 Uhr. Schlußzeiten jeweils für letzten Tourbeginn in englischer Sprache. Man darf die Gebäude aber auch auf eigene Faust erkunden. Im ***House of Commons*** beeindrucken ein 36 m langer Kalksandstein-Fries und ein Wandgemälde zur Geschichte Canadas. In der ***Peace Tower Memorial Chamber*** erinnern u.a. in Stein gemeißelte Gedichte von *Rudyard Kipling* und *Victor Hugo* an die 67.000 kanadischen Gefallenen des 1. Weltkriegs.

Im Sommer findet allabendlich auf der Rasenfläche vor den Gebäuden die *Sound & Light Show* ***Reflections of Canada*** zur kanadischen Geschichte statt; ab Mitte Mai, Juni, Juli 21.30 Uhr, im August bis Anfang September 21 Uhr.

Wach-ablösung

Ein sehr populäres Spektakel ist das ***Changing of the Guards***: jeden Morgen um 9.30 Uhr formiert sich die Parade der bärenfellbemützten Rotröcke bei der *Cartier Square Drill Hall*, marschiert dann die Elgin St entlang und exerziert schließlich um 10 Uhr auf dem *Parliament Hill* nach britischem Vorbild. Wer dann noch mittags das **Glockenspiel** vom *Peace Tower* ganz wie vom *Big Ben* gehört hat, kann sich endgültig eine Reise nach London sparen.

Einkauf

Die Blocks südlich der Wellington St zwischen Elgin und Kent St bilden das Herz von ***Downtown Ottawa*** mit den üblichen Hochhäusern aus Stahl und Glas der Banken und Versicherungen. Parallel zur Wellington St verläuft die ***Sparks Street Mall***, eine Fußgängerzone mit vielen *Shop*s und Straßen-Cafés. Kleinere ***Indoor Shopping Malls*** sind die ***World Exchange Plaza*** (Ecke Metcalfe/Albert St), das ***Sparks Shopping Centre***

**Rideau
Centre**

**Byward
Market**

an der Ecke Bank St mit einem *Food Court* im Untergeschoß und die *L`Esplanade Laurier*, Bank St/Laurier Ave. Zahlreiche Läden und Restaurants findet man auch entlang der Bank St (*The Glebe* genannt) bis fast hinunter zum Queensway.

Wem weiter nach Bummel und *Shopping* zumute ist, überquert die Brücke über den Kanal und stößt gleich rechterhand gegenüber der Einmündung Sussex Dr auf das **Rideau Centre**, einen großen Komplex mit Kongresszentrum, dem *Westin Hotel* und der lange größten *Shopping Mall* der City, die auch die Kaufhäuser *The Bay* und *Eaton`s* beherbergt.

Der **Sussex Drive** führt von der Rideau St zunächst nach Norden, folgt aber bald dem Verlauf des Ottawa River in Richtung Osten zum Nobelvorort Rockcliffe. Gleich zu Beginn passiert man rechts den **Byward Market**, eine Bezeichnung, die heute weit mehr als den Obst- und Gemüsemarkt in der zentralen Markthalle in der George St und Umfeld meint. Das Karree zwischen Sussex Drive, Dalhousie, Rideau und St. Patrick Streets hat sich in den letzten 20 Jahren zu einer quirligen Gegend mit Verkaufsständen überall, Boutiquen, Kneipen und **Restaurants jedweder Provenienz** verwandelt. Dort findet auch Ottawas "Nachtleben" statt, wiewohl gesittet und ruhig. Der Clou des *Byward Market* ist die Erhältlichkeit kulinarischer Köstlichkeiten aus aller Herren Länder – sei es in *Wait-to-be-seated*-Restaurants oder in einer der Snackbars – und nicht zuletzt einer Ottawa-Spezialität, des **Beaver Tail**. Zum Glück sehen die Biberschwänze nur so aus, wie sie heißen; es handelt sich um warmes mit Marmelade oder Käse und Schinken gefülltes Gebäck – eine geglückte Kreuzung zwischen *Crêpes* und *Donuts*.

Knoblauch-Spezialist auf dem Byward Market

Rund um die City

Rideau Hall

Der Sussex Dr führt am *Major`s Hill Park* (mit der *National Gallery of Canada* und dem *War Museum*, ➪ weiter unten) vorbei nach Nordosten, wo er die Mündung des Rideau River überquert. Auf Green Island im Fluß passiert man die supermoderne **Ottawa City Hall**, danach links einen kleinen Parkplatz am Park hinter den **Rideau Falls**. Über die heute leider regulierten Fälle stürzt das Wasser des Rideau in den Ottawa River. Gegenüber der schwer gesicherten Residenz des kanadischen Premierministers (24 Sussex Dr) geht es rechts ab zum Eingang eines schönen, die **Rideau Hall** umgebenden Parks. Das auch *Government House* genannte Gebäude ist Sitz des Abgesandten der Königin von England. Nach wie vor wird es von rot uniformierten *Guards* bewacht. Ein Teil des Komplexes kann besichtigt werden, sofern keine offiziellen Anlässe anliegen. Der Park, in dem im Sommer eintrittsfreie Open-air-Konzerte stattfinden, ist öffentlich.

Rockcliffe

Der Sussex Drive wird ab McKay St zum **Rockcliffe Parkway,** der am Rand des Nobelviertels, wo sich auch fast alle Botschaften und viele Ministerien befinden, über dem Ufer des Ottawa River entlangläuft. Ein schöner Aussichtspunkt ist **Belvédère Rockcliffe Lookout**. Von dort sieht man unter sich eine kleine *Marina* am Fluß mit dem **Rockcliffe Boathouse Restaurant** auf einem Schwimmponton. Ein schöner ruhiger Platz fürs Lunch ist dessen Terrasse über dem Wasser für alle, die sich von der sehr steilen und schlechten Zufahrt nicht abschrecken lassen (nur Pkw). Der *Parkway* führt zum *Rockcliffe Airport* mit dem *National Aviation Museum*, ➪ unten.

Museen

Die Hauptstadt besitzt zahlreiche Museen; herausragend sind die **National Gallery of Canada** und das **Canadian Museum of Civilization** (in Hull). Beide Komplexe bestechen durch ihre **Architektur** und Ausstellungen von internationalem Rang:

National-galerie

Die **National Gallery of Canada**, 380 Sussex Dr, wurde erst 1988 fertiggestellt. Der Architekt *Moshe Safdie* schuf mit diesem **Glastempel der Kunst** einen Kontrast zur eher düsteren Phalanx der nahen Regierungsbauten. In der ersten Ebene (*Level 1*) hängen Werke kanadischer Künstler, insbesondere der **Group of Seven** (➪ Seite 410).

Die zweite Ebene (*Level 2*) ist amerikanischen und europäischen Malern vorbehalten. Von den großen Vertretern wichtiger Epochen und Stilrichtungen, darunter *Canaletto, Lukas Cranach, Franz Hals, Rubens, Rembrandt, van Gogh, Degas, Monet, Chagall, Klimt, Picasso, Pollock*, findet man jeweils mehrere Werke. Ein Schmuckstück ist die vollständig rekonstruierte historische *Rideau Street Chapel* mit einer Ausstellung sakraler Kunst. Eine Präsentation kanadischer **Inuit Art** (von 1960 bis heute) rundet die Sammlung ab.

Zwei helle Innenhöfe mit Springbrunnen laden ein zum Verweilen. Öffnungszeiten in der Saison: täglich 10–18 Uhr, Do bis 20 Uhr. Ab Oktober bis Mai Mi–So 10–17 Uhr, Do bis 20 Uhr. Kein Eintritt für permanente die Ausstellung. Sonderausstellungen variabler Eintritt. Bis 18 Jahren und Studenten mit ID (Ausweis) alle Teile des Hauses frei.

Teilansicht der National Gallery: Architektur aus Licht und Glas

Historisches Museum

Das ***Canadian Museum of Civilization*** an der Rue Laurier über dem Ottawa River in **Hull** läßt sich von *Downtown* Ottawa am einfachsten über die **Alexandra Bridge** erreichen. Die Gestaltung dieses phänomenalen Gebäudekomplexes symbolisiert den *Canadian Shield* (⇨ Seite 18) und die für seine Entstehung verantwortlichen Gletscher-Formationen.

Der Eingangsbereich ist hauptsächlich wechselnden Ausstellungen über fremde Kulturen oder ethnische Minderheiten in Canada vorbehalten. Außerdem befindet sich dort die **Indian & Inuit Art Gallery**, die sich mit Kultur und Lebensformen der Ureinwohner beschäftigt. Zusätzlich ist dort ein **Children's Museum** und das **Cine Plus** mit *IMAX* und *OMNIMAX* untergebracht. Die $6 Aufpreis (unter 18 Jahren $4) sind bei den meisten Filmen in dieser Technik gut angelegt.

Einige Stufen tiefer liegt die **Grand Hall** mit einer schönen permanenten Ausstellung über die Indianer der kanadischen Westküste. In der **History Hall** geht es um die weiße Besiedelung Canadas, u.a. die Anfänge der Fischerei, das Dorf- und Farmleben, die Geschichte des Pelz- und Holzhandels und der *Metis*, einer indianisch-französischen Mischlingsgruppierung.

Erwähnenswert sind noch der ausgezeichnete Buchladen und die angenehme **Cafeteria** im *Grand Hall*-Bereich sowie der Panoramablick über den *Parliament Hill* auf der Ottawa-Seite des Flusses. Öffnungszeiten Mai bis Anfang Oktober täglich 9–18 Uhr, Do bis 21 Uhr;, im Hochsommer auch Fr bis 21 Uhr. Rest des Jahres Di–So 9 bis 17 Uhr, Do bis 21 Uhr. Eintritt $5; unter 18 Jahren $3,50; Kinder $1. Kombitickets mit *CinePlus* mit den genannten Aufpreisen.

Spezial-museen

Wer Lust und Zeit hat, kann neben diesen beiden "Spitzenhäusern" Tage in weiteren Museen verbringen. An erster Stelle seien folgende zwei Museen genannt:

- Das **Canadian War Museum**, 330 Sussex Dr, beherbergt die größte militärhistorische Sammlung Canadas und dokumentiert die Beteiligung Canadas an beiden Weltkriegen, neuerdings an Friedensmissionen der UNO. Für alle an Militaria Interessierten ein Muß. Ganzjährig 9.30-17 Uhr, Do bis 20 Uhr. Außer im Sommer Mo geschlossen. Eintritt $3; unter 16 Jahren frei. Studenten/senioren $1,50.

- Im **National Aviation Museum**, Sussex Dr in Rockcliffe (ausgeschildert, ➪ oben) sind über 100 Flugzeuge ausgestellt. Auf dem *Walkway of Time* geht es durch eine umfassende Ausstellung zur Luftfahrtgeschichte. Geöffnet wie das *War Museum*. Eintritt $4; 6-15 Jahren $2.

Zahlreiche andere große und kleine Museen werden unterschiedlichsten Interessen gerecht. Hier nur die wichtigsten:

- Das **National Museum of Science and Technology**, in der Lancaster Rd im Südosten der City (*Queensway*, Exit St. Laurent Blvd South) zeigt die Funktionsweise zahlreicher Maschinen und Instrumente und erklärt durch *Hands-on Exhibits* spielerisch wissenschaftliche Phänomene.

- Das **Agricultural Museum** mit der *Central Experimental Farm*, Zufahrt über den Prince of Wales Drive/Straße #16 (von *Downtown* zunächst Prescott St),ist ein 500 ha großer Bauernhof südwestlich des Dows Lake. Außer im Museum erfährt man auf Lehrpfaden Wissenswertes über Ackerbau und Viehzucht bezogen auf kanadische Verhältnisse.

- Das **Canadian Museum of Nature** besitzt eine Dinosaurierausstellung, die besonders Kinder erfreut, und erläutert schwerpunktartig Umweltprobleme und ihre Auswirkungen. Ecke Metcalfe/McLeod St, Anfahrt über Elgin Street.

– Das **Canadian Museum of Caricature**, 136 St. Patrick St/ Sussex Dr, zeigt über 20.000 *Cartoons*, satirische Drucke aus dem 18. Jahrhundert, Zeitschriften-Reproduktionen aus dem 19. und 20. Jahrhundert und besonders gelungene neuere Karikaturen zu kanadischer Politik und Kultur.

Öffnungs-zeiten Museen

Im Fall der vorstehenden Museen wurde teilweise auf Einzelangaben zu den Öffnungszeiten und Eintrittspreisen verzichtet. Denn generell gilt, daß man zwischen 9/10 Uhr bis 17 Uhr immer (teilweise bis auf Mo) mit geöffneten Häusern rechnen kann. Die Tickets kosten im allgemeinen unter $5 bei starker Reduktion oder freiem Eintritt für Kinder.

Museen bei dem schönen Wetter? Wir warten lieber draußen!

Abkühlung im Sommer

In Ottawa sind Schwimmlöcher und Strände nur ein paar Kilometer von der City entfernt. Am **Dows Lake** – Anfahrt über Bronson Ave (Richtung *Airport*), dann Carling Ave nach Westen, oder *Queen Elizabeth Driveway* am *Rideau Canal* entlang – warten Badebeaches, schattige *Picnic Areas* und Kanuverleih. Besonders bei Hitze reizvoll sind die **Hog`s Back Falls** im Stadtsüden. Man folgt einfach dem *Colonel By Drive* am Ostufer des Kanals und gelangt automatisch auf die *Hog Backs Bridge* über die Fälle. In breit über Felsen laufenden Stromschnellen kann man baden, nebenan schön picknicken.

Rideau Canal

Die Uferstraßen beidseitig des Kanals werden sonntags am Vormittag für **Jogger** und **Biker** vom Verkehr freigehalten. Im Winter tummelt sich die Bevölkerung Ottawas auf dem monatelang zugefrorenen Kanal; viele Angestellte laufen dann per Schlittschuh ins Büro.

Kasino

Wer in Ottawa Lust aufs Zocken verspürt, braucht seit kurzem nur noch über den Fluß zu fahren. Das **Casino de Hull**, ein bemerkenswerter Palast hat am Lac Leamy unweit der Autobahnkreuzung #5/#50 (Ausfahrt Boulevard du Casino) seine Pforten geöffnet und bietet die ganze Palette der Glücksspiele. Achtung Kleidervorschrift: Zwar kein Krawattenzwang, aber kurze Hosen, Sandalen oder Jeans sind nicht erlaubt.

Gatineau Park

Nordöstlich von Hull liegt der 36.000 ha große *Gatineau Park*, **das** Naherholungsgebiet Ottawas, eine hügelige Waldlandschaft unter Verwaltung der *National Capital Commission*. Im Norden des Parks am Lac Philippe befinden sich schöne **Campingplätze** mit Badestellen am See. Entgegen der Ausschilderung, die eine andere Anfahrt nahelegt, bleibt man zunächst besser auf der #5 bis Wakefield und folgt dann erst der Wegweisung in Richtung Lac Philippe; Entfernung ab Ottawa-Zentrum ca. 35 km. Nach Wakefield fährt auch der alte *HVW Steam Train*, eine Dampfeisenbahnlinie am Gatineau River entlang. Der Bahnhof in Hull befindet sich in der Rue Deveault, Zufahrt über die #5, Exit St. Raymond, dann Carrière Blvd (aktuelle Abfahrtszeiten und Tarife am Transport-Kiosk in Ottawa an der Ecke Sparks/Elgin St).

Wer Zeit für einen Abstecher hat, könnte von der #5 auch *Exit* #12 wählen und ab Old Chelsea den Hinweisen *MacKenzie King Estate* folgen. Der ehemalige kanadische Premier *MacKenzie* hat auf diesem Gelände ein ziemlich schrulliges Hobby gepflegt: er sammelte echte und rekonstruierte Ruinen, wie z. B. griechische Säulen und Teile des von den Deutschen im Zweiten Weltkrieg zerstörten englischen *House of Common*. Nicht weit davon liegt die offizielle Sommerresidenz des gegenwärtigen kanadischen Premierministers am Lake Harrington.

3.5.5 Weiterfahrt nach Montreal

Die Fahrt von Ottawa nach Montreal hat wenig Reize. Es empfiehlt sich, die Autobahn zu nehmen – #417, in Québec die #40. Die #17 am Südufer des Ottawa-River verläuft kaum abwechslungsreicher, erfordert aber deutlich mehr Fahrzeit. Die kleineren Straßen am Nordufer (#148 und später #344) lohnen den Zeitaufwand ebenfalls kaum. Eine Sehenswürdigkeit für sich auf dieser Strecke – in Montebello, ca. 65 km westlich von Hull – ist allerdings das *Chateau Montebello*, ein riesiges **Blockhaus-Hotel** der Luxusklasse mit allen Schikanen, in dem 1981 sogar ein Weltwirtschaftsgipfel stattfand. Die Übernachtung dort kostet natürlich etwas mehr: so ab $160 im Sommer; ✆ (819) 423-6341 und ✆ (800) 268-9411.

4. QUÉBEC

4.1 REISEZIEL QUÉBEC, DIE ANDERE PROVINZ

4.1.1 Zur Routenführung

Anfahrt

Die meisten Besucher Québecs – sofern sie ihre Reise nicht ohnehin in Montréal beginnen – erreichen die Provinz entweder von New York State oder Vermont (⇨ Seite 320) oder von Ontario aus. Für alle drei Fälle sind die entsprechenden Anfahrten in den vorstehenden Kapiteln beschrieben. Ebenso für einen Grenzübertritt von New Hampshire (⇨ Seite 311) und Maine (⇨ Seite 289) aus.

Montréal und Québec City

Montréal ist für den überwiegenden Teil der Touristen das erste Ziel in Québec und liefert damit den sinnvollen Einstieg in dieses Kapitel, gleichzeitig auch den logischen Anschluß an die bislang verfolgten Routen. Am St. Lawrence River entlang geht es auf der Autobahn # 40 oder der Straße #138 nach Québec City, dem 2. Schwerpunkt der Beschreibung Québecs.

Unterlauf St. Lawrence

Wer noch mehr von der Provinz sehen möchte, sollte von Québec City stromabwärts auf dem Nordufer des St. Lawrence bis Tadoussac fahren. Der Strom zeigt sich dort – neben dem Gebiet der *1000 Islands* (⇨ Seite 450) – von seiner schönsten Seite. Dabei sind Abstecher in die Parks am Rande der sog. *Reserves Faunique* (Wildnisschutzgebiete) möglich.

Die Gaspé

Das Québec-Kapitel endet zunächst nördlich von Tadoussac bei Escoumins. Dort oder bereits in St. Simeon kann man mit der Fähre auf das Südufer des Stroms übersetzen. Es gehört zwar weiter bis zur Mündung zu Québec, ist aber als Teil der *Gaspé*-Halbinsel geographisch und touristisch eng verbunden mit den maritimen Provinzen. Aus diesem Grund wird die **Gaspé** hier erst im Rahmen des folgenden Kapitels "Maritime Provinzen" behandelt, ⇨ Seite 595.

Typisch Québec: Das blaue Lilienbanner und silbergraue Kirchendächer und -türme

4.1.2 Touristische Kennzeichnung

Sprach-situation

Für Touristen, die aus anderen kanadischen Provinzen oder aus den USA nach Québec einreisen, wird sehr bald klar: Québec ist anders. 1974 wurde **Französisch Amtssprache** und ist Muttersprache von 80% der Bevölkerung. Im Gegensatz zum übrigen Canada sind Verkehrs- und Firmenschilder wie Erklärungen in Museen und an Sehenswürdigkeiten fast nur einsprachig Französisch. Die für ganz Canada geltende Vereinbarung zur Zweisprachigkeit wird überwiegend ignoriert. Nur selten findet man darüberhinaus außerhalb der Cities englischsprachige Zeitungen. Je weiter man sich von der Metropole Montréal entfernt, desto weniger wird **Englisch** auch nur verstanden. Und auf der relativ isolierten Gaspé-Halbinsel hat sich ein altes Französisch gehalten, das auch für gut französisch sprechende Europäer kaum verständlich ist.

Auffällige Unterschiede

Speziell abseits der Städte und auf Nebenstraßen fallen die feinen Unterschiede zum Rest des Kontinents ins Auge: auffällig viele Kirchen mit weithin sichtbaren silbrig-glänzenden Türmen signalisieren: diese Provinz ist katholisch. Wohnhäuser aus grauem Naturstein wie in der Normandie, bei weitem nicht so zahlreiche *McDonalds* und *Burger Kings*, dafür aber typisch französische *Cassecroutes* (Imbißbuden). Es werden weniger *Pick-Ups* gefahren und kaum Baseball-Mützen getragen. Es wird mehr geraucht und weniger amerikanisch-freundlich gelächelt, dafür mehr europäisch gedrängelt.

Auch das Warenangebot reflektiert **französische Lebensart**: *Baguettes*, zahlreiche Käsesorten und – sogar im Supermarkt – eine reiche Auswahl an Wein und Bier wie kaum sonst in Canada. Die Restaurants offerieren die klassische französische Menüfolge. Essengehen ist in Québec keine Minutensache.

Die Cities

Hauptanziehungspunkte sind die beiden großen Städte. Das zweisprachige, kosmopolitische **Montréal** ist eine moderne Industrie- und Finanzmetropole mit französischem Flair. **Québec City** bietet auf jeder Ebene – historisch, architektonisch, kulturell und gastronomisch – alles, was auch eine rein französische Stadt auszeichnet. Amerikaner sind entzückt über dieses Stück alten Frankreichs vor ihrer Haustür. Und selbst mit nostalgischen Stadtbildern vertrauten Europäern scheint Québec City zu gefallen.

Parks

Von beiden Städten aus sind *National-* und *Provincial Parks* als Teil riesiger *Faunique Reserves* und touristisch (zu) stark entwickelte Naherholungsgebiete leicht zu erreichen. Beim Wandern, Kanufahren und Schwimmen kann man sich dort vom Sightseeing- und Kulturprogramm der Städte erholen. Hervorhebenswert ist in dieser Beziehung in erster Linie der **Parc National de Mauricie** zwischen Montréal und Québec am Rivière Saint Maurice.

Fleuve Saint Laurent
Eine Fahrt am St. Lorenz Strom entlang ist nur streckenweise interessant, speziell zwischen Québec City und Tadoussac. Die Höhen der *Laurentides* reichen dort bis ans Ufer des kurz hinter Québec City bereits 20 km breiten **Fleuve Saint Laurent**. Der Fluß bei Tadoussac gilt als eines der besten Gebiete der Welt zur **Walbeobachtung**

Wildnis
Für Angler, Jäger und Wildnis-Enthusiasten bietet Québec unzählige Möglichkeiten. Viele Gebiete allerdings sind nur auf endlosen Fahrten auf *Gravel Roads* oder per Flugzeug zu erreichen. Vogelliebhaber haben es leichter. Entlang des St. Lorenz und auf der Gaspé-Halbinsel gibt es eine ganze Reihe von Vogelschutzgebieten, in denen sich von *Boardwalks* oder Ausflugsschiffen aus Wasservögel beobachten lassen.

Steckbrief Québec /QB

6,9 Mio Einwohner (24% der Gesamtbevölkerung Canadas); 1,67 Mio qkm, davon 184.000 qkm Binnengewässer.

Provinzhauptstadt ist Québec City mit 490.000, größte Stadt Montréal mit ca. 1,8 Mio Einwohnern. Neben diesen liegen auch alle weiteren nennenswerten Städte am Fluß. Einzige Ausnahme ist Sherbrooke (76.000 Einwohner) im *Estrie*, ➪ Seite 496. Etwa 83% der Bevölkerung, **Franko-kanadier**, sind französischer, 11% britischer Abstammung. 90% davon lebt im Bereich des St. Lawrence River. Unendliche Gebiete im Norden sind praktisch menschenleer.

Fast 90% der Fläche Québecs gehören zum **Laurentian Plateau**, einer Landschaft des *Canadian Shield*, ➪ Seite 18, nördlich des St. Lorenz mit Höhen bis zu 800 m und zahllosen Gewässern. Südlich des Stroms liegen die **Saint Lawrence Lowlands**. Die **Uplands**, Ausläufer der *Appalachian Mountains* bis zu 1270 m Höhe, bestimmen das Aussehen der Landschaft im Südosten (*Estrie*) und auf der Halbinsel Gaspé. "Nur" 50% der Provinzfläche sind bewaldet, ein jedoch wegen der ausgedehnten baumlosen Tundra im hohen Norden verzerrter Wert.

Québecs Industrie konzentrieren sich auf das Tal des St. Lorenz (Aluminium, Chemie, Textil, Maschinenbau). Die wirtschaftliche Basis der Provinz bilden indessen **Bodenschätze** (Eisen, Kupfer, Zink, Titan, Gold) aus dem Norden, die **Holzvorkommen** und -verarbeitung sowie **Wasserkraft** (Stromverkauf in die USA). Die Landwirtschaft spielt nur eine untergeordnete Rolle; ganze 2,4% der Gesamtfläche werden agrarisch genutzt.

Die wichtigsten **touristischen Ziele** sind nebenstehend und oben, sowie im Rahmen der Routenführung im vorstehenden Abschnitt 4.1.1 genannt.

4.1.3   Klima

Klirrende Winterkälte beherrscht die Provinz bis zu sieben Monate im Jahr; Temperaturen um -35° Celsius sind keine Seltenheit. Noch bis in den April hinein schwimmen große Eisschollen auf dem St. Lawrence. Im Sommer muß man dennoch nicht auf leichte Kleidung und das Bad im See verzichten. Den allgemeinen Klimabedingungen des Nordostens entsprechend (⇨ Seite 61f), wird es in der weiteren Umgebung der St. Lawrence River Region von Juni bis September oft sehr warm, dabei nicht selten auch recht schwül. Es muß jedoch immer mit plötzlichen Wetterumstürzen und starken Temperaturschwankungen gerechnet werden, so daß Pullover und Regenbekleidung kein überflüssiger Ballast sind.

Die maritime Gaspé-Peninsula ist generell frischer. Nur abgehärtete Naturen stürzen sich in die Fluten des *Gulf of St. Lawrence*, auch wenn Strand und Wasser einladend wirken.

4.1.4   Geschichte

Separations-bestrebungen

Oberflächlich betrachtet sind in Québec kaum Anzeichen von Unterdrückung der französischen Minderheit in Kanada auszumachen. Worin also liegen die Ursachen für die separatistischen Tendenzen gerade in letzter Zeit? Bis heute hat Québec die kanadische Verfassung nicht unterschrieben. Bei einem bundesweiten Referendum zu einer Verfassungsänderung (1992), in dem unter anderem der **Sonderstatus** Québecs neu geregelt werden sollte, stimmte die Provinz mit NEIN: den Québecern gingen die Regelungen nicht weit genug.

Im September 1994 gewann zwar die ***Parti Quebecois***, deren Ziel ein selbständiger Staat Québec ist, die Wahlen. Aber ein Referendum im Oktober 1995 lehnte äußerst knapp die Separation Québecs vom Mutterland ab.

Besiedelung

Es waren die **Franzosen**, die ab 1608 – wenn auch sehr zögerlich – an den Ufern des St. Lawrence Siedlungen anlegten (⇨ nebenstehendes Essay). Noch 60 Jahre nachdem *Samuel de Champlain* seinen **Handelsposten** beim heutigen Québec City errichtet hatte, gab es dort erst 7.600 Weiße. Die harten Winter und die Kämpfe mit den Indianern (⇨ Essay Seite 15f) wirkten nicht gerade verlockend für auswanderungswillige Franzosen. 1663 machte Ludwig XIV. *New France* offiziell zur **französischen Provinz**, was u.a. bedeutete, daß Soldaten – unter ihnen viele Kriminelle – zur Bekämpfung der feindlichen Irokesen nach Canada geschickt werden konnten. Man ermunterte sie, im Lande zu bleiben und sich im streng autokratischen Lehnsystem Québecs als Landarbeiter für Großgrundbesitzer, die sog. *Seigneurs*, zu verdingen, ⇨ Kasten *Seigneuries*, Seite 512.

ENTDECKER UND ERFORSCHER
Cabot, Cartier und Champlain

Cabot, Champlain und Cartier — nach diesen Entdeckern und Erforschern des kanadischen Nordostens wurden Berge, Seen und Meeresengen, Straßen, Motels und Campingplätze benannt. Während jedes Kind in Europa *Columbus* kennt, sind ihre Namen bei uns verblaßt. Dabei setzte jener bekanntlich nie einen Fuß auf den nordamerikanischen Kontinent, während *Cabot, Champlain* und *Cartier* auf der Suche nach der Nordwestpassage nach China die Neue Welt bis tief ins Innere erforschten.

Sie waren es, die den Europäern – mit Hilfe der Indianer – ungeheure Reichtümer erschlossen. Von ihren Auftraggebern, den französischen und englischen Herrschern, wurde dies zunächst verkannt. Sie blickten neidisch auf die Spanier, die in den goldenen Städten der Mayas sagenhafte Schätze erbeuteten, während ihre Segelschiffe "nur" mit Kabeljau, Holz und Biberfellen aus Amerika zurückkehrten.

John Cabot, ein Italiener in englischen Diensten, war nach den Wikingern der erste Europäer, der nordamerikanischen Boden betrat (1497). Er berichtete, der ungeheure Reichtum an Fischen vor der neufundländischen Küste erschwere die Navigation seiner Schiffe. Für den englischen König, Henry VII war dies zwar kein Anlaß, weitere teure Expeditionen zu finanzieren, die Botschaft blieb jedoch nicht ungehört. Jahr für Jahr machten sich daraufhin englische, schottische, baskische und portugiesische Fischer zum Kabeljaufang auf den weiten Weg über den Atlantik.

Mit dem Hissen der englischen Fahne auf Cape Breton/Nova Scotia hatte *John Cabot* diesen Teil Nordamerikas für die britische Krone in Besitz genommen. Einige Jahrzehnte später (1535) fand der Franzose **Jaques Cartier** mit dem St. Lawrence River den Schlüssel zum Inneren des Kontinents und legte damit den Grundstein für **New France**. Von seinen 3 Reisen brachte auch er im wesentlichen nur Enttäuschendes mit: Biberfelle, falsches Gold und Indianer, die den französischen König mit ihren Geschichten über ein sagenhaft reiches Land zu weiteren Investitionen reizen sollten. Obwohl er nur mit Hilfe der Indianer einen Winter überlebt hatte, zeigte er im Umgang mit ihnen wenig Skrupel. Er brach Abmachungen und erzählte – später allein zurückgekehrt nach Amerika – Lügen über den Verbleib seiner indianischen Begleiter.

Wie wir wissen, wurde damals weder der Seeweg nach China gefunden noch ein Land voller Gold und Edelsteine. Die Segler der Europäer kamen beim heutigen Montreal, der Irokesensiedlung *Hochalaga*, an den Stromschnellen des St Lawrence zum Stehen. Die von *Cartier* mit *"Lachine"* bezeichneten Schnellen – denn dahinter mußte wohl endgültig China liegen – werden heute gefahrlos und vollbeladen mit jauchzenden Touristen auf schnellen *Jet-Boats* überwunden.

Die Indianer wußten bereits vor Ankunft ihrer "Entdecker", wie man die Stromschnellen meistert. Sie überwanden sie mit ihren leichten, wendigen Kanus aus Birkenrinde aber keinesfalls zum Vergnügen – für sie war es eine Frage des Überlebens.

Der Franzose **Samuel de Champlain**, der 1603 seine erste Reise zum neuen Kontinent machte, und ein anderer wagemutiger junger Franzose, **Étienne Brûlé**, waren die ersten Europäer, die sich auf dieses Abenteuer einließen, um nicht als Feiglinge dazustehen.

Samuel de Champlain (1570-1635) ist der bedeutendste Erforscher der Region. Er baute den Pelzhandel erfolgreich aus und ging als Politiker und geschickter Taktiker daran, seinen Traum von einer großen, reichen französischen Kolonie zu verwirklichen. Er wußte, daß dies nicht ohne Hilfe der Indianer funktionieren konnte. Seine Begleiter und er wären kaum so weit ins Innere des Landes vorgedrungen, hätten sie nicht von ihnen gelernt, aus welchen Pflanzen sie Medizin gewinnen konnten, wie man sich mit Schneeschuhen fortbewegt, Nahrungsmittel konserviert und Tierfelle für den Bau von Hütten oder die Anfertigung von Kleidung nutzt. Die wichtigste Entdeckung waren jedoch – nicht nur zur Überwindung von Stromschnellen – die Kanus! Die Europäer lernten zu paddeln, und so gelangte *Champlain* bis an die Georgian Bay, an das "große Wasser", von dem die Indianer ihm erzählt hatten und von dem er glaubte, es sei der Pazifik.

In **Port Royal**/Nova Scotia, der ersten dauerhaften Siedlung (1605-1607) betrieb *Champlain* freundschaftlichen Handel mit den *Micmac*. Nach der Gründung der Stadt Québec (1608) stieß er auf eine weniger friedliche Situation. Seine Verbündeten und Handelspartner, die *Hurons* und *Montagnais*, mußten ungestört die westlichen Flüsse und Seen befahren können, um die Zufuhr an Pelzen und somit den Wohlstand der neuen Siedlung zu sichern. Das bedeutete Partei zu ergreifen, sich auf die Seite der Huronen zu schlagen und sich an deren Feinseligkeiten gegen die Irokesen zu beteiligen.

Coureurs de Bois und Voyageure

Champlains Traum von der prosperierenden Kolonie erfüllte sich nur zögernd. Viele der mit Landbesitz angelockten Franzosen zeigten kaum Neigung, sich in der Landwirtschaft abzurackern, wenn durch Pelzhandel viel mehr Geld zu machen war, weil sich betuchte Europäer Pelzmäntel und -jacken wie auch die breitkrempigen Biberfellmützen einiges kosten ließen. Daher gingen viele abenteuerlustige, junge Männer in die Wälder, um auf eigene Faust mit den Indianern zu handeln oder selbst zu jagen. Als **Coureurs de Bois** (Waldläufer) machten sie den inzwischen etablierten Handelskompanien Konkurrenz.

Auch auf den Wasserstraßen wurden die Indianer von jungen, kräftigen Europäern abgelöst. Von den Handelsgesellschaften bezahlt paddelten die sogenannten *Voyageurs* ungeheure Entfernungen, bevor sie in Montreal ihre kostbare Fracht den Segelschiffen nach Europa anvertrauen konnten.

Jesuiten

Eine andere Gruppe von Paddlern hatte hehrere Gedanken, als reich zu werden und Abenteuer zu erleben: die Jesuiten. Sie gingen eifrig daran, die Huronen von Moral und Glauben ihrer Verbündeten zu überzeugen, was durchaus schon mal am Marterpfahl enden konnte. Denn vor den feindlichen Irokesen waren sie nie sicher. Den Huronen bekam der Kontakt zu ihren Bekehrern ebenfalls nicht gut, wurden doch viele von ihnen durch neue, bis dato in Amerika unbekannte Krankheiten dahingerafft.

Nicht nur die Glaubensverbreitung ließ die Jesuiten paddeln. Der eine oder andere wurde auch von Forscherdrang gepackt. So gebührt der Verdienst, den Mississippi vom Norden her erforscht zu haben, einem Father *Marquette*.

Wie bekannt ging die Entdeckung und Erforschung des Kontinents für die Indianer übel aus, während sich für die zunächst zögerlichen Machthaber in Europa Kabeljau und Biberfelle, später auch Holz, als durchaus dauerhafte und lukrative Grundlage für die neugefundenen Kolonien erwiesen.

Frieden zu Utrecht Nachdem Frankreich schon im Frieden von Utrecht (1713) viele seiner amerikanischen Besitzungen an die Engländer abgeben mußte, wurde 1763 auch Québec zu einer **britischen Kolonie**. Die Franzosen hatten nun zwar jede Macht in Nordamerika verloren, im amerikanischen Unabhängigkeitskrieg waren sie den Engländern jedoch willkommene Bundesgenossen; als Gegenleistung wurde es der Bevölkerung Québecs – inzwischen 70.000 an der Zahl – erlaubt, ihre Sprache und Religion beizubehalten. Es kam den neuen Herren dabei zugute, daß die katholische Kirche – die weite Teile des öffentlichen Lebens in Québec fest im Griff hatte – strikt gegen die – erstens protestantische und zweitens demokratische – Revolution der Amerikaner war.

Je me souviens Das hieß nicht, daß Friede im Lande herrschte. Die Ressentiments gegen die englische Vorherrschaft liest man bis heute auf jedem Québecer Auto-Nummernschild: *Je me souviens* (ich erinnere mich). Obwohl sich die französische Landbevölkerung kräftig vermehrte – die sogenannte Rache der Wiege (*revenge of the cradle*) –, gab es Zeiten, in denen die große Zahl der englischsprachigen Einwanderer die Franzosen um ihre sprachliche und kulturelle Identität fürchten ließ.

Teilung

Administrative Maßnahmen, wie die **Teilung Québecs** (1791) in 2 Kolonien – das englischsprachige ***Upper Canada*** (heute Ontario) und das französische ***Lower Canada*** (heute Québec) – brachten nicht unbedingt Entspannung. Am industriellen Aufschwung Anfang des 19. Jahrhunderts, hatte die französische Bevölkerung kaum Anteil. Die katholische Kirche und die Großgrundbesitzer fürchteten einen Autoritätsverlust und warnten vor den Gefahren der schnell wachsenden Städte. So blieb die Industrie und der damit verbundene politische Einfluß den Engländern vorbehalten. Die resultierenden sozialen Spannungen führten 1837 zu einem ersten patriotischen **Aufstand**, den die Engländer jedoch schnell niederschlugen. Um weiteren Schwierigkeit vorzubeugen, wurden *Upper* und *Lower Canada* **1841** wieder zu einem **Kolonialgebiet** mit dem Namen ***Canada*** zusammengefaßt, in dem die Franzosen in der Minderheit waren, d.h., von den Engländern per Abstimmung majorisiert werden konnten.

Québec

Mit der Gründung des ***Dominion of Canada*** (1867), erhielt Québec den Status einer eigenen Provinz und das Recht, die französische Sprache und Kultur zu bewahren. In den folgenden neun Jahrzehnten isolierte sich Québec aber immer stärker vom Rest Canadas, insbesondere während der 20-jährigen Regierungszeit des von der Kirche getragenen, korrupten Premiers ***Maurice Duplessis*** (1940-59).

Jüngste Entwicklung

Erst in den 60er-Jahren gab es mit der Übernahme der Regierung durch die Liberale Partei eine Wende, die sogenannte ***Quiet Revolution***. Die Partei besaß keine vornehmlich separatistische Ausrichtung, wenn auch ihr Motto ***Masters in our own House*** darauf hindeuten könnte. Im Wesentlichen ging es ihr um soziale Veränderungen: so verlor z.B. erst kürzlich die Kirche die Kontrolle über Erziehung und soziale Einrichtungen. **Französisch** wurde als **offizielle Sprache** etabliert; französische Firmengründungen und Frankokanadier bei der Arbeitsplatzvergabe wurden bevorzugt. Separatistische Tendenzen fanden ihren radikalsten Ausdruck in der ***Front de Liberation du Quebéc***, die in den 70er-Jahren mit Kidnapping und Mord ihre Interessen durchzusetzen versuchte.

Separation Québecs von Canada

Bei einem ersten, 1980 von der separatistischen ***Parti Québécois*** abgehaltenen **Referendum** stimmte noch die große Mehrheit der Bevölkerung gegen eine Loslösung von Canada. Im September 1994 kam die Partei wieder an die Macht und bereitete umgehend das bereits erwartete, ebenfalls – wenn auch nur knapp – erfolglose Referendum des Jahres 1995 vor. Mit der Niederlage bei diesem (vorerst letzten Urnengang) dürfte der Separatismus in Québec aber noch lange nicht vom Tisch sein. Die politische Entwicklung im Jahr 1996 deutet bereits darauf hin, daß die nächste Abstimmung zur Separation noch vor dem Jahr 2000 stattfinden soll.

4.2 MONTRÉAL
(1 Mio. Einwohner; Metro: ca. 1,8 Mio)

4.2.1 Kennzeichnung

Bevölkerung

Montréal, die nach Paris **zweitgrößte französischsprachige Stadt** der Welt, wirbt mit *Savoir-vivre*. Nur jeder 10. Bewohner ist englischer, irischer oder schottischer Abstammung. Die Angelsachsen stellen zusammen mit anderen englischsprachigen Immigrantengruppen etwa ein Drittel der Bevölkerung und damit nur eine Minderheit. Englisch und Französisch sind dennoch – theoretisch – gleichgewichtig.

Wohnviertel

Die Franzosen wohnen vornehmlich im Osten der Metropole nordöstlich des Boulevard Saint Laurent, einer auch *The Main* genannten Ost-West-Straße. An der Rue St. Denis, der Ost-West-Achse #335 durch die Stadt, noch ein paar Blocks nördlicher ist die Atmosphäre fast wie in Paris. In den Bistros, Cafés und Restaurants läßt man sich Zeit und genießt das Leben bei gutem Essen und Rotwein.

Zwischen Blvd Saint Laurent und der Rue Guy bzw. der Nord-Süd-Achse Rue Sherbrooke und dem St. Lawrence River erstreckt sich das zentrale Montréal. Anders als viele andere Stadtzentren ist diese *Downtown* abends sehr lebendig.

Kulturelles

Nicht nur Ballett, Theater oder Konzerte, sondern auch zahlreiche **Festivals** machen Montréal zu einem internationalen Kulturzentrum: im Juli ein **Jazz-Festival**, im Juli/August ein **Fireworks Contest**, Ende August/Anfang September **Film-Festival** und Ende Juli *Just for Laughs*, ein **Festival des Humors** mit Gauklern und Komödianten (für alles jährlich leicht wechselnde Termine).

Die Stadt bietet eine Vielzahl von Attraktionen und Sehenswürdigkeiten, so daß man – auch bei Beschränkung auf die *Highlights* – für Montréal 2 Tage leicht füllen kann.

Historischer Umzug in der Old Town von Montréal

4.2.2   Geschichte

Gründung   Die Île Montréal liegt am Zusammenfluß von Ottawa und St. Lawrence River. Gewaltige Stromschnellen beendeten **1535** an dieser Stelle *Jaques Cartiers* Expedition. Erst *Champlain* errichtete **1611** einen **Trading Post** (↻ Seite 476) und erforschte dann über den Ottawa River das Innere des Kontinents. **1642** gilt als **Gründungsjahr**. *Sieur de Maisonneuve* und Mönche vom Orden *Saint-Sulpice* gründeten eine Mission. Wenn auch die Missionierung der Indianer nicht recht glücken wollte, machte die günstige Lage an zwei Wasserstraßen **Ville Marie**, wie sich Montréal zunächst nannte, zu einem Zentrum für den Pelz- und später auch den Holzhandel. Britische Immigranten, die nach dem **Sieg der Engländer** über die Franzosen (1763) zuwanderten, verwandelten Montréal endgültig in eine florierende **Handelsstadt**.

Wirtschaft   Einen erneuten wirtschaftlichen Schub brachte 1826 der Bau des **Lachine Canal**, der die Stromschnellen umging. Die Fertigstellung des **St. Lawrence Seaway** (1959), der es ozeangängigen Frachtern seither ermöglicht, vom Atlantik bis zum Superior Lake zu fahren, machte Montréal – 1.600 km vom Meer entfernt – zu einem der größten Binnenhäfen der Welt.

Prohibition   Montréal wurde zwischen 1920 und 1930 **Sin City**, Stadt der Sünde, genannt, da in Québec als einziger Region des Kontinents kein Alkoholverbot galt. Die Provinz versorgte in dieser Zeit Nordamerika mit Hochprozentigem und zog viele zwielichtige Gestalten vor allem nach Montréal. Anschaulich schildert der Québecer Schriftsteller *Mordecai Richler* in seinem Roman "Samuel Gorsky war hier" das Milieu.

Neuere Entwicklung   Nach diesem eher anrüchigen Zwischenspiel erfolgte in den 60er-Jahren Montréals "Durchbruch" zur Metropole, maßgeblich das Verdienst von *Jean Drapeau*, der – mit einer fünfjährigen Unterbrechung – ab 1954 für drei Jahrzehnte Montréals Bürgermeister war. Er holte 1967 die Weltausstellung **Expo** in die Stadt und 1976 die **Olympischen Spiele**. Montréal wurde bei dieser Gelegenheit modernisiert. Mit einem finanziellen Kraftakt entstanden *Underground Montréal*, der *Place Ville Marie* und die damals hypermoderne U-Bahn.

70er-Jahre   Vor allem die britische Minderheit in den wirtschaftlichen Schlüsselpositionen profitierte davon. Mit der sogenannten *Quiet Revolution* in den 70er-Jahren mußten die englischen Geschäftsleute jedoch unliebsame Veränderungen hinnehmen. Unter *René Lévesque* wurden strenge Sprachregelungen und Arbeitsbeschaffungsprogramme zugunsten der Frankokanadier beschlossen. Ca. 20% der englischsprachigen Bevölkerung (etwa 100.000 Menschen) verließen daraufhin die Stadt und nahmen ihr Kapital mit. Ihre Handelsgesellschaften, Banken und Firmen verlegten sie vornehmlich nach Toronto.

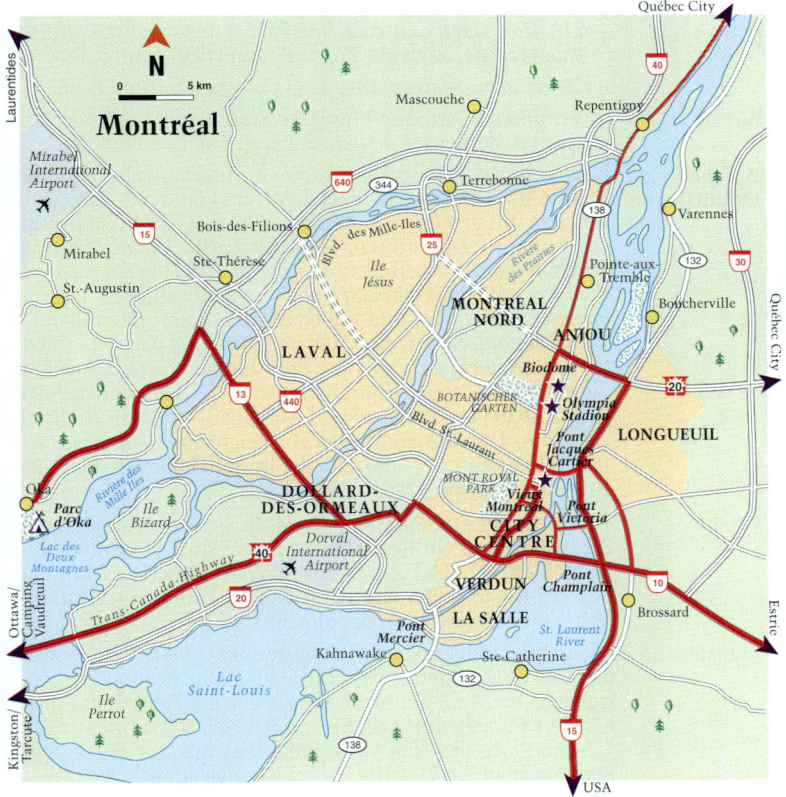

4.2.3 Transport, Verkehr und Information

Flughäfen

Montréal hat zwei Flughäfen: Der nationale ***Dorval Airport***, liegt 22 km westlich des Zentrums zwischen den Autobahnen #13/#20/#520. Der internationale ***Mirabel Airport*** befindet sich 55 km nordwestlich von *Downtown* an der *Autoroute des Laurentides* #15.

In die City

Ein mindestens stündlich verkehrender ***Airport Shuttle*** (*Aero Plus*, Fahrtzeit 50 min, $12) verbindet den ***Mirabel Airport*** mit dem Hotel *Queen/La Reine Elizabeth* Ecke René Lévesque Blvd/Rue Mansfield am Hauptbahnhof (*Gare Centrale*). Von dort pendelt auch der ***Connaisseur Shuttle*** zum *Dorval Airport* (alle 30 min bis Mitternacht, Fahrtzeit 30 min, $10). Beide Busse fahren weiter zum ***Terminus d'Autobus***.

Taxi	**Taxitarif** nach *Downtown*: von *Mirabel* $50, von *Dorval* $25
Bahn	– **VIA Rail Gare Centrale,** 935 Rue de la Gauchetiere/Place Bonaventure, auch die Züge aus den USA (Amtrak)
	- **CP-Windsor Station**, Rue de la Gauchetiere/Rue Peel.
Bus	– **Terminus d`Autobus/**Voyageur Station, der zentrale Busbahnhof, Boulevard de Maisonneuve Est/Rue Berri.

Zufahrt/ Orientierung

Montréal liegt auf einer knapp 50 km langen und bis zu 15 km breiten Insel im St. Lawrence River und ist durch zahlreiche Brücken mit den Ufern verbunden. Die touristisch interessanten Punkte – **Downtown, Quartier Latin, Vieux Montréal, Parc Olympique** – befinden sich alle in der Nähe des östlichen Flußufers. Wer aus den USA (über die Autobahn #15) kommt, erreicht *Downtown* und *Vieux Montréal* am besten über die **Pont Champlain**. Für das *Quartier Latin* und den *Parc Olympique* empfiehlt sich eher die **Pont Jaques Cartier**. Aus Südwesten (von Ontario) führen die parallel verlaufenden Autobahnen #20 (aus Toronto) und #40 (aus Ottawa) in Richtung Zentrum. **Downtown Montréal** erreicht man auf dieser Anfahrt am besten über die #20, die im Innenbereich zur **Autoroute Ville Marie #720** wird.

Parken

Wegen seiner großen *Shopping Malls* besitzt Montréal viele Parkplätze und Großgaragen im Zentrum. Für Campmobile empfehlen sich die Parkplätze am **Vieux Port** (Old Montréal) und am **Botanischen Garten**; in beiden Fällen bestehen gute Metro-Verbindungen in die Innenstadt.

Transport

Montréal verfügt über ein sehr gutes Bus- und U-Bahnsystem, die **Metro.** Die *Metro* verkehrt 5.30–1 Uhr nachts. Die Zugfrequenz beträgt 3-7 min. Es gilt ein von der Fahrstrecke unabhängiger Einheitstarif von $1,85 für beide Verkehrsmittel, 6-Fahrten-Karte $8. Fürs Umsteigen vom Bus auf die U-Bahn benötigt man ein *Transfer Ticket* (im Bus erhältlich).

Info Büros

Das *Montréal Convention and Tourism Bureau* unterhält ein **Centre Infotouriste** in **Downtown** am Dorchester Square zwischen Peel und Metcalfe St und ein Büro in **Vieux Montréal** am Place Jacques Cartier, Notre Dame St East. Infos unter ℂ (514) 873-2015 und tollfree ℂ (800) 363 7777.

Alt und neu in Downtown Montréal

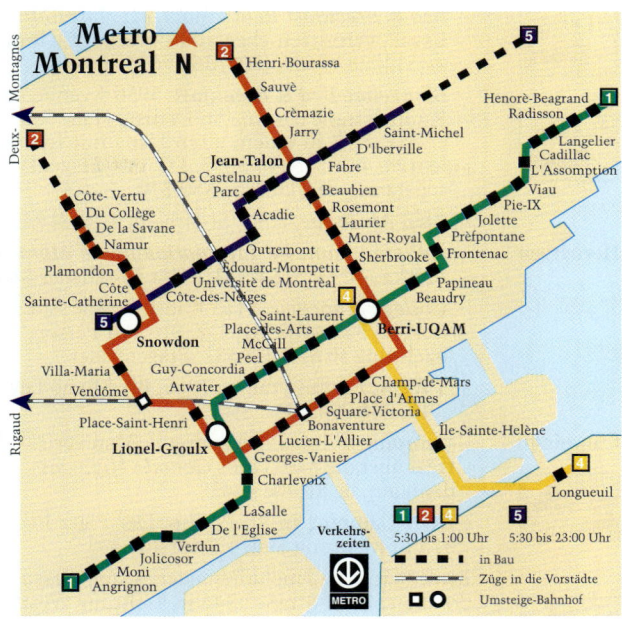

4.2.4 Unterkunft und Camping

Hotels/Motels

Eine zentrale Hotelreservierung für ganz Québec läuft unter
℃ (800) 665-1528; innerhalb Montréals unter ℃ 393-1528

– **St. Denis**; 1254 rue St. Denis; einfaches, angenehmes Hotel
in guter Lage, ℃ (514) 849-4526, Fax (514) 849-4529; ab $50

– **Le Jardin d' Antoine**, 2024 St. Denis; ℃ (515) 843-4506; $70

– **Comfort Suites**, 1214 Rue Crescent; ℃ (514) 878-2711; ab $90

– **Hotel du Fort,** 1390 rue du Fort, einfaches aber gutes Hotel
in *Downtown*, ℃ (514) 938-8333, ℃(800) 565 6333, ab $90

– **Econolodge**, 4645 Metropolitain East, etwas außerhalb von
Downtown beim *Parc Olympique,* gute Parkmöglichkeiten,
℃ (514) 725 3671, ℃ (800) 553 2666

Bed & Breakfast

Montréal ist die ideale **Bed & Breakfast**-Stadt. Empfehlenswert ist, im *Quartier Latin* zu wohnen. Alle wesentlichen Sehenswürdigkeiten sind von dort aus gut zu Fuß bzw. mit der U-Bahn zu erreichen.

– **B & B Downtown Network**, 3458 Avenue Laval, & (514)
289-9749, ℃ (800) 267-5180, vermittelt hauptsächlich Zimmer im *Quartier Latin*; ab $50.

– ***Bed & Breakfast Relais Montréal Hospitalité***, 3977 Avenue Laval , vermittelt ebenfalls Unterkünfte im *Quartier Latin* ✆ (514) 287 9635, (800) 363 9635, ab $50

– ***Bienvenue Bed & Breakfas***t, 3950 Avenue Laval, westliche Parallelstraße der Rue St. Denise, Höhe Rue Duluth. Einfaches *B & B* in einem alten Haus mit freundlichen Wirtsleuten; ✆ (514) 844-5897; DZ mit Etagenbad $40-$65, mit separatem Bad/Dusche $50-$70

– ***B&B Alacoque,*** 2091, St-Urbain, ✆ (514) 842 0938, $50-$75

Herbergen

– ***Auberge Jeunesse Internationale de Montréal***, 1030 Rue Mackay; ✆ (515) 843-3317; für Mitglieder $16, sonst $18

– ***College Francaise***, 5155 Rue de Gaspé (U-Bahnstation Laurier); ✆ 514-4952581; DZ $16 pro Person, Schlafsaalübernachtung ab $12, EZ $32, Etagenbäder

– **YWCA,** nur für Frauen, 1355, Blvd René Lévesque West, ✆ (515) 886 9941, DZ $50

Camping

– ***Camping d'Aoust*** in Vaudreuil. Man verläßt die Insel Montréal über die #40 (*Trans Canada Highway*). Bei Abfahrt #26 dann auf die Straße #342

– **KOA-Camping** in St. Phillip. Der Platz liegt direkt an der #15 in Richtung Süden, Ausfahrt #38

Beide Plätze sind nicht besonders schön. Besser, aber sehr weit draußen an der Straße #344 in Richtung Westen liegt der

– ***Parc d`Oka*** (Provinzpark) auf einem riesigen Gelände am St. Lawrence mit Strand und Kanuverleih beim Städtchen Oka.

4.2.5 Stadtbesichtigung

Downtown Montréal

Begrenzt wird *Downtown* im Norden vom Blvd St. Laurent, im Süden von der Rue Guy, im Westen vom *Mont Royal*, dem Stadtpark Montréals, und im Osten vom Blvd René Lévesque. Der Focus der Innenstadt liegt rund um den Place Ville-Marie am östlichen Ende der Ave McGill College.

Underground City

Die Gestaltung des heute von Hochhäusern umgebenen **Place Ville Marie** war in den 60er-Jahren Montreals erstes großangelegtes *Facelifting*. Dort wurde auch mit dem Bau der **Underground City** begonnen, die mittlerweile ein unterirdisches Netz von 29 km Fußgängerstraßen umfaßt. In ihnen befinden sich schier endlose Ladenzeilen, Kaufhäuser und Restaurants sowie die Zugänge zu Bahnhöfen, Theatern, Kinos und zur *McGill-University*. Während der kalten Wintermonate – in Montréal sind minus 30°C keine Seltenheit – ist das unterirdische Labyrinth ein wettergeschützter Tummel- und Bummelplatz. Verbunden mit der *Underground City* sind auch

Untergrund

zahlreiche Bürohochhäuser der Innenstadt und die *Shopping Malls* und Kaufhäuser in der **Haupteinkaufsstraße Rue Ste. Catherine**, etwa das mehrstöckige *Eaton Centre*, daneben der *Eaton Department Store*, der *Place Montréal Trust* und *The Bay*. Durch sie gelangt man ebenso wie über die Metrostationen *Bonaventure*, *McGill* oder *Peel* in die "Unterwelt".

Eingang der Christ Church

Wegen ihrer gotisch inspirierten Gestaltung wirkt dort die Passage **Les Promenades de la Cathédrale**, der Einkaufsbereich unter der neugotischen **Christ Church**, besonders eindrucksvoll (direkter Einstieg am besten von der Union Ave zwischen Rue St. Catherine und Maisonneuve). Um ihre Kasse aufzubessern, hatte die Gemeinde einst das die Kirche umgebende Land verkauft. Überirdisch entstand u.a. ein postmodernes rosafarbenes Bürogebäude, dessen Fenster und Türen ebenfalls gotische Spitzbögen aufweisen. Die Spiegelung der alten Kirche (von 1859) im neuen Glaspalast ist sehenswert.

Ave McGill College

Einen Block weiter westlich kreuzt die Rue St. Catherine die McGill College. An dieser breiten Avenue stehen viele der in den 80er-Jahren entstandenen Glaspaläste wie z.B. das **Bank Laurentian Building** mit der umstrittenen Plastik *The Illuminated Crowd* davor. Am westlichen Ende der Ave McGill College liegt die **McGill University**. Die verwinkelt-nostalgischen Gebäude dieser Universität wirken typisch britisch und in der modernen City fast wie ein Fremdkörper.

Rue Sherbrooke

Die **Rue Sherbrooke**, eine der Hauptverkehrsadern Montréals, wird im Abschnitt zwischen der Universität und Rue Guy wegen ihrer eleganten Geschäfte gern die **5th Avenue** von Montréal genannt. Dort liegt auch das **Hotel Ritz Carlton** (Ecke Rue Drummond), in dem einst *Liz Taylor* und *Richard Burton* ihre x-ten Flitterwochen verlebten, zwei Blocks weiter das **Museum of Fine Arts** (⇨ Seite 494).

Einkauf/ Bummel

Die Parallelstraßen südlich der Avenue McGill College (Stanley, Drummond, de la Montagne, Crescent, Bishop) eignen sich besonders zwischen der Rue Ste. Catherine und Sherbrooke hervorragend für einen gemütlichen Bummel: Sie sind voller Galerien, Antiquitätenläden, Restaurants und Cafés.

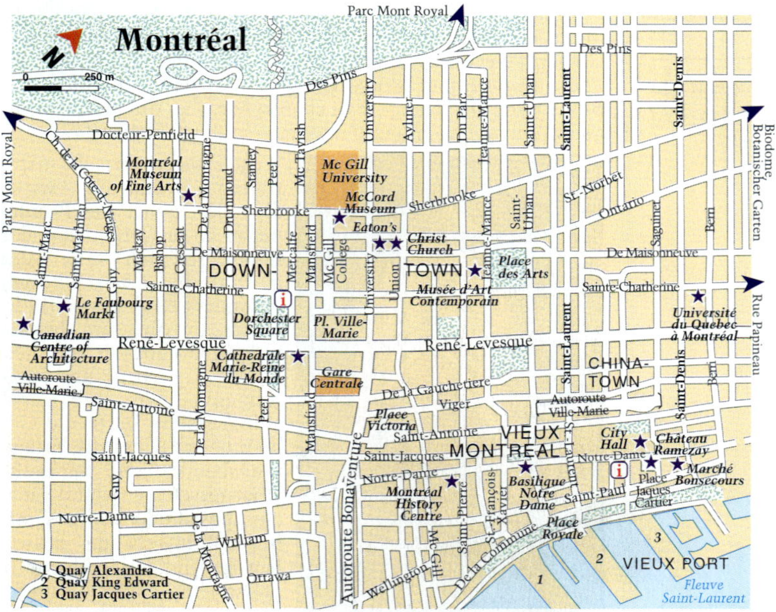

Montréal

Parc Mont Royal

0 ___ 250 m

Des Pins

Docteur-Penfield

Montréal Museum of Fine Arts

Mc Gill University

McCord Museum

Sherbrooke

Sherbrooke

Eaton's

★★ *Christ Church*

DOWN- TOWN ★

Place des Arts

De Maisonneuve

Sainte-Chatherine

Musée d'Art Contemporain

★ *Le Faubourg Markt*

Dorchester Square

Pl. Ville-Marie

★ *Canadian Centre of Architecture*

René-Levesque

René-Levesque

Universite du Québec à Montréal ★

Autoroute Ville-Marie

Cathédrale Marie-Reine du Monde ★

Gare Centrale

CHINA-TOWN

Saint-Antoine

De La Gauchetiere

Viger

Autoroute Ville-Marie

Place Victoria

Saint-Antoine

VIEUX MONTREAL

City Hall ★ *Château Ramezay*

Saint-Jacques

Saint-Jacques

Notre-Dame

★ *Marché Bonsecours*

Notre-Dame

Basilique Notre-Dame

Saint-Paul

Place Jacques Cartier

Montreal History Centre

Place Royale

William

VIEUX PORT

Ottawa

Wellington

1 Quay Alexandra
2 Quay King Edward
3 Quay Jacques Cartier

Fleuve Saint-Laurent

Parc Mont Royal

Biodôme, Botanischer Garten

Rue Papineau

Dorchester Square

Busse und **Pferdekutschen** für eine Stadtrundfahrt warten am westlichen Ende des Dorchester Square (zwischen Rue Peel und Metcalfe unterhalb der Rue Ste-Catherine). Dort befindet sich ebenfalls zentrale **Centre Infotouriste**. Am selben Platz fällt auch das **Sun Life Building** aus dem Jahr 1914 auf, über 25 Jahre das größte Gebäude des britischen Empire.

Gare Central

An den Place Ville Marie schließt östlich der **Gare Central** an, der Hauptbahnhof Montreals, in dem kürzlich die **Halles de la Gare** eröffnet wurden, ein ungewohnt stimmungsvoll gestalteter **Food Court** mit Leckereien aus aller Welt.

"Petersdom"

Unweit des *Gare Centrale* steht an der Ecke René Lévesque/ Mansfield die vertraut erscheinende **Cathedrale Marie-Reine du Monde**. Es handelt sich um einen auf ein Drittel des Originals verkleinerter Nachbau des Petersdoms von Rom.

Mont Royal

Auf und um den – für die Stadt namensgebenden – *Mont Royal*, einem 225 m hohen erloschenen Vulkan, der *Downtown* nach Westen begrenzt, liegt **der größte Park Montréals**, der einst vom selben berühmten Parkdesigner **Olmsted** angelegt wurde, der auch New Yorks *Central Park* geschaffen hat. Auf der Höhe befinden sich große Parkplätze, die man von der Innenstadt aus am besten über den zunächst weit nach Südwesten ausholenden Chemin de la Cote des Neiges (an ausgedehnten, sehenswerten Friedhöfen vorbei) oder die nordwestliche Avenue du Parc ansteuert (ab Rue Sherbrooke oder Ave de Pins, dann der Ausschilderung folgen).

Wer gut zu Fuß ist, nimmt den **Treppenzug** hinauf zum *Grand Chalet* und weiter zum nachts illuminierten Gipfelkreuz. Der Fußweg beginnt an der Ave de Pins auf Höhe der Rue Peel. Von der **Aussichtsplattform** vor dem *Chalet*, das als Snackbar dient, genießt man einen weiten Blick über Montréals *Downtown* und den St. Lorenz-Strom, bei gutem Wetter bis hinüber zu den *Adirondack Mountains* in den USA.

L'Oratoire
Saint-Joseph

Mit einer südwestlichen Anfahrt (Chemin de la Cote des Neiges) auf den *Mont Royal* läßt sich der Besuch des **L'Oratoire Saint-Joseph** am Chemin de la Reine Marie verbinden. Die riesige Basilika wurde auf Anregung eines Mönchs errichtet, der sich durch Wunderheilkräfte einen Namen gemacht hatte. Ein beliebtes Besucherziel ist wegen seiner Skulpturen der hinter dem Oratorium gelegene Kreuzweg.

Boulevard
St. Laurent

Der Boulevard St. Laurent (*The Main*) gilt als Trennlinie zwischen *Downtown* und dem sogenannten *Quartier Latin* bzw. zwischen dem englischen Südwesten und dem französischen Nordosten der Stadt. Ein Bummel auf diesem Boulevard entspricht einer kleinen kulturellen "Weltreise":

– In Nachbarschaft zur *Autoroute Ville Marie* (#720) liegt die **Chinatown**. Ihre Lebensader ist die Fußgängerstraße Rue Gauchetière zwischen der St. Urbain und Rue Clark.

– Folgt man dem Blvd St. Laurent weiter nach Westen, reihen sich Geschäfte und Restaurants unterschiedlichster Provenienz aneinander. Von den ersten Immigranten – jüdischen Kaufleuten, die sich zwischen 1900 und 1930 dort ansiedelten – ist wenig geblieben. Gehalten haben sich ein paar **jüdische Restaurants** (wie z.B. das *Moishe`s*) und einige koschere Delis und Schlachter, u.a. *Schwarz-Delikatessen*, dessen Rauchfleisch-Sandwiches (*Montréal Style Sandwich*) sich besonderer Beliebtheit erfreuen.

– Westlich der Rue Sherbrooke stößt man auf die **Rue Prince-Arthur**, eine Fußgängerstraße in einer griechisch geprägten Gegend. Im Sommer treten dort viele Straßenmusikanten auf, und die Restaurants bleiben länger geöffnet. In manchen Lokalen weist das Schild *B.Y.O.B* (*Bring your own Bottle*) darauf hin, daß Wein oder Bier selber mitbringen muß/darf, wer zum Essen Alkoholika trinken möchte.

– An der **Avenue Laurier**, 1 km weiter, trifft man die Bewohner des angrenzenden Edelviertels *Outremont*.

– Noch weiter westlich, auf Höhe der **Rue Maguire**, wechselt das Straßenbild: *New Age*, *New Wave* und avantgardistische Clubs wie das *Café LUX* sind dort "in".

Quartier Latin

– Nach fast 2 km Langeweile wird der Boulevard St. Laurent erst im Kreuzungsbereich mit der **Rue Jean Talon** wieder lebendiger. Dort lebten früher vor allem Italiener, aber der große Markt verrät, daß sich dort inzwischen auch Algerier, Griechen und Portugiesen niedergelassen haben.

Die zum Boulevard St. Laurent (im Norden) parallel verlaufende Rue St. Denis ist **die** Geschäfts- und Restaurantstraße des französischen Montréal. Die *Université du Québec à Montréal (UQAM)* an der Kreuzung Rue Ste. Catherine/St. Denis bestimmt das Leben in den angrenzenden Straßen. Entlang der Rue Ste. Catherine bis zur Rue Papineau hat sich in den letzten Jahren ein einst heruntergekommenes Viertel der kleine *Gay District* entwickelt.

Westlich der Rue Sherbrooke findet man entlang der Rue St. Denis und in den Seitenstraßen französisches Ambiente pur. Dort dominieren schicke Geschäfte, Straßencafés und teure Restaurants. Die ruhigen **Wohnstraßen** beidseitig der Rue St. Denis voller typisch Montréaler Häuser mit geschwungenen gußeisernen Treppen und der **Square Saint Louis** sind beliebte Wohngebiete frankophoner Intellektueller und Künstler. Am Abend geht es vorzugsweise in die Rue Duluth zum Vietnamesen, Thai oder Griechen (*B.Y.O.B.*, siehe oben).

Vieux Montréal und Vieux Port

Geschichte

Durch die schmalen Gassen von *Vieux Montréal* und *Vieux Port* nordöstlich von *Downtown* am St- Lorenz-Strom schieben sich jährlich Hunderttausende von Touristen. Der 350 Jahre alte **Gründungsdistrikt** war früher von einer Stadtmauer umgeben. Als jedoch nach der Eroberung der Stadt durch die Engländer der bereits eingangs beschriebene wirtschaftliche Aufschwung einsetzte, platzte *Vieux Montréal* aus allen Nähten, und die Mauer mußte der Expansion weichen. Die repräsentativen Gebäude um die Plätze Jacques Cartier, d'Armes und Royale reflektieren die Prosperität des Handelszentrums Montréal zu Beginn des 19. Jahrhunderts.

Nach dem 2. Weltkrieg verlagerte sich das Zentrum der Stadt nach Südwesten und neue Hafenanlagen entstanden weiter südlich. Als dann noch die *Autoroute Ville Marie* durch die Stadt geschlagen wurde und als häßliche Betonbarriere den alten vom neuen Stadtkern trennte, verfiel *Vieux Montréal* zunächst. Aber in den 60er-Jahren wurde das Gebiet zum

Historic District erklärt; in den mittlerweile restaurierten Gebäuden entwickelte sich bald das "neue" *Vieux Montréal*. Museen, Designer- und Souvenirshops, Architekturbüros, Anwalts-Kanzleien und als *Nouvelle-Cuisine-Restaurants* deklarierte Touristenlokale prägen heute das Bild des Viertels. Die alten Piers wurden zu Freizeitanlagen umgestaltet.

Blick auf Vieux Montreal und die City vom Old Port aus

Information

Vor einem Bummel durch *Vieux Montréal* besucht am besten erst einmal das ***Centre Infotouriste*** am westlichen Ende des Place Jacques Cartier, wer sich Downtown noch nicht entsprechend eingedeckt hat. Neben den üblichen Unterlagen gibt es eine gut ausgearbeitete ***Walking Tour*-Karte**.

Place Jacques Cartier

Mitten auf den langgestreckten Place Jacques Cartier setzten die Engländer einst zur Erinnerung an die siegreiche Schlacht über die französisch-spanische Flotte bei Trafalgar ausgerechnet eine Statue ihres Admirals Lord Nelson. Und dort steht das Denkmal immer noch, obwohl es frankophonen Montréalern seit eh und je ein Dorn im Auge ist. Bei viel Betrieb auf dem Platz wird manchem Besucher vor lauter Jongleuren, Portrait-Malern, Pantomimen und Feuerschluckern der englische Seelord jedoch kaum auffallen.

Bon Secours

Vom Place Jacques Cartier könnte man zunächst einmal in der Rue Saint Paul nach Norden gehen. Dabei passiert man den zur 350-Jahr-Feier Montréals (1992) renovierten ***Marché Bonsecours***. Der um 1850 entstandene Bau hat schon als Rathaus, Konzertsaal oder Markthalle gedient; heute finden dort wechselnde Ausstellungen statt. Neben dem Marché steht die ***Chapelle de Notre-Dame-de-Bon-Secours*** (1673), eine Seefahrer-Kirche, in der sich viele von Schiffbrüchigen gestiftete Schiffsmodelle besichtigen lassen.

Rue Notre Dame

An der Rue Notre Dame steht die heutige **City Hall** (1878) im *Beaux-Artes*-Stil. Von ihrem Balkon aus hatte 1967 Charles de Gaulle den Separatismus der Quebecer mit dem Kampfruf: ***Vive le Québec libre!*** neu entzündet.

Museum	Dem Rathaus gegenüber liegt das ***Chateau Ramezay***. Dieser kleine **Stadtpalast** in klassischer Form wurde 1705 errichtet und diente den Gouverneuren von Montréal, zuerst einem *Claude de Ramezay*, als Regierungssitz. Im heute darin untergebrachten **Museum** sind Ausstellungsstücke aus den Tagen von *New France*, aus dem 18. Jahrhundert, zu sehen. Geöffnet im Sommer täglich 10-18 Uhr; Eintritt $5.
Basilika	Folgt man der Rue Notre Dame nun in südliche Richtung, stößt man auf die neugotische ***Basilique Notre Dame*** am Place d`Armes. Zum Zeitpunkt ihrer Errichtung (1829) war die Basilika das größte Kirchengebäude Nordamerikas. Vor allem ihr pompöse Innengestaltung zieht viele Besucher an.
	Daneben befindet sich Montréals ältestes Haus, das ***Vieux Séminaire de Saint Sulpice***, ein Priesterseminar von 1685, und gegenüber der Kirche auf dem Place d'Armes das neoklassizistische Gebäude der ***Banque de Montréal***. Sie war eine Gründung von zu Reichtum gekommene schottischen Emigranten, den ***Cesars of the Wilderness***, wie man sie damals nannte. In der Platzmitte steht die Statue des Stadtgründers ***Sieur de Maisonneuve***.
Place d'Youville	Geht man durch die Rue St. Francois Xavier oder St. Pierre in Richtung Hafen, gelangt man auf den Place d`Youville, einen langen, schmalen Platz auf einem zugeschütteten Flußlauf. Die frühere Feuerwache beherbergt das ***Centre d` Histoire de Montréal***. Noch mehr über die Geschichte Montréals ist im neuen ***Musée d`Archéologie et d`Histoire de Montréal*** zu erfahren, einem architektonisch beeindruckenden Gebäudekomplex an der Ecke des Place Royale. Im Juli/August Di–So 10–20 Uhr, sonst 10–17 Uhr; Eintritt $6.
Rue St. Paul	Über die Rue Saint Paul erreicht man wieder den Ausgangspunkt des Rundgangs, den Place Jacques Cartier.
	Für technisch Interessierte lohnt sich ein Stop im ***Images du Future***, 85 Rue Saint Paul, Ecke Rue Saint Sulpice. Dort sind futuristische Kunstwerke wie Hologramme, Lasergraphiken, Neonphantasien und Computermalerei ausgestellt; täglich 10–22 Uhr, Eintritt $11. Der Ausstellung ist das ***Café Electronique***, ein Internet-Cafe angeschlossen, 8–24 Uhr.
Vieux Port 	An der Hafenzeile wurden die ehemaligen Kaianlagen zum **Old** oder **Vieux Port** umgestaltet, einer parkartigen, von Old Montreal durch die Rue de la Commune getrennten, für manchen Geschmack sicher zu stark kommerzialisierten Freizeitzone. Dort finden vor allem im Sommer Ausstellungen und Musikfestivals statt. Wer Lust hat, kann Fahrräder und *Roller Skater* mieten, den *Clock Tower* besteigen, den Flohmarkt und – auf dem ***Quai King Edward*** – das IMAX-Kino besuchen. Alle **Bootstouren** auf dem St. Lawrence River starten an den Piers im Old Port:

Bootstrips

– Das *Le Bateau-Mouche* fährt vom **Quai Jacques Cartier** in 90 min. an der City-Skyline entlang und rund um die Fluß-inseln herum; 10 Uhr, 12Uhr, 16 Uhr; $18. Im Sommer um 19 Uhr geht es auf einer *Dinner Cruise* für $55/Person inkl. 4-Gang-Menü. An selber Stelle legt das **Jet-Boat** *St. Laurent* ab und schafft den Trip in 30 min; $18.

– Ab dem **Quai l'Horloge** "bezwingt" die *Saute Mouton*s die **Lachine-Stromschnellen**, die einst *Jacques Cartier* den Weg versperrten, und nach wie vor bis zu 3 m hohe Wellen erzeugen. Abfahrt im Sommer alle 2 Std. 10–18 Uhr; $48 für 90 min., Jugendliche $38, Kinder 6-12 Jahre $28.

– Gemütlicher geht es bei den **Croisieres du Port de Montréal** zu, Hafenrundfahrten um 12 Uhr und 14.30 Uhr; $18.

– Ein *Hoovercraft,* der **Amphi Bus**, startet unter ohrenbetäu-bendem Lärm an Land (Ende Blvd St. Laurent) und setzt den Trip auf dem Wasser fort. Stündlich 10–24 Uhr; $18.

Centre de Commerce

Vieux Montréal wird im Süden (Place Victoria) begrenzt von einem modernen, langgezogenen Bauwerk, dem Kongress- und Shoppingzentrum **Centre de Commerce Mondial** *(Montréal World Trade Centre)*, in das die Fassaden von sechs alten Häusern integriert sind.

Eingang zu einem Restaurant in Vieux Montréal

Île Sainte-Hélène und Île Notre-Dame

Zufahrt

Die beiden Inseln **Île Sainte Hélène** und **Île Notre Dame** liegen mitten im St. Lorenz Strom. Sainte Hélène ist am besten über die *Pont Jacques Cartier* (Straße #134/Ave Papineau) und mit der Metro zu erreichen, die Île Notre Dame über die *Pont de la Concorde* (Ave Pierre du Puy/*Autoroute Bonaventure* #10) oder über die *Pont Victoria*. Die *Pont de la Concorde* führt über die Südspitze von Sainte Hélène und verbindet beide Inseln. Im Sommer gibt es einen Bootsservice ab *Vieux Port*.

Île Sainte Hélène

Auf der Île Sainte Hélène befinden sich neben Parkanlagen mit Picknickplätzen, *La Biosphère*, der ehemalige USA-Pavillon der Weltausstellung 1967, **The old Fort** mit dem David M. Stewart Museum (für Militaria) und der größte **Amusementpark** der Provinz, **La Ronde**. Er ist Ende Mai bis Anfang September täglich ab 11 Uhr bis spät abends geöffnet; Mi und Sa bis Ende Juli Feuerwerk um 22 Uhr. Parken $8, Eintritt ohne *Rides* $10, mit *Rides* $19, Kinder unter 12 Jahren $9.

Im Inneren von **La Biosphère**, einer runden, silbrig glänzenden Stahl- und Acrylkonstruktion wird das Ökosystem des St. Lorenz und die Bedeutung des Wassers für unser Leben demonstriert. Aufschlußreich ist der *Connection Room*, wo Möglichkeiten zur ökologischen Bewahrung bzw. Erneuerung des *Fleuve St. Laurent* gezeigt werden. Wechselnde Öffnungszeiten, Information unter ✆ (514) 283-5000; Eintritt $7.

Île Notre Dame

Auf der Île Notre-Dame befinden sich der **Parc Floral**, eine von Kanälen durchzogenen Gartenanlage mit **Bootsverleih** auf der olympische Ruder-Rennstrecke (*Basin Olympique*) von 1976 und vor allem des *Casino de Montréal*.

Casino de Montréal

Im französischen Pavillon der *Expo 1967* befindet sich heute ein **Spielkasino**. Die Lage auf einer Freizeitinsel für die ganze Familie ist Programm, Glücksspiel keine Sünde mehr. Die Glaskonstruktion erlaubt Blicke hinein und hinaus auf die *Skyline* der Stadt. Der *Dress Code* schreibt vor: keine Jeans, keine T-Shirts, keine Turnschuhe. Täglich geöffnet 11–3 Uhr nachts, kein Eintritt. *Shuttleservice* vom Parkplatz.

Parc Olympique

Der *Parc Olympique*, mit dem **Biodôme** und dem **Olympiastadion** sowie dem **Botanischen Garten** ist ein beliebtes Touristenziel und mit der U-Bahn bequem zu erreichen (Station *Pie-IX*). Wer mit dem Auto aus der Innenstadt kommt (Rue Sherbrooke in nördliche Richtung), wählt am besten den **Parkplatz** des Botanischen Gartens am *Insectarium*. Von dort verkehrt ein kostenloser *Shuttle Bus* zum *Biodôme*. Am Eingang des Botanischen Gartens sollte man ggf. gleich das **Kombi-Ticket** für diesen und den *Biodôme* kaufen ($13), wo oft lange Schlangen vor der Kasse warten.

Botanischer Garten

Im riesigen *Jardín Botanique* gibt es zahlreiche Gewächshäuser, japanische und chinesische Gärten. Eine perfekt gemachte Ausstellung im *Insectarium* über die Welt der Insekten legt die Revision manchen Vorurteils nahe. Im *Arboretum* erfährt man von der Vielfalt der Ahornarten nicht nur in Canada und im *Maison de l'Arbre* (*Tree House*) von der Bedeutung der Bäume bzw. des Holzes für Ökosystem und Wirtschaft. Im Sommer 9–20 Uhr, sonst bis 18 Uhr; Eintritt im Sommer $9, Kinder/Jugendliche $4,50.

Biodôme

Unter dem Begriff *Biodôme* verbirgt sich ein *Museum of Nature and Environment* im Gebäudekomplex der ehemaligen olympischen Radrennbahn, dem *Velodrôme*. Dort wurden vier Ökosysteme untergebracht: tropischer Regenwald, Antarktis, St. Lawrence River Region und *Laurentian Forest* – letztere die Umgebung Montréals. Im "Waldgebiet" laufen – dank moderner Simulationstechnik – kontinuierlich die Jahreszeiten im Zeitraffer ab. Biologen beantworten Fragen. Das Ganze ist ausgesprochen sehenswert. Im Sommer täglich 9–20 Uhr; Eintritt $9,50; Kinder und Jugendliche die Hälfte.

Olympiastadion

Das Olympiastadion verfügt über einen weltweit einmaligen Mechanismus fürs Öffnen und Schließen des Daches mit Hilfe eines 168 m hohen, nach vorn geneigten Turms. Zur Eröffnung der Spiele 1976 war er aber nicht fertig geworden und funktionierte erst Jahre später – wenngleich nicht ganz so wie vorgesehen. Aus Sicherheitsgründen darf das Stadiondach nur geöffnet oder geschlossen werden, wenn sich niemand im Inneren aufhält. Eine *Cable Car* befördert Besucher auf eine Aussichtsplattform des *Olympic Tower*, von wo man ganz Montréal und Umgebung überblickt. Im Sommer täglich 10–21 Uhr; Eintritt $8, Kinder und Jugendliche $6.

Weit ausladender Turm des Olympiastadions

Museen

In Montréal gibt es neben den bereits beschriebenen zahlreiche weitere Museen. Im folgenden die wichtigsten:

Kunst-museum

Das ***Musée des Beaux Arts*** *(Museum of Fine Arts)* liegt in *Downtown* Montréal an der Sherbrooke, Ecke Rue Crescent. 1860 eröffnet, ist es Canadas ältestes Kunstmuseum mit einem 1991 errichteten Erweiterungsbau *(Moshe Safdie)*. Vor allem kanadische Kunst, Werke bekannter Europäer – *Rembrandt, Greco, Picasso u.a.* sowie wechselnde Ausstellungen, Di–So 11–18 Uhr, Mi bis 21 Uhr; Eintritt $6, Jugendliche $3, Kinder unter 12 Jahren frei.

McCord

Das in einer alten Villa in der 690 Rue Sherbrooke (gegenüber der *McGill University)* untergebrachte **McCord Museum of Canadian History** stellt Geschichte aus einem sehr persönlichen Blickwinkel dar. Sehr gut ist die ***First Nations Gallery*** mit einer Ausstellung indianischer Gegenstände. Di–So 10–17 Uhr, Do bis 19; $7, Jugendliche $3, Kinder unter 13 frei.

Place des Arts

Das ***Musée d'Art Contemporain de Montréal***, 185 Rue Ste. Catherine West/Rue Jeanne Mance, ist seit 1992 integriert in den aufwendigen ***Place des Arts***, ein großes **Kulturzentrum** für Theater und Konzerte. Es beherbergt fast 5000 moderne Werke kanadischer (hauptsächlich aus Québec stammender) und internationaler Maler. Di– So 11–18 Uhr, Mi bis 21 Uhr; Eintritt $8, Jugendliche $5, Kinder unter 12 Jahren frei.

Design-museum

Das ***Musée des Arts Décoratives*** *(Montréal Museum of Decorative Arts)*, ein Design-Museum für Möbel, Geschirr, Keramik, Glas befindet sich an der Ecke Rue Sherbrooke/Pie IX. Blvd nahe dem Olympiastadion. Fr–So 11–17 Uhr, Eintritt $3.

Architektur-museum

Für das ***Canadian Centre for Architecture*** in der 1920 Rue Baile dienten klassizistische Fassaden von *Vieux Montréal* als Vorbild. Seine umfassende Bibliothek und der Buchladen sind eine Fundgrube für Architekten und Architekturstudenten. In wechselnden Ausstellungen werden Spezialthemen behandelt. Di–So 11–18, Do bis 20, Eintritt $5.

Kupferdach des Hotel de Ville (Rathaus)

4.2.6 **Montreals Umgebung**

Unweit Montréal liegen mit dem *Estrie* und den *Laurentides* sommers wie winters populäre Naherholungsgebiete:

Die Laurentides

Kennzeichnung

Der Begriff *Laurentides* steht eigentlich für den gesamten Gebirgszug, der sich über Hunderte von Kilometern nördlich des St. Lawrence River erstreckt. Die Einwohner Montréals aber bezeichnen damit in erster Linie "ihre" Freizeitregion zwischen St. Saveur und Ste. Agathe des Monts und darüberhinaus, die man in einer guten Stunde Fahrt auf der Autobahn #15 oder auf der Schnellstraße #117 erreicht.

Lange Zeit waren die *Laurentides* eine benachteiligte Region. Doch seit den 20er-Jahren, als das Skilaufen immer beliebter wurde, hat sich das geändert. Die Berge sind zwar nur bis zu 950 m hoch, aber steil und über Monate absolut schneesicher. Inzwischen wurde auch die Sommersaison entdeckt, in der man reiten, schwimmen, Tennis und Golf spielen kann. Im Herbst stehen Wanderungen durch farbenprächtige Wälder und im Frühjahr das **Sugaring Off**, die Prozedur der Gewinnung des *Maple Syrup* (⇨ Seite 325), auf dem Programm.

Orte

Der urbanste und eleganteste Ort ist **St. Saveur des Monts** mit vielen Bistros, Straßencafés, Restaurants und Einkaufszentren, die größte Stadt **Ste. Agathe des Monts** am *Lac des Sables*, der an den Titisee erinnert. Aber auf großstädtische Atmosphäre trifft man sogar in den kleineren Ortschaften. Zwischen Ste. Adéle und Agathe etwa liegt die chice Künstlerkolonie **Val David**. Dort lebt eine Mischung aus Bohème und Intelligenz. Empfehlenswert ist die **Jugendherberge** in einem rustikalen Blockhaus (**Chalet Beaumont**); ganzjährig geöffnet, sehr populär, daher unbedingt reservieren: © (819) 322-1972.

Mont Tremblant

Der noch weiter nördliche gelegene Wildnispark **Mont Tremblant** besitzt zahlreiche Seen, Flüsse und Wasserfälle und ist nur begrenzt über Schotterpisten mit dem Auto zugänglich. **Campingplätze** gibt es ca. 30 km nördlich von St. Faustin.

Kanusport und Wandern im Sommer, Skilauf im Winter sind die Hauptaktivitäten in den Laurentides

Das Estrie

Geschichte Über die Autobahn #10 ist das *Estrie,* 80 km südöstlich von Montréal, schnell erreicht. Das Gebiet wurde um 1780 von den Loyalisten besiedelt. Sie nannten diese Region *Eastern Township.* Für die Frankokanadier blieb dieser Grenzbereich das *Canton.* Erst 1981 einigte man sich auf den Namen *Estrie,* was soviel heißt wie "Königreich des Ostens".

Charakter Das *Estrie* wirkt neuenglisch: eine weite, offene Hügel- und Seenlandschaft und hübsche Orte mit weißen Holzhäusern, Scheunen mit abwinkeltem Dach und *Covered Bridges.* Auch das Aussehen der **Landgasthäuser** (z.B. am Lake Massawippi) verrät den Einfluß des Nachbarlandes. **Sommergäste** kommen vor allem wegen der Seen und des Wassersports, **Wintergäste** zu Skilanglauf und *Snow Mobiling.*

Sherbrooke Sherbrooke, das Zentrum der Region, ist nicht sehr anziehend. Eine Ausnahme bildet der Stadtteil **Old North Ward** (Montréal St nahe Queen Blvd North) mit schönen Beispielen amerikanischer Architekturstile des letzten Jahrhunderts: *Queen Victoria, Italian Villa, Queen Anne* und *Neo Gothic.*

Lac Memphrémagog In der touristischen Hochburg **Magog** südwestlich Sherbrooke stehen wasserbezogene Aktivitäten auf dem *Lac Memphrémagog* im Vordergrund. Motels, Hotels und Ferienwohnungen aller Preisklassen sind reichlich vorhanden.

Georgeville Auf der Straße #247 geht es am See entlang von Magog nach Georgeville, einem neuenglischen **Bilderbuch-Dorf**, das die Kulisse für den kanadischen Film "Der Untergang des amerikanischen Imperiums" abgab. Die **Abbaye St. Benoit du Lac**, ein Benediktiner-Kloster auf dem anderen Seeufer, bietet Männern (ohne Anhang) Übernachtung in Mönchszellen, täglich um Punkt 11 Uhr eine gregorianische Messe und Einkauf im klostereigenen *Giftshop.* Den Gaumen erfreut ein weithin geschätzter Käse, Füße gesunden in luftigen Ledersandalen. Öffnungszeiten: 9–10.45 Uhr und 14–16.30 Uhr.

Lac Massawippi Der Lac Massawippi ist der zweitgrößte See des *Estrie.* In **North Hatle**, einem Dorf an dessen Nordende (Straße #108), gibt es nostalgische Herbergen und zwei ruhige Restaurants.

Camping Nördlich von Magog liegt der **Parc Mont Orford** mit Stränden, Kanu- und Tretboot-Verleih an beiden Seen des Parks; *Exit* Magog von der #10, dann Straße #141 nach Norden. Der **Campground** des Parks befindet sich am Lake Stukeley, einige Stellplätze (#310-330) haben direkten Uferzugang.

Provinzpark Frontenac Nicht mehr zur klassischen *Estrie*-Region gehört der **Parc de Recreation de Fronténac**, Straße #112 oder #108 nordöstlich von Sherbrooke. Auf dem Gebiet dieses Provinzparks liegen mehrere Seen und ein Teil der Uferzonen des **Lac St. Francois** mit Sandstränden, Kanuverleih und **Campingplätzen.**

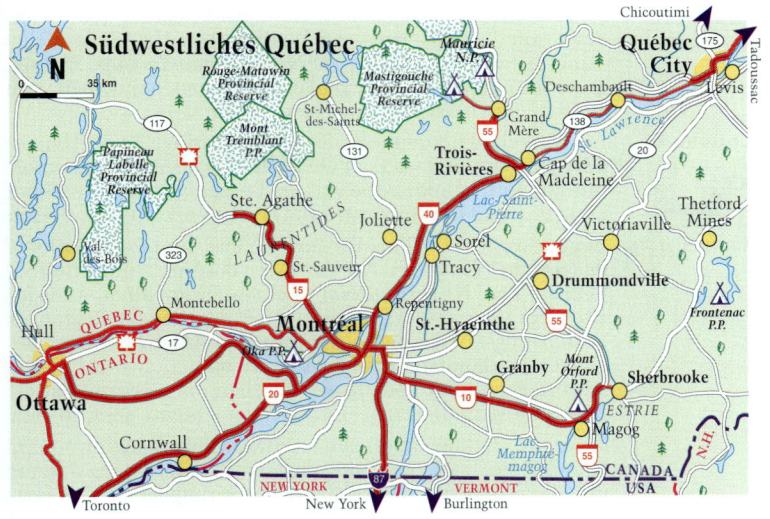

4.3   VON MONTRÉAL NACH QUÉBEC CITY

Routenwahl   Wer von Montréal nach Québec City fährt oder umgekehrt, kann beidseitig des St. Lorenz entweder der Uferstraße oder Autobahnen folgen. Insgesamt bietet die Norduferroute mehr. Für die ersten 200 km stromabwärts bis Trois Rivières darf man jedoch getrost der Autobahn #40 folgen.

Trois-Rivières   Etwa auf halber Strecke zwischen Montréal und Québec City liegt Trois-Rivières, die zweite französische Siedlung (1634) nach Québec City am Fleuve St. Laurent. Sie entwickelte sich rasch zu einem Pelzhandelszentrum und später zur ersten Industriestadt Québecs. Heute plagen Trois-Rivières Strukturprobleme, aber die 50.000 Einwohner-Stadt ist immer noch ein Zentrum der Holzverarbeitung.

Den Altstadtkern beim *Parc Champlain* und einige sehenswerte Gebäude der Stadt wie das *Seminaire Saint-Joseph* erreicht man auf der Straße #138 (Blvd Royale, dann Notre Dame). In der Rue des Ursulines steht das weiße **Ursulinenkloster** mit silbrig-glänzender Kuppel. An der *Waterfront* befindet sich der *Parc Portuaire* mit einem *Boardwalk* zum Bummeln am Fluß. Im Blickfeld liegt dort die *Pont Laviolette*, einzige Brücke über den St Lorenz zwischen Montréal und Québec City. Im *Centre d'Exposition sur l'Industrie des Pates et Papiers* (*Pulp and Paper Industrie Exhibition Centre*) werden die Einzelheiten der Papierherstellung erläutert.

Cap de la Madeleine

Jenseits der Mündung des Saint Maurice liegt die Schwesterstadt von Trois-Rivières, der Wallfahrtsort Cap de la Madeleine mit dem **Sanctuaire de Notre-Dame-du-Cap**. Ziel der Pilger ist ein Marienschrein in einer kleinen Steinkapelle von 1714 in der Uferstraße Rue Notre Dame.

Unterkunft

Als Verkehrsknotenpunkt der Region verfügt Trois Rivières über eine gute Auswahl an Quartieren. darunter ein **Comfort Inn** am Autobahndreieck vor der Brücke westlich der Stadt und ein **Delta Inn** im Zentrum. Das Preisniveau ist moderat.

Abstecher

Ein Abstecher vonTrois-Rivières könnte zum **Parc National de la Mauricie** führen. Auf dem Weg dorthin (Autobahn #55) liegt der **Parc Historique National des Forges du St.-Maurice** am Wege (*Exit* #191). Dort wird die Bedeutung der Region als Verhüttungs- und Industriezentrum von Anfang bis Mitte des vorigen Jahrhunderts dokumentiert. Von der einstigen Eisenschmelze sind nur noch Reste zu sehen. Interessanter ist die Ausstellung zur Industrie- und Sozialgeschichte des Gebietes.

Bis heute sind die Städte an der Straße #55 (Shawinigan und Grand Mère) Industriestädte, die – wie Trois-Rivières – heute im wesentlichen von der Papierverarbeitung leben. Das Holz dafür wird – wie in alten Zeiten – zum großen Teil immer noch auf dem Rivière Saint Maurice zu den *Pulp Mills* geflößt.

Parc National de la Mauricie

Der landschaftlich sehr attraktive **Mauricie Nationalpark** ist Teil der **Reserve Faunique Mastigouche**. Zum westlichen Parkeingang und drei am Wasser gelegenen **Campingplätzen** gelangt man ab Shawinigan über die Autobahnausfahrt #217. Ein weiterer *Campground* (ohne Badestrand) liegt in der Nähe des östlichen Parkeingangs (*Exit* #226). Eine Reservierung der Plätze ist unter ℂ (819) 533-PARC möglich.

In den schmalen Tälern der steil abfallenden *Laurentides* erstrecken sich kilometerlange Seen, die wie breite Flußläufe aussehen. Der schönste ist der **Lac Wapizagonke**. Er verfügt über herrliche Sandstrände unweit des Campingplatzes und ist Ausgangspunkt mehrerer Kanurouten. Die anderen *Campgrounds* liegen – nicht ganz so idyllisch – etwas weiter entfernt am Ende serpentinenreicher Anfahrten.

Straße #138

Ab Trois-Rivières sollte man die historische Straße #138 der Autobahn vorziehen, die als **Le Chemin du Roy** bereits 1737 Québec mit Trois-Rivières auf dem Landweg verband. Sie führt durch viele kleine Orte und verläuft häufig in Ufernähe. Am Wege befinden sich zahlreiche Picknickplätze.

Deschambault

Um die große Kirche von Deschambault (erbaut 1837) gruppieren sich drei alte Häuser, von denen *The Old Presbytary* das bekannteste ist. Von hier aus hat man einen grandiosen Blick über den breiten Strom.

4.4. QUÉBEC CITY
(170.000 Einwohner; Metro: 490.000)

4.4.1 Kennzeichnung

Québec City, Hauptstadt der Provinz Québec, ist die älteste Stadt des Kontinents und besitzt eine **vollständig erhaltene Altstadt aus dem 17. und 18. Jahrhundert** und außerdem die einzige unzerstörte Stadtmauer Amerikas. 1985 wurde Alt-Québec von der UNO zum **World Heritage Site** erhoben. Damit würdigte man sowohl die "Wiege" der französischen Kultur auf dem amerikanischen Kontinent als auch die in Québec geleistete hervorragende Restaurationsarbeit.

So lupenrein französisch wie dort geht es nicht einmal in *Vieux Montréal*, schon gar nicht im *French Quarter* in New Orleans zu. In Québec wird nicht "auf französisch gemacht", dort **ist** Frankreich: in den Kneipen und Restaurants, in den Kinos und Konzertsälen und in der *Boulangerie* um die Ecke. Der typische *Québecois* gibt sich französisch, intellektuell, kulturinteressiert und gemäßigt separatistisch. Nur im Juli/August und zum Karneval im Winter, wenn zahlreiche amerikanische Touristen kommen, wird das französische Original durch fremde Elemente ein wenig "verfälscht".

Nichtsdestoweniger ist Québec nicht etwa eine Art lebendes Museum, das vom Tourismus lebt, sondern in erster Linie Hafenstadt und Verwaltungszentrale. Nur 170.000 der rund 500.000 Einwohner der Hauptstadt leben im alten Kerngebiet zwischen Fleuve Saint Laurent und Rivière Saint Charles. Drumherum erstrecken sich ausgedehnte Vororte. Oben im **Hauteville** auf dem Cliff über dem Strom befinden sich die Villen, Kirchen und Regierungsgebäude, während **Basseville** am Wasser von Arbeit, Handel und Transport geprägt ist.

4.4.2 Geschichte

Québec City liegt am Nordufer des Fleuve Sain Laurent an einer nur etwa 100 m breiten Engstelle des Flusses südlich der Insel **Île d'Orleans**. Québec, auf indianisch *"Kebec"*, bedeutet "wo der Fluß sich verengt".

Der französische Entdecker *Jacques Cartier* (⇨ Seite 475) stieß dort 1535 auf die Indiansiedlung *Stadacona*. Schwierigkeiten mit den Indianern, der bitterkalte Winter und die Enttäuschung, den Seeweg nach China nicht gefunden zu haben, veranlaßten ihn, der Region bald wieder den Rücken zu kehren. 73 Jahre später errichtete **Samuel de Champlain** – die *Stadaconas* waren aus mysteriösen Gründen verschwunden – eine *Habitation*, eine kleine Ansiedlung, etwa dort, wo heute in der Unterstadt der Place Royale liegt. Daraus entwickelte sich dank der strategisch günstigen Lage und des Pelzhandels rasch die Stadt Québec. Nach langen Friedensjahren zwischen England und Frankreich wurde Québec, nun bereits Hauptstadt von *New France*, 1690 erstmals von den Briten angegriffen. Dank ihrer Lage auf den Klippen des *Cap Diamant* und der 1720 errichteten Mauern widerstand die Stadt diesem und späteren Angriffen erfolgreich. Sie fiel erst 1759 nach der Schlacht auf den *Plaines d' Abraham* (heute *Parc des Champs de Bataille*) an Großbritannien. Die Engländer unter *General Wolfe* hatten damals nach langer Belagerung überaschend angegriffen und in einer Nacht und Nebel-Aktion das Kliff erklommen. Die Schlacht dauerte nur 20 min., die Befehlshaber beider Seiten fielen. Québec City blieb bzw. wurde Hauptstadt der nun nur noch britischen Kolonien in Canada.

Der **Québec Act** von 1774 garantierte den Franzosen Religionsfreiheit, eine überraschende Großzügigkeit zu einer Zeit, als der Katholizismus im englischen Mutterland verboten war. Als Gegenleistung sicherten sich die neuen Herren der Unterstützung Québecs im Kampf gegen die aufbegehrenden amerikanischen Kolonien. Zum Jahreswechsel **1775/76** war Québec zum letzten Mal Kriegsschauplatz – die Attacke der Amerikaner wurde abgewiesen.

Trotz der britischen Herrschaft blieb Québec-City durch und durch französisch. Nur für eine kurze Periode einer Massenimmigration aus Irland und England im 19. Jahrhundert gab es vorübergehend eine englischsprachige Mehrheit.

Nach der Kolonialzeit blieb Québec City auch im *Dominion of Canada* Hauptstadt nun der Provinz Québec und blieb es bis heute, obwohl Montréal seit langem die mit Abstand bedeutendere Stadt ist.

Historisches Spektakel in der Zitadelle von Québec City

4.4.3 Transport, Verkehr und Information

Flughafen Québecs *Aéroport* liegt 15 km westlich der Stadt in Sainte-Foy/Ancienne-Lorette. *Maple Leafe Tours* verbinden 7x täglich Flughafen und *Vieux Québec*, $9; die **Taxifahrt** nach *Downtown* kostet ca. $25.

Bahn/Bus Der *Gare du Palais* (Hauptbahnhof) für alle Züge aus/in Richtung Montréal und nach Norden befindet sich in der gleichnamigen Straße in der Unterstadt. In **Lévis** auf der Südseite des St. Lorenz befindet sich der Bahnhof für alle Verbindungen nach Süden/Osten und in Richtung Atlantische Provinzen. Der *Gare Central d'Autobus* liegt am 225 Blvd Charest East.

Zufahrt/ Orientierung Wie bereits einleitend beschrieben, liegt das alte, zentrale Québec City auf der Landzunge *Cap Diamant* zwischen St. Lorenz und der Mündung des *Rivière Saint Charles*. Dort unterscheidet man zwischen der hochgelegenen Oberstadt, der *Hauteville* und der Unterstadt am alten Hafen, der *Basseville*. Wer **von Südwesten** auf dem **Nordufer** des St. Lorenz Québec City erreicht, fährt am besten auf der Autobahn #40/dann #440 ins Zentrum (von der Straße #138 bei Saint Augustin des Desmaures auf die #40 wechseln). Dasselbe gilt bei einer Anfahrt **von Nordosten** (Tadoussac); auch von dort führt die #440 geradewegs ins Stadtzentrum unterhalb *Hauteville*.

Wer **von Süden** bzw. **vom Südufer** des St. Lorenz anfährt, landet unweigerlich auf der *Pont Pierre Laporte* über den Strom. Gleich hinter der Brücke könnte man den Boulevard Champlain nehmen, der am Fluß entlang nach *Basseville* und zum *Vieux Port* führt. Die Hauptstraße (#175) in die Stadt ist der **Blvd Laurier**, der in *Hauteville* in die Grand Allee übergeht.

Parken In der Altstadt ist die Parkplatzsuche meist ein schwieriges Unterfangen. Mit Glück kommt man vielleicht in einer der **Tiefgaragen** unter, z.B. am *l'Hôtel de Ville/City Hall* (keine Camper). Mehr Platz, speziell für größere Fahrzeuge, ist in *Basseville* am *Vieux Port*, vor allem auf dem **Parkareal** gegenüber dem *Musée de la Civilisation* in der Rue Dalhousie.

Information Ein *Centre d'Information* passiert bereits auf dem Blvd Laurier (#3005), wer über Ste-Foy in die Stadt fährt. In *Hauteville* befindet sich ein *Centre d'Information* im *Parc de l'Esplanade*, 60 Rue d'Auteuil unweit der *Porte Saint-Louis*. Das **Maison du Tourism** der Provence de Québec in der 12 Rue Sainte Anne (am Place d'Armes/*Chateau Frontenac*) hat neben Informationsmaterial zur Stadt auch Unterlagen und Karten für die ganze Provinz.

Unten in *Basseville* (Anfahrt über den Blvd de Champlain) befindet sich ein *Information Centre* am Place Royale; schräg gegenüber das *Interpretation Centre "Place Royale, 400 years of history/400 ans de l'histoire"*.

4.4.4 Unterkunft und Camping

Hotels

In Québec-City gibt es besonders im *Hauteville* zahlreiche Unterkünfte aller Kategorien von der kleinen, europäisch anmutenden Pension bis hin zur Luxusherberge wie dem *Chateau Frontenac*. In *Basseville* findet man weniger, darunter aber einige sehr empfehlenswerte Quartiere.

Motels

Motels aller Preisklassen liegen insbesondere an der Straße #138/Blvd Wilfried Hamel westlich des Zentrums, sowie am Chemin Saint-Louis und dem Boulevard Laurier, der Haupteinfallsroute #175 nach Québec-City.

Empfehlungen für die Oberstadt:

– Das Spizenhotel ist das ***Chateau Frontenac***, Place d'Armes, ✆ (418) 692-3861, ✆ (800) 268-9411; $195-$265, ➪ Seite 504.

– Die ***Auberge Saint Louis***, 48 Rue Saint-Louis, ist preiswert und gepflegt, ✆ (418) 692-2424, ✆ (800) 663-7878, $60-$90.

– ***Au Petit Hôtel***, 3 Ruelle des Ursulines, preiswert und freies Parken, ✆ (418) 694-0965; $60-$80.

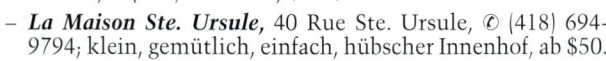

– ***La Maison Ste. Ursule***, 40 Rue Ste. Ursule, ✆ (418) 694-9794; klein, gemütlich, einfach, hübscher Innenhof, ab $50.

– ***Au Chateau Fleur de Lys***, 15 Av Ste-Genevieve, Ecke Rue la Porte, historisches ***B&B***, ✆ (418) 694-1884, $75-$100.

– ***Auberge du Tresor***, 20 Rue Ste-Anne, Ecke du Tresor, gegenüber *Chateau Frontenac*, altes gemütliches Haus, ✆ (418) 694-1876, $60-$85.

– ***Hotellerie Fleur de Lys Inn***, 115 Rue Ste-Anne, modernes Gebäude in der Altstadt, ✆ (418) 694-0106, $85-$110

Empfehlungen für die Unterstadt

– ***Le Priori***, 15 Rue Sault-au-Matelot, ✆ (418) 692-3992, ✆ (800) 351-3992. Hinter alter Fassade in ruhiger Nebenstraße wartet modernes Komfort-Interieur, $100-$125, Suites bis $250.

– ***Auberge Saint-Antoine***, 10 Rue Saint Antoine, Ecke Rue Dalhousie, ✆ (418) 692-2211, ✆ (800) 267-0525, Zimmer teilweise in einem der ältesten Lagerhäuser der Stadt, elegant und daher teuer, $129-$300.

Empfehlungen außerhalb des Zentrums

– ***Chateau Bonne Entente***, 3400 Chemin Ste-Foy (#40, *Exit* #305 auf die #540, dann *Exit* #5), ✆ (418) 653-5221, ✆ (800) 463-4390, ruhig mit schönem Park und Pool, gute Küche, individuelle Zimmer, $100-$160.

– ***Best Western Hotel L´Aristocrate***, 3100 Chemin Saint-Louis, ✆ (418) 653-2841, $80-$110

– ***Hotel Travelodge Québec***, 3135 Chemin Saint-Louis, ✆ (418) 653-4941, $90-$100

– **Comfort Inn**, 7320 Blvd. Wilfried-Hamel, Ecke Blvd Duplessis, ℃ (418) 872-5038, $70-$75
– **Motel Oncle Sam**, 7025 Blvd. Wilfried Hamel, Ecke Blvd Duplessis, ℃ (418) 872-1488, $55-$70.

Hostel

Die Jugendherberge **Centre International de Sejour liegt** mitten in *Hauteville*, ein großes beliebtes Haus. 19 Rue Saint-Ursule, ℃ (418) 694-0755, Schlafsaal ab $15, DZ ab $18 pP.

Camping

Zu den folgenden Campingplätzen benötigt man von *Hauteville* jeweils ca. eine halbe Stunde Fahrt:

– **Camping Municipal de Beauport** im Vorort Beauport etwas abseits des Blvd Rochette, Autobahn #440 Richtung Norden, dann #40, *Exit* #321, dann Schild *Camping*), am Rivière Montmorency, *Pool*, Kanuverleih, ℃ (418) 666-2228.
– **Camping de la Joie** in Charlesbourg an der Straße #73.

– **Camping Base de plein Air Ste-Foy** in einem Park, von der #40 *Exit* 306, dann ausgeschildert ℃ (418) 654-4641.

Québec City

4.4.5 Stadtbesichtigung

Ober- und Unterstadt (*Hauteville/Basseville*) lassen sich am besten **zu Fuß** erkunden. Erwägenswert wäre auch eine Rundfahrt mit einer der Pferdekutschen. Die **Calèches** kann man wie ein Taxi stoppen oder an den Sammelstellen am Parc de la Esplanade und am Place d'Àrmes/Rue Ste Anne einsteigen. Für eine komplette Tour (45 min.) bezahlen bis zu 4 Personen in der Kutsche $60.

Da die Sehenswürdigkeiten in der Altstadt – mit Ausnahme der Zitadelle und des *Parc de Camps des Batailles* – durchweg sehr nahe, teilweise in Sichtweite beieinander liegen, sind unterschiedlichste Rundgänge und Reihenfolgen der Besichtigung möglich. Ein guter Ausgangspunkt ist auf jeden Fall der Place d'Armes, zumal man sich dort im *Maison du Tourisme* noch Unterlagen und Karten besorgen kann, um die hier gegebenen Informationen zu ergänzen, ⇨ Seite 501.

Hauteville

Zur Situation Die Altstadt *Vieux Québec* ist rundum von einer Stadtmauer umgeben. Haupteingänge sind die **Stadttore** *Porte Saint Louis* und *Porte Saint Jean* auf der Südwestseite. Von *Basseville* gelangt man über steile Kopfsteinpflasterstraßen und Treppenzüge auf die Höhe, oder nimmt für $1 das **Funiculaire**, eine Art Fahrstuhl, der den Place Royale mit der 55 m höheren (Aussichts-)**Terasse Dufferine** in unmittelbarer Nähe des Place d'Armes verbindet. **Hauptachsen** der Altstadt sind die Rue Saint Louis mit vielen teuren Restaurants und die Rue Saint Jean, eine Straße voller Geschäfte, Lokale und Cafés.

Hotel Chateau Frontenac von der Terrasse Dufferin

HOTEL CHATEAU FRONTENAC

Zum hundertjährigen Jubiläum (1993) stand das Schicksal des *Hotel Frontenac* auf der Kippe, da die notwendige Renovierung zu kostspielig erschien. Der Eigentümer, die Hotelkette *Canadian Pacific*, entschloß sich aber doch zur Investition in das altehrwürdige Gebäude und rettete damit ein Haus, dessen Liste illustrer Gäste historische Dimension besitzt: *Queen Elizabeth, General de Gaulle,* sogar *Helmut Kohl* und Weltstars wie *Grace Kelly* und *Frank Sinatra.*

Berühmt und geschichtsträchtig wurde *Frontenac* durch zwei Konferenzen, die den 2. Weltkrieg maßgeblich beeinflußten: 1943 trafen sich dort *Winston Churchill* und *Franklin D. Roosevelt,* um die Invasion in der Normandie vorzubereiten. 800 Hotelgäste wurden kurzerhand ausquartiert und die beiden Politiker zogen ein – samt einem Heer von Mitarbeitern. Im September 1944 wiederholte sich die Prozedur anläßlich der Kapitulation Japans.

Château Frontenac

Das markanteste Gebäude der Stadt ist das **Hotel Château Frontenac**. Dieses 1893 errichtete Hotel erinnert an mittelalterliche englische Schlösser und paßt mit seinen Zinnen und Türmchen gut zur wehrhaft-trutzigen Stadtsilhouette. Der etwas düstere, viktorianisch gestaltete Eingangsbereich diente einst *Alfred Hitchcock* als Kulisse für den Film *I Confess.*

Militär-museum

Im **Musée du Fort** am Place d'Armes sind die verschiedenen Belagerungen Québecs und die Entscheidungsschlacht von 1759 (↪ Seite 500) nachgestellt; leider beschränkt man sich dabei auf den rein militärischen Aspekt. Im Sommer geöffnet Mo–Sa 10-18 Uhr, So 12–17 Uhr, Rest des Jahres Mo–Fr ab 11 Uhr; Eintritt $5, ermäßigt $3.

Geschichts-Museum

The Québec Experience, 8 Rue de Tresor, demonstriert die Geschichte Québecs auf unkonventionellere Weise mit einer 30-minütigen *Non-Stop-Multimedia Sound and Light Show* in 3D und Dolby, mit Hologramm und Laser. Im Sommer täglich 10–22 Uhr, abwechselnd in Englisch und Französisch, $6.

Kathedrale

Die **Basilique-Cathèdrale Notre Dame**, Rue Buade gegenüber dem Rathaus (*Hotel-de-Ville*), war einst die älteste katholische Kirche des Kontinents nördlich von Mexiko. Sie ist überaus prächtig in Gold- und Blautönen ausgestattet.

Musée du Seminaire

Das wuchtige **Seminaire** in der Rue de l'Université, 1663 als Ausbildungsstätte für Priester gegründet, besteht aus mehreren Gebäuden verschiedener Epochen, in denen u.a. das **Musée d'histoire de l'Amérique francais** untergebracht ist. Die alten Bücher, Objekte aus Silber- und Gold, eine Münzsammlung und viele religiöse Gemälde europäischer und kanadischer

Maler sind sehenswert, ebenso die zum Museum gehörende **Bishop Briand`s Chapel** von 1785. Aus dem *Seminaire* entwickelte sich die größte französische Universität Canadas, die *Université du Québec*, die heute im Westteil der Stadt ihren Campus besitzt. Der Museumseingang befindet sich in der *Cote de la Fabrique* neben der Basilika. Di–So 10-17.30 Uhr, Eintritt $3; ermäßigt $1-$2.

Ursulinen-kloster

Das **Convent du Ursulines**, ein großer Komplex mit Museum und Kapelle – heute ein Neubau aus dem Jahre 1910 – in der Rue Donnacona, geht auf das Jahr 1639 zurück. Damals kamen Ursuliner-Nonnen nach Québec, um die Töchter der Siedler zu unterrichten. Die von ihnen gegründete erste Mädchenschule auf dem amerikanischen Kontinent blieb bis heute als Privatschule erhalten. Nicht ohne Pikanterie ist, daß sog. *Filles du Roy*, verwaiste Mädchen oder Bauerntöchter aus Frankreich, zwecks späterer Heirat – Québec litt unter Frauenmangel – ebenfalls bei den Nonnen untergebracht wurden. Die Männer durften nicht lange fackeln. Nach der Brautschau mußten sie sich binnen weniger Tage für eine "Auserwählte" entscheiden, sonst kamen sie nicht zum Zug.

Das **Museum** zeigt hauptsächlich Gegenstände, welche die Ursulerinnen in den harten, langen Monaten des Québecer Winters hergestellt haben, wie Stickereien, Spitzen, Möbel und Gemälde. Geöffnet Di–Sa 9.30–12 Uhr und 13.30–16.45 Uhr, So 12.30–17 Uhr; Eintritt $3, ermäßigt $1,50-$2.

Anglican Church

Auch die erste anglikanische Kirche außerhalb der britischen Inseln, die **Holy Trinity Anglican Church** wurde in Québec errichtet, Rue des Jardins beim *Convent du Ursulines*.

Parc de l`Artillerie

Die 4,6 km lange **Stadtmauer** ist voll begehbar. Schautafeln informieren über geschichtliche bzw. militärische Ereignisse. Im **Parc de l'Artillerie**, einem **National Historic Site** in der nördlichen Ecke der Befestigung (ehemalige Eisenschmelze), wird an einem bemerkenswerten Modell das Québecer Verteidigungssystem von 1808 demonstriert. Dort errichteten die Franzosen schon im frühen 18. Jahrhundert Verteidigungsanlagen, um zu Recht befürchtete britische Angriffe abzuwehren. Später wurde das Gelände für Kasernen und danach bis zum Ende des 2. Weltkriegs für eine Munitionsfabrik genutzt. Die einstigen Offiziers-Quartiere sind heute ein **Museum für Kinder**, in dem zeitgenössisch Uniformierte Fragen zu historischen Abläufen und Militärtechnik (!) beantworten.

La Citadelle

Ein schöner Spaziergang führt vom *Place d' Armes* über die **Promenade des Gouverneurs**, der Verlängerung der *Terrasse Dufferin*, über viele Stufen zur sternförmigen Zitadelle. Sie wurde ab 1820 von den Engländern errichtet, die den Amerikanern mißtrauten. Wir wir wissen, blieben weitere militärische Zusammenstöße jedoch aus und die Zitadelle damit ohne Feindberührung. Heute ist dort das 22. Regiment der kanadischen Armee stationiert. Und wie in vielen anderen alten Forts auch finden in den Sommermonaten Vorführungen wie das *Changing of the Guards* (10 Uhr) und *Ceremonial Retreat* (19 Uhr) statt. Im Sommer 9–18 Uhr, Frühjahr/Herbst bis 16 Uhr; Eintritt $4,50, ermäßigt $2.

Parc des Champs des Batailles

Die Zitadelle begrenzt den langgestreckten ***Parc des Champs des Batailles***, der auf den *Plaines d'Abraham*, dem Schlachtfeld von 1759, angelegt wurde. Dort kann man nicht nur bummeln, joggen oder picknicken, sondern neben einer Reihe militärischer Gebäude und Monumente auch das ***Musée du Québec*** besuchen, ⇨ Seite 510.

Basseville

Zugang

Die Unterstadt ist von *Hauteville* (ab Place d'Armes) zu Fuß am besten über die Côte de la Montagne (Verlängerung der Rue Buade) und über die *Break Neck*-Treppen (nicht so halsbrecherisch, wie sie heißen) zu erreichen. Wer es bequemer mag, entscheidet sich für die kurze Fahrt mit dem **Funiculaire** von der *Terrasse Dufferin* hinunter zum **Place Royale**, wo 1608 *Champlain* und seine Mannen ihre ersten Palisaden errichteten. Die Talstation des *Funiculaire* befindet sich im **Maison Louis Jolliet** (1683). Der Priester *Jolliet* gilt als einer der Entdecker des Mississippi.

Kennzeichnung

In der vorbildlich restaurierten Unterstadt schmiegen sich zahlreiche kleine Spitzgiebel-Häuser an den Hang. In den Sommermonaten herrscht dort ebenso wie in *Hauteville* allerhand touristisches Gedränge, besonders in der **Rue du Petit Champlain** mit ihren Cafés, Boutiquen und Souvenirshops. Ruhiger ist es in der Rue Saint Paul, wo Antiquitätenläden, Kneipen und Restaurants der etwas teureren Art warten.

In der Unterstadt – Basseville

Place Royal

Der beeindruckende *Place Royale* mit der ***Église Notre Dame des Victoires*** ist das Zentrum von *Basseville.* Im Inneren des Kirchengebäudes lassen sich Kopien von Gemälden alter Meister, das Modell eines Schiffes von 1664 und ein schloßähnlicher Altar bewundern.

Fähre

Etwas südlich des Place Royal (Rue de Traversier) legt die Pendelfähre zum/vom gegenüberliegenden Städtchen Lévis ab bzw. an. Von dort erkennt man besonders gut die strategisch wichtige Position der natürlichen Festung ***Hauteville.*** Die Fähre biete gute Standpunkte fürs optimale Québec-Foto.

Musée de la Civilisation

Das herausragende Museum der Stadt ist das ***Musée de la Civilisation*** in der 85 Rue Dalhousie. Der Neubau von 1988 mit architektonischem Pfiff paßt sich harmonisch in das Stadtbild ein. Als einziges Museum geht es über den Lokalbezug von Québec City hinaus und greift nationale und international relevante Themen auf. Die Präsentation besitzt höchstes Niveau.

Die erste der vier permanenten Ausstellungen beschäftigt sich mit der Geschichte Québecs, eine andere, die *Objects of Civilisation,* dokumentiert den Begriff der "Gesellschaft". Gegenstände aus aller Welt und vielen Kulturkreisen verdeutlichen das unterschiedliche Verständnis von Material, Kommunikation und sozialem Leben. Negativ ist jedoch, daß alle schriftlichen Erläuterungen ausschließlich auf französisch abgefaßt wurden. Englischsprachige Erklärungen erfolgen – über Kopfhörer – nur dort, wo Videos und Dias zum Einsatz kommen. Im Sommer täglich 10–17 Uhr, Eintritt $6, ermäßigt $3-$4, Kinder bis 15 Jahren frei.

Sound and Light Show

Im ***Explore*** (63 Rue Dalhousie), einer ***Sound and Light Show***, wird auf einer Großleinwand u.a. die Geschichte der Entdeckung Nordamerikas und der Besiedelung Québecs erzählt. Im Sommer täglich 10–18 Uhr, $5.

Vieux Port

Wie Montréal hat auch Québec City seinen ***Vieux Port.*** Im ***Centre d'Interpretation du Vieux-Port de Québec*** (*Old Port of Québec National Historic Site*) in der Rue St. André am *Bassin Louise* wird man über das Leben am Hafen in vergangener Zeit informiert. Die umfangreiche Ausstellung legt den Hauptakzent auf Holzhandel und Schiffbau im 19. Jahrhundert. Geöffnet im Sommer täglich 10–17 Uhr, im Frühjahr und Herbst nur bis 16 Uhr, $3. Zum Gelände gehört eine Freilichtbühne für Sommertheater und Konzerte (Rue Dalhousie, am Zusammenfluß des Rivière Charles und Saint Laurent).

Markthallen

In den neuen Markthallen des ***Marché du Vieux Port*** (Rue St. André, nördlich des *National Historic Site*) werden überwiegend Produkte aus Québecs Obst- und Gemüsegarten, der Île d'Orléans, angeboten. Dort kann man ausgezeichnet für die Weiterreise einkaufen.

Wendake

Das Huronen-Reservat *Village de Hurons* im Ort Wendake, nordwestlich von Québec City ist nicht nur historisch interessant (⇨ Seite 412), sondern bietet auch viel indianische Kultur (Straße #369; Anfahrt über Autobahn #73).

Im *Musée Aroüanne*, 10 Rue Alexandre Duchesneau, sind Gebrauchsgegenstände der Huronen ausgestellt wie kunstvoll verzierte Kleidungsstücke, Jagdutensilien und Kanus. Im Sommer Mo–Sa 19.30–17 Uhr, frei.

Das *Huron Ancestral Village Onhoüa Cheteke*, 575 Rue Stanislas Kosca, sorgt für die Vermarktung aller Errungenschaften und Erzeugnisse der Indianer. Und so erhält man dort nicht nur einen guten Eindruck vom Leben in einem *Longhouse,* sondern kann auch gleich Indianer-Gerichte aus Bison- oder Cariboufleisch probieren. Souvenirs gibt es reichlich ebenso wie Lederbekleidung, Schneeschuhe und Mokassins. Wer Lust hat, kann sich im Indianerkostüm in vollem Federschmuck fotografieren lassen – für Kinder eine Mordsgaudi. Im Sommer täglich geöffnet 9–18 Uhr.

Sillery

Parlament

Der neuere Teil der Oberstadt, der bei strenger Abgrenzung gleich außerhalb der Altstadt unterhalb des Port Saint-Louis beginnt, nennt sich *Sillery*. In Sichtweite der Stadtmauer steht das dem *Louvre in Paris* nachempfundene neoklassizistische Parlamentsgebäude, die *l'Assemblée Nationale*. Der überdimensioniert wirkende Bau weist auf die unterschiedlichen Hauptstadtfunktionen hin, die Québec City im Laufe der Jahrhunderte innehatte.

Grande Allée

Vom Parlament läuft die Grande Allée gradlinig nach Westen und geht dann in den Chemin de Saint Louis über. Der von der Altstadt abweichende Baustil fällt sofort ins Auge; zwei- bis dreistöckige viktorianische Häuser dominieren das Bild. Das Angebot an **Restaurants** – überwiegend der gehobenen Kategorie – ist an der Grand Allée enorm. Schon beim Bummel am Nachmittag kann man dort Speisekarten und Preise studieren, um etwas Passendes für den Abend "auszugucken". Französische Küche überwiegt, nur ein paar Vietnamesen und Thailänder behaupten sich dazwischen.

Die Québecer genießen nicht zuletzt in Straßencafes und auf Restaurantterrassen der Grand Allée – nach langen Wintermonaten – ihre 12 Wochen Sommer. Die Lokalpatrioten vergleichen diese Straße gern mit der Pariser Champs Elysee. Das ist zwar etwas übertrieben, aber nach der geballten Kultur in der Altstadt reizt auch viele Touristen das *Savoir Vivre*.

An der Grand Allée läßt es sich noch genießen wie "Gott im Frankreich" der 60er-Jahre. Denn wo in Paris hört man heute noch zu *Vin, Quiche* und *Frommage* Chansons von *Georges Brasseurs* und *Jaques Brel?*

Avenue Cartier

Im Gegensatz zum Altstadtkern sind Touristen schon auf der Grand Allée in der Minderheit. Fast ganz touristenfrei geht weiter stadtauswärts zu an der **Avenue Cartier**, einer mittelständisch geprägten Einkaufsstraße mit Cafés und Restaurants. Ein jüngeres Publikum findet sich in der **Rue Saint Jean** außerhalb der Stadtmauer westlich der Avenue Dufferin.

Kunstmuseum

Wer über das kulinarische Angebot die Kultur nicht vergißt, könnte noch das *Musée du Québec* im südlichen Teil des *Parc des Champs des Batailles*, Ave Wolfe-Montcalm, besuchen. Der moderne Bau beherbergt eine große Sammlung Québecer Kunst, die jedoch spezielles Interesse voraussetzt. Klassiker und bekannte Namen finden sich dort nicht. Geöffnet täglich 10–17.45 Uhr, Mi bis 21.45 Uhr, dann frei; Eintritt sonst $6, ermäßigt $3-$4,50, Kinder frei.

Île d`Orléans

Die Île d`Orléans, eine 30 km lange bis zu 8 km breite Insel im Strom ist von Québec City aus schnell erreicht: Autobahn #440, dann Straße #368/ *Pont de l`Île*. Der Entdecker *Jaques Cartier* nannte sie 1535 *Île de Bacchus*, weil er dort wilden Wein fand. Heute ist sie die Insel der Obst- und Gemüsegarten von Québec City. In Anbetracht der kurzen Distanz zur Großstadt verwundert, daß die alte landwirtschaftliche Struktur weitgehend erhalten blieb. Farmen, Kirchen und Häuser mit roten Dächern und Fenstern wie in der Normandie prägen den Charakter der Île d`Orléans.

Die Rundstraße **Chemin Royal** #368 läuft durch lauter kleine Orte, vorbei an vielen Souvenir-, Gemüse- und Obstständen, an *Auberges* und Restaurants – z.B. am romantischen *L´Atre* bei Saint-Famille. Eine volle Inselrundfahrt (ca. 70 km) lohnt sich aber nur bei viel Zeit. Für einen Eindruck genügt ein Abstecher nach **Ste. Petronille** an der Südspitze. Mancher wohlhabende Bürger Québecs besitzt dort ein Sommerhaus. Besonders einladend wirkt die alte **Auberge La Goéliche** (1895) mit Restaurant, Zimmer ab ca. $100, ℂ (418) 828-2248.

Die Position der Île d`Orléans markiert den Übergangsbereich, wo das Flußwasser noch gegen den Druck der Flut kämpft bzw. mit dem Sog der Ebbe beschleunigt. Von hier ab entwickelte sich durch die Mischung von Salz- und Süßwasser ein spezieller meeresbiologischer Lebensraum.

4.5   **VON QUÉBEC CITY NACH TADOUSSAC**

Zur Route

Die **Straße #138** von Québec City bis Tadoussac zählt zu den schönsten Strecken am St. Lorenz. Nicht ohne Grund wurde dieser Abschnitt einschließlich der Île d'Orléans durch die UNESCO zur ***Biosphere of Cultural Heritage and Environmental Region*** erklärt.

Die *Laurentides* rücken nördlich von Québec City dichter an den Strom, das Landschaftbild wird nordischer. Gleichzeitig aber verleiht die Flora diesem Bereich einen lieblichen, voralpinen Charakter. Die Straße verläuft meist über Hochebenen zwischen dem Fluß und den Hängen des Gebirges. Von der Höhe gewährt sie oft weite Ausblicke über den tiefgrünen Saint Laurent. Teilweise führt sie durch breite Mündungstäler von Nebenflüssen des großen Stromes. Am Wege liegen touristisch kaum erschlossene kleine Ortschaften.

Montmorency Fälle

Unweit der Brücke zur Île d'Orléans donnert das Wasser des Rivière Montmorency 83 m tief hinunter auf das Niveau des St. Lorenz. Der ***Chute de Montmorency*** liegt direkt an der Straße. Im Vorbeifahren sieht davon aber nur etwas, wer den Hals reckt. Um diesen Wasserfall, der die *Niagara Falls* um immerhin 28 m übertrifft, näher in Augenschein zu nehmen, begibt man sich am besten auf die Panorama-Terrasse des ***Manoir Montmorency***, Autozufahrt über die Straße #360/ Avenue Royal. Eine Seilbahn befördert die Besucher zur einst hochherrschaftlichen Villa an den Fällen ($4 pro Person plus $3 Parkgebühr). Alternativ erreicht man den Chute de Montmorency über steile Holztreppen.

Montmorency Falls nördlich von Qébec City

Ste Anne de Beaupré

Der Wallfahrtsort des katholischen Canada und eines der ältesten Pilgerzentren Nordamerikas ist **Ste Anne de Beaupré**. Die gewaltige neo-romanische Kathedrale ist der Mutter von Maria, der heiligen Anna gewidmet. Eine erste Kapelle gab es hier bereits 1658; die Kathedrale ist ein Neubau von 1923.

Das *Cyclorama* nebenan ähnelt einer Moschee. Die Besucher stehen im kreisrunden Innenraum auf einer Plattform, umgeben von einem dramatischen 360°-Panorama-Gemälde, das Jerusalem am Tag der Kreuzigung darstellen soll. Ein ungenannter Künstler brauchte mit fünf Assistenten vier Jahre, um das 14 m hohe und 110 m lange Werk zu erstellen.

Grand Canyon

Etwa 5 km östlich von Ste-Anne-de-Beaupré passiert man (auf der #138) der den *Grand Canyon de Chutes Ste Anne*, eine malerische Schlucht mit einer Serie von Wasserfällen. Vom Parkplatz abseits der Straße (ausgeschildert) geht es auf Pfaden und Brückchen durch und über den Canyon.

Bird Watching

Die *Cap Tourmente Wildlife Reserve* liegt ca. 10 km östlich von Ste-Anne-de-Beaupré am Ufer des St. Lorenz. In Frühjahr und Herbst pausieren dort bis zu 100.000 Schneegänse für einige Wochen auf ihrem Weg zwischen Virginia/North Carolina und Baffin Island hoch im Norden. Ein 15 km langes Trailsystem gestattet die Beobachtung der dort heimischen oder vorübergehend anzutreffenden 250 Vogelarten.

Camping

Der Gebirgspark *Mont-Sainte-Anne* liegt nur wenige Kilometer nordöstlich von Ste Anne an der #360. Den *Campground* erreicht man über Saint Ferreol-les-Neiges.

SEIGNEURIES

Vom Nordufer der Île d'Orléans hat man einen schönen Blick auf die *Laurentides*. Dabei kann man die bis ins Flußtal reichenden langen Felderstreifen kaum übersehen, die sich wie schmale Handtücher über die Hänge ziehen. Adlige, Offiziere und Kaufleute, die *Seigneurs*, erhielten im 17. Jahrhundert von der französichen Krone Landparzellen zur Größe von etwa 25 qkm, sogenannte *Seigneuries*, die sie ihrerseits in Streifen aufgeteilt an Neusiedler vergaben, die sog. *Habitants*. Damit wurden Auswanderungswillige aus Europa nach *Nouveau France* gelockt. Durch eine klare, im voraus vereinbarte Aufteilung von Pflichten und Rechten zwischen *Habitants* und *Seigneurs* sollte keiner den anderen übervorteilen können. Ziel dieser bis 1854 beibehaltenen Regelung war die rasche Besiedelung und Steigerung der landwirtschaftlichen Produktion für das Mutterland. Die gestreckte Landaufteilung (175 x 1755 m) garantierte jedem Farmer leichten Zugang zum Transportweg, dem Fleuve Saint Laurent/St. Lorenz Strom.

Quebec Zentraler Südosten

Baie St. Paul

In Baie Saint Paul ist an Sommer-Wochenenden meist einiges los. Die malerische Lage des 4000-Seelen Städtchens in einem weiten Flußtal mit Blick auf die *Laurentides* zieht aber nicht nur Ausflügler aus dem keine 100 km entfernten Québec City an, sondern – schon seit Jahrzehnten als Anwohner – auch immer wieder Künstler. In den Galerien wie z.B. dem *Centre d`Art des St. Paul* oder dem *Centre d`Exposition des Baie St. Paul* findet man wechselnde Ausstellungen der Werke regionaler Maler, die ihre Heimat in einem bunten klaren Licht auf die Leinwand bringen. Das kleine Zentrum mit seinen Häusern aus rotem Backstein und weißen Säulen wirkt fast neuenglisch. Einen Zwischenstop zum Bummel durch die Hauptstraße Rue St. Anne bis zum Pier am St. Lawrence River sollte man mindestens einlegen.

Wer über Nacht bleiben möchte, findet viele Quartiere. Ein großer **Campingplatz** *Le Genevrier* an einem künstlichen See mit Badebeach und Kanus befindet sich 3 km östlich des Ortes an der Straße #138, ✆ (418) 435-6520.

St. Joseph de la Rive

Für die Weiterfahrt sollte man statt der #138 nun der **Straße #362** folgen. Am Wege liegt Saint Joseph de la Rive, wo die Fähre zur *Île aux Coudres* an- und ablegt (15 min., mehrmals täglich, wechselnde Zeiten, ✆ 418-438-2743). Der kleine Ort am Fluß mit einigen Hotels und einem Restaurant ist nur über eine sehr steile Zufahrt (18% Gefälle) zu erreichen.

Île aux Coudres

Auf der Insel blieb der ländliche Charakter des alten *Nouveau France* erhalten. Zu sehen gibt es normannische Häuser und Kirchen, steinerne Windmühlen, Schiffswracks und ein kleines Walfang-Museum. Auf der stromzugewandten Seite der Insel findet man Hotels allen Kategorien und Campingplätze.

Pointe au Pic	Pointe au Pic liegt nur 2 km südöstlich Malbaie und ist ein touristisches Nobelziel. Um die Jahrhundertwende ließen sich die Reichen hier Sommerresidenzen bauen – hauptsächlich am **Chemin de Falaises**. An dieser Straße befindet sich auch das Haus des ehemaligen US-Präsidenten **William Taft**, der das Klima der Region so beschrieb: "Die Luft ist wie Champagner, aber ohne dessen Folgen am nächsten Tag".
Camping	Unübersehbar am Hang liegt das **Manoir Richelieu**, ein bombastisches Hotel aus grauem Gestein mit einem Spielkasino. Vor dem hoteleigenen **Golfplatz** passiert man den kleinen, individuellen Campingplatz **Des Erables** hoch über dem Fluß.
La Malbaie	In La Malbaie trifft die Straße #362 wieder auf die #138. Dort befinden sich die einzigen **Supermärkte** weit und breit. Etwa 3 km nördlich von La Malbaie (Straße #138) findet man den schönen Campingplatz **Chutes Fraser**, Chemin de la Valle.
Abstecher	Ein Abstecher zum imposantesten **Canyon** Canadas östlich der Rocky Mountains ist eigentlich ein "Muß", wenngleich nicht unbedingt mit allen Fahrzeugen machbar:

Naturparks zwischen Québec City und Saguenay

Nördlich des St. Lorenz-Stroms sind in den Karten viele Gebiete in unterschiedlichen Grüntönen eingetragen und mit Bezeichnungen wie *Reserves Fauniques, Parc de la Conservation* versehen, welche die Vermutung nahelegen, ihr Besuch könnte auch für "normale" Touristen angezeigt sein. Landschaftlich bieten sie zwar alle erheblichen Reiz: Berge, glasklare Seen und Flüsse und einsame *Camp-grounds*. Tatsächlich ist der überwiegende Teil der Reservatsareale aber kaum oder sehr schlecht auf oft miserablen Zufahrten zugänglich und bildet nur für gestandene Wildnisenthusiasten und im Land erfahrene Angler und Jäger ein sinnvolles Ziel – mit folgenden Ausnahmen, die alle Camping, Schwimmen und z.T. Kanuverleih bieten:

– **Parc de Conservation du Jacques Cartier**, "Stadtpark" der Bürger von Québec City, von dort nur ca. 40 km entfernt (Straße #175).

– **Mont-Sainte-Anne Parc Regional**; 50 km östlich von Québec City (Straßen #138/360), ➪ Seite 512.

– **Parc de Conservation de Grand Jardins**; 42 km nördlich von Baie St. Paul (Straße #381).

– **Parc Regional des Hautes Gorges de la Riviére de La Malbaie** , 55 km nördlich von La Malbaie (Straße #138), Zufahrt auf *Dirt Road* in die Wildnis 44 km (➪ nebenstehend oben); Bootstouren.

– **Parc de Saguenay** am Rivière Saguenay (➪ Seite 516).

Den ***Parc Regional des Hautes Gorges de la Rivière de la Malbaie*** erreicht man von St.-Aimé-des-Lacs etwas abseits der Straße #138 beim Lac Agnes (Baden) auf einer kurvenreichen Strecke, die teilweise Feldwegcharakter trägt. Am Ziel wartet nicht nur die **Schlucht des Malbaie River**, sondern auch ein **Campingplatz** in der Wildnis.

Port-au-Persil

Landschaftlich sehr reizvoll ist auch die kleine Abweichung von der #138 kurz vor Saint Siméon über Port au Persil, einem idyllischen Hafen an einer felsigen Bucht.

Autofähren

In **Saint Siméon** besteht die erste Möglichkeit, per **Fähre** über den nun 20 km breiten St. Lorenz (nach Rivière du Loup) zu setzen (➪ Übersicht Fährverbindungen, Seite 595). Bleibt man am Nordufer, erreicht man die nächste Autofähre erst wieder in Escoumins, ca. 80 km weiter nördlich. Vorher muß jedoch noch die Mündung des Rivière Saguenay überquert werden. Eine kostenlose Fähre verkehrt Tag und Nacht zwischen Baie-Sainte-Catherine und Tadoussac, Fahrzeit ca. 10 min.

Sommeridylle am Saguenay River

Whale Watching

Das Stromgebiet um **Tadoussac** gilt als eines der weltbesten Gebiete zur **Walbeobachtung.** Allein dafür kommen jedes Jahr zahllose Touristen. Noch auf der Südseite der Saguenay-Mündung in **Baie-Sainte-Catherine** gibt es eine erste *Whale-Watching*-Station. Das ***Centre d`Interpretation*** (des ***Saguenay Marine Park***) am ***Point Noire*** informiert über Wale im St. Lorenz, speziell über die Belugas.

Das Whale-Watching ist am Unterlauf des St. Lorenz aber durchaus nicht die einzige Attraktion. Der *Saguenay Marine Park,* der *Saguenay Park* und nicht zuletzt der Ort Tadoussac selbst sind lohnenswerte Ziele:

Saguenay Marine Park

Der ***Parc Marine de Saguenay*** ist ein Unterwasser-Park, der einen großen Teil (fast 50 km) des fjordartigen Saguenay River und dessen Mündungsgebiet im St. Lorenz-Strom umfaßt. Wo das wärmere sauerstoffhaltige Süßwasser aus dem weit in das Land einschneidenden bis zu 400 Meter tiefen Saguenay Fjord auf die kalten Wasserfluten des St. Lorenz trifft und durch die Gezeiten gemischt wird, gedeiht Krill-Plankton, die Nahrung der Wale, und schafft günstige Lebensbedingungen für eine Meeresfauna, die sonst nur in sehr viel nördlicheren Gewässern vorkommt. So ist zu erklären, daß sich gleich mehrere Walarten den Lebensraum vor Tadoussac teilen. Als starke Flußwasserverschmutzung das Walrevier zu zerstören drohte, wurde 1990 dieser Marinepark geschaffen.

Saguenay Park

Der *Parc de Saguenay* ist quasi die Fortsetzung des *Parc Marine* auf dem Land. Er umsäumt beidseitig die bis zu 300 m hohen Ufer des Saguenay Fjords. Das Südufer ist touristisch erschlossener als das Nordufer. Die kleinen Ortschaften im Südteil des Parks – Petit-Saguenay, L´Anse-St.-Jean und Rivière-Éternitè – erreicht man ab St. Siméon auf der Straße #170. Das **Besucherzentrum** (*Centre Interpretation*) des Parks befindet sich am westlichen Eingang bei Rivière-Éternité. Von dort und von L´Anse-St.-Jean gelangt man zu Aussichtspunkten hoch über dem Fjord und kann Wanderungen und Bootstouren unternehmen. In den genannten Ortschaften sind die Übernachtungsmöglichkeiten begrenzt, im Sommer ist Reservierung angezeigt:

– **Auberge du Jardin**, Petit-Saguenay, 71 Blvd. Dumas, ✆ (418) 272-3444, $70-$130

– **Auberge les 2 Pignons**, Petit-Saguenay, 117 Blvd. Dumas, ✆ (418) 272-3091, $40-$50

Beide Häuser besitzen nur wenige Zimmer. Auch die **Campingplätze** sind nicht sehr groß:

– **Camping de l`Anse**, L`Anse-St.-Jean, ✆ (418) 272-2554

– **Camping 4 Chemins**, L`Anse St-Jean, ✆ (418) 272-2525

– **Camping Baie-Éternité**, Rivière Étnernité, ✆ (418) 272-3008

Im Hafen Tadoussac warten die Boote zur Walbeobachtung

BELUGA-WALE

Hauptsächlich vier Walarten tummeln sich vor Tadoussac: der Blau-, Finn- und Mink-Wal (➪ Seite 234) sowie der weiße Beluga. Letzterer, eindeutig der Publikumsliebling, ist in vielerlei Hinsicht eine Besonderheit. Als kleinster aller Wale wird er nur bis zu 6 m lang. Wegen der vogelähnlichen Laute, die er ausstößt, trägt er den Spitznamen *Sea Canary* (See-Kanarienvogel). Kontaminierte Gewässer machen ihm extrem zu schaffen, weshalb sich die Anzahl der Belugas im St. Lorenz, seinem südlichsten Lebensraum, von 5000 auf 500 reduziert hat. Die meisten Belugas leben in arktischen Gewässern vor Baffin Island. Im Gegensatz zu anderen Walarten, die im Winter (Oktober–Mai) nach Süden ziehen, wandert der Beluga nicht. Weiß ist er nicht von Geburt an; als Baby ist er braun, später grau. Seine ersten beiden Jahre verbringt der Beluga am liebsten auf dem Rücken seiner Mutter.

Tadoussac

Tadoussac am Nordufer der Mündung des Rivière Saguenay entstand aus einer ersten Siedlung baskischer Walfänger. Schon lange bevor *Champlain* 1603 dort vor Anker ging, existierte ein *Fur-Trading-Post* – vor einigen Jahren nach dem Original rekonstruiert und heute ein Museum (*Maison Chauvin* rechts vom Hotel *Tadoussac,* im Sommer 9–21 Uhr, $2). Auch die älteste Jesuitenmission des Landes befand sich in Tadoussac. Die heutige **Vieille Chapelle** stammt aus dem Jahr 1747; die ursprüngliche Kirche war 1665 abgebrannt.

Schon Mitte des vorigen Jahrhunderts war Tadoussac ein beliebtes Ausflugs- und Urlaubsziel wohlhabender Bürger, deren Ausflugsdampfer, die *White Ships*, sogar von Montréal und Toronto bis an den Unterlauf des Stroms schipperten. So entstand auch das unübersehbare **Hotel Tadoussac** bereits 1864. Der weiße Bau mit dem ausladenden roten Dach, seinen großzügigen Veranden und weitläufigen Rasenflächen ist nach wie vor Mittelpunkt des Städtchens. Cineasten erinnern sich vielleicht an den Film *Hotel New Hampshire.*

Walbeobachtung per Boot

Was sich einst nur die *High Society* leisten konnte, gibt es heute für jedermann: Alle **Whale Watching Trips** starten am geschützten Hafenbecken an der Rue du Bord-de l'Eau. Die Möglichkeiten hinsichtlich Bootstyp, Exkursionsdauer und Abfahrtszeiten sind groß. Am besten schaut man sich am Kai zunächst Boote und Konditionen an, bevor man sich für Zodiac-Schlauchboot, Barkasse oder Zweimastschoner entscheidet. Letzterer, die *Marie-Clarisse,* ist ein ganz besonders schönes Schiff, das etwas weiträumigere Touren unternimmt. Billig sind die Trips alle nicht; die Preise für Kurzexkursionen beginnen bei ca. $30 pro Person.

Museum	Vor einem *Whale Watching Trip* ist der Besuch des ***Centre d'Interpretation des Manifères Marins*** zu empfehlen (108 Rue de la Cale Sèche). Filme und exzellente Präsentationen (Französisch und Englisch) beziehen sich vor allem auf die Themen "Lebensbedingungen der Wale", "Bedrohung durch den Menschen" und "Versuche, die Wale vor der Ausrottung zu schützen". Im Sommer täglich 9–20 Uhr, Vor- und Nachsaison 12–18 Uhr, Eintritt $5; ermäßigt $ 2,50.

Wanderwege

In und um Tadoussac gibt es eine ganze Reihe schöner Spazier- und Wanderwege. Der ***Sentier Colline de l'Anse a l'Eau*** (ca. 1,2 km) beginnt schräg gegenüber der *Pisciculture*, einer Lachsaufzucht, beim Fähranleger (Straße #138). Auf ihm – wie auch vom ***Sentier Pointe de l'Islet*** (0,8 km) auf der vorgelagerten Landzunge – genießt man schöne Ausblicke über den Saguenay Fjord, den St. Lorenz und die Stadt. Auch der zum *Parc de Saguenay* gehörende ***Sentier du Fjord*** (17 km; kein Rundweg) und der ***Sentier de la Coupe*** (1,2 km; kein Rundweg) beginnen an der *Pisciculture*.

Sanddünen

Der ***Chemin du Moulin-à-Baude*** führt zu 5 km entfernten bis zu 112 m hohen Sanddünen, von denen man auf Miet-Skiern heruntersausen darf. Im ***Maison des Dunes*** (9–17 Uhr, frei) wird die Entstehung dieser aus der letzten Eiszeit verbliebenen "Sandterrasse" erläutert.

Unterkunft

Als touristisches Ziel verfügt Tadoussac über viele Quartiere:

- ***Hotel Tadoussac***, 165 Rue Bord-de-l'Eau, Kennzeichnung im Text, ☏ (418) 235-4421, $200-$260!
- ***Hotel/Motel George***, 135 du Bateau Passeur, in einem der ältesten Häuser von Tadoussac in der Nähe der Fähre, ☏ (418) 235-4393, $60-$80.

- ***Maison Clauphi und Motels***, *B&B* und Motel gegenüber, 188 Rue des Pioniers, ☏ (418) 235-4303, $45-$80
- ***Hotel & Motel Le Béluga***, 191 Rue des Pionniers, ☏ (418) 235-4784, $55-$100.

Nostalgie-Hotel Tadoussac

Camping

Direkt an der #138, wenige hundert Meter von der Fähre entfernt, liegt **Camping Tadoussac** mit individuellen, schattigen Stellplätzen. Ein weiterer empfehlenswerter Platz ist **Camping Bon Désir** bei Petit Bergeronnes mit einem herrlichen weiten Blick über den Strom.

Cap de Bon Desir

Das *Cap Bon-Désir*, eine Felsklippe, ist beliebter **Whale Watching Point**, von dem aus man fast immer Blauwale mit bloßem Auge beobachten kann. Ein **Centre Interpretation de la Nature** (9–20 Uhr) liefert Erläuterungen.

Fähranleger in Les Escoumins

Escoumins

Mit Les Escoumins erreicht man die zweite **Fährverbindung** über den St. Lorenz, hier nach Trois Pistoles (⇨ Kapitel 5.7, Seite 595, das sich auf die Gaspé Halbinsel bezieht). Dort findet sich die Streckenbeschreibung für eine eventuelle Weiterfahrt auf der anderen Seite des Stroms.

Nach Norden

Eine Weiterfahrt über Escoumins hinaus lohnt sich eigentlich nur noch für Einsamkeitsfanatiker und ggf., um eine **Rundfahrt** über **Labrador** und **Neufundland** zu machen, die neuerdings sogar per Auto möglich ist, ⇨ Seite 622. Ab Baie-Comeau führt eine heute weitgehend asphaltierte Straße über fast 600 km nach Labrador City. Ab Sept-Îles fährt sogar 2x die Woche eine Eisenbahn mit Panorama-Wagen in die menschenleere Weite des hohen Nordens.

Fähren

In Baie-Comeau besteht die dritte Möglichkeit, per Fähre ans Südufer des St. Lorenz zu gelangen. Wer die Fahrt auf der *Gaspé Peninsula* fortsetzen möchte, kann die Fähre nach Matane ebensogut nehmen (aber Reservierung!) wie das Schiff ab Les Escoumins. Auf der Straße von Trois-Pistoles nach Matane verpaßt man nicht viel und genießt dafür zwischen Les Escoumins und Baie-Comeau die Unberührtheit des Nordufers.

5. DIE MARITIMEN PROVINZEN NOVA SCOTIA, PRINCE EDWARD ISLAND, NEW BRUNSWICK UND QUÉBECS GASPÉ HALBINSEL

5.1 ZU DEN ROUTEN

Regionale Zuordnung

Nova Scotia, Prince Edward Island (PEI) und **New Brunswick** sind die kleinsten Provinzen Kanadas. Für sie alle zusammen gilt die Bezeichnung *Maritimes*, da sie ganz oder überwiegend vom Meer begrenzt werden: vom offenen **Atlantik**, vom *Gulf of St. Lawrence* und der *Bay of Fundy*. Die **Gaspé Peninsula**, kurz *Gaspésie*, gehört zwar politisch zu Québec, wird hier aber aus geographischen und streckentechnischen Gründen in einem Zug mit den *Maritimes* beschrieben.

Die *Maritimes* können ein Reiseziel für sich sein, aber ebensogut im Rahmen einer Rundreise besucht werden, welche Québec und/oder Neu-England-Staaten mit einschließt.

Richtung

Die gewählte Richtung der hier vorgestellten Routen versucht, beiden Möglichkeiten gerecht zu werden und schließt deshalb – ab Seiten 581/589/592 – nahtlos an die Neu-England Route an, sofern der **Grenzübertritt** zwischen Maine und New Brunswick erfolgen soll, oder die **Fähre** von Portland/Bar Harbor nach Yarmouth/Nova Scotia genommen wird, ➪ Seite 541.

Rundfahrt

Für eine Rundfahrt mit **Start in den *Maritimes*** kommt wegen des einzig nennenswerten internationalen Flughafens der Region (Direktflüge ab Europa) eigentlich nur Halifax in Frage. Halifax ist auch die einzige Stadt in den maritimen Provinzen, wo über heimatliche Veranstalter Campmobile gebucht werden können. Deshalb beginnen die Routenbeschreibungen für die *Maritimes* in **Halifax/Nova Scotia**.

Die **Strecken durch New Brunswick** sind auf den Start in Nova Scotia bzw. auf den Grenzübertritt von NB nach Maine zugeschnitten. Ihre Erläuterung erfolgt daher in Nord- bzw. Westrichtung. Da auf diesen Routen die touristischen *Highlights* eher punktuellen Charakter tragen, ergibt sich daraus für Fahrten in Gegenrichtung in der Regel keine besondere Unbequemlichkeit.

Gaspésie

Das gilt letztlich ebenso für einen Trip entlang der Küste der **Gaspé Peninsula**. Er wird hier als Fortsetzung der Route Prince Edward Island/Moncton–Campbellton (Straße #11) beschrieben und läuft gegen den Uhrzeiger "von unten" um die Halbinsel.

Anreise aus Québec

Auch der "Einstieg" in die maritimen Provinzen von Norden (Québec) fällt mit den gewählten Routen leicht. Bei Fahrt über den *Trans Canada Highway* und die *Gaspésie* erreicht man spätestens auf Prince Edward Island eine Route in eigener Fahrtrichtung. Davor überwiegen die Punktziele, so daß die Richtung der Routenführung nicht sonderlich störend ist.

5.2   REISEZIEL MARITIMES UND GASPÉSIE

5.2.1   Touristische Kennzeichnung

Die maritimen Provinzen Canadas sind bei uns als Reiseziele kaum entdeckt, werden aber von Kanadiern und Amerikanern stark besucht. Einnahmen aus dem Tourismus spielen dort eine wichtige wirtschaftliche Rolle.

Attraktion   Den Urlauber erwartet eine noch überwiegend unzerstörte Postkartenidylle: unverbaute Küsten, kleine intakte Ortschaften, glasklare Seen und Flüsse. Überall präsent sind die Spuren der jahrhundertealten Siedlungsgeschichte und Seefahrertradition. Ein Besuch in den maritimen Provinzen ist ein *Step back in time*, eine "Reise in die Vergangenheit".

Infrastruktur   Die touristische Infrastruktur wirkt – in angenehmer Weise – altmodischer und weniger perfektioniert als anderswo. Die großen Motelketten haben sich noch nicht durchgesetzt, und man findet überall ***Bed & Breakfast*-Pensionen** in – oft wunderbar verzierten – viktorianischen Holzhäusern. Dem Camper bieten besonders Nova Scotia und Prince Edward Island weitläufige ***Provincial Parks*** mit Stellplätzen in meist herrlicher Lage. Feine **Restaurants** sind eher selten, aber mancher **Imbiß** kann zum Erlebnis werden. Frische Hummer, Austern und Muscheln, gleich auf der Holzbank vor der Fischverkaufsbude verzehrt, bringen jeden *Gourmet* ins Schwärmen.

Kennzeichnend und heraushebenswert ist in den einzelnen Provinzen folgendes:

Nova Scotia   Nova Scotia steht für eine zerklüftete, mal felsige, mal lieblich grüne Atlantik-Küste mit unzähligen winzig-romantischen **Fischerhäfen**. Sie bestehen oft nur aus ein paar Fischerhütten und einem Anleger mit drei, vier bunten Booten und Hummerverkauf direkt vom Kutter. **Bilderbuchstädtchen** laden zum Bummeln und Schauen ein, und kleine lokale Museen und *Historic Sites* erzählen die spannenden Begebenheiten einer langen maritimen Vergangenheit.

Auto-Nummernschild

Nova Scotia Für den kalten Atlantik entschädigen viele – nie weit vom Meer entfernte – Seen. Im Sommer wird ihr Wasser warm genug für Badepausen oder -tage. Auf den Gewässern des *Kejimkujik National Park* im Landesinneren kann man Kanutouren machen und in hügeliger Landschaft schöne Wanderungen unternehmen. Gelegenheit zu anspruchsvolleren Fußmärschen hat man im wildromantischen Bergland des *Cape Breton Highlands National Park*. Von dort ist es nicht weit zur *Fortress Louisburg*, einem *Living Museum* der Extraklasse.

Prince Edward Island Der *Prince Edward Island National Park* mit seinen rosafarbenen Stränden und Dünen bietet beste Voraussetzungen für Ferientage am Meer. Vorbei an weiß-roten Holzhäusern geht es dorthin durch leuchtend rote Erde und sattgrüne Felder.

Touristisch entwickelt sind auf PEI vor allem die Hauptstadt **Charlottetown** mit Umgebung und der zentrale Norden. Dort finden **Lobster Suppers** statt, eine Tradition der *Maritimes*,

Maritime Provinzen

die nur noch in der Inselprovinz gepflegt bzw. vermarktet wird. Die *Lobster Suppers* waren ursprünglich dörfliche Gemeinschaftsessen im Kirchenkeller. Heute werden sie in Ausflugsrestaurants mit reichlich Hummer und überquellenden Salatbüffets für Hunderte von Besuchern veranstaltet.

New Brunswick

Der bereits erwähnte *Step back in time* ist nirgends intensiver zu spüren als in New Brunswick und dort besonders im Tal des St John River, an dem auch die Hauptstadt Fredericton liegt. Dieser längste Wasserlauf der *Maritimes* erweitert sich südlich von Fredericton in eine ursprüngliche verzweigte Flußlandschaft. Da hinein paßt *Kings Landing*, ein *Living Museum*, das seine Besucher in das New Brunswick des 19. Jahrhunderts zurückversetzt. Das *Acadian Village* an der Ostküste greift noch ein wenig weiter zurück in die Frühzeit der Historie der maritimen Provinzen, ⇨ Seite 578.

Neben dem *Acadian Village* und einigen attraktiven Uferabschnitten, die teilweise als Provinzparks einer privaten Nutzung entzogen wurden, ist der **Kouchibouguac National Park** mit seiner Marschlandschaft, Stränden und Lagunen als Kanurevier Hauptanziehungspunkt am Golf von St. Lawrence.

Der gewaltige **Tidenhub** (bis 16 m) in der *Bay of Fundy* verleiht der Küstenlinie an der New Brunswick und Nova Scotia trennenden Bucht ein unverwechselbares Aussehen. In kürzester Zeit tauchen bei Ebbe bizarre Felsformationen und ein roter Meeresboden aus dem Wasser, um bei einsetzender Flut ebenso rasch wieder zu verschwinden.

Das Waldland zwischen Ostküste und US-Grenze ist fast menschenleer. Eine Stichstraße führt zum Mt. Carleton, dem höchsten Berg der Provinz (811 m), abseits der Touristenrouten.

Gaspésie

Die *Gaspésie* gilt als eine der touristischen Attraktionen der Provinz Québec. Dafür sind vor allem der **Forillon National Park**, der rote **Percé Rock** in der äußersten Halbinselspitze und die enormen Bestände an Seevögeln verantwortlich.

Die meisten Touristen bevorzugen neben den genannten Anziehungspunkten die reizvoll felsig-gebirgige **Nordküste** am St. Lawrence River. Die flache und weitgehend langweilige **Südküste** an der *Baie des Chaleurs* bietet keine spektakulären Sehenswürdigkeiten. Die Bewohner der zahlreichen Dörfer an der Küstenroute – meist Nachfahren baskischer, normannischer oder irischer Fischer – leben bis heute überwiegend vom Fischfang, dennoch findet man kaum eine Fischerhafenromantik wie etwa in Nova Scotia.

Drei Straßen überqueren in großen Abständen das praktisch unbesiedelte Bergland im Inneren der Halbinsel, die *Monts Chic-Chocs*, einen Ausläufer der Appalachen. Im *Gaspésie Provincial Parc* erhebt sich mit dem *Mont Jacques Cartier*, der mit 1268 m höchste Berg des östlichen Canada.

5.2.2   Klima

Leider sind die Klimaverhältnisse nicht immer so, wie es die Touristik-Werbung gerne verbreitet. Wegen der dort vorherrschenden Westwinde befinden sich die maritimen Provinzen trotz ihrer abseitigen Lage zwar noch im Einflußbereich des **Kontinentalklimas**, das warme Sommer und kalte Winter mit sich bringt. Durch die Allgegenwart des Meeres werden die Temperaturen jedoch gemildert. Die Sommer sind kühler und kürzer als weiter westlich, die Winter wärmer. Außer im Binnenland von New Brunswick, das bedeutend mehr Landmasse als die anderen maritimen Provinzen und die *Gaspésie* besitzt, steigt das Thermometer im Sommer so gut wie nie über 24°C und fällt im Winter meist nur wenig unter den Gefrierpunkt. In den Prospekten wird dies – mit Blick auf amerikanische Touristen aus Neu-England und erst recht weiter südlich gelegenen US-Staaten – als Erlösung von Sommerhitze bzw. eisiger Winterkälte gepriesen.

Die Wahrheit ist weniger freundlich. Das Wetter kann wechselhaft wie in Norddeutschland sein; kühle, regnerische Sommertage und Küstennebel sind keine Seltenheit. Besonders der Frühsommer (Ende Mai bis Ende Juni) ist klimatisch recht launisch. Wie hierzulande braucht man als Urlauber ein bißchen Glück; Reisen im **Juli und August** bis spätestens Mitte September sind insgesamt "risikoloser" als früher oder später.

5.2.3   Geschichte

Die *Maritimes* waren ursprünglich Siedlungsgebiet der **Micmac-Indianer**, die heute in Nova Scotia und New Brunswick lediglich 1% der Bevölkerung ausmachen. Auf Prince Edward Island leben nur noch ein paar hundert *Micmacs*.

Nova Scotia   Von Franzosen und Engländern schon im frühen 17. Jahrhundert "in Besitz genommen", spielte das damals noch New Brunswick und PEI einschließende Gebiet **Nova Scotia** in den Auseinandersetzungen der beiden Mächte um die Vormachtstellung auf dem neuen Kontinent eine bedeutende Rolle. **1713** erkannte Frankreich die Dominanz Englands in Nova Scotia an, behielt aber Cape Breton Island. Die französischstämmige Bevölkerung (die sog. **Acadians**, ➪ Essay Seite 479) wurde im Lauf erneuter Streitigkeiten mit Frankreich **1755** brutal vertrieben. Mit ganz *New France* ging **1763** auch Cape Breton Island endgültig an Großbritannien.

PEI/New Brunswick   **Prince Edward Island** wurde bereits **1769** ein eigenes, von Nova Scotia getrenntes Verwaltungsgebiet, **New Brunswick 1784** – nach dem Zustrom königstreuer Engländer (Loyalisten, ➪ Essay Seite 442) aus den jungen USA – von Nova Scotia separiert. Heute nimmt die Provinz eine Sonderstellung ein:

sie ist als einzige offiziell und faktisch zweisprachig. Denn 32% ihrer Bevölkerung – sie stammen von Rückkehrern der einst vertriebenen Acadier ab – sprechen Französisch. Vor dem Regierungsgebäude in Fredericton wehen in schöner Eintracht die akadische (Trikolore mit einem Stern), britische und kanadische Flagge neben dem Provinzbanner.

Neuzeit

Die meisten Bewohner der *Maritimes* aber sind Nachkommen britischer Einwanderer. Sie betrachten ihre Heimat gern als Geburtsstätte des heutigen Canada. Denn **1864** fand auf die Initiative ihrer Vorfahren eine erste Konferenz in Charlottetown/Prince Edward Island statt, die zum Zusammenschluß der verbliebenen britischen Kolonien auf dem nordamerikanischen Kontinent und damit im Jahre **1867** zur Gründung des *Dominion of Canada* führte.

SCHWARZE IM OSTEN CANADAS

Wer durch das östliche Canada reist, sieht insbesondere in ländlichen Gebieten fast nur Weiße. Schwarzen und anderen ethnischen Gruppen begegnet man nur in großen Städten und Industriegebieten. Allein in Toronto lebt mehr als die Hälfte aller Kanadier karibischen Ursprungs. Meist sind sie noch nicht lange in Canada, da erst in den 60er-Jahren die engen Restriktionen gegen die Einwanderung Farbiger gelockert wurden.

Aber es gibt in Canada auch Schwarze, deren Ursprünge bis auf die Anfänge der Besiedelung zurückgehen. Schon *Samuel de Champlain* brachte 1605 den ersten Schwarzen mit nach Port Royal, und die feineren Kaufleute und höheren militärischen Ränge in New France hielten sich später ebenfalls gern farbige Dienstboten.

Entlaufene Sklaven, die während des amerikanischen Revolutionskrieges auf englischer Seite gekämpft hatten, waren mit dem Versprechen von Freiheit und Landbesitz nach Nova Scotia gelockt worden, ⇨ Seite 442. Abgespeist mit den schlechtesten Böden, nützte es ihnen oft wenig, formal frei zu sein. Da sie sich von ihrem Besitz nicht ernähren konnten, waren sie gezwungen, die niedrigsten, am geringsten bezahlten Arbeiten anzunehmen.

Ihre Siedlungen an der Peripherie der weißen Städte hießen auch in diesem Teil Amerikas *Niggertown;* und die britische Verwaltung tat alles, um die Verbriefung der Landrechte der Schwarzen zu verzögern. Noch heute gibt es Regionen, in denen die schwarzen Familien immer noch nicht als rechtmäßige Eigentümer für Land eingetragen sind, das ihren Vorfahren schon vor über 2oo Jahren übergeben worden war.

Fortsetzung nächste Seite

1792 entschloß sich eine Gruppe von 2000 enttäuschten schwarzen Loyalisten, dem ungastlichen, kalten Land den Rücken zu kehren und nach Sierra Leone auszuwandern. Die Zurückgebliebenen konnten ihrer Ghettosituation nicht entkommen. Vor allen Dingen in Halifax, einer auf den ersten Blick vornehmlich weißen Stadt, macht sich der Unmut über 200 Jahre Diskriminierung immer wieder in gewalttätigen Auseinandersetzungen Luft. Anfang der 60er-Jahre erlangte das schwarze *Northend* medienwirksam "Berühmtheit", als die Bevölkerung einen Polizeistreik nutzte, um Schaufenster einzuschlagen und Regale auszuräumen. Anfang der 90er-Jahre kam es in derselben Gegend wieder zu wütenden Ausschreitungen, nachdem einem Schwarzen im weißen *Downtown* der Zugang zu einer Bar verwehrt worden war.

Ein positives Kapitel in der Geschichte der Schwarzen in Canada hat sich zwischen 1840 und 1860 vor allem in Ontario abgespielt. Schon 1793 erließ man dort ein Gesetz gegen die Sklaverei, und als 1834 im gesamten britischen Empire die Sklaverei abgeschafft wurde – während sie in den USA noch bis zum Ende des Sezessionskrieges bestehen blieb – flohen 30.000 Sklaven in die englischen Kolonien. Weiße und schwarze Helfer schleusten Flüchtlinge mittels einer geheimen Organisation, der **Underground Railway**, in abenteuerlichen, nächtlichen Fluchten durch ganz Amerika. Es gibt viele Geschichten von tapferen Schwarzen, welche die neugewonne Freiheit immer wieder aufs Spiel setzten, um ihren noch in Sklaverei lebenden Leidensgenossen zu helfen.

Im Fischereihafen von Yarmouth

5.3 NOVA SCOTIA/NEU-SCHOTTLAND

5.3.1 Zu den Routen

Aus den oben (Seite 520) erläuterten Gründen beginnt die Routenführung durch die maritimen Provinzen in Neu-Schottland, wie der lateinische Name der Provinz auf deutsch heißt. **Ausgangspunkt ist Halifax**. Von dort geht es zunächst in Richtung Süden nach Yarmouth, dem Hafen der Fährschiffe von/nach Bar Harbor und Portland/Maine, und dann an der Bay of Fundy entlang. Wiederum ab Halifax folgt die Fortsetzung der Route dem Verlauf der östlichen Südküste. Auf diesem Abschnitt kann man die Rundfahrt leicht in Richtung New Brunswick/Prince Edward Island abkürzen oder aber bis zur *Strait of Canso* fahren und auch noch die Insel Cape Breton besuchen (Minimum 3 Tage).

Cape Breton Island
Die Rundfahrt auf Cape Breton führt ebenfalls im wesentlichen an den Küsten entlang in die Nordwestecke zu den *Cape Breton Highlands* und zur *Fortress Louisbourg* im äußersten Osten.

Steckbrief Nova Scotia/NS

890.000 Einwohner, 55.500 qkm. Größte und **Hauptstadt ist Halifax**. Dort leben 115.000, im Großraum mit der Schwesterstadt **Dartmouth** 300.000 Einwohner. Die Besiedelung konzentriert sich entlang der Küsten. Das Gros der Fläche liegt auf der inselartigen über eine schmale Landbrücke (Isthmus) mit New Brunswick verbundenen **Halbinsel Nova Scotia**. Zur Provinz gehört außerdem die im Nordosten an das Festland anschließende **Insel Cape Breton**. Damm und Brücke über die *Strait of Canso* stellen die Vebindung mit Nova Scotia her.

Die zu 80% gemischt-bewaldete Fläche ist geprägt von niedrigen Ausläufern der Appalachen, die auf Nova Scotia und Cape Breton Island für eine hügelige **Felslandschaft** (maximale Höhen um 400 m) mit über 3.000 großen und kleinen Binnenseen sorgen. Die Küsten sind überwiegend rauh und auf der Atlantikseite voller Klippen und tief ins Land reichenden Buchten. Das Phänomen des **Tidenhubs** der Bay of Fundy ist auch auf der Neu-Schottland Seite zu beobachten.

Holz- und Papierindustrie, Fischfang – wertmäßig bedeutsam vor allem Hummer, Austern und Venusmuscheln – und -verarbeitung sowie Landwirtschaft und Viehzucht bilden die **ökonomischen Standbeine** der Provinz. Hinzu kommt der (Sommer-) Tourismus als wichtige Einnahmequelle.

Touristische Ziele sind neben den bereits erwähnten (Seite 522) Nationalparks *Cape Breton, Fortress Louisbourg* und *Kejimkujik* der *Lighthouse* und *Evangeline Trail*, aneinander anschließende Küstenstraßen im Süden, sowie *Port Royal* und *Grand Pre National Historical Parks*.

5.3.2   Halifax

Lage und Geschichte

Halifax liegt auf einer schiffsförmigen Halbinsel in der am tiefsten ins Land reichenden Bucht der Atlantikküste, dem *Halifax Harbor*. Die Eignung dieser fast rundum von Wasser umgebenen Landzunge für die Anlage eines Hafens und einer verteidigungsbereiten Siedlung ist offensichtlich.

So errichteten die Engländer 1749 als Gegengewicht zum französischen *Fort Louisbourg* auf Cape Breton ein erstes Fort dort, wo heute die Zitadelle die Stadt überragt, und verlegten bald die Verwaltung ihrer Besitzungen im nordöstlichen Amerika von Annapolis Royal (➪ Seite 543) in das strategisch günstiger positionierte Halifax. Nach dem Hinauswurf der Franzosen aus Canada 1763 wurde Halifax Hauptquartier der britischen Atlantik-Kriegsflotte. Die Gegenwart der *Navy*, Handel und Schiffbau sorgten rasch für Wohlstand. Um die Mitte des 19. Jahrhunderts – dem **Golden Age of Sail** – verfügte das maritime Canada über die viertgrößte Handelsflotte der Welt. Ein Großteil davon war in Halifax und Lunenburg beheimatet.

Beim Standort für die englische, später die kanadische Kriegsmarine blieb es. In beiden Weltkriegen spielte Halifax eine wichtige Rolle als Nachschubbasis. Im 2. Weltkrieg wurden Konvois nach Murmansk zur Unterstützung der Sowjets in Halifax zusammengestellt. Bis heute ist der Hafen wichtigster Wirtschaftsfaktor der Stadt.

DIE HALIFAX EXPLOSION

Das Ereignis der *Halifax Explosion* im Jahre 1917 ist bei uns so gut wie unbekannt. Diese größte von Menschen verursachte einzelne Explosion vor Zündung der Atombombe kostete über 2000 Menschen das Leben, 9000 wurden großenteils schwer verletzt. 1200 Gebäude – fast das gesamte *North End* – wurden zerstört; noch 50 Meilen entfernt zerbrachen Fensterscheiben.

Halifax war während des 1. Weltkrieges ein Kriegshafen, von dem aus Truppentransporte, Versorgungs- und Munitionsschiffe nach Europa ausliefen. So auch das belgische Versorgungsschiff *Imo* und die französische *Montblanc* mit tonnenweise Munition an Bord. Leichtsinn und menschliches Versagen – die *Montblanc* hatte die obligatorische rote Flagge zur Kennzeichnung ihrer gefährlichen Fracht nicht gehißt, die *Imo* manövrierte unseemännisch – führten am 6. Dezember 1917 zu einer folgenschweren Kollision. Die Besatzung der *Montblanc* – wissend um die gefährliche Fracht – konnte das Schiff noch verlassen, bevor es 20 Minuten nach dem Zusammenstoß explodierte.

Diese kurze Zeit hatte aber auch ausgereicht, scharen-weise Schaulustige, vor allem Kinder, an die Kais ringsum zu locken, die sich das interessante Schauspiel der brennenden Schiffe nicht entgehen lassen wollten und dann Opfer der Detonation wurden.

Lange Zeit hielten sich Gerüchte über einen feindlichen Angriff und die Beteiligung deutscher Spione. Aber nach jahrelangen Prozessen wurde offiziell festgestellt, daß wohl keine Sabotage im Spiel war.

Im *Maritime Museum of the Atlantic* erläutern Film und Fotoausstellung die Details zu diesem tragischen Ereignis.

Anreise, Information und Unterkunft

Flughafen
Der **Halifax International Airport** liegt 40 km nordöstlich von *Downtown* Halifax an der Autobahn #102. Ein sog. *Airbus* fährt bis zu 20x täglich zu allen größeren Hotels in der City; einfache Fahrt $12, retour $19. Eine Fahrt per Taxi kostet $40; Taxi-Fahrgemeinschaften (*Share-a-Cab*) sind üblich und reduzieren die Kosten auf 50%. Eine **Visitor Information** im *Terminal* hilft bei Hotelreservierungen und versorgt Besucher mit Material zu Halifax und Nova Scotia.

Info Büros
Tourist Information Centres gibt es im *Old Red Store* an der *Waterfront* (*Historic Properties*) und in der *Old City Hall*, Ecke Duke/Barrington St; ⇨ Karte übernächste Seite.

Orientierung
Die Orientierung in Halifax fällt leicht. Alle wesentlichen Sehenswürdigkeiten befinden sich im zentralen Bereich auf der unteren Halbinsel. Der Bicentennial Dr #102 führt von Nordosten in die City, die #111 von Osten über die *Narrows* zwischen *Halifax Harbor* und der nördlichen Buchterweiterung *Bedford Basin*. Aus Südwesten fährt man entweder sowieso auf der Straße #3 (oder der parallelen Autobahn #103) oder erreicht von *Lighthouse Trail* (⇨ nächste Seite) diese ebenfalls ins Zentrum von Halifax führende Route.

Parken
Parkplätze findet man u.a. am Einkaufszentrum **Scotia Square** und an der **Waterfront** bei den *Historic Properties*.

**Motels/
Hotels**
Das nostalgische *Chateau Halifax* und das *Delta Barrington* in *Downtown* bieten ein solides Preis-/Leistungsverhältnis:

– **Chateau Halifax,** 1990 Barrington St; ✆ (902) 425-6700 oder ✆ (800) 441-1414, Fax (902) 425-6214; DZ ab $109.

– **Delta Barrington**, 1875 Barrington St; ✆ (902) 429-7418 oder ✆ (800) 268-1133, Fax (902) 420-6524; DZ ab $89.

In Fußgängerdistanz zum Stadtzentrum befinden sich ebenfalls in der Barrington St (südlich der Spring Garden *Shopping* Rd) das *International Hostel* und eine Reihe kleinerer Hotels:

– *Heritage House I'ntl Hostel*, 1253 Barrington St, einfacher älterer Bau mit 50 Betten, ℰ (902) 422-3863; ab $15/Person

– *Gerrad Hotel*,1432 Barrington St, älteres einfaches Hotel, ℰ (902) 423-8614, DZ ab $55

– *Waverley Inn*, 1266 Barrington St, ein sehr schönes, stilvoll möbliertes Haus, ℰ (902) 423-9346 oder ℰ (800) 565-0670, Fax (902) 425-0167, DZ $75-$120

– *Halliburton House Inn*, 5184 Morris St (Nebenstraße Barrington), ein nostalgisches Hotels der gehobenen Kategorie, ℰ (902) 420-0658, Fax (902) 423-2324, DZ $110-$160

Motels der unteren und der Mittelklasse, speziell der großen Ketten findet man am Bedford Hwy/Straße #2 (*Econolodge, Wedgewood Motel, Days Inn, Travelers Motel* etc.) und in Dartmouth auf der anderen Seite des Bedford Basin an der Windmill Rd (*Comfort Inn, Howard Johnson*).

Camping

In ca. 12 km Entfernung vom Zentrum liegt der private Platz *Wood Havens Park*: Autobahn #102, *Exit* 3 auf die Straße #213, ℰ (902) 835-2271. Attraktiver ist der *Campground* im *Porter's Lake Provincial Park*, ca. 25 km östlich der Stadt, Autobahn #107, *Exit* 19, dann 5 km auf West Porter's Lake Rd. Der Park erstreckt sich über 2 Halbinseln am See (Baden!). Viele Stellplätze besitzen einen eigenen Pfad zum Ufer. Auch nicht viel weiter ist es zum *Laurie Provincial Park*, ca. 40 km nördlich von Halifax am Grand Lake; Straße #2.

Stadtbesichtigung

Halifax ist die größte und lebendigste der maritimen Städte Canadas; zwei Besuchstage lassen sich dort leicht ausfüllen.

Das Stadtzentrum mit vielen historischen Gebäuden und einer Reihe neuere Hochhäuser liegt – nach Süden begrenzt durch die **Einkaufsstraße Spring Garden Road** – zwischen *Citadel Historic Park* und restaurierter *Waterfront*.

Waterfront

Die sog. *Historic Properties* (Upper Water St am nördlichen Ende der Kaianlagen) eignen sich gut als Ausgangspunkt für die Stadtbesichtigung. Diese einzigen am Hafen erhaltenen alten Lagerhäuser wurden 1963 – vom Abriß bedroht – zum *National Historic Site* erklärt. Die bunt gestrichenen Holzgebäude beherbergen Buch- und Souvenirläden, Kneipen und Restaurants mit Terrassen zum Draussensitzen. Auch eines der *Tourist Information Centres* befindet sich dort.

Die Rundfahrt mit der *Haligonian III* vorbei an großen Yachthäfen, Wohngebieten und Parks, dem Containerterminal und militärischen Anlagen ist bei gutem Wetter eine unterhaltsame Angelegenheit. Abfahrtszeiten im Sommer um 10, 14, 16.15 und 19 Uhr, Dauer ca. 2 Stunden; $16, Kinder $6,50.

Seefahrts-museum

Das ***Maritime Museum of the Atlantic*** (1675 Lower Water St) vermittelt einen Überblick über die Seefahrtsgeschichte der *Maritimes* sowie die Entwicklung der Segel- und Dampf-schiffahrt. Besonderes Augenmerk gilt dem Untergang der ***Titanic,*** auf der sich auch *Haligonians*, Bürger von Halifax, befunden hatten, nach der Kollision mit einem Eisberg vor der Küste Neufundlands. Viele der geborgenen Opfer wurden in Halifax begraben. Sehenswert sind darüberhinaus die *Ships Chandlery*, ein alter Schiffsausrüster-*Shop*, die Sammlung von Gallionsfiguren und am Kai des Museums die ***HMS Sack-ville***, ein Zerstörer, der den Konvois nach Rußland Begleit-schutz gewährte. Ein weiteres wichtiges Thema ist die ***Hali-fax-Explosion*** von 1917 (⟳ Essay vorletzte Seite).

Geöffnet im Sommer Mo–Sa 9.30–17.30 Uhr, Di bis 20 Uhr, So ab 13 Uhr; Eintritt $2,50; Kinder $1. Rest des Jahres frei.

Downtown

Kehrt man den *Historic Properties* den Rücken, sind es nur ein paar Schritte bis *Downtown* mit den beiden **Shopping Malls Scotia Square** und **Barrington Place**. Eine Mischung alter und neuer Gebäude liegt an der **Grand Parade**, einer Parkanlage auf dem ehemaligen Exerzierplatz zwischen Bar-rington und Argyle St. Die **St. Pauls Anglican Church** (1750) am südlichen Ende der *Grande Parade* ist das älteste erhal-tene Gebäude der Stadt. Am entgegengesetzten Ende befindet sich die viktorianische **City Hall** (1890), jetzt verbunden mit dem neuen **World Trade and Convention Centre**.

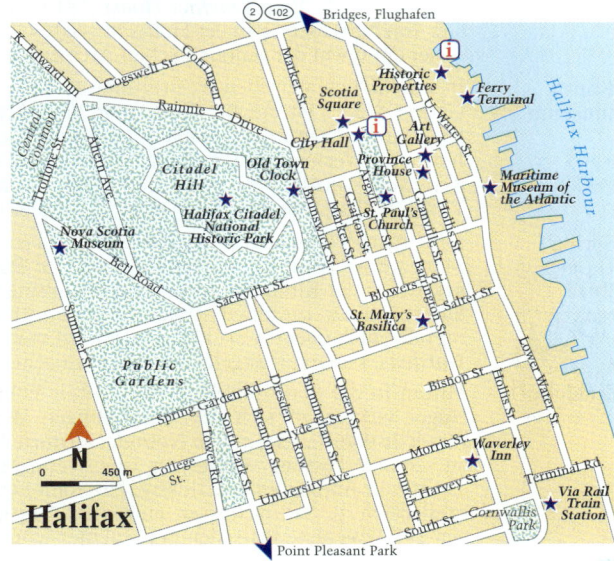

Die Bluenose II (⇨ Essay Seite 537) auf Besuch in Halifax

Town Clock

Von der *Grande Parade* aus kann man die *Old Town Clock* im Park vor der Zitadelle (George St) nicht übersehen. Der Pünktlichkeitsfanatiker *Prince Edward* – Vater von *Queen Victoria*, der über Jahre mit einer französischen Geliebten das gesellschaftliche Leben von Halifax dominierte – schenkte diesen Uhrenturm 1803 der Stadt.

Province House

Restaurierte Geschäftshäuser aus der Zeit um 1860 befinden sich in der Granville St, einer Fußgängerpassage südlich der *Grande Parade*. Vom **Province House** (1819), dem Regierungssitz von Nova Scotia in der Hollis St, sagte *Charles Dickens*, es sei ein Juwel der georgianischen Architektur.

Kunst-museum

In einem nostalgischen Verwaltungsgebäude (Hollis, Ecke George Street) ist die **Art Gallery of Nova Scotia** mit einer beachtlichen Sammlung kanadischer Kunst (*Cornelius Kreighoff*) und Werken der *Group of the Seven* untergebracht, ⇨ Seite 410. Geöffnet Di–Sa 10–17.30 Uhr, Do bis 21 Uhr, So 12–17.30 Uhr; Eintritt $2. Emäßigt $1, Kinder unter 12 frei.

Spring Garden Road

Folgt man der Barrington St nach Süden, passiert man die *St. Mary´s Basilica* und den alten Friedhof *Old Burying Ground* gegenüber der Kirche und stößt auf die Spring Garden Road. Sie ist Halifax` zentrale Einkaufs- und Restaurantstraße. Auf ihr oder auch über die Sackville St gelangt man zu den **Public Gardens**, kunstvoll angelegten viktorianischen Gärten.

Zitadelle

Mitten in der Stadt unter einem weithin sichtbaren grünen Hügel verstecken sich die sternförmigen Wallanlagen der Zitadelle von Halifax, einem **National Historic Site**. Die heute zu sehende Festung wurde erst 1856 fertiggestellt und war damit von Anfang an überflüssig. Die Kanonen wurden ausschließlich zu Salutschüssen eingesetzt. An gleicher Stelle war 1749 das erste Palisadenfort errichtet worden.

Die Zitadelle ist faktisch ein historisches Museum, in dem die Quartiere der Besatzung, Waffenarsenale und Pulvermagazine zu besichtigen sind. Kontinuierlich läuft *The Tides of History*, ein Film über Halifax` Geschichte und die Bedeutung der *Maritimes*. Im Sommer exerzieren Studenten in den Uniformen der *Royal Artillerie* und der *78th Highlanders* und zeigen perfekten militärischen Drill. Die Zitadelle ist im Sommer täglich 9–18 Uhr geöffnet; Eintritt $2, Kinder $1.

Nova Scotia Museum

Das **Nova Scotia Museum of Natural History** (1747 Summer St, westlich der Zitadelle) beleuchtet neben Geologie, Flora und Fauna Aspekte der regionalen Geschichte mit Schwerpunkt auf den *Acadians* und *Micmac*s (⇨ Seiten 579 und 15). Geöffnet Mo–Sa 9.30–17.30 Uhr, Mi 17.30–20 Uhr, So ab 13 Uhr; $3, Kinder $1.

Park

Für einen Spaziergang bei schönem Wetter eignet sich der **Point Pleasant Park** auf der bewaldeten Südspitze der Halbinsel mit schönen Ausblicken auf die Hafeneinfahrt und Picknickplätzen zwischen alten Festungsanlagen. Der Park ist mit der Buslinie #9 von *Downtown* leicht zu erreichen. Während der Fahrt passiert man die Young und die South St, an denen schöne alte Villen den bereits im 19. Jahrhundert erreichten Wohlstand demonstrieren. Man kann die 2 km von *Downtown* dorthin aber auch gut zu Fuß zurücklegen

Black Cultural Center

Spezielles Interesse setzt das *Black Cultural Centre* im Osten von Dartmouth voraus (Straße #7, Kreuzung Cherry Brook Rd). Es würdigt die Geschichte und das Schicksal der Farbigen in Nova Scotia, ⇨ Seite 525, die um 1780 mit den Loyalisten aus den USA gekommen waren. Ihre Nachfahren lebten später im Vorort *Africville*. Heute wohnen Schwarze zwar über die ganze Stadt verteilt, sind aber nicht in die weiße Gesellschaft integriert. Geöffnet Mo–Fr 9–17 Uhr, Sa 10–16; Eintritt $1.

Typische Szene am Lighthose Trail, ⇨ folgende Seite

5.3.3   Von Halifax nach Yarmouth

Lighthouse Trail

Die maritime Vergangenheit Nova Scotias und die alten Geschichten um Schmuggler, vesunkene Schiffe und Schätze werden Touristen in konzentrierter Form auf dem nördlichen Abschnitt des **Lighthouse Trail** verabreicht, der Küstenroute zwischen Halifax und Liverpool. Dort ist auch die Infrastruktur gut entwickelt, aber weitgehend ohne die sonst vielerorts bekannten negativen Begleiterscheinungen. Es gibt hübsche Motels, *Bed and Breakfast Inns*, Restaurants und Kneipen und in regelmäßigen Abständen wunderbar gelegene Provinzparks mit schönen Campingplätzen.

Die Entfernung zwischen Halifax und Yarmouth beträgt auf der Straße #103 nur rund 300 km. Auf dem **Lighthouse Trail** sind es **525 km**. Er entspricht zunächst der **Straße #333**, die von der #3 westlich von Halifax abzweigt, und später kleinen Straßen wechselnder Numerierung. Die ausgeschilderte Route führt an zahlreichen tief eingeschnittenen, mal lieblich bewaldeten oder felsigen, mal sandigen Buchten entlang. Sie passiert unzählige Inselchen und Seen. Winzige Fischerdörfer mit hoch aufgetürmten Hummerfallen und einige Städtchen aus Nova Scotias Blütezeit liegen am Wege.

Peggy`s Cove

Etwa 45 km südwestlich von Halifax liegt Peggy`s Cove, mit ganzen 50 Einwohnern der "Prototyp" eines Nova Scotia Fischerdorfes. Zwar können andere Orte am *Lighthouse Trail*, wie East und West Dover, was die rauhe Idylle betrifft, durchaus "mithalten", aber nur Peggy's Cove besitzt den speziellen

Charme, der es zum meistbesuchten Fischerhafen Canadas machte. Dort landen die Kutter seit über 200 Jahren täglich – je nach Saison – Hummer, Kabeljau, Makrelen und Heilbut an. Hauptanziehungspunkt ist neben dem Minihafen das auf massiven glatten Felsen gelegene malerische **Lighthouse**, das als typisch für die Atlantik-Provinzen Canadas gilt. Seit 1972 dient es in den Sommermonaten als Postamt.

Fischer in Stein gehauen bei Peggy`s Cove

*Leucht-
turm
von
Peggy`s
Cove*

Trotz der heute vorhandenen touristischen Infrastruktur und großer Parkplätze (außerhalb des Ortes), hat sich Peggy's Cove seinen Charakter als Fischerdorf bewahren können.

Unterkunft Übernachten läßt sich dort nur in *Peggy´s Cove B&B* (drei Zimmer!), ℰ (902) 823-2265, DZ ab $60. Im weiteren Verlauf des *Lighthouse Trail* bis Liverpool gibt es jedoch zahlreiche Motels und *B&B Inns* aller Preisklassen, besonders in der Umgebung von Chester und Mahone, z.B.:

– *Clifty Cove Motel* in India Harbour unweit Peggy´s Cove, einfaches Motel, Meerblick, ℰ (902) 823-3178, DZ ab $50.
– *Mecklenburgh Inn* im Zentrum von Chester. Gemütliches altes Haus (4 Zimmer), ℰ (902) 275-4638, DZ ab $65.

– *Haddon Hall Inn* ebenfalls in Chester, anspruchsvoll, Tennisplatz, geheizter Pool, ℰ (902) 275-3577, DZ ab $175.
– *Windjammer Motel* bei Chester an der Straße #3, preiswert. ℰ (902) 275-3567, DZ ab $45.

Camping

Der *Graves Island Provincial Park* liegt 3 km östlich von Chester am *Lighthouse Trail* mitten in einer Parklandschaft mit weitem Blick auf Inselchen und Buchten. Die Stellplätze auf dem *Campground* sind besonders großzügig.

Der *Risser's Beach Provincial Park* zwischen Bridgewater und Liverpool mit einem Gelände beidseitig des *Lighthouse Trail* ist besonders wegen seines breiten Sandstrandes attraktiv. Das Wasser des Atlantik lädt aber nicht zum Baden ein.

Chester/ Mahone

Die alten Städtchen Chester und Mahone mit hübschen Holzhäusern in blühenden Gärten und zahlreichen Antik- und Kunstgewerbeläden sind beide einen Besuch wert. **Chester**, der schönste Ort im Straßenabschnitt an der *Mahone Bay*, ist eher ein Sommerfrische- als ein Fischerdorf. In Mahone fallen schon von weitem die hohen Türme der Holzkirchen auf. Das kleine ***Settlers` Museum*** erinnert mit einem deutschen "Willkommen" daran, daß der Ort 1754 durch den in Deutschland gebürtigen Kapitän Ephraim Cook gegründet wurde.

Ross Farm

Für Familien mit Kindern ist vielleicht ein Abstecher zur *Ross Farm* lohnend (ab Chester 24 km über die Straße #12 nach New Ross), ein landwirtschaftliches ***Living Museum***. Dort demonstriert man Handwerkskunst, Ackerbau und Viehzucht, wie sie früher betrieben wurden. Die Produkte der Farm kann man auch kaufen. Geöffnet im Sommer täglich 9.30–17.30 Uhr; Eintritt $4.50, Kinder $1.

Lunenburg

Der interessanteste Ort am *Lighthouse Trail* ist Lunenburg. Die bereits 1753 von deutschen und Schweizer Protestanten gegründete, einst reiche Stadt hat heute nur noch rund 3.000 Einwohner. Im *Age of Sail* Mitte des 19. Jahrhunderts war Lunenburg erheblich größer und bekannter.

Die **Holzarchitektur** aus jener Zeit ist fast vollständig erhalten. Beeindruckend – und im überschaubaren Zentrum unverfehlbar – sind die **St. John's Anglican Church**, die **Lunenburg Academie**, das **McLachlan House** und das **Boscawen Inn**, ein stilvolles Nostalgie-Hotel, ☎ (902) 634-3325, $40-$110. Das **Visitor Centre** in einem nachgebauten Leuchtturm auf dem *Blockhouse Hill* verteilt Faltblätter mit allen Details zu den historischen Häusern der Stadt.

Spiegelung der Szenerie auf der Mahone Bay in Chester

BLUENOSE

Das bekannteste Segelschiff Canadas, die auf der 10 Cent-Münze, dem *Dime,* abgebildete *Bluenose I*, lief 1921 in Lunenburg vom Stapel. Blaugefrorene Matrosennasen gaben ihr den Namen. In den Folgejahren bis 1938 wurde sie zum Symbol maritimer Stärke Canadas, als sie gegen starke US-Konkurrenz fast ununterbrochen die sog. *Fishermen's Trophy* gewann. Nachdem das Schiff 1942 in die Karibik verkauft worden war, lief es 1946 vor Haiti auf ein Riff und sank. Die 1963 nachgebaute identische *Bluenose II* – sie ist meist irgendwo unterwegs, ⇨ Foto, Seite 532 – soll demnächst von der *Bluenose III* abgelöst werden. Ebenfalls in Lunenburg entstand das Filmschiff *HMS Bounty*, auf der einst *Marlon Brando* kämpfte und liebte.

Fischerei-Museum

In einer früheren Fischverarbeitungs-Fabrik ist das **Fisheries Museum of the Atlantic** untergebracht. Dort geht es um Wale und Walfang, Hochsee- und Küstenfischerei, Schiffstypen und Bootsbautechnik und um das *Rumrunning*, den Alkoholschmuggel während der Prohibitionszeit. Am Kai liegen zwei Hochsee-Kutter und ein Trawler. Mo–Sa 9.30–17.30 Uhr, Di bis 20 Uhr, So 13–17.30 Uhr; Eintritt $3, Kinder $1.

Vor dem Museum befinden sich zwei Restaurants mit großen Aussichtsterrassen, die vor allem *Seafood* servieren. Beliebt ist vor allem das **Old Fish Factory Restaurant**.

Routen-alternative

Die Städtchen **Bridgewater** und **Liverpool** weiter südlich sind touristisch kaum ergiebig. Das gilt genaugenommen auch für den ganzen weiteren Verlauf des *Lighthouse Trail*, der trotz seiner prinzipiellen Attraktivität auf den vielen Kilometern bis Yarmouth – sieht man einmal ab von Shelburne – und darüberhinaus (*Evangeline Trail*) nicht mehr viel Neues bietet. Man könnte daher ohne nennenswerte "Auslassungen" bereits ab Bridgewater, spätestens ab Liverpool auf der Straße #8 über den **Kejimkujik National Park** nach Annapolis Royal fahren.

Kejimkujik National Park

Im zentralen Binnenland des südlichen Nova Scotia liegt an der die Küsten verbindenden Straße #8 der **Kejimkujik National Park**. Sein Name geht auf die *Micmac* zurück, Indianer, die nomadisierend in dieser Region heimisch waren, wie in Stein geritzte Jagdszenen belegen.

Die hügelige Seenlandschaft des Parks erinnert an Finnland. Auf 381 qkm unberührter Natur kann man in überraschend warmen Seen **baden**, ausgedehnte **Kanutouren** unternehmen oder auf **Wanderungen** durch Nadel- und Laubwald seltene Tiere wie Stachelschweine, Schildkröten und fliegende Eichhörnchen beobachten.

Im **Visitor Centre** an der Parkeinfahrt direkt an der #8 bei Maitland Bridge gibt es die Karte des Parks mit Wanderwegen und Kanurouten (Mietkanu $16/Tag). Neben dem per Auto zugänglichen **Campingplatz** existieren eine Reihe von gebührenfreien *Backcountry-Campgrounds.* Wer sich vorab informieren möchte: ✆ (902) 682-2772

Südliche Küste

Die Straßen des **Lighthouse Trail** folgen weiter der überaus zerklüfteten Küste. Sie passieren viele kleine Buchten, die hier nicht so felsig sind wie im nördlichen Abschnitt; einige besitzen Sandstrände, wie etwa der **Summerville Beach Provincial Park** (ohne Camping) südlich Liverpool.

Shelburne

Ein Schmuckstück unter den Orten im Süden ist Shelburne. Das erkannte auch Hollywood und bestimmte das vollständig aus *Shingle-* und *Clapboard-Houses* bestehende Städtchen als Drehort für den eigentlich in Neu-England spielenden Film *The Scarlet Letter* ("Der scharlachrote Buchstabe").

Nach der amerikanischen Revolution (1783) hatten Tausende von Loyalisten aus den nördlichen US-Staaten das heutige Shelburne wegen seines großen natürlichen Hafens als neue Heimat gewählt (⇨ Seite 442). Die Bevölkerung wuchs rasch auf 16.000 Einwohner und damit zu einer der damals größten Städte Nordamerikas. Nachdem die Engländer ihre Unterstützung für die Loyalisten eingestellt hatten, zogen viele der neuen Bürger wieder fort. Das **Shelburne County Museum** und das **Ross-Thompson House** zeigen, wie die Menschen dort um 1785 gelebt haben.

Im **Dory Shop**, einer bis 1970 aktiv genutzten Bootswerft (dem **Museum** gegenüber), ist die Entstehung, Entwicklung und handwerkliche Fertigung der *Dories* erläutert. Diese speziellen Ruderboote wurden bei der Hochsee-Fischerei von größeren Schiffen aus eingesetzt.

Alle drei Häuser sind im Sommer täglich 9.30–17.30 Uhr geöffnet; der Eintritt ist frei, aber eine Spende wird erwartet.

Restaurants

In Shelburne kann man gut essen, trinken und schlafen: am Ende der Dock Street warten *McGovern´s Dining Room* und *Bruce´s Wharf* auf Gäste. Eines der teuersten, aber auch besten Restaurants der Region befindet sich im *Coopers Inn*, © (902) 875-4656, Übernachtung $60-$120.

Unterkunft

An der Ortszufahrt Water St, *Exit* 26 der #103, gibt es einige preisgünstige Motels, u.a. das *Cape Cod Colony Motel*, 234 Water St, © 8902) 875-3411, ab $50, und das *Wildwood Motel*, Minto St abseits Water St, © (902) 875-2964, ab $55.

Sehr gut campen kann man im *Islands Provincial Park*, der ca. 5 km westlich von Shelburne auf einer kleinen bewaldeten Halbinsel auf der anderen Seite der Bay liegt.

Pubnicos

Etwa 25 km südöstlich von Yarmouth an der Straße #335 liegen die Pubnicos – je nach Lage East-, West-, Lower-, Middle-Pubnico. Obwohl überall auf dieses – in dieser Region am *Lighthouse Trail* – einzige **akadische Siedlungsgebiet** (⇨ Essay Seite 579) hingewiesen wird, lohnt sich ein Abstecher – etwa hinunter nach Lower West Pubnico am Ende einer Landzunge – kaum. Außer der hier und dort auf schlichten weißen Holzhäusern wehenden **akadischen Flagge (Trikolore mit goldenem Stern**) sieht der Durchreisende kaum etwas von der alten Kultur Acadias – es sei denn, er "erwischt" gerade eines der sommerlichen Festivals.

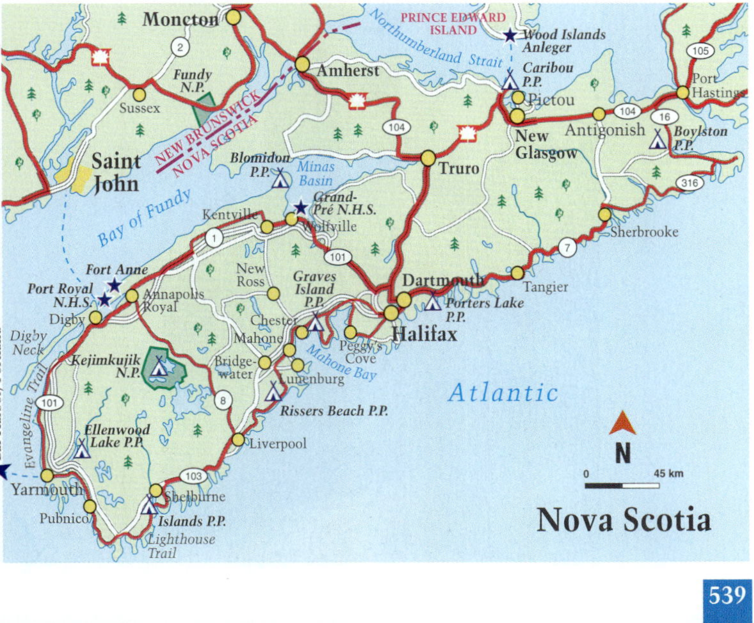

Yarmouth

Yarmouth, das sich auf eine französische Siedlung gründet (1601), blickt auf eine Shelburne und Lunenburg vergleichbare Geschichte zurück, ist aber mit 8.000 Einwohnern für Nova Scotia-Dimensionen bereits eine größere Stadt. Dafür sorgen vor allem der Fischereihafen, wo man bei der tonnenweisen Verladung von Meeresfrüchten zuschauen kann, und die **Fähr-verbindung nach Maine/USA**. Die Besucher aus den USA werden von dudelsackspielenden Schotten und einem großen **Visitor Centre** direkt am Fährhafen begrüßt. In der nahen Main Street leben viele Geschäfte vom Tourismus.

Cape Forchu

Von Yarmouth aus lohnt sich ein kleiner Ausflug nach Norden (Straße #304) zum Cape Forchu mit dem gleichnamigen Leuchtturm am Ende einer Landzunge, die weit ins Meer ragt. Auf dem Weg dorthin passiert man kleine **Fischerhäfen**, die besonders idyllisch wirken, wenn die Boote bei Ebbe im Schlick liegen. Ein **Picknickplatz** wartet beim *Lighthouse*.

Hotel/Motel

Wer in Yarmouth ein Quartier sucht, findet eine ganze Reihe Motels der Preisklasse $50-$100 an der Straße #1 in Richtung Norden. Direkt am Fährhafen liegt das ***Rodd Colony Harbor Inn***, ✆ (902) 742-9194 oder ✆ (800) 565-Rodd, ab ca. $80.

Camping

Der ***Ellenwood Lake Provincial Park***, 20 km nordöstlich Yarmouth, besitzt einen warmen Badesee und Campingplatz; Zufahrt auf der Straße #101, dann #340 und östlich Ohio den – etwas unauffälligen – Schildern folgen.

Evangeline, Heldin der Acadier. Hier ihr Standbild im Grand Pré National Historic Site

Fährverbindungen von Yarmouth

nach **Bar Harbor**:

Die kanadische *Bluenose* fährt im Sommer (Ende Juni bis Anfang Oktober/*Columbus Day)* täglich um 16 Uhr, zurück um 8 Uhr ab Bar Harbor; Dauer ca. 6 Std. Die einfache Fahrt kostet für Erwachsene c$54, Kinder bis 12 Jahren die Hälfte; Pkw ab c$68. Campmobile kosten nach Länge, Fahrräder c$12. Vor- und Nachsaison Preisnachlaß. Reservierung bei **Marine Atlantic** unter ✆ (902) 742-6800 oder *toll free* ✆ (800) 341-7981.

nach **Portland**:

Der *Scotia Prince* läuft von Mai bis Oktober täglich um 10 Uhr aus, Rückfahrt ab Portland 21 Uhr; Dauer ca. 11 Stunden. Einfache Fahrt für Erwachsene kostet c$95, Kinder bis 12 Jahren die Hälfte PKW c$127 (Di+Mi c$63), Kabine für 2 Personen c$58-c$210. Ermäßigte Tarife Mai und Oktober Reservierung: **Prince of Fundy Cruises**, ✆ (902) 742-5164 oder *toll-free* ✆ (800) 341-7540.

5.3.4   Von Yarmouth zum Grand Pré NHS

Evangeline Trail

In Yarmouth beginnt die Straße #1, die parallel zur #101 bis Halifax läuft. Das Teilstück bis zum *Grand Pré National Historic Park* trägt die schöne Bezeichnung *Evangeline Trail*. Namensgeberin ist die Heldenfigur der Vertreibung der französischen Siedler durch die Briten (➪ Essay Seite 579 und unter *Grand Pré NHS*, Seite 545). Die Westküste an der *Bay of Fundy* wird auch **French Shore** oder **La Cote d`Acadienne** genannt; überall weht dort die akadische Fahne.

Der südliche Abschnitt des *Evangeline Trail* zwischen Yarmouth und Digby ist bei weitem nicht so reizvoll wie der *Lighthouse Trail*; der gradlinige Küstenverlauf und die eintönige Aneinanderreihung von Straßendörfern sind vergleichsweise sogar enttäuschend. Die Charakterisierung der Strecke als "längste französische Hauptstraße der Welt" in einigen Tourismusbroschüren hilft vielleicht, um US-Touristen zu beeindrucken, hat mit der Realität aber wenig gemein. Die Häuser sind schlicht, weniger verspielt als an der Ostküste, die Fischerhäfen – mit gewisser Ausnahme von Sandfort, Port Maitland und Cape St. Mary – nicht sonderlich attraktiv.

Church Point

Wie überall im französisch-katholisch besiedelten Canada sind die Kirchen auffällig groß. Eine der größten Holzkirchen des Kontinents, die **St. Mary's Church** (1905), steht in Church Point (Point de l'Église), wo sich auch die einzige französischsprachige Universität Nova Scotias befindet.

Digby

Das Städtchen Digby in der geschützten Mündungsbucht des Annapolis River beherbergt eine der größten Venusmuschel (*Scallop*)-Fangflotten der Welt. Die Schiffe können dort unabhängig vom enormen Tidenhub der Bay of Fundy (⇨ Seite 542) aus- bzw. einlaufen. Davon profitiert auch die **Fähre** über die Bay nach Saint John in New Brunswick, ⇨ Kasten. Der Ort lädt zum Bummel ein; in einem der Restaurants an der Water Street (besonders empfehlenswert ist das **Fundy Restaurant**) kann man *Scallop Snacks* oder *Digby Chicks*, auf spezielle Art geräucherte Heringe, probieren.

Unterkunft

Neben dem eleganten **The Pines**, ✆ (902) 245-2511, DZ $135-$170, etwas nördlich von Digby an der Shore Road sind preiswertere Alternativen z.B. das

– **Siesta Motel**, 81 Montague Rd, ✆ (902) 245-2568, ab $50

– **Seawinds Motel**, 90 Montague Rd, ✆ (902) 245-2573, ab $45

Digby Neck

Südwestlich von Digby schiebt sich die Landzunge Digby Neck in die *Bay of Fundy*, noch verlängert um die Inseln Long und Brier Island. Beide erreicht man mit Fähren ab East Ferry, die im 30-60 min-Takt verkehren. Ab Tiverton/Long Island und Westport/Brier Island werden **Seabird and Whale Watching Trips** angeboten.

Alter Roller-coaster im Upper Clements Amuse-mentpark

Fähre Digby – Saint John/NB

Zwischen Ende Juni und Anfang September tägliche Überfahrten um 5 Uhr, 13 Uhr und 20 Uhr (sonntags keine Frühfähre); Dauer der Fahrt 3 Stunden. Erwachsene zahlen für die einfache Strecke $22, Kinder bis 12 Jahren die Hälfte. Pkw kosten $49; Wohnmobile bis 7.50 m $85.

Reservierung bei *Marine Atlantic Ferry* © (902) 245-2116 und 5700 oder *toll-free* © (800) 341-7981 (nur USA).

Upper Clements Theme Park

Zwischen Digby und Annapolis Royal an der Straße #1 liegt der *Upper Clements Theme Park*. Dieser größte **Amusement Park** in den *Maritimes* besitzt noch hölzerne Achterbahnen ohne *High Tech*, einige Wasserrutschen und Shops, Werkstätten und Lokale im Nostalgie-Look. Er eignet sich vor allem zum Besuch mit Kindern. Im Sommer täglich geöffnet 10–19 Uhr, Zutritt ohne *Rides* $5; Pass für unbegrenzte Fahrten $13.

Annapolis Royal

Knapp 30 km östlich von Digby liegt Annapolis Royal (600 Einwohner) am Ostende der Mündung des gleichnamigen Flusses. Schon 1605 ließen sich Franzosen dort nieder.

Fort Anne

Sie erbauten 1643 **Fort Anne**, heute **National Historic Site**. Nach harten Kämpfen fiel es 1710 endgültig an die Engländer. Die bis dahin *Port Royal* genannte Siedlung wurde zu *Annapolis Royal* und blieb bis zur Gründung von Halifax (1749) Sitz der britischen Verwaltung in den maritimen Provinzen.

Im Fort Anne

Obwohl von der einstigen Anlage nur noch die Offiziersquartiere, die Wälle und das Munitionslager zu besichtigen sind, ist das Fort beeindruckend – nicht zuletzt wegen seiner Lage am Fluß (Kreuzung der Straßen #1 und #8). Der Park ist immer geöffnet, das dazugehörige **Museum** im Sommer täglich 9–18 Uhr, Eintritt $2,50. Andere Jahreszeiten verkürzt.

Port Royal

Historisch interessanter und attraktiver ist der **Port Royal National Historic Site** auf dem anderen Flußufer, etwas abseits der Straße #1A. Es handelt sich um einen Nachbau der Siedlung, die **Samuel de Champlain** und **Sieur de Montes** 1605

1605 gegründet hatten. Port Royal war keine militärische Anlage, sondern ein auf engstem Raum befestigtes Dorf. Trotz aller Widrigkeiten versuchten die Siedler, in der kalten kanadischen Wildnis stilvoll zu überleben. Große, mehrgängige Menus wurden mit großem Aufwand zelebriert. Heute vermitteln zeitgenössisch kostümierte "Franzosen" nach Art des *Living Museum* einen Eindruck vom Leben in dieser ersten permanenten europäischen Siedlung Nordamerikas nördlich von Florida. Im Sommer tägl. 9–18 Uhr, $2,50.

Ortsbild

Der Ort **Annapolis Royal** wirkt wie eine Filmkulisse. Entlang der St. George Street und in den Seitenstraßen stehen gut erhaltene Wohnhäuser aus dem 18. und 19. Jahrhundert inmitten blühender Gärten. Sehr schön ist ein Spaziergang auf dem *Boardwalk* am Fluß entlang ebenso wie in den *Royal Historic Gardens* (an der Straße #8).

Kraftwerk

Neben der Flußbrücke an der #1 liegt das **Tidal Power Project**, ein Gezeitenkraftwerk, das den gewaltigen Tidenhub der Bay of Fundy zur Energiegewinnung nutzt. Im *Interpretive Centre* des Kraftwerks erfährt man alle Details über diese Form der Stromerzeugung. Geöffnet im Juli/August täglich 8–20 Uhr, in der Vor-und Nachsaison 9–17.30 Uhr, gratis.

Annapolis Valley

Östlich von Annapolis Royal läuft der *Evangeline Trail* am Nordufer des Annapolis River entlang. Das *Annapolis Valley* wurde wegen seines relativ milden Klimas zum Obst- und Gemüsegarten von Nova Scotia. Der daraus resultierende Wohlstand ist in properen Kleinstädten wie Bridgetown, Middleton, Kingston und insbesondere **Wolfville** sichtbar. Vor allem letztere ist einen Stop wert. Die baumbestandene Main Street wird beherrscht vom Universitätscampus und herrschaftlichen viktorianischen Häusern.

Unterkunft

In Annapolis Royal und Wolfville gibt es wunderbare zu *Inns* **umgebaute alte Villen**, z.B.:

Zum Canada Day am 1. Juli festlich dekoriertes Haus in Bridgetown im Annapolis Valley

Annapolis Royal	***The Queen Ann Inn**,* © (902) 532-7850, ***The Hillsdale House*** © (902) 532-2345 und ***The Garrison House*** © (902) 532-5750, liegen alle an der St. George Street, Tarife fürs DZ $50-$80.
Wolfville	***Blomidon Inn*** © (902) 542-2291 und ***Victoria´s Historic Inn and Carriage House*** © (902) 542-5744), beide $80-$120.

Etwas preisgünstiger, aber ohne Nostalgiecharakter ist das **Old Orchard Inn**, *Exit* #11 von der Autobahn #101, © (902) 542-5751, ab $70. Preiswertere **Motels** findet man entlang der Straße #1 bzw. der Autobahn #101.

Minas Basin   Das *Minas Basin* ist eine tief nach Süden reichende Erweiterung des Ostarms *Minas Channel* der Bay of Fundy. Bedingt durch den kolossalen Sog des Ebbstroms im Engpaßbereich Cape Split kommt es dort zu maximalen Werten des Tidenhubs bis zu 16 m. Die Uferzonen bestehen aus roter Erde und roten Felsklippen und bilden bei gutem Wetter einen großartigen Kontrast zu blauem Himmel, weißen Wolken und dem Grün der Umgebung.

Um das Minas-Becken ranken sich viele indianische Legenden. Die meisten von ihnen thematisieren das Gezeitenwunder oder die Edel- und Halbedelstein-Vorkommen an der Bay.

Cape Split   Herrliche Ausblicke auf das *Minas Basin* hat man von den bis zu 231 m hohen Steilufern des Cape Blomidon und Cape Split, zu erreichen über die Straße #358. Am Straßenende – ca. 16 km westlich des *Blomidon Park* – beginnt ein **Wanderweg** (7 km) über rote Felsen zu einem kleinen Strand an der äußersten Spitze des Cape Split.

Grand Pré   Im ***Grand Pré National Historic Park*** nordöstlich von Wolfville an der Straße #1 erfährt man alles über die *Acadier* und ihre Heldin *Evangeline.* Dichtung und Wahrheit liegen dort eng beisammen. Geöffnet im Sommer täglich 9–18 Uhr, gratis.

Acadia   Bereits seit 1680 hatten französische Bauern an der Bay of Fundy Deichbau und Landgewinnung betrieben, als sie am 5. September 1755 von den Briten in der Kirche von Grand Pré zusammengerufen wurden, um dort zu erfahren, daß sie samt Familien die Region unverzüglich zu verlassen hätten. Die Geschichte ihrer in der Folge gnadenlos durchgesetzten Vertreibung wird auf Glasmalereien in den Fenstern der nachgebauten Kirche erzählt.

Die Dichtung dazu ist das Versepos des Amerikaners **Henry Wadsworth Longfellow**, das 1847 erschien und *Evangelines* lebenslange Suche quer durch den Kontinent nach ihrem vertriebenen Geliebten *Gabriel* in epischer Breite darstellt. Alt, gebrochen und krank findet sie ihn kurz vor seinem – und ihrem – Tod in Louisiana wieder. Eine Bronzestatue der *Evangeline* steht im *Grand Pré Park*, ⇨ Foto auf Seite 540 und Essay auf Seite 579.

Camping

Der sehr schöne ***Blomidon Provincial Park*** am Minas Basin besitzt einen parkartig angelegten *Campground* mit besonders großzügigen Stellplätzen; Zufahrt auf der Straße #358.

Route ab Wolfville

Unabhängig von der weiteren Reiseroute sollte man ab Wolfville/Grand Pré zunächst der **Autobahn #101** in Richtung Halifax folgen. Für sämtliche nun anliegenden Reiseziele ist die Kombination #101/#102 die einfachste und schnellste Verbindung. Sich auf kleinen Straßen von Wolfville nach Truro "durchzuschlagen", bringt außer ein paar ersparten Kilometern nur Zeitverlust. Man versäumt dort nichts, was man gesehen haben müßte.

Erst in Truro trennen sich die **Wege nach Prince Edward Island, New Brunswick oder nach Cape Breton Island** für Reisende, welche die Insel möglichst rasch auf der TCH #104 erreichen wollen. Die Streckenbeschreibung dazu findet sich auf Seite 557als Rückweg eines Abstechers nach Cape Breton Island.

5.3.5   Von Halifax nach Cape Breton Island

Marine Drive

Die als ***Marine Drive*** bezeichnete Straße #7 samt Anschlußstrecken (ab Sherbrooke) ist gegenüber der Autobahn #102/TCH #104 zum ***Canso Causeway***, einem Straßendamm zwischen der Halbinsel Nova Scotia und Cape Breton Island, die attraktivere Route. Sie führt von Halifax über eine Distanz von rund 400 km überwiegend an der felsig zerklüfteten Küste entlang. Große und kleine Strände, vorgelagerte Inselchen und winzige Fischerdörfer säumen die Strecke.

Der *Marine Drive* ist im Vergleich zum *Lighthouse Trail* (⇨ Seite 534) touristisch nicht besonders erschlossen, die Infrastruktur vor allem im östlichen Abschnitt dünn.

Provinzparks

Bereits auf dem ersten Teilstück (am besten bis Musquodoboit Harbour auf der Autobahn #107) passiert man die Zufahrten zu zwei schönen Provinzparks, nämlich den ***Porter's Lake Park*** (⇨ Halifax/Unterkunft, Seite 530) und den ***Lawrencetown Beach Park*** mit einem beliebten hellen Sandstrand.

Auch am Strand des ***Martinique Beach Park*** lassen sich herrlich Spaziergänge unternehmen, ebenso wie im ***Clam Harbour Beach Park***. Beide liegen ca. 10 km südlich des *Marine Drive* im Abschnitt östlich Musquodoboit Harbour. Über Sandbuchten und Dünen und besonders schöne Plätzchen zum Picknicken verfügt der ***Taylor Head Park*** auf der gleichnamigen Landzunge 5 km südlich von Spry Harbour. Abgehärtete können in allen genannten Parks wunderbar **im Atlantik baden.**

Tangier

In Tangier gibt es bei der Firma *W. J. Krauch* & *Sons* köstlich frischen **Räucherfisch.** Selbst die *Queen of England* ließ sich schon *Smoked Salmon* aus Tangier in den *Buckingham Palace* schicken; Laden geöffnet Mo–Fr 8–18 Uhr, Sa+So ab 10 Uhr.

Sherbrooke

Das Mitte des vorigen Jahrhunderts durch Holz, Schiffbau und Goldfunde wohlhabend gewordene Sherbrooke liegt etwas landeinwärts am St Mary`s River. Ein Teil des Ortszentrums wurde als *Sherbrooke Village* zum *Living Museum* umfunktioniert. Rund um 30 restaurierte Häuser spielt sich kleinstädtisches Leben der Zeit um 1870 ab. Sherbrooke besticht durch seine malerische Lage und ruhige Atmosphäre. Geöffnet Anfang Juni bis Mitte Oktober täglich 9.30-17.30 Uhr; Eintritt $4, Kinder bis 14 Jahre $1.

Unterkunft

Eine schönes Quartier in der Nähe von Sherbrooke direkt am Liscombe River ist die *Liscombe Lodge* (bei Liscombe Mills zwischen der #7 und Fluß) mit Kanus und Tennisplätzen, ℂ (902) 779-2307 oder ℂ (800) 665-6343, DZ $105-$220. Eine preiswerte Alternative ist die kleine *St. Mary's River Lodge* direkt am *Sherbrooke Village*, ℂ (902) 522-2177, DZ $45-$60.

Camping

Im *Campground* **Try-your-tent-in-place** in Sherbrooke warten fertig aufgebaute Zelte mit Teppich, Tisch und Stuhl auf Gäste. Motto: "*You only need your sleeping bag.*" Keine *RVs*.

Zum Canso Causeway

Eilige bleiben auch nach Sherbrooke weiter auf der **Straße #7** und erreichen die TCH #104 in Antigonish. Der *Marine Drive* entspricht ab Sherbrooke der **Straße #211**. Hinter Port Bickerton geht es per **Fähre** über den Meeresarm *Country Harbour* nach Isaac's Harbour (stündlich; Dauer der Überfahrt 7 min; auch Wohnmobile) und dann weiter auf der **#316**. Bei Queensport erreicht man die **Straße #16**, die zur äußersten Ostspitze Nova Scotias, dem *Cape Canso*, führt. Im Norden stößt die #16 bei Monastery auf die #104. Zum *Causeway* über die Nova Scotia und Cape Breton Island trennende *Strait of Canso* sind es von dort nur noch ca. 15 km.

Camping

Wer vor Erreichen der Hauptverkehrsachse TCH noch einen ruhigen *Campground* sucht, findet im *Boylston Provincial Park* (etwas abseits der #16 ca. 7 km nördlich Guysborough) große individuelle Stellplätze und eine Badestelle.

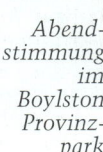

Abend-stimmung im Boylston Provinz-park

5.3.6	**Cape Breton Island**
Landschaft	Cape Breton ist landschaftlich abwechslungsreicher als das Festland von Nova Scotia: im *Cape Breton National Park* an der nördlichen Spitze findet man wildromantisches Bergland und felsige Küsten, im Inland liebliche Flußtäler und einen langgestreckten, weitverzweigten Salzwassersee, den **Bras d'Or Lake**, der die Insel in zwei Hälften teilt.
Aktivitäten	Cape Breton Island wirbt zu Recht mit zahlreich möglichen Urlaubsaktivitäten: *Whale-Watching*, Lachsfischen und Hochseeangeln, Wandern, Segeln, Schwimmen, Golf.
Historie	Historisch Interessierte kommen auf Cape Breton Island ebenfalls auf ihre Kosten. Nachdem *John Cabot* 1497 die Insel für die Briten in Besitz genommen hatte, folgten englische und französische Fischer und bald die Kämpfe beider Nationen um den Besitz, ⇨ Seite 524. Die entscheidenden Schlachten endeten 1745 bzw. 1758 mit dem Sieg der Engländer. Sie wurden bei der *Fortress Louisbourg* geschlagen, heute das aufwendigste und bedeutendste *Living Museum* in Ostkanada.
	Auch in jüngerer Zeit schrieb man Geschichte: **National Historic Sites** würdigen die Verdienste von **Bell** und **Marconi**, die beide auf Cape Breton lebten, für die Telekommunikation.

Auf dem Cabot Trail
zum Cape Breton Highlands National Park

Zur Route

Die Küstenstraßen rund um den Westteil der Insel sind in den Karten als zusammenhängende *Scenic Route* und – nach dem Entdecker von Cape Breton Island – teilweise als *Cabot Trail* gekennzeichnet. Da der südwestliche Abschnitt der Strecke wenig "bringt", folgt die Beschreibung zunächst der TCH #105 und dann im Uhrzeigersinn dem *Cabot Trail* um den *Cape Breton Park.* Von dort läßt sich die Reise leicht zur *Fortress Louisbourg* – ggf. auch nach Newfoundland – fortsetzen.

Information

Gleich östlich des 1800 m langen *Causeway* über die *Strait of Canso,* in Port Hastings, befindet sich ein bestens ausgestattetes **Nova Scotia Tourist Information Centre***.*

Unterkunft

Dort und an der Strecke nach/in Port Hawkesbury findet man auch Übernachtungsmöglichkeiten, z.B.

– **Keddy's Inn** direkt an der #104/#105. Wie alle Häuser dieser Nova Scotia-eigenen Kette preiswert und gut; ✆ (902) 625-0460 oder ✆ (800) 561-7666; DZ $58-$68.

– **MacPuffin Motel**, ca 2 km südlich des *Causeway* an der Straße #4, ✆ (902) 625-0621, DZ $65-$75.

Camping

Unweit östlich des *Micmac*-Reservat Whycocomagh (Korbwaren!) liegt der **Whycocomagh Provincial Park** mit *Campground* am Ufer des *St. Patrick`s Channel* des Bras d'Or Lake.

Nova Scotia Highland Village

Stark beworben wird das *Nova Scotia Highland Village* auf einer weit in den Bras d'Or Lake ragenden Halbinsel, zu der man von der #105 per Kabelfähre über den *St. Patrick`s Channel* gelangt. Rekonstruktionen der ersten einfachen Siedlungshäuser erinnern daran, daß die Bezeichnung der Provinz auf schottische Siedler zurückgeht. Vom Fährhafen Little Narrows sind es auf der Straße #223 noch ein paar Kilometer bis zum Standort des Dorfes bei Iona. Mo-Sa 9–17 Uhr, So 11–18, Eintritt $4. Der Besuch lohnt nur bei schönem Wetter.

Baddeck

Baddeck ist mit gerade 1000 Einwohnern der einzige Ort nennenswerter Größe auf der Westseite von Cape Breton Island. Da auch viele Yachten Baddeck anlaufen, herrscht dort mehr Betrieb und *Business,* als man gemeinhin annehmen würde.

Alexander Graham Bell NHS

Der dem Lebenswerk von *Alexander Graham Bell* gewidmete *National Historic Site* (Ortsausgang Straße #205) ist einen Besuch wert. Das Hauptinteresse des als Erfinder des Telefons bekannten *A.G. Bell,* der 37 Jahre in Baddeck verbrachte, galt eigentlich der Arbeit für Gehörlose. Aber auch im Flugzeug- und Bootsbau wurde *Bell* Geschichte. Im großen Museum stehen ein Nachbau des **Silver Dart** (1909), der ersten in Canada konstruierten Flugmaschine, und des **HD-4-Hydrofoil**, eines Wasserfahrzeugs, das den Geschwindigkeitsrekord auf dem Wasser seinerzeit auf 112 km/h brachte.

A. G. Bell	Der rastlose Genius hatte auch einige eher kuriose Ideen: So züchtete er Schafe, die durch regelmäßige Doppelwürfe den Bestand der Lämmer erhöhen sollten, und versuchte, Atemluft zur Frischwasser-Gewinnung zu nutzen. Juli und August täglich 9–20 Uhr, Sep. bis 18 Uhr, sonst bis 17 Uhr, Eintritt $4.

Unterkunft Wer in Baddeck übernachten möchte, ist gut aufgehoben im

- **Inverary Inn Resort,** ℂ (902) 295-3500 oder ℂ (800) 565-5660, Fax (902) 295-3527, DZ $90-$175 und in der
- **Silver Dart Lodge,** ℂ (902) 295-2340, DZ ab $90. Die schönsten und teuersten Zimmer befinden sich in der *Dependance,* dem historischen *Mac Neil House*

Preiswerter ist das **Telegraph House** in der Chebucto Street; unterschiedliche Preise fürs Motel und das in einem viktorianischen Haus untergebrachte *Inn*; ℂ (902) 295-1100, $60-$90.

Westlich von Baddeck befinden sich an der TCH #105 mehrere privat betriebene Campingplätze, der **Cabot Trail KOA Campground** und der **Silver Spruce Vacation Park.** Am ortsnächsten liegt der **Bras d'Or Lakes Campground.**

An der Westküste des Cape Breton Highlands National Park

Cabot Trail	Der *Cabot Trail* beginnt 10 km südlich von Baddeck. Er führt zunächst durch Wiesen und Felder im Tal des weitläufigen *Margaree River*, eines der lachsreichsten Flüsse Ostkanadas. Im **Salmon Museum** von North East Margaree erfährt man alles über das Leben der Lachse und die Kunst des Lachsfangs. Im Sommer täglich geöffnet 9–17 Uhr; $1, Kinder $0,50.
Cheticamp/ Museen	Ab Margeree Harbour erinnert der gradlinige Küstenabschnitt bis Cheticamp mit seiner Hügellandschaft und bis ans Meer reichenden Wiesen und Weiden an Irland. Das langgestreckte Fischerdorf Cheticamp war einst eine der bedeutendsten akadischen Siedlungen in Nova Scotia. Dieses historische Erbe kann sowohl im kleinen **Acadian Museum** – Juni–August täglich 8–21 Uhr, Nebensaison 9–17 Uhr, gratis; **Restaurant** mit akadischer Küche im Hause – als auch im kulturellen Zentrum **Les Trois Pignons** besichtigt werden. In der dortigen **Elisabeth LeFort Gallery** – Juli/August täglich 9–18 Uhr,

Nebensaison bis 17 Uhr; gratis – werden hauptsächlich Gobelins und gehäkelte Teppiche/*Hooked Rugs*)gezeigt. Die Fassade des Kulturzentrums ist mit den Farben der französischen Trikolore samt dem gelben akadischen Stern bemalt.

Wal-Beobachtung

In Cheticamp starten dreistündige **Whale-Watching**-Touren. Mit hoher Wahrscheinlichkeit sieht man Mink- und Finwale sowie zahlreiche Wasservogelarten, u.a. auch Weißkopfadler. Mai/Juni 18 Uhr, Juli–Mitte August 9, 13, 18 Uhr, Mitte Aug –Mitte September 9, 13, 17 Uhr; Fahrpreis $25, Kinder $10.

Cheticamp ist der letzte Ort vor dem *Cape Breton Highlands Park* mit **Supermärkten**, *Liquor Stores* und **Motels**:

Unterkunft

– *Acadian Motel* am Hafen, ℂ (902) 224-2460, ab $65

– *Laurie's Motor Inn*, Main St, ℂ (902) 224-2400 oder ℂ (800) 959-4253, $85-$145

Camping

Zwischen Grand Étang und Cheticamp befindet sich auf einer Landzunge der *Plage St. Pierre Campground* (vom südlichen Ortsende über einen Damm zu erreichen). Dort kann man direkt am Golf von St. Lawrence stehen.

Cape Breton Highlands National Park

Der *Cape Breton Highlands National Park* ist mit einer Fläche von fast 1.000 km² größter und unberührtester Nationalpark in den *Maritimes*. Dort stehen die höchsten Berge Nova Scotias (500 m). Das Hochplateau im Zentrum des Parks – eine Landschaft mit Wäldern, Wasserfällen und Feuchtgebieten, die an die schottischen *Highlands* erinnert – ist nur auf Wanderwegen zugänglich.

Der *Cabot Trail* folgt den Parkgrenzen über 106 km auf drei Seiten. Im Osten und Westen bieten sich von der Höhe seines Verlaufs immer wieder grandiose Ausblicke über felsige Steilküsten auf den Gulf of St. Lawrence und den Atlantik.

Im Cape Breton Highlands Park. Schotten waren in dieser Region die ersten Siedler

Information

An beiden Parkeinfahrten gibt es ein **Visitor Centre**, wo man Unterlagen/Karten zu Campingplätzen, Wanderwegen, Geologie, Flora und Fauna und außerdem einen gut sortierten **Book Shop** findet. Auf der Westseite liegt es 5 km nördlich von Cheticamp, ebenso wie einer der beiden **Campingplätze** der westlichen Parkregion gleich nebenan. In der Hochsaison findet hinter dem Besucherzentrum täglich zwischen 16.30 Uhr und 20.30 Uhr ein Lobster Cookout statt. Bei Einfahrt in den Park ist **Eintritt** fällig und zwar $10 pro Wagenladung.

Westküste

Bei drei Aussichtspunkten (*Cap Rouge* mit geologischen Hinweisen, *Fishing Cove* und *MacKenzie* mit Erläuterungen zu Migrationsgewohnheiten der Wale) an der westlichen Küstenstraße beginnen Wanderwege, z.B. der populäre **Skyline Trail** (7 km Rundwanderung) oder der kürzeste *Trail* **The Bog** (ca. 600 m *Boardwalk* durch einen Sumpf).

Auf dem Nordabschnitt des *Cabot Trail*, östlich von Pleasant Bay beginnt der Rundweg **Lone Shieling** (1 km durch ein 300 Jahre altes Ahorn-Wäldchen).

Nordspitze

Bei Cape North zweigen zwei Stichstraßen vom *Cabot Trail* nach Norden ab: die 16 km zum pittoresken Bay St. Lawrence (**Whale-Watching**, im Sommer täglich 10.15, 13.30, 16.30 Uhr, ab $25) lohnen ebenso wie die 2 km ins romantische Dingwall, wo Sandstrand, ebenfalls *Whale-Watching Trips*, ein gemütliches Hotel (**Coastal Resort Markland**, ℂ (902) 383-2246, $85-$165) und das winzige **Inlet B&B** (3 Zimmer, ℂ (902) 383-2112, ab $45) auf Touristen warten.

Austern

Kurz hinter **South Harbour** verrät ein kleines, handgemaltes Schild: *Oysters*. Folgt man den Pfeilen, gelangt man an die *Aspy Bay*, wo die freundliche Frau des Fischers **Austern** (das Dutzend zu $6) verkauft und gerne die Geheimnisse ihrer Austernbänke erklärt.

Restaurant

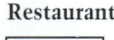

In **Neil's Harbor,** einem Fischernest mit geschütztem Sandstrand und dem schlichten **Chowder House** auf den Klippen, gibt es köstliche **Fischsuppen**.

Neil`s Harbour in der Nordostecke des National parks

Ostküste

Südlich von Neil's Harbour läuft der *Cabot Trail* wieder durch den Nationalpark. Dessen östlicher Bereich ist wegen der weniger rauhen Szenerie mit vielen Sandbuchten und der größeren Nähe zum "Ballungsgebiet" um Sidney/Glace Bay stärker besucht als die Westküste. Weitere **Hiking Trails** nehmen ihren Ausgang direkt am *Cabot Trail.* Auch Badegelegenheiten liegen am Wege. Baden und Wandern lassen sich am **Jigging Cove Lake** gut verbinden (*Trail* 5 km), **Picknicken** und **Schwimmen im Ozean** an der **Black Brook Beach**.

Sehr empfehlenswert ist der große **Broad Cove Campground** nicht zuletzt wegen des nahen Warren Lake mit Grillstelle, Badestrand und Rundweg, eine gute Wahl auch der **Ingonish Campground** außerhalb der Parkgrenzen direkt am Ozean, ca. 2 km nördlich von Ingonish Beach.

Ingonish

Ingonish an der südöstlichen Ecke des Nationalparks und Ingonish Beach sind durch die *Middle Head Peninsula* getrennt, auf der die **Keltic Lodge**, ein luxuriöses altes Sommerhotel auf grünem Rasen über der Steilküste liegt; Reservierung unter © (902) 285-2880 und © (800) 565-0444, Fax (902) 285-2859, ab \$250. Ein Drink in der Hotelbar ist billiger und auch ohne Übernachtung zu haben.

Unmittelbar südlich dieser Halbinsel befindet sich das touristische Zentrum des Nationalparks, **Ingonish Beach**. Hinter dem hellen Sandstrand liegt der warme Freshwater Lake, ganz in der Nähe auch Golf- und Tennisplätze, außerdem das östliche **Visitor Centre** des *Cape Breton Highlands Park*.

Die Übernachtungsalternativen sind trotz des relativ starken Tourismus nicht sehr zahlreich; in Frage kommen außer dem erwähnten Luxusresort z.B.

– **The Island Inn**, am *Cabot Trail* in Ingonish Beach mit Blick auf Meer und See, © (902) 285-2404, \$55-\$65

– **Seabreeze Cottages & Motel**, 9 km nördlich der Parkeinfahrt am *Cabot Trail*, © (902) 285-2879, \$50-\$100

– **Glenghorm Resort**, auch am *Cabot Trail*, © (902) 285-2049, \$65-\$75, Cottages \$75-\$100

St Ann`s

Der *Cabot Trail* folgt zunächst weiter dem Küstenverlauf und stößt 16 km nordöstlich von Baddeck beim Flecken St. Ann`s auf die TCH #105.

Dort befindet sich das **Gaelic College of Arts and Culture**, ein Institut, das als einziges in Nova Scotia noch die einst von den schottischen Einwanderern nach Amerika gebrachte gälische Kultur "hochhält". Im Sommer werden Kurse für gälische Sprache, Dudelsackpfeifen und Tartanweben abgehalten. Das dazugehörige **Great Hall of the Clans Museum** ist im Juli und August täglich geöffnet 8.30–17 Uhr, Juni und September Mo–Fr; Eintritt \$2, Kinder frei.

Über Sidney nach Louisbourg

**Industrie-
revier Sidney**

Wer vom *Cape Breton Park* den zweiten Nationalpark der Insel, *Fortress Louisbourg*, ansteuert, verläßt südlich von Indian Brook den *Cabot Trail* und folgt der Straße #312 zur Fähre nach Englishtown (über St. Ann`s zusätzliche 30 km). Von dort geht es auf den Straßen #105 bzw. #125 über North Sidney nach **Sidney** und **Glace Bay,** den einzigen Städten auf Cape Breton Island (ca. 30.000 bzw. 20.000 Einwohner). Beide verdanken ihre Existenz großen Kohle-Vorkommen, die bis weit unter den Atlantik reichen und schon von den Franzosen entdeckt wurden. Die Kohle wird nach wie vor gefördert und überwiegend exportiert, aber die auf der Kohle gegründete Eisen- und Stahlerzeugung ging in den letzten Jahrzehnten stark zurück, was – unübersehbar – erhebliche strukturelle Probleme mit sich brachte.

North Sidney

North Sidney ist ausschließlich als Hafen für die **Fähren nach Neufundland** von Interesse – nach Channel-Port-aux-Basques bzw. Argentia, ⇨ Seite 605. Beim *Ferry Terminal* befindet sich das **North Sidney Tourist Bureau** in einem Häuschen mit aufgemalten Fragezeichen.

Sidney

Sidney verdient keine besondere touristische Aufmerksamkeit; man findet dort aber viele Hotels und Motels. Die meisten, darunter Häuser der Ketten **Best Western, Holiday Inn, Comfort Inn, Delta** und **Keddy`s Inn** stehen an der Straße #4, die von der Autobahn #125 durch Sidney nach Glace Bay führt. Reservierung über die jeweilige 800-Nummer, ⇨ Seite 156.

Glace Bay

Ein Abstecher könnte dem **Miners' Museum** und dem **Marconi National Historic Site** in Glace Bay gelten. Beides lohnt sich nur bei großem Interesse an der Thematik.

Der **Marconi Site** (Timmerman St, im Stadtteil *Table Head* direkt am Meer) zeigt u.a. die Rekonstruktion der Funkstation, von der 1902 die ersten drahtlosen Nachrichten über den Atlantik tickerten. Juli–Mitte September 10–18 Uhr, gratis.

Im **Miners' Museum** (Birkley Street, *Quarry Point*, ebenfalls am Meer) wird u.a. ein Film über Bergarbeiter-Aufstände in den frühen 20er-Jahren gezeigt; in **The Miners Village** stehen Modelle zu Zechenbau und Kohleföderung sowie von Wohnquartieren der Bergleute. Aufschlußreich ist die Führung durch die Stollen einer Kohlenmine unterhalb des Museums. Geöffnet Juni–Anfang September täglich 10–18 Uhr, sonst Mo–Fr 9–16 Uhr; Eintritt inkl. Minentour $6, Kinder $4. Ohne Mine $3 bzw. $2.

Camping

Auf dem Weg von Glace Bay bzw. Sydney nach Louisbourg auf der Straße #22 passiert man – etwa auf halber Strecke – die Zufahrt zum schön auf einer Landzunge im Fluß gelegenen **Mira River Provincial Park** mit *Campground* und Badestrand.

Mehrmals täglich knallen Musketen für die Touristen

Louisbourg

Das im Hafenbereich ganz ansehnliche Louisbourg (ca. 1300 Einwohner) liegt nur wenige Autominuten östlich des *National Historic Park* und besitzt eine voll auf die Besucher ausgerichtete touristische Infrastruktur. Den drei Museen des Ortes (*Railway Museum, Atlantic Statiquarium Marine Museum, House of Dolls*) bringen die meisten Besucher kein besonderes Interesse entgegen, die Mehrheit zieht es nur und zu Recht direkt zur *Fortress of Louisbourg.*

Fortress de Louisbourg

Die **Rekonstruktion** der einstigen französischen Festungs- und Handelsstadt Louisbourg gilt als eines der aufwendigsten Projekte dieser Art. Etwa 50 Gebäude wurden seit 1961 wiederaufgebaut. Beeindruckend ist nicht nur die Größe der Anlage, sondern auch deren städtische Struktur, denn – im Gegensatz zu fast allen anderen *Living Museums*, die überwiegend ländliche Siedlungen "wiederbeleben" – ist hier alles massiv, einschließlich der 10 m hohen Befestigungen. Da die *Fortress* extrem teuer und die Bauzeit lang war, witzelte Louis XV., daß man ihre Türme sicher bald in Paris sehen könne.

Geschichte

Damals wie heute war die Festung ein Prestigeobjekt. Das durch den Frieden von Utrecht 1713 geschwächte Frankreich wollte auf dem neuen Kontinent Stärke demonstrieren. Also wurde nicht gespart, obwohl der militärische Nutzen der Anlage von Anfang an fraglich erschien. Und tatsächlich konnten die Engländer das Fort gleich zweimal relativ mühelos erobern (1745 und 1759), brauchten hingegen 1768 über 5 Monate, um es dem Erdboden gleich zu machen.

Rekonstruktion

Heute ist ***Fortress de Louisbourg* ein Vorzeigeobjekt** des maritimen Canada. Der Wiederaufbau sollte der Region nach dem Niedergang der Kohle- und Stahlindustrie neue Impulse geben. Diese Absicht gelang: Trotz der abseitigen Lage zieht der Nationalpark jährlich Hunderttausende von Touristen an, die sich für einen Tag unter die "Bevölkerung" dieser Stadt aus der Zeit um 1740 mischen. So konsequent wie dort gehen

Soldaten, Kaufleute, Hausfrauen, Kneipenwirte, Priester und Gesindel in kaum einem anderen *Living Museum* ihren zeitgenössisch angepaßten Aufgaben nach.

In der Fortress

Vom **Reception Centre**, das über Geschichte und Wiederaufbau von Louisbourg informiert, geht es per Bus "zurück in die Vergangenheit": An der Zugbrücke stellt sich ein Soldat in den Weg, fordert auf Französisch die *Parole* und macht so den meist nur englisch sprechenden Touristen überzeugend klar, daß sie "feindliches Gebiet" betreten. Innerhalb der Stadtmauern kann es passieren, daß Besucher auf der Straße in Streitereien verwickelt oder in einer Kneipe Zeugen inszenierter Schlägereien werden.

Abrunden läßt sich der historische Spaziergang durch eine Mahlzeit nach alten Rezepten in einem der beiden stilgerecht eingerichteten **Restaurants.** Wem das zu kostspielig ist, kauft sich fürs Picknick einen Laib deftiges **Soldier's Bread** oder andere Backwaren in der *Military Bakery.*

Geöffnet im Juli/August täglich 9–18 Uhr; Mai, Juni, September, Oktober 9.30-17 Uhr; **Eintritt $10**, Kinder bis 16 Jahre $5; im Mai/Okt. wegen reduzierten Programms nur $4 bzw. $2.

Unterkunft

Quartiere findet man in und vor Louisbourg ebenso wie an der Zufahrtstraße zur *Fortress*, z.B.

– **Coastal Inn**, Louisbourg Main St, ℐ (902) 733-2844, ab $60

– **Cranberry Cove Inn**, 17 Wolfe St zwischen Fortress und der Stadt in einer alten Villa, ℐ (902) 733-2171; ab $55

– **Ashley Manor B&B**, Main St außerhalb des Ortes, ℐ (902) 733-3268, ab $50

Camping

Stonewall Park & Campground an einem See nördlich von Louisbourg an der Straße #22, ℐ (902) 733-2058.

Straße #4

Für den Weg zurück zum *Canso Causeway* wählt man am besten die Straße #4 am Ostufers des Bras d'Or Lake entlang. Ein Abfahren der kleinen Uferstraßen am Atlantik bringt wenig und führt teilweise über *Gravel Roads.*

Über 250 Jahre Evolution: Bewohner der Fortress aus dem Jahr 1740 und Besucher heute.

St. Peters

Nur eine schmale Landbrücke trennt bei St. Peters den Bras d'Or Lake vom offenen Meer. Schon 1650 baute der französische Abenteurer *Nikolas Deny* einen Bohlenweg über den Isthmus, auf dem Boote vom Atlantik in den See und umgekehrt gezogen wurden. Der heutige **St. Peters Canal** und die Schleusen stammen aus der Mitte des vorigen Jahrhunderts und sind ein *National Historic Site*.

Der **Battery Provincial Park** auf der Ostseite des Kanals verfügt über große *Campsites* in einem hügeligen Waldgebiet.

5.3.6 Von Cape Breton nach Prince Edward Island

TCH

Auf der TCH #104 geht es nach New Brunswick und – sofern dieser Abstecher zur Reiseplanung gehört – auch zur Fähre hinüber nach Prince Edward Island. Die Städte **Antigonish** und **New Glasgow**, ca. 5.000 bzw. 10.000 Einwohner, liegen am Wege. Beide sind lediglich für einen Zwischenstop "gut", es sei denn, Mitte Juli findet gerade das **Scottish Festival of the Tartans** statt (New Glasgow).

Küstenstraße

Die Alternativroute zur TCH ist der **Sunrise Trail** (Straßen #337 und #245), der dem Küstenverlauf folgt. Auf ihm passiert man einige hübsche *Provincial Beach Parks*, die jedoch über keine Campingplätze verfügen – sieht man ab vom **Caribou Provincial Park** am *Terminal* für die *PEI-Ferry*.

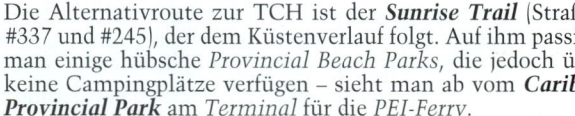

Pictou

Für Schotten ist Pictou die **Geburtsstätte** von **Nova Scotia**, auch wenn *Samuel de Champlain* bereits 1605 in Port Royal (➪ Seite 474) die erste französische Siedlung errichtete.

1773, also erst 168 Jahre später, landete bei Pictou das Segelschiff **Hector** mit 33 Familien und 25 alleinstehenden Männern an Bord. Dieses Schiff besitzt eine ähnliche Bedeutung für die Schotten in Nova Scotia wie die *Mayflower* (➪ Seite 249) für die Briten Neu-Englands. Am **Hector Heritage Quay** (mit *Gift Shop* und *Interpretation Centre*) wird seit Jahren an einer Replika des Schiffes gebaut.

Das Zentrum Pictous ist augenfällig schottisch: Statt leichter, weißer Holzbauten, wie sie Acadier und Loyalisten bevorzugten, prägen schwere graue Steinbauten das Stadtbild.

Nach PEI

Von Pictou aus sind es nur noch wenige Kilometer nach **Caribou,** dem Anleger für die östliche Prince Edward Island-Fähre; **Fahrplan und Tarife** ➪ Seite 559.

Bei knapper Zeit liegt es nahe, auf den PEI-Abstecher zu verzichten. In Anbetracht der kurzen Überfahrt und der seit Ende 1996 fertiggestellten Brücke bei Cape Tormentine kostet der Umweg gar nicht mal sehr viel mehr Zeit als die weniger reizvolle Landroute nach New Brunswick. Mit einem einzigen zusätzlichen Reisetag kann man leicht den *PEI National Park* und einige der *Highlights* dieser Insel "mitnehmen".

5.4 PRINCE EDWARD ISLAND

5.4.1 Charakteristik der Insel

Geographie
Ein Blick auf die Landkarte dieser kleinsten Provinz Canadas läßt erkennen: Die weit ins Land reichende **Malpeque Bay** im Nordwesten und der fjordartige, die Insel fast durchtrennende **Hillsborough River** im Osten teilen Prince Edward Island in drei Bereiche. Im zentralen *Queens County* zwischen diesen Meeresarmen liegen die Hauptstadt Charlottetown, schöne Städtchen wie Summerside und der *PEI National Park*.

Eindruck
Die beiden äußeren Regionen – im Osten das *Kings County*, im Westen das *Prince County* – muß man nicht vollständig bereisen. Denn die **Inselidylle** ist überall ähnlich: ebenes und leicht welliges Acker- und Weideland und immer wieder Wasser im Blickfeld. Kein Punkt der Insel ist weiter als 16 km vom Meer entfernt. Rötliche Erde, grüne Felder und weiß-rote *Clapboard*-Häuser, dazwischen Holzkirchen, bestimmen das Bild. Das dichte Straßennetz verbindet zahlreiche Dörfer und Farmen; viele der "Ortschaften" auf der Karte sind winzig und bestehen oft nur aus Tankstelle, Laden und einer Handvoll verstreuter Anwesen. Das Dünen- und Strandgebiet des Nationalparks erinnert an die dänische Nordseeküste.

Zum nostalgischen Sommerfrische-Charme der Insel passen die etwas altmodischen *Bed & Breakfast*- und *Country Inns*.

Steckbrief Prince Edward Island/PEI

130.000 Einwohner; 5.650 qkm: 224 km lang, zwischen 6 km und 64 km breit; **Hauptstadt** ist **Charlottetown** mit 16.000 Einwohnern; "größere" Orte sind **Summerside** mit 7.500 und **Montague** mit 2.000 Einwohnern.

Prince Edward Island ist gekennzeichnet durch eine überwiegend sanfte grüne, kaum (noch) bewaldete Hügellandschaft – die höchste Erhebung beträgt 142 m – und zahllose Buchten, mit dem Meer verbundene Inlandsgewässer und Strände. Die Distanz zum Festland beträgt an der schmalsten Stelle der *Northumberland Strait*, über die neuerdings eine Brückentrasse führt, lediglich 14 km.

Prince Edward Island besitzt keine Industrie und lebt überwiegend von der **Landwirtschaft**, speziell von Viehzucht und Kartoffelanbau. Wichtige Wirtschaftsfaktoren sind danach der **Fischfang** (Hummer, Austern, Thunfisch). und im Sommer der **Tourismus**.

Touristische Ziele sind in erster Linie die Sandstrände des *Prince Edward Island National Park*, die Hauptstadt Charlottetown und die Provinzparks an den Küsten. Viele Besucher kommen eigens zum Hummerschmaus

Fährverbindungen/Brücke

Seit Jahren schon ist die **Brücke** zwischen Cape Tormentine/NB und Borden/PEI – mit 14 km eine der längsten der Welt – in Bau. Ob sie tatsächlich, wie geplant, im Juni 1997 eingeweiht werden kann, ist nicht sicher. Der **Brückenzoll** wird sich an den bisherigen Fährtarifen orientieren. Bis zur Fertigstellung werden die Fähren wie folgt verkehren:

Die *Marine Atlantic Ferries* von **Cape Tormentine/NB nach Borden/PEI** verkehren im Sommer (Mitte Juni bis Ende September) zwischen 6.30 Uhr und 23.30 Uhr stündlich, außerdem um 1 Uhr eine Nachtfähre. Die Überfahrt dauert 45 min. Preise für Hin- und Rückfahrt (**keine *One Way-Tickets***): Pkw $19, Wohnmobil nach Länge ca. $20-$60, Erwachsene $8, Kinder (5-12 Jahre) $4, Reservierungen: *Marine Atlantic*, ✆ (506) 538-7873, Fax (506) 538-7844 (für Cape Tormentine) und ✆ (902) 855-2030, Fax (902) 855-2842 (für Borden).

Die *Northumberland Ferries* von **Caribou/NS nach Wood Island/PEI** verkehren im Sommer (Mitte Juni bis Anfang September) zwischen 6 Uhr und 21.50 Uhr ca. alle 45 min; die Überfahrt dauert 75 min. Keine Reservierung möglich. Tarife für Hin-und Rückfahrt: Pkw $29, Motorhomes nach Länge ca. $30-$85, Erwachsene $9, Kinder (5-12 Jahre) $4,50; Aktuelle Auskunft unter ✆ (902) 566-3838 und ✆ (800) 565-0201. Es ist möglich, daß die Fertigstellung der Brücke auch die Zeiten und Tarife dieser Fähre beeinflußt.

Da lediglich auf der Rückfahrt (unabhängig von der Fährroute bei der Hinfahrt) kassiert wird, ist es billiger, die Insel über Borden zu verlassen. Das Prinzip dürfte auch nach Einweihung der Brücke bestehen bleiben.

Hummerfang ist auch auf PEI eine Touristenattraktion

5.4.2   Zur Route über die Insel

Start

Hier wird – der im Vorkapitel begonnenen Route folgend – von einer Ankunft auf Prince Edward Island am Ostanleger *Wood Island* ausgegangen. In Anbetracht der geringen Entfernungen und der punktuellen Schwerpunkte stellt diese Reihenfolge auch für Leser, die PEI über **Borden** erreichen und in umgekehrter Richtung fahren, kein Problem dar.

TCH #1

Wer vom *Terminal Wood Island* zügig über Charlottetown (61 km) zum Nationalpark fahren möchte (weitere 18 km), nimmt die *TCH* #1. Sie folgt dem Küstenverlauf und bietet immer wieder Ausblicke auf die *Northumberland Strait*, rötliche Strände und Kliffs und führt später durch flaches Weideland. Ab Charlottetown geht es auf der Straße #15 zur zentralen Parkeinfahrt bei Brackley Beach.

Kings Byway

Interessanter als die Fahrt auf der TCH nach Charlottetown ist der – bei etwa doppelter Kilometerzahl und erheblich höherem Zeitbedarf – Umweg auf einem Teilstück des **Kings Byway Drive** über Murray Harbour und Georgetown durch den lieblichen Südosten der Insel.

Malpeque Bay

Westlich von Charlottetown und des Nationalparks führt die Route über Malpeque und entlang der Malpeque Bay nach Summerside und Borden und von dort per Fähre (bzw. über die neue Brücke) nach Cape Tormentine/New Brunswick.

Scenic Drives

Durch die oben erläuterten Regionen der Insel – *Queens*, *Kings* und *Prince County* – läuft jeweils ein **Scenic Drive**: im Osten der **Kings Byway Drive** (367 km!), im Westen der **Lady Slipper Drive** (287 km) und im Zentrum der **Blue Heron Drive** (191 km). Die hübschen Bezeichnungen wurden für den Tourismus erfunden. Die Straßen sind nur abschnittsweise attraktiv (⇨ 5.4.3), über weite Strecken eher langweilig.

5.4.3   Durch den Südosten der Insel nach Charlottetown

TCH   Zur kurzen Strecke auf der TCH #1 nach Charlottetown genügen die Anmerkungen im vorstehenden Abschnitt.

Unterkunft   Wer spätankommt und einen Platz für die Nacht benötigt, findet 2 km westlich des Fähranlegers *Wood Island* an der TCH das **Meadow Lodge Motel**, ✆ (902) 962-2022, DZ ab $55.

Camping   Campen läßt sich im **Northumberland Provincial Park**, 3 km

östlich des Anlegers, wie auch im **Lord Selkirk Provincial Park**, etwa 26 km westlich bei Eldon, ca. 2 km von der #1. Beide Parks besitzen einen Strand.

Kings Byway   Die hier favorisierte Route, der **Kings Byway**, führt über die Trichtermündungen der Flüsse *Murray, Montague* und *Brudenell River* und über Kilometer an den jeweils beiden Ufern entlang. Ausgeprägt lieblich und reizvoll ist die Umgebung der Fischerdörfer Murray Harbour und Murray River, knappe 20 km östlich des Fähranlegers.

Kings Byway

Murray River   In Murray River kann man an fachkundigen **Seal** (Seehund) & **Bird Watching Trips** teilnehmen. Kormorane und Fischreiher leben dort zu Tausenden, und sogar Weißkopfadler sind zu beobachten. Mitte Juni–Mitte September finden mehrmals täglich Touren statt; Erwachsene $14, Kinder $7.

Das **Alpha & Omega Resort** mit **Motel**, *Cottages* und **Campground** liegt 5 km östlich Murray River an der Straße #18 an einem Flußlauf ✆ (902) 962-2888, DZ ab $45, *Cottages* $70. Etwas weiter nördlich, zwischen Cape Sharp und Panmure Island befindet sich auf einer Landzunge der **Panmure Island Provincial Park** mit **Campingplatz** und herrlichemSandstrand.

Montague   Nächste Station auf dem *Kings Byway Drive* ist Montague. Auch dort kann man **Seal Watching Trip**s buchen; Kosten $15, Kinder die Hälfte.

Das **Lobster Shanty Motel & Restaurant** an der Main Street bietet Zimmer mit Balkon und Blick auf den Fluß, außerdem eine ausgezeichnete Küche für *Seafood* (**Lobster**), Steak und chinesische Gerichte; ✆ (902) 838-2463, DZ ab $65.

Buffalo Park   Ca. 6 km südlich von Montague steht im **Buffalo Provincial Park** (Aussichtsplattform) eine kleine Büffelherde. Die seit einigen Jahren verstärkt betriebene Zucht in Schutzgebieten hilft bei dem Bemühen, die noch vor einigen Jahrzehnten fast ausgestorbenen Büffel in Nordamerika wieder heimisch werden zu lassen. Auf PEI waren sie jedoch früher nicht vertreten.

Camping

Der ***Brudenell River Provincial Park*** beim hübschen Hafen-städtchen Georgetown ist – neben Mill River im Inselwesten – einer der beiden "Superparks" der Insel mit einem populären Golfgelände und Tennisplätzen. Auch Boote und Angelausrüstung können dort gemietet werden, ***Campground*** und Badestrand sind ohnehin selbstverständlich.

Auf dem Parkgelände befindet sich das ***Rodd Brudenell River Resort*** (✆ 902-652-2332 und ✆ (800) 565-7633, ab $85), das vor allem von Golfern gebucht wird, .

Nach Charlottetown sind es von Georgetown noch 52 km – zunächst auf der Straße #3, die letzten Kilometer auf der #1.

Charlotte-town

Die kleinste **Provinz-Hauptstadt** Canadas liegt auf einer von York und Hillsborough River gebildeten Landzunge in der geschützten Westerweiterung der Hillsborough Bay. Von Osten (TCH #1) erreicht man nach Überquerung der *Hillsborough Bridge* unmittelbar das betriebsame **Zentrum** entlang der **Grafton St** und der Parallelstraße **Kent St**.

Lokale

Charlottetown besitzt viele, sehr britisch wirkende Kneipen und Lokale, wie zum Beispiel den ***Pat's Rose and Gray Room*** in der Richmond St unweit der kleinen deutschen **Bäckerei**. Allgemein bekannt ist das ***Off Broadway Café*** (125 Sidney St) mit einer guten Küche, sehr beliebt auch ***Pat and Willy's Bar & Grill***, 119 Kent St, mit *Live Music* und *TexMex-Food*.

Historische Gebäude

Unübersehbar sind in Charlottetown die vielen Verwaltungs-gebäude. Erwähnung verdienen die ***City Hall*** (Kent/Queen St), die auch ein ***Tourist Information Centre*** beherbergt, und vor allem das ***Province House*** von 1847, ein *National Historic Site* (Grafton/Prince St). Im zweiten Stock dieses massiven Steinbaus im georgianischen Stil befindet sich der ***Confederation Room***, der als **Geburtsstätte der Nation** gilt. Im September 1864 fand dort die erste der drei Konferenzen statt, die zur Staatsgründung Canadas führten. Obwohl zunächst nur an einen Zusammenschluß der maritimen Provinzen gedacht worden war, schlossen sich Quebec und Ontario an – beide wurden seit 1841 unter der Bezeichnung "Canada" zusammen verwaltet, ➪ Seite 478 – und damit alle britischen Besitzungen im Osten Nordamerikas. Die Konferenzen führten 1867 zur Bildung des **Dominion of Canada**. Die Befürchtung einer Ausweitung des Bürgerkrieges von den USA nach Norden beschleunigte diese Fusion. Die historischen Räume sind im Juli/August täglich 9–20 Uhr; sonst bis 17 Uhr zu besichtigen.

Arts Centre
Anläßlich des 100-jährigen Jubiläums der ersten Konferenz, wurde 1964 neben dem *Province House* das **Confederation Centre of the Arts** errichtet, ein nicht so recht ins Stadtbild passender Betonbau. Neben einer **Gemäldegalerie** (im Sommer täglich 10–20 Uhr, sonst kürzer; $2, Kinder $1) mit Werken hauptsächlich kanadischer Maler beherbergt das *Arts Centre* Theatersäle. Jeden Sommer wird dort das nationale Kultstück **Anne of Green Gables** aufgeführt (➪ Seite 567).

Peakes Wharf
Die umgestaltete *Peake's Wharf* mit **Restaurants** und Souvenirläden (südliches Ende der Queen St/Water St) zieht mit dem gleich östlich davon für Sommerkonzerte neu eröffneten **Confederation Landing Park** viele Besucher an.

Rundgang
Für einen erweiterten Bummel sollte man auf der Kent St in Richtung Victoria Park gehen und die grünen Nebenstraßen mit zahlreichen viktorianischen Villen nicht auslassen.

Unterkunft
Wer in/bei Charlottetown unterkommen möchte, findet viele **Motels** auch der preiswerteren Kategorie westlich der Stadt an der TCH #1, zugleich die Business Rd mit modernen *Shopping Centres*. Zentrale Häuser **auf gehobenem Niveau** sind

– **Best Western MacLaughlan`s Motor Inn**, 238 Grafton St, ✆ (902) 892-2461; DZ $104-$134.

– **Rodd Classic Hotel** in einem alten Backsteingebäude mit weißen Säulen, Ecke Kent/Pownal St, ✆ (902) 894-7371 und ✆ (800) 565-7633; DZ $119-$139.

– **Great George Inn**, nostalgisches Haus in der 68 Great George St; ✆ (902)-892-0606, DZ $100-$165.

Preiswerter sind die

– **Marion** und **Bernadine Hall,** Wohnheime der **University of PEI**, 550 University Ave *Blanchard Hall*, im Sommer mit **B&B** Unterkunft, ✆ (902) 566-0442, EZ/DZ ab $30/$37

– **Islander Motor Lodge**, in der 146 Pownal St, ✆ (902) 892-1217; DZ $64-$96, und natürlich das

– **International Hostel**, 153 Mount Edward Rd in der Nähe der Universität, ✆ (902) 894-9696; ab $15, nur im Sommer

Campmobilbesitzer können in unmittelbarer Umgebung von Charlottetown im **Southport Trailer Park** unterkommen, jenseits des Hillsborough River in der Stratford Rd, ein paar hundert Meter von der TCH entfernt, ✆ (902) 569-2287.

Rocky Point Ein schöner Abstecher von Charlottetown führt zum Rocky Point auf der südlichen von West River und Hillsborough Bay gebildeten Halbinsel gegenüber der Stadt. Man fährt dorthin zunächst auf der TCH #1 bis Cornwall und folgt dann der Straße #19, dem *Blue Heron Drive*. Auf der Halbinsel warten ein schöner Blick hinüber nach Charlottetown, Picknickplätze und zwei spezielle **Sehenswürdigkeiten**, die sich nicht verfehlen lassen (Hinweisschilder):

Fort Amherst – Eine Schrifttafel, Wallanlagen und ein kleines Museum erinnern im ***Fort Amherst-Port-La-Joye-National Historic Site*** daran, daß die erste europäische Siedlung auf Prince Edward Island 1720 am Rocky Point von Franzosen errichtet wurde. *Visitor Centre* und Museum (Dia-Schau) geöffnet Mitte Juni bis Anfang September täglich 10–18 Uhr; gratis.

Micmac Museum – Ein bescheidenes, aber liebevoll gestaltetes und der Umgebung angepaßtes **Freiluft-Museum** informiert über die einstige Lebensweise der ***Micmac*-Indianer**. Aus Birkenrinde gefertigte Wigwams und Kanus, Fallen für Bären und Füchse sowie andere Jagd- und Angelwerkzeuge sind zu besichtigen. Geöffnet im Juli und August täglich 9.30–19 Uhr, Juni und September 10-17 Uhr; Eintritt $3,75, Kinder $1,75.

Künstlicher Elch im Mic-Mac Village

5.4.4   Prince Edward Island National Park und die Nordküste

Kennzeichnung des PEI Park Der *Prince Edward Island National Park* im zentralen Bereich der Nordküste ist 40 km lang und stellenweise nur wenige hundert Meter breit. Die Gesamtfläche beträgt daher ganze 26 qkm. Die Attraktion dieses Küstenabschnitts ist die Farbkomposition bei Sonnenschein: kilometerlange rosarote Sandstrände und Dünen, Steilküsten aus rotem Sandstein, blaues Meer und grüne Wiesen. Obwohl auch Salzwassermarschen mit einem reichen Bestand an Seevögeln (eine Broschüre ***Field Check List of Birds*** für Vogelliebhaber ist gratis in den Besucherzentren erhältlich) und edukative Programme existieren,

PEI Park gilt das Hauptinteresse der Besucher in erster Linie **Strand-
und Wasseraktivitäten**. Zumal die Temperatur des Wassers
im Hochsommer nirgendwo an den Atlantikstränden nördlich der *Carolinas* (USA) höher sein soll als auf Prince Edward
Island. Diese Behauptung in allen Werbebroschüren der Insel
tut zwar dem Nachbarn New Brunswick, manchen Neu-Eng-
land-Stränden und erst recht südlicheren Gestaden bitter
Unrecht, werden doch höchstens mal 20°C und selten mehr
erreicht. Aber sie scheint ihre Wirkung nicht zu verfehlen,
nimmt man die Besucherzahlen zum Maßstab. Nach *Banff*
und *Jasper* in den Rocky Mountains ist der PEI-Park – man
glaubt es kaum – Canadas meistbesuchter Nationalpark.

Information Im Park gibt es drei *Visitor Information Centres*: eins an der
zentralen Zufahrt **Brackley Beach**, das größte im Westteil bei
Cavendish und ein weiteres im Osten bei **Stanhope**. Der Park
kostet im Sommer Eintritt: **$5 pro Person/Tag**.

Straßen Der *Gulf Shore Parkway* durch den Park läuft überwiegend
gleich hinter dem Strand und läßt nur die beiden äußersten
Bereiche im Osten und Westen aus (*Tracadie Bay* und *New
London Bay*). Allerdings besteht keine Verbindung zwischen
North Rustico Harbour und Rustico Island. Um von der zentralen Insel in die westliche Parkregion zu gelangen und
umgekehrt, muß man die Rustico Bay außerhalb des Parks
umrunden. Die teilweise als *Blue Heron Trail* ausgezeichnete **Straße #6** folgt in ihrem Verlauf in etwa den Parkgrenzen. An ihr befindet sich das Gros der auf den Parktourismus
eingestellten Infrastruktur.

Camping Der Nationalpark verfügt über drei Campingplätze, den strand-

nahen **Stanhope Campground** im Osten, den bayseitigen
Rustico Island Beach Campground und ganz im Westen den
Cavendish Campground. Letzterer liegt zwar am schönsten

Auf dem Gulf Shore Parkway durch die Dünen des PEI Park

Hotels

**Lobster
Suppers**

Strand und den höchsten Klippen, ist aber oft überfüllt und bei Hochbetrieb laut. Über die besten Stellplätze verfügt der **Stanhope Campground**, dafür fehlt eine attraktive Umgebung. Der Platz auf Rustico Island ist der ursprünglichste.

Zwei luxuriöse Nostalgiehotels am Ostrand des Parks, das **Dalvay by the Sea** und das **Stanhope by the Sea**, wecken Erinnerungen an die noble Hotel- und Sommerfrische-Ära im nordamerikanischen Osten während des letzten Jahrhunderts:

– **Dalway**, ein Haus in viktorianischem Stil, liegt am *Parkway* an einem der kleineren Seen, ✆ (902) 672-2048; DZ inklusive Halbpension $135-$290,

– **Stanhope** etwas weiter westlich in einem weitläufigen Areal mit unterschiedlichen Quartieren (*Motel, Inn, Cottages*) zu entsprechend angepaßten Tarifen, ✆ (902) 672-2421 und ✆ (800) 399-2047; DZ $70-$150.

Folgt man der #6 nach Westen, erreicht man – wie oben bereits beschrieben – **North Rustico**, ein Hafenstädtchen an der gleichnamigen Bucht. In der Saison kommt dort **Lobster** frisch von Bord in den Kochtopf. **Seafood** aller Art gibt`s im **Fisherman's Wharf Restaurant**. Das traditionsreiche und überaus populäre große Hummeressen findet gleich nebenan im Haus – der Name sagt es – **Fisherman's Wharf Lobster Suppers** statt.

*Im
Hafen
von
North
Rustico*

Lobster

Ursprünglich waren dies dörfliche Gemeinschaftsverköstigungen im Kirchenkeller, heute werden sie in eigens dafür hergerichteten Ausflugs-Restaurants für Hunderte von Besuchern veranstaltet. Dabei gibt es reichlich Hummer und ein überquellendes Salatbuffet. Aber Vorsicht: *as much as you can eat* gilt meist nur für das Gemüse. *Lobster-Supper-* und *Seafood-*Restaurants befinden sich auch in **New Glasgow** und in **St. Ann** (jeweils an der Straße #224) sowie in **New London** an der Straße #20 bei der *Wharf*.

Cavendish

Gut 10 km westlich von North Rustico liegt Cavendish, der touristische **Zentralort** der Nationalpark-Region mit *Shopping Malls*, viel **kommerzieller Unterhaltung** (*Go-Karts*, Wachsmuseum, Wasserrutschen, *Sandspit*-Jahrmarkt etc.) und auch einem **Aquarium**. Im *Cranberry Village* kann man viele tolle Motorräder im **Wheels of Time** und die Eigenarten dieser Welt im **Ripley's Believe it or not** bewundern.

Ausgesprochen beliebt ist das **Fiddles`n´Vittles**, ein riesiges, aber dennoch gemütliches *Seafood*-Restaurant. An der Bude **Fisherman`s Catch** auf der gegenüberliegenden Flußseite sind Meeresfrüchte indessen zünftiger und preiswerter zu haben.

Alle Attraktionen liegen nah beieinander im Kreuzungsbereich der Straßen #6 und #13 oder an der #6 etwas außerhalb und sind nicht zu verfehlen.

**Anne
of
Green
Gables**

Nicht wegzudenken aus dieser Region ist **Anne**, Heldin der *Anne*-Buchserie, erschaffen 1908 und ständig 15 Jahre alt mit Sommersprossen und einem Strohhut, aus dem knallrote Zöpfe baumeln, eine Art frühe, aber etwas ältere Pippi Langstrumpf. Bei uns ist *Anne* als literarische Figur, obwohl in 20 Sprachen übersetzt und vor allem in Japan extrem erfolgreich, kaum bzw. nur durch "Anne Franks Tagebuch" indirekt bekannt, in Canada aber eine nationale Berühmtheit, ebenso wie die Verfasserin der *Anne*-Serie, **Lucy Maud Montgomery**. Auf PEI wird dieser Umstand gnadenlos vermarktet. *Anne* und ihre Erfinderin sind in Katalogen und Broschüren allgegenwärtig und in/bei Cavendish erst recht:

– Das **Green Gables House** an der #6, in dem die Autorin ihre Heldin aufwachsen ließ, ist heute ein Museum. Auf einem Rundgang kann man *Annes* Abenteuer auf der *Lover's Lane* und in den *Haunted Woods* nachvollziehen. Im Sommer täglich geöffnet 9–20 Uhr, sonst bis 17 Uhr; Eintritt $2.50. Das von der Autorin 1876-1911 bewohnte Haus, wo sie ihr berühmtes Werk schrieb, liegt ebenfalls in Cavendish.

– In Park Corner befindet sich das **Anne of Green Gables Museum** in der Villa der Großeltern der Autorin, die dort einen Teil ihrer Jugend verbrachte. Es ist im Stil der Jahrhundertwende eingerichtet. Geöffnet Juli und August 9–20 Uhr, früher/später 9–18 Uhr; Eintritt $2,50.

Malpeque

Folgt man dem ***Blue Heron Drive*** weiter nach Westen, gelangt man nach Malpeque. Der Ort hat einen besonders schönen Hafen an der Malpeque Bay mit Canadas größter **Austernzucht**. Leider sieht man nur Hummerfallen am Kai; es gibt dort keine Restaurants oder Stände, wo man die ***Oysters*** gleich schlürfen könnte. Aber ***Cabot Reach***, ein einfaches Restaurant südlich von Malpeque an der Straße #105, ist nicht weit.

Camping

Einige Kilometer nördlich von Malpeque liegt der weitläufige ***Cabot Beach Provincial Park*** mit Dünen, rotem Strand und einem sehr schönen ***Campground***, nicht nur eine gute Alternative, wenn die Plätze im Nationalpark ausgebucht sind.

Quartiere

An PEI's zentraler Nordküste gibt es zahlreiche Unterkünfte, *Motels*, *Country Inns* und *Cottages*; u.a. sind folgende Häuser in ihrer Kategorie empfehlenswert – von Ost nach West:

– ***Stanley Bridge Country Resort***, 5 Autominuten westlich von Cavendish an der Straße #6, ansprechend ländlich, ☏ (902) 886-2882; DZ $75–$145, *Cottages* ab $110

– ***North Rustico Motel, Cottages & Inn***, North Rustico, mit Hafen- und Meerblick, ☏ (902) 963-2253; DZ im *Inn* ab $45, *Cottages* ab $65, *Motel* ab $70

– ***Kindred Spirits Country Inn & Cottages***, klassisches großes *Clapboard*-Haus beim Golfplatz in Cavendish, ☏ (902) 963-2434; *Inn* ab $65, *Cottages* ab $115

– ***Red Road Country Inn***, etwas im Inland an der #6 zwischen New London und Kensington, schön gelegenes Haus mit weitem Blick ins Land, ☏ (902) 886-3154; DZ ab $85

– ***Green Acres Motel***, einfaches Haus ca. 2 km westlich von Summerside, ☏ (902) 436-3508, DZ $45-$50

– ***Loyalist Country Inn***, im Zentrum von Summerside bei *Spinnakers' Landing*, ☏ (902) 436-3333, DZ $85-$115

Nach Borden

Von Malpeque sind es noch 25 km zum Fährhafen Borden bzw. zur Brücke über die Northumberland Strait. Auf dem Weg dorthin lohnen zwei kleine Abstecher:

– In **Woodleigh** (bei Burlington) an der Straße #234 können Englandkenner ihr Wissen prüfen: in einem großen Garten stehen verkleinerte Nachbauten von Gebäuden in Großbritannien, die aus Literatur und Geschichte bekannt sind. Im Sommer geöffnet 9–18 Uhr; Eintritt $8.

– **Summerside**, die zweitgrößte Stadt der Insel, liegt 3 km westlich des *Blue Heron Drive* am Meer. Die Stadt besitzt einen großen Hafen (frischer Fisch und Muscheln) sowie an der Marina einen schönen *Boardwalk* mit dem Laden- und Restaurantzentrum **Spinakers' Landing**.

New Brunswick

Zur Fortsetzung der Fahrt ab Cape Tormentine auf der Südseite der Strait of Northumberland ⇨ Seite 571 und 577.

5.5	#### Durch New Brunswick/Neu-Braunschweig
5.6.1	#### Geographisch-touristische Charakteristik

Lage

Das Gebiet der Provinz Neu Braunschweig, wie sie auf deutsch heißt, entspricht ungefähr einem Rechteck. Ost- und Südseite werden durch die Küsten des Gulf of St. Lawrence und der Bay of Fundy gebildet. Im Norden grenzt New Brunswick an Québec, im Westen an Maine/USA und hat den riesigen nordamerikanischen Kontinent damit quasi im Rücken. Wirtschaftlich und klimatisch ist Neu-Braunschweig aus diesem Grund nicht so ausschließlich vom Meer bestimmt wie die anderen maritimen Provinzen.

NB als Reiseziel

Als Reiseziel bietet New Brunswick nicht so ganz viel Abwechslung. Die Provinz ist daher für viele Touristen nur "Durchgangsstation" für einige Tage auf dem Wege von Nova Scotia nach Maine bzw. Québec oder von Maine bzw. Québec nach PEI und/oder Nova Scotia. Ein Nachteil New Brunswicks ist die große Ähnlichkeit seiner Landschaften mit Regionen in den Nachbarprovinzen und in Maine, so daß sich in New Brunswick – bei Anreise woher auch immer – nicht viel Neues entdecken läßt. Es fehlt ein unverwechselbares Profil. In der schönen Passamoquoddy Bay etwa sieht es aus wie im benachbarten Maine, die Küsten an der Bay of Fundy weisen große Ähnlichkeit mit dem Gegenüber in Nova Scotia auf, und die Strände der Ostküste unterscheiden sich nicht wesentlich von denen auf Prince Edward Island, sind aber insgesamt nicht so reizvoll. Dabei ist der jeweilige Landschaftscharakter meist weniger ausgeprägt als anderswo.

Trockengefallene Boote im Hafen von Alma/Fundy National Park, siehe auch Seiten 572 und 575

Image	Daraus resultieren trotz einiger punktuell hervorhebenswerter Attraktionen gewisse Imageprobleme, die man in letzter Zeit jedoch durchaus erfolgreich "bekämpft". Erstaunlicherweise wird in den Tourismusbroschüren der Provinz aber nur unzureichend auf zwei wirkliche Besonderheiten hingewiesen: auf das untere **Urstromtal des St John River** und die Salzmarschen und Nehrungen des *Kouchibouguac National Park*.
Zu den Routen	Weitere Einzelheiten zur Provinz New Brunswick finden sich im Einleitungskapitel zu den *Maritimes,* ➪ Seite 523. Auch die Einbindung der im folgenden beschriebenen Routen in das Netz der Rundstrecken durch Neu-England und die östlichen Provinzen Canadas ist dort erläutert, ➪ Seite 520.
Von PEI	Das anschließende Kapitel ist so konzipiert, daß es unmittelbar an das Vorkapitel "Prince Edward Island" anschließt, d.h., nach Ankunft von dort in *Cape Tormentine* beginnt, dem alten Fährhafen bzw. neuen Brückenkopf nach PEI.
Von Nova Scotia	Wer von Nova Scotia über Amherst nach New Brunswick reist, folgt einfach dem Verlauf der TCH auf dem Festland und erreicht damit automatisch Moncton.

Steckbrief New Brunswick/NB

725.000 Einwohner, davon 50% britischer und 33% französischer Abstammung. 73.400 qkm, davon der größte Teil kaum besiedeltes Kernland. Die Bevölkerung konzentriert sich auf das Flußtal des St. John River und die Küsten. **Provinzhauptstadt ist Fredericton** mit 47.000 Einwohnern, größte Städte sind **Saint John** mit 75.000 und **Moncton** mit 57.000 Einwohnern. Amtssprachen sind Englisch und Französisch.

Fast **90% des Hügellands** zischen Gulf of St. Lawrence und Bay of Fundy sind **bewaldet**. Höchste Erhebung ist der *Mt. Carleton* im zentralen Norden mit 820 m. Weitgehend **ebene Gebiete** erstrecken sich entlang der Ostküste und im Gebiet zwischen Fredericton und der Bay of Fundy.

Wichtigste **Wirtschaftszweige** sind Holzeinschlag und -verarbeitung (Papier, Zellstoff), Fischfang und Landwirtschaft (Kartoffeln, Viehzucht, Milchprodukte). Eine zunehmende Rolle spielen Einnahmen aus dem Tourismus. Industrie besitzt in New Brunswick eine eher untergeordnete Bedeutung, sieht man von Saint John ab.

Wichtigste **touristische Ziele** sind die *Reversing Falls* in Saint John, *Tidal Bore Park* und *Magnetic Hill* in Moncton, der *Fundy National Park*, *Kings Landing* bei Fredericton, das *Acadian Village* und der *Kouchibouguac National Park* an der Ostküste.

5.6.2   Von PEI und Nova Scotia
nach Moncton und zum Fundy National Park

Auch wer von Prince Edward Island oder Nova Scotia aus nach New Brunswick kommt und beabsichtigt, auf schnellstem Wege an der Ostküste entlang zur *Gaspé Peninsula* zu fahren, sollte den Abstecher nach Moncton und ggf. noch weiter zum *Fundy National Park* erwägen. Für alle anderen Fahrtrichtungen liegt Moncton an der Strecke, der Nationalpark so nah, daß man ihn auf keinen Fall auslassen sollte.

Nördlicher Bogen

Von Cape Tormentine gibt es zwei sinnvolle Routen in Richtung Moncton. In einem nördlichen Bogen könnte man der Straße #955, später der #15 über Shediac zum Autobahnabschnitt derselben Straße folgen.

Shediac

Shediac ist ein angenehmer kleiner Küstenort und eine Art Hummer-Metropole: *Lobster Capital of the World* lautet der selbst verliehene Superlativ, der durch ein überdimensionales **Lobster-Denkmal** im Zentrum unterstrichen wird. Zahlreiche

Restaurants (gut z.B. das rustikale **Lobster Deck Restaurant & Lounge** in der Main Street) und Fischläden warten auf Kundschaft. In Shediac und Umgebung findet man wunderbar helle Strände, darunter die populäre **Parlee Beach** im gleichnamigen Provinzpark am östlichen Ortsende. Das Meerwasser gilt dort ebenso wie auf PEI als das "wärmste nördlich der *Carolinas*", was in diesem Fall vielleicht stimmen könnte, denn es sollen Temperaturen bis zu 24°C gemessen worden sein.

Im Zentrum von Shediac gibt es mehrere relativ preiswerte kleine Hotels in alten Villen, z.B.

– **Hotel Shediac**, Main St, ✆ (506) 532-4405; DZ $48-$85

– **Chez Francoise**, Main Street, ✆ (506) 532-4233, DZ inklusive Frühstück $50-$75

Der **Campground** des *Parlee Beach Provincial Park* ist recht eng und befindet sich auf einer offenen Wiese. Viel besser campt man im ruhigen **Murray Beach Provincial Park** unweit der Straße #955, ca. 15 km westlich Cape Tormentine.

Südlicher Bogen/TCH

Die alternative Route von Cape Tormentine nach Moncton entspricht dem Verlauf der TCH (zunächst Straße #16) über Sackville und (etwas südlich davon) das alte **Fort Beauséjour**.

Fort Beauséjour

Vom einst französischen **Fort** bei Aulac (heute ein **National Historic Site**), das 1755 nach heftiger Gegenwehr an die Engländer fiel, ist außer einigen Mauerresten und grasbewachsenen Erdhügeln nicht mehr viel zu sehen. Die sternförmig angelegte Festung ist wegen ihrer schönen Lage mit Blick über das *Cumberland Basin* der Bay of Fundy und des prima Picknickplatzes einen Zwischenstopp dennoch wert. Außerdem existiert ein informatives Museum im **Visitor Centre.** Geöffnet Anfang Juni bis Mitte Oktober täglich 9–17 Uhr.

Sackville

Um das Universitätsstädtchen Sackville breiten sich die ***Tantramar Marshes*** aus, ausgedehnte Salzwassermarschen. Die gesamte Region, ursprünglich von den Acadiern eingedeicht und zu Farmland gemacht, wurde 1988 wieder geflutet und als Marschland renaturalisiert. Der ***Sackville Waterfowl Park*** ist ein Teil dieser Landschaft und vor allem für Vogelfreunde interessant. Am 2 km langen *Boardwalk* durch Sumpfgelände informieren Tafeln über die dort anzutreffenden Vogelarten. Der Park liegt südlich des Ortes an der Straße #106; geöffnet März bis Mitte November täglich bis Sonnenuntergang.

Moncton

Moncton beherbergt die einzige französischsprachige Universität der *Maritimes* und ist zugleich Zentrum der acadischen Minderheit von New Brunswick. Die zweitgrößte Stadt der Provinz wirbt gerne mit ihrem französischen Flair, das sich aber bestenfalls noch in einigen fußgängerfreundlich gestalteten Karrees links und rechts der **Main Street** entdecken läßt. In derselben Straße befindet sich auch das ***Tourist Information Centre***, wo man einen Stadtplan bereithält und weiß, wann das nächste Hochwasser kommt.

Tidal Bore

Eine der beiden Hauptattraktionen Monctons ist die ***Tidal Bore*** im gleichnamigen Park im Zentrum der Stadt, Main/Ecke King St. Mit *Tidal Bore* wird die Flutwelle aus der Bay of Fundy bezeichnet, die zweimal täglich das schlammigbraune Flußbett des Petitcodiac Rivers füllt. Das Ungewöhnliche ist dabei weniger die Höhe des Tidenhubs so weit im Inland (bis 6 m), als vielmehr das enorm schnelle Auflaufen des Wassers. Da die Stärke der *Tidal Bore* von Mondphase, Jahreszeiten und Seewetterlage abhängt, ist sie mal stärker, mal schwächer. Wer die *Tidal Bore* erleben möchte, darf auf einer eigens dafür vorgesehenen Beobachtungstribüne Platz nehmen. Eine Gezeitentafel zeigt auch dort an, wann das Wasser wieder anrauscht. So sensationell indessen, daß man extra dafür mehrere Stunden Wartezeit in Kauf nehmen sollte, ist die Angelegenheit auch wieder nicht.

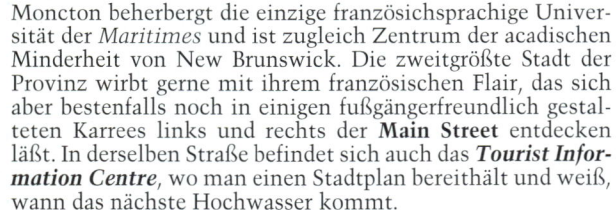

FUNDY TIDES – TIDENHUB IN DER BAY OF FUNDY

Der mächtige Gezeitenstrom, der im Zwölfstunden-Rhythmus die Bay of Fundy entleert bzw. wieder auffüllt, ist ursächlich für einige der Touristenattraktionen an den Küsten Nova Scotias und New Brunswicks. Die Kraft des auflaufenden Wassers dreht den Wasserfall an der Mündung des Saint John River bei Saint John um (*Reversing Falls*), und sorgt, wenn alle Bedingungen gut sind, für eine bis zu 6 m hohe Flutwelle (*Tidal Bore)* im Bett des Peticodiac River. Auch an die Gesteinsformationen an den Ufern der Bay of Fundy, darunter die *Flowerpots*, haben Ebbstrom und Flutwasser mitgeformt.

Hundert Billionen Liter Wasser drücken zweimal täglich vom offenen Atlantik in die Bay of Fundy. An bestimmten Punkten der Bucht erreicht der Tidenhub unter extremen Bedingungen Werte bis zu 16 m, die Höhe eines vierstöckigen Hauses. Verursacht wird das Phänomen durch ein Zusammenwirken mehrerer Faktoren, vor allem durch die Trichterform und den ansteigenden Boden der Bucht. Je mehr sich die Bucht verengt, desto größer ist die Wucht, mit der die bei Flut einlaufende Wassermasse gegen die Ufer gepreßt wird. Da die Bay of Fundy gleichzeitig immer flacher wird, weiß das Wasser buchstäblich nicht mehr wohin, klettert die Ufer hoch und dringt mit enormer Kraft in die Flußbetten. Ein weiterer Faktor ist die Länge der Bucht. Während das Ebbwasser noch abläuft, setzt die nächste Flut bereits ein. Dadurch entsteht zwischen Atlantik und Ende der Bucht ein aus der Badewanne bekannter Pendeleffekt, der sich bei entsprechenden Wind und Strömungsverhältnissen (Wind-und Wasserdruck genau in die Richtung des östlichen oder nördlichen Arms, des *Minas Channel* bzw. der *Chignecto Bay*) zu Extremwerten aufbauen kann. Aber auch ohne diese Sonderfaktoren beträgt der Gezeitenunterschied etwa an der Küste des *Fundy National Park* mindestens 7-8 m, oft mehr.

Das Leben der Küstenbewohner wird bestimmt durch den Rhythmus des Meeres. Stundenlang liegen die Boote bei Ebbe auf dem rötlichen Boden der Bucht, und die Fischer müssen warten, bis das Wasser wieder die Stege erreicht. Dafür werden sie mit guten Fängen belohnt, denn viele Fischarten gedeihen bei hohem Wasseraustausch und 2x täglich aufgewirbeltem Meeresboden bestens.

Magnetic Hill

Verblüffung wird am **Magnetic Hill** garantiert: *Mountain Hwy*/Straße #126 unweit der TCH (unverfehlbar ausgeschildert). Auf dem magnetischen Hügel rollen die Autos – wie es zumindest scheint – nicht bergab, sondern bergauf. Wer es selbst ausprobieren möchte, zahlt $2 fürs Mitmachen (Mitte Mai bis *Labour Day* täglich 9 Uhr bis zur Dämmerung) und fährt zunächst einige hundert Meter bis zu einer Markierung bergab. Dort muß man anhalten, den Leerlauf einlegen und den Wagen einfach rollen lassen, und zwar rückwärts und bergauf! Newton hin, Schwerkraft her – ein Blick aus dem linken Seitenfenster beweist: auch das Wasser des Bachs neben dem Fahrweg fließt bergauf.

Phänomen

Ist hier die Gravitation scheinbar oder wirklich außer Kraft gesetzt? Liegt es an starken magnetischen Kräften der nahen Erzvorkommen, oder ist alles nur eine optische Täuschung? Die Antwort liefert der gesunde Menschenverstand.

Kommerz

Dem "Naturwunder" hat man im Lauf der Jahrzehnte kräftig Kommerz beigemischt. Im **Magnetic Hill Park** gibt`s eine *Fisherman's Wharf*, einen Zoo, Karrusells, Souvenirshops und Restaurants. Und im *Magic Mountain Waterpark* fließt das Wasser auf den Rutschen zum Glück ganz normal nach unten. Juli/August täglich 10–20 Uhr, sonst kürzer; Eintritt $18, Kinder $13, Familien $55, nach 15.30 Uhr billiger.

Unterkunft

Ein großer Teil der Hotel- und Motelkapazität Monctons steht unübersehbar im Umfeld des *Magnetic Hill* an der Mountain Rd und entlang der Main St in die Stadt hinein, darunter auch Häuser der Ketten **Best Western, Comfort Inn, Keddy`s, Rodd** und das **Canadian Pacific Hotel Beausejour**, das beste am Platz; Reservierung über die 800-Nummern, ⇨ Seite 156.

Camping

Der private Campingplatz **Camper`s City** liegt an der TCH bei Moncton (*Exit* 492), aber eine bessere Alternative sind die *Campgrounds* im – allerdings ca. 70 km entfernten – *Fundy National Park*, ⇨ weiter unten.

Flowerpot Rocks

Zum Fundy Park geht es auf der Straße #114 zunächst auf schöner Strecke am Petitcodiac River entlang. Bei Hopewell Cape im **Rocks Provincial Park** an der Mündung des Flusses in die Bay of Fundy ragen die **Flowerpot Rocks**, dunkelrote, pilzartig geformte Felsensäulen aus dem Watt. Sie schmücken New Brunswick-Fotobände und -Postkarten. Bei Hochwasser wirken die "Blumentöpfe" wie Inseln, bei Ebbe kann man über eine steile Treppe zu ihnen hinuntersteigen. Die eigenartige, für die Bezeichnung verantwortliche Form kam zustande, weil der Wasserfluß unten länger dauert als weiter oben und entsprechend für eine stärkere Erosion der tieferen Bereiche des Felsens sorgt. Bei der Besichtigung ist Vorsicht geboten: die Flut kommt schnell und mit großer Gewalt.

Flowerpot Rocks im Rock Provincial Park bei Ebbe

Fundy National Park

Der 260 qkm große *Fundy National Park* läßt sich von Moncton in einer guten Stunde reiner Fahrtzeit erreichen. In der Südostecke des Parks liegt direkt vor der Einfahrt das Dorf **Alma** mit kleinem Hafen, einigen Restaurants, Geschäften, Hotels/Motels und Tankstelle.

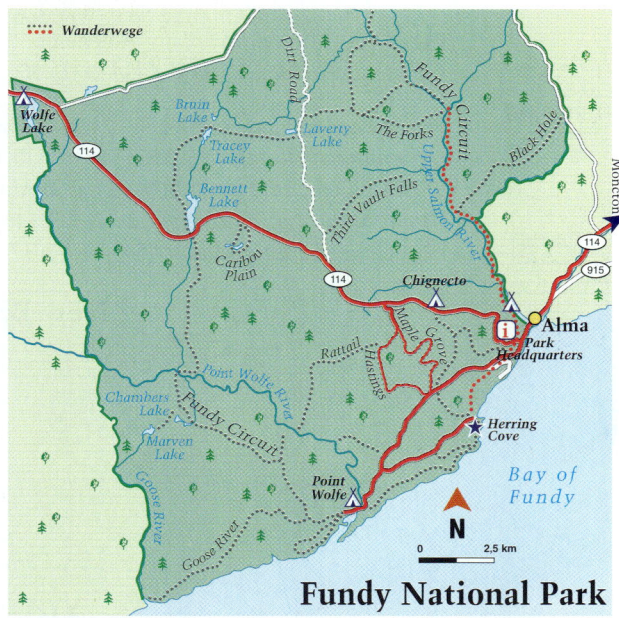

Fundy National Park

Information

Im Eingangsbereich des Parks westlich von Alma befinden sich das **Visitors Reception Centre** und die *Park Headquarters*. Ein weiteres **Information Centre** ist während der Sommermonate an der **Nordwesteinfahrt** am Wolf Lake geöffnet. In beiden und an den Einfahrten gibt es die Parkzeitung **Salt and Fir**, die alle aktuellen Details zu *Campgrounds, Trails* und Parkaktivitäten enthält. Von Mitte Juni bis *Labour Day* kostet der Park **Eintritt**: $6 pro Tag und Auto; 4-Tages-Ticket $18. Eintritt frei für Personen ohne Fahrzeug.

Kennzeichnung

Fundy ist ein reiner Landschaftspark mit felsiger, teils bizarrer Steilküste, Buchten und kleinen Sandstränden. Im Hinterland warten zahlreiche **Auto-(!) und Wanderwege** durch eine unverdorbene hügelige Waldlandschaft mit kleinen Seen, Flüßchen und Wasserfällen. Die Badeseen **Wolfe** und **Bennett Lake** liegen an der Durchgangsstraße. Dort kann es sommerlich heiß sein, selbst wenn sich die Küste kühl und nebelverhangen zeigt. Bei gutem Wetter und Ebbe ist das Wandern auf rotem Meeresboden eine populäre, wenn auch wegen des rasch auflaufenden Wassers keine ganz ungefährliche Aktivität.

Unterkunft Den Kontrapunkt zur reinen Natur setzt der komfortable Besucherkomplex rund um die *Park Headquarters*. Dort gibt es Hotel und Chalets, Golfplatz, Tennisanlage, *Lawn Bowling* und beheizten *Swimming Pool*. Wer dort unterkommen möchte, sollte besser im voraus reservieren:

– *Caledonia Highlands Inn & Chalets*, ✆ (506) 887-2930, DZ $70-$80

– *Fundy Park Chalets*, ✆ (506) 887-2808, DZ $50-$60

– *International Hostel*, ✆ (506) 887-2216, $15/Person

Neben kleineren *B&Bs* und *Inns* gibt es in **Alma** noch das

– *Alpine Motor Inn*, ✆ (506) 887-2052, DZ $45-$70 und das

– angenehme *Captain`s Inn*, ✆ (506) 887-2017 $50-$70.

New Brunswick

(map)

132 · Maria · New Richmond · Pointe-à-la-Croix · Restigouche · QUEBEC · Miguasha · 132 · Bonaventure · Paspebiac · CENTRE DE NEW BRUNSWICK · Centre de la Culture Micmac · Dalhousie · Baie des Chaleurs · Sugarloaf P.P. · Campbellton · Chaleur P.P. · Grande Anse · Pokeshaw P.P. · Caraquet · Shippegan · Quebec City · 185 · St. Quentin · Mt. Carleton 820 m · Bathurst · Acadian Village · Gulf of St. Lawrence · Edmundston · 17 · Mt. Carleton P.P. · 385 · St. Léonard · 2 · Grand Falls · 1 · Acadian Peninsula · 8 · 11 · Caribou · Presque Isle · Perth · Renous · 108 · Mirimachi · Kouchibouguac N.P. · PRINCE EDWARD ISLAND · USA · CANADA · 8 · Hartland · Nashwaak Bridge · 11 · NEW BRUNSWICK · Houlton · 2 · 105 · Mactaquac P.P. · Minto · Magnetic Hill · Shediac · Moncton · Cape Tormentine · Millinocket · Kings Landing · Lake George · Fredericton · Tidal Bore · Waterfowl Park · Sackville · Amherst · Fort Beauséjour · 95 · MAINE · 1 · 4 · 7 · 102 · 2 · Sussex · 2 · Hopewell Cape · Alma · The Rocks P.P. · Fundy N.P. · 114 · 6 · 3 · Oak Point P.P. · Oak Point · Westfield · 1 · St. George · Lake Utopia · Saint John · Reversing Falls · NEW BRUNSWICK NOVA SCOTIA · 2 · Kentville · Windsor · 9 · St. Stephen · Calais · St. Andrews · Back Bay · Deer Island · Campobello Island · Grand Manan Island · Digby · Bay of Fundy · N · 0 40 km

Camping

Von den drei komfortablen *Campgrounds* im Park (teilweise *Hook-up*) liegen der große, aber enge *Headquarters* und der sehr schöne, ruhige *Point Wolfe* an der Küste. Auf beiden ist es spürbar kühler als auf dem weiter landeinwärts gelegenen *Chignecto*. Der Platz am *Wolfe Lake* ist zwar von der #114 leicht zugänglich, eignet sich aber nur für Zelte. *Trails* führen zu *Wilderness Campgrounds* (z.B. *Goose River Trail*/7 km und *Lake Marven Trail*/8 km).

TCH

Vom *Fundy National Park* trifft die Straße #114 gute 10 km östlich von Sussex auf die TCH #2. Von dort sind es noch ca. 110 km nach Fredericton und – ab Sussex auf der Straße #1 – noch 73 km bis Saint John. Wer diese Ziele anstrebt, findet die Beschreibungen auf den Seiten 585 bzw. 581.

Weiterfahrt

Auch bei **Fahrtziel** *Gaspésie* könnte die Weiterfahrt auf der TCH am St. John River entlang erwogen werden. Nördlich von Grand Falls geht es dann auf der Straße #17 nach Campbellton am Ausläufer der Chaleur Bay. Ab *Fundy National Park* fallen dabei nicht einmal 100 zusätzliche Kilometer an. Unter Berücksichtigung des Abstechers in den *Kouchibouguac Park* und zum *Acadian Village* geben sich beide Alternativen entfernungs- und zeitmäßig nichts. Es ist eine Frage persönlicher Präferenzen, welcher Strecke man den Vorzug geben sollte. Das *Living Museum* **Kings Landing** bei Fredericton ist ohne Zweifel erheblich attraktiver als das *Acadian Village*, und der Küstenpark wird "eingetauscht" für eine insgesamt reizvollere Route.

5.6.3   An New Brunswicks Ostküste zur Gaspé-Peninsula

Zur Route

Die Strecke zwischen Moncton/Shediac und Gaspé-Halbinsel legt man am besten überwiegend auf der Autobahn zurück (#11, dann teilweise Landstraße/Autobahn #8 und nördlich Bathurst wieder #11) und pickt sich über Abstecher und Zwischenstopps die "Rosinen" am Wege heraus. Der hübsch **Cote Acadienne** benannten Ostküste New Brunswicks auf kleineren Straßen am Wasser entlang zu folgen, lohnt nicht. Sie führen durch endlose, ineinander übergehende Straßendörfer und flache, eher monotone Landstriche.

Kouchibouguac National Park

Der eigentümliche Reiz dieser Küste blieb nur dort erhalten, wo sie nicht zersiedelt wurde, vor allem im **Kouchibouguac National Park**, rund 100 km nördlich von Moncton.

River of the long Tides – Kouchibouguac (koo-shi-boo-gwack) – nannten die *Micmac*-Indianer die Region des heutigen Nationalparks, eine Marschlandschaft von beeindruckender Schönheit, voller Ruhe und Frieden. Zwischen kilometerlangen vorgelagerten **Sandstränden** und der eigentlichen unregelmäßigen Küstenlinie erstrecken sich **Lagunen**, dahinter Tümpel, Feuchtgebiete und Sümpfe, ein Paradies für Wasservögel.

Das **Visitor Centre** liegt an der Straße #117, die den Nordteil des Parks durchquert. Dort gibt es eine Dia-Show über Flora und Fauna im *Kouchibouguac* und alle Informationen zu *Campgrounds*, Wanderwegen, Kanurouten und das Programmangebot der *Ranger*. Baden, Kanufahren, Wandern, Radfahren und *Bird Watching* sind die Hauptaktivitäten. Eintritt $6 pro Auto/Tag, 4-Tages-Ticket $18. Eintritt frei ohne Fahrzeug.

Der Hauptstrand ist **Kelly's Beach**. Dort beginnt die schönste Wanderung 14 km am Kouchibouguac River entlang. In **Ryan`s Rental Center** (zwischen South Kouchibouguac und *Kelly's Beach*) kann man **Kanus** und **Fahrräder** mieten. Die beiden **Campingplätze** liegen am Fluß, der kleine, *Cote a Fabien*, am Nordufer, der größere und komfortablere, *South Kouchibouguac*, auf der gegenüberliegenden Seite.

Unterkunft Unterkunftsempfehlung für *Kouchibouguac:* **Park Woodland Motel** an der #134, ✆ (506) 876-2407, $50–$65.

Boardwalk durch Sümpfe im Kouchibouguac National Park

Acadian Peninsula Zwischen Mirimachi und Bathurst läßt die Straße #8 (z.T. Autobahn) die **Acadian Peninsula** unberührt, während die #11 weiter der Küste folgt. Viele Acadier, die 1755 aus Nova Scotia vertrieben worden waren (⇨ Seite 545), flohen in diese abgeschiedene Gegend. Die Randlage trug dazu bei, daß sie dort ihre Tradition und Kultur besser als anderswo bewahren konnten – die vielen akadischen Flaggen noch heute beweisen es. Für Touristen lohnt sich dennoch der lange Weg um die ganze Halbinsel herum kaum. Die Strecke ist mit Ausnahme der Fischerhäfen in Tracadie und Shippegan eher eintönig.

Acadian Village Ein Abstecher für den Besuch des **Acadian Historical Village** zwischen Grande Anse und Caraquet, ca. 40 km östlich von Bathurst, wäre aber zu erwägen. Nirgendwo werden das Leben der Acadier unter den armseligen Bedingungen zu Beginn des 19. Jahrhunderts, deren Kultur und Geschichte detaillierter geschildert als in diesem *Living Museum*. Das Dorf besteht aus 42 grauen Schlichtbauten. Das **Visitor Centre** ist geöffnet Juni–*Labour Day* täglich 10–18 Uhr; Eintritt $8, Kinder $5.

DIE ACADIER

Der italienische Entdecker **Verrazona** bezeichnete 1650 die gesamte Nordostküste Amerikas als **Acadia**. Die grün bewaldeten Hügel, lieblichen Flüsse und stillen Seen erinnerten ihn an **Arkadien**, das fiktive pastorale und friedliche Land des römischen Poeten *Vergil*. Später wurde nur noch das heutige Nova Scotia *so* genannt. Gelegentlich erklärt man die Bezeichnung auch mit dem Wort *cadie* aus der Sprache der *Micmac*-Indianer. Es bedeutet "Ort" oder auch "sicherer Hafen". Bis heute ist die Silbe in Ortsnamen wiederzufinden, z. B. in *Shenacadie*, dem Ort der Preisselbeeren, oder *Bernacadie*. Da es keine Verbindungen zwischen europäischen und indianischen Sprachen gibt, dürfte diese Ähnlichkeit aber reiner Zufall sein. Die Unsicherheit, die Entstehung des Namens zu erklären, wird auch in der Schreibweise deutlich, denn *Acadia* schreibt man ohne "r" – im Gegensatz zum Traumland *Arkadien*.

Franzosen waren die ersten weißen Siedler in *Acadia*, ⇨ Seite 545. Sie ließen sich zunächst auf Nova Scotia in den Salzwassermarschen an der Bay of Fundy nieder. Dort gewannen sie durch Eindeichung fruchtbares Ackerland und führten ein arbeitsames Landleben.

Soweit so friedlich. Wie es dazu kam, daß die *Acadians* später in alle Winde zerstreut wurden und ein Teil von ihnen dabei – unter der amerikanisch verballhornten Bezeichnung **Cajuns** – bis Louisiana geriet, macht den tragischen Teil der Geschichte aus:

Während der Auseinandersetzungen zwischen Franzosen und Engländern hatten die Acadier sich daran gewöhnt, mal unter der Hoheit des einen, mal des anderen zu stehen. Bis in die Mitte des 18. Jahrhunderts ließen die Engländer, seit 1713 offizielle Herren der Region, ihre Acadier weitgehend in Ruhe. Als 1755 wieder Krieg zwischen England und Frankreich ausbrach, genügte den Briten deren erklärte Neutralität aber nicht mehr. Sie sollten – wie die britischen Staatsbürger – ebenfalls den Fahneneid (*Oath of Allegiance*) schwören, was heißen konnte, die Waffen gegen die Franzosen erheben zu müssen. Mutig verweigerten die Acadier geschlossen den Treueschwur – mit bösen Folgen: Die Engländer brannten ihre Häuser nieder, steckten sie mit brutaler Gewalt in Schiffe und verfrachteten sie ohne Rücksicht auf Familienzusammengehörigkeit in alle Richtungen. Die meisten der 13.000 Acadier landeten in südlicheren britischen Kolonien, andere in Louisiana und in Frankreich. Nur wenige entkamen der Deportation.

Willkommen waren die mittellosen Flüchtlinge nirgendwo. Für die meisten begann eine Zeit des Wanderns auf der Suche nach Angehörigen und einer neuen Heimat. Eine von ihnen war **Evangeline**, eine hierzulande weitgehend unbekannte, vom amerikanischen Schriftsteller *Henry W. Longfellow* geschaffene akadische Heldin. Sie begegnet dem Reisenden vor allem in Nova Scotia auf Schritt und Tritt, als Küstenstraße *Evangeline Trail* und als Standbild im *Gran Pré National Historic Park*, ⇨ Seiten 540/1.

Caraquet Das kleine ***Acadian Museum*** in Caraquet im Blvd St. Pierre bietet für Besucher des *Acadian Village* nicht mehr viel Neues. Juni–Mitte September Mo–Sa 10–20 Uhr, So ab 13 Uhr, $3.

Unterkunft  Wer in der Nähe des *Acadian Village* eine preiswerte Unterkunft sucht, findet mit dem ***Motel Bel Air*** in Caraquet ein ordentliches Quartier: 655 Blvd St. Pierre Ouest, ✆ (506) 727-3488, DZ $40-$50.

Camping Etwa 10 km westlich von Caraquet (Straße #11) campt es sich gut im gleichnamigen Provinzpark.

Bird Watching Fotografen und Vogelliebhaber finden bei Grande Anse im ***Pokeshaw Provincial Park*** (kein Camping) ein gutes Motiv für einen Zwischenstopp: tausende von Seevögeln nisten auf dem massiven Felsen vor der Küste .

Vogelfelsen Pokeshaw vor der Küste der Acadian Peninsula

Straße #134 Parallel zur Autobahn #11 läuft zwischen Bathurst und Campbelltown die Straße #134 an der sich verengenden Chaleur Bay entlang. Nur für das letzte Teilstück zwischen Dalhousie und Campbelltown lohnt es sich, die Autobahn zu verlassen. Bei Fahrtziel *Gaspésie* spart 60 km Umweg (allerdings auf dem landschaftlich besten Abschnitt der gesamten Strecke ab Moncton), wer die Fähre Dalhousie–Miguasha nimmt, die im Stundentakt verkehrt; $12 für Pkw $3/Person, Dauer 15 min.

Camping   Vorher bieten lediglich die Campingplätze im kleinen ***Jacquet River Provincial Park*** (campen direkt am Strand unter der Steilküste) und des ***Chaleur Recreational Park*** ein gutes Motiv für eine Fahrtunterbrechung auf diesem Abschnitt. In Campbelltown fällt der ***Sugarloaf Mountain*** ins Auge, dessen Form dem Zuckerhut von Rio de Janeiro ähnelt. Der große Provinzpark am Fuße des Berges ist besonders beliebt als Wintersportrevier, verfügt aber auch über einen **Campingplatz.**

Gaspésie Zur Fortsetzung der Route auf der Gaspé-Halbinsel siehe das anschließende Kapitel 5.7 ab Seite 595.

5.6.4 Über Saint John nach Fredericton und Québec

Saint John   Die Industrie- und Hafenstadt Saint John ist mit über 75.000 und im Großraum 125.000 Einwohnern New Brunswicks einziges "Ballungszentrum".

Geschichte   ***Samuel de Champlain*** stand bereits 1604 an der Mündung des St. John River, aber die gleichnamige Stadt wurde erst 1783 gegründet, nachdem eine bereits 1640 angelegte Siedlung lange wieder aufgegeben worden war: über 10000 Loyalisten (⇨ Essay Seite 442) wählten auf der Flucht vor den Amerikanern die kleine Halbinsel zwischen Flußmündung und Courtenay Bay als neue Heimat. Um 1840 kamen 30.000 Iren, die sich in Saint John und an den Ufern des Saint John River niederließen. Holz, das den Fluß heruntergeflößt wurde, ließ die Stadt florieren. Bis zur Mitte des vorigen Jahrhunderts waren Saint Johns Werftanlagen die drittgrößten der Welt. Nach einem Großbrand, der 1877 über 1600 Holzhäuser zerstörte, entstanden die imposanten viktorianischen Backsteingebäude, die sich heute noch im Zentrum bewundern lassen. Damals hatte die Ära der Dampfschiffahrt bereits begonnen, und der Bau von Segelschiffen ging in der Folge stark zurück. Die Blütezeit der Stadt war damit beendet.

Downtown   Von der Autobahn #1, dem ***Saint John Throughway***, gelangt man über die Ausfahrten #111-#113 geradewegs in die alte Innenstadt. Sie ist nur einen knappen Quadratkilometer groß und nach Norden begrenzt durch die Union St. Westlich der zentralen Grünanlage King's Square erstreckt sich das Geschäftsviertel bis etwa hinunter zur Princess St. Ein kleines ***Tourist Information Centre*** befindet sich an der Loyalist Plaza im ***Little Red Schoolhouse***. Neben den üblichen Karten und Unterlagen gibt es dort (und auch im ***Tourist Centre*** an den *Reversing Falls*) Beschreibungen für drei ***Walking Trails*** durch

Im nostalgischen City Market von Saint John

Saint John (jeweils 90-120 min); der **Prince William Walk** ist der insgesamt interessanteste dieser Rundwege. **Loyalist Trail** und **Victorian Stroll** sind eher für historisch stark Interessierte zu empfehlen. Ob man nun einer der vorgeschlagenen Routen durch Saint John folgt oder nicht, für einen Bummel durch die *Downtown* genügen folgende Hinweise:

Loyalist Plaza

Rund um die Loyalist Plaza werden alljährlich die **Loyalist Days** gefeiert. Dann ist die ganze Stadt auf den Beinen, um mit großem Spektakel und kostümiert die Ankunft der ersten 3.000 Loyalisten nachzuspielen. An die Plaza grenzt der **Market Square**, ein modernes Einkaufszentrum, in das auch einige der alten Hausfassaden integriert wurden.

Der wunderbare **Barbour's General Store** neben dem *Little Red Schoolhouse* wurde 1967 zur Hundertjahrfeier des *Dominion of Canada* zu einem Museum umgewandelt, das den Besuch lohnt; geöffnet im Sommer täglich 9–19 Uhr, sonst bis 18 Uhr, eintrittsfrei.

Loyalist House

Einrichtungsgegenstände des vergangenen Jahrhunderts sind im **Loyalist House** ausgestellt, einem 1810 im georgianischen Stil errichteten Haus, das den Brand von 1877 heil überstand (Ecke Union/Germain St). Im Sommer geöffnet Mo–Sa 10–17 Uhr, So ab 13 Uhr, sonst nur Mo–Sa; Eintritt $2.

City Market

Ein weiteres Gebäude, das von der Feuersbrunst verschont blieb, ist der **Old City Market**. Diesen bunten und lebendigen Markt betritt man durch ein imposantes Eingangstor an der Charlotte St. Ein Teil der Verkaufsstände stammt noch aus dem 19. Jahrhundert. Dort gibt es als besondere Spezialität der Provinz die **Fiddleheads**, eine Art Spargel. Geöffnet Mo–Do 7.30–18 Uhr, Fr bis 19 Uhr, Sa bis 17 Uhr.

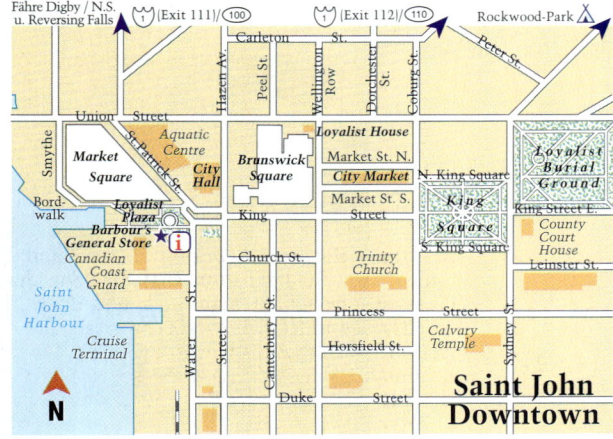

Friedhof	Gleich hinter dem King's Square an der Sidney St liegt der *Loyalist Burial Ground*, ein alter städtischer Friedhof für die Jahre 1784–1848 mit vielen loyalistischen Grabinschriften.
Reversing Falls	Als Saint Johns größte Attraktion gelten die *Reversing Falls*, die ein kleines Schauspiel aus der Trickkiste der Natur liefern: Unmittelbar vor seiner Mündung in die Bay of Fundy zwängt sich der Saint John River durch einen Engpaß voller Stromschnellen und kleiner Wasserfälle – zumindest bei Ebbe. Mit beginnender Flut wird das Wasser des Flusses von der Wucht des Meeres zunächst gestaut und am Ende regelrecht "überrollt"; dadurch kehrt sich die Fließrichtung des Saint John River scheinbar um.

Besichtigung der Fälle

Oberhalb der *Reversing Falls*, ca. 3 km westlich der Stadt (Straße #100/ Chelsey Dr/Fairville Blvd) befindet sich ein eigenes *Tourist Centre* (Mitte Juni–Ende Oktober 8–20 Uhr, sonst bis 18 Uhr). Dort wird das Naturphänomen detailliert erläutert, u.a. durch einen Film, der den Gezeitenfluß im Zeitraffer auf 20 min. reduziert ($1,50). Wer die Umkehrung der Fälle in natura erleben möchte, muß pünktlich zur Stelle sein. Eine Gezeitentafel (*Tide Table*) liegt bei allen Touristeninformationen der Region aus. Zur Frage, ob es sich lohnt, auf den

großen Umkehreffekt eventuell lange zu warten, sei angemerkt: so aufregend ist das Schauspiel nicht und die Umgebung alles andere als attraktiv. Die **Aussichtsplattform** des *Tourist Centre* bietet im übrigen nicht den besten Blick, den hat man vom *Falls View Park* am Nordufer etwas landeinwärts, Zufahrt über die Douglas Ave.

Rockwood Park

Der riesige *Rockwood Park* mit Badesee und Golfplatz ist nur 5 min. vom Stadtzentrum entfernt. Von der Höhe (Mount Pleasant) überschaut man Stadt und Bucht. In der Südecke des Parks befindet sich auch der – wegen der Autobahnnähe – in Teilbereichen recht laute und für Wohnmobile enge *Campground*. Die Plätze für Zelte liegen etwas abseits und ruhiger. Für eine Übernachtung zwischendurch o.k. Zufahrt über die Autobahn, *Exit* 113 Richtung Mount Pleasant Ave.

Unterkunft

Saint John ist kein Ort zum Verweilen, bietet aber reichlich Quartiere. Viele Motels liegen an der Rothesay Ave #100 nordöstlich der Stadt, speziell preiswerte Unterkünfte findet man einige Kilometer westlich den *Reversing Falls* in der Manawagonish Rd (ebenfalls #100). Besonders preisgünstig sind

– *Anchor Light Motel*, 1989 Manawagonish Rd, ✆ (506) 674-9972, DZ $35-$45

– *Donner's Motel*, 1121 Manawagonish Rd., ✆ (506) 672-1375, DZ $40-50.

Wer einen höheren Standard bevorzugt, ist gut bedient mit

– *Delta Brunswick Hotel*, 39 King St, ✆ (506) 648-1981 und ✆ (800) 268-1133, DZ $89-$135

– *Country Inn & Suites*, 1011 Fairville Blvd, ✆ (506) 635-0400 und ✆ (800) 456-4000, DZ $79-$109

Fähre

Der Hafen für die **Nova Scotia-Fähre** befindet sich 5 km von Downtown entfernt in West Saint John.

Fähre Saint John – Digby/NS

Zwischen Ende Juni und Anfang September tägliche Überfahrten um 0.30 Uhr, 9.30 Uhr und 16.45 Uhr (So keine Nachtfähre); Dauer der Überfahrt 3 Stunden. Erwachsene zahlen für die einfache Strecke $22, Kinder bis 12 Jahren die Hälfte. Pkw kosten $49; Wohnmobile bis 7.50 m $85. Für die Gegenrichtung siehe Seite 543.

Reservierung bei *Marine Atlantic Ferry* ✆ (506) 636-4048 und 5700 oder *toll-free* ✆ (800) 341-7981 (nur aus USA).

Saint John River

Der Saint John River, in regionalen Werbebroschüren der "Rhein" Canadas, entspringt im Hochland von Maine und ist mit 724 km der längste Fluß in den *Maritimes*. Besonders sein Unterlauf im Urstromtal zwischen Saint John und Fredericton ist reizvoll. Die mal felsigen, mal verschilften Ufer bieten immer wieder weite Ausblicke über die Flußlandschaft. Viele kleine Inseln und Buchten, malerische Landzungen mit Leuchttürmen, dazu vereinzelt oder in kleinen Ansiedelungen graue Schindelhäuser liefern ein perfektes Bild ländlicher Idylle wie vor über hundert Jahren. Besonders in diesem Bereich wird New Brunswick seinem selbstgepflegten Image als *Picture Book Province* gerecht.

Für die Weiterfahrt nach Fredericton ist daher die **Straße #102** der direkten Route #7 unbedingt vorzuziehen.

Camping

Bei *Oak Point* passiert man den hübsch gelegenen gleichnamigen *Provincial Park* mit Badestrand. Obwohl sein *Campground* nicht zu den besten gehört, ist er ruhig und eine gute Alternative zum Camping im *Rockwood Park* in Saint John.

Gagetown

Der einzige Ort mit touristischer Infrastruktur ist auf dieser Route Gagetown. Dort findet man Restaurants und Unterkünfte, z.B. das **Steamers Stop Inn** in der Front St direkt am Fluß, © (506) 488-2903, DZ ab $65, oder das preiswerte **Loaves & Calico Country Inn**, © (506) 488-3018, DZ $40-$50.

Grand Lake

Oberhalb Gagetown ist der Saint John River mit dem **Grand Lake** verbunden. Das jenseitige Flußufer ist per Fähre schnell erreicht, aber der größte See in New Brunswick lohnt eher keinen Abstecher. Seine Ufer sind mit bescheidenen *Cottages* und fest stationierten *Mobilhomes* gespickt. Die beiden Provinzparks am See (*Lakeside* und *Grand Lake*) besitzen zwar eine *Swimming Beach* und **Campground**, rechtfertigen aber keine größeren Umwege.

Fredericton

Mit 47.000 Einwohnern ist Fredericton – die **City of Stately Elms**, der stattlichen Ulmen – eine angenehme Mittelstadt. Sie liegt an einer Biegung des Saint John River gegenüber der Mündung des Nashwaak River.

Historie

Ursprünglich lebten in der Region *Micmac-* und *Maliseet-*Indianer, die sich gegen die weiße Besiedelung heftig zur Wehr setzten. Ein bereits 1692 von den Franzosen errichtetes Fort konnte nicht gehalten werden. 1732 kamen aus Nova Scotia geflohene *Acadier*, die 1759 von Briten vertrieben wurden. Wegen der Feindseligkeit der Indianer blieben nur aber nur wenige Familien in der Region. Die eigentliche Geschichte von Fredericton begann deshalb – wie in Saint John – erst 1783 mit der Ankunft von 2.000 Loyalisten.

Auf deren Betreiben wurde New Brunswick, das damals noch zu Nova Scotia gehörte, 1784 zu einer selbständigen Provinz und *Frederics Town* 1785 zur Hauptstadt. Sie war für die neugegründeten USA schwerer anzugreifen als das bedeutendere, aber ungeschützt am Meer liegende Saint John. Danach ging es mit der bald Fredericton genannten Stadt schnell bergauf.

Fast 400 m lange Covered Bridge bei Hartland über den Saint John River, ⇨ Seite xxx

Orientierung/ Information

Wer nicht gerade von Norden die Stadt erreicht (Straße #8) fährt entweder auf der TCH #2 oder auf der Straße #7 bis zur Regent St (*Exit* 292 von der TCH) und auf dieser geradewegs bis ins Stadtzentrum am Saint John River. Von Moncton auf der #2 anreisend nimmt man den *Exit* #295/Waterloo Row. Die Hauptstraßen (Queen, King und Brunswick Street parallel zum Fluß und Regent und York St) sind charakterisiert durch viele pastellfarbene Holzhäuser. Die repräsentativste Straße ist die Queen St. In der **City Hall** an der Ecke Queen/ York befindet sich das **Visitor`s Information Centre.** Im dort erhältlichen **Visitor`s Guide** samt Unterkunftsverzeichnis findet man eine **Walking Tour** durch die Stadt. In 45 min. läßt sich Frederictons kleines Zentrum gut ablaufen.

Besichtigung

Gegenüber der City Hall steht das **Justice-Building** und – etwas zurückgesetzt – das **New Brunswick College of Craft and Design**. Die beiden Blocks zwischen der York und Regent St zwischen Queen St und Saint John River nennt man den **Military Compound**. Dort befinden sich alle militärischen Gebäude, die einst gebaut wurden, um die Hauptstadt vor den Amerikanern zu schützen. Heute dienen sie unterschiedlichen Zwecken. In den ehemaligen *Officers' Quarters*, einem durch seine Arkaden auffälligen Haus (1825), ist das **York-Sunbury Historical Society Museum** untergebracht mit einem Sammelsurium von Gegenständen aus der Geschichte New Brunswicks. Zu besichtigen sind auch die alten **Soldiers' Barracks** und das **Guard House**, Carleton, Ecke Queen. Das **National Exhibition Centre** nebenan in einem schönen neoklassizistischen Gebäude zeigt wechselnde Ausstellungen.

LORD BEAVERBROOK

Dem Namen *Beaverbrook* begegnet man in Fredericton auf Schritt und Tritt. Es gibt eine *Beaverbrook Street*, das *Beaverbrook Playhouse*, das *Beaverbrook Hotel* und *The Lady Beaverbrook Residence*. Unter dem bürgerlichen Namen *William Maxwell Aitken* wurde der spätere *Lord Beaverbrook* 1879 in Ontario geboren. Er wuchs in Newcastle/NB auf, war mit 28 Jahren Millionär, ging 1910 mit 31 nach England und brachte es fertig, ein paar Jahre später – 1916 – geadelt zu werden.

Als konservativer "Medienbaron" (*Daily Express*) wurde er zum Vertrauten von *Winston Churchill*. Ab 1940 war er als *Airforce*-Minister Görings erfolgreicher Gegenspieler. Churchill urteilte über ihn, er sei ein Genie, *who is at his very best when things are at their very worst* ("der zu Hochform aufläuft, wenn die Dinge richtig schlecht stehen"). Zeitlebens unterstützte *Beaverbrook* sein Heimatland und steckte ein Großteil seines Vermögens in alle möglichen Stiftungen in New Brunswick.

Parlament

Vor dem ***Provincial Legislative Assembly Building***, dem Parlamentsgebäude (Queen/St John) wehen in schöner Eintracht fünf Fahnen. Wie selbstverständlich gebührt der britischen Flagge die mittlere Position. Links bzw. rechts wird sie flankiert von den Farben Acadias und New Brunswicks, beidseitig eingerahmt von Canadas Ahornblatt. Die tiefe emotionale Bindung zur britischen Krone symbolisiert auch eine Birke, die am 29.7.1981, dem Hochzeitstag von *Lady Di* und *Prinz Charles* gepflanzt wurde. Noch hat es keiner gewagt, das Bäumchen zu fällen.

Kunst-museum

In der ***Beaverbrook Art Gallery*** gegenüber dem Parlament sind hauptsächlich die Werke englischer Maler ausgestellt (*Gainsborough, Turner, Constable*), außerdem Bilder von *Cornelius Krieghoff* (1815-60). Dieser gebürtige Holländer verbrachte die meiste Zeit seines Lebens in Québec und wurde Canadas erster über die Grenzen hinaus bekannter Maler. Seine volkstümlichen Bilder stellen hauptsächlich Motive des Alltags in den Vordergrund. Stark romantisierend malte er auch Szenen aus dem Leben der Indianer. Der Stolz der Galerie hängt im Foyer: das Gemälde **Santiago el Grande** von *Salvador Dali*. Im Sommer Mo–Fr 9–18 Uhr, Sa/So 10–17 Uhr, sonst Di–Fr bis 9–17 Uhr, Sa ab 10 Uhr, So ab 12 Uhr; Eintritt $4, Kinder bis 16 Jahren $1,50.

Architektur

Ein Spaziergang durch die Uferanlagen am Saint John River vermittelt einen Einblick in die amerikanische Architekturgeschichte. In der Waterloo Row (Verlängerung der Queen St) stehen (bis zur Hausnummer 252) repräsentative Wohnhäuser aller möglichen Baustile und Epochen, *Georgian Style, Queen Anne, Gothic* und *Victorian Style.*

Unterkunft

In Fredericton unterzukommen, ist selten ein Problem. und relativ preiswert. Am stilvollsten übernachtet man im

– ***Lord Beaverbrook Hotel*** am Fluß, 659 Queen St, ℂ (506) 455-3371 und ℂ (800) 561-7666; DZ $80-$120.

Sehr gemütlich ist das alte

– ***Carriage House Inn***, 230 University Av, ℂ (506) 452-9924, DZ $65-85, preiswerter das

– ***Fort Nashwaak Motel***, 15 Riverside Dr an der Kreuzung der Straßen #105/#110, ℂ (506) 472-4411, DZ $50-$70.

Weitere, auch **preiswerte Motels** und Hotels findet man südlich des Zentrums an der Prospect St, die parallel zur Autobahn TCH #2 läuft, von dort *Exits* #289-#292.

Camping

Auf dem Gelände des *Bucket Club Amusement Park* liegt der **Hartt Island Campground** ca. 6 km westlich der Stadt; Zufahrt über die TCH.

Der **Mactaquac Park**, größter *Provincial Park* New Brunswicks, liegt an einem gestauten Arm des Saint John River ca.

25 km westlich von Fredericton; Zufahrt auf der Straße #105 am nördlichen Flußufer entlang. Mit Marina, Stränden, Golfplatz und *Lodge* handelt es sich dabei mehr um einen Freizeitkomplex als Naturpark. Der **Campground** ist fast Nebensache. Von einigen Stellplätzen hat man ein monströses Wasserkraftwerk im Blickfeld.

Nur wenige Kilometer weiter entfernt von Fredericton ist der **Woolastock Wildlife Park & Campground** an der TCH #2 eine weitere Alternative mit *High Life* in der Nachbarschaft: Außer dem speziell für Kinder schönen Tierpark gibt es dort auch noch den **Woolastock Water Park** mit großen Wasserrutschen (nur Juli und August).

King's Landing

Neben der *Fortress Louisbourg* auf Cape Breton Island vielleicht das beste **Living Museum** im Osten Canadas ist **Kings Landing Historical Settlement**, ca. 40 km westlich von Fredericton unweit der TCH, *Exit* 259.

Kennzeichnung

Die Entstehungsgeschichte von *King's Landing* ähnelt der des *Upper Canada Village* in Ontario (⇨ Seite 455). Hier wie dort wurden die im Tal liegenden Häuser vor der Überflutung durch eine Flußaufstauung demontiert und als **Museumsdorf** weiter oberhalb originalgetreu wiederaufgebaut. Auf den 120 ha-Gelände steht heute eine Ortschaft, wie sie – von Loyalisten errichtet – in der Mitte des 19. Jahrhunderts ausgesehen haben könnte. Zeitgenössisch gekleidete Bewohner demonstrieren alte Arbeitstechniken und Traditionen. Bei einem Spaziergang durch das Dorf gewinnt man den Eindruck, die Zeit sei stehengeblieben. Dabei ist der – dank des Holzreichtums der Region bemerkenswerte – Wohlstand in *King's Landing* nicht zu übersehen. Die Häuser sind größer, die vorindustriellen Betriebe, wie z.B. das Sägewerk, entwickelter als im ländlich-einfachen *Acadian Village*, ⇨ Seite 578.

Schulunterricht wie anno 1850 im Kings Landing Village

Zeitbedarf Man sollte mindestens einen guten halben Tag einplanen, um dieses Juwel unter den lebenden Museen ohne Zeitdruck auf sich wirken zu lassen. Geöffnet Juni–Ende Oktober täglich 10–17 Uhr; Eintritt $8, Kinder/Jugendkiche bis zu 18 Jahren $5. Familienticket $20.

Camping Südwestlich von *Kings Landing* liegt der **Lake George Campground** (bis vor kurzem *Provincial Park*) am gleichnamigen See. Man erreicht ihn über die Straße #635 und dann 2 km auf der #636 in südliche Richtung.

Nach Maine Kings Landing/Fredericton sind mögliche Anschlußpunkte für eine Weiterfahrt nach Maine über Woodstock/Houlton und dann – auf USA-Seite – auf der *Interstate* #95 nach Bangor und zum *Acadia National Park*, ⇨ Seite 303/296.

Von Fredericton nach Quebéc – ggf. mit Umweg über die Gaspésie

Von Fredericton aus sind es noch 380 km bis zur Grenze der Provinz Québec und weitere gut 100 km bis Rivière-du-Loup am St. Lawrence River. Auf der Autobahn TCH #20 erreicht man von dort Québec City – wenn es sein muß – in 2 Stunden. Besser wäre, in **Rivière-du-Loup** oder **Trois-Pistoles** mit der Fähre über den Strom zu setzen und sich zwei Tage oder mehr Zeit für eine Fahrt auf dem reizvollen Nordufer zu nehmen, ⇨ Seite 601.

Eine andere Variante, die bereits angesprochen wurde, ist die Einbeziehung der Gaspé-Halbinsel als Abstecher von der Reiseroute auf der TCH. Für diesen Fall verläßt man die #2 nördlich von Grand Falls und nimmt die Straße #17 nach Campbellton. Eine einsame Alternative dieser Route ist die Straße #385 zum **Mount Carleton** (*Provincial Park)* und von dort nach St. Quentin an der #17. Dabei müssen allerdings im Bereich des höchsten Berges der Provinz etwa 25 km Schotterstraße in Kauf genommen werden.

Wer sich ab Fredericton für die Fahrt auf der TCH nach Norden entschieden hat, könnte statt der #2 die **Straße #105** wählen. Bis **Hartland** mit einer fast 400 m langen **Covered Bridge** (Foto Seite 585) ist ihr Verlauf am Nord- bzw. Ostufer des Saint John River abwechslungsreicher.

Nördlich von Hartland bleibt es ziemlich gleich, auf welcher Flußseite man sich bewegt. Beide Straßen führen durch eine weitgehend langweilige Landschaft. In **Grand Falls** ist ein Zwischenstopp angebracht. Dort hat der Fluß eine 1,5 km lange und 70 m tiefe Schlucht durch den Fels geschnitten. Im **Grand Falls and Gorge Park** schießt das Wasser auf voller Breite 23 m in die Tiefe. Abends werden die Fälle effektvoll beleuchtet.

5.6.5	**Von Saint John nach Maine/USA**

Zur Route Zwischen Saint John und St. Stephen an der Grenze (mit dem Gegenüber Calais auf der US-Seite des St. Croix River) liegen noch gute 100 km. In dieser Ecke berühren sich die Routen durch die Neu-England-Staaten (⇨ Seite 302f) und die *Maritimes*. Wer beide auf dem Landweg (Seeweg über die Fähre Portland/Bar Harbor nach Yarmouth/NS, ⇨ Seiten 540 und 298) miteinander verbinden möchte, kommt entweder von Maine oder aus Fredericton/Saint John. Da auch die anderen Teilstrecken durch New Brunswick – ausgehend vom Verlauf der TCH – in Nord- bzw. Westrichtung beschrieben wurden, wird hier an dieser Richtung festgehalten. Bei Fahrt in Gegenrichtung entstehen daraus kaum Probleme, da die im Verlauf wichtigen Ziele weitgehend punktueller Natur sind.

Der Straße #1 von Saint John nach St. Stephen verläuft abseits der Küste und bietet mit Ausnahme kurzer Teilstücke (z.B. *New River Beach Provincial Park*) keine besonderen Reize. Auch Abstecher an die Küste bringen zunächst nur wenig. Das unattraktive Blacks Harbour etwa braucht nur anzusteuern, wer nach *Grand Manan Island* übersetzen möchte.

Die **Fähre** verkehrt ab **Blacks Harbour** im Sommer Mo–Sa 6x täglich, So 4x täglich; Auto und Fahrer kosten retour $24, jede weitere Person $8. Die Überfahrt dauert 90-120 min.

St. George Für einen **Zwischenstopp** immer gut ist die *Fishladder* in St. George. Man findet sie etwas versteckt unweit der Hauptstraße bei den *Magaguadavic Falls*. Im August und September kann man dort mit ein wenig Glück Lachse springen sehen.

Die Lachstreppe bei St. George ist schon von ihrer landschaftlichen Einbettung her einen Zwischenstopp wert

Grand Manan Island

Die Insel Grand Manan ist ein bevorzugtes Ziel für *Bird Watcher*, denn sie liegt an der Migrationsroute zahlreicher Vogelarten und steht – wie auch die vorgelagerten kleinen Inseln – überwiegend unter Naturschutz. Der Ornithologe *James Audubon* trieb dort schon vor über 150 Jahren seine Studien. Viele seiner berühmten Skizzen entstanden auf Grand Manan. Wanderfreunden bietet die Insel ein Netz markierter Routen. An der Küste tummeln sich viele Seehunde; Wale in kurzer Distanz zum Ufer sind keine Seltenheit. Leider aber liegt oft Nebel über Grand Manan.

Die Fähre legt in North Head im Nordosten der Insel an. Von dort führt eine Straße an der flachen Ostküste entlang über die Fischerdörfer Grand Harbour und Seal Cove bis zur Südspitze (ca. 25 km). Die Steilküste auf der Westseite mit bis zu 90 m hohen Kliffs erreicht man mit dem Auto nur über eine Stichstraße nach Dark Harbour. Dort hat man sich auf die Produktion von *Dulse* spezialisiert, eine dunkelrot-violette Alge, die am Strand gesammelt, getrocknet und in Plastiktüten abgepackt wird. Ähnlich wie Popcorn ist *Dulse* als Snack "zwischendurch" beliebt, der Geschmack allerdings ziemlich gewöhnungsbedürftig.

Wer auf der Insel campen möchte, findet einen *Campground* im sehr schönen **Anchorage Provincial Park** bei Seal Cove am Rande von Vogel-Schutzzonen.

Zimmer gibt es in North Head. Beliebt ist **The Compass Rose,** ein *Provincial Heritage Inn*, ✆ (506) 662-8570, ab $55, o.k. auch das **Surfside Motel**, ✆ (506) 662-8156, ab $65.

Lake Utopia

Mit einem weißen Sandstrand und klarem, tiefen Wasser verspricht der Lake Utopia **Badefreuden**. Aber Vorsicht, es soll darin ein Loch-Ness-Ungeheuer gesichtet worden sein. An die Ufer des Sees gelangt man auf den Straßen #785 und #781.

In die USA über Deer Island

Noch östlich von Sant George führt die Straße #772 an die Passamaquoday Bay nach Back Bay/Letete, wo man die Fähre nach **Deer Island** und dann weiter nach **Campobello Island** nehmen kann. Von Campobello Island geht es auf der *International Bridge* nach Lubec in Maine, ⇨ Seite 303. Wenn die Zeit es zuläßt, ist diese **Route optimal**. Der zeitliche Mehraufwand (bei weniger Kilometern) sollte inklusive Pausen bei schönem Wetter und ggf. Übernachtung auf einer der Inseln vorsichtshalber mit einem vollen Tag kalkuliert werden. Wer auf Übernachtung und längere Stopps verzichtet, kommt auch mit einigen zusätzlichen Stunden aus.

Die **Fähre** ab Letete nach Deer Island, einer vom Tourismus völlig unberührten Insel, verkehrt alle 30 min. und ist gratis.

Im Hauptort **Fairhaven** gibt es einen Laden, zwei kleine Motels und die inselweit einzige Tankstelle. Vor Deer Islands Küste liegen die größten *Lobster Ponds* (Hummerbecken) der Welt und viele der für New Brunswick typischen *Weirs*, im Kreis gesteckte Stangen und Netze zum Heringsfang.

Camping

Im *Deer Island Point Park* (an der Südspitze der Insel) befindet sich ein einfacher Campingplatz, der eine wunderbare Sicht nach Maine und Campobello Island bietet. Dort sprudelt der *Old Sow*, der angeblich zweitgrößte tidenabhängige Wasserstrudel der Welt.

Campobello-Island-Wirt zeigt, was gleich in den Topf kommt

Nach Campobello Island

Von Deer Island nach Eastport/Maine überzusetzen (Fähre stündlich von 9–19 Uhr, $8 für Pkw plus Fahrer, jede weitere Person $2), macht nur für lokalen Verkehr Sinn. Vom selben Anleger neben dem Campingplatz geht es auch nach Campobello Island. Die **Fähre** verkehrt **nur Ende Juni bis Anfang September 7x täglich**, Auto und Fahrer kosten $11, und jede weitere Person $2.

Wilsons Beach im Norden ist Campobellos größte Ortschaft. Von dort führt eine Schotterstraße (Abzweigung beim *Post Office*, nicht ausgeschildert) an der Ostküste entlang. Wegen ihrer tief eingeschnittenen, seichten Buchten sind die Wassertemperaturen dort besonders badefreundlich. Der *Herring Cove Provincial Park* besitzt einen langen Sandstrand vor einer Lagune und einen guten **Campingplatz**.

Der südliche Teil der 16 km langen Insel besteht überwiegend aus dem *Roosevelt Campobello International Park*, in dem sich das prächtige Ferienhaus des ehemaligen US-Präsidenten *Franklin D. Roosevelt* (1882-1945) befindet. Hier verbrachte *Roosevelt* viele Sommer, bevor er Präsident wurde. Es kann täglich 10–18 Uhr besichtigt werden, kein Eintritt. Der Park verfügt des weiteren über schöne Wanderwege entlang der Küste und *Scenic Drives* für Autofahrer.

Unterkunft

In Wilsons Beach kommt man relativ preiswert in den ***Pollock Cove Cottages*** unter, © (506) 752-2300, $55-$65.

In Welshpool in der Nähe der Fähre befindet sich die ***Friar's Bay Motor Lodge***: einfach, aber o.k., © (506) 752-2056, $30-$50.

Etwas anspruchsvoller und gemütlich ist die ***Lupine Lodge***, in einer alten Villa in Welshpool, © (506) 752-2555, $50-$70 einschließlich Frühstück.

Einreise USA

Man verläßt Canada über die ***International Bridge***. Die Grenzformalitäten sind an der kleinen Station in der Regel locker, die *Immigration Officer* freundlicher als anderswo.

Zur Weiterfahrt in Maine ➪ Seite 303.

In die USA via Calais

Wer auf das Inselhüpfen verzichtet, fährt weiter auf der #1 zur Grenzstation St. Stephen/Calais. Dabei ist der folgende Abstecher von der Hauptstraße unverzichtbar:

St. Andrews

Das Städtchen **St. Andrews** auf einer schmalen Landzunge in der Passamaquoday Bay gilt als Schatzkästchen amerikanischer Holzhausarchitektur. Einige der pastellfarbenen Häuser in der Hauptstraße Water St waren die ersten ***Prefabricated Houses*** (Fertighäuser) der Geschichte: Als nach dem Unabhängigkeitskrieg die Grenze in dieser Region ein wenig nach Norden korrigiert wurde, setzten sich die dadurch unfreiwillig wieder zu Amerikanern gewordenen Loyalisten von den USA ab, indem sie ihre Häuser zerlegten, auf Flöße packten und einige Meilen weiter in St. Andrews wieder aufbauten.

Von der Furcht vor den Nachbarn zeugt noch das ***Blockhouse*** am östlichen Ende der Water St, eine ***National Historic Site***. Im schönen ***Centennial Park*** (auf dem Bummel dorthin) läßt es sich – mit Meerblick – herrlich picknicken.

Seebad

Schon um die Jahrhundertwende war St. Andrews Sommer-Treffpunkt für New Yorker und *Bostonians*, deren luxuriöse alte Villen sich nicht übersehen lassen. In der Hochsaison ist

Sommervilla des US-Präsidenten F.D. Roosevelt

in St. Andrews nach wie vor einiges los. Das traditionsbewußte **Shiretown Inn** (✆ 506-529-8877, DZ $78-$120) in der Water St gehört zu Canadas ältesten Ferienhotels. Keine 1000 Schritte bergauf im **Algonquin Resort** in der Prince of Wales St (mit Tenniscourt, ✆ 506-529-8823, DZ $110-$200), einem *Canadian Pacific* Hotel, geht es besonders edel zu. Montags bis samstags wird ein **Lunch Buffet**, sonntags ein *Brunch Buffet* für jedermann aufgebaut: $21 sind fürs Ambiente dieses Hauses nicht zuviel. Im zweiten Stock auf der Dachterrasse genießt man beim **Afternoon Tea** den Ausblick über die Bucht.

In den *Cottages* des mitten in der Stadt am Wasser gelegenen **Seaside Beach Resort** kann man auch ganz gut und preiswerter übernachten: 339 Water St, ✆ (506) 529-3846; DZ $55-$80.

Ebenfalls nicht so teuer das **Blue Moon Motel**, 310 Mowatt Drive (Ende der Straße #127), ✆ (506) 529-3245, DZ $45-$75.

Bootstrips An der *Market Wharf* starten **Whale Watching Tours** ($50, Kinder $25) und geführte **Kajak-Touren** (halber Tag $50).

Camping Auf der äußersten Spitze der Landzunge, dem **Indian Point**, liegt ein kleiner Campingplatz mit zur Bay hin offener Wiese, aber auch heckengeschützten Stellplätzen.

Kathy`s Cove Das Meerwasser bei St. Andrews ist zum Baden zu kalt, aber *Kathy's Cove*, eine 5 Autominuten entfernte flache, felsige Bucht an der Ostseite der Landzunge, hat wärmeres Wasser (mit Badeanstalt und Liegewiese). Zufahrt auf dem Acadia Drive, der am *Algonquin Resort* beginnt.

Haifische gibt es sogar im Golf von St. Lorenz. Dieser hier wurde im Hafen von Tracadie auf der Acadian Peninsula angelandet

5.7 QUÉBECS*⁾ GASPÉ PENINSULA

5.7.1 Touristische Kennzeichnung

Zur Route

Die Gaspé-Halbinsel ragt wie ein großer Daumen von 300 km Länge und bis zu 180 km Breite in den Golf von St. Lawrence. Rundherum folgt die **Straße #132** eng der Küstenlinie. Von Campbellton bis Mont-Joli am St. Lorenz-Strom sind es auf dieser Route ca. 700 reine Streckenkilometer im Vergleich zu 170 km auf der direkten Straße (ebenfalls #132). Mit kleinen Abstechern (etwa in den *Forillon National* und den *Gaspésie Provincial Park*) und Umwegen kommen leicht 600-700 km zusätzlich heraus. Zwar ist die #132 gut bis breit ausgebaut, führt aber durch viele kleine Ortschaften bei – im Sommer – hohem Verkehrsaufkommen. Die mögliche Durchschnittsgeschwindigkeit bleibt daher meist gering. Einschließlich einiger – nicht einmal ausgiebiger – Aufenthalte in Percé, im Nationalpark etc. sollte man mindestens 3 Reisetage für die Gaspésie ansetzen (bis Mont-Jolie), weniger läßt sich nur unter Inkaufnahme erheblicher Fahrtzeiten/Tag realisieren.

Lohnt sich die Gaspésie?

Die naheliegende Frage, ob es sich lohnt, den großen und zeitraubenden Umweg über die Gaspésie zu machen, läßt sich nicht leicht beantworten. Was den Reisenden auf der Strecke erwartet, geht aus der folgenden Routenbeschreibung hervor (⇨ auch Seite 523). Darüberhinaus sei angemerkt, daß die **Schönheit der *Gaspé* Peninsula** sich **nur auf Teilstrecken** – vor allem im Bereich Percé, Gaspé, National- und Provinzparks und östlich von Cap-Chat – zeigt und in der Werbung, aber auch in manchen Reiseführern ein wenig zu sehr gepriesen wird. Da neben Natur und Landschaft in der Gaspésie nicht allzu viel zu sehen ist, braucht man – mehr noch als anderswo – gutes Wetter, damit der Trip Spaß macht.

Das Kapitel schließt an die in den Abschnitten 5.6.3 und 5.6.4 beschriebenen Routen an, die in Campbellton enden.

*⁾ Informationen zur Provinz Québec, ⇨ Seite 473

| 5.7.2 | **Von Campbellton/NB zum Forrillon-National Park** |

Fähre oder Straße?

Bereits auf Seite 580 wurde hervorgehoben, daß die Fahrt entlang des westlichen Ausläufers der Chaleur Bay/Mündung des Restigouche River zwischen Dalhousie und Campbellton und auf dem Norufer "zurück" bis etwa Escouminac besonders reizvoll ist. Es macht daher wenig Sinn, die Fähre von Dalhousie nach Miguasha/Québec zu nehmen (7–19 Uhr stündlich, $12 für Pkw mit Fahrer, Extra-Person $3). Hinzu kommt, daß es jenseits der Campbellton-Brücke ganz interessante Ziele für einen Zwichenstopp gibt, die man bei Fährbenutzung ausläßt. Da Québec sich insgesamt an **Eastern Time** orientiert, in den *Maritimes* aber **Atlantic Time** gilt, gewinnt/verliert man je nach Fahrtrichtung 1 Stunde.

Point à-la-Croix

Erste Ortschaft in Québec ist Point-à-la-Croix. An der #132 ein wenig westlich erinnert der *Parc Historique National de la Bataille de la Ristigouche* an das letzte Seegefecht zwischen Engländern und Franzosen in nordamerikanischen Gewässern während des 7-jährigen Krieges (1756-1763), das 1760 in der Mündung des Restigouche River stattfand und mit der Niederlage der Franzosen endete. Im **Interpretation Centre** werden die Details erläutert; im Sommer täglich 9–17 Uhr, frei.

Restigouche

Das größte Reservat der *Micmac*-Indianer auf der Gaspé-Halbinsel ist Restigouche, gleich westlich im Anschluß an den *Parc Historique*. Das **Centre d'Interpretation de la Culture Micmac** präsentiert eine gut gemachte kleine Ausstellung über das Leben der Indianer vor Ankunft der Europäer, außerdem gegenwärtiges Kunsthandwerk (Korbflechterei) und *Inuit*-Kunst. Im Sommer täglich 9–19 Uhr, $3.

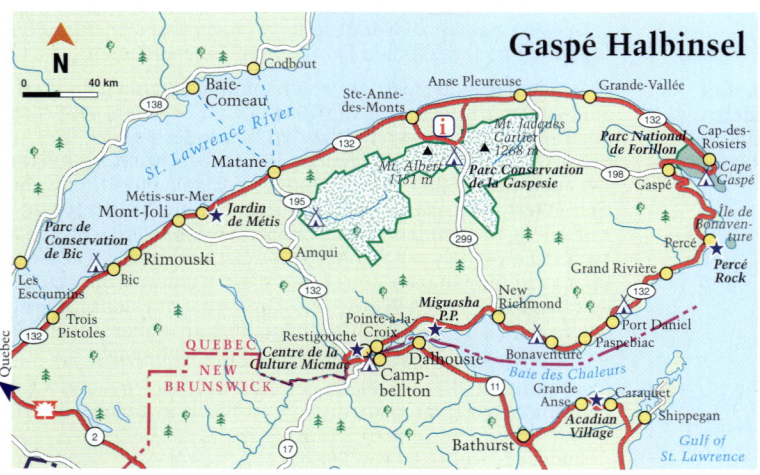

Gaspé Halbinsel

Parc de Miguasha

Der ***Parc de Miguasha,*** einige Kilometer abseits der #132 beim Anleger der Dalhousie-Miguasha-Fähre (Straße #270), ist bei Interesse für Paläontologie den kurzen Abstecher bzw. den Stopp vor der Weiterfahrt wert. Auf dem Gelände fand man bis zu 370 Mio. Jahre alte Fossilien, u.a. versteinerte Fische, die nur in tropischen Gewässern lebten, und Skorpione, die heute nur noch in Südamerika anzutreffen sind. Sie belegen, daß der nordamerikanische Kontinent zum Teil von einem tropischen Meer bedeckt war. Neben einem Film (nur in französischer Sprache) und einigen aufwendig gestalteten Ausstellungsräumen im ***Centre d'Interpretation*** gibt es Führungen zu den Fundstellen. Dort darf jeder sein Glück versuchen, d. h., mit einem Hämmerchen einige Schieferplatten spalten, bei Erfolg den Fund jedoch nicht behalten. Das *Interpretation Centre* ist Juni-September 9–18 Uhr geöffnet, gratis.

Carleton

Zwei Landzungen ragen vom Ferienort Carleton in die Chaleur Bay. Die eine ist großenteils Naturschutzgebiet und **Seevogelkolonie** (mit Beobachtungsturm), auf der anderen findet man **Campingplatz** und Sandstrände. Die meisten **Motels** in und um Carleton liegen unverfehlbar an der #132.

An der flachen Küste der ***Baie de Cascapédia*** östlich von Carleton passiert man weitere Sandstrände, hinter denen sich ein bescheidener Seebadbetrieb entwickelt hat.

New Richmond

New Richmond ist eine der wenigen angelsächsischen Enklaven im französischen Umfeld. Die Region wurde Endes des 18. Jahrhunderts von Loyalisten, Schotten und Iren besiedelt, was sich auch in der Architektur des recht hüschen Zentrums manifestiert. Das Gelände des ***British Heritage Centre*** mit einem rekonstruierten Loyalisten-Dorf und weiteren Gebäuden lädt westlich des Städtchens (am seewärtigen *Bypass* der #132) zur Besichtigung ein. Nur im Sommer geöffnet, 9–18 Uhr, Eintritt $4.

Bonaventure

In Bonaventure fand ein Teil der 1755 von den Engländern aus Nova Scotia vertriebenen akadischen Bevölkerung eine neue Heimat (⇨ Seite 579). Im sehr guten ***Musée Acadien du Québec*** (an der #132) dokumentiert man die Geschichte der Acadier und informiert über die Situation der akadischen Bevölkerung heute. Geöffnet im Sommer täglich 9–20 Uhr, sonst stark verkürzt; Eintritt $4.

Camping

An der Gaspé-Südküste gibt es außer der ***Reserve Faunique de Port Daniel*** (einige Kilometer landeinwärts) keine weiteren ***Provincial Parks*** mit Campingplatz. Der einfache, aber von der Lage her gute ***Beaubassin Campground*** befindet sich auf der **Bonaventure** vorgelagerten Landzunge (mit schmalem Strand). In **Port Daniel** ist der mit dem *Bay View Motel* verbundene gleichnamige ***Campground*** ein an dieser Küste insgesamt akzeptabler Platz.

Fischfang in der Gaspésie

Über den Kabeljaufang nach Art der Fischer aus *Jersey-* und *Guernsey*, der für fast zwei Jahrhunderte das ökonomische Standbein der *Gaspésie* war, erfährt man alles im **Site Historique de Pespébiac**. Bereits 1766 war ein *Charles Robin* von der Ärmelkanal-Insel *Jersey* hierher gekommen und hatte die optimalen Bedingungen für den Kabeljaufang entdeckt. Getrocknet wurde der Fisch in alle Welt exportiert.

Von der einst bedeutenden Fischfang-Region blieb nur noch wenig, z.B. in **Ste.-Thérese-de-Gaspé** eine Reihe langer Holzgestelle, auf denen der filetierte Kabeljau bis heute zum Trocknen ausgebreitet wird. **Chandler** und **Grande-Rivière** sind eher reizlose fisch- und papierverarbeitende Städtchen.

An der Südküste der Gaspésie

Percé

Während die Küste sich bis kurz vor Percé im wesentlichen flach und relativ monoton zeigt, ändert sich an der Südostspitze der Halbinsel das Bild. Rötlicher Fels und Sandstein formen dort eine von Stränden unterbrochene Steilküste.

Auf einem kleinen Landvorsprung liegt das hübsche Percé, einst nur eine Hafenstadt ausgangs des St. Lorenz und Heimat vieler Fischtrawler, heute ein betriebsames Touristenzentrum. Dafür hat neben der Lage und dem Strand vor allem der riesige **Percé Rock** (*Rocher Percé*) gesorgt, ein 483 m hoher und 88 m langer Felsmonolith. Er liegt unmittelbar vor der Küste – bei Flut im Wasser, bei Ebbe zu Fuß erreichbar – und leuchtet je nach Wetter und Tageslicht mal eher gelb, mal rot.

Ile de Bonaventure

Der *Rocher Percé* bildet zusammen mit der 5 km vor Percé liegenden Ile Bonaventure, den ***Parc de l´Ile-Bonaventure-et-du-Rocher-Percé***. Etwa 200.000 Seevögel, hauptsächlich die hübschen *Gannets* (⇨ Fauna, Seite 23), nisten in langgezogenen, fast horizontalen Felsspalten und sorgen bis Oktober, wenn sie sich ins warme South-Carolina absetzen, für ein ohrenbetäubendes Konzert.

Bootstrips

Von der **Wharf** im Zentrum von Percé fahren Boote zur Insel. Entweder kann man sich absetzen lassen und – nach einem 20-minütigen Marsch über das grüne Inselplateau – die Nistplätze von einer hochgelegenen Aussichtsplattform aus bestaunen oder (besserer Blick!) die Insel ohne Halt umrunden. 90-min-Rundfahrten im Sommer im Halbstundentakt für $12.

Ein **Boardwalk** führt am Wasser entlang, ein **Rundwanderweg** (Start hinter der Kirche) auf den **Mont Ste. Anne** (3 km). Herrliche Ausblicke auf Meer, Stadt und die vorgelagerten Inseln sind von dort oben garantiert, aber ebenso von der Paßhöhe der Hauptstraße nordwestlich von Percé. Flora, Fauna und Geologie der Region werden im *Centre d'Interprétation Faunique*, 2 km westlich an der Route d'Irlande, erläutert.

Percé bietet den Vorteil einer dichten touristischen Infrastruktur, ist aber im Sommer, speziell an Wochenenden oft ziemlich überlaufen.

Unterkunft

Für die Nacht ist man gut aufgehoben z.B. im

– *Hotel La Normandie,* ein sehr schönes Haus am Meer, 221 Route #132, ✆ (418) 782-2112, DZ $70-$130

– *Le Mirage du Rocher Percé*, 288 Route #132, Meeresblick, ✆ (418) 782-515, DZ $80-$120.

– *Au Pic de l'Aurore*, 1 Route 132 (etwas außerhalb); neben Zimmern sind auch rustikale *Cabins* mit Kamin verfügbar, ✆ (418) 782-2166, DZ $58-$78

Camping

Mehrere privat betriebene **Campingplätze** liegen in/bei Percé und Gaspé unverfehlbar an der Straße #132. Am besten campt man in diesem Bereich aber auf einem der drei *Campgrounds* im **Forillon National Park**. Sie liegen durchweg hervorragend und verfügen alle über eine Kiesel-*Beach*. Im Sommer füllen sie sich naturgemäß rasch.

Monolithischer "Lochfelsen" Rocher Percé

Gaspé, Bucht und Stadt

Ab Percé in Richtung Norden zeigt sich die Straße #132 von ihrer besten Seite. Sie läuft dicht an der *Baie de Gaspé* entlang und bietet immer wieder schöne Blicke über die Bucht. Hier und dort verstecken sich Zufahrten zu ruhigen Plätzchen am Wasser (z.B. Alexander Road). Die einzige größere, aber – im Gegensatz zur Umgebung – touristisch wenig ergiebige Stadt der Gaspésie ist **Gaspé** (17.000) fast am Ende der tief eingeschnittenen Bay. *Jaques Cartier* ging dort 1534 an Land und nahm das Gebiet für Frankreich "in Besitz". Ein bemerkenswertes bronzenes Monument, das den urzeitlichen Steinen aus dem englischen Land`s End, den *Dolmans,* nachempfunden wurde, steht ihm zu Ehren am nördlichen Ortsende (Straße #132). Im benachbarten *Musée de la Gaspésie* erfährt man in der ausgezeichneten Ausstellung **Un Peuple de la Mer** alles über die Geschichte der Region. Geöffnet im Sommer 8.30–20.30 Uhr; Eintritt $4; Kinder bis 12 frei.

Parc National de Forillon

Wie ein Delphinkopf ragt der *Parc National de Forillon* an der "oberen" Spitze der Gaspé Peninsula in den Golf von St. Lorenz. Die #132 durchläuft den Park an seiner Süd- und Nordküste, läßt aber die (äußerste) *Penouille Peninsula* mit dem Cap de Gaspé aus. Die Straße #197 läuft am Westrand es Parks entlang direkt an die Gaspé-Nordküste.

Der *Forillon Park* ähnelt mit seiner Mischung aus Kiesel- und Sandstrand, rauher Felsküste und bewaldetem Hügelland nordischen Landschaften. Trotz der Frische am Morgen können die Sommertage angenehm warm sein; überhaupt ist das Klima dort – in Anbetracht der Meereslage – überaschend mild.

Vor allem der größere westliche, von den Straßen eingegrenzte Teil des Parks wird von **Wanderwegen** durchzogen. Elche und Schwarzbären (!) sind keine Seltenheit, ➪ Seite 24.

An der Südseite der Penouille-Halbinsel, ➪ befinden sich nahe den Resten des *Fort Penouille* ein geschützter **Sandstrand** und Picknickplatz. Östlich davon liegt der *Grand Grave Historic Site*, die Rekonstruktion einer alten Fischersiedlung. Ein *Trail* auf der grünen Steilküste führt zum *Cap de Gaspé* (per Auto nicht erreichbar). Mit etwas Glück sieht man vor der Küste Wale und Robben.

Das Besucherzentrum des Nationalparks, *Centre d`Interpretation* (im Sommer 9–18 Uhr, sonst bis 16 Uhr) befindet sich beim Ort Cap-des-Rosiers, wie auch zwei der *Campgrounds.*

Motels

Im Bereich des Nationalparks überwiegen einfache Unterkünfte der Kategorie um $60-$80, z.B.

– *Motel Atlantic*, #132 in Cap-des-Rosiers, ✆ (418) 892-5533

– *Le Pharillon*, #132 Cap-des-Rosiers, ✆ (418) 892-5290

– *Motel Le Noro'it*, 589 Boulvd Griffon, L´Anse-au-Griffon, ✆ (418) 892-5531

Typische Fischerhafen am Ufer des Saint Lawrence River

5.7.3   Die Nordküste der Gaspésie bis Trois Pistoles

Charakter

Maximaler landschaftlicher Reiz entfaltet sich an der Nord-
küste der *Gaspésie* etwa zwischen dem Nationalpark und
Ste-Anne-de-Monts/Cap-Chat. Die Straße verläuft in diesem
Bereich sowohl direkt am Wasser unter steil aufragenden
Felswänden als auch in Serpentinen durch die – hier bis ans
Ufer reichenden – Höhenzüge der *Monts Chic-Choc* mit spektakulären Ausblicken auf den St.-Lorenz-Strom. Am Wege
liegen viele kleine Fischerdörfer, aber auch größere Häfen wie
Grand Vallée, wo es noch wie vor hundert Jahren zuzugehen
scheint. Der frische Fang wird dort gleich am Pier ausgenom-
men und verkauft oder auf Holzgestellen getrocknet.

Parc de Conservation de la Gaspésie

Ein schöner Abstecher führt von Ste.-Anne-des-Monts (Zufahrt auch von Marsoui möglich auf einer kleinen Straße, die
den höchsten Berg der Gaspésie, den *Mont Jacques Cartier*,
passiert) zum *Parc de Conservation de la Gaspésie*, einem
Gebirgspark in nur 40 km Entfernung vom Ufer des St. Lawrence River (Straße #299). Die *Chic-Choc Mountains* sind ein
Teilgebirge der Appalachen und erreichen – in Küstennähe
recht beeindruckende – Höhen über 1.200 m. Einige Wanderwege des Parks führen durch totale Wildnis und Einsamkeit,
teilweise durch mehrere Vegetationszonen. In der höchsten,
subarktisch-alpinen Zone leben sogar die in diesen Breiten
sonst nicht anzutreffenden *Caribous*.

Drei großzügig angelegte **Campingplätze** befinden sich in den
unteren Höhenlagen unweit der Straßen. In der Nähe der Parkeinfahrt und des *Centre d`Interpretation* liegt die **Auberge
Gité du Mont-Albert**, ein modernes Hotel mit Cabins, ℡ (418)
763-2288, DZ $70-$150.

Jardin de Metis

Westlich Cap-Chat wird die Strecke durch eine flache Uferlandschaft zunächst eintöniger. Die Ortschaften am Wege laden nicht zum Verweilen ein. Aber in den *Jardins de Metis* direkt am Fluß (bei Grande Metis, gut ausgeschildert) kann man einen schönen Zwischenstopp einlegen. U.a. gibt es in diesem Park wunderbare englische und japanische Ziergärten. Park und Museum sind im Sommer 8.30–18 Uhr geöffnet, Eintritt $7. Im alten Herrenhaus der Gründerin, der *Villa Reford,* befindet sich außer dem Museum ein gutes **Restaurant**.

Bic

Ein letzter hübscher Abschnitt mit Buchten und vorgelagerten Inseln im Strom liegt zwischen Rimouski und Trois Pistoles. Da die Hauptstraße in diesem Bereich oft landeinwärts verläuft, erkennt man das nicht immer. Stichstraßen führen z.B. einige Kilometer westlich von Bic zum *Cap a L`Orignal* und – ab St-Simon – nach **Saint-Fabien-sur-Mer**.

Parc du Bic

Bei **Bic,** im *Parc Conservation du Bic* (an der #132), gibt es eine bemerkenswerte Mischung von nördlicher und südlicher Flora. Der Park ist jedoch vor allem bekannt als **Vogelschutzgebiet** und für seine Seehunde, die sich vor dem felsigen Ufer des St. Lawrence tummeln. Der *Campground* des Parks gehört zu den besonders empfehlenswerten Plätzen.

Sehr schön am Ufer des großen Stroms einige Kilometer östlich von Trois-Pistoles campt es sich auf dem Platz *Camping Plage de Trois-Pistoles,* ℂ (418) 851-2403.

Zum Nordufer

In Trois-Pistoles, spätestens jedoch in Rivière-du-Loupe sollte man zum attraktiven Nordufer des Stroms übersetzen. Eine Weiterfahrt auf dem Südufer nach Québec City bietet keine vergleichbaren Reize und ist nur bei knapper Zeit zu empfehlen. Zur Fortsetzung der Fahrt ab Tadoussac ⇨ Seite 519.

Fähren über den St. Lawrence River

Matane – Baie Comeau
Frequenz: 1-2 mal täglich, **Dauer der Überfahrt** 2,5 Std, Tarife: Pkw $25, jeder Passagier $10..

Trois Pistoles – Les Escoumins
Frequenz: 2 mal täglich, **Dauer der Überfahrt**: 75 min, Tarife: Pkw $20, jeder Passagier $10.

Rivière-du-Loup – St. Siméon
Frequenz: 4 mal täglich, **Dauer der Überfahrt** 60 min, Tarife: Pkw $24, jeder Passagier $11.

Abfahrtszeiten und Frequenzen wechseln mit den Gezeiten und der Saison. Alle **Informationbüros** der Region haben die aktuellen Zeiten und Tarife. Reservierung ist in der Regel nicht notwendig; die Schiffe sind selten voll.

6. NEWFOUNDLAND MIT LABRADOR

Neufundland fällt aus dem Rahmen. Die abseitige Insellage, das rauhe Klima, aber auch die Konkurrenz bekannterer Reiseziele in Neuengland und dem kontinentalen Ostkanada ließen Neufundland und Labrador bisher kaum in Reisekatalogen erscheinen. Und tatsächlich ist die Insel kein geeignetes Ziel für den Massentourismus. Angesichts der Größe der Provinz – Neufundland/Labrador besitzt eine Küsten(luft-)linie von 1.450 km, und Labrador eine Ost-West-Ausdehnung bis zu 1.000 km – sind nur Regionen beschrieben, die eine weite Anreise lohnen. Die Hauptstadt **St. John`s** gehört nicht dazu.

> **Steckbrief Newfoundland (NF)**
>
> 570.000 Einwohner, 406.000 qkm. Größte und zugleich **Hauptstadt** ist **St. John`s** mit 96.000 Einwohnern.
>
> Die Provinz Neufundland besteht aus der Felsinsel **Neufundland,** 111.000 qkm, und fast 300.000 qkm Festland an Canadas Nordostküste, der Wildnis *Labrador*.
>
> Wichtigste **Wirtschaftszweige** sind die Holzverarbeitung, Hochseefischerei und Energiegewinnung durch Wasserkraft (Churchill Falls/Labrador)
>
> **Touristische Ziele** auf Neufundland sind in erster Linie der *Gros Morne National Park* und *Anse aux Meadows*.

6.1 REISEN IN NEUFUNDLAND

6.1.1 Routen und Fähren

Hauptziele

Neufundland-Urlauber sollten sich aus den Möglichkeiten der Insel gezielt die "Rosinen" herauspicken. Dabei können sie sich getrost auf den Westen der Insel beschränken, denn dort liegt die Hauptattraktion Neufundlands, der **Gros Morne National Park.** Eine Weiterfahrt zur Nordwestspitze zum **L'Anse aux Meadows National Historic Park** (rekonstruierte Wikinger-Siedlung) und/oder ein Abstecher in die **Twillingate-Inselwelt** wären erwägenswert.

Nach Labrador

Ausgesprochene Nordlandfahrer könnten dort in **Lewisporte** die Autofähre nach **Goose Bay** in Labrador nehmen. Im Sommer ist dank dieser Verbindung sogar eine Weiterreise auf dem Landweg nach Québec möglich. Diese beiden Häfen verbindet auch ein Versorgungsschiff des **Coastal Freight and Passenger Service**, das aber keine Autos, sondern nur Passagiere mitnimmt. Unterwegs legt es in St. Anthony an (unterhalb *L'Anse aux Meadows*) und läuft anschließend an Labradors Küste zahlreiche **Outports** an, abgeschiedene Siedlungen, die nur auf dem Seeweg erreichbar sind.

| Rundfahrt per Schiff und Bus | Wer die Kosten für den Autotransport nach Neufundland sparen möchte, könnte folgende relativ preisgünstige, **reizvolle Rundtour per Schiff und Bus** machen: Fähre bis Channel-Port-aux-Basques, dort Umsteigen auf ein Boot des Küstendienstes, das zwischen den *Outports* an Neufundlands Südküste bis Terrenceville verkehrt, und dann mit dem *CN-Bus* auf dem TCH (ab Terrenceville zunächst Zubringerbus) zurück. |

Fährrouten Da zwischen Nova Scotia und Neufundland zwei Autofähren verkehren – von North Sidney nach Channel-Port-aux-Basques (4mal täglich) und nach Argentia im Südosten der Insel (2mal wöchentlich) –, erscheint auf den ersten Blick eine Fahrt unter Ausnutzung beider Schiffsrouten sinnvoll.

Schwerpunkte Der Reiseteil dieses Buches beschränkt sich jedoch aus gutem Grund auf die Westseite Neufundlands und empfiehlt deswegen die Fährverbindung North Sidney–Channel-Port-aux-Basques für Hin- **und** Rückfahrt. Zwar bietet der Osten der Insel landschaftlich auch einige reizvolle Küstenabschnitte (z.B. die *Trinity* und *Conception Bay* im Norden der Avalon Halbinsel), aber man verpaßt dort nichts grundsätzlich Neues und spart bei Verzicht auf die (vergleichsweise teure) alternative Fähre zurück nach Nova Scotia viele Kilometer durch die landschaftlich monotone, fast menschenleere Südhälfte der Avalon-Halbinsel zum öden Hafen von Argentia.

Fähren Die folgende Tabelle zeigt Abfahrtszeiten und Tarife (kleine Preiserhöhungen einkalkulieren!). Alle Angaben beziehen sich auf die **Hauptsaison** von Ende Juni bis Anfang September.

Reservierung Alle Reservierungen laufen über das ***Marine Atlantic Reservations Bureau***, POB 250, North Sidney, Nova Scotia B2A 3M3, © (902) 794-5700, Fax (902) 564-7480. Die Reservierung verfällt, wenn man nicht 60 min (90 min im Fall Lewisporte–Goose Bay) vor der Abfahrt eingecheckt hat.

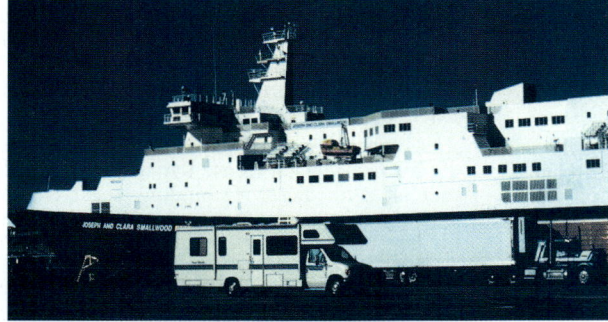

Die Autofähren nach Neufundland sind mächtige, hochseegängige Schiffe, hier im Hafen von North Sidney

WICHTIGSTE FÄHRVERBINDUNGEN NACH/AUF NEWFOUNDLAND

Fährstrecke	Dauer	Abfahrtszeiten	Preise einf.Fahrt ($)	
North Sidney–Port-aux-Basques	5 Std	So 1, 9, 16, 23 Uhr; Mo 9, 23; Di 13.30 Uhr Mi 1.30, 16 Uhr; Do 1, 16, 23 Uhr; Fr 13.30; Sa 1.30, 16 Uhr	Wohnmobil PKW Passagier Kinder bis 12 unter 5 Jahre	78 52 80 9 frei
Port-aux-Basques–North Sidney	5 Std	Schwesterschiff fährt fast im gleichen Takt; genaue Zeiten bei der Reservierung der Rückfahrt in North Sidney erfragen	wie Hinfahrt	
North Sidney–Argentia	14 Std	Di und Fr 7 Uhr	Wohnmobil PKW Passagier	165 103 46
Argentia–North Sidney	14 Std	Mi und Sa 9 Uhr	wie Hinfahrt	
Lewisporte–Goose Bay	35 Std	Mo 10 Uhr, Do 19 Uhr (30 min Zeitdifferenz zwischen Neufundland. und Labrador beachten!)	Wohnmobil pro Fuß Länge PKW Passagier Kinder -12 unter 5 Jahre	7 130 80 40 frei
Goose Bay–Lewisporte	32 Std	Di 24 Uhr; Sa 16 Uhr	wie die Hinfahrt	
St. Barbe–Blanc Sablon (an der Grenze Quebec/Labrador	90 min	täglich 2-3 Fähren in beide Richtungen	Wohnmobil PKW Passagier	40 16 8

Nach Labrador   Reservierungen für die Strecke **St. Barbe–Blanc Sablon** (✆ 709-726-0015) sind nur für Wohnmobile zwingend, da 50% der Plätze an PKW ohne Reservierung (*first-come-first-served*) vergeben werden. Ein Bus zwischen Blanc Sablon und Red Bay (täglich außer So, $25) orientiert sich an der ersten bzw. letzten Fähre des Tages. Ein kleiner Labrador-Abstecher ist also auch ohne Auto möglich.

6.1.2 Schiffsreise zu den Outports

Begriff
Outports sind Hafenstädtchen, die nicht auf dem Land-, sondern nur auf dem Seeweg zu erreichen sind. Hier ist die Zeit stehengeblieben, man erlebt "Neufundland damals". Manche ältere Bewohner kennen Autos erst seit kurzem aus dem Fernsehen. Ein Abstecher für Menschen mit viel Zeit und Sinn für Beschaulichkeit.

Südküste
Neben dem *Outport-Service* der *Maritime Atlantic* zwischen Lewisporte und Labradors Ostküste gibt es – wie bereits erwähnt – eine 20 Stunden-Tour zu den **Outports** der Südküste. Das Schiff fährt von Channel-Port-aux-Basques (So, Di, Fr) bis Terrenceville, von wo es seine Rückreise antritt (Mo, Mi, Sa). Unterwegs werden auf Hin- und Rückfahrt 11 *Outports* angelaufen. Man kann aussteigen, sich ein Quartier suchen und eines der nächsten Schiffe zur Weiterreise nehmen.

Kosten
Die Kosten sind erstaunlich gering. Die 259 mi von Channel-Port-aux-Basques nach **Terrenceville** kosten ca. $50/Person, Kinder die Hälfte. Der 5-Tage-Trip (im Sommer 4 Fahrten im Monat) von **Lewisport nach Happy Valley/Goose Bay** kostet $135, eine 2-Bett-Kabine $125. Kabinen sind allerdings nur in den Wintermonaten verfügbar; im Sommer gibt`s *Deck Chairs*.

Reservierung
Reservierungen und neueste Abfahrtzeiten unter: **Marine Atlantic Burea**u, PO Box 520, Port-aux-Basques, Newfoundland A0M 1C0; ✆ (709) 563-7381.

6.1.3 Bus- und Flugverbindungen

CN-Bus St. John`s– Channel-Port-aux-Basques
Seit der Schmalspur-Bahnverkehr auf Neufundland eingestellt wurde, verkehrt täglich ein *CN-Bus* zwischen St. John`s und Channel-Port-aux-Basques. Fahrtzeit inklusive Pausen 14 Stunden. Preis ca. $80, Kinder unter 12 die Hälfte. Abfahrt in St. John's und Channel-Port-aux-Basques täglich 8 Uhr.

Zubringer
Werktags fährt jeweils einmal ein Zubringerbus zur TCH mit Anschluß an den *CN-Bus* ab folgenden Orten: St. Anthony, Harbour Breton/St. Alban`s, Bonavista, Placentia, Carbonear, Fortune und Terrenceville, dem Hafen für den *Outport-Service* nach Channel-Port-aux-Basques.

Weitere Informationen zum Busverkehr: **Roadcruiser Service Head Office**: 495 Water Street, POB 310, St. John`s, Newfoundland, A1C 5K1, ✆ (709) 737-5944, Fax (709) 737-5914.

Flüge nach und in Newfoundland
Für kürzere Neufundland-Besuche kommen auch Flüge in Frage. Vom Festland gibt es Verbindungen zu allen größeren Orten auf Neufundland bzw. in Labrador. U.a. fliegen **Air Ontario**, **Air Alliance**, **Air Nova** sowie **Air Atlantic** nach Neufundland. Innerhalb von Neufundland und Labrador besitzt **Provincial Airlines**, ✆ 1-800-563-2800, die meisten Routen.

6.1.4   Trips in die Wildnis

Organisierte Touren

Wer sich an organisierten Gruppen-Kurzexpeditionen beteiligen möchte, fordert am besten beim Konsulat in Düsseldorf oder Touristenbüro in St. John`s die Broschüren **Hunting and Fishing Guide** bzw. **Vacation Values – Package Tours for the Mind, the Heart, the Soul** an, in denen zahlreiche Kontaktadressen und Kurzbeschreibungen für bis zu 10-tägige Touren aufgelistet sind: *Nature, Motorcoach, Hiking, Flightseeing, Canoe* & *Kayak, Horseback, Boat Tour*, u.a.m.

Adressen

– **Department of Tourism**,
  POB 8730, St. John's, NF, Canada A1B 4J6, ✆ (800) 563-6353

– **in Deutschland** über das Kanadische Generalkonsulat, Tourismusabteilung, Immermannstr. 65, 40210 Düsseldorf, ✆ 0211/360334/35 (auch für **Österreich** zuständig).

– **in der Schweiz**: Kanadische Botschaft, Tourismusabteilung, Kirchenfeldstr. 88, 3000 Bern 6, ✆ 03/44638.1

Fly-in-Lodges

Viele Gebiete lassen sich nur mit dem Flugzeug erreichen. Spezielle *Fly-in Lodges* offerieren Jägern und Anglern ausgezeichnete Reviere. Diese exklusive Urlaubsvariante hat natürlich ihren Preis. Einige Adressen sind:

– **Pine Ridge Lodge** (Fischen, Elchjagd), c/o Dave Holloway, Site 3, Box 1, Terra Nova, NF A0C 1L0, ✆ (709) 265-6431

– **Medonnagonek Lake Lodge and Dollands Lake Lodge** (Fischen, Kanu, Camping, Wandern). Kontakt M. Jeddore, Conne River, Baie d`Espoir, NF A0H 1J0, ✆ (709) 882-2618

– **Tuckamore Lodge and Outfitters** (Wildbeobachtung) POB 59, Main Brook/NF A0K 3N0, ✆ (709) 865-6361, Fax 3102

Bay Bulls Boating zu vor der Küste treibenden Eisbergen

6.2	GESCHICHTE

Frühzeit

Die ältesten Bewohner im Nordosten des Kontinents waren *Paleo-Eskimos*, die vor 9.000 Jahren bis ca. 1.000 v.Chr. in der kanadischen Arktis lebten. Deren Nachfahren, die **Groswater** und später **Dorset** dehnten seit 1.000 v.Chr. ihren Lebensraum nach Neufundland aus, wie Ausgrabungen bei Port aux Choix an der *Strait of Belle Isle* bewiesen. Als sie sich einige hundert Jahre nach Christi wieder zurückzogen, blieben nur noch *Beothuk*-Indianer, später von den Weißen restlos ausgerottete Ureinwohner.

Entdecker

Schon vor der offiziellen Entdeckung Neufundlands durch **John Cabot** 1497 (↪ Seite 475) hatten die Wikinger um die Jahrtausendwende den Weg in die Neue Welt gefunden. Sie brauchten Holz für ihre Siedlungen in Grönland. Auf ihrer Suche nach einem Seeweg nach Indien kamen die Engländer und Franzosen erst 500 Jahre später als Siedler und Eroberer nach Neufundland.

Weiße Besiedelung

Während sich die Franzosen mit den *Beothuk* mancherorts friedlich einigten – bis hin zur Heirat, wie bis dato die **Jakitar** genannten Mischlings-Nachfahren belegen – setzten die Engländer ihren Herrschaftsanspruch rigoros und konsequent durch. Die 1662 gegründete und schnell florierende französische Siedlung Placentia auf der Halbinsel Avalon war ihnen schon längst ein Dorn im Auge, und nach dem Frieden von Utrecht (1713) reklamierten die Briten die gesamte Insel für sich allein. Die unterlegenen Franzosen durften nur noch die Westküste, die **French Shore** zum Fischtrocknen nutzen. Von dort wurden sie 50 Jahre später, während des Siebenjährigen Krieges, auch noch vertrieben, eroberten dafür aber die nach *Cabot* benannte Hauptstadt St. John`s. Doch das Kriegsglück währte nur wenige Wochen. Im Pariser Frieden von 1763 mußte Frankreich alle kanadischen Besitzungen an Großbritannien abtreten. Als Trostpflaster erhielt es die beiden Inselchen **St. Pierre** und **Miquelon** – bis heute ein Stück Frankreich vor der Südküste Neufundlands – sowie erneut die Nutzungsrechte der *French Shore*, die Paris aber bereits 1904 aufgab.

Fischerei

Die ständig wachsenden englischen Fischereiflotten rekrutierten ihre Matrosen entweder aus der Halbwelt oder durch Kidnapping: wenn die Segel schon gehißt waren, schnappten sich brutale Greiftrupps angetrunkene Männer und verschleppten sie an Bord. Da die derart "Shanghaiten" dort nichts zu lachen hatten, verschwanden viele beim ersten Landgang und versteckten sich. Auf Neufundland verunsicherten Gruppen solcher Deserteure die Küsten als Seeräuber. England versuchte bereits ab 1634, "Fahnenflucht" und Piraterie durch die Einsetzung von **Fishing Admirals** zu unterbinden: Der jeweils erste Kapitän, der im neuen Jahr in einem neufund

Fischerei

ländischen Hafen ankerte, mußte dort für die nächsten 12 Monate für ***Law and Order*** sorgen. In erster Linie war er dafür verantwortlich, daß kein Schiff ohne vollständige Besatzung nach Europa zurücksegelte. Der Erfolg der Maßnahme hielt sich in Grenzen. Auch nach 1813, als die *Fishing Admirals* durch eine eigene lokale Verwaltung ersetzt wurden, verkroch sich in den *Outports* noch manches Rauhbein.

KABELJAU

Im Sommer 1993 drängte Kanada die Vereinten Nationen, die internationalen Hochseefischerei-Rechte neu und wirkungsvoller zu gestalten, und machte sich damit zum Anwalt für strengere Restriktionen im Nordatlantik. Jahrhundertelang waren die ***Grand Banks*** die fischreiche Kinderstube des Kabeljau auf dem Festlandsockel vor der neufundländischen Ostküste gewesen. Aber binnen weniger Jahrzehnte hatten aggressive Fischereimethoden von Fangflotten aus aller Herren Länder die kanadischen Kabeljaubestände im Atlantik dezimiert. Der Druck auf die UNO kam von den Fischern aus Neufund- und Neuschottland. 30.000 waren 1992 wegen eines von Ottawa verhängten Fangverbots in den *Grand Banks* arbeitslos geworden.

Reliefkarte von Neufundland und Küstengebieten: Deutlich erkennbar sind die vorgelagerten Grand Banks

Manches deutet daraufhin, daß Canada die "Notbremse" sehr spät, vielleicht zu spät, gezogen hat. Jüngeren Untersuchungen zufolge sind die Bestände an Kabeljau, Flunder, *Haddock* und Pollock weiter dramatisch zurückgegangen und dürften sich so bald nicht erholen. Grund dafür – so die Argumente – seien Überfischen, Nahrungsmangel und Abwanderung, aber auch die neuerliche Robbenschwemme, denn der zeitweise von *Greenpeace* durchgesetzte Robbenschutz richte sich inzwischen gegen den Fisch.

Zeitweise überlegte Ottawa sogar, die gesamte Ostküsten-Fischerei zu schließen. Die Kompensationszahlungen für die dann endgültig arbeitslosen Fischer würden zusätzlich $1 Mrd./Jahr betragen. Bereits ohnedem erhalten die Fischer Neufundlands und Nova Scotias jährlich $800 Mio. Subventionen, pro Kopf ca. $400 pro Woche.

Zusätzliche Probleme gibt es mit den Europäern, deren Fischer das Fangverbot teilweise nicht beachteten: Seit 1996 ist das Fangverbot gelockert; die **NAFO** (Nordwest-Altantische Fischerei-Organisation) setzt Fangmengen fest, von denen die EU und Canada jeweils 41% erhalten. Den Rest teilen sich Russen, Japaner und andere. Alle Fangschiffe müssen darüberhinaus einen unabhängigen Inspekteur an Bord dulden und ausschließlich Netze mit minimal 13 cm Maschengröße benutzen.

6.3   LAND UND LEUTE

Newfies

"*Drink a Screech, kiss a fish on the Rock and you'll be a Newfie*", bekosenamen sich die Neufundländer gern selbst. Heute stimmt der flotte Spruch weder vorn noch hinten. Den **Screech,** einen ursprünglich aus dem Sud von Rumfässern zusammengekratzten Edelfusel, bekommt man nicht nur auf dem **Rock,** wie die *Newfies* kurz und treffend ihre Insel nennen, sondern längst in jedem kanadischen *Liquor Store*. Ganz im Gegensatz zu *Fish*, dem *Newfie*-Synonym für den **Cod** (Kabeljau), ⇨ Kasten oben. Die Assoziationen, die der Spruch auslöst, gelten aber immer noch: Neufundland ist von unten bis oben naß und kalt wie ein Fischmaul, beinhart im Geben und Nehmen. Daß in solch einem Landstrich ein Menschenschlag besonderer Art aufblüht, weiß man von anderen Randvölkern, wie den Iren. Die **Newfies** sind aufgeschlossen und kontaktfreudig, haben viel Witz und sind immer für ein kleines Schwätzchen zu haben – vor allem mit Fremden. Ihr gefürchteter Dialekt ist dabei meist halb so schlimm.

St. John`s

Die Hauptstadt St. John`s liegt Irland fast näher als Toronto. Ein *Newfie* hat es zur Geburtstagsfeier seiner in Vancouver, also im eigenen Land lebenden Tochter doppelt so weit wie zur goldenen Hochzeit seiner britischen Eltern in Liverpool. Die Nabelschnüre nach Europa sind unverkennbar: In Neufundland endete 1866 das erste Transatlantik-Kabel, empfing *Marconi* 1901 die ersten Funksignale aus Europa, hier starteten 1919 *Alcock* und *Brown* den ersten Transatlantikflug.

Und nicht zu vergessen: bei Argentia legten *Roosevelt* und *Churchill* 1941 den Grundstein für die *Atlantic-Charta*, aus der sich später die **NATO** entwickelte.

Bewohner

Die zehnte kanadische Provinz (seit 1949) besteht politisch aus zwei Teilen und heißt korrekt *Newfoundland and Labrador.* Labrador, nach dem Entdecker *Jacques Cartier* "das Land, das Gott Kain gab", liegt auf dem Festland und ist geologisch Teil des *Canadian Shield* (↪ Seite 18). Dort wohnen 30.000 Menschen – meist *Inuit* – auf einer Fläche von 295.000 qkm. Das ist ein gutes Stück größer als die alte Bundesrepublik. Jeder Labradorianer hat im Schnitt also fast 10 qkm Platz. Die Insel Neufundland, geologisch Teil der sich von hier bis Alabama erstreckenden Appalachen, ist mit 111.000 qkm fast so groß wie die ehemalige DDR mit ihren damals 17 Mio. Einwohnern. Aber auf ihr lebt nur gut eine halbe Mio. Menschen, und zwar überwiegend im Osten auf der Nordhälfte der Halbinsel Avalon, dort, wo auch die Hauptstadt St. John`s liegt.

Vegetation

In der Provinz *Newfoundland* sind vier **Vegetationszonen** erkennbar: **Arktische Tundra** im nördlichen und **Taiga** im südlichen Labrador. Das zentrale Neufundland besitzt zahlreiche Sumpfgebiete und morastige *Bogs,* aber auch dicht bewaldete Täler und Höhen. Dort wachsen überwiegend weiße und schwarze *Spruce Trees*, schlanke Kiefern, sowie Birken, Lerchen und Pinien. Im Küstenbereich kennt die **maritime Vegetation** über 350 Seegras-Arten, die – vom Sturm losgerissen – den *Newfies* als Gartendünger dienen.

NEUFUNDLANDS FLAGGE

Die Flagge Neufundlands soll viel erzählen: der weiße Grund steht für Schnee und Eis, blau ist das Meer, rot-gold ein nach vorn gerichteter Pfeil; er symbolisiert neufundländisches Selbstvertrauen. Das Muster des Blau erinnert an den *Union Jack.* Die Zukunft aber gehört dem größeren rechten, dem rot-goldenen Bereich. Die beiden mit rotem Strich gezogenen weißen Dreiecke stehen für die natürliche Teilung der Provinz in Labrador und die Insel Neufundland. *Christopher Pratt*, der Schöpfer der Fahne, sieht auch das christliche Kreuz, indianische Ornamente und die Adern des M*a*ple *Leaf* in ihrem Zentrum.

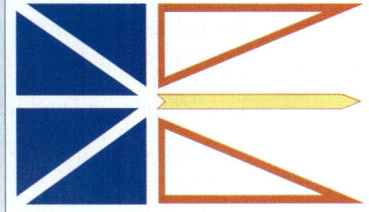

Fauna

Das Verhältnis von Einwohnern zu Elchen, die erst Anfang des Jahrhunderts in Neufundland ausgesetzt wurden, steht derzeit noch 5:1; die Elchpopulation wächst jedoch. Außerdem gibt es Schwarzbären und Rotfüchse, Biber und arktische Hasen, Falken, Eulen und Spechte, in Labrador Polarbären. Hinzu kommen die nur nach Hundertschaften gezählten Rentier-Herden (*Cariboos*), Millionen von Seevögeln – unter ihnen die beliebten **Puffins,** die aussehen, als gehörten sie eigentlich zu den Aras oder Papageien in den tropischen Regenwald. Vor der gesamten Ostküste leben Robben, große und kleine Wale, ganz zu schweigen von den Kabeljau-Schwärmen in den einst reichsten Fischgründen der Welt, den **Grand Banks**. Selbst wenn man die unzähligenMückenviecher außer acht läßt, lebt eine milliardenfache Tier-Armada auf, in, über und um Neufundland, gegen die sich die 570.000 *Newfies* ausnehmen wie eine kleine Minderheit.

Puffin

6.4

Neufundland als Reiseziel

Kennzeichnung

Wie ein Korken, hat Churchill einmal gesagt, liegt Neufundland auf dem Flaschenhals des St. Lorenzstroms. Diese zehntgrößte Insel der sieben Weltmeere ist über 500 km breit und genauso lang. Sie ist überaus zerklüftet mit vielen Zacken und langgestreckten Kaps. Die sorgen für **10.000 km Küstenlinie** und erfordern ein noch längeres Straßennetz. Allein der **Trans-Canada Highway**, der im Osten in St. John`s beginnt/ endet und in einem großen konvexen Bogen zum Fährhafen Channel-Port aux Basques läuft, mißt **auf der Insel 905 km**. Oft muß man eine über 100 km lange "Sackgasse" fahren, um vom *TCH* einen Hafen zu erreichen.

New York City verzeichnet an einem Wochenende mehr Besucher, als Neufundland übers ganze Jahr. Eine unzureichende touristische Infrastruktur ist dafür sicher nicht der Grund: **gut ausgebaute Straßen**, überall Tankstellen und Einkaufsmöglichkeiten, viele (einfache) Lokale, genügend **Unterkünfte für $50-$60** und höchstens mal **halbvolle Campingplätze** für $8-$12 machen das Reisen auf der Insel problemlos. "**Wildes"** **Zelten** ist ebenfalls erlaubt und üblich. Wer sich nicht tief in die Wildnis begibt, findet die wichtigsten zivilisatorischen Einrichtungen meist in maximal einer halben Autostunde Entfernung. Wenn der zuständige Minister dennoch den "zu geringen" Tourismus beklagt, muß daran das Wetter schuld sein – aber nur böse Zungen behaupten, es regne auf Neufundland 14 Monate im Jahr.

Klima

Die Hauptstadt St. John's liegt mit dem ungarischen Plattensee auf einem Breitengrad, doch die Klimata sind grundverschieden. Badefreuden schrumpfen in den zahlreichen Binnengewässern und erst recht im Atlantik zur Sekundensache. Vor Neufundland mischt sich zwar der Labrador- mit dem Golfstrom aus der Karibik, doch der "Kühle" aus dem hohen Norden dominiert. Auch in der Luft stößt kalt und warm aus Nord und Süd zusammen. Das beschert der Insel eine ganz spezielle Wetterküche – das Wetter ändert sich stündlich.

Im Winter sacken die Temperaturen locker auf –20°C und der Hochsommer ist mit 15°C Durchschnitts-Temperatur selten sonderlich warm. Die Küstenvegetation zeigt sich sturmverblasen, die Luft ständig neblig-feucht, und nur im Juli fällt weniger Regen als nötig. Aber wenn dann mal der Himmel für Stunden oder gar Tage aufreißt, bietet sich vor stahlblauem Himmel ein grandioses und faszinierendes Wolkenspiel.

Urlaubs-formen

Viele Touristen kommen nach Neufundland, um ihren Hobbies nachzugehen, etwa dem (Fliegen-)Fischen oder der Tierbeobachtung. Auch Abenteuer Urlaub in einer der drei insgesamt über 45.000 qkm großen *Wilderness Areas* ist beliebt. Die Schiffsreisen in die Vergangenheit zu den auf dem Landweg nicht erreichbaren *Outports* (↻ oben) finden Jahr für Jahr mehr Freunde.

Neufundland ist nichts für zaghafte Zweifler, die zögern, ob oder ob lieber doch nicht. Neufundland muß man wollen und sich erobern. Neufundland heißt Wind und Wetter, Fische und Vögel, Wale und Wracks, Eisberge und Wikinger, Elche und Cariboos, Alte und Neue Welt zugleich.

Die Trans Canada Highway beginnt in St. John`s und endet in Victoria auf Vancouver Island – oder umgekehrt!

6.5 DIE WESTKÜSTE

Ankunft

Der erste Weg nach Ankunft in Channel-Port-aux-Basques sollte in das große **Visitor Centre** am nördlichen Ortsausgang führen. Es hat von 6 Uhr bis 22 Uhr geöffnet und bietet alle Informationen für den "Einstieg" und kostenloses (Karten-) Material. Touristen **mit Zelt/Wohnmobil** sollten eine Liste der **Provincial Parks** einstecken; 39 von ihnen besitzen einen Campingplatz. Die Zufahrten zu den Parks sind durch braune Holzschilder mit der **Pitcher Plant** gut gekennzeichnet. Die *Pitcher Plant* ist eine Insektenfalle wie unser Sonnentau und das Emblem der Insel.

Pitcher Plant, die "Nationalblume" Neufundlands

Channel-Port aux-Basques

Channel-Port aux-Basques liegt an einem felsigen, zerklüfteten Küsteneinschnitt, um den sich an die 2000 Holzhäuser schmiegen. Das kleine **Gulf Museum** in der Main Street zeigt u.a. eines der ältesten Navigationsinstrumente Kanadas (1628) und erinnert an den Untergang der *SS Caribou*, die nach deutschem Torpedo-Beschuß 1942 sank. Täglich 10–18 Uhr, $1.

Unterkunft

Camper sind im **J.T. Cheeseman Provincial Park**, 12 km nördlich von Channel-Port-aux-Basques, gut aufgehoben. Wer im Hotel/Motel übernachten will, findet bei der **Visitor Information** reichlich Auswahl; Tarife ab $40. Einen Katzensprung vom Fähranleger entfernt ist das kleine und einfache **Heritage Home** in der Caribou Road 11, © (709) 695-3240, ca. $45. In günstiger Lage zu Zentrum, Hafen und *Shopping Centre* liegt das **Grand Bay Motel**; © (709) 695-2105, ca. $60. Etwas preiswertere Motels gibt es am TCH, rund 20 Auto-Minuten nördlich der Stadt.

Trans-Canada-Highway

Während der ersten **200 km bis Corner Brook** zeigt sich das Inland gleich von seiner typischen Seite: endlose grüne Waldlandschaft mit halbhohen Birken und Nadelbäumen. Rechterhand am Horizont begleiten die massiven, langgestreckten Buckel der **Long Range Mountains** die TCH.

Port au Port

Frankophile und ethnologisch Interessierte könnten auf halbem Weg nach Corner Brook einen Abstecher zur *Port au Port Peninsula* machen, der einzigen Region auf Neufundland, wo die französische Vergangenheit und Kultur bis heute lebendig ist (die Inseln *Miquelon* und *St-Pierre* vor der Südküste gehören direkt zu Frankreich). Die vorgelagerte **Red Island** war einst bedeutendes Fischfangzentrum der Franzosen. Die Orte Point au Mal, Lourdes, Black Duck Brook und Mainland sind immer noch durch und durch französisch. An der Südspitze der Halbinsel, in Cape St. George lernen die Kinder Französisch zu Hause und auf der Straße, Englisch erst als Fremdsprache in der Dorfschule.

Corner Brook

Corner Brook, mit 30.000 Einwohnern zweitgrößte Stadt Neu-fundlands, liegt an der Trichtermündung des **Humber River**, den schon *James Cook* 1762 und 1767 bis Deer Lake hochsegelte. Wie Sitzreihen und Ränge in einem Amphitheater ziehen sich Straßen und Häuser in Corner Brook die Flußufer empor. Unten, quasi auf der Bühne, liegen der Hafen und eine der weltgrößten Papierfabriken, deren Schlotfahne den schönen Ausblick oft genug auch noch nasal vermiest.

Oben am Ortseingang, direkt an der TCH, befindet sich ein *Shopping Centre*. Ein vergleichbares Warenangebot gibt es so bald nicht wieder.

Sticks & Stones House

Wer einen Faible für Kurioses hat, darf in Corner Brook das *Sticks & Stones House* nicht verpassen, ein winziges Volksmuseum für Schnickschnack und Absonderliches. Zwei Wege führen dorthin: vom Stadtzentrum/Hafen aus nimmt man die *Station Road* Richtung Osten oder, vom TCH-*Exit Corner Brook East*, die Straße #440 und danach die *Old Humber Rd* Richtung Westen am Humber River entlang bis zur kleinen *Farnells Lane* oberhalb des Lokomotiv-Museums. Dort geht es bergauf zur Nummer 12, einem kleinen gelben Haus mit rotem Dach. In 30 langen Jahren verzierte und dekorierte, beklebte und bepinselte, verschnörkelte und bebommelte ein gewisser **Clyde Farnell** alle Wohnräume und Wände, Fenster und Fliesen, Erker und Ecken, Simse und Säume – selbst die Plastikdeckel seiner Margarinedosen mußten herhalten – mit Kieseln und Knöpfen, Muscheln und Mosaiken, Tusche und Tinte, Bildchen und Blümchen zu einem einzigartigen Sammelsurium und begehbaren Schmuckkästchen. Täglich 11– 19 Uhr; (kleiner) Eintritt, Schmunzeln und amüsiertes Kopfschütteln garantiert.

Abstecher

Von Corner Brook zur Einfahrt des *Gros Morne National Park* sind es noch 121 km. Nach 48 km auf der TCH zweigt in Deer Lake der **Viking Trail** (Straße #430) ab. In der *Visitor Information* erfährt mant, ob in den **Big Falls** im Upper Humber River hinter dem **Sir Richard Squires Memorial Park** (mit Camping) gerade die **Lachse** springen. Wer dieses atemberaubende Schauspiel erleben möchte, muß einen 50 km weiten Abstecher in Kauf nehmen.

Gros Morne National Park

Der *Gros Morne National Park* wurde 1987 von der UNESCO zum **World Heritage Site** erklärt. In ihm wird die geologische Entstehung Neufundlands besonders deutlich: Die Insel besteht quasi aus zwei Erdteilen. Während der Norden und Westen zu Nordamerika gehören, ist der Südwestteil von der euroafrikanischen Kontinentalplatte abgedriftet Der Zusammenstoß verformte die Landmassen in ihrer "Knautschzone" wie den Zickzack-Balg eines Akkordeons. Sie wurden zu Bergen und Hügeln herausgedrückt (und bilden heute die *Long Range Mountains* entlang der Westküste) oder nach unten – zum Teil unter Meeresspiegel-Niveau – gepreßt und sind heute **wellenumspülte Buchten**.

Die tief ins Land reichende **Bonnie Bay** teilt den Park in zwei Teile. Im kleineren Südareal liegt ein 600 m hohes ockerfarbenen Tafelgebirge, die *Tablelands*. Dank tektonischer Verformungen und glazialer Erosion besitzt der touristischere Nordteil eine flache Küste, aber im Hinterland grandiose Fels-einschnitte: die *Long Range Mountains* fallen dort steil ab in 750 m tiefe Fjorde. Wer genügend Zeit hat, sollte sich beide Regionen ansehen. Unmittelbar vor der Einfahrt in Wilondale an der Tankstelle erfährt man, ob die **Bonnie Bay (Car-)Ferry** von *Woody Point* (an der #431) nach *Norris Point*, zwischen Süd- mit der Nordseite des Parks, in Betrieb ist.

Falls nicht, sollte die *Visitor Information* (32 km nördlich des Parkeingangs an der Straße #430, im Sommer 9–22 Uhr) erster Anlaufpunkt sein. Dort werden Video-Filme zu Geologie und Küsten von *Gros Morne* gezeigt.

Rocky Harbor

Rocky Harbor ist das kleine Zentrum des Parks: 1.000 Einwohner, einige kleine Supermärkte und Motels, sowie viele *Cabins* – alle mit Meerblick – teilen sich die Ufer der Bucht. Nicht-Camper können hier gut Quartier machen und Ausflüge in den Nationalpark planen: Spaziergänge, Küstenwanderungen und Bergtouren u.a. m. sind möglich, Karten bei der *Visitor Information*. Beliebt sind **Bootstouren** in den imposanten *Western Brook Pond Fjord* (2,5 Std.) Buchung im *Ocean View Hotel*. An Schlechtwetter-Tagen kommt ein Besuch im musealen **Fischerdorf Broom Point** in Frage oder im **Recreation Centre** mit Hallenbad und Whirlpool.

Unterkunft

Das erste Haus am Platze ist das **Ocean View Motel**, POB 129, Rocky Harbor/NF AOK 4NO, ☎ (709) 458-2730, Fax 2841, EZ $59, DZ $69, 3. Person $5.

Wie erwähnt gibt es in Rocky Harbour sog. **Cabins** (meist mit 4 Betten, Küche, Duschbad; $40-$70):

Gros Morne Cabins, ☎ (709) 458-2020,
Parsons' Harbour View Cabins, ☎ (709) 458-2544
Spruce Grove Houskeeping Cottages, ☎ (709) 458-2236

Höhentrail im Gros Morne Nationalpark

B & B

Herrlich ruhig und mit schönem Blick auf Wasser und Berge wohnt man etwas abseits in Norris Point bei **Terry's Bed & Breakfast**, ✆ (709) 458-2373.

Camping

Im Südteil des Nationalpark gibt es 2 Campingplätze, **Lomond** und **Etang Trout River Pond**, im Nordteil 3 weitere: **Shallow Bay** mit Sandstrand, **Berry Hill** mit Duschen und *Cabins* sowie den **Green Point** mit schönem Blick vom Steilufer.

Camping ohne Komfort, aber mit Weitblick am GreenPoint

6.6 L`ANSE AUX MEADOWS

Viking Trail

Fast 400 km sind es von Rocky Harbour bis zu Neufundlands Nordspitze, nach **L'Anse aux Meadows**, der ersten Wikinger-Siedlung in Nordamerika – und ebensoweit zurück, denn die Fähre von St. Anthony nach Zentral-Neufundland (Lewisporte) befördert keine Autos. Der **Viking Trail** (Straße #430) nach Norden ist nichts für Familien mit Kindern und Erholungsreisende; er lohnt sich nur für archäogolisch Interessierte und alle, die sich gern an die Abenteuergeschichten von Erich dem Roten, Eisbergen und Walfängern erinnern.

Entlang der der Strecke bietet sich Gelegenheit zu zwei, drei Zwischenstopps. Kurz hinter Parson`s Pond stehen **The Arches**, 4 Mio. Jahre alte Kalkstein-Felsbögen direkt am Meer. Knapp 50 km nördlich, am Eingang des **River of Ponds Provincial Park**, beweisen Walknochenfunde, daß einst weite Gebiete der Insel unter dem Meeresspiegel lagen. Wer sich die Beine vertreten möchte, macht das am besten 10 km weiter auf dem **John Hogan Trail**, einem *Boardwalk* zu einer Lachsstreppe (kurz vor Hawke's Bay hinter der *Visitor Information*).

Port au Choix Historic Site

Noch ein paar Kilometer weiter geht es vom *Viking Trail* nach **Port au Choix**. 1967 wurden dort 3.000-4.000 Jahre alte Grabstätten der Ureinwohner Neufundlands gefunden (⇨ Seite 608). Waffen und andere Relikte sind in der kleinen **Visitor Information** ausgestellt; im Sommer täglich 9–18 Uhr.

Ab St. Barbe könnte man, wie bereits ausgeführt (⟲ Seite xxx), einen Abstecher zur Südküste Labradors einlegen, siehe den Kasten unten.

L'Anse aux Meadows Der ***National Historic Site L'Anse aux Meadows*** liegt in der flachen, tundraähnlichen Nordspitze Neufundlands. Auf den Spuren der Edda-Saga entdeckten dort 1960 der Norweger *Helge Instad* und seine Frau *Anne Stine* hier Reste einer Wikinger-Siedlung, die etwa auf des Jahr 1.000 datiert wurde und damit zeigt, daß die Wikinger lange vor Columbus Amerika erreichten. Drei von sechs "Langhäusern" wurden rekonstruiert und von der UNO zum **Weltkultur-Denkmal** erklärt.

Das ***Interpretation Centre*** (im Sommer 9–16 Uhr) zeigt neben Videofilmen und Nachbauten von Wikingerbooten archäologische Funde, darunter eine eiserne Gewand-Nadel, wie sie nur von den Wikingern in Süd-Norwegen getragen wurde.

Pistolet Bay Provincial Park, 35 km vor *L'Anse aux Meadows*, 20 km abseits des *Viking Trail* an der Straße #437.

Motel/Hotel ***Viking Motel*** (mit *Trailer Park*), ebenfalls an der Pistolet Bay, ca. 40 km vor St. Anthony an einem *Bypass* des *Viking Trail* (Abzweigung nach Cook`s Harbour), ℂ (709) 454-3541.

Komfortabel ist das ***Vinland Motel*** – auch mit *Housekeeping Units*, Restaurant und einigen *Trailer Sites* – im Zentrum von St. Anthony, ℂ (709) 454-8843.

WIKINGER AUF NEUFUNDLAND

Snorri Thorfinnsson hieß der erste auf dem nordamerikanischen Kontinent geborene Europäer. Seine Mutter war eine der 15 Frauen mit denen Snorris Vater, *Thorfinn Karlsefni* und seine 150 Leute aus einer grönländischen Wikinger-Siedlung losgesegelt war. Der Tip dafür war von *Leif Eriksson*, Sohn des legendären Erik des Roten gekommen. Widrige Winde hatten schon andere Wikinger an die bewaldeten Küsten westlich von Grönland verschlagen. Das Holz für Hütten- und Schiffsbau war auf Grönland Gold wert. *Leif Erikson* war den Erzählungen gefolgt und vor der Nordspitze Neufundlands gelandet. In *Leifbudir*, dem heutigen *L'Anse aux Meadows*, überwinterte er mit seinen Gefährten in Erdhütten, hatte Kontakte mit den *Beothuk*-Indianern und verkündete daheim, er sei in *Vinland* gewesen. Beerenbeduselt war nämlich einmal einer der Kumpanen aus dem Wald getorkelt. Und das waren wohl jene Beeren gewesen, von denen die Wikinger als "Weinbeeren" schon aus Deutschland gehört hatten.

Snorris Geburtsjahr datiert zwischen 1005 und 1013, also gute 500 Jahre vor Ankunft der "offiziellen Entdecker" dieser Region, *Cabot, Cartier* und *Champlain*.

6.7   DER ZENTRALE NORDEN

**Windsor/
Grand Falls**

Von Deer Lake, wo die Straße #430 von der TCH abzweigt, bis Lewisporte, dem schon mehrfach erwähnten Hafen für die Labrador-Fähre, sind es rund 270 km. Am Wege liegt die Doppelstadt Grand Falls/Windsor mit dem ***Mary March Museum*** in der St. Catherine Street unweit der TCH (gut ausgeschildert). Es bietet auf knappem Raum umfassende Informationen über Geschichte, Wirtschaft und Kultur Neufundlands. Vergleichbares gibt es nur noch im Neufundland-Museum in St. John`s. Videofilme berichten über Pelzhandel, Dinosaurierfunde, das alte Flugkreuz Gander, wo die PanAm-Clipper früher zum Auftanken zwischenlanden mußten, und natürlich über die *Beothuk*-Indianer. Das Wissen über die ausgerotteten Ureinwohner geht zurück auf die beiden letzten Stammesangehörigen, die 1819 und 1823 gefangenen ***Shanawdithit*** und ***Demasduit***, genannt *Mary March*, der das Museum gewidmet wurde. Weitere Abteilungen thematisieren Neufundlands Geologie, Flora und Fauna, Siedlungsgeschichte, die Wikinger, Geschichte und Probleme der Fischerei, Papierindustrie und Bergbau. Geöffnet Mo–Fr 9–16.45 Uhr, frei.

**Twillingate
Islands**

Je weiter man in die straßenverbundene Inselgruppe bei Twillingate hineinfährt (#340), umso "finnischer" wird es: kleine Buchten und Schären mit rot-violetten Felsen in hügeliger Landschaft bilden eine reizvoll-verwinkelte Region mit immer wieder neuen Ausblicken aufs Meer – ein Fleckchen Erde zum Verlieben. Spätestens dort wird man den ersten **Eisberg** zu Gesicht bekommen, oft ganz ufernah und merklich abgeschmolzen, aber nichtsdestoweniger ein aufregender Anblick.

Sogar mitten im Sommer Eisschollen und -berge im Meer bei Twillingate. Bootstrips sind dort der "Renner".

Whale Watching

Die Straße nach Twillingate hinein gabelt sich bald nach der Einfahrt: Links geht es weiter zum berühmten *Twillingate Lighthouse*, rechts ist das große Schild der *Twillingate Island Boat Tour - Iceberg Shop* nicht zu übersehen. $25/Person kosten die ausgezeichneten 2-stündigen *Iceberg-Watching-Tours*; mehrmals täglich, ℰ 884-2242.

Museum

Twillingate ist ein anmutiges, lebendiges Fischerdorf mit einem großem Hafen. Das örtliche **Museum** (geöffnet bis 19 Uhr) beherbergt liebevoll präsentierte Ausstellungsstücke der Region mit handschriftlichen Erläuterungen: Küchenutensilien und Kindermöbel, Spielzeug und alte Dokumente, aber auch eine kleine Sammlung optischer und zahnmedizinischer Geräte und natürlich viel über Fischerei.

Camping

Keinen Kilometer vor dem meist in Nebelschwaden gehüllten Leuchtturm liegt ein traumhafter *Campground*, der *Sea Breeze Municipal Park*. Für ganze $5 campt man wie auf einer kleinen Hochalm in der Senke einer Wiese mit weitem Meeresblick von schroff-felsiger Steilküste – mit etwas Glück fehlt auch der Eisberg nicht. Knickkiefern und eine langgezogene Gemeinschaftshütte trotzen den steifen Seebrisen.

Motel/Hotel

Zimmer gibt's in einer Handvoll Motels. Empfehlenswert sind z.B. **Robins Cove Cabins** mit *Housekeeping Units*, direkt in Twillingate an einer kleinen Hafenbucht. Gartenmöbel stehen auf der Wiese vor der Tür; ca. $59, ℰ (709) 884-2699/5924.

Durrell

Lohnenswert ist ein Ausflug ins nahe Durrell. Der Weg führt an einer Kirche vorbei, deren Glockenabguß an den *Great Haul of Swiles* erinnert: 1862 trieben Eisberge mit 30.000 Seehunden (*Swiles*) an Land, die von den Twillingatern alle erschlagen wurden. Durrell setzt Fischerdorf-Romantik-Maßstäbe. Wer hier war, weiß ein für allemal, wie (neufundländische) Fischerdörfer aussehen, vor 100 Jahren ausgesehen haben und wohl auch noch in 100 Jahren aussehen werden.

Abstecher nach Labrador

Der Fährbetrieb von St. Barbe nach Blanc Sablon (2x täglich) ist wetterabhängig, denn in der 17 km breiten *Strait of Belle Isle* bautn sich rasch Seegang auf. Die nur 80 km lange Straße #510 in Labrador bietet keine besonderen Höhepunkte. Sie endet in Red Bay, einer alten baskischen Walfängerstation (1530-1600) mit kleinem Museum. Aber manchen mag es reizen, zumindest einen Zipfel dieses fast schon wie "Nordpol" klingenden Landes zu betreten.

Campen kann man in Labrador im *Pinware Provincial Park*, kurz vor Red Bay. Unterkunft im *Beachside Hospitality Home* in L'Anse au Claire , ca. $40, ℰ (709) 931-2662, und *Barney's Hospitality Home*, ca. $38, ℰ (709) 927-5634.

6.8

NORDLANDTOUR:
ÜBER NEUFUNDLAND UND LABRADOR NACH QUEBEC

Seit einiger Zeit ist eine Rundreise durch das östliche Canada unter Einschluß von Neufundland und Labrador sogar per Auto möglich. Wer sich dafür erwärmt, nimmt ab Lewisporte die Fähre nach Goose Bay (⇨ Seite 605). Unterkunft dort z.B.

– *Station B*, Happy Valley/Goose Bay/Labrador A0P 1EO, ab $45.

Von Goose Bay geht es auf der *Trans Labrador Highway* #500 über Churchill Falls nach Labrador City/Wabush (526 km *Gravel Road*, Fahrtzeit 9 Stunden). Übernachtung:

– *Wabush Hotel*, Grenfell Avenue, Wabush, ✆ (709) 282-3221,
– *Carol Inn*, Drake Avenue, Labrador City, ✆ (709) 944-7736

Camping *Duley Lake Provincial Park*, 22 km westlich von Labrador City an der Straße #389, ✆ (709) 686-2088.

Eisenbahn Ab Ross Bay Junction (50 km östlich von Wabush) fährt zweimal wöchentlich ein Zug mit Panorama-Waggons nach Sept-Iles am St. Lorenzstrom (10 Stunden). Mit dem Auto benötigt man ab Wabush 8-9 weitere Stunden (581 km) auf der aber großenteils asphaltierten Straße #389 bis Baie Comeau am St. Lorenz. Übernachtung auf dieser Strecke:

Unterkunft/ *Energy Motel*, Manic 5 Québec GOG 1MO, Route #389, km
Tanken 211, ✆ (418) 584-2301 (21 Zimmer, **54 Camping-Stellplätze**)

Motel Relais Gabriel, Bassin Manic 5, Québec GOG 1KO, (7 Zimmer), ✆ (418) 569-8348

Bahn-Info Auskünfte zu dieser ungewöhnlichen Route gibt`s bei:

– *Labrador West Tourism Corporation*, POB 1237, Wabush, Labrador A0R 1B0, ✆ (709) 282-5106, Fax (709) 282-5106

– *Québec North Shore* & *Labrador Railway*, Sept Iles, ✆ (418) 968-7539, oder in Labrador City unter ✆ (709) 944-8205.

Straßen-Info – *Québec Ministry of Transport*, Baie Comeau, Québec, ✆ 418-589-2065/5610; oder *Québec Provincial Police*, Baie Comeau Detachment, ✆ 418-296-2324.

Cod/ Kabeljau beim Trocknen

7. DURCH MICHIGAN NACH CHICAGO UND DETROIT

7.1 TOURISTISCHE KENNZEICHNUNG MICHIGANS

Im Rahmen der in diesem Buch beschriebenen Routen macht eine Fahrt bis Sault Ste. Marie/Canada nur Sinn mit der Absicht, dort die Grenze zu überqueren und die Rundfahrt über Michigan nach Chicago und/oder Detroit fortzusetzen bzw. dort eine *One-way*-Route abzuschließen.

Der Reiz einer Reise durch diesen fast ganz von Großen Seen eingeschlossenen Staat liegt u.a. im starken landschaftlichen Kontrast zu den kanadischen Provinzen, hier speziell Ontario. Wie noch umseitig genauer erläutert wird, gliedert sich das Gebiet Michigans in die obere und untere Halbinsel. Auf der Upper Peninsula warten die *Pictured Rock National Lakeshore* und viel fast unberührte Natur auf den Besucher, rund um die Meerenge zwischen Lake Michigan und Huron historische Sehenswürdigkeiten aus der Zeit der Kämpfe zwischen Engländern, Franzosen und Indianern, später zwischen den britischen Kolonialherren Canadas und den Amerikanern.

Sowohl die Nordküste am Lake Michigan auf der Upper Peninsula als auch und vor allem die Westufer des Staates sind ein **touristischer Geheimtip**: unendliche herrliche Sandstrände und Dünen, dazu angenehme Wassertemperaturen, die im August 25°C erreichen können, und nicht zuletzt beständiges warmes Wetter machen das nordwestliche Michigan zu einem bevorzugten Sommer-Ferienziel. Dabei wird es zwar stellenweise auch schon mal ein bißchen voll, aber es ist kein Problem, sich abseits zu halten und die Vorzüge dieses Landstrichs in Ruhe zu genießen. Unterkünfte gibt es genug, auf der Upper Peninsula eher einfacher Art und preiswerter, auf der Lower Peninsula Quartiere für alle Ansprüche, aber im Schnitt auch etwas teurer. Besonders verwöhnt Michigan Campurlauber mit wunderbaren Plätzen am Lake Michigan und an den zahlreichen Seen im Inland.

Strand und Dünen an Lake Michigans Ostküste

7.2 VON SAULT STE. MARIE NACH CHICAGO

7.2.1 Die Upper Michigan Peninsula

Sault Ste. Marie

Sault Ste. Marie
Jenseits der rund 4 km langen *International Bridge* ($2 *Toll*) über den mit Schleusen- und Kraftwerkskanälen ausgebauten Engpaß St. Mary`s River zwischen Superior und Huron Lake liegt das amerikanische Sault Ste. Marie (15.000 Einwohnern).

Schleusen
Von der Brücke aus erkennt man gut das **Schleusensystem**, (insgesamt 5 parallele Kammern, davon nur eine kleinere auf kanadischer Seite), mit dessen Hilfe die Stromschnellen *Falls of St. Mary* umgangen und 7 m Höhenunterschied zwischen den Seen überbrückt werden, ⇨ Seite 423/Graphik Seite 388. Rund 100 Mio. Tonnen Fracht passieren jährlich die *Soo Locks*.

Die von Parkanlagen eingerahmten Schleusen sind unbedingt einen Zwischenstopp wert: Nach Passieren der US-Grenzkontrolle verläßt man die in die I-75 übergehende Brückentrasse nach rechts und landet fast automatisch an den *Locks*. Von mehreren **Observation Platforms** aus (gratis) kann man die Schleusenmanöver der – soweit im Binnenland – erstaunlich großen "Pötte" prima beobachten. Wer sich ein wenig mehr die Beine vertreten möchte, kann dem **Historic Walkway** folgen (ca. 1 mi ab *Information Center*). Die Barkassen der **Soo Lock Boat Tours** (515 und 1157 Portage Ave) befördern ihre Gäste nach ein bißchen *Sightseeing* vom Wasser aus in 2 Stunden durch eine der Schleusen (ab $13, Kinder bis 12 Jahren $6, mehrfach tägliche Abfahrten: im Juli und August 9–19 Uhr, sonst kürzer). Angeboten werden auch *Sunset Dinner Cruises* um 17.30 oder 18 Uhr inklusive *Dinner Buffet* während der Fahrt für $32 (ohne Getränke).

Museumsschiff
Ganz interessant ist ein Besuch des 90 Jahre alten typischen *Great Lakes*-Frachters **Valley Camp**, der östlich der *Locks* an der Ecke Water/Johnston St in einem eigenen Bett liegt. Das über 150 m lange Schiff beherbergt ein **Aquarium** zur Unterwasserwelt der Großen Seen und ein **maritimes Museum**. Juli/August 9–21 Uhr, sonst 10–18 Uhr; $6; Kinder $4.

Museum
Mitten in der Stadt, ebenfalls an der Portage Ave, steht der **Tower of History**, von dem man einen weiten Blick über die Schleusen, die Whitefisch Bay und die gesamte Gebiet zwischen Lake Superior und Huron hat. Ein kleines Museum gehört auch dazu mit einer historischen Dia-Show. Täglich 9–18 Uhr; Eintritt $3,50, Kinder $2.

Kasino
Das indianische Kasino-Gründungsfieber hat auch auf Michigan übergegriffen (⇨ Seite 222). Gleich fünf **Kewadin Casinos** und das *Chip-in Casino* der *Potawatomi Indians* warten auf der Upper Michigan Peninsula auf Besucher, die ihre Dollars

für Spiel und *Entertainment Las Vegas Style* einsetzen möchten. Eines davon steht in Sault St. Marie und seit seiner Gründung dafür gesorgt, daß sich das Hotel- und Motelangebot erheblich erweiterte und die Preise dafür stiegen.

Unterkunft

Die Mehrheit der Unterkünfte in Sault Ste. Marie konzentriert sich auf die Portage Ave und die sog. *Business Spur* der *Interstate #75*. Dabei sind auch die Häuser der **Kettenmotels** gut vertreten (*Holiday Express, Best Western, Comfort Inn, Days Inn* etc.), wenngleich im Sommer relativ teuer. Es gibt aber eine Reihe preiswerterer unabhängiger Motels, die $50-60 verlangen. Wer hier übernachten möchte, findet ggf. auf kanadischer Seite günstiger Quartier, ⇨ Seite 424. Das erste Haus am Platze ist das nostalgische *Ojibway Hotel*, ℰ (800) 654-2929, eine gute, aber relativ teure Wahl (Sommer ab $110).

Camping

Direkt am St. Mary's River liegen zwei Campingplätze: stadtnäher ist der *Soo Locks Campground*, Portage Ave, weiter entfernt der *Aune-Osborn RV Park*, Riverside Dr. Wer sich auf staatlichen *Campgrounds* wohler fühlt, findet im **Brimley State Park** an der *Whitefish Bay* des Lake Superior südwestlich der Stadt eine gute Alternative. Der *Campground* dort ist zwar sehr groß, besitzt aber allen Komfort.

Steckbrief Michigan/MI

9,3 Mio. Einwohner, davon 85% Weiße, 151.000 qkm, **Hauptstadt Lansing** 130.000, größte Stadt **Detroit,** 1 Mio., Großraum 5 Mio. Einwohner.

Michigan besteht aus zwei Gebieten: Die **Upper Peninsula**, gehört geologisch teilweise (*Pictured Rocks NLS*) zum kanadischen Schild (⇨ Seite 18), ist flach bis hügelig und überwiegend bewaldet. Im äußersten Nordwesten erreichen einige Kuppen Höhen um 500 m. Eine ausgedehnte **Seenplatte** zieht sich dort über die Grenze nach Wisconsin. Das Gros der **11.000 Seen** Michigans findet man jedoch auf der **Lower Peninsula**, die durch die rund 7 km breite *Strait of Mackinac* vom oberen Teil getrennt ist. Die untere Halbinsel gehört noch zum zentralen nordamerikanischen Tiefland zeigt sich als sanfte Hügellandschaft mit ebenfalls viel Wald (50% der Gesamtfläche). An der Ufern der Seen Michigan und Huron gibt es endlose **Strände**, bis zu 180 m hohe **Dünen** im Westen und **Steilküsten** im Nordosten. Die flachen Ufer des Lake Erie sind weniger einladend, zum Teil versumpft.

Die **bekannteste Industrieregion** der USA ist nach wie vor der Großraum Detroit mit seinen Autofabriken und deren Zulieferern. **Landwirtschaft**, speziell Obstanbau, spielt eine bedeutende wirtschaftliche Rolle. Auf der *Upper Peninsula* gibt es große Eisenerz- und Kupfervorkommen, auf der *Lower Peninsula* Erdöl- und Erdgasfelder.

Wichtigste touristische Ziele sind die *Pictured Rock National Lakeshore*, Mackinac Island und die Strände und Dünen der Westküste am Lake Michigan, speziell die *Sleeping Bear Dunes National Lakeshore*.

Zur Pictured Rocks National Lakeshore

Die Peninsula

Die *Upper Michigan Peninsula* wird umspült von den Fluten dreier Seen, Lake Superior im Norden, Lake Michigan im Süden und Lake Huron bzw. der den Superior und Huron verbindende Engpaß St. Mary`s River mit seeartigen Erweiterungen im Osten und Südosten. Die attraktivsten Gebiete dieser flachen und sehr grünen, von Touristen nicht übermäßig frequentierten Halbinsel sind die beiden Areale des **Hiawatha National Forest**. Sie belegen zwischen St. Ignace und dem Lake Superior und im äußersten Westen der Halbinsel dessen ganze Breite. Herausragende Sehenswürdigkeit in diesem Gebiet ist die **Pictured Rocks National Lakeshore** an der Nordküste. Mancher Leser kennt vielleicht die Kurzgeschichte *Two Hearted River* von *Ernest Hemingway*, die etwas weiter östlich im Bereich zwischen den beiden Waldgebieten am Ufer des Lake Superior spielt. Die Halbinsel wird durchzogen von klaren Flüssen und ist übersät mit kleinen und großen Seen. An ihnen und an den Küsten befinden sich zahlreiche **Campingplätze** in *State Parks* und in den beiden Nationalforst-Arealen. Während man die *State Parks* in allen Karten findet, fehlen die Hinweise auf *National Forest Campgrounds* in der offiziellen *Michigan State Map*, im *Rand McNally Atlas* sind sie zum Teil verzeichnet. Bei Fahrten durch NF-Gebiete lassen sie sich aber nicht verfehlen; sie sind überwiegend gut ausgeschildert und selten voll belegt.

Wer bis hierher gekommen ist, sollte sich nicht mit der raschen Fahrt durch die Halbinsel auf der I-75 nach Süden begnügen, sondern auch die *Pictured Rocks Lakeshore* und vielleicht noch ein wenig mehr auf der *Peninsula* besuchen.

Route zur National Lakeshore

Die schnelle Route von Sault Ste Marie an die Nationalküste entspricht dem Verlauf der Straße #128 bis Shingleton und dann weiter auf den Zufahrten H15/H58/H13: Bei einer Entfernung von ca. 130-140 mi ist das Ziel in 3 Stunden erreicht. Empfehlenswerter jedoch wäre – bei einem Tag Zeit bis zum Nationalpark – ein Umweg über den **Tahquamenon Falls State Park** ggf. mit einem Abstecher zum Whitefish Point.

Bei dieser Variante verläßt man die #28 bei Eckermann und folgt der Straße #123 in nördliche Richtung nach Paradise und darüberhinaus auf kleiner Straße an der Whitefish Bay entlang.

Whitefish Point

Die Attraktion dieses Abstechers ist *Whitefish Point*, ein spitzes Kap, das wie eine Nase in den Lake Superior ragt. Am gelben Sandstrand steht ein **Leuchtturm**, der bereits seit 1849 in Betrieb und stummer Zeuge von 550 Schiffsuntergängen ist.

Museum

Im Ort Whitefish Point wurde mit viel Liebe zum Detail das **Shipwreck Historical Museum** eingerichtet, das die grausam-spannenden Geschichten des *Graveyard of the Great Lakes,* des Schiffsfriedhofs vor seiner Küste, erzählt. Meist waren nicht Nebel oder Orkan, sondern menschliches Versagen die Ursache von Kollisionen und Untergängen. Täglich geöffnet 10-18 Uhr; Eintritt $4, Kinder und Jugendliche $3.

Nicht nur auf dem Wasser ging es oft tragisch zu. An dieser Stelle – einst Rastplatz für Indianer und Voyageure – wurde 1610 einer der ersten in die Wildnis vorgestoßenen Weißen, der Franzose **Etienne Brûlé**, von Indianern getötet und – so heißt es – tranchiert und verspeist.

Tahquamenon Falls State Park

Wieder auf der Straße #123 geht es über den *Tahquamenon Falls State Park* zurück auf die #28. Die **Lower** und **Upper Falls** sind imposante Wasserfälle bzw. Stromschnellen unweit der Straße und mit dem Auto zu erreichen. Auf dem großen **Campingplatz** des Parks kann man gut übernachten. Eine interessante Alternative zur Fahrt dorthin per Auto bieten 4-stündige kombinierte **Boat- and Timber Train Rides** (Bootsfahrt und Holztransportbahn) ab *Slater`s Landing* bei Hulbert oder von Soo Landing zu denUpper Falls (von der #28 westlich von Eckerman den Schildern folgen). Touren im Juli und August Mo–Fr 9.30 und 14 Uhr, Sa/So 10.30 Uhr; $16.

Pictured Rocks National Lakeshore

Die *Pictured Rocks National Lakeshore* bezieht sich auf einen 60 km langen Uferstreifen am Lake Superior. Hauptattraktion des bis zu 10 km landeinwärts reichenden Nationalparks sind die namensgebenden **Pictured Rocks** der stellenweise bis 50 m hohen Steilküste in seinem westlichen Abschnitt. Der Fels leuchtet dort gelb, rot, grün und braun. Unterschiedlichste Mineralien im – durch Erosion und Verwerfungen freigelegten – Sandstein sind verantwortlich für diese Farbvielfalt. Mit dem Auto sind die bunten Felswände nur bei *Miner's Castle* zu erreichen (Straße #H58 bis zur Miner's Castle Rd).

Blick auf "Miners Castle" im Pictured Rock Park

**Miners
Castle**

Von den Plattformen hoch über dem See erhält man dort aber nicht mehr als einen kleinen Eindruck von den farbenprächtigen Klippen und dem glasklar-grünen Wasser. Zumindest bei schönem Wetter sollte man deshalb in Munising einen der **Bootstrips** buchen, am besten am farbintensiven Nachmittag: ***Pictured Rock Cruises*** ab *Municipal Pier*, Dauer ca. 3 Stunden. Abfahrten im Juli/August täglich 9–17 Uhr stündlich. Vor- und Nachsaison alle 2 Stunden; $20, Kinder $8.

Information

Sowohl bei Munising (an der #H58) als auch im Bereich von *Miner`s Castle* existieren **Visitor Center**, die über alle Aspekte des Parks, seine Geologie, Flora und Fauna informieren und Unterlagen – vor allem eine Karte – bereithalten.

Strand

Der Clou bei *Miner`s Castle* ist neben dem Ausblick auf die Felsen der wunderbare Strand ***Miner`s Beach*** an der Mündung des gleichnamigen Flusses. Ein ***Trail*** (relativ weit, ca. 20 min) und eine Stichstraße führen hinunter in eine herrliche Urlandschaft am Lake Superior mit schöner Badestelle.

An der Miner`s Beach: Baden hier nur für abgehärtete Naturen

Parkgebiet

Die #H58 läuft 40 mi an der Südgrenze des Parks entlang bis zum östlichen Parkeingang bei Grand Marais. Auf kleinen Zufahrten gelangt man nahe an die beiden anderen den Park bestimmenden Landschaften heran: die **Twelvemile Beach**, einen endlosen Sandstrand, und die ***Grand Sable Dunes***, bis 100 m hohen Dünen. In diesem östlichen Parkbereich befinden sich auch die mit Auto zugänglichen **Campingplätze** *Little Beaver Lake*, *Twelvemile Beach* und ***Hurricane River***.

Wandern

Eine Vielzahl von *Trails* durchziehen den Park. Besonders beliebt ist der **Lakeshore Country Trail**, der von Munising bis zu den *Great Dunes* läuft. Alle 2-5 mi befinden sich an ihm *Wilderness-Campsites*.

Camping

Von den Campmöglichkeiten im Park war schon die Rede. Die Plätze dort sind einfach und weit abgelegen. Ein privater Komfortplatz (*Wandering Wheels*) existiert östlich von Munising an der #28, ein guter **NF-Campground** (*Bay Furnace*) liegt einige Meilen westlich hinter Christmas.

Unterkunft

In Munising konzentrieren sich die Motels an der Straße #28 östlich des Ortes, recht günstig und o.k sind

– **Star-Light Motel**, ℰ (906) 387-2291, ab ca. $40.

– **Scotty's Motel**, ℰ (906) 387-2449, ab etwa $35.

Außerdem sind **Best Western** und **Comfort Inn** vertreten.

Fayette State Park

Industriehistorisch interessant ist die ehemalige Stahlkocherstadt Fayette, ein *Historic State Park*. Ein 30 Jahre während Stahlboom in der zweiten Hälfte des vorigen Jahrhunderts hinterließ eine **Geisterstadt** mit Resten von Hochöfen, alten Arbeiterunterkünften und Verwaltungsgebäuden, Hotel und sogar einer Oper. Eine Ausstellung im *Interpretive Museum* dokumentiert das harte Los der Stahlkocher. Geöffnet Juni–September 9–19Uhr, sonst bis 17 Uhr; Eintritt/Parken $5.

Weitere Motive für einen Abstecher liefern ggf. die idyllische Lage Fayettes an den Kalksteinklippen der *Big Bay de Noc* des Lake Michigan und ein ruhiger *Campground.*

An-/Abfahrt

Aber der Besuch des Parks ist relativ zeitraubend, da es (von Munising) zunächst einmal auf der H13 bis Nahma Junction geht und von dort auf der Stichstraße #183 auf schöner Route bis zum Ziel. Das letzte Stück (ca. 20 km) muß doppelt gefahren werden. Zurück nach Osten führt die Straße #2 über Manistique nach St. Ignace.

Manistique

Das Städtchen Manistique ist im Winter ein *Snowmobile*-Zentrum. Deshalb gibt es dort erstaunlich viele Hotels und Motels, die im Sommer selten ausgebucht sind. Die meisten davon stehen an der #2 auf dem Weg zum regionalen *Airfield*, darunter auch preisgünstige Häuser ab ca. $40. **Campen** kann man auf 2 Plätzen des **Indian Lake State Park** auf der West- wie Ostseite dieses Sees – zur *West Unit* wie Palms Book.

Palms Book State Park

Einmal in dieser Region ist der Abstecher zum **Palms Book State Park** (kein Camping) ein absolutes Muß. Die Zufahrt #149 zweigt 12 mi westlich von Manistique nach Norden ab. *Palms Book* wurde um einen kreisrunden, glasklaren **Quellsee** von 60 m Durchmesser angelegt, aus dem in jeder Minute 64.000 l Wasser sprudeln. Man kann den Himmelsspiegel, den *Kitch-iti-kipi,* wie die Indianer den See nannten, auf einem Floß überqueren, in dessen Mitte eine Öffnung angebracht ist. Wie durch ein Kaleidoskop schaut man in eine verzauberte Unterwasserwelt bis hinunter auf den sandigen, vom Quelldruck aufgewühlten Boden in 15 m Tiefe. Der Park ist täglich bis zur Dämmerung geöffnet; die Floßfahrt kostet nichts.

Nach St. Ignace

Von Manistique geht es auf der Straße #2 nach St. Ignace und zur Brücke über die **Mackinac Strait** (bis dorthin ca. 90 mi). Der Abschnitt bis **Naubinway** verläuft zunächst landeinwärts und ist nicht sonderlich attraktiv. Von da ab jedoch bleibt die Straße in Ufernähe und läuft teilweise an **Dünen und Stränden** entlang. Direkt an der #2 oder am Ende kurzer Stichstraßen liegen *Roadside Parks* und **Campgrounds**. Sehr schön sind z.B. **Hog Island Point**, 7 mi östlich von Naubinway, und der "Geheimtip" **Big Knob**, ca. 12 mi westlich des Ortes, dann staubige 6 mi auf der *Big Knob Road* ans Seeufer.

7.2.2 St. Ignace, Mackinaw City und Mackinac Island

Mackinac Strait/ Lower Peninsula

Die mächtige, 5 mi lange **Mackinac Bridge** (*Big Mack*) überspannt seit 1957 die *Mackinac Strait*, Wasserstraße zwischen den Seen Huron und Michigan, und stellt die Verbindung zwischen der *Upper* und *Lower Peninsula* des Staates Michigan her. Die **untere Halbinsel** besitzt außer den Ufern am Lake Michigan und Huron im äußersten Südosten unterhalb Detroit auch noch einen Abschnitt am Lake Erie. Im Süden stößt Michigan mit fast gradlinigem Grenzverlauf zwischen Michigan City und Toledo an Ohio und Indiana.

Das Städtchen **St. Ignace** und die "Touristenmeile" **Mackinaw City** liegen an den Kopfenden der *Mackinac Bridge*. In St. Ignace geben **Museen** einen Einblick in die über 200-jährige weiße Siedlungsgeschichte an den Großen Seen.

Father Marquette Memorial

Etwas westlich der Stadt an der #2/Boulevard Dr steht ein Denkmal für den Jesuitenpater und Abenteurer *Father Marquette*. Er war einer der Ersten, der von Québec aus in die unwirtlichen Gebiete weiter westlich aufbrach, um *Ottawa*- und *Ojibwa*-Indianer zu missionieren. Bekannt wurde er aber in erster Linie als Entdecker: Zusammen mit *Louis Jolliet* erforschte er 1673 per Kanu den Mississippi. Im **Father Marquette National Memorial and Museum** werden seine Taten gewürdigt; außerdem erfolgt dort eine Gegenüberstellung indianischer und französischer Kultur der Epoche. Geöffnet Mitte Juni–Ende September täglich 9–17 Uhr. Eintritt/Parken $5.

Ojibwa Museum

Ein Besuch im **Museum of Ojibwa Culture** im *Marquette Mission Park* ergänzt die im *National Memorial* erhaltenen Informationen um die indianische Komponente: *Downtown* in der State Street unweit des Fährhafens, Mai–Anfang September, Mo–Sa 10–20 Uhr, sonst 13–17 Uhr; Eintritt $2.

Colonial Michilimackinac

Südöstlich unterhalb der *Big Mack*-Brücke befindet sich ein Nachbau der 1715 von Franzosen gegründeten ersten befestigten Siedlung. Das originale **Colonial Michilimackinac** war 1760 von den Engländern erobert und aus Furcht vor einem amerikanischen Angriff 20 Jahre später nach Mackinac Island verlegt worden, ➪ Seite 633.

**State
Historic Park**

Die attraktive *Michilimackinac*-Rekonstruktion besteht aus einer Palisadenumzäunung und etwa 20 Gebäuden des einstigen Handelspostens. Geöffnet Mitte Juni–Anfang September täglich 9–18 Uhr; Eintritt $7, Familientickets $20. Kombitickets für $13, Kinder $8, gelten auch für *Mill Creek* und *Fort Mackinac* auf der Insel, ⇨ unten.

**Mill Creek
State
Historic Park**

Die 200 Jahre alte Wasser-Sägemühle **Mill Creek** (3 mi südlich an der #23) gehörte zu einem der ersten industriellen Komplexe in Michigan und ist heute ein *Living Museum*; 9–19 Uhr, $3. Trotz der hübschen Parkanlagen können "mühlenverwöhnte" Europäer angesichts der hier noch weiteren historischen Stätten auf den Besuch durchaus verzichten. Öffnungszeiten wie *Colonial Michilimackinac*, Eintritt $3.

Historic Michilimackinac: Palisaden und Blockhäuser wie im 18. Jahrhundert. Im Hintergrund die Big Mack Brücke

**Mackinac
Island**

Von St. Ignace und Mackinaw City verkehren mehrere **Fährlinien** nach Mackinac Island, einer populären, einst mondänen Ferieninsel im Huron Lake, ca. 3 mi östlich von St. Ignace. Die Fahrt ab Mackinaw City dauert 20 min, ab St. Ignace ca. 15 min. Abfahrten im Sommer mindestens im Halbstundentakt 8.30–17 Uhr; Retourticket ab $12; Parken am Anleger frei.

Mackinac Island – 5 km lang und maximal 3 km breit – ist mit 80% der Fläche ein **State Park**. Ein Großteil seiner Ufer besteht aus *Limestone*-Steilküste. Ungewöhnliche Gesteinsformationen und Höhlen gehören zu den Inselattraktionen. Wie gesagt, legten die Engländer hier 1780 zum Schutz der *Strait of Mackinac* ein Fort an, das heute eine wesentliche Sehenswürdigkeit ist. Es gibt keine Autos, jeglicher Transport läuft per Fahrrad oder Pferdewagen. Die Besucher sind überwiegend auf Leihrädern unterwegs; auch Tandems und Fahrräder mit Kinderanhänger lassen sich gleich am Hafen mieten. Man kann auch eine **Kutschfahrt** (*Carriage Tour*; ca. 100 min.) über die Insel buchen, während der man alles über Mackinac Island erfährt. Mitte Juni–Anfang September; $13, Kinder $7.

Ein Juwel der Insel sind prachtvolle viktorianische Villen. Beherrschend wirkt das weiß-rote **Grand Hotel** (1887) mit der

Grand Hotel angeblich längsten Terrasse (*Porch*) der Welt und klassischen weißen Schaukelstühlen und Säulen. Sein Besichtigungscharakter hat leider dazu geführt, daß von Gästen, die "nur mal gucken" wollen, $5 Eintritt verlangt werden. Doch die Investition lohnt sich, vor allem die Aussicht aus der **Copula-Bar** im 5. Stock ist grandios. Wer dort übernachten möchte, muß ganz tief in die Tasche greifen: unter **$300/Nacht** ist nichts zu machen, formale Abendgarderobe selbstverständlich, ✆ (906) 847-3331. Aber auch die Mittelklasse der Hotellerie kostet auf Mackinac Island – je nach Saison – bereits $100-$200. Noch relativ preiswert ist das - ebenfalls historische – **Murray Hotel** am Fähranleger, ✆ (906) 847-3361; DZ im Sommer ca. $125.

Old Fort Mackinac Das **Fort Mackinac** paßt sich bestens in die weißen Hotel- und Villenfassaden ein. Vom Originalfort des 18. Jahrhunderts ist aber kaum etwas übrig. Der heutige Komplex geht auf Befestigungen aus dem Jahr 1880 zurück. Sehr schön ist die **Tea Room**-Terrasse auf der alten Schutzmauer mit Blick über den Yachthafen hinüber zu den Brücken. Mitte Juni–Anfang September täglich geöffnet 9–18 Uhr; Eintritt $7.

Unterkunft Wer im Bereich Mackinaw City übernachten möchte, findet die meisten Quartiere an der Straße #23, viele davon am Wasser mit eigenem Strand am Lake Huron. Neben einer Anzahl guter Häuser der Ketten (*Best Western, Comfort Inn, Econolodge, Days Inn, Hampton, Holiday Inn Express, Travelodge, Ramada Limited*) sind auch Unabhängige empfehlenswert:

– **Beach House** mit *Cottages* und eigenem Strand, ✆ (616) 436-5353, DZ $55-$110.
– **Surf Motel** ebenfalls eigener Strand, ✆ (616) 436-8831, ab $85
– **Chief Motel**, ✆ (616) 436-7981, preiswert: ab $55 im Sommer

Camping Ebenfalls an der Straße #23 passiert man privat geführte Campingplätze. Ein KOA-PLatz liegt südwestlich der Brücke. Am besten aber campt man bei Mackinaw City im **Wilderness State Park** an der *Sturgeon Bay* des Lake Michigan.

In der Main Street auf Mackinac Island

7.2.3   Die Seeuferroute bis Chicago

**Nord-
westliche
Peninsula**

Die nordwestliche Ecke der *Lower Peninsula* ist ein überaus reizvolles Sommerurlaubsgebiet. An den Ufern des Lake Michigan warten dort besonders hohe Dünen und Strände mit gelbem Pulversand, im hügeligen Hinterland Mischwälder mit einer Baumartenvielfalt, wie wir sie in Mitteleuropa schon lange nicht mehr kennen, Obstplantagen, grüne Weiden, tiefblaue Seen und viele hübsche Ortschaften. Der Individualtourismus überwiegt.

Straße #31

Die beste Route nach Süden ist die **#31**, die man für kleine Abstecher hier und dort verläßt. Der Nordwesten ist – neben dem Tourismus – geprägt durch Obstkulturen. An der Straße passiert man immer wieder Verkaufsstände, besonders für hier geerntete Kirschen und Pfirsiche. Erste Städtchen am Lake Michigan sind **Petoskey** und **Charlevoix**. Beide verfügen über eine gehobene, attraktive Infrastruktur. Der glasklare, türkisfarbene **Torch Lake** am Wege zeigt ein fast karibisches Flair. Man kann ab Eastport über kleine Straßen schön an seinem Ostufer entlangfahren und auf der Straße #72 in Acme wieder auf die #31 zurückkehren.

**Traverse
City**

Traverse City am *West Arm* der *Grand Traverse Bay* ist eine stark vom Tourismus geprägte Stadt mit entsprechendem Betrieb. Viele Motels liegen dort zwischen dem Strand und der #31; Segeln und Windsurfen sind die vorherrschenden Aktivitäten der Urlauber. Motels und Hotels konzentrieren sich östlich der Stadt. Die Häuser in Strandlage kosten im Sommer kaum unter $100. Sehr schön ist das

– **Sugar Beach Resort Hotel**, 7 km östlich Traverse City an der #31, eigener Strand, ✆ (616) 938-0100, $110-150,

– billiger das **Best Western Four Seasons Motel**, Munson Ave, 3 km östlich ohne Strand, ✆ (616) 946-8424, ab ca. $60.

Im **Traverse City State Park** kommt man im Sommer nur schwer unter. Wer hier nicht die kommerziellen Campingplätze nutzen will, fährt ein paar Meilen weiter an den **Arbutus Lake** nach Südosten (Garfield Rd # 611). Dort befindet sich ein **State Forest Campground** am See. Eine weitere nahe, wenn auch ebenfalls sehr populäre Alternative ist der **Interlochen State Park** beim gleichnamigen Ort am Duck Lake.

Interlochen

Kulturelle Erbauung bietet Jahr für Jahr in den Sommermonaten das international bekannte **Interlochen Arts Festival** mit zahlreichen Konzerten, Theater, Kunstausstellungen und viel Programm drumherum. In den *Tourist Information*-Büros in Michigan gibt es die aktuellen Interlochen-Broschüren.

Leelanau

Ein naheliegender Abstecher ab Traverse City bis hoch zur Nordspitze der Leelanau Peninsula sieht auf der Karte besser aus, als er in Wirklichkeit ist. Auch der **Leelanau State Park**

Leland

Campground mit Stellplätzen direkt am Wasser gleicht die dort oben eher reizlose Landschaft nicht aus. Die Ortschaften **Leland** und **Lake Leelanau** sind aber recht attraktiv.

Leland besitzt einen großen Yachthafen und einen – im Sommer täglichen – Fährdienst zu den einsamen Manitou Islands. Einige alte Fischerhütten an der Schleuse zum Lake Leelanau wurden schick zu Cafés, Restaurants und Shops umgestaltet. Dort kann frischen Fisch am Kai kaufen, wer keine *Fishing Charter Tour* bucht und sich selbst versorgt.

Der **Umweg** über Lake Leelanau lohnt sich auch im Hinblick auf den Besuch der *Sleeping Bear Dunes*. Denn auf der #22 fährt man so von Norden in einer Richtung durch die Dünen der *National Lakeshore*. Die Anfahrt über die Straße #72 ist für einen Besuch des Küstenparks weniger praktisch.

SLEEPING BEAR DUNE

Die Bezeichnung dieser Dünenlandschaft geht auf eine indianische Legende zurück. Sie erzählt, daß eine Bärenmutter auf der Flucht vor einem Waldbrand am Westufer des Lake Michigan mit ihren beiden Jungen ins Wasser sprang und über den See schwamm. Ihre Kinder erreichten das rettende Ufer aber nicht und ertranken. Die einsame Düne, wo einst die Bärin auf ihre Kinder wartete, ist die *Sleeping Bear Dune*. Die Körper der kleinen Bären ragen als *Manitou Islands* aus dem See.

Sleeping Bear Dunes National Lakeshore

Die **Sleeping Bear Dunes National Lakeshore** bildet in jeder Beziehung den Höhepunkt der Küste des Lake Michigan. Die Nationalküste schützt einen Uferstreifen von 50 km Länge mit sagenhaften Dünenformationen, die mit Höhen von über 100 m eine Art Steilküste aus Sand bilden.

Entstehung

Die Dünen entstanden am Ende der letzten Eiszeit vor 12.000 Jahren. Damals wurden die Sandberge durch ständige über breite Strände wehende Westwinde aufgetürmt. Es entstanden Wanderdünen, die nach dem Verschütten ganzer Wälder sog. *Ghost Forests* (kahle, erstickte "Baummasten") hinterließen, und statische Dünen – wie die *Sleeping Bear Dune* – über vom Sand zugewehten Felshängen.

Situation

Der hübsche Mini-Ort **Empire** mit der *Visitor Information* des Parks liegt genau zwischen dem **Nord- und Südareal** der *Lakeshore*. Dort gibt es auch eine gute **Badebeach** mit **Picknickplatz** zwischen Michigan und dem South Bar Lake gleich hinter der Küstendüne. Während der südliche, dicht bewaldete Teil der Dünenlandschaft nur über *Hiking Trails* erkundet werden kann, führt im Norden die **Straße #109** unmittelbar hinter den Dünen entlang und teilweise durch sie hindurch.

Straße #109

Ihr Abfahren ist unverzichtbar. Auch nicht auslassen sollte man die **Stichstraße #209** zum ***Sleeping Bear Point***, an der sich ein kleines maritimes **Museum** mit Einzelheiten zum Wirken der *Coast Guard* in der Vor-Radarzeit befindet. Ein schöner **5 km-Rundwanderweg** führt von dort zum *Ghost Forest* (⇨ oben) und Teich *Devil`s Hole*.

In den Dünen

An der Straße #109 und – weiter südlich – auch an der #22 gelangt man über weitere Stichstraßen zu Parkplätzen bzw. ***Trailheads*** mitten in den Dünen. Wer sich beim **Dünenerklimmen und -abrollen** austoben möchte, findet auf Höhe des Glen Lake mit dem ***Dune Climb*** eine eigens dafür vorgesehene Hochdüne. Eine großartige Strecke ist der ***Pierce Stocking Scenic Drive***, eine 7 mi-Piste mit vielen Haltepunkten, die sich mitten durch das Gebiet der höchsten Dünen schlängelt. Vom ***Lake Michigan Overlook*** geht es 150 m hinunter zum See: auch nach einem kühlenden Bad vorweg kommt man nur schweißüberströmt oben wieder an. Das *Guiness Book of Records* notiert 34 min. als Rekord fürs Runterpurzeln und Wieder-Heraufkommen.

150 m hinunter in den sommers badewarmen Lake Michigan

Glen Arbor

Touristischer Zentralort des Bereichs ist das sympathische, aber recht teure Glen Arbor oberhalb des östlichen Glen Lake. Einige Motels und Restaurants liegen direkt am Seeufer. Die Kapazität ist relativ begrenzt.

Camping

Die *National Lakeshore* bietet zwei große, per Auto zugängliche Campingplätze. Sehr empfehlenswert ist der ***D.H. Day Campground*** unweit Glen Arbor mit direktem Zugang zum Sandstrand, auch nicht schlecht **Platte River** am gleichnamigen Flüßchen im südlichen Bereich des Parks an der #22.

Straße #22

Auf dem Weg vom *Sleeping Bear Dune National Lakeshore* nach Süden bleibt man am besten auf der Straße #22. Kleine Hafenorte liegen am See, Strände und Dünen setzen sich fort, wenn auch nicht immer im Sichtbereich. Besonders attraktiv ist **Frankfort** mit einem schönen Strand, Hafen, Parkanlagen und Einkaufsstraße. Erwähnung verdient auch der **Crystal Lake** oberhalb des Ortes, dessen blau-türkises Wasser dem Namen Ehre macht. Ein öffentlicher Seezugang befindet sich gleich nördlich von Frankfort.

Manistee

Manistee ist wegen der sog. *Painted Ladies* einen Zwischen-stopp wert. Die liebevoll restaurierten viktorianischen Holz-häuser sind nicht zu verfehlen; in der *Chamber of Commerce*, 11 Cypress Street, hat man dazu Unterlagen.

Unterkünfte sind in Manistee etwas preiswerter als weiter nördlich, in der Einfach-Kategorie akzeptabel erscheinen

– *Hillside Motel*, ca. 2 mi südlich an der Straße #31, ✆ (616) 723-2584, im Sommer $55-$75.

– *Moonlite Motel und Marina*, im Stadtnorden an der #31, am Lake Manistee. ✆ (616) 723-3587, $50-$60.

Der *Orchard Beach State Park* nördlich von Manistee besitzt einen wunderschönen Strand und prima *Campground*.

Ludington

Südlich von Manistee verläßt man zunächst die Küste bis Ludington (ein Hinüberfahren etwa zur #116/Hamlin Lake lohnt sich nicht). Umso überraschender ist der Empfang, den Ludington seinen Besuchern bereitet. Eine breite blumenge-säumte Allee führt zum Hafen und großen **Strand**. Ludington wirkt wie ein Kurort, ist aber touristisch gar nicht sonderlich frequentiert. Bessere Unterkünfte sucht man in Ludington vergebens; es gibt nur einfache Motels, dafür aber zahlreiche Campingplätze in der Umgebung. Täglich 2x legt die **Autofähre** nach Kewaunee in Wisconsin ab; Fahrtzeit 4 Stunden.

Silver Lake

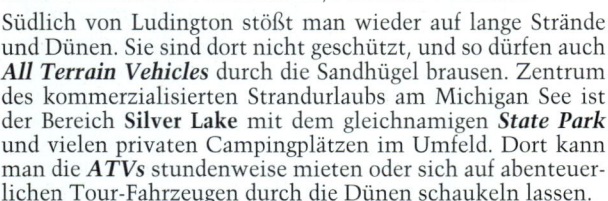

Südlich von Ludington stößt man wieder auf lange Strände und Dünen. Sie sind dort nicht geschützt, und so dürfen auch *All Terrain Vehicles* durch die Sandhügel brausen. Zentrum des kommerzialisierten Strandurlaubs am Michigan See ist der Bereich **Silver Lake** mit dem gleichnamigen *State Park* und vielen privaten Campingplätzen im Umfeld. Dort kann man die *ATVs* stundenweise mieten oder sich auf abenteuer-lichen Tour-Fahrzeugen durch die Dünen schaukeln lassen.

Muskegon

Mit Muskegon, einer unattraktiven 40.000 Einwohner-Stadt, erreicht man dichter besiedelte Regionen. Da lohnen sich wieder *Amusementparks* wie *Michigan`s Adventure*, 8 mi nördlich unweit der autobahnmäßig ausgebauten #31, und *Pleasure Island*, ein Wasserplanschpark mit vielen Rutschen 6 mi südlich. An den wieder niedrigeren Tarifen der **Motels** wird klar, daß man die Feriengebiete hinter sich gelassen hat.

Besondere Sehenswürdigkeiten warten **weiter südlich** nicht mehr. Man erreicht das noch 200 mi entfernte Chicago rasch über die Autobahnen #31 bzw. I-196 und I-94. Dabei ist man nie weit vom Lake Michigan und seinen Stränden entfernt, so daß Badeabstecher an heißen Sommertagen jederzeit möglich sind, etwa zu den *Beaches* der diversen *State Parks* am Wege.

Holland

Am Wege liegt auch die Stadt Holland. Sie bietet – der Name läßt es vermuten – niederländische Folklore in Tulpengärten, Holzschuh- und sogar eine Kachelfabrik. Das unverfehlbare **Dutch Village** (nördlich an der #31), ein Windmühlenstädtchen aus der Kitschschublade, zieht Besucher scharenweise an. Im Juli/August täglich 9–18 Uhr, sonst bis 17 Uhr. Bei Holland steht auf dem Strand ein leuchtend roter Leuchtturm mit *Beachhouse*, ein billantes Fotomotiv.

**Saugatuck/
Douglas**

Für Europäer reizvoller ist **Saugatuck,** ein populäres Künstlerdorf knapp 10 mi südlich von Holland. Der 1000-Einwohner-Ort liegt am Norufer des malerischen Kalamzoo River, die Schwesterstadt Douglas am Südufer. Den Fluß kann man mit einem alten **Stern Wheeler** (Raddampfer) befahren oder mit einer handbetriebenen alten **Holzfähre** (gratis) überqueren. Ein *Boardwalk* verbindet den exklusiven Yachthafen mit schicken *Shops* und Terrassen-Restaurants. **Fast Food Eateries** sind – man glaubt es kaum – dort nicht zugelassen. Am Lake Michigan erheben sich Dünen. Die gepflegte *Oval Beach* am Südrand der Doppelstadt kostet $4 Parkgebühr.

Unterkunft

Wer vor dem Besuch Chicagos noch Zeit hat und sich mit der gepflegten Atmosphäre Saugatucks anfreundet, findet eine ganze Reihe von Unterkünften. Erstes Haus am Platze ist das sehr feine, britisch inspirierte **Wickwood Inn** im Zentrum, © (616) 857-1465, ab ca. $150. Preiswerter ist u.a. das **Timberline Motel** an Blue Star Hwy #2, © (616) 857-2147, ab $70. Weitere attraktive **Inns** findet man am Lakeshore Drive. Ein Campingplatz, der **Saugatuck Campground,** fehlt auch nicht.

**Indiana
Dunes
National
Lakeshore**

Der **Indiana Dunes National Lakeshore** am kurzen Indiana-Ufer des Lake Michigan ist nur noch eine knappe Autostunde von Chicago entfernt. Sie schützt eine langestreckte Dünenlandschaft, die aber durch Privatbesitz etwas zerstückelt ist, und mit den Uferstreifen im Nordem Michigans nicht "mithalten" kann. Zur Entstehung der Dünen und zur Flora der Region gibt es alle Informationen im **Visitor Center** an der Straße #12. Zum Baden ist der mit der *Lakeshore* verbundene **Indiana Dunes State Park** am südwestlichen Ende am besten geeignet; er besitzt außerdem einen guten **Campground**.

Wer in Chicago nicht ins Motel/Hotel gehen möchte, sollte dort campen, denn keiner der kommerziellen Campingplätze bietet eine mit diesem Platz vergleichbare Lage; die meisten liegen außerdem noch weiter entfernt von der City.

7.3 CHICAGO
(Einwohner 3 Mio, Großraum 8 Mio)

7.3.1 Kennzeichnung

Chicago, die **Windy City** an der Südspitze des Lake Michigan, ist nach New York und Los Angeles die drittgrößte Metropole der USA. Wolkenkratzer aus Stahl, Marmor und Glas prägen ihre *Skyline* fast ebenso eindrucksvoll wie in New York. Und dazu besitzt Chicago einen ganz besonderen Vorzug: Badestrände mit sauberem Wasser mitten in der City nur einen Katzensprung vom *Business District* entfernt.

Bei Chicago denkt man natürlich auch an **Al Capone** und aus schwarzen Limousinen ballernde Killer mit augenverdeckenden Hutkrempen und dunklen Sonnenbrillen. Zu derartigen Assoziationen sind neue hinzugekommen: Die **Chicago Bulls**, die **White Socks** oder die **Cubs** sind bei uns nicht mehr nur sportinteressierten Jugendlichen ein Begriff.

Chicago ist tatsächlich eine **Stadt der Superlative** mit dem größten Flughafen der Welt, der wichtigsten internationalen Warenterminbörse und einem überwältigenden Wirrwarr aus Autobahnen, *Expressways* und *Spaghetti-Junctions*.

Wer nur für zwei bis drei Tage in Chicago bleibt, wird sich meistens auf Chicagos *Downtown* und den Norden der Stadt beschränken. Als Tourist bemerkt man kaum, daß Chicagos Süden ein riesiger *Slum* ist, ⇨ Seite 652. *Downtown* Chicago hingegen wirkt relativ sauber und aufgeräumter und geordneter als etwa New York. Der zentrale Bereich ist überschaubar und läßt sich weitgehend zu Fuß erkunden.

Al Capone ist bis heute in Chicago allgegenwärtig

7.3.2   Geschichte und Klima

19. Jahr-hundert
Ende des 18. Jahrhunderts kaufte die US-Regierung Land an der Mündung des Chicago River in den Lake Michigan und ließ dort 1804 ein Fort errichten, das jedoch nur wenige Jahre Bestand hatte. Mit einem neuen Fort entstand ab 1816 eine permanente Siedlung, die 1830 gerade 100 Einwohner zählte. Innerhalb von nur 40 Jahren wurde daraus eine Großstadt mit 300.000 Menschen. Eisenbahn- und Kanalbau (Anbindung des Lake Michigan an den Illinois/Mississippi River), sowie der Bürgerkrieg 1861-65 mit Chicago als Nachschubplatz waren die wichtigsten Faktoren für diesen Boom. Ebenso die Erschließung des Westens und die sich in der Folge ergebende Funktion Chicagos als Schlachthof für die Versorgung der Bevölkerungszentren des Ostens. Trotz eines Feuers, das im Jahr 1871 die halbe Stadt vernichtete und 90.000 Menschen obdachlos machte, zählte Chicago nur 20 Jahre später noch vor der Jahrhundertwende bereits 1 Mio. Einwohner.

Immigranten
Die Industrialisierung hatte Scharen von Immigranten angezogen. Die erste Generation der Einwanderer waren hauptsächlich Deutsche, Schweden, Polen, Ukrainer, Griechen, russische Juden und vor allem die Italiener, die den Ruf der Stadt als Mafiosi-Hochburg begründeten. Die Schwarzen (heute mit einem Bevölkerungsanteil von 40%) kamen nach dem Bürgerkrieg bis zur Jahrhundertwende nach Chicago, um dem Rassismus, der Arbeitslosigkeit, und dem harten Leben auf den Baumwollplantagen der Südstaaten zu entfliehen. Sie brachten ihren *Blues* mit, der – angereichert mit neuen Elementen – zum *Chicago Blues* wurde. In den letzten Jahrzehnten kamen vor allem Asiaten, Araber und Inder.

Prohibition
Die **Prohibition** (Verbot von Produktion und Konsum alkoholischer Getränke) in den Jahren 1920-33, als Verbrechersyndikate um die Kontrolle illegaler Destillen und Vertriebswege kämpften, bescherte Chicago weltweite Aufmerksamkeit als **Gangster-City**. Dabei behielt der kriminelle Superstar *Al Capone* die Oberhand, wie man aus zahlreichen Filmen weiß. Trotz ungezählter Morde und Verbrechen auf seinem Konto konnte man *Al Capone* nichts nachweisen. Er wurde dennoch 1932 eingekerkert – wegen Steuerhinterziehung. Mit der Aufhebung der Prohibitionsgesetze endete auch das damit verbundene Bandenunwesen.

Skyscraper
In der letzten Dekade erlebte Chicago eine **Renaissance der "Wolkenkratzer"** (*Skyscraper*), die Ende des 19. Jahrhunderts in Chicago "erfunden" worden waren. Eine erkleckliche Zahl von Hochhäusern aus jenen Tagen kündet immer noch davon. In jüngerer Zeit entstanden – außer in New York – nirgendwo mehr architektonisch anspruchsvolle Glaspaläste der neuen postmodernen Generation als in Chicago, ⇨ Seite 39.

Klima   In Chicago herrschen kontinentale Klimabedingungen. Aus
der ungeschützten Lage am Lake Michigan resultieren jedoch
extreme Wetterwechsel. Die Sommer sind sehr heiß mit
Tagesdurchschnittstemperaturen um 30°C bei oft hoher Luft-
feuchte. Auch Temperaturen bis über 40°C kommen im Juli/
August vor. Brisen von der Seeseite mildern die Hitze dann
nur wenig. Im von Canada beeinflußten, schneereichen Winter fegt oft eisiger Wind durch die Häuserschluchten. Kalter
Wind kann Chicago aber auch zu anderen Jahreszeiten recht
ungemütlich werden lassen. Für einen Besuch eignen sich am
besten die Monate Mai/Juni und September/Oktober mit
bereits bzw. noch sommerlichen Tagestemperaturen.

7.3.3 Transport, Orientierung und Information

Flughafen

Der internationale **Flughafen O`Hare** liegt 18 mi nordwestlich der Innenstadt zwischen den Autobahnen I-90 und I-294. Der citynähere, kleinere *Midway Airport* befindet sich 10 mi südwestlich der Innenstadt**.**

Verbindung Airport-City

Den preiswertesten und schnellsten Transport von *O`Hare* nach *Downtown* Chicago bietet der **Rapid Train** der CTA: $1.50, rund 40 min. Fahrzeit. Die Züge verkehren tagsüber in Abständen von wenigen Minuten. Auch nachts fährt etwa alle 30 min ein Zug.

Zu wichtigen Zielen (Hotels) in der Innenstadt, die mit der Schnellbahn nicht direkt erreicht werden können, und in verschiedene Vorstädte fahren die Kleinbusse der Firma **Continental Airport Express**, Abfahrten viertelstündlich von den *Terminals,* Fahrpreis ca. $15 für die einfache Strecke und $25 retour. Mit dem **Taxi** ist man günstigstenfalls 30 min, oft aber eine volle Stunde und mehr unterwegs und zahlt dafür ab $25.

Ab **Midway** bietet ebenfalls der **Continental Airport Express** die komfortabelste Lösung des Transportproblems, einfache Fahrt $12, *return* $18. Ab 2 Personen lohnt sich aber bereits ein **Taxi**, Fahrzeit 30-40 min, ab $20.

Öffentliche Verkehrsmittel

Die **Chicago Transit Authority** **CTA** betreibt ein gut funktionierendes, wenn auch nicht mehr ganz junges Schnellbahnnetz. Mit der Bahn können nicht nur die Vororte erreicht, sondern gut auch kürzere Entfernungen in der Innenstadt zurückgelegt werden. Über eine Schleife umrundet sie als Hochbahn über der Straßenebene die gesamte Südcity, ⇨ unten. Zahlreiche **Buslinien** ergänzen das Bahnnetz. Der Fahrpreis beträgt tageszeitabhängig **$1,35/$1,70**. Expressbusse kosten Zuschlag. Mit einem *Transfer Ticket* ($0.50) darf innerhalb von 2 Stunden bis zu zweimal umgestiegen werden. Tagespässe und 10-Tickets sind ebenfalls erhältlich.

Orientierung

Da die touristisch interessanten Ziele einschließlich *Downtown Chicago* fast allesamt in der Nähe des Seeufers liegen, macht die Orientierung kaum Probleme. Wer nach Chicago hineinfährt, findet sich am besten zurecht, wenn er zunächst den **Lake Shore Drive** (Straße #41) südlich der City ansteuert. Die **Uferparks** bieten gute Haltepunkte, von denen man schon die **Skyline** Chicagos auf sich wirken lassen kann. Dabei ist der vernachlässigte Zustand der Parks, wie überhaupt der südlichen und südwestlichen, überwiegend "schwarzen" Vorstädte nicht zu übersehen.

The Loop

Das südliche Ende der eigentlichen City erreicht man mit dem Stadion *Soldier Field* und – unmittelbar dahinter – dem *Field Museum of Natural History*. Nördlich davon erstreckt sich auf etwa 2 km Länge und ca. 500 m Breite direkt am See der **Grant Park**. Er wird westlich von der wichtigen **Michigan Ave** begrenzt, die gleichzeitig die östliche Grenze des sogenannten *Loop* darstellt. Die Bezeichnung **The Loop** bezieht sich eigentlich nur auf einen inneren, von den Schienen der Hochbahn umrundeten Bereich, wird aber für die gesamte Südcity zwischen Chicago River und *Grant Park* benutzt.

Near North   **Downtown** setzt sich mit zahlreichen Hochbauten auf der Nordseite – **Near North** – des *Chicago River* weiter fort bis zur Oak Street und dem gleichnamigen *Beachpark* (Badestrand!). Die Michigan Ave wird dort zur zentralen Achse und zwischen Ontario und Oak Street – dank zahlloser teurer Shops der Luxusklasse – zur **Magnificent Mile**. State Street North und Nebenstraßen bis zum **Lincoln Park** sind feinste Wohnadressen. Auch noch attraktiv, aber nicht so prestigeträchtig sind die engen, restaurierten Straßenzüge in **Old Town**, dem Viertel über der North Ave westlich des *Lincoln Park* und östlich der Halstead Street.

Sightseeing   Mit Erreichen des *Grant Park* (Südende) stellt sich die Frage, ob man die Erkundung der Stadt nicht bereits ab dort per Bus und/oder zu Fuß fortsetzt. Wie gesagt läßt man spätestens im Umfeld des *Field Museum* am besten das eigene Fahrzeug stehen. Für eine erste Übersicht ist die **Buslinie #146 ideal,** die am *Field Museum* oder *Shedd Aquarium* bestiegen werden kann. Sie fährt über die Michigan Ave bis zum *Lincoln Park* und darüberhinaus. Von den Haltepunkten sind die meisten Sehenswürdigkeiten der City rasch zu erreichen. Auch der Schnellbus **Jeffrey 6** fährt in die City.

Rundfahrten   Eine andere gute Möglichkeit für den "Einstieg in Chicago" bieten die **Doubledecker Bus Rides** (mit Erläuterungen auf Englisch). Die roten Doppeldecker Busse befördern ihre Passagiere für $8 über einen gut zusammengestellten Rundkurs (ca. 60 min) und fahren in 15 min-Intervallen, täglich 10–16 Uhr.

An den Stopps darf beliebig unterbrochen werden. Eine volle Runde bringt einen ausgezeichneten Überblick und erleichtert Zurechtfinden wie Prioritätensetzung für die nachfolgenden selbständigen Unternehmungen.

Konventionelle, teurere **Stadtrundfahrten** veranstalten *American Sightseeing* und *Gray Line*. Daneben gibt es kleinere *Sightseeing-Companies*, die sich auf die Besonderheiten Chicagos spezialisiert haben und z.B. **Gangster Tours** zu den Schauplätzen der *Al Capone*-Zeit, © (312) 881-1195, oder **Architektur-Rundgänge**, © (312) 922-3432, bieten. Die meisten Bus-Rundfahrten starten an der Ecke Wacker Dr und Michigan Ave an der Brücke über den Chicago River.

Bootstouren   Man kann auch Bootstrips auf dem *Chicago River* und Lake Michigan buchen. Sie sind eine reizvolle Ergänzung zur Stadterkundung per Bus und zu Fuß. Die **Anlegestelle** der Ausflugsboote befindet sich unterhalb der Michigan Ave-Brücke am Wacker Drive.

Information   Das **Chicago Visitor Information Center**, 163 E Pearson St/Michigan Ave, befindet sich gegenüber dem **Old Water Tower**, wo auch laufend das Multimedia-Spektakel **Here`s Chicago** gezeigt wird, 9.30–16 Uhr; $6. Ein weiteres Büro der **Visitor Information** befindet sich beim *Chicago Cultural Center* im *Loop*-Bereich, Ecke Randolph/Michigan Ave. Beide Büros sind täglich geöffnet bis 17 Uhr. Auch in den Terminals der Flughäfen gibt es Info-Stände von **Illinois Tourism**.

7.3.4   Unterkunft und Camping

Hotels/ Motels bei den Flughäfen   Übernachten in oder im Umfeld von **Downtown Chicago** ist mit wenigen Ausnahmen ein recht teures Vergnügen. Dagegen sind die Kosten im Bereich der beiden Flughäfen *Midway* und **O`Hare** erstaunlich erträglich. In vielen Häusern gelten aber attraktive **Weekend Rates**, ⇨ Seite 112. Östlich von **O`Hare** ballen sich die Hotels und Motels aller Klassen rund um den Kreuzungsbereich der I-90/I-194 und den Flughafenzubringer #190 (Mannheim/Irving Park/Higgins/River Rd). Insbesondere an der N Mannheim Rd findet man unweit der Luxushotels Motels der Budgetklasse, u.a. das **Regal Inn**, © (800) 851-8888, 2448 N Mannheim Rd, ab $40.

Im Bereich **Midway** liegen zahlreiche Motels an der Cicero Ave zwischen Airport und I-294 (ca. 8 mi südlich). Die Preise sinken mit der Entfernung zum Flughafen.

Vororte   In den Vororten entlang der *Interstate*-Autobahnen und an der Stadtumgehung I-294 (**Tri State Tollway**) sind die meisten der nationalen Motelketten unübersehbar vertreten. Die Preise liegen dort nur wenig über dem anderswo üblichen Niveau. Ein gebührenfreier Anruf genügt, um das nächstliegende freie Zimmer zu erfragen, ⇨ Seite 156.

Downtown   Bei der **Visitor Information** ist ein **Hotel Guide Metro Chicago** erhältlich, der die *Downtown* Hotels beschreibt und Wochenend- und andere Sondertarife nennt. Besonders reizvoll sind nostalgische Luxushotels, die für den tieferen Griff ins Portemonnaie einen schönen Gegenwert bieten wie etwa das

- **Midland Hotel**, 172 West Adams, ☎ (312) 332-1200, ab $75 *Weekend Rates*
- **The Palmer House Hilton**, 17 East Monroe, ☎ (312) 726-7500, ab $80 *Weekend Rates*, auch bei uns buchbar

Noch relativ günstige reguläre Preise ab ca. $85 gelten für die

- **La Salle Motor Lodge**, 720 N La Salle St, ☎ (312) 664-8100
- **Days Inn Lake Shore Drive**, 664 LSD, ☎ (312) 943-9200
- **Quality Inn,** jenseits des South Chicago River in der Halstead St/Ecke Madison, ☎ (312) 829-5000, ab $79.

- **Ohio House Motel**; 6oo N La Salle St; ☎ (312) 943-6000

Etwas teurer, aber auch fürs Shopping und abendliche Aktivitäten günstig gelegen ist das **Claridge Hotel** in einer ruhigen Wohnstraße mit viktorianischen Häusern nördlich der *Oak Beach*: 1244 N. Dearborn Parkway, ☎ (312) 787-4980, Fax (312) 266-0978, ab $120. Unter denselben Aspekten sind auch die **Lennox House Suites** nahe der Michigan Ave eine gute Wahl, 616 Rush St, ☎ (312) 337-1000, Fax (312) 337-7217); ebenfalls ab ca. $120.

Hyde Park

Das **Ramada Inn** in Kenwood Hyde Park, dem Universitätsviertel – ☎ (312) 288-5800, (800) 237-4933, DZ ab $70 – liegt zwar außerhalb, aber das Milieu dieser Gegend ist angenehm; auf dem Lake Shore Dr erreicht man rasch die City.

**Billig-
quartiere**

Für weniger Geld übernachtet man auch in Chicago im

- *Chicago International Hostel*,
  6318 N Winthrop Ave, ☎ (312) 262-1011, $14

- *International House Youth Hostel*,
  1414 E 59th Street, ☎ (312) 753-2270, $16

- *Chicago Summer Hostel* (der *University*)
  731 South Plymouth Court, ☎ (312) 327-5350, ab $15

- *Chicago Lawson YMCA und YWCA*, 33 W Chicago Ave, ☎ (312) 944-6211, EZ ab $28, DZ ab $37. Zentral, aber simpel.

Für alle ist eine zeitige Reservierung angebracht.

**Bed &
Breakfast**

Chicago ist keine typische *Bed & Breakfast*-Stadt, auch wenn es eine **B & B-Zentrale** gibt, die für jeden das richtige Angebot hat: **Bed and Breakfast Chicago Incorporation**, ☎ 951-0085. Preise ab $60 aufwärts

Camping

In Chicago liegen die Campingplätze weit außerhalb. Relativ stadtnah (20 mi südlich) ist noch das **Windy City Beach & Camping Resort** in Tinley Park unweit der I-57/I-80. Eine gute und für Chicago-Verhältnisse auch noch stadtnahe Wahl ist der bereits erwähnte **Campground** des **Indiana Dunes State Park**, ⇨ Seite 638. Von dort fährt man ca. 1 Stunde.

7.3.5 Stadtbesichtigung

Da die folgenden Einrichtungen/Museen für viele Besucher wichtige Anlaufpunkte sind, und sie außerhalb des (unmittelbaren) *Downtown*-Bereichs liegen, ist ihre kurze Kennzeichnung vorangestellt:

Museum of Science & Industry

Unweit des *Lake Shore Drive*, rund 7 mi südlich des Zentrums liegt der gewaltige Komplex des ***Chicago Museum of Science and Industry*** im *Jackson Park* (57th Street), das **größte derartige Museum der Welt**. Die behandelte Thematik ist umfassend, die Vielfalt der Ausstellungen etwas verwirrend, die Darstellung eher altmodisch. Populärste Attraktionen sind ein **Kohlebergwerk**, das von den Amerikanern voll funktionsfähig erbeutete deutsche **U-Boot 505** und eine tolle **Modelleisenbahnanlage**. In einer *Whispering Gallery* werden akustische Phänomene erklärt. ***Space Center*** und ***Omnimax*-Kino** fehlen auch nicht. Selbst ein oberflächlicher Besuch läßt sich mit Anfahrt unter einem halben Tag kaum bewerkstelligen. Geöffnet 9.30–21 Uhr im Sommer, sonst Mo–Fr bis 16 Uhr, Wochenenden bis 17.30 Uhr; Eintritt $6, Kinder $3; Do freier Eintritt. Anfahrt mit dem Schnellbus *Jeffrey 6*.

Field Museum of Natural History

Ein Versäumnis wäre es, sich das ***Field Museum of Natural History*** nicht anzusehen. Dieses Museum bietet mehr als die Bezeichnung vermuten läßt: und zwar – wie in ähnlichen Museen anderswo auch (z.B. in New York, Denver und Washington) – die **Flora und Fauna Nordamerikas** in lebensgroßen Dioramen plus eine ganze Reihe von Sonderabteilungen, und des weiteren eine hervorragend gemachte Darstellung der verschiedenen **indianischen Kulturkreise** Nordamerikas. Vergleichbares über die Ureinwohner des Kontinents existiert kaum irgendwo sonst. Zeitbedarf: bei bewußtem "Mut zur Lücke" nicht unter 3 Stunden. Geöffnet täglich 9–17 Uhr, Eintritt $6; Kinder $4, Do Eintritt frei.

Aquarium

Das **Shedd Aquarium/Oceanarium** ist vom Field Museum zu Fuß durch einen Tunnel zu erreichen. Die Attraktion des Komplexes ist das neuere *Oceanarium*. Dort finden Vorführungen mit Walen, Delphinen und Robben statt. Der Blick von der Zuschauertribüne fällt nicht nur auf das Tauchbecken, sondern durchs große Panoramafenster auf den Lake Michigan. Das Aquarium beherbergt 6000 Wassertiere aus aller Welt und ein echtes, lebendes Korallenriff. Geöffnet täglich 9–18 Uhr; Kombinierter Eintritt für Oceanarium/Aquarium $9, nur letzteres $5, Kinder $5 bzw. $3, Do frei.

Kunst Museen

Beginnt man die *Downtown*-Besichtigung im Süden, liegt das **Art Institute of Chicago** östlich des *Loop* an der Michigan Ave (faktisch im Grant Park) am Wege; Mo–Fr 10.30–16.30 Uhr, Di bis 20 Uhr, Sa 10–17 Uhr, So 12–17 Uhr, *Donation/* Spende erwartet, $5 oder mehr, aber kein Zwang.

Der enorme Gebäudekomplex dieses Kunstmuseums beherbergt Gemälde, Skulpturen und andere Kunstwerke höchster Qualität in einer Anzahl, die nur vom *Metropolitan Museum* in New York übertroffen werden dürfte. Kaum ein großer Name fehlt. Unglaublich ist die Sammlung europäischer Impressionisten mit einer **Renoir-** und **Monet-Austellung**, die für sich allein schon mehrere Räume füllt. Höchst eindrucksvoll sind auch die zeitgenössischen **Americana.** Wer daran stärkeres Interesse hat, wird zusätzlich im **Terra Museum of American Art** bedient: einige Blocks nördlich des *Art Insitute* über die Brücke auf der linken Seite im Gebäude 666 Michigan Ave.

Chicago Institute of Art – wie ein griechischer Tempel

Museum Moderne Kunst

Das **Museum of Contemporary Art** liegt in *Near North* an der 220 Chicago Ave östlich der Michigan Ave. Dort wird Kunst ab 1940 gezeigt. Wechselnde Ausstellungen. Geöffnet Di–Sa 10–17 Uhr, So ab 12 Uhr. Eintritt $5, Kinder $2, Di frei

Sears Tower

Vom *Art Institute* führt die Adams Street (ca. 1 km) direkt zum absoluten "Chicago-Muß", dem **Sears Tower**, mit 443 m Höhe nach seiner Fertigstellung 1974 für lange Zeit **höchstes Bauwerk der Erde**. Die Auffahrt zum **Skydeck Observatory** im 103. Stock in 406 m Höhe kostet einschließlich einer Chicago-Diashow $7, Kinder die Hälfte. Der Blick über und auf die Wolkenkratzerkulisse der Stadt und den *Lake Michigan* ist das Geld unbedingt wert. Um längere Wartezeiten zu vermeiden, empfiehlt sich der *Sears Tower* Besuch gleich morgens um 9 Uhr oder kurz vor Einbruch der Dämmerung. Auch bei Nacht lohnt sich der Besuch. Auffahrt von Mai bis September bis 22.30 Uhr, Rest des Jahres bis 21.30 Uhr.

Hancock Tower

Erscheinen die Warteschlangen vor den Fahrstühlen des **Sears Tower** zu lang, tut es auch der Blick vom *Observation Deck* auf dem **John Hancock Center** an der Upper Michigan Ave, der es immerhin auch auf 338 m Höhe bringt. Tatsächlich ist der Blick nicht minder atemberaubend und wegen einer anderen Perspektive in der Nähe des Sees außerhalb der dichtesten Ansammlung von Wolkenkratzern auch zusätzlich zum Besuch des *Sears Tower* bedenkenswert. Die Auffahrt ist täglich bis 23 Uhr möglich; Eintritt $4, Kinder $2. Meist gibt es dort keine wesentlichen Wartezeiten.

Hochhäuser

Vom *Sears Tower* aus lassen sich die – im doppelten Wortsinn – herausragendsten Hochhäuser leicht identifizieren. Die interessantesten von ihnen sind im **Chicago Stadtplan** eingetragen. Wer sich intensiver für ihre Architektur und weitere Einzelheiten interessiert, sollte dem Büro der **Chicago Architectural Foundation** in der 224 Michigan Ave einen Besuch abstatten. Dort gibt es Broschüren und jede Menge Literatur zu diesem Thema, außerdem kann man dort **Architectural Walks** buchen, sachkundige Führungen.

Skulpturen

Ein mit den interessantesten Hochhäusern (geographisch) eng verbundenes Phänomen sind die teilweise mehrere Stockwerke hohen **Skulpturen** von Künstlern wie *Picasso, Chagall* und *Miró* – um nur die bedeutendsten zu nennen – auf Plätzen und Straßen des *Loop*. Sie lassen sich nicht übersehen. Über genaue Standorte und Einzelheiten unterrichtet der bei der *Visitor Information* erhältliche **Loop Sculpture Guide**.

Illinois Center

Explizit im *Loop*-Bereich angesprochen werden soll aber das **State of Illinois Center** in der Randolph Street. Es wurde 1985 vom deutschen Archtekten *Helmut Jahn* realisiert, der seither auch noch mit weiteren Gebäuden bekannt wurde. Das *State of Illinois Center* ist ein multifunktionales Gebäude mit Büros, Kunstgalerien, Restaurants und Geschäften, angeordnet um ein enormes Atrium. Es lohnt sich, mit dem Lift ins oberste Stockwerk zu fahren. Vor dem *Gebäude* steht *Jean Dubuffets* schwaz-weiße Skulptur **Monument of the Standing Beast**.

Chicago

0   450 m

N

Lake Michigan

Lincoln Park

Museum of History

OLD TOWN

Armitage Ave.

Wisconsin St.

Menomonee St.

Eugenie St.

North Ave.

Willow St.

Schiller St.

Goethe St.

Division St.

GOLD COAST

Oak St.

Oak St. Beach

John Hancock Tower

Tribune Tower

Chicago Ave.

RIVER WEST

RIVER NORTH

Rock and Roll McDonald

Pizzeria Uno

Ohio St.

Ontario St.

Grand Ave.

Illinois St.

Kinzie St.

Ontario Center

NEAR NORTH

Wasser- aufbereitungs- anlage

Amusement Park

Tribune Tower

Wrigley Building

Marina Towers

Chicago River

CREEK TOWN

Lake St.

Randolph St.

Washington St.

Northwestern Station

Adams St.

Jackson St.

Union Station

Eisenhower Expwy.

THE LOOP

16

15   14   12
13   11
7   9   10
  5   8
6
3   4
2   1

Van Buren St.

The Art Institute

Lake Michigan

Roosevelt Rd.

Shedd Aquarium

Field Museum of Natural History

Adler Planetarium

Airfield

1 H. Wash Library
2 Fisher Building
3 Detention Center
4 Monadnock Building
5 Federal Center and Plaza
6 Sears Tower
7 One South Wacker
8 Marquett Building
9 First National Bank Plaza
10 Carson Pirie Scott
11 Reliance Building
12 Marshall Field
13 Chicago Temple
14 Daley Center
15 State of Illinois Center
16 W. Wacker Drive 333

KENNEDY EXPWY

DAN RYAN EXPWY

Kingsbury St.

Halsted St.

Clybourn Ave.

Wells St.

Clark St.

State St.

Clark St.

Dearborn St.

State St.

Wells St.

Wacker Dr.

Wells St.

Morgan St.

Canal St.

Clark St.

State St.

Wabash St.

Michigan Ave.

Wabash St.

Lake Shore Drive

Lake Shore Drive

South Chicago River

North Chicago River

Hochbahn   Zum Besuch des *Loop* gehört auch eine "Umrundung" der Südcity mit der berühmten Hochbahn **El** (von El*evated*). Die Stationen lassen sich nicht verfehlen, Züge verkehren laufend, "Eintritt" $1.50.

Near North   Nördlich des Chicago River liegt vor allem "Stadtbummel" an. Die **Magnificent Mile** der Michigan Ave bietet jede Menge Exklusivläden, mehrere große **Shopping Malls** und manches gute Fotomotiv, unter anderem den alten Wasserturm.

Water Tower/ Der **Water Tower** und das **Pumphouse** an der Ecke Pearson St
Pumphouse   gehören zu den wenigen Gebäuden, die das große Feuer von 1871 überstanden. Heute gelten sie als Sehenswürdigkeit, verdienen aber eigentlich nur wegen ihres Kontrastes zum Hochhausumfeld Aufmerksamkeit. "Eine verburgte Monströsität, über und über mit Pfefferstreuern bepappt", beschimpfte schon 1882 *Oskar Wilde* den alten Wasserturm. Das Pumpenhaus gegenüber beherbergt eine **Tourist Info** und den Vorführraum für das Multi-Media-Kaleidoskop **Here`s Chicago**, laufend Vorführungen 9.30–16 Uhr, Eintritt $6.

Hancock   Ein paar Schritte weiter steht der bereits als Alternative/Er-
Tower   gänzung zum *Sears Tower* erwähnte **John Hancock Tower**, zu erkennen an seinen eigenwilligen Kreuzverstrebung. Er besitzt 98 Etagen und war für einige Jahre das höchste Gebäude der Welt. Das Foto auf Seite 646 zeigt den Blick von dessen Dachterrasse hinüber zum *Loop*.

Piers   Zum Bereich *Near North* gehören auch die wiederbelebten Kaianlagen *Navy Pier* und *North Pier* in Höhe der Grand Ave. Bei der **North Pier Mall** handelt es sich um ein mit *Shops* und Restaurants gespicktes Gebäude. Auf dem *Navy Pier* jenseits des Lake Shore Drive befindet sich ein **Amusementpark**.

Restaurants/ Die Restaurantauswahl in Chicago ist enorm. Und natürlich
Fast Food   sind auch die *Fast Food*-Alternativen zahllos, etwa im **Food Court** der **Chicago Place Shopping Mall** im 8. Stock, 700 N Michigan Ave, im **Water Tower Place**, schräg gegenüber, oder

in der **Atrium Mall** im *State of Illinois Center*, das bereits vorstehend beschrieben wurde.

Pizza   In Chicago muß aber eigentlich eine **Original-Pizza** auf den Tisch. Sie wurde hier 1943 "erfunden", zwar von Italienern, aber eben nicht in Italien, wohin sie erst von Chicago aus gelangte! Am besten geht man gleich dorthin, wo die Erfindung stattfand, in die Pizzeria **Uno**, 29 E Ohio St, ✆ 321-1000, oder in den Ableger **Due**, 619 N Wabash St, ✆ 943-2400.

Kneipen Im nördlichen Bereich von *Near North* beginnen feine, stadtnahe Wohnbezirke. Dort findet man viele bessere Restau-
rants, **Kneipen** und *Night Club*s, ebenso wie in den Straßen-
zügen der *Old Town* nördlich der North Ave (Eugene/Wells St)
und an der Lincoln Ave.

Blues Lokale In diesem Bereich residieren auch die populärsten *Blues
Clubs* Chicagos (Lincoln Ave/Halstead St/Fullerton St). Am
besten sind **B.L.U.E.S.**, 2519 N Halstead, und **B.L.U.E.S. etce-
tera**, 1124 W Belmont Ave. Bei Touristen populär ist *Kingston
Mines*, 2548 N. Halstead. Wer in Downtown untergekommen
ist und abends nicht mehr weit fahren möchte, findet im *Jazz
Showcase*, 636 South Michigan Ave im *Blackstone Hotel*,
und natürlich im klangvollen *Cotton Club*, 1710 S Michigan,
eine gute Alternative. So richtig los geht's in den meisten
Blues Clubs nicht vor 22 Uhr.

> ### CHICAGO JAZZ & BLUES
>
> Durch Mechanisierung auf den Baumwollfeldern arbeitslos
> gewordene Schwarze brachten den *Jazz* aus New Orleans
> und den Südstaaten nach dem Bürgerkrieg bis zur Jahrhun-
> dertwende nach Chicago, wo sie Arbeit zu finden hofften.
> Ihre Sehnsucht nach dem heimatlichen Süden stillten sie
> mit wehmütigen Klängen auf *Rent Parties*, die sie zur
> Finanzierung der Wohnungsmieten veranstalteten. Dar-
> aus entwickelte sich eine eigenständige Form des *Jazz*, der
> *Chicago Blues*. Nach Jahren der Agonie feierte er in den
> 80er-Jahren ein erstaunliches Comeback. Neben einigen
> traditionellen *Blues*-Lokalen, die durchgehalten hatten,
> wurden alte Namen – teilweise ziemlich touris-
> tisch – wiederbelebt, weitere entstanden ganz neu. Seit
> einem guten Jahrzehnt wird außerdem in jeder ersten Juni-
> Woche im *Grant Park* ein **Blues Festival** veranstaltet, ge-
> folgt vom **Chicago Gospel Festival.** Am *Labor Day Week-
> end* Anfang September findet ein *Jazz Festival* statt.

Lincoln Park Zur Erholung von und in der City bietet sich neben dem
schon erwähnten *Oak Street Beach Park* mit Badestrand
besonders der *Lincoln Park* an. Neben weiteren **Beaches** – die
North Ave Beach am Südende des Parks ist der populärste
Strand Chicagos –, Picknicktischen überall, Kinderspielplät-
zen und Sportanlagen gibt`s einen kleinen **Zoo** (Eintritt frei)
und eine **Modellfarm** zur Demonstration des Landlebens und
der heimischen Tierwelt auf Bauernhöfen..

In der Südwestecke befindet sich das **Museum der Historical
Society**, dessen Besuch sich aber nur bei ausgeprägtem Inter-
esse für die Geschichte Chicagos lohnt. Di–Sa 9.30–16.30
Uhr, So 12–17 Uhr, \$3.

Oak Park

Außerhalb von *Downtown* Chicago und angrenzenden Bereichen könnte – neben dem *Museum of Science* & *Industry* im Stadtteil Hyde Park – ein Besuch der Vorstadt **Oak Park** mit dem ***Frank Lloyd Wright House*** & ***Studio*** gelten, 951 Chicago Ave, täglich 10–17 Uhr, Eintritt $6.

Man erreicht Oak Park am besten per Auto über den *Eisenhower Expressway* (I-290), Exit Harlem Ave North, dann rechts in die Lake St. An der Ecke Lake St/North Forest Ave befindet sich die ***Oak Park Visitor Information***. Von dort aus kann man sich einer der Touren anschließen, oder man orientiert sich selbständig an einer dort erhältlichen Karte. In Oak Park befinden sich außer dem Haus des Architekten 25 weitere Gebäude, die nach seinen Entwürfen entstanden.

Schlachthöfe

Brecht-Verehrer und Touristen mit Interesse für Arbeiter- und Sozialgeschichte sollten es sich nicht nehmen lassen, Chicagos alte Schlachthöfe-Region zu besichtigen. Voller verfallener Lagerhallen und Schienenstränge, die am verzweigten Kanal- und Piersystem des Chicago River und seiner Seitenarme enden, lädt sie nicht gerade zum Bummel ein, aber eine Durchfahrt ist aufschlußreich.

Noch heute wirkt die Gegend südlich der I-55 zwischen 35th und Garfield St trostlos und bedrückend. Ein Blick auf den Straßenatlas zeigt, daß dieses Gebiet nicht aus Wohnstraßen bestehen kann. Bis 1971 existierte dort ein industrieller Großkomplex, in dem schon 100 Jahre vor der Verlagerung der Schlachthöfe 500.000 Rinder und fast 2,5 Mio Schweine jährlich zur Schlachtbank geführt wurden.

Es ist noch nachzuvollziehen, unter welchen Bedingungen hier gelebt und gearbeitet wurde. ***Saul Bellow*** schrieb: "Chicago ist keine Schlachtstadt mehr, aber die alten Gerüche leben in der Nachthitze wieder auf. Kilometerweit waren die Nebengleise der Eisenbahn auf der Straße früher mit roten Rindern gefüllt, und die brüllenden und stinkenden Tiere warteten auf Einlaß in die Höfe. Der Gestank hängt noch über der Gegend. Er kommt gelegentlich zurück, steigt überaschend aus dem geräumten Boden auf, um uns alle daran zu erinnern, daß Chicago einst die Schlächter-Technologie eingeführt hat und Milliarden Tiere hier gestorben sind".

Nach Buffalo über Detroit

Um den Kreis der hier verfolgten Rundfahrt zu schließen, fährt man entweder von Chicago über **Detroit** nach Toronto/Niagara Falls oder wählt die südlichere Route am Lake Erie entlang über **Cleveland** nach Buffalo, ⇨ Seite 559. Nach Detroit sind es auf der I-94 ca. 280 mi, nach Buffalo auf direktem Weg auf der I-90 über Toledo – also ohne Umweg über Detroit – rund 550 mi.

7.4

DETROIT
(Einwohner 1 Mio, Großraum 5 Mio)

Detroit war über Jahrzehnte Symbol der amerikanischen Automobilindustrie schlechthin. Die Erdölkrisen der 70er-Jahre und der damit verbundene Strukturwandel führten zu einem dramatischen Abstieg. Zigtausende von Arbeitsplätzen gingen damals verloren. Ehemals mittelständische Wohngebiete verkamen zu Slums, ganze Viertel verfielen. Von der inzwischen eingetretenen Konsolidierung und Umstrukturierung der Autoproduzenten profitierte auch der Großraum Detroit, wenn auch regional sehr unterschiedlich. Riesige Areale im Süden der Stadt mit aufgegebenen Fabrikanlagen liegen nach wie vor brach und bieten ein Bild der Zerstörung.

Mit dem *Henry Ford Museum* und einem erstklassigen Kunstmuseum besitzt Detroit zwei Top-Sehenswürdigkeiten.

Die Glastürme des Renaissance Center in Downtown Detroit

7.4.1 Geschichte und Klima

Geschichte Detroit war Anfang des 19. Jahrhunderts ein aus einem Militärstützpunkt hervorgegangenes Städtchen mit 2.000 Einwohnern. Als der Bau des *Welland* Kanals zur Umgehung der Niagara Fälle und die etwa gleichzeitige Fertigstellung des *Erie Canal* (Verbindung des Lake Ontario mit dem Hudson River) 1830 die Anbindung der Goßen Seen an den St. Lorenz Strom und an New York/die Ostküstenstaaten brachte, verzehnfachte sich die Einwohnerschaft binnen 20 Jahren. Zur Jahrhundertwende lebten fast 300.000 Menschen in Detroit.

Die Erfindung des Automobils und die Ansiedlung der Ford-Werke, der bald weitere Hersteller und eine entsprechende Zulieferindustrie folgten, brachten der Stadt Wohlstand. Trotz der zwischenzeitlichen Rückschläge gehört Detroit immer noch zu den größten industriellen Ballungsgebieten der USA und blieb Amerikas Automobilstadt #1.

Klima Detroit ist im Sommer sehr warm. Im Juli und August überwiegen Tage mit Temperaturen von 25°C bis 30°C und gelegentlich mehr, die oft von Schwüle begleitet sind. Kräftige Regenschauer, bisweilen auch mehrere Regentage hintereinander kennzeichnen das Frühjahrswetter, das insgesamt dem unserer Breiten ähnelt. Der Herbst ist angenehm, der Winter für amerikanische Verhältnisse eher mild mit viel Schnee.

7.4.2 Orientierung, Transport und Information

Orientierung Detroit ist mit einem dichten, auf das Zentrum ausgerichteten Autobahnnetz überzogen. Aus welcher Richtung auch immer man sich *Downtown* Detroit nähert, man gelangt fast unverfehlbar dorthin. Einmal im Kernbereich, der von Detroit River und der Trasse des *People Mover*-Hochbahn umgrenzt wird, fällt auch die weitere Orientierung nicht schwer. Für Anlaufpunkte außerhalb von *Downtown* folgt man einfach einer "passenden" Hauptstraße bzw. *Freeway*, die vom Zentrum aus sternförmig in alle Richtungen läuft. Stimmt die Richtung, kann man in Detroit nicht mehr ganz falsch fahren.

Öffentliche Verkehrsmittel Das **Detroit Department of Transportation** DOT versorgt vor allem den Bereich der City im engeren Sinn, während **Southeastern Michigan Area Regional Transit** SMART sich um den Transport zu den Vorstädten kümmert, $1-$2,50.

Der **People Mover**, eine voll computergesteuerte **Magnetbahn**, umrundet den *Central Business District* und fährt durch mehrere Gebäudekomplexe hindurch. Eine komplette Runde über 13 mit "**Kunst am Bahnhof**" attraktiv gestalteten Stationen dauert ca. 15 min. und eignet sich vorzüglich für einen ersten Überblick. Zudem ist die Bahn sauber und – dank grimmiger Bewachung – sicher. *Token* für eine Fahrt $0,50.

Information	Ein kleines ***Visitor Information Center*** steht an der Hart Plaza/ Jefferson Ave (beim *RenCen*) neben der *Mariner`s Church*. Dort gibt`s den kostenlosen ***Metro Detroit Visitors Guide***; im Sommer täglich 9–17 Uhr, ☎ (313) 567-1170.

7.4.5 Unterkunft und Camping

Hotels/ Motels

Häuser der bekannten Motelketten finden sich in besonderer Konzentration in **Airportnähe** an der I-94 (Stadtteil Romulus), in den Stadtteilen **Dearborn** (Ford Museum) und **Troy** sowie entlang der äußeren **Ringautobahn I-275** im gemeinsamen Streckenabschnitts mit der I-96 im Stadtwesten. Eine detaillierte Auflistung von Unterkünften aller Preisklassen enthält der erwähnte *Metro Detroit Visitors Guide*.

Unweit *Downtown* logiert man relativ preiswert im

– ***Shorecrest Motor Inn***, 1316 E Jefferson Ave, ☎ (313) 568-3000 bzw. ☎ (800) 992-9616, ab $58.

Die teure, aber außerordentlich reizvolle Alternative bietet

– das ***Westin Hotel*** im *Renaissance Center*, ☎ (313) 568-8000 und ☎ (800) 228-3000, ab ca. $160.

Bei **Dearborn** ist das *Holiday Inn Fairlane* eine gute Wahl mit schönen Pools und Wasserfall-Lobby oder das *Courtyard Inn:*

– ***Holiday Inn Fairlane***, 5801 Southfield Service Dr, ☎ (313) 336-3340 und ☎ (800) HOLIDAY, ab ca. $79. Anfahrt über den Freeway #39 nördlich von Dearborn.

– ***Courtyard by Mariott***, 5200 Mercury Dr, ☎ (313) 271-1400 und ☎ (800) 443-6000, ab ca. $79. Zufahrt ebenfalls über den Freeway #39, *Exit* Ford.

Eine preiswertere Alternative in diesem Bereich ist das

– ***Red Roof Inn Dearborn***, 24130 Michigan Ave, ☎ (313) 278-9732 und ☎ (800) THE ROOF, ab ca. $45.

Billigquartier

Ein Bett für ganz wenig Geld gibt's im kleinen

– ***Park Avenue Hostel***, 2305 Park Ave (keine gute Gegend), ☎ (313) 961-8310, ab $13.

Camping

Citynah kann man in/bei Detroit nicht campen. Eine gute Stunde Fahrt ab *Downtown* ist einzukalkulieren, gleich, wo man unterkommt. Der ***Algonac State Park*** liegt nordöstlich der Stadt schön am Detroit River, der ***Sterling State Park*** südlich am Lake Erie. Eine bessere Alternative in hügeliger Waldlandschaft ist der *Campground (*mit *Hook-up)* in der ***Pontiac Lake State Recreation Area***. Zufahrt ab Pontiac Straße #59; hinter dem *Oakland Pontiac Airport* ist nur die *Recreation Area* am Lake Pontiac (Badestrände am Nordostufer) klar ausgeschildert. Zum *Campground* geht es auf *Gravel Roads* noch gute 4 mi weiter.

7.5.4   Stadtbesichtigung

Riverfront   Detroits Prachtstück ist die ***Riverfront*** mit Kongresszentrum (*Cobo Conference Center*), der großen *Civic Center Plaza* und dem Aushängeschild Detroits, dem ***Renaissance Center***. Rund um diesen Bereich stößt man auf Parkhäuser und -plätze. Er ist idealer Ausgangpunkt für einen Besuch der Innenstadt.

REN CEN   Unbedingt ein wenig intensiver umsehen muß man sich im ***Renaissance Center***. Es besteht aus fünf vieleckigen Glastürmen unterschiedlicher Höhe mit außen aufgesetzten, voll verglasten Fahrstuhlschächten. Ein mehrstöckiges, alle Türme offen verbindendes Foyer mit dem lichtdurchfluteten Atrium des *Westin Hotel* (siehe Empfehlung) als Kernbereich dient als **Shopping- und Restaurantzone**. Im *Tower* 300 befindet sich die **World of Ford** mit den jeweils neuesten Modellen und Visionen zum Thema Auto. Vom ***Observation Deck*** im 72. Stock des *Tower* 100 (230 m, Auffahrt $3) erkennt man gut die große geographische Ausdehnung der Stadt.

Downtown   Sehenswert und zu Fuß/per *People Mover* gut erreichbar sind

– das ***Millender Center***, eine *Shopping Mall* gegenüber dem *Ren Cen*, mit ihm verbunden durch einen *Skywalk*. Dort gibt es einen guten ***Food Court*** mit großer Auswahl.

– der ***Civic Center*** Bereich über dem *Detroit River* mit Platz für *Open-Air* Konzerte und allerlei *Festivals*.

– die ***Woodward Ave*** bis zum *Kennedy Square* als belebtes Teilstück der 25 mi langen Nord-Süd Achse.

– der mit viel Grün und Ruhezonen verschönte **Fußgängerbereich *Grand Circus*** zwischen Kennedy Square und Washington Blvd. Von der *Hart Plaza* verkehrt ein Touristen-***Trolley*** ($0,50) auf historischer Schienentrasse dorthin.

– ein ***Greektown*** genannter kurzer Abschnitt der Monroe St (ab Randolph St) mit griechisch geprägten Restaurants und Boutiquen, dazwischen die ***Trappers Alley***, eine *Shopping Mall* im Gebäude einer ehemaligen Lederfabrik.

Belle Isle   Nur wenige Kilometer sind es von der Innenstadt zur *Belle Isle*, einer als *City Park* ausgewiesenen Insel im breiten *Detroit River*. Der – nicht übermäßig gepflegte, ab Dämmerung gefährliche – Park bietet alle Möglichkeiten zur sportlichen Betätigung, hübsche Badestrände (gute Wasserqualität), das ***Detroit Aquarium***, das schiffahrtsorientierte ***Dossin Great Lakes Museum***, einen Zoo und Picknickplätze.

Ford Museum   Die mit Abstand meistbesuchte Sehenswürdigkeit Detroits ist zu Recht der ***Ford Museum/Greenfield Village*** Komplex im westlichen Vorort Dearborn am Oakwood Blvd (zwischen der I-94 und Straße #12). Täglich 9–17 Uhr geöffnet. Eintritt für eine der beiden Attraktionen $12, Kombinationsticket für beide $20 bei zwei Tagen Gültigkeit.

Ford Museum Die übergeordnete Thematik des *Ford Museum* ist die Technisierung des (amerikanischen) Lebens seit der Pionierzeit bis heute. Eine enorme Sammlung aller erdenklichen Geräte, die in 200 Jahren den *American Way of Life* ermöglicht oder erleichtert haben, erwartet den Besucher. Im Mittelpunkt steht die Mobilisierung Amerikas durch das Auto, nebenbei durch Eisenbahn und Flugzeug. Man findet viele Fahrzeuge, die Geschichte machten, darunter Flugmaschinen aus den Anfängen der Luftfahrt. Prunkstück ist die **Allegheny Locomotive**, eine der größten jemals gebauten Dampfloks.

Greenfield Village Beim *Greenfield Village* handelt es sich um ein *Living Museum* mit ca. 80 Gebäuden aus verschiedenen Zeitabschnitten (überwiegend 2. Hälfte des 19. Jahrhunderts), die entweder hierher versetzt oder originalgetreu nachgebaut wurden. Es fehlt zwar an Homogenität und Idylle, dafür gibt es in Form einiger alter Fabrikanlagen zusätzlich die industrielle Komponente und ein paar historisch bedeutsame Anwesen wie *Edisons* Labor, den Fahrrad-Shop der Gebrüder *Wright* und das Geburtshaus *Henry Fords*, außerdem eine alte Dampfeisenbahn von 1843.

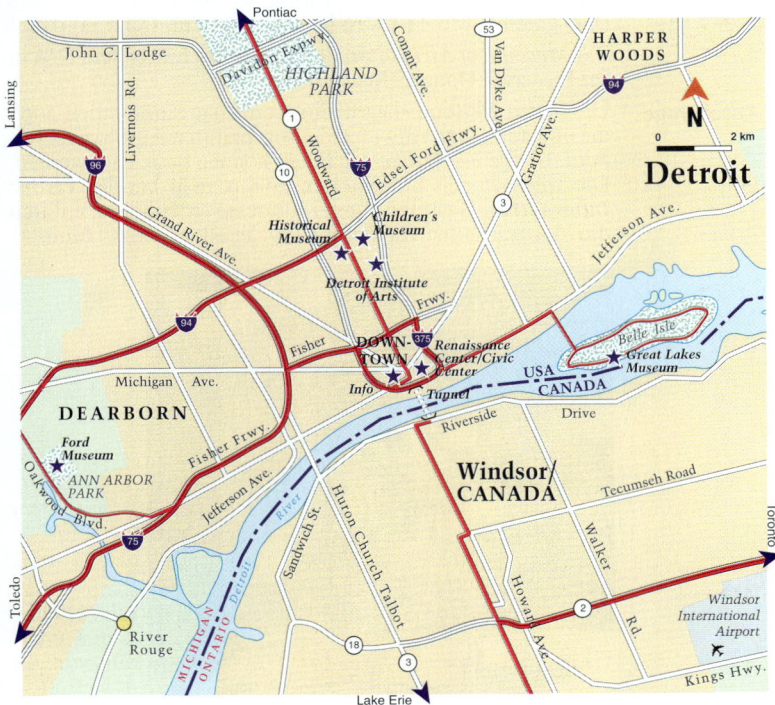

Detroit Institute of Arts

Neben *Downtown* und dem Ford Komplex bildet das ***University Cultural Center*** mit einer Reihe von Museen den dritten wichtigen Anlaufbereich in Detroit. Von der *Riverfront* sind es dorthin (auf der Woodward Ave) nur ca. 2,5 mi. Das ***Detroit Institute of Arts*** (*DIA*) ist das mit Abstand sehenswerteste der Museen. Ähnlich wie in Boston, Buffalo, Chicago und Cleveland beeindruckt – außen wie innen – schon die pompöse Architektur des Museumsgebäudes. Erstaunlich ist auch hier die große Sammlung europäischer Im- und Expressionisten unter Betonung deutschsprachiger Künstler (Kirchner, Bechstein, Kokoschka, Marc, Klee, Kandinsky). *Americana* des 20. Jahrhunderts sind eine weitere Stärke des *DIA*. Geöffnet Mi–Fr 11–16 Uhr, Sa/So bis 17 Uhr, *Donation* $4.

Weitere Museen

Interessant ist auch das schräg gegenüber dem *DIA* angesiedelte ***Historical Museum*** (die preiswerte Alternative zum *Ford Museum*) mit großem Gewicht auf der Geschichte des Autos. Nachgebaute Straßenzüge *Old Detroits* bilden den zweiten Schwerpunkt. Geöffnet Mi–Fr 9.30–17 Uhr, Sa/So ab 10 Uhr, Eine *Donation wird erwartet*.

Hübsch für Kinder ist das ***Children's Museum*** neben dem *DIA*; geöffnet Mo–Fr 13–16 Uhr, Sa ab 9 Uhr; freier Eintritt.

Das ***Museum of African American History*** hinter dem *DIA* in der Frederick Douglas Road enttäuscht.

Autobarone

Unter den Museumsbegriff im weitesten Sinne fallen auch die unglaublichen Anwesen der sogenannten Autobarone wie *Ford, Dodge* u.a. Einige von ihnen können besichtigt werden. Die wechselnden Einzelheiten erfährt man bei der ***Visitor Information***. Dasselbe gilt bei Interesse an Führungen durch die Montagehallen von *Ford, Chrysler* oder *General Motors*.

Objekt vor dem Kindermuseum in Detroit

Lake Erie

Von Chicago/Detroit nach Toronto/Niagara Falls

Nach Toronto und Niagara Falls durch Ontario

Von Detroit kann der Kreis einer Rundfahrt durch Ontario und Michigan rasch geschlossen werden. Jenseits des Detroit River liegt die kanadische Schwesterstadt Detroits **Windsor**. Von dort oder auch von Detroit über **Port Huron/Sarnia** am Abfluß des Lake Huron sind es nach **Toronto** noch ca. 250 Autobahnmeilen. Sie führen durch ein überwiegend landwirtschaftlich genutztes, touristisch eher reizloses Gebiet. Bei **Kitchener** erreicht man die Rundstrecken durch Ontario, ⇨ Seite 389. Diese Route kann auch gewählt werden, wenn das Ziel Niagara Falls heißt. Ab London geht es dann über Hamilton und die Autobahn *Queen Elizabeth Way* dorthin und ggf. weiter in die USA. Wer etwas mehr Zeit mitbringt, könnte auch an der Nordküste des Lake Erie entlangfahren und dem *Point Pelee National Park*, einem Sumpf- und Vogelschutzgebiet, noch einen Besuch abstatten. Diese Route ist aber insgesamt relativ zeitraubend und im Vergleich zu anderen Seeuferstrecken – etwa an den Küsten des Lake Michigan – weniger attraktiv.

Die Südroute durch Ohio und Pennsylvania

Eine weitere Alternative bietet die **I-90** durch die US-Staaten Ohio und Pennsylvania nach Buffalo/New York State. Diese Route nach Osten kommt vor allem dann in Frage, wenn ab Chicago auf den Besuch Detroits verzichtet wird. Sie besitzt den Nachteil von streckenweise Mautgebühren und – ab Detroit – 70-80 Mehrmeilen nach Niagara Falls gegenüber der Ontarioroute. Andererseits liegt **Cleveland** auf der Strecke, deren City und hervorragendes Kunstmuseum/Sinfonieorchester einen Besuch verdienen.

ROUTENVORSCHLÄGE

Die folgenden 7 Routenvorschläge sind gedacht als Anregung für die Zusammenstellung einer eigenen Route. Sie wurden mit unterschiedlichen Schwerpunkten für abweichende Jahres- und Reisezeiten konzipiert und lassen sich leicht modifizieren. Legt man eine der folgenden Routen, die den eigenen Vorstellungen nahekommt, seiner Planung zugrunde, ist auf dieser Basis die optimale individuelle Reiseroute rasch zusammengestellt. Die Streckenübersicht in der Umschlagklappe vorne erleichtert den Zugriff auf die als Entscheidungshilfe geeigneten Seiten im Buch.

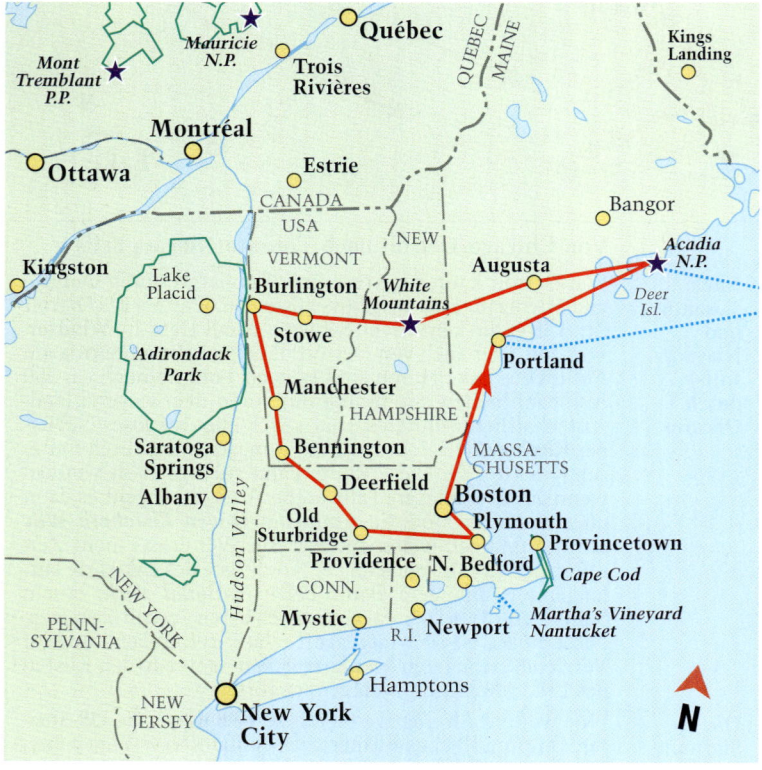

ROUTE 1: Herbstroute zum Indian Summer in Neu-England
Reisezeit etwa Mitte September bis Mitte Oktober.
Dauer: In 10 Tagen knapp machbar, 14 Tage besser und ruhiger
Distanz inkl. Extrameilen für Abstecher, Umwege und Stadt: rund 1.500 mi bzw. 2.300 km.
Start: Boston, aber ebensogut New York mit Hudson Valley

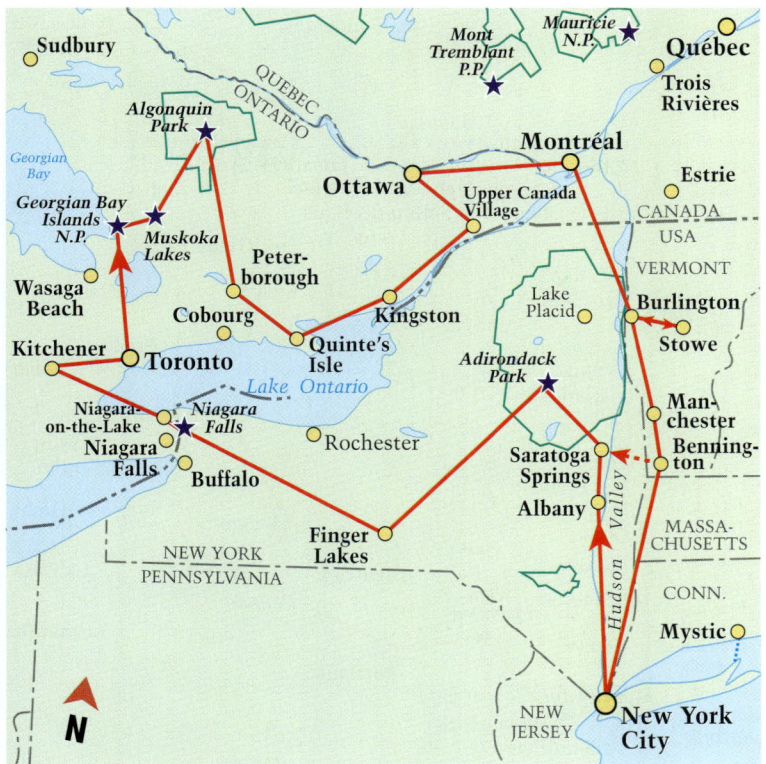

ROUTE 2: SOMMER- UND HERBSTROUTE USA/CANADA I

Reisezeit/-beginn Anfang Juni bis Ende September.

Dauer: In der vollen hier dargestellten Form, d.h., ohne in diesem Fall leicht mögliche Kürzungen, in 14 Tagen machbar, konzipiert jedoch für rund 3 Wochen Reisezeit plus ggf. Extratage für New York City. Für Toronto, Ottawa und Montréal wären bei 20 Tagen unterwegs insgesamt 4-5 Tage "drin".

Distanz inkl. Extrameilen für Abstecher, Umwege und Stadt: kaum unter 2.500 mi bzw. 4.000 km.

Start: Toronto , aber ebensogut New York möglich, wobei die Fahrt in beide Richtungen gemacht werden kann. Auch Montréal kommt als Startpunkt in Frage.

Bemerkungen: Diese Reiseroute verbindet die touristischen Höhepunkte von New York State, Ontario und Vermont und bietet viel Abwechslung: Cities, Kultur, Natur und Landschaft.

ROUTE 3: SOMMER- UND HERBSTROUTE USA/CANADA II

Reisezeit/-beginn Mitte Juni bis Anfang September.

Dauer: In der vollen hier dargestellten Form, d.h. ohne hier ebenfalls leicht mögliche Kürzungen (z.B. Gaspésie) in ca. 18 Tagen machbar, konzipiert jedoch für rund 3-4 Wochen. Bei 4 Wochen wären auch noch weiter Abstecher "drin", etwa nach Boston/Cape Cod oder zum Fundy Park.

Distanz inkl. Extrameilen für Abstecher, Umwege und Stadt: kaum unter 3.500 mi bzw. 5.500 km.

Start: Montréal, ggf. auch New York oder Boston bei 4 Wochen

Bemerkungen: Diese Route legt einen ersten Schwerpunkt auf Québec, den zweiten auf Natur plus eine Menge Historie. Mit Montréal liegt nur eine Big City am Anfang und Ende der Reise. Für Abwechslung ist gesorgt: Neu-England und Québec, St. Lorenzstrom, Gaspésie, Atlantik und Inlandgebirge.

ROUTE 4: **SOMMERROUTE USA/CANADA durch Ontario und Michigan = Große Seen-Rundfahrt** (mit Kindern ideal) Reisezeit/-beginn Mitte Juni bis Ende August

Dauer: Mit Besuch aller drei auf der Strecke liegenden Cities ist die Tour unter 20 Tagen nicht gut zu machen, zumal Kürzungen bis auf den Abstecher zur Pictured Rock NLS am Lake Superior schwer möglich sind. Mit Badetagen und Abstechern lassen sich locker 4 Wochen abwechslungsreich füllen

Distanz auch ohne viele Extrameilen für Abstecher, Umwege und Stadt kaum unter 2.500 mi bzw. 4.000 km.

Start: Toronto, aber ebensogut Chicago, eventuell Detroit.

Bemerkungen: Diese Strecke verbindet Canada pur am Lake Huron mit den tollen Sommerurlaubsgebieten Michigans. Gleichzeitig kommen weder Big City-Erlebnis noch Great Lakes-Historie zu kurz, und Niagara Falls paßt auch noch `rein.

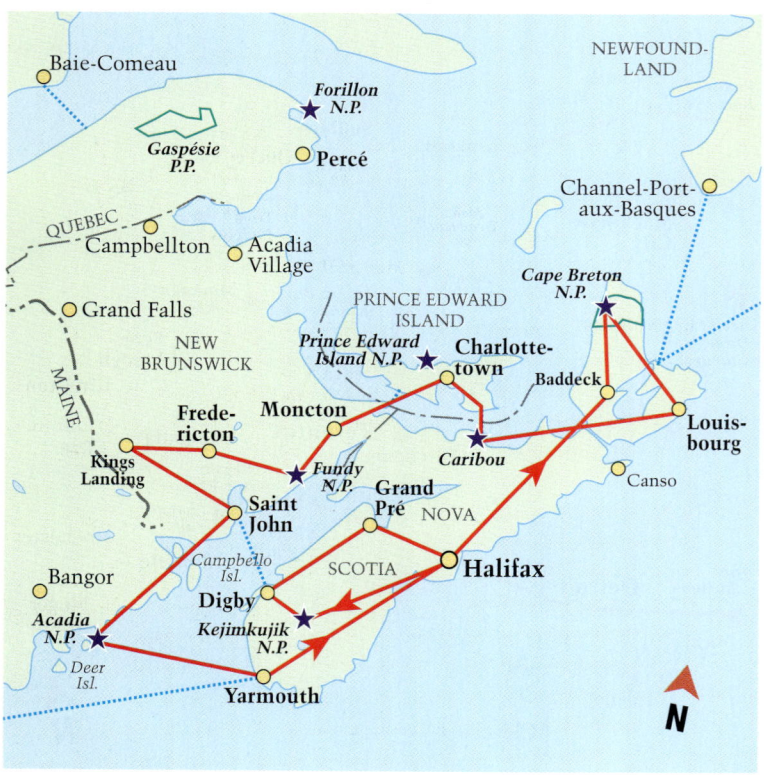

ROUTE 5: **SOMMERROUTE CANADA durch die maritimen Provinzen**
Reisezeit/-beginn Anfang Juli bis Mitte August

Dauer: Diese Route ist – speziell bei Verzicht auf die erste kleine Runde von Halifax zum Kejimkujik-Park oder auf den Schlenker über Prince Edward Island – in 14 Tagen machbar, konzipiert jedoch auch hier für rund 3 Wochen.

Distanz inkl. einiger Extrameilen für kleinere Abstecher und Umwege kaum unter 2.000 mi bzw. 3.200 km.

Start: Hier kommt nur Halifax in Frage

Bemerkungen: Die rauhe Schönheit Nova Scotias steht hier im Vordergrund, Fischerdörfer, Felsküsten, lange Strände, die Geschichte der Acadier und der englisch-französischen Kämpfe mit dem Highlight Fortress Louisburg. Dazu wunderbare Landschaften und mehrere Nationalparks, kulinarische Genüsse (Hummer!) und eine Seefahrt. Ein toller Trip bei gutem Wetter!

ROUTE 6: **SOMMER- UND HERBSTROUTE USA** (gut mit Kindern) Reisezeit/-beginn Juni bis Ende September.

Dauer: 3 Wochen sind auf diesem Zickzackkurs durch alle Highlights im westlichen Neu-England bis Niagara Falls rasch verbraucht, sowohl Kürzungen als auch Erweiterungen auf 4 Wochen Reisezeit aber kein Problem .

Distanz inkl. Extrameilen für Abstecher, Umwege und Stadt: kaum unter 2.500 mi bzw. 4.000 km.

Start: New York City oder Boston, ggf. auch Toronto.

Bemerkungen: Die Sommerziele an der Atlantikküste sind wichtiger Bestandteil dieser Tour. Dort ist viel los und viel zu sehen, u.a. Wale. Attraktive historische Ziele und Landschaften werden im Binnenland "mitgenommen", bevor es nach Niagara Falls geht. Auf dem Rückweg liegen noch einmal schöne Vermont-Ziele und das Hudson Valley an.

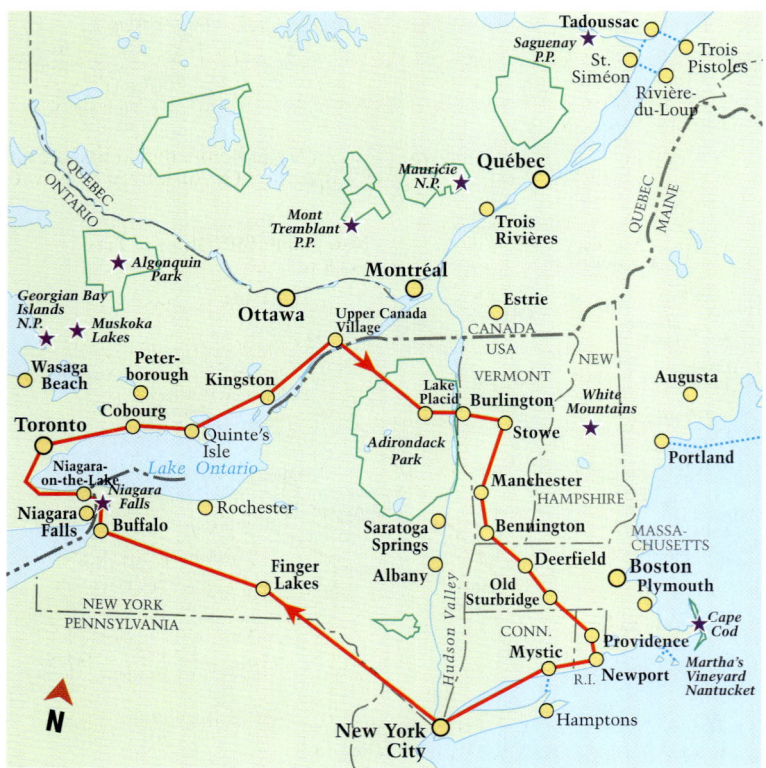

ROUTE 7: **Frühsommer- (bis Herbst-) Route USA/Canada**
Reisezeit/-beginn Mai bis Mitte September.

Dauer: Die eingezeichnete Route läßt sich durchaus in nur 14 Tagen machen. Man kann sich aber auch gut 3 Wochen Zeit nehmen. Erscheint das reichlich, ist die Einbeziehung weiterer Ziele kein Problem.

Distanz inkl. Extrameilen für Abstecher, Umwege und Stadt: nicht unter 2.200 mi bzw. 3.500 km.

Start: New York oder ggf. auch Toronto.

Bemerkungen: Hier handelt es sich um eine Modifizierung der Route 2 unter Auslassung der "Ausbuchtungen" nach Norden in Ontario und nach Montrál. Dafür wird Old Sturbridge Village einbezogen und auch noch Newport und ein bißchen Küste inklusive Mystic und vielleicht das Foxwood-Kasino. Auch das Hudson Valley oder Cape Cod passen noch.

Touristische Informationsstellen der nordöstlichen US-Staaten

Die *Tourism Offices* der US-Staaten versenden ebenso wie die Canadas Material (Karten, Hotelverzeichnisse, *State Park*-Listen, Veranstaltungskalender etc. pp.) auch an Interessenten im Ausland (Vorwahl: 001) Die gebührenfreien 800-Nummern können erst von Nordamerika aus angerufen werden.

In Deutschland existiert in Frankfurt zwar auch ein Fremdenverkehrsamt für die USA insgesamt, es erteilt jedoch keine spezifischen Auskünfte an Privatpersonen und versendet keine Prospekte.

Connecticut Vacation Center
Dept. of Economic Development
865 Brook St
Rocky Hill, CT 06067
✆ (203) 258-43555, ✆ (800) 282-6863

Maine Publicity Bureau
PO Box 2300, 325B Water St
Hallowell, ME 04347
✆ (207) 623-0363, ✆ (800) 533-9595

Massachusetts Division of Tourism
100 Cambridge St, 13th Floor
Boston, MA 02202
✆ (617) 727-3201, ✆ (800) 447-MASS

Michigan Travel Bureau
PO Box 30226
333 South Capitol Suite F
Lansing, MI 48909
✆ (517) 335-1876, ✆ (800) 543-2937

New Hampshire Office of Travel
PO Box 1856
Concord, NH 03302-1856
✆ (603) 271-2343, ✆ (800) 258-3608

New York State Division of Tourism
Dept. of Economic Development
One Commerce Plaza
Albany, NY 12245
✆ (518) 474-4116, ✆ (800) 225-5697

Rhode Island Tourism Division
Dept. of Economic Development
7 Jackson Walkway
Providence, RI 02903
✆ (401) 277-2601, ✆ (800) 556-2484

Vermont Travel Division
134 State St
Montpelier, VT 05602
✆ (802) 828-3237, ✆ (800) 837-6668

Touristische Informationsstellen Canadas und der östlichen kanadischen Provinzen

Canada Tourismus Programm
Alte Dorfstr. 21
63469 Maintal
Fax 06109/61598

New Brunswick Dept. of Tourism
PO Box 12345
Fredericton, NB E3B 5C3
✆ (800) 561-0123

Newfoundland Dept. of Tourism
PO Box 8730
St. John`s A1B 4K2
✆ (709) 729-2830, ✆ (800) 563-6353

Check-in Nova Scotia
PO Box 130
Halifax B3J 2M7
✆ (800) 565-0000

Ontario Travel
Queen's Park
Toronto M7A 2E5
✆ (416) 314-0944 und ✆ (800) 668-2746

Prince Edward Island Visitor Info Centre
PO Box 940
Charlottetown C1A 7M5
✆ (902) 368-4444, ✆ (800) 463-4734

Tourisme Québec
CP 20.000
Québec G1K 7X2
✆ (514) 873-2015, ✆ (800) 363-7777

Alphabetisches Register

Im Register finden sich alle Ortsnamen, Sehenswürdigkeiten und geographischen Bezeichnungen ebenso wie alle wichtigen Sachbegriffe. Die häufig anzutreffende Unterscheidung zwischen Sachregister und geographischem Index wurde aus praktischen Erwägungen aufgegeben. Egal, wonach man nun sucht, seien es Informationen zur Automiete oder zu einer Stadt, einem Nationalpark, alles ist unterschiedslos alphabetisch eingeordnet.

Abkürzungen

NP=National Park; **NHS**=National Historical Park; **NLS**=National Lake Shore; (letztere nur USA) **SP**=State Park (USA); **PP**=Provincial Park (Canada)

Walfänger, Anfang des 19. Jahrhunderts

FOTONACHWEIS

Christel Durst, Waldbreitbach: Seite 420

Wolfgang Kreder, Markdorf: Seiten 381, 482, 504

Werner Schmidt, Ganderkesee: Seite 310 und Titelfoto Wal

Alfred Vollmer, München: Seiten 11, 27, 33, 208, 209, 214, 233, 241, 251, 279, 288, 300, 304, 308, 316, 334, Titelfoto Indian Summer

H. & B. Wagner, Mühlheim: Seiten 24, 32, 43, 37, 38, 46, 56, 65, 109, 202, 203, 253,255, 258, 266, 269, 276, 312,323, 347,357,360, 361, 363, 381, 382, 391, 397, 398, 414, 418, 426, 467, 469, 479, 489, 493, 494, 500, 511, 519, 533, 534, 543, 550, 552, 559, 565, 569, 574, 578, 580, 583, 585, 590, 595, 598, 604, 604, 613, 617, 620, 641, 647, Titelfoto Hochhaus

Alle weiteren Fotos von den Autoren

REISE KNOW-HOW
Bücher werden von
Verlegern gemacht,
die Freude am Reisen
haben und selbst
Autoren sind.
Wichtig ist uns, daß
der Inhalt nicht nur
im reisepraktischen
Teil "Hand und Fuß"
hat, sondern daß er
unterwegs wirklich
hilft, die Reise zum
Erlebnis zu machen.
Die Reihe
REISE KNOW-HOW
soll auch dazu
beitragen, andere
Kulturkreise, ihre
Menschen und ihre
Natur kennen-
zulernen.
Wir achten darauf,
daß jeder Band
gemeinsam gesetzten
Qualitätsmerkmalen
entspricht. Um in
einer Welt rascher
Veränderungen
laufend aktualisieren
zu können, drucken
wir kleine Auflagen.

SACHBÜCHER
Die Sachbücher
vermitteln KNOW-
HOW rund ums
Reisen: Wie bereite
ich eine Motorrad-
oder Fahrradtour
vor? Wie bleibe ich
unterwegs gesund?
Wie komme ich zu
besseren Reisefotos?
Und anderes mehr.
In der Sachbuch-
reihe von REISE
KNOW-HOW geben
Autoren, die sich
auskennen, ihre
Erfahrungen und ihr
Wissen weiter.

Welt

Achtung Touristen
DM 16,80 ISBN 3-922376-32-0

Äqua-Tour (RAD & BIKE)
DM 28,80 ISBN 3-929920-12-3

Auto(fern)reisen
DM 34,80 ISBN 3-921497-17-5

Die Welt im Sucher
DM 24,80 ISBN 3-9800975-2-8

Fahrrad-Weltführer
DM 44,80 ISBN 3-9800975-8-7

Motorradreisen
DM 34,80 ISBN 3-921497-20-5

Um-Welt-Reise
DM 22,80 ISBN 3-9800975-4-4

Wo es keinen Arzt gibt
DM 26,80 ISBN 3-922376-35-5

REISE STORY
Eindrücke, Beob-
achtungen und
Erlebnisse auf Reisen
sind Inhalt der REISE
STORY-BÄNDE. Sensibel
und spannend führen
sie durch fremde
Kulturkreise und bieten
zugleich viel Sach-
information.
Bei Reiseplanung und -
vorbereitung sind sie
eine Hilfe und ein Lese-
vergnügen für jeden
Fernwehgeplagten.

STADTFÜHRER
Die Bücher der Reihe
REISE KNOW-HOW CITY
führen in bewährter
Qualität durch die
Metropolen der Welt.
Neben ausführlichen
praktischen
Informationen zu
Hotels, Restaurants,
Shopping und Kneipen
findet der Leser alles
Wissenswerte über
Sehenswürdigkeiten,
Kultur und "Subkultur"
sowie Adressen und
Termine, die besonders
für Geschäftsreisende
wichtig sind.

Europa

Amsterdam
DM 26,80 ISBN 3-89416-231-7

Bretagne
DM 39,80 ISBN 3-89416-175-2

Budapest
DM 26,80 ISBN 3-89416-212-0

Bulgarien
DM 36,80 ISBN 3-89416-220-1

England, der Süden
DM 36,80 ISBN 3-89416-224-4

Estland
DM 26,80 ISBN 3-89416-215-5

Irland-Handbuch
DM 36,80 ISBN 3-89416-194-9

Lettland
DM 26,80 ISBN 3-89416-216-3

**Litauen mit
Kaliningrad**
DM 29,80 ISBN 3-89416-169-8

London
DM 26,80 ISBN 3-89416-199-X

Madrid
DM 26,80 ISBN 3-89416-201-5

**Mallorca, Handbuch
für den optimalen Urlaub**
DM 34,80 ISBN 3-927554-29-4

**Mallorca für
Eltern und Kinder**
DM 24,80 ISBN 3-89662-158-0

**Eine mallorquinische
Reise, Mallorca 1929**
DM 29,80 ISBN 3-89662-153-x

Oxford
DM 26,80 ISBN 3-89416-211-2

Paris
DM 26,80 ISBN 3-89416-200-7

Prag
DM 26,80 ISBN 3-89416-204-X

Rom
DM 26,80 ISBN 3-89416-203-1

Schottland-Handbuch
DM 36,80 ISBN 3-89416-179-5

Skandinaviens Norden
DM 36,80 ISBN 3-89416-191-4

Tschechien
DM 36,80 ISBN 3-89416-600-2

Ungarn
DM 32,80 ISBN 3-89416-188-4

Warschau/Krakau
DM 26,80 ISBN 3-89416-209-0

Wien
DM 26,80 ISBN 3-89416-601-0

Deutschland

Berlin mit Potsdam
DM 26,80 ISBN 3-89416-226

Frankfurt/Main
DM 24,80 ISBN 3-89416-207

**Mecklenburger
Seenplatte**
DM 24,80 ISBN 3-89416-221

München
DM 24,80 ISBN 3-89416-208

Nordfriesische Inseln
DM 19,80 ISBN 3-89416-601

Nordseeinseln
DM 29,80 ISBN 3-89416-197

Nordseeküste
DM 26,80 ISBN 3-89416-603

**Ostdeutschland
individuell**
DM 32,80 ISBN 3-921838-12

Ostfriesische Inseln
DM 19,80 ISBN 3-89416-602

**Ostharz mit
Kyffhäuser**
DM 19,80 ISBN 3-89416-228

Oberlausitz
DM 24,80 ISBN 3-89416-165

**Ostseeküste/
Mecklenburg**
DM 19,80 ISBN 3-89416-184

Rügen/Usedom
DM 19,80 ISBN 3-89416-190

Freistaat Sachsen
DM 26,80 ISBN 3-89416-177

Land Thüringen
DM 24,80 ISBN 3-89416-189

Westharz mit Brocken
DM 19,80 ISBN 3-89416-2

P R O G R A M M

ÜBERSICHT

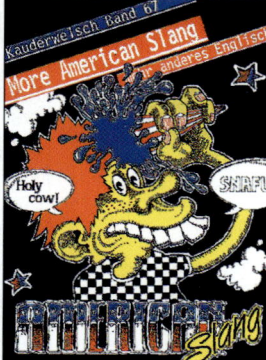
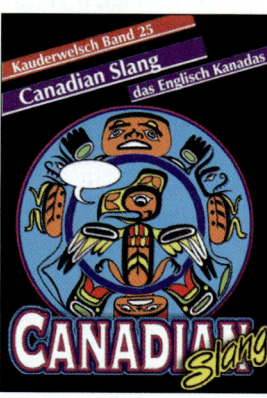
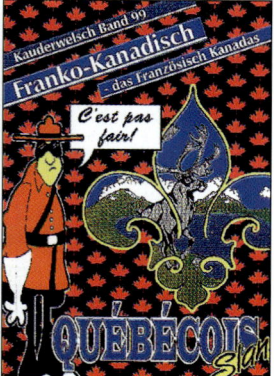

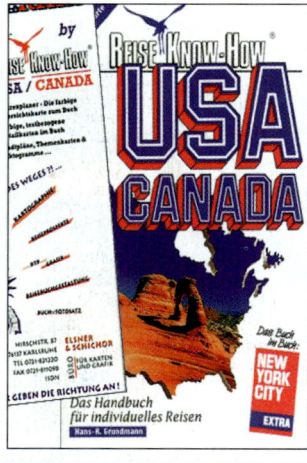
Hans R. Grundmann
USA/CANADA
Das Handbuch für individuelles Reisen

Dieser praxisorientierte Reiseführer ist der richtige Begleiter für alle, die eine grenzüberschreitende Reise durch die USA und Canada (einschließliche Alaska) oder eine Fahrt von Ost nach West planen. Routenvorschläge und -beschreibungen beruhen auf über 250.000 km Unterwegs-Erfahrung des Autors auf Nordamerikas Straßen.Seit Erscheinen fast jedes Jahr verbessert und aktualisiert. Ein separater, herausnehmbarer New York City Taschenführer steckt im Umschlag. **Mit separater farbiger Faltkarte**.

788 Seiten, 87 Karten, über 200 Farbabbildungen und zahlreiche Illustrationen.

New York City Extra: 44 Seiten und 8 Karten

Preis: 44,80 DM   ISBN 3-89662-154-8
by Reise Know-How Verlag Hohenthann
© Dr. Hans-R. Grundmann GmbH
Heinrich-Schwarz-Weg 36
27777 Ganderkesee Steinkimmen

Heike und Bernd Wagner/Hans R. Grundmann
CANADA, der Westen (mit Alaska)

Ein detaillierter und praxisnaher Reiseführer für Reisen im Campmobil oder Mietwagen (Zelt und Motel) durch Canadas Westen und den hohen Norden einschließlich Alaska. In ausführlichen Kapiteln beschreiben die Autoren außerdem die besten Routen durch die Prärieprovinzen und Ontario: von Toronto und den Niagara-Fällen nach Westen.

In Aufbau und Schwerpunktsetzung ähnlich wie "Durch den Westen der USA": Umfangreicher Allgemeiner Teil mit allen Aspekten und Informationen zu Reisevorbereitung und -planung und "Unterwegskapitel".

628 Seiten, 56 Karten, zahlreiche Farb- und s/w-Fotos/Zeichnungen. Ab Auflage 1996 **mit separatem Campingführer Alberta/BC und Straßenkarte für Canadas Westprovinzen.**

Preis: 39,80 DM   ISBN 3-89662-157-2

by Reise Know-How Verlag Hohenthann
© Dr. Hans-R. Grundmann GmbH
27777 Ganderkesee Steinkimmen

Hans R. Grundmann
Durch den Westen der USA

1991 erstmalig erschienen, liegt dieses Titel ab April 1997 bereits in 7. aktualisierter und nun durchgehend farbiger Auflage vor. In wenigen Jahren hat sich das Buch zu einem Standardwerk für alle entwickelt, die den Westen der USA auf eigene Faust kennenlernen wollen. Der Allgemeine Teil zu Reiseplanung und -vorbereitung und zum Thema "Touristischer Alltag" läßt keine Frage offen. Der Reiseteil führt den Leser über ein dichtes Routennetz zu allen populären Zielen und unzähligen kaum bekannten Kleinoden in den 11 Weststaaten.

644 Seiten, **76 farbige Karten**, ca. **230 Farbbilder** und zahlreiche Illustrationen. **Separate vierfarbige Straßenkarte** des US-Westens.

Preis: 39,80 DM   ISBN 389662-155-6

by Reise Know-How Verlag Hohenthann
© Dr. Hans-R. Grundmann GmbH
Heinrich-Schwarz-Weg 36
27777 Ganderkesee Steinkimmen

Martin Stoll
Hans R. Grundmann
Die USA mit Flugzeug und Mietwagen
Unabhängig Reisen durch Städte und Nationalparks

Dieser Spezialführer bezieht sich auf Rundreisen durch die **USA und nach Canada** mit Coupon-Tickets zu oft weit auseinanderliegenden Zielen. Die Autoren haben das komplette Know-How für derartige Reisen einschließlich aller wichtigen organisatorischen und geldsparenden Informationen für über 30 wichtige kanadische und US-Städte (und ihre Airports) samt Umgebung zusammengetragen. Spezielles Augenmerk galt dabei dem Transport ab Flughafen und der optimalen Unterbringung und Versorgung.

572 Seiten, 75 Karten, zahlreiche Abbildungen, Fotos und Zeichnungen

Preis: 39,80 DM   ISBN 3-89662-150-5

by Reise Know-How Verlag Hohenthann
© Dr. Hans-R. Grundmann GmbH
Heinrich-Schwarz-Weg 36
27777 Ganderkesee Steinkimmen

KARTENVERZEICHNIS Seite

Seite

Kartenlegende

	Trans-Canada-Highway (TCH)
	Autobahnen und wichtige Fernstraßen
	befestigteProvincial und Country Roads
....	Wanderwege (Trails)
	im Buch beschriebene Strecken
	Provincial Parks
	Nationalparks
	bebaute Fläche
	Streckenhinweise
★	Sehenswertes
i P	Information, Parkplatz
	Campingplätze